KB038850

KCa 한국상담학회 상담학 총서 ___ 03

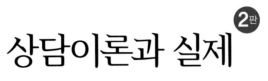

상담이론과 실제 2판

Counseling Theory and Practice

양명숙 · 김동일 · 김명권 · 김성회 · 김춘경 · 김형태
문일경 · 박경애 · 박성희 · 박재황 · 박종수 · 이영이
전지경 · 제석봉 · 천성문 · 한재희 · 홍종관 공저

학지사

[2판 발간사]

2013년 상담학 총서가 출간된 후 어느덧 5년이라는 시간이 흘렀다. 1판 발간 당시에는 상담학 전체를 아우르는 상담학 총서 발간에 대한 필요성을 절감하며 한국상담학회 제6대 김성회 회장과 양명숙 학술위원장이 주축이 되어 학술위원회에서 13권의 총서를 발간하기로 하고 대표 저자 선생님들과 여러 간사의 헌신적인 노력으로 상담학 총서를 출간하였다. 이를 계기로 상담학 총서는 상담의 이론뿐 아니라 상담의 실제 그리고 반드시 알아야 할 상담학 연구 등 다양한 영역의 내용을 포괄하여 상담학이 독립된 학문으로 자리 잡을 수 있도록 기초를 다졌다. 이러한 첫걸음은 상담학에 대한 독자의 균형 있고 폭넓은 이해를 도와 상담학의 정체성을 확립하는 디딤돌이 되었다.

이번에 발간되는 상담학 총서는 앞서 출간된 『상담학 개론』 『상담철학과 윤리』 『상담이론과 실제』 『집단상담』 『부부 및 가족 상담』 『진로상담』 『학습상담』 『인간발달과 상담』 『성격의 이해와 상담』 『정신건강과 상담』 『심리검사와 상담』 『상담연구방법론』 『상담 수퍼비전의 이론과 실제』의 개정판과 이번에 새롭게 추가된 『중독상담학 개론』 『생애개발상담』으로 구성되어 있다. 이처럼 여러 영역을 아우르는 총서는 상담학을 접하는 다양한 수요자의 특성과 전문성에 맞추어 활용될 수 있다는 장점이 있다. 각각의 총서는 상담학을 처음 공부하는 학부생들에게는 상담의 이론적 기틀 정립에 도움을 주고 있으며, 대학원생들에게는 인간을 보다 깊이 이해하고 상담학의 체계적인 연구 방법을 배울 수 있도록 한다. 또한 전문 상담자들에게는 상담의 현장에서 부딪힐 수 있는 다양한 어려움과 문제점을 해결할 수 있도록 구체적인 방안을 제공하는 실용서로 자리매김하고 있다. 이처럼 상담학 총서의 발간은 상담학의 학문적 기틀 마련과 전문 상담자의 전문성 향상이라는 학문과 실용의 두 가지 역할을 포괄하고 있어 상담학의 발전에 크게 기여하였다고 자부한다.

최근 우리 사회는 말로 표현하기 힘든 여러 가지 사건과 사고로 심리적인 어려움을 겪었고, 소통과 치유의 필요성은 날로 커지고 있다. 이에 따라 상담자의 전문성 향상에 대한 목소리가 높아지고 있으나, 이러한 때에도 많은 상담자는 아직도 상담기법만 빨리 익히면 성숙한 상담자로 성장할 수 있을 것이라 생각하여 기법 배우기에만 치중하는 아쉬움이 있다. 오랜 시간과 정성으로 빚어 낸 전통 장의 깊은 맛을 손쉽게 사 먹을 수 있는 시중의 장맛이 따라갈 수 없듯이, 전문 상담자로서의 전문성을 갖추기 위해서는 힘든 상담자의 여정을 견뎌 내는 시간이 필요하다. 선배 상담자들의 진득한 구도자적 모습을 그리며 성숙한 상담자가 되기 위해 노력하는 많은 분께 상담학 총서가 든든한 버팀목이 되었으면 한다.

1판의 경우 시작이 있어야 발전이 있다는 책무성을 가지고 어려운 난관을 이겨 내며 2년여의 노력 끝에 출판하였지만 좀 더 다듬어야 할 필요성이 제기되고 있었다. 이에 쉽지 않은 일이지만 편집위원들과 다시 뜻을 모아 각각의 총서에서 시대적 요구를 반영하고 새롭게 다듬어야 할 부분을 수정하며 개정판을 준비하였다. 개정되는 상담학 총서는 기다림이 빚는 우리의 장맛처럼 깊이 있는 내용을 담기 위해 많은 정성과 애정으로 준비하였다. 그러나 아직 미흡한 점이 다소 있을 수 있음을 양해 바란다. 부디 이 책이 상담을 사랑하는 의욕적인 상담학도들의 지적·기술적 호기심을 채워 줄 뿐 아니라 고통에서 벗어나 치유를 이루어야 하는 모든 사람에게 하나의 빛이 되기를 기원한다.

바쁜 일정 중에서도 함께 참여해 주신 여러 편집위원과 간사님들 그리고 상담학 총서의 출판을 맡아 주시고 물심양면으로 지원해 주신 학지사 김진환 사장님과 최임배 부사장님을 비롯하여 더 좋은 책이 될 수 있도록 그 많은 저자에게 일일이 전화와 문자로 또는 이메일로 꼼꼼한 확인을 마다하지 않은 학지사 직원 여러분께도 진심으로 감사를 전한다.

2018년 7월

한국상담학회 제9대 회장 천성문

[1판 발간사]

대화와 상호작용을 통해 도움을 주고받는 것이 상담이라고 정의한다면, 상담은 인류의 시작과 함께 시작되었다고 볼 수 있다. 그러나 우리나라에서 현대적 개념의 상담이 시작된 것은 1952년 미국 교육사절단이 정신위생이론을 소개한 이후부터라고 할 수 있을 것이다. 1953년 대한교육연합회 내부기관으로 중앙교육연구소가 설립되었고, 이 기관의 생활지도연구실을 중심으로 가이던스, 카운슬링, 심리검사가 소개되면서 상담에 대한 관심이 대단히 높아졌다.

상담에 대한 이러한 관심은 주로 교육학과나 심리학과를 중심으로 시작되어 그 밖의 분야까지 확산되었다. 1961년 중·고등학교 교도교사 100여 명이 '전국 중·고등학교 카운슬러 연구회'를 창립하였고, 이 연구회가 발전하여 1963년의 '한국카운슬러협회' 창립으로 이어졌다. 그리고 심리학회에서 1964년에 창립한 임상심리분과회의 명칭을 1974년에 '임상 및 상담심리분과회'로 변경하면서 상담심리가 그 이름을 드러냈다. 상담학이 교육학이나 심리학 등 특정 학문의 하위 학문으로 머물러 있는 한 발전이 어렵다는 공감대 아래, 2000년에 그 당시 이미 학회 활동을 하고 있던 대학상담학회, 집단상담학회, 진로상담학회 등이 주축이 되어 상담학의 독립화와 전문화 및 대중화를 목표로 한국상담학회를 창립하게 되었다.

현재 한국상담학회의 회원만 1만 4,000명이 넘는 등 상담의 대중화는 급물살을 타고 있다. 이러한 추세와 더불어 많은 대학에서 상담학과를 신설하고 있고, 전문상담사를 모집하는 기관도 늘어나고 있다. 그러나 아직도 상담학을 독립된 학문으로 인정하지 않는 사람들이 많고, 전문상담사들이 수혜자들의 요구 수준을 완전히 충족시키지 못하고 있다는 지적이 있다. 이러한 문제에 대해 한국상담학회에서는 수련 시간을 늘리고 전문상담사의 전문적 수준을 높이는 등 전문상담사의 자격관리를 철저히 함은 물론 상담학의 이론적 틀을 확고히 하려는 노력을 여러 방면에서 계속해 왔다.

그 노력 중 하나가 상담학 총서 발간이다. 우리나라에 상담학이 도입된 지 60년이 넘었고, 최초의 상담 관련 학회인 한국카운슬러협회가 창립된 지 50년이 다 되었지만 어느 기관이나 학회에서도 상담학 전체를 아우르는 총서를 내지 못한 것에 대해 전문상담인들의 아쉬움이 컸다. 상담학 총서 발간에 대한 필요성은 제4대 회장인 김형태 한남대학교 총장께서 제의하였으나, 학회 내의 여러 사정상 그동안 이루어지지 못하고 있던 차에 본인이 회장직을 맡으면서 학술위원회에 상담학 총서의 발간을 적극적으로 요구했다.

이에 따라 양명숙 학술위원장이 주축이 되어 학술위원회에서 13권의 총서를 발간하기로 하고 운영위원회의 위임을 받아 준비에 들어갔다. 가급적 많은 회원이 참가할 수 있도록 하기 위해 자발적 참여자를 모집하였고, 이들이 중심이 되어 저서별로 대표 저자를 선정하고 그 대표 저자가 중심이 되어 집필진을 변경 또는 추가하여 최종 집필진을 완성한 후 약 2년간에 걸쳐 상담학 총서의 발간을 추진했다. 그 사이 13권 각각의 대표 저자들이 여러 번의 회의를 했고, 저자들이 교체되는 등의 많은 어려움도 있었다. 그러나 양명숙 학술위원장을 비롯하여 학술위원이자 총서 각 권의 대표 저자인 고홍월, 김규식, 김동민, 김봉환, 김현아, 유영권, 이동훈, 이수연, 이재규, 임은미, 정성란, 한재희 교수와 여러 간사의 헌신적인 노력으로 상담학 총서를 출간하게 되었다. 이에 관련된 모든 분께 감사드린다.

상담학 총서 중 일부는 이전에 같은 제목으로 출판되었던 것도 있지만 처음

출판되는 책들도 있다. 처음 시도된 분야도 있고, 다수의 저자가 참여하다 보니 일관성 등에서 부족함도 있을 것이다. 그러나 시작이 있어야 발전이 있기에 시작을 하였다. 이후 독자들의 조언을 통해 더 나은 책으로 거듭나기를 기대한다. 이번 상담학 총서 발간은 상담학의 발전을 위한 하나의 초석이 될 것으로 확신한다.

끝으로, 상담학 총서의 출판을 맡아 주시고 물심양면으로 지원해 주신 학지사 김진환 사장님과 최임배 전무님을 비롯하여, 더 좋은 책이 될 수 있도록 그 많은 저자에게 일일이 전화로 문자로 또는 메일을 통해 꼼꼼하게 확인하는 것을 마다하지 않은 학지사 직원 여러분께 진심으로 감사드린다.

2013년 2월
한국상담학회 제6대 회장 김성회

[2판 머리말]

2013년도에 발간된 한국상담학회의 상담학 총서는 그동안 상담학의 길잡이 역할을 해 왔다. 초기에 이루어진 작업에서 한 걸음 더 나아가 내용을 수정하고 업그레이드하기 위한 개정 작업이 2017~2018년을 기하여 다시금 이루어지게 되었다. 초판 이후 『상담이론과 실제』의 집필에 참여하신 교수님들 중에는 정년을 맞이하신 분들도 계시고, 정년 이후에도 여전히 활발하게 연구와 임상을 계속하시는 분들도 계시지만, 집필진 전원이 다시 뭉쳐서 개정판을 출간하게 되었다.

먼저, 제1장 '상담이론에 대한 이해'는 제6대 한국상담학회 회장이셨던 김성회 교수께서, 제2장 '정신분석상담'은 제9대 회장인 천성문 교수가, 제3장 '분석심리학과 상담'은 박종수 교수, 제4장 '개인심리학과 상담'은 김춘경 교수, 제5장 '실존주의와 상담'은 한재희 교수, 제6장 '인간중심상담'은 제4대 회장이셨던 김형태 교수와 홍종관 교수, 제7장 '게슈탈트 상담'은 이영이 교수, 제8장 '행동주의 상담'은 김동일 교수, 제9장 '인지·정서·행동치료'는 박경애 교수, 제10장 '교류분석과 상담'은 제석봉 교수, 제11장 '현실치료상담'은 박재황 교수, 제12장 '자아초월심리학과 상담'은 김명권 교수와 문일경 박사, 그리고 제13장 '과정지향심리학과 상담'은 양명숙 교수와 전지경 박사, 제14장 '동양상담'과 제

15장 '한국상담이 나아갈 방향'은 박성희 교수가 개정 작업을 담당하였다.

한국상담학회는 한국의 상담학 정립을 위하여 부단히 노력하고 있다. 이 상담학 총서의 개정 작업도 발전하고 있는 상담학 연구와 더불어 이론과 임상이 한국의 상담 문화에 정착해 나가기 위한 작업의 일환이기도 하다.

특히 제6대 한국상담학회 회장이셨던 김성회 교수님께서는 '상담이론에 대한 이해'에서 상담학이 독립된 학문으로 발전하기 위해서는 과학적 방법에 의해 이론이 개발되고, 그 이론에 따라 상담실제가 이루어지며, 그 이론이 타당한지에 대해서도 과학적 방법을 통해 계속적인 연구가 이루어져야 한다고 하였다. 이에 '상담이론'은 전문적 자격을 갖춘 전문상담사가 도움을 필요로 하는 내담자와의 상호작용을 통해 내담자가 자신의 어려움을 극복하고, 나아가 자신의 행동을 예측하고 통제할 수 있도록 지식을 과학적·논리적으로 추론하여 체계화한 원리라고 정의하였다. 또한 전문상담사는 기존의 상담이론을 철저히 이해하여 기존의 상담이론의 우주관, 세계관, 인간관 등을 비교 분석하여 여러 상담이론이 가진 제한점과 새로운 상담이론에 관심을 가지게 되면서 상담이론 개발에 기여할 수 있을 것이라고 하였다.

이와 더불어 박성희 교수님께서 제안하신 '한국상담이 나아갈 방향'의 정립과 함께 한국의 상담학이 명실상부하게 그 정체성과 이론을 확립한다면 금상첨화가 될 것이라고 기대한다. 이 꿈이 『상담이론과 실제』를 통하여 상담이론을 연마하는 상담학도들과 연구진들, 그리고 이론과 실제의 통합으로 상담현장의 임상에 임하고 있는 전문상담사들을 통하여 이루어지기를 기원한다.

대표저자 양명숙

[1판 머리말]

 2013년 한국상담학회에서 발간하는 상담학 총서와는 남다르게 인연이 깊다. 이 상담학 총서 발간을 처음에 제의하신 분은 한국상담학회 4대 회장이시고 현재 한남대학교 총장이신 김형태 회장님이었다. 그러나 그 시기에 상담학 총서 작업이 이루어지기에는 주변 상황이 여의치 않았다. 이렇게 미루어지고 있던 작업을 6대 김성회 회장님께서 적극적으로 추진하시면서 6대 학술위원장으로서 상담학 총서 작업을 총괄하게 되었다.

 이렇게 시작된 13권의 상담학 총서 중『상담이론과 실제』의 대표저자로서 필진을 모으고, 원고를 받고, 교정하는 작업에 임하게 되었다. 상담학 총서 3권으로 출판되는『상담이론과 실제』는 명실공히 한국의 상담학계를 대표하는 교수님들이 대거 참여해 주셨다. 이에 감히 대표저자로 나설 일이 아니었지만, 원고를 모으고 연락하고 교정에 참여하는 것이 누군가는 해야 하는 일이라 감히 그 역할을 담당하였다. 이에 대표저자로서 무엇보다『상담이론과 실제』를 위하여 귀한 시간을 할애하여 원고를 써 주신 필진들의 노고와 헌신에 무한한 감사를 드린다.

 먼저, 1장으로 상담이론에 대한 기초를 열어 주신 경북대학교의 김성회 회장님을 비롯하여, 2장 정신역동과 상담의 경성대학교 천성문 교수님, 3장 분석심리학과 상담의 강남대학교 박종수 교수님, 4장 개인심리학과 상담의 경북대학교 김춘경 교수님, 5장 실존주의와 상담의 백석대학교 한재희 교수님, 6장 인간 중심과 상담의 한남대학교 김형태 총장님과 대구교육대학교 홍종관 교수님, 7장 게슈탈트 상담의 동국대학교 이영이 교수님, 8장 행동주의 상담의 서울대학교 김동일 교수님, 9장 인지 · 정서 · 행동치료의 광운대학교 박경애 교수님, 10장 교류분석과 상담의 대구가톨릭대학교 제석봉 교수님, 11장 현실치료와 상담의 계명대학교 박재황 교수님, 12장 자아초월심리학과 상담의 서울불교대학원대학교의 김명권 총장님과 문일경 교수님, 13장 과정지향심리학과 상담을 저와 함께 집필해 주신 한남대학교 전지경 교수님, 그리고 14장 동양상담과 15장 한국상담이 나아갈 방향의 청주교육대학교 박성희 교수님께 감사드린다. 『상담이론과 실제』는 그동안 기존의 상담이론과 더불어 새로운 이론들을 소개하면서 한국 상담학 이론의 정립을 위한 기초 작업을 시도하였다. 이러한 우리의 열망과 의지를 모아 간다면, 한국 상담학 이론들이 정립되는 날도 멀지 않을 것이라 기대한다.

한국의 상담계를 대표하는 기라성 같은 필진들과 책을 만들어 내는 작업이 그렇게 만만하지는 않았다. 이에 부지런하게 간사로서 최고의 역할을 해 준 조은주 선생님과 원고를 모아서 편집을 맡아 준 김윤희 선생님에게도 감사를 드린다. 무엇보다 물심양면으로 한국상담학회의 상담학 총서 작업에 적극적으로 지원을 아끼지 않으신 학지사의 김진환 사장님과 최임배 전무님을 비롯한 학지사 관계자분들에게 감사를 드린다. 특히 『상담이론과 실제』의 편집을 담당한 하시나 선생님의 책에 대한 안목과 탁월한 편집능력은 참으로 전문가다운 면모로 감탄을 자아내게 하였다. 이런 전문가들과 하는 작업이라면, 언제 어디서나 행복한 마음으로 할 수 있을 것 같다.

끝으로 이 책이 상담학도들의 등대가 되어 상담에 대한 이론적 접근과 더불어 임상의 기초적 이론을 담은 책이 될 수 있기를 바란다. 무엇보다 상담학 총서 발간과 더불어 한국에서의 상담학이 명실공히 그 자리를 잡을 수 있기를 기대한다.

한남대학교 오정골에서
양명숙

[차례]

제1장
상담이론에 대한 이해

│ 김성회 │

　이 장은 상담과 상담이론 및 상담이론 개발에 대해 다루고 있다. '상담은 정신적 내용을 포함한 해결과 과제를 가진 내담자를 도울 수 있는 전문상담사가 상호작용을 통해 내담자를 돕는 과정'이라고 정의할 수 있다. 내담자가 필요로 하는 도움은 정신건강 증진, 문제 해결력 증진, 정신건강 예방이다. 일반인들이 말하는 상담사와는 달리 전문상담사는 전문적 자격을 갖추고 상담을 전문직으로 활동하는 상담사를 말한다. 전문상담사는 직접적으로 내담자를 돕는 면접상담 등과 간접적으로 내담자를 돕는 자문 등과 관련된 역할을 한다. 전문상담사는 인간적 자질과 전문적 자질을 갖추어야 한다. 상담과정은 상호작용을 통해 일어나며, 전문상담사는 이 상호작용이 효과적으로 일어나도록 이끌어 가야 한다. 상담이론은 유럽과 미국 등에서 정서나 행동 및 인지의 변화를 중심으로 발전하였지만, 지금은 모든 이론을 통합하는 방향으로 변해 가고 있다. 상담이론은 내담자에 대한 통합적 이해와 상담목표 설정을 돕는 등의 기능을 가지고 있으며, 체계성과 유용성 등을 갖추어야 한다. 사회의 변화와 새로운 상담 전문영역의 출현 등으로 새로운 상담이론 개발의 필요성이 높아지고 있다. 상담이론을 개발하려면 도전적인 태도나 생각의 변화 등이 필요하다. 새로운 상담이론은 환경이나 시대 배경 등을 이해하는 데에서 시작하여 이론의 제한점을 계속 확인하는 단계까지 일련의 절차를 통해 이루어져야 한다. 개발한 상담이론을 적용할 때에는 그 이론을 계속 연구하고, 그 결과를 토대로 수정·보완해야 하는 등 유의해야 할 점이 많다.

1. 상담

1) 상담의 의미

우리는 주변에서 상담이라는 용어가 다양한 상황에서 서로 다른 의미로 사용되는 경우를 종종 본다. 이는 상담을 다르게 정의할 수 있다는 의미이기도 하다. 따라서 상담학에서 말하는 상담의 의미를 보다 분명히 정의할 필요가 있다. 여기서는 먼저 몇몇 학자(이형득 외, 1984; Sommers-Flanagan & Sommers-Flanagan, 2015)의 정의를 토대로 상담의 의미를 정의하고, 그 정의가 의미하는 것을 구체적으로 알아보려고 한다.

- 상담은 내담자와 전문상담사 사이에서 이루어진다.
- 내담자는 정신적인 내용을 포함한 도움이 필요한 과제를 가지고 있다.
- 전문상담사는 내담자가 스스로 자신의 과제를 해결하도록 도울 수 있다.
- 상담과정에서 내담자와 전문상담사 사이에 도움을 주고받는 상호작용이 일어난다.

이상의 내용을 종합하면, '상담은 정신적 내용을 포함한 해결할 과제를 가진 내담자를 도울 수 있는 전문상담사가 상호작용을 통해 내담자를 돕는 과정'이라고 정의할 수 있다.

2) 상담의 목적

상담은 정신적 내용을 포함한 해결할 과제를 가진 내담자를 도울 수 있는 전문상담사가 상호작용을 통해 내담자를 돕는 과정이기 때문에 내담자를 돕는 것이 상담의 목적이라고 할 수 있다. 그래서 내담자가 원하는 도움을 중심으로 상담의 목적을 살펴보기로 한다. 도움의 측면에서만 보면 내담자의 범위는 대단히 넓어진다. 왜냐하면 개인을 포함한 자연계의 사물과 현상은 자신 이외의 것들에게 도움을 주기도 하고 받기도 하기 때문이다. 이러한 점에서 본다면 인류의 시작과 더불어 상담이 항상 있어 왔다고 할 수 있다. 여기서 중요한 것은 도움의 내용이다. 인간이 필요로 하는 도움에는 여러 가지가 있겠지만 그중에서도 자신의 생존을 영위해 가는 것과 관련된 도움이 아주 중요하다. 예를 들면, 사냥을 하는 기술, 적의 공격을 막거나 피하는 방법 등에 대한 도움이다. 그러나 범죄도 죄인의 입장에서 보면 자기의 생존을 위한 방법 중 하나인데, 이러한 도움을 상담이라고 하지는 않는다. 또한 범죄자로부터 피해를 당한 사람들에게 힘으로나 물질적으로 도와주는 활동을 상담으로 보는 전문상담사도 거의 없다. 이러한 점에서 본다면 도움을 주는 모든 활동을 상담이라고 할 수는 없다. 즉, 물리적인 힘을 사용해서나 물질적으로 내담자를 도와주는 행동을 상담으로 보기는 어렵다. 따라서 상담은 물리적인 힘이나 물질적인 도움보다는 정신적인 면에서의 도움이 강조되고 있음을 알 수 있다. 정신적인 면을 중심으로 상담의 목적을 알아보기로 한다.

(1) 내담자의 정신건강 증진

정신건강을 도와주는 활동과 관련된 상담의 역사는 오래된 것으로 보인다. 인간은 부모를 포함한 주변 사람들로부터 정신적 도움을 받아 성장하기 때문이다. 즉, 부모는 물론 많은 교육자와 철학자 및 종교인의 가르침이 정신건강과 관계가 있기 때문이다. 따라서 크게 보면 철학자나 종교지도자도 전문상담사로 볼 수 있다(Kottler, 2004).

정신적 도움이 상담의 주 대상이 된다는 점은 인정하지만 신앙이나 철학적 도움만을 상담으로 보는 전문상담사는 드물다. 이는 신앙이나 철학의 범위가 아주 포괄적이어서 상담의 영역을 포함할 수 있을 것 같으나, 상담도 그 나름의 독자적 학문체계가 있기 때문에 상담이 이러한 분야에 완전히 포함된다고 보기는 어렵기 때문이다.

인류가 정신건강에 관심을 갖기 시작한 이유는 정신병과 관련된 것으로 볼 수 있다. 정신건강과 관련된 초기의 관심은 정신병에 걸리지 않거나 정신병에 걸렸더라도 빨리 회복되는 것이었다. 따라서 정신건강이 심리적인 면과 관련이 많다는 점에서 심리치료라는 용어가 주로 사용되었다. 그러나 심리치료가 정신건강을 돕는 용어로 계속 사용된 것은 아니다. 최근에는 심리치료, 상담, 생활지도가 함께 사용되고 있음을 우리 모두는 알고 있다. 사람들은 주로 '심리치료'라고 하면 심리적인 문제로 현실 생활이 어려운 사람을 대상으로 하는 활동으로 본다. 우리나라의 경우에는 정신과 의사에 의해 이루어지는 활동을 심리치료로 보는 경향이 있다. 그러나 꼭 그런 것은 아니다. 많은 상담 교재는 '상담 및 심리치료'라는 제목을 사용하고 있는데, 이는 정신적인 문제로 현실 생활이 어려운 사람들을 대상으로 상담활동을 할 수도 있음을 시사한다. 생활지도는 주로 발달적 과정에서 경험하는 어려움, 즉 부적응을 극복하여 적응하도록 도와주기 위해 내담자에게 정보를 제공하는 등의 인지적 활동에 초점을 두는 경향이 크다. 그러나 '생활지도와 상담'이라는 교재가 많은 것으로 보아 꼭 그런 것도 아니다. 중요한 것은 상담 교재는 물론 심리치료나 생활지도 교재에도 상담이론이 포함되어 있다는 점이다. 따라서 심리치료와 상담 및 생활지도가 필요한 대상은 모두 상담의 대상이 될 수 있다. 이는 정신과 의사가 생활지도를 거의 하지 않고 생활지도 전문가가 정신치료를 거의 하지 않는 반면, 전문상담사는 상담은 물론 심리치료와 생활지도를 한다는 점에서 상담의 대상은 정신치료와 생활지도의 대상자 모두를 포함한다고 볼 수 있다. 정신과 의사와 전문상담사의 차이는 전문상담사가 의료와 관련된 법률 때문에 약물을 사용하지 않는다는 점뿐이다.

이상에서 보는 바와 같이, 상담은 심리치료나 생활지도 영역을 포함하고 있고 정신적으로 건강하지 못해 자신의 어려움을 스스로 극복하지 못하는 내담자의 정신건강을 회복 또는 증진하도록 돕는 것을 목적으로 한다.

(2) 내담자의 문제 해결력 증진

사람들 중에는 정신적으로 별 문제가 없는데도 자신이 해결하고 싶은 과제를 잘 해결하지 못하는 경우가 있다. 즉, 문제를 해결하는 능력이 부족하여 현실적으로 어려움을 겪는 사람이 있다. 물론 우리 주변에서 현실적으로 해결이 어려운 과제가 전혀 없는 사람은 거의 없다. 이는 '문제' 또는 '과제'에 대한 관점과 밀접한 관련이 있다. 따라서 먼저 많은 사람이 생각하는 '문제' 또는 '과제'를 상담에서는 어떤 관점에서 봐야 할지에 대해 함께 생각해 보고자 한다.

보는 관점에 따라 다르겠지만, 문제는 삶의 과정에서 자신이 원하는 바를 이루어 가는 데 방해가 되는 현상이나 사실 또는 경험을 말한다. 간단히 말하면, 살아가는 데 겪는 어려움이다. 그러한 어려움 중에서도 상담에서 관심을 가지는 문제는 개인의 정신적 어려움이다. 많은 사람은 부정적 측면에 초점을 두고 문제를 보려고 한다. 즉, 문제는 좋지 않기 때문에 없애거나 줄이려고 한다. 물론 문제에는 개인을 좌절시켜 다시는 회복할 수 없는 경지로 몰아갈 수도 있는 부정적인 면이 있다. 그러나 문제는 인간에게 부정적인 영향을 미치는 것만큼 긍정적인 영향을 미친다는 점도 함께 알아야 한다. 다시 말해, 인간은 문제가 있음을 알고 이를 극복하는 가운데 자신의 능력을 극대화해 간다. 사람에 따라서는 문제를 만들고 해결해 가는 가운데 많은 성취감과 행복감을 경험하기도 하기 때문이다.

상담은 내담자가 가지고 있는 문제를 해결해 주는 것이라는 관점에 대해서도 다시 한 번 생각해 볼 필요가 있다. 인간은 살아가는 동안 하루도 어려움, 즉 문제를 경험하지 않는 날이 없다. 이렇게 보면 모든 사람은 매일 전문상담사를 찾아가서 상담을 받아야만 살아갈 수 있을 것이다. 따라서 상담에서 내담자가 필요로 하는 도움은 그가 가지고 있는 문제의 해결이 아니라 그 문제를 해결할 수 있는 능력을 갖도록 돕는 것이다. 전문상담사는 상담을 통해 내담자가 호소한 문제뿐만 아니라 그와 유사한 문제는 물론 다른 문제도 해결할 수 있는 능력을 갖도록 내담자를 도와주는 것이 중요하다. 나아가 상담은 내담자가 힘든 문제를 스스로 만들고 이를 해결 또는 극복해 가는 가운데 그가 원하는 바를 이루도록 도움을 주는 활동이라고 할 수 있다.

(3) 내담자의 정신건강 예방

상담의 개념을 더 확장해야 한다는 의견들이 이미 오래전부터 있어 왔다는 것도 잊어서는 안 된다. 이는 일찍부터 정신건강에 대한 인식의 변화가 필요함을 강조한 학자들이 많았기 때문이다. 즉, 정신건강을 위해서는 소극적인 자세에서 벗어나 적극적인 자세로 임해야 한다(Jahoda, 1958). 이는 의학계에서 신체건강을 위해 예방주사를 맞는 등 예방에 관심을 가지고, 운동 등을 통해 건강을 유지함과 아울러 건강할 때 더욱 건강하도록 하기 위해 예방의학을 강조하는 것과 같이, 정신건강에서도 예방, 나아가서 자신이 가진 기능을 충분히 발휘하는(Rogers, 1961) 데까지 그 관심을 넓혀야 한다는 것이다. 전문상담사는 상담을 통해서 내담자의 예상되는 부적응행동을 예방하고 발달적 과업을 잘 극복하도록 함은 물론, 그의 잠재력을 실현하는 데 필요한 도움을 줄 수 있도록 해야 한다. 이러한 측면에서 보면 모든 사람이 내담자가 될 수 있다.

따라서 상담의 목적은 내담자에게 방해가 되는 정신적 요소를 최대한 예방하고, 비록 내담자가 정신적으로 어려움을 겪을지라도 스스로 이를 극복하고 자신이 원하는 것을 최대한 달성할 수 있도록 도와주는 것이라고 할 수 있다.

3) 전문상담사의 역할

전문상담사의 역할을 논하기 전에 전문상담사라는 용어를 사용한 이유를 먼저 밝힐 필요가 있겠다. 사회의 많은 분야에서 '상담자' 또는 '상담사'라는 용어가 널리 사용되고 있다. 그런데 이러한 용어는 전문성과 관계없이 사용되는 경우가 많다. 그래서 한국상담학회에서는 오랜 기간에 걸친 의견 수렴을 통해 상담자(사)라는 용어를 사용하지 않고 '전문상담사'라는 용어를 사용하기로 했다. 이는 전문상담사가 상담에 대한 전문성을 가져야 함을 강조한 것이다. 그래서 이 장에서는 상담자(사)라는 용어를 사용하지 않고 전문상담사라는 용어로 통일해서 사용할 것이다.

전문상담사의 역할은 많겠지만, 이형득(1992)이 제시한 것을 참고로 보면 내담자에게 직접 관여하여 내담자를 돕는 상담면접, 교육, 훈련, 옹호와 같은 활동과 내담자와 관련된 환경의 변화나 간접적 방법을 통해 내담자를 돕는 자문, 조직 개발, 지역사회 개발, 조정, 의뢰 및 위탁 활동이 있다.

(1) 직접적인 역할

내담자에게 직접 관여하여 내담자의 변화를 돕는 전문상담사의 역할 중 상담면접은 전통적인 상담활동으로, 전문상담사와 내담자가 대면하거나 화상면접, 전화, 인터넷 등을 통해 서로 직접 의사소통하면서 상담목표를 달성하는 활동이다. 상담면접은 이미 사용되고 있는 특정 이론에 따라 이루어지거나 특정 이론을 수정한 또는 자신이 개발한 이론에 따라 이루어진다.

교육은 상담목표를 달성하는 데 도움이 되는 지적 측면에 대해 내담자가 이해하도록 돕는 활동으로, 상담이론, 발달이론, 성격이론, 정신위생, 법률 등에서 상담목표에 필요한 사항을 찾아 교육하는 것이다. 예를 들면, 학교폭력 가해자에게는 상담면접을 통해 교육을 받을 준비를 시킨 후, 폭력과 관련된 교칙이나 법률 등에 대해 교육한다. 이러한 교육은 지적 탐구를 위한 것이 아니고 내담자의 정신건강에 도움을 줄 수 있는 교육이라는 점에서 학교에서 하는 수업과는 다르다. 교육의 방법은 강의, 토론, 세미나, 워크숍, 독서 등을 통해 이루어질 수 있다.

훈련은 내담자가 원하는 행동을 실제로 할 수 있는 수준에 이르도록 전문상담사가 내담자를 돕는 활동이다. 많은 경우 이러한 훈련은 사전에 계획된 프로그램에 의해 진행된다. 훈련에서는 행동적 상담기법이 많이 활용되고 있다. 이 경우, 전문상담사는 앞에서 제시한 교육을 통해 내담자에게 목표행동을 이해시키고, 그 행동에 대한 시범을 보인 후 역할연기와 그에 대한 피드백 등을 통해 내담자를 훈련할 수 있다.

옹호는 사회제도의 모순이나 어떤 여건에 의해 부당한 대우를 받는 내담자가 있는 경우, 내담자의 편에 서서 그의 권리를 옹호해 주는 것이다. 이러한 활동을 하기 위해서는 전문상담사가 내담자가 관여된 사회나 조직 등의 여건에 대해 관심을 가지고 관련된 정보를 수집해 둘 필요가 있다. 또한 불의와 대항할 수 있는 용기도 있어야 한다. 여론을 조성하거나 내담자에게 법적 지원을 줄 수 있는 인적 자원을 확보하고 있을 때 전문상담사는 더욱 효과적으로 내담자를 옹호할 수 있다.

(2) 간접적인 역할

내담자를 돕는 상담자의 활동 중 자문은 전문상담사가 직접 내담자를 돕는 것이 아니라 내담자에게 도움을 줄 수 있는 사람들을 먼저 도와주어 이들이 내담자를 직접 돕도록 하는 것이다. 주로 많은 사람에게 도움을 주는 전문직 종사자인 교사, 학교행정가, 종교지도자, 사회사업가, 경찰관, 변호사, 의사, 군 간부, 기업체 간부, 고용주, 학부모 등과 같은 사람들의 자문에 응하는 것이다. 자문의 내용은 주로 이들이 접하는 사람들이 자주 겪는 발달단계상의 과제나 대인관계와 관련된 내용일 수 있다.

조직 개발은 내담자가 속한 조직의 변화를 통해 그 조직에 속한 사람들을 돕는 활동이다. 학교폭력이나 직장 스트레스 등은 내담자만의 문제가 아니고 조직의 구조상 발생하는 문제일 경우가 많다. 이럴 경우에 조직체계를 바꾸도록 그 기관을 돕는 것이다. 개인의 많은 문제는 조직문화와 관련이 있기 때문에 상담에서는 그가 속한 조직의 문화에도 함께 관심을 가져야 한다. 또한 전문상담사는 조직원들의 정신건강을 증진시키거나 정신건강을 해칠 수 있는 여건들을 사전에 잘 파악하여 어떤 조직체계가 그 조직에 속한 조직원들의 정신건강, 발달과업, 성격발달 등에 도움이 될 수 있는지를 잘 알고 있어야 한다.

지역사회 개발은 내담자가 속한 지역사회의 변화를 통해 내담자를 포함한 지역주민의 정신건강과 인간발달을 돕기 위한 활동이다. 이러한 활동은 공공기관이나 복지관과 같은 정신건강 지원기관, 또는 사회단체 등을 통해 정신건강과 관련된 지역사회의 문화를 바꾸는 것이다. 주로 지역사회에 영향을 미치는 기관에서 이루어지는 활동에 전문상담사가 직접 참여하여 지역사회가 정신건강 증진에 더 도움이 되는 방향으로 나아가도록 돕는 활동이다.

조정은 국민의 정신건강과 인간발달을 돕는 지역사회 내의 조력기관이나 단체(예: 학교, 개인상담소, 상담기관, Wee센터, 교회, 정신과 병원, 경찰서, 상담 관련 학회, 복지기관, 상담자원봉사단체, 교육위원회, 상담 관련 대학의 학과 등) 간의 중복되는 활동이나 이해관계로 인해 갈등이 일어날 때 이를 조정하는 활동이다. 이렇게 함으로써 각 분야의 전문성이 보다 더 발휘될 수 있게 하고, 예산 낭비를 줄이며, 지역주민들에게 더 효과적인 도움을 줄 수 있다.

의뢰 및 위탁은 내담자를 다른 사람이나 기관에 보내는 상담자의 역할이다. 의뢰는 전문성 면에서나 장기적 측면에서 내담자가 다른 전문가로부터 더 효과적인 상담을 받을 수 있다고 판단하여 내담자를 관련된 전문상담사나 정신과 의사 등에게 보내는 활동이다. 위탁은 의뢰와 비슷한 개념이지만 주로 내담자를 시설이나 기관에 갈 수 있도록 도와주는 활동을 말한다. 전문상담사가 내담자에게 보다 많은 도움을 주기 위해서는 평소에 전문상담사가 의뢰나 위탁을 할 수 있는 다른 전문상담사나 정신과 의사 또는 위탁시설이나 위탁기관을 잘 알고 있어야 한다. 또한 의뢰나 위탁의 절차나 방법 및 자료에 대한 정보도 많이 가지고 있어야 한다.

4) 전문상담사의 자질

기존의 연구(이형득, 1992; Neukrug, 2017b; Nystul, 2006)를 종합해 보면, 전문상담사의 자질은 크게 인간적 자질과 전문적 자질로 나누어 볼 수 있다. 이를 좀 더 구체적으로 제시해 보고자 한다.

(1) 인간적 자질

모든 전문직은 그 전문직에 필요한 자질을 요구하지만 윤리강령이 아닌 인간적 자질을 별도로 요구하는 전문직은 드물다. 다른 전문직과 달리 전문상담사에게 인간적 자질을 강조하는 것은 전문상담사 자신이 상담의 중요한 도구가 될 수 있고 전문상담사와 내담자의 상호작용을 통해서 상담이 이루어지기 때문이다.

전문상담사는 내담자를 포함한 인간에 대한 믿음이 있어야 한다. 상담은 내담자와 전문상담사의 상호작용으로 이루어지는데, 서로가 믿지 못하는 상황에서는 효과적인 상호작용이 어렵기 때문이다. 전문상담사가 내담자를 믿는 것도 중요하지만 내담자가 느끼기에 전문상담사가 자신을 믿어 주고 있다고 느끼게 하는 것이 더 중요하다. 내담자가 전문상담사를 믿지 못하면 내담자는 전문상담사에게 자신의 많은 부분을 솔직하게 노출하기가 어렵다. 이렇게 되면 내담자가 도움을 받기도 어렵다. 내담자가 전문상담사를 믿도록 하기 위해서는 먼저 내담자가 전문상담사로부터 관심을 받고 있다고 느끼는 것이 중요하다. 내담자는 자신에게 관심을 보이지 않는 전문상담사와는 더 이상 관계하고 싶지 않을 가능성이 크기 때문이다. 그 다음으로는 내담자가 상담자로부터 한 인간으로서 존중받고 있다고 느껴야 한다. 내담자가 전문상담사로부터 존중받고 있지 못하다고 느끼면, 내담자도 상담자를 존중하기 어렵고, 그렇게 되면 내담자는 전문상담사와의 관계에서 방어를 하기 때문에 상담이 효과를 거두기 어렵다.

전문상담사는 자기를 각성할 수 있어야 한다. 전문상담사의 자기각성이 중요한 이유는 전문상담사가 자신을 정확히 모르고서는 내담자를 도울 수 없기 때문이다. 앞에서도 언급한 바와 같이, 자연의 모든 것은 다른 것에 도움을 줄 수 있지만 피해를 줄 수도 있다. 따라서 전문상담사도 내담자에게 도움을 줄 수도 있고 피해를 줄 수도 있다. 전문상담사가 내담자에게 도움을 줄 수 있기 위해서는 전문상담사 자신의 감정, 생각, 행동, 신체 상태 등 자신과 관련된 현재 상태와 이들 간 역동 및 이들이 내담자와 어떻게 상호작용하는지에 대해서도 정확히 각성하고 있어야 한다. 이러한 자기각성을 통해 내담자 및 내담자와의 상호작용을 더 잘 이해할 수 있게 된다. 더 나아가 필요할 경우 현재의 내적 역동 및 내담자와의 상호작용 방법을 바꿀 수도 있다.

전문상담사는 유머를 활용할 수 있어야 한다. 상담의 목적은 결국 내담자가 원하는 행동을 할 수 있도록 돕는 것이다. 그러나 많은 내담자는 많은 경험을 통해 이미 익숙해져 있고, 어느 정도 예측과 대처가 가능한 현재의 행동을 그만두고 익숙하지 않은 새로운 행동을 하기가 어렵다. 비록 마음은 그렇게 하고 싶어도 몸이 거부하는 경우가 많다. 그래서 새로운 행동을 요구받는 상담장면에서는 심한 내적 갈등을 겪거나 신체적 긴장을 경험한다. 이러한 긴장을 풀기 위해서는 유머를 사용하는 것이 대단히 중요하다. 유머를 적절히 사용하면 내담자는 물론 전문상담사 자신도 긴장이 줄어들고, 이로 인해 전문상담사와 내담자가 더 여유로워질 수 있다. 이때 주의해야 할 점은 전문상담사와 내담자 사이의 역동에 따라 내담자가 오해할 수도 있기 때문에 그 내용과 사용 시기의 포착이 아주 중요하다는 점을 잊어서는 안 된다.

전문상담사는 용기가 있어야 한다. 전문상담사가 상담을 하다 보면 상담목표가 달성되어 종결하는 경우도 있지만 그렇지 못한 경우도 많다. 내담자에 따라서는 전문상담사를 소진시키거나 윤리적 또는 법률적 문제를 일으켜서 전문상담사를 힘들게 할 때도 있다. 이런 경우에도 실망하여 포기하지 않고 실패의 경험을 더 효과적인 상담을 위해 활용하려는 용기 있는 사람이어야만 전문상담사가 될 수 있다.

마지막으로, 전문상담사는 끊임없이 자기성장을 위해 노력해야 한다. 상담과정에서 전문상담사는 상담의 도구가 된다는 점과 그 핵심은 인간적 성장이라는 점을 잊어서는 안 된다. 우리는 부처님이나 예수님의 그림을 보거나 그 모습을 마음속으로 떠올리기만 해도 자신의 마음이나 행동이 변하기도 한다. 그러나 어떤 전문상담사는 30회기나 상담을 해도 내담자가 거의 변하지 않을 수도 있다. 그 원인 중 중요한 한 가지는 전문상담사의 인간 됨됨이, 즉 인간적인 측면의 성장이 부족하기 때문일 수도 있다는 점을 잊어서는 안 된다. 따라서 전문상담사는 자신과 타인 및 사물을 있는 그대로 이해하고, 이해한 그대로를 수용하며, 나아가 수용한 그대로를 드러낼 수 있는 성장된 인간이 될 수 있도록 평생 노력해야 한다.

(2) 전문적 자질

모든 전문직은 그 분야의 전문성을 요구한다. 여기서는 이론적 측면과 실제적 측면으로 나누어 전문상담사의 전문적 자질을 살펴보기로 한다.

먼저, 전문상담사는 상담에 대한 이론적 틀을 가지고 있어야 한다. 이론적 측면이 중요한 이유는 전문상담사가 이론적 틀을 가지고 있지 않은 채 상담에 임하는 것은 비행기 조종사가 뉴욕으로 가는 항로를 포함하여 뉴욕으로 가는 정보나 계획이 많이 부족한 상태에서 뉴욕을 향해 이륙하는 것과 같은 것이기 때문이다. 그러면 전문상담사는 어떤 이론을 가지고 상담에 임해야 할지에 대해 생각해 보자. 가장 바람직한 것은 전문상담사가 자신의 이론을 개발하는 것이다. 그러나 특정 이론을 개발하는 것은 그리 쉬운 일이 아니다. 자신의 이론을 어떻게 개발하는지에 대해서는 뒷부분에서 다룰 것이다. 자기의 상담이론 개발이 어렵다면 차선책으로 기존의 상담이론 중 한 가지를 완전히 이해하고 이 이론을 상담실제에 능수능란하게 적용할 수 있도록 하는 것이다. 그러나 이러한 경지에 이르지 못한 상태에서는 그 이론이 지향하는 바와는 다른 방향, 즉 자기 스타일의 상담을 할 가능성이 크다는 점을 유의해야 한다. 마지막으로, 기존의 몇 가지 상담이론을 어떤 이론적 틀에 맞추어 재구성하는 것이다. 이 경우 논리성이 부족하여 이론적 체계가 일관성을 가지지 못할 수 있기 때문에 매우 유의해야 한다. 어떤 경우에도 전문상담사는 현재 자신이 활용하고 있는 상담이론이 지향하는 인간관, 그 인간관을 토대로 한 행동의 변화 또는 발달과정, 특히 내담자의 능력을 방해하는 행동의 발달과정에 대한 가정, 잘못된 발달과정이나 행동을 변화시킬 수 있는 구체적 상담기법과 이러한 기법을 적용하는 일련의 상담과정에 대한 가정, 그 이론이 가지는 강점과 약점 등 일관성을 가진 하나의 이론적 틀을 가지고 상담에 임해야 한다. 이는 전문상담사가 '상담은 과학이다'는 점을 늘 각성하고 과학적 전문상담사가 되어야 함을 잊어서는 안 된다는 점을 강조하는 것이기도 하다.

전문상담사의 전문적 자질 중 실제적인 측면과 관련된 자질은 전문상담사 자신이 개발한 이론, 타인이 개발한 이론, 어떤 이론적 틀에 따라 기존 이론을 합친 경우를 포함하여 자신이 현재 선택한 상담이론에 따라 상담과정을 효과적으로 진행할 수 있는 능력이다.

거의 대부분의 이론에 공통적으로 적용되는 전문상담사의 능력은 내담자와 상담관계를 잘 형성하여 유지해 가는 능력이다. 상담자와 내담자의 관계에서 내담자가 어떤 행동이나 사고 및 감정을 드러내도 그에 대해 상담자로부터 무시나 거부감을 느끼지 않고 공감과 수용 및 인정을 받고 있다고 느끼도록 하는 것이다.

전문상담사는 자신이 적용하고 있는 상담이론을 상담실제에 적용할 수 있는 능력을 갖추고 있어야 한다. 전문상담사는 현재 적용하고 있는 상담이론의 상담과정과 상담기법을 정확하게 이해하고 적용할 수 있는 수준을 넘어서야 한다. 즉, 능수능란하게 할 수 있어야 한다. 여기서 능수능란하다는 것은 내담자와의 상호작용에서 전문상담사가 하려는 행동이 매 순간 저절로 그렇게 행하는 수준에 이르러야 한다는 것이다. 이는 '상담은 예술이다'는 관점을 강조하는 것이다. 전문상담사는 똑같은 상담기법을 적용하더라도 상황에 맞게 기법을 창조적으로 적용할 수 있어야 하는데, 이는 특정 기법을 어떻게 적용해야 하겠다는 의도적 노력이 거의 없이 자율신경계에 의해 저절로 특정 기법을 적용할 수 있는 경지에 이르러야 한다는 것이다.

전문상담사가 전문가로서의 역할을 계속 수행하기 위해서는 꾸준히 전문적 수련을 해야 한다. 상담을 실제로 계속하지 않거나 자신이 하고 있는 상담과정에 대해 평가를 받지 않을 경우 전문상담사는 곧 한계에 부딪힌다. 따라서 전문상담사는 동료 전문상담사들과의 동료 수퍼비전 기회나 수련감독급 전문상담사의 개인 또는 집단 수퍼비전을 통해 늘 자신의 상담능력을 점검하고 향상시키기 위해 지속적으로 노력해야 한다. 한국상담학회의 경우 계속적인 수련을 하도록 하기 위해 5년마다 자격증을 갱신하도록 하고 있다.

전문상담사가 전문성을 잘 발휘하기 위해서는 상담윤리 및 내담자의 문화적 배경에 대한 이해가 중요하다. 이를 위해서는 자신이 속한 학회나 기관의 윤리 규정과 내담자의 문화적 배경을 정확히 이해하기 위한 노력을 계속해야 한다. 상담 윤리규정과 내담자의 문화에 대한 이해 부족으로 인해 문제가 발생하거나 상담효과가 떨어지지 않도록 유의해야 한다.

전문상담사가 전문가로서의 역할을 계속 수행하기 위해서는 상담에 대한 연구를 계속해야 한다. 전문상담사가 내담자를 효과적으로 도울 수 있기 위해서는 자신이 적용하고 있는 상담기법을 포함한 상담이론에 대해 계속 의문을 가지고 연구를 하고, 그 결과를 토대로 더 타당성이 있고 효과적인 상담을 위해 기존의 이론이나 상담기술을 수정하고 보완해야 한다. 이를 위해서는 전문상담사가 연구를 할 수 있는 능력을 갖추어야 하므로 한국상담학회와 한국상담심리학회를 포함한 상담 관련 학회에서는 1급 전문상담사 수련 요건에 연구 관련 업적을 포함시키고 있다.

5) 상담과정

상담과정과 구체적인 상담기법은 특정 이론에 따라 다르다. 그러나 실제로 상담 상황에서 일어나는 구체적인 상호작용과정에서는 모든 이론의 공통적인 요소가 있다. 전문상담사나 내담자 중 어느 한쪽에 의해 상담이 진행되는 것이 아니기 때문에 효과적인 상담을 위해 전문상담사는 이러한 상호작용이 어떻게 일어나고 있는지를 정확히 알고 이에 적절히 대처할 수 있어야 한다. 전문상담사의 자질에서도 밝혔듯이, 효과적인 상담을 위해서는 전문상담사의 자기이해와 순간순간 자신에 대한 각성이 대단히 중요하다. 전문상담사는 자신의 능력, 성격 등 자신의 내면적 특성을 잘 이해하고 있어야 하고, 특히 현재 자신의 정서, 행동, 인지는 물론 신체 상태까지도 각성하고 있어야 한다. 더불어 내담자의 내면적 특성과 그의 현재 정서, 행동, 인지 및 신체 상태도 알아야 한다. 더 나아가 전문상담사는 현재 상호작용이 어떻게 이루어지고 있는지도 각성해야 한다.

여기서 전문상담사가 자신과 내담자 및 상호작용에 대한 각성 중 어느 하나라도 놓치게 되면 효과적인 상담이 어렵다. 전문상담사는 내담자와 자신을 잘 이해한 가운데 내담자에게 도움을 줄 수 있는 상호작용을 해야 한다.

상담은 돕는 과정이라는 점에 유의해야 한다. 이는 상담이 어떤 과정을 통해 내담자에게 도움을 주고, 그 도움이 연계성을 가지고 지속적으로 이루어진다는 것이다. 즉, 상담과정은 서로 잘 몰랐던 전문상담사와 내담자가 하나됨을 경험한 후 내담자가 전문상담사의 도움을 받게 되고, 다시 전문상담사와 내담자는 분리되는 과정으로 이어진다는 것이다. 여기서 전문상담사와 내담자가 하나됨을 경험하지 못하면 내담자는 도움을 받기 어렵게 된다. 또한 내담자가 도움을 받았더라도 전문상담사와 내담자가 분리되지 않으면 장기적으로는 내담자에게 도움을 주기 어렵다. 이는 우주선이 우주정거장에 가서 랑데부를 한 후 도킹을 하고 임무를 수행하고 나서 분리되어 다시 지구로 돌아오는 것과 같은 이치다.

상담은 전문상담사가 내담자의 문제를 해결해 주는 과정이 아니라 내담자 스스로 자신의 문제를 해결해 가도록 돕는 과정이라는 점에 유의해야 한다. 또한 내담자가 자신의 문제를 완전히 해결한 후 종결하는 경우도 있지만, 내담자 스스로 자신의 문제를 해결할 수 있는 출발점까지만 함께 가는 경우도 많다는 점을 잊어서는 안 된다. 그래서 상담이론 중에는 추수상담을 강조하는 이론도 있다. 구체적인 상담과정은 상담이론마다 다르기 때문에 이런 점에 유의하여 상담이론을 살펴보고 적용할 필요가 있다. 크게 보면 상담은 전문상담사와 내담자의 관계 형성, 내담자에 대한 평가와 진단, 상담목표 설정, 상담면접과 과제에 대한 해결력 향상, 상담 종결과 추수지도, 그리고 연구와 평가과정을 거친다(Nystul, 2006).

2. 상담이론에 대한 이해

1) 상담이론의 의미

상담학이 독립된 학문이 되기 위해서는 여러 조건을 갖추어야 한다. 그중에서도 과학적 방법에 의해 이론이 개발되고, 그 이론에 따라 상담실제가 이루어지며, 그 이론이 타당한지에 대해서 과학적 방법을 통해 계속적인 연구가 이루어져야 한다. 따라서 과학과 이론의 의미를 먼저 알아보고, 이를 토대로 상담이론의 의미를 정의해 보고자 한다.

과학의 의미에 대한 몇몇 학자(이종승, 2009; Dampier, 1961; Nash, 1963)의 정의를 종합해 보면 다음과 같은 내용이 포함되어 있다.

- 과학은 어떤 사물이나 현상을 대상으로 한다.
- 과학은 관심의 대상을 합리적으로 이해하려 한다.
- 과학은 사물이나 현상에 존재하는 법칙을 찾으려 한다.
- 과학은 법칙을 근거로 관심의 대상에 대해 예측하고 통제하려 한다.

이상과 같은 내용을 종합해 볼 때 '과학은 합리적 방법을 사용하여 인간이 관심을 가지고 있는 자연이나 사회의 어떤 사물이나 현상에 대한 법칙을 찾고, 이를 토대로 그것들을 예측하고 통제하려는 행동'이라고 정의할 수 있다. 여기서 합리적이라는 것은 과학이 다음과 같은 속성을 가지고 있어야 한다는 점을 강조한다(이종승, 2009).

- 과학은 증거를 토대로 한다.
- 과학은 증거를 찾는 방법이 객관적이다.
- 과학은 증거를 찾는 방법이 체계적이다.

- 과학은 오차나 오류를 인정한다.
- 과학은 발견한 법칙도 수정한다.

이와 같은 과학의 속성은 다음과 같은 기본 가정을 전제로 한다(이종승, 2009). 이 전제 때문에 과학이 많은 사람으로부터 도전을 받기도 한다.

- 객관적인 현실세계가 존재한다: 우리는 객관적인 현실세계에서 생활하고 있으며 이러한 현실세계는 연구에 의해 객관적으로 밝혀질 수 있다.
- 자연에는 규칙성이 있다: 자연에서 일어나는 현상 중 어떤 규칙에 맞으면 유사한 현상이 반복해서 일어날 수 있다. 규칙성은 자연현상에 대한 분류 가능성과 항상성 및 인과성을 전제로 한다.
- 인간의 지식은 신뢰할 수 있다: 인간의 지각, 기억, 추리 등은 신뢰할 수 있고, 이를 통해 신뢰할 수 있는 지식을 얻을 수 있다.
- 인간이 추리한 것은 신뢰할 수 있다: 인간은 이미 알고 있는 지식을 바탕으로 연역적 또는 귀납적 방법을 통하여 알지 못하는 것을 추리할 수 있고, 추리한 것을 믿을 수 있다.

이상에서 과학의 의미와 과학이 추구하는 합리적 방법 및 과학의 기본 가정을 살펴보았다. 이론은 이러한 과학을 토대로 한다. 이론을 정의한 학자들(남종호, 1999; Presbury, Echterling, & McKee, 2008)의 의견을 종합해 보면, 이론은 다음과 같은 내용을 포함하고 있다.

- 이론은 어떤 사물이나 현상을 그 대상으로 한다.
- 이론은 과학적 방법에 의해 도출된 지식을 근거로 한다.
- 이론은 지식과 법칙을 근거로 원리를 찾으려 한다.
- 이론은 논리적인 체계로 조직되어야 한다.
- 이론은 예측하고 통제하려는 목적이 있다.

- 이론은 검증되지 않은 가정으로 이루어진다.

이러한 점에서 본다면 '이론은 과학적 방법을 통해 도출된 지식을 근거로 어떤 원리를 논리적으로 체계화하여 사물이나 현상을 예측하고 통제하기 위해 추론한 검증되지 않은 가정'이라고 정의할 수 있다. 앞에서 제시한 상담과 과학 및 이론의 의미를 토대로 상담이론의 의미를 정의한다면, '상담이론은 전문적 자격을 갖춘 전문상담사가 도움을 필요로 하는 내담자와의 상호작용을 통해 내담자가 자신의 어려움을 극복하고, 나아가 자신의 행동을 예측하고 통제할 수 있도록 지식을 과학적·논리적으로 추론하여 체계화한 원리'라고 할 수 있다.

2) 상담이론 개발의 현주소

아직도 상담학이라든가 상담이론이라고 하면 전문상담사나 상담전공 교수 중에도 부담스러워하는 사람이 있다. 이는 상담이 이론에 기초한 학문적인 토대가 있는지에 대한 확신이 약하기 때문일 수 있다. 이러한 점에 관심을 가지고 여기서는 큰 틀에서 상담이론이라는 용어가 어떤 과정을 거쳐 현재에 이르렀는지를 살펴보는 가운데 현재 상담이론이 어떤 경향성을 보이는지에 대해 알아보기로 한다.

상담이 정신건강과 관련이 있다는 점에서 보면 정신적으로 건강하지 않은 사람들에게 어떤 근거(일종의 가설 또는 이론)에 따라 이들을 건강하게 하려고 했는지를 알아보는 것이 상담이론의 의미를 이해하는 데 도움이 될 수 있다. 먼저, 가칭 '악마점령이론'을 생각해 볼 수 있다(Gladding, 2005). 이 이론에 따르면, 고대에는 인간의 정신이 악마에게 점령당했기 때문에 정신건강에 문제가 생긴다고 보았다. 그래서 인간을 점령한 이 악마를 머리에서 내보내기 위해 두개골에 구멍을 냈다. 이러한 이론이 적용되어 유럽에서도 중세까지 정신건강을 위해 악마의 정신을 내쫓는 악마 퇴치법이 성행하였다. 악마를 내쫓기 위해 채찍질하기, 굶기기, 사슬에 묶기, 뜨거운 물에 가라앉히기 등의 방법을 사용하였다

(Neukrug, 2007).

이후 서구 사회에서는 악마점령이론에 대한 불신이 커지면서 인간의 정신세계에 보다 초점을 둔 정신조절치료를 받아들이게 되었다. 18세기에 들어서면서 정서 문제에 대해 새로운 이론이 형성되어 갔고, 유럽에서 시작되어 미국에 이르게 되었다. 이 인도적인 이론으로 인해 정신과 환자를 사슬로 묶지 않았고, 보다 나은 치료를 받도록 했으며, 매일 집 밖으로 나갈 수 있게 했고, 보다 나은 음식을 제공하였으며, 다른 사람들과 의사소통하도록 하였다(Gladding, 2005).

우리가 이 책에서 다루는 상담이론이 개발된 것은 그리 오래되지 않았다. 늑러그(Neukrug, 2007)가 제시한 자료에 의하면, 정신분석이라는 용어는 1890년대에 들어서서, 생활지도라는 용어는 1906년에 뉴욕시의 한 학교에서 사용되기 시작했고, 우리가 현재 특성-요인적 상담이라고 하고 있는 미네소타의 견해는 1930년을 전후하여 개발되었으며, 치료(therapy), 심리치료(psychotherapy), 상담(counsel), 전문상담사(counselor)라는 용어는 1930년대 중반이나 후반부터 사용되기 시작했다. 현재 우리가 사용하는 상담(counseling)이라는 용어는 1940년대가 되어서 본격적으로 사용되었다고 볼 수 있다(Rogers, 1942). 1950년대에 들어서서 몇몇 상담이론이 나왔다(예: Kelly, 1955; Perls, Hefferline, & Goodman, 1951). 이들도 치료나 심리라는 말을 썼을 뿐 상담 또는 상담이론이라는 용어를 사용하지는 않았다. 1960년대에 들어서면서 계속 상담이론이 개발되었지만(예: Ellis, 1962; Glasser, 1964), 심리치료라든가 치료라는 말을 사용하였다. 한편, 크럼볼츠(Krumboltz)는 1964년 미국심리학회 연차대회에서 행동상담(behavioral counseling)이라는 용어를 사용하였다(LaFleur, 1979). 상담이론(또는 상담이론과 심리치료)을 다루는 책 제목에서는 ○○이론이라고 하지만 구체적인 상담이론을 지칭할 때는 '이론'으로 표현하지 않고 '접근'으로 표현하는 경우가 많았다. 최근의 한 이론 도서(예: Sommers-Flanagan, & Sommers-Flanagan, 2015)를 보면 정신분석은 '접근', 실존주의 상담 등 9개는 '이론과 치료', 다문화상담은 '오리엔테이션과 기술' 통합상담은 '이론'이라는 용어를 사용했다. 늑러그의 『상담이론과 실제』(2017a)에서도 이론과 관련된 14장 중 '현실치료/선택이론'을 제외하고는 '접근' '상담' '분석' '심리학'이라는 용어를 사용했고, '이론'으로만 표시한 상담이론은 없다. 이런 점에서 본다면 많은 상담이론 책에서 '이론'이라는 용어와 더불어 '접근'이나 '치료' 등의 용어를 함께 사용하고 있음을 알 수 있다. 이에 따라 이 책에서도 이런 용어들이 함께 사용될 수 있음을 밝혀 둔다.

이상에서 보는 바와 같이 1950년대에 들어서면서 상담이론이 활발하게 개발되기 시작했지만, '이론'이라는 용어보다는 '치료'나 '접근' 등 다양한 용어도 병행하여 사용되고 있다. 1976년에는 약 130여 가지(Parloff, 1976)의 이론이 보고되었으나, 1979년에는 200여 가지(Prochaska & Norcross, 2003), 2001년에는 400여 가지의 이론(Corsini, 2001)이 보고되었다.

수백여 가지의 이론이 있지만, 미국의 경우에는 상담을 하고 있는 전문가들 중에서 전문상담사(37%), 임상심리사(27%), 상담심리학자(29%), 정신과 의사(53%), 사회복지사(34%)는 절충/통합상담을 가장 많이 사용하고 있는 것으로 나타났다(Sharf, 2004). 이런 점에서 본다면 상담이론은 점점 통합적으로 가고 있음을 알 수 있다. 따라서 통합적인 개인상담이론 개발을 권장하는 학자(Ivey, D'Andrea, Ivey, & Simek-Morgan, 2007)도 있다.

3) 상담이론의 기능

상담과 관련된 학술발표회나 연수회에 가 보면 이론을 다루는 경우는 아주 드물다. 혹 이론을 다루는 모임이 있다 해도 참여자가 적다. 이에 비해 상담기법과 관련된 연수회에는 많은 전문상담사가 참여한다. 실제로 나타나는 이러한 현상에서만 본다면 상담기법을 위해 어쩔 수 없이 이론을 공부한다고 볼 수 있다.

앞에서 제시한 이론의 정의에 따르면 이론은 실천이 아니고 가정이다. 그런데 상담은 실천적 측면이 아주 강하다. 따라서 조금만 생각을 잘못하면 이론의 중요성을 망각하고 실천에만 관심을 가지기 쉽다. 이 절에서는 이론의 기능을 확인하기 위해 몇몇 학자(Brammer, Abrego, & Shostrom, 1993; Gelso & Fretz,

1992; Gladding, 2005)의 의견을 종합해서 제시해 보고자 한다.

(1) 내담자에 대한 체계적·통합적 이해

상담이론은 내담자를 체계적·통합적으로 이해하게 해 준다. 우리는 그 아무리 좋은 물건이라도 주변의 다른 것과 조화를 이루지 못하는 것은 제외시킨다. 즉, 부분은 전체와 조화를 이룰 때 의미가 더 커진다. 그러기 위해서는 부분과 전체가 체계적으로 연결되어야 한다. 만약 이러한 체계성이 없으면 혼란을 가져올 수 있다. 또한 부분들이 다른 부분을 포함한 전체와 통합을 이룰 때 그 부분이 해야 할 일이 더욱 명확해진다. 우리가 어떤 이론을 잘 알고 있으면 내담자가 노출하는 내용 하나하나를 그 이론과 관련지어 체계를 세워 전체와 통합시킬 수 있다.

(2) 분명한 상담목표 설정

상담이론은 상담의 큰 목표를 제시해 준다. 상담이론은 목표가 무엇이 되어야 하는지에 대한 큰 틀을 이미 가지고 있다. 만약 행동을 강조하는 상담이론이라면 그 목표는 원하는 행동에 도움이 되지 않는 행동은 소거하고 도움이 되는 행동은 학습시키는 것이다. 구체적 목표는 도움이 되는 행동과 소거할 행동을 정하는 것이다. 인지를 강조하는 이론은 원하는 행동을 방해하는 인지를 찾아 이를 도움이 되는 인지로 바꾸면 된다. 여기서도 그 행동과 관련된 구체적인 인지, 즉 내담자가 하고자 하는 행동을 습득하는 데 도움이 되는 인지와 도움이 되지 않는 인지만 찾아 도움이 되지 않는 인지를 도움이 되는 인지로 바꾸면 된다. 이와 같이 상담이론은 그 이론에 따라 목표를 분명하게 설정할 수 있는 근거를 제시해 준다.

(3) 상담 과정과 기법 선정

상담이론은 상담과정과 상담기법의 선택을 도와준다. 상담이론이 없으면 상담을 어떻게 이끌어 가야 할지, 특히 어떤 상담기법을 적용해야 할지 막막하다.

그러나 상담이론이 있으면 그 이론에는 상담목표 설정방법과 정한 목표를 달성하기 위한 상담과정과 그 과정에 적용할 상담기법이 나와 있다. 전문상담사는 이미 나와 있는 상담과정과 상담기법 중 보다 효과적일 것으로 기대되는 것을 택하기만 하면 된다. 상담이론이 없으면 자신도 모르는 방향으로 상담을 이끌어 갈 수 있고, 자신감을 가지고 상담기법을 적용하기가 어려울 수도 있다.

(4) 상담 결과에 대한 평가근거 제공

상담이론은 상담 결과를 평가하는 근거를 제공한다. 앞에서 언급한 바와 같이, 각 상담이론은 큰 틀에서 상담목표를 제공하기 때문에 상담 결과에 대한 평가의 근거도 제시해 주고 있다. 따라서 그 근거에 따라 평가를 하면 된다. 만약 상담이론이 없다면 평가의 준거가 명확하지 않아 상황에 따라서 주관적 근거에 따라 평가할 가능성이 커지며, 이러한 평가는 내담자에게는 물론 상담학의 발전에도 도움이 되지 않는다.

(5) 후속연구 자극

상담이론은 그 이론 자체를 평가하게 하고 그 결과에 따라 후속연구를 자극할 수 있다. 앞의 상담 결과 평가를 통해 그 상담이론이 실제로 상담효과를 가져오지 못한다고 판단되는 경우도 있다. 이럴 경우에는 전문상담사가 체계적으로 그 상담이론을 연구할 필요성을 느끼게 된다. 그 결과 더 효과적으로 상담이론을 수정하거나 새로운 상담이론을 개발할 수도 있다. 예로, 인간중심적 상담이론은 특성-요인적 상담이론의 문제점을 개선하려는 데에서 시작하였다고도 볼 수 있다. 특성-요인적 상담은 전문상담사가 이성적 판단에 따라 상담을 주도적으로 이끌어 간다. 이런 상담과정에 대해 문제의식을 가지게 되면 내담자가 중심이 되고, 이성보다는 정서가 중심이 되는 인간중심의 상담에 대한 가설을 세울 수 있다. 이러한 일련의 과정을 통해 인간중심적 상담이 개발되고 발전될 수 있었을 뿐만 아니라 특성-요인적 상담도 더욱 발전하게 되었다고 볼 수 있다.

4) 상담이론의 평가

어떤 상담이론이 이론으로서 인정을 받을 수 있기 위해서는 몇 가지 조건을 갖추어야 한다. 어떠한 조건이 충족될 때 보다 더 좋은 이론이 될 수 있을지에 대해 학자들(Gladding, 2005; Sharf, 2004)이 제시한 내용을 토대로 상담이론의 평가준거를 제시하고자 한다.

(1) 체계성

상담이론은 우주관, 세계관, 인간관, 성격 또는 행동의 발달, 상담 과정과 기법 등 전체가 일관성이 있는 체계를 갖추어야 한다. 우주관이나 세계관은 빠질 수 있어도 최소한 그 나머지는 일관된 체계를 갖추어야 좋은 이론이라고 할 수 있다. 예를 들어, 인간관과 성격이론은 정신분석적 관점을, 상담 과정과 기법은 행동주의적 관점을 결합하여 이론을 기술한다면 체계성이 문제될 수 있다.

(2) 유용성

아무리 체계성을 가지고 있어도 그 이론이 내담자에게 확실한 도움을 줄 수 없으면 이론으로서의 가치가 줄어든다. 또한 많은 시간이 걸리거나 적용방법이 지나치게 복잡하고 어렵거나 비용이 많이 드는 상담이론은 활용도가 줄어들 수 있다. 상담이론을 포함한 모든 이론은 결국 미래를 예측하고 통제하기 위한 목적을 가지고 있다. 특히 상담이론은 궁극적으로 내담자를 돕는 것이기 때문에 유용성에 관심을 가져야 한다.

(3) 검증 가능성

좋은 이론은 과학적 방법으로 검증이 가능해야 한다. 검증될 수 없거나, 검증되었다고 해도 많은 사람이 그 결과에 의문을 제기한다면 그 이론은 타당성이 낮다고 볼 수 있다. 특정 상담이론과 관련된 변인들에 대해 의문을 가진 연구자가 그 이론을 검증해 볼 수 있어야 한다. 특히 그 이론을 적용하여 도출한 연구

결과에서 일관된 행동의 변화를 확인할 수 있어야 한다.

(4) 명확성

이론에 사용되는 용어를 포함한 개념들이 명확하게 정의되어야 한다. 용어의 의미가 여러 가지로 해석될 수 있으면 그 이론을 적용한 연구결과를 신뢰하기 어렵다. 따라서 상담이론에 사용된 용어가 구체적으로 어떤 의미를 갖는지에 대해 가급적 모든 사람이 동의할 수 있게 명확히 진술되어 있어야 한다.

(5) 포괄성

이론은 가급적 일반화의 폭이 넓어야 한다. 그래야만 다양한 내담자에게 도움을 줄 수 있기 때문이다. 따라서 이론을 평가할 때에는 그 이론이 얼마나 포괄성이 있는지에 대해 늘 관심을 가져야 한다. 극소수의 내담자에게만 적용될 수 있는 이론이라면 이론의 가치가 떨어진다.

(6) 간결성

이론은 최대한 간결하게 기술되어야 한다. 불필요한 문장이나 내용이 포함되면 이론의 내용에 혼란이 올 수 있다. 예를 들어, 개 다섯 마리, 소 네 마리가 있는데 모두 합하면 몇 마리가 되는지를 알아보기 위한 계산은 '5+4=9'가 가장 간결하다. 그렇지 않고 개나 소가 서 있는 위치에 따라 '1+3+1+2+2=9'라고 하면, 답은 같을 수 있어도 이를 보고 이해하기 어려워하는 사람이 많을 것이다.

(7) 구체성

간결하더라도 핵심 내용은 구체적으로 기술되어야 한다. 간결하지 못해도 이론을 이해하기 어렵지만 내용이 구체적이지 못해도 이해하기 어렵다. 앞의 예를 다시 들어 보면, 개 다섯 마리, 소 네 마리가 있는데 모두 합하면 몇 마리가 되는지를 알아보기 위한 계산은 '5+4=9'다. 이 중 빠질 수 있는 요소는 없다. 이와 같이 간결하되 아홉 마리의 소가 구체적으로 제시되어야 한다.

앞의 평가준거들을 모두 충족하는 상담과 심리치료의 이론들은 찾기가 어렵다. 이는 앞에서도 여러 번 언급한 바와 같이, 아직도 상담이론이라고 하기보다는 접근이나 상담 또는 치료라는 말로만 끝나는 이론이 대부분이지 '~이론'이라고 하는 상담이론을 찾기 어려운 것에서도 알 수 있다. 상담과 심리치료의 이론들은 인간의 행동이 너무나 복잡하기 때문에 물리학이나 화학과 같은 자연과학에서 발견된 이론들처럼 확실하지 않고 애매하거나 느슨하다. 독자들이 각 장에 대해 앞의 준거를 가지고 평가해 가면서 공부를 하다 보면 각 이론에서 새로운 문제점을 발견할 수도 있을 것이며, 이를 계기로 이론을 수정·보완하거나 새로운 상담이론을 개발할 수도 있을 것이다.

5) 상담이론 적용 시 유의사항

우리는 자신이 개발한 상담이론이나 기존의 상담이론 중 한 가지 또는 두 가지 이상을 통합하여 실제로 상담을 한다. 어떤 경우든 상담이론을 실제로 적용할 때에는 몇 가지 사항에 유의해야 한다. 여러 학자가 상담이론을 실제에 적용할 경우 유의해야 할 사항들을 제시하였다(이형득 외, 1984; Arbuckle, 1970). 이들이 강조한 내용을 토대로 상담이론을 적용하여 상담을 할 경우 유의해야 할 점을 제시해 보고자 한다.

(1) 다양한 상담이론의 인정

전문상담사는 자신이 현재 적용하고 있는 상담이론의 제한점을 잘 알고 있어야 한다. 다시 말해, 자신이 적용하고 있는 상담이론이 모든 내담자에게 도움을 줄 수 있다고 생각하지 않아야 한다는 것이다. 전문상담사는 최초 면접에서 자신이 활용하는 상담이론을 적용하기에 적합한 내담자인지를 먼저 판단해야 한다. 만약 부적합한 내담자라면 그 내담자에게 더 적합한 상담이론을 토대로 상담하는 다른 전문상담사에게 의뢰해야 한다. 이는 다양한 상담이론이 있다는 것과 내담자에 따라 보다 적절한 상담이론이 있다는 것을 인정하는 것이기도 하다.

(2) 특정한 상담이론으로만 이끌어 가지 않음

상담이론의 개발과 선호하는 상담이론은 전문상담사의 성장배경과 밀접한 관련이 있다. 또한 개인마다 자신의 특성에 맞는 상담이론이 있다. 그럼에도 불구하고 자신이 개발했거나 선호하는 상담이론으로 제자나 후배를 이끌어 가려는 상담학자나 전문상담사가 있다. 이렇게 되면 전문상담사들은 다양한 상담이론을 경험할 기회가 줄어들게 되어 자신에게 맞는 상담이론을 선택하거나 개발하기 어려워진다.

(3) 이론의 노예가 되지 않음

자신이 선호하는 상담이론의 제한점을 모르고 다양한 상담이론을 인정하지 않는 것은 자신이 개발했거나 선호하는 이론이 완벽하다거나 진리라고 믿기 때문이다. 과학에서 무조건적인 믿음은 매우 위험하다. 그렇게 되면 자신이 현재 관심을 가진 특정 이론에 내담자나 전문상담사 자신을 맞추게 되고, 다른 모든 상담이론을 배격하는 문제가 발생한다. 그 결과, 그 이론이 가지는 제한점 때문에 도움을 받지 못하는 내담자가 발생할 수도 있고, 전문상담사 중에서도 결국 그 이론에 적응하지 못해 전문상담사를 포기하는 사람도 있을 수 있다. 이론을 위해 전문상담사가 존재하는 것이 아니라는 점을 잊어서는 안 된다.

(4) 계속적 보완

전문상담사는 자신이 개발했거나 선호하는 상담이론에 대해 항상 의문점을 가지고 문제점을 발견하려고 노력해야 한다. 앞에서도 여러 번 지적한 바와 같이 완벽한 상담이론은 없으며, 모든 내담자에게 가장 적절한 상담이론도 없다. 따라서 전문상담사는 자신이 적용하고 있는 상담이론에 따라 상담을 하면서 그 이론을 계속 보완해 나가야 한다. 이론은 검증을 위한 가정임을 잊어서는 안 된다.

3. 상담이론의 개발

앞에서 여러 상담이론이 개발되어 상담실제에 적용되고 있음을 알았다. 이렇게 많은 이론이 개발되어 있는데 새로운 상담이론 개발이 필요한지, 그리고 더이상 개발할 이론이 있는지에 대해 의문을 제기하는 사람들도 있을 것이다. 그러나 모든 전문상담사가 특정한 한 이론만으로 상담을 하지는 않는다. 특정 이론으로 상담을 한다고 해도 그 이론에 따라 상담을 했을 때 100% 만족하는 전문상담사는 거의 없다. 많은 경우, 특정 이론의 어떤 부분을 수정하거나 그 이론에더 추가하고 싶은 것이 있다. 또한 실제로 상담을 하는 동안에는 내담자와 전문상담사가 역동적으로 상호작용하기 때문에 특정 상담이론에 따라 늘 똑같은 방법으로 상담하고 있다고는 보기 어렵다. 전문상담사는 상담을 마칠 때마다 더효과적인 상담방법에 대한 아쉬움을 가진다는 점에 관심을 가져야 한다. 이에따라 여기서는 상담이론 개발의 필요성, 촉진요소, 개발 절차 및 개발한 이론을활용할 때 유의해야 할 사항에 대해 살펴보기로 한다.

1) 상담이론 개발의 필요성

상담학에서 상담이론 개발이 필요한 가장 큰 이유는 상담이론 개발이 상담학발전에 꼭 필요하기 때문이다. 어떤 학문이 발전하려면 그 이전의 지식이나 이론을 토대로 새로운 가정을 설정하고, 경험적으로 그 가정이 검증되는 일련의과정들이 계속 일어나야 한다. 개발된 상담이론도 크게 보면 계속 검증받아야할 하나의 가정이다. 따라서 새로 개발한 상담이론은 후학들이 계속 검증해 볼새로운 가정이 된다. 이 가정을 계속 검증하는 가운데 상담학이 더욱 발전할 수있을 것이다. 상담이론 개발이 상담학 발전에 필요하다는 점에 초점을 두고 상담이론 개발의 필요성을 좀 더 구체적으로 살펴보기로 한다.

(1) 현 시대에 맞는 상담이론

기존의 많은 상담이론은 이론 개발자의 시대적 배경과 개인적 경험을 바탕으로 하고 있다. 현대 사회는 급속하게 변하고 있고, 그에 따라 내담자가 도움을 받고자 하는 문제나 그 배경도 다양해지고 있다. 그리고 많은 경우 내담자의 문제는 현재 내담자가 살아가고 있는 시대적 산물과 관련이 있다. 또한 과거의 내담자에게는 효과적이었던 상담기법도 같은 문제를 가진 현재의 내담자에게는 효과가 적거나 없는 경우도 있다. 시대의 변화는 내담자에게 새로운 과제를 갖게 하고 그들에게 맞는 새로운 상담기법을 요구한다는 점에서 상담학에서도 새로운 상담이론이 많이 개발되어야 한다. 그래야만 보다 많은 내담자에게 보다 효과적인 상담을 할 수 있게 될 것이다. 과거에는 거의 관심을 갖지 않았던 청소년의 인터넷 중독이나 자살, 또는 학교폭력과 같은 문제는 기존의 이론만으로는 설명이 부족하며, 화상통화가 가능한 매체의 발달 등은 기존의 상담기법과는 다른 상담기법의 필요성을 우리에게 일깨워 주고 있다. 또한 현재 우리가 활용하고 있는 상담이론이 효과가 있다고 하더라도 교육학이나 심리학 등 상담 관련 주변 학문이나 자연과학의 발달은 상담이론에 새로운 패러다임(paradigm)을 제공하고 있다. 예를 들면, 개인별 게놈 지도(genome map)를 완성할 수 있게 된 현 시점에서는 상담이론 개발에서도 유전자에 대해 관심을 갖게 하고 있다. 주변 학문이 발달함에 따라 더 과학적이고 효과적인 상담이론을 개발할 필요가 있다.

(2) 새로운 전문영역별 상담이론

이제 상담학에서도 의학에서와 같이 영역별 전문가를 요구하는 시대가 되었다. 의학에서 내과나 예방의학 등에 따라 전문의가 따로 있는 것처럼 상담학에서도 아동 · 청소년 상담, 대학상담 등과 같이 대상을 중심으로 한 상담분과와 진로상담, 중독상담 등과 같이 내담자의 문제 영역을 중심으로 한 상담분과가 따로 있다. 물론 모든 상담분과에 적용할 수 있는 상담이론도 있을 것이다. 그러나 각각의 전문 상담분과에 더 효과적인 상담이론이 필요하다는 점을 부정하는 전문상담사는 거의 없을 것이다. 특히 시대가 변하면서 내담자들에게 새로운 문제가 발생하고 그에 따라 새로운 상담분과가 필요하다. 따라서 이들 전문 상담분과에 가장 적절한 상담이론 개발도 필요하다.

(3) 논리적으로 타당한 상담이론

우리는 정도의 차이가 있을 뿐 실제로 상담을 할 때에는 기존 상담이론에 자신의 인간관, 성격의 발달에 대한 관점, 상담과정에 대한 자기 나름의 상담전략 및 상담기법을 적용하고 있다. 그럴 경우 인간관에서 시작하여 상담기법에 이르는 일련의 내용들이 논리적이지 못하다는 점을 자주 발견하게 된다. 이러한 모순에 대해 이론적 체계를 가지려고 노력하는 것은 당연한 일이다. 이러한 노력은 새로운 상담이론 개발의 출발점이 되고, 이를 통해 새로운 상담이론이 개발되면 전문상담사는 자신의 상담과정에서 경험하는 모순을 많이 줄일 수 있게 된다.

2) 상담이론 개발의 촉진요소

전문상담사는 일반화된 이론이든 그렇지 못한 이론이든 어떤 이론적 틀에 따라 상담을 하지만, 결코 한 이론에만 근거하여 상담을 하기는 어렵고 실제로 그렇게 하고 있지 않다는 것도 앞에서 밝혔다. 따라서 많은 전문상담사는 자신도 모르게 늘 새로운 상담이론 개발에 관심을 가지면서 상담에 임하고 있다고도 볼 수 있다. 전문상담사가 더 효과적으로 상담을 하려면 기존의 상담이론 틀에서 벗어나야만 한다. 전문상담사가 새로운 상담이론을 개발할 수 있기 위해서는 상담이론을 촉진할 수 있는 요소가 무엇인지를 알고 활용할 수 있어야 한다.

상담이론 개발을 촉진할 수 있는 요소에 대해 좀 더 구체적으로 살펴보기로 한다(이형득 외, 1984).

(1) 도전적 태도

많은 전문상담사는 유명한 학자들만이 상담이론을 개발할 수 있기 때문에 자신의 능력으로는 타당한 상담이론을 개발할 수 없다는 태도를 취한다. 그러나 인류 역사를 바꾼 많은 사람은 그들이 처한 현재에 만족하지 않고 그 당시로는 아주 낮은 가능성에 도전한 사람들이다. 아직 상담학은 학문적 기초가 약한 초기 단계에 있다. 따라서 도전할 가능성이 높은 학문분야다. 지그문트 프로이트(Sigmund Freud, 1856~1939), 니콜라스 코페르니쿠스(Nicolaus Copernicus, 1473~1543), 찰스 로버트 다윈(Charles Robert Darwin, 1809~1882) 등의 이론이나 학설은 발표 당시에 일반 시민이나 그 분야 학계에서는 크게 환영받지 못했지만 이들은 도전했고 결국 인류의 삶에 지대한 영향을 미쳤다. 이것은 도전적 태도가 학문의 발전에 얼마나 큰 기여를 할 수 있는지를 보여 주는 단적인 예다.

(2) 의문 제기

이론을 적절히 결합해서 상담을 하면 된다는 생각을 가진 전문상담사도 많다. 실제로 많은 전문상담사는 그런 생각에 따라 나름대로 이론적 체계를 구성하여 상담을 하고 있다. 이러한 생각이 가지는 가장 큰 문제점은 논리적 일관성이 부족하다는 점이다. 과학적 방법을 통해 자료가 관찰, 서술, 설명될 수 있을 때 상담의 학문적 기초가 튼튼해진다는 점을 앞에서 여러 번 밝혔다. 튼튼한 토대를 가지지 못하는 학문은 곧 사라진다. 따라서 우리는 자신이 어떤 상담 전략이나 기법을 사용하더라도 그에 대해 의문을 제기해야만 하고, 의문을 해결하기 위해 계속 노력해야 한다.

(3) 상담이론과 상담기술의 관계 인식

이론이 없는 기술은 자신의 경험과 직관만으로 캄캄한 밤에 목적지를 향해 열심히 노를 저어 가는 것과 같다. 또는 힘, 속력, 속도의 원리를 모르는 스케이트 선수가 자신의 상식만 믿고 그 상식에 따라 열심히 스케이트를 타다가 한계에 부딪히는 것과도 같다. 이는 전문상담사가 열심히 기술을 익혀 내담자가 원하는 도움을 줄 수만 있으면 된다는 것과 같아서 특정 기술에 매달려 효과에만 신경을 쓰게 된다. 이렇게 되면 나중에 자신이 차력사나 점술가 집단에 속해 있을 수도 있다. 즉, 전문상담사가 인간의 본성과 인간발달의 과정, 내담자와 상담자 간의 효과적인 상호작용 원리를 잘 모른 채 자신이 알고 있는 단편적 지식에만 근거하여 열심히 기술만 익힌다면 자기모순이나 매너리즘(mannerism)에 빠져서 더 이상 발전하기 어렵게 된다.

(4) 기존 상담이론에 대한 문제점 제기

처음부터 완벽한 상담이론을 개발해야 한다는 생각을 가진 전문상담사들이 있다. 그러나 인류 역사상 처음부터 완벽한 이론을 개발한 사람도 없었고 그럴 수도 없다는 사실을 우리 모두는 잘 알고 있다. 즉, 어린아이가 힘껏 달릴 수 있기까지 얼마나 많이 넘어져야 하는지를 생각해 보면 된다. 자연과학에서도 뉴턴의 이론은 아인슈타인에 의해 많이 수정되었고, 아인슈타인의 이론 중에도 많은 부분이 수정되고 있다는 점을 우리는 잘 알고 있다. 상담이론에서도 정신분석, 행동주의, 인본주의, 초월주의 등을 배경으로 하는 상담이론이 다른 상담이론의 배경이나 상담방법에 대한 문제점을 제기하는 데에서 시작되었음을 잘 알고 있다. 전문상담사들이 기존 이론에 문제점을 제기하고 이를 개선하려고 한다면 새로운 상담이론이 개발될 수 있을 것이다.

(5) 상담이론의 제한점 인정

우리가 알고 있는 특정 상담이론이 내담자의 어떤 문제에도 완벽한 도움을 줄 수 있다고 믿는 전문상담사는 거의 없다. 이는 어떤 상담이론도 제한점이 있다는 것이다. 이는 그 상담이론의 문제를 보완할 수 있는 새로운 이론이 필요함을 말해 주는 것이기도 하다. 특정 이론에 따라 상담을 하는 전문상담사들도 그 이론이 가지고 있는 제한점을 찾고 이를 해결하기 위해 계속 노력한다면 결국 더 효과적이고 일반화의 폭을 넓힐 수 있는 새로운 상담이론을 개발하게 될 것이다.

3) 상담이론 개발의 절차

상담이론의 개발 절차는 여러 학자(이형득, 2003; George & Cristiani, 1981; Shertzer & Stone, 1980)에 의해 제시되었다. 이들의 내용을 토대로 상담이론 개발의 내용과 절차를 제시해 보면 다음과 같다.

(1) 환경에 대한 이해

상담이론을 개발하기 위해서는 먼저 자신을 둘러싸고 있는 것들에 대해 자신이 어떠한 관점을 가지고 있는지를 확인해 봐야 한다. 즉, 우주관, 물질관, 세계관, 국가관, 사회관, 종교관, 가족관 등과 같은 것이다. 이러한 관점 중 어떤 것은 자주 변할 수도 있다. 그러나 전문상담사는 이러한 관점들에 따라 아주 다른 방향에서 상담에 접근할 수 있다는 점을 알고 있어야 한다.

우주가 한순간에 창조주에 의해 현재와 같이 창조되었다는 관점에서 보면 종교적 상담이론에 관심을 가지기 쉽다. 그러나 빅뱅(big bang) 등에 의해 최초의 물질이 분리되었고, 이렇게 분리된 물질들이 어떤 과학적 원리에 따라 만물을 구성하는 원소를 구성하게 되었으며, 이러한 원소들이 적절히 결합하여 우주를 구성하고 있는 물질을 만들고 있다는 관점을 가지면 최소한 우주창조론에 근거를 둔 종교적 상담이론으로 빠져들 가능성은 낮다. 또한 인간을 포함한 물질은 원소들의 결합과 분해를 통해 계속 순환한다고 보는지, 아니면 물질은 생겨났다가 완전히 없어진다고 보는지에 따라서도 상담이론에 대한 접근이 달라진다. 인간을 포함한 동물도 무생물처럼 순환한다고 생각하는 인도인들과, 자신의 탄생과 죽음은 과거나 미래와 전혀 관련이 없다고 생각하는 사람들은 개발하고자 하는 상담이론이 같을 수 없다.

세계관과 국가관이 중요한 이유는 전 세계를 하나의 유기체로 보고 함께 잘 살아야 한다는 관점을 가지고 있는지, 아니면 다른 나라의 희생을 통해서만 자기 나라가 더 잘 살 수 있다는 관점을 가지고 있는지 등에 따라 국제결혼을 장려하는 문화나 국제결혼을 반대하는 문화가 형성되고, 그에 따라 국제결혼과 이로 인하여 일어나는 문제에 대한 상담 접근이 같을 수가 없기 때문이다. 사회를 보는 관점도 마찬가지다. 사회에서 일어나는 많은 현상을 갈등의 관점에서 보는지, 아니면 상보적 관계로 가기 위한 발전과정의 관점에서 보는지 등에 따라 내담자의 문제 및 그 해결방법이 달라지기 때문이다.

가족관은 가족상담에서뿐만 아니라 내담자의 많은 문제가 가족과 관련이 있다는 점에서 아주 중요하다. 가족은 평등하다는 관점과 위계가 있어야 한다는 관점, 자녀를 독립적으로 키워야 한다는 관점과 자녀의 정서적 안정이 중요하기 때문에 계속 돌봐 주어야 한다는 관점 등 무수히 많은 관점이 있으며, 그에 따라 내담자를 보는 관점과 상담에 접근하는 방법이 매우 다르다.

(2) 시대적 배경 이해

크게 보면 앞에서 이해하고자 했던 상담이론 개발자의 우주관, 물질관, 세계관, 국가관, 사회관, 가족관도 시대적 배경과 관련이 있다. 그러나 여기서는 특정 시점에서 사회를 이끌어 가는 철학과 그에 따라 실제로 사회에서 일어나는 현상이 상담이론 개발에 미칠 수 있는 영향력에 초점을 두어 생각해 보고자 한다. 즉, 기독교가 중심이었던 중세의 서구 사람들, 인간의 존엄성이 무참하게 무너진 제1차 및 제2차 세계대전 전후의 사람들, 그리고 자유민주주의를 만끽하고 있는 현재의 서유럽 사람들을 같은 내담자로 보고 상담이론을 개발하기는 어려울 것이다. 우리나라의 경우에도 농경시대, 산업화시대, 지식정보시대나 불교가 사회에 큰 영향을 미친 신라나 고려시대, 유교가 사회에 큰 영향을 미친 조선시대, 자유민주주의가 큰 영향을 미치고 있는 현재의 우리나라에 같은 상담이론을 적용하는 것이 바람직하다고 보는 전문상담사는 드물 것이다. 따라서 상담이론 개발자는 그 시대에 큰 영향을 미치는 것들이 무엇인지와 이들이 연령이나 계층에 따라 어떤 영향을 미치는지 등에 대해 잘 이해하고 있어야 한다.

(3) 기존 상담이론 이해

상담이론을 개발하려는 전문상담사는 기존의 상담이론을 철저히 이해해야 한다. 그래야만 기존 상담이론의 우주관, 세계관, 인간관 등을 비교 분석할 수 있기 때문이다. 이러한 과정을 통해 자신의 우주관, 세계관, 인간관 등을 볼 수 있거나 새롭게 정립할 수 있다. 기존 상담이론을 이해하고 분석하다 보면 자신이 의문을 제기했던 부분에 대한 답도 찾을 수 있다. 또한 기존의 상담이론 중 계속 발전해 온 이론과 그렇지 못한 이론 및 그 이유도 알 수 있게 된다. 여러 상담이론이 가진 제한점을 알게 되면 이들을 극복할 수 있는 상담이론에 관심을 가지게 되고, 이를 계기로 아주 새로운 이론을 개발할 수도 있다.

(4) 인간에 대한 이해

상담이론 개발자는 자신이 인간과 인간발달 및 성격발달에 대해 어떤 관점을 가지고 있는지를 먼저 알아야 한다. 또한 자신을 포함한 인간의 정서반응체계, 행동반응체계, 가치나 신념을 포함한 인지체계, 약물에 대한 민감성 정도, 신체건강 상태, 유전적인 강점과 약점 및 이들의 역동적 상호작용체계 등에 대해서도 알아야 한다. 자신의 인간관은 대단히 중요하다. 상담이론 개발자의 우주관, 세계관, 국가관, 사회관, 가족관이 중요한 이유도 이러한 관점들이 인간관에 큰 영향을 미치기 때문이다. 현재까지는 대부분의 전문상담사가 정신분석적 관점, 인본주의적 관점, 행동주의적 관점, 초월영성주의적 관점에서 인간을 보고 있다. 상담이론을 개발하기 위해서는 자신의 인간관이 과학적 근거를 가지고 있음을 자기 스스로에게는 물론 다른 사람들에게 논리적으로 설득시킬 수 있어야만 한다. 뿐만 아니라 자신의 인간관과 다른 인간관이 자신의 인간관이 될 수 없음도 자기 스스로에게는 물론 다른 사람들에게도 논리적으로 설득시킬 수 있어야만 한다. 인간발달과 성격발달에 대한 이해가 중요한 것은 발달단계에 따라 내담자의 특정 행동이 어떻게 형성되고 지속되며 소거되는지에 대한 관점에 따라 상담과정과 상담기법이 달라질 수 있기 때문이다. 자신과 내담자를 포함한 인간의 정서반응체계, 행동반응체계, 인지체계, 약물에 대한 민감성 정도, 신체건강 상태, 유전적인 강점과 약점 및 이들의 역동적 상호작용체계에 대한 이해가 중요한 것은 이러한 요소들이 상담이론 개발에 직접적으로 영향을 미치기 때문이다. 특히, 이들 간의 상호작용체계에 대한 이해가 중요하다. 전문상담사가 이들 중 어느 것이 인간을 주도적으로 이끌어 간다고 생각하는지에 따라 그 영역을 더 강조하는 상담이론을 개발할 가능성이 크다.

(5) 상담이론 개발

상담이론 개발자는 기존의 상담이론 분석 등을 참고로 앞에서 밝힌 우주관 등과 같은 환경에 대한 자신의 관점, 시대적 배경, 성격이론 등과 같은 자신 및 인간에 대한 이해를 토대로 자신의 상담이론을 개발한다. 앞의 것들에 대해 확실하게 이해했다면 먼저 일관성이 있는지를 검토해야 한다. 일관성이 없다면 이론으로 이끌어 가기가 어렵다. 일관성을 확보하게 되면 그에 맞는 상담기법을 개발해야 한다. 그리고 그 상담기법을 어떻게 적용하는 것이 가장 효과적일지에 따라 상담과정을 확정한다. 경우에 따라서는 상담과정을 먼저 정하고 관련된 상담기술을 개발하거나 기존의 기술들을 변형해서 사용할 수도 있다. 그러나 중요한 것은 상담과정과 상담기법도 앞에서 밝힌 여러 관점과 일치해야 한다는 것이다. 또한 많은 상담이론은 그 상담이론에서 강조하는 인간관, 성격이론 또는 문제행동을 포함한 행동의 습득과 지속 및 소거과정, 상담목표, 상담과정, 상담기술 및 그 상담이론의 제한점을 구체적으로 밝히고 있다.

(6) 상담이론 적용

개발된 이론은 어디까지나 가정이다. 그 이론은 경험적 타당성을 가져야만 보다 타당한 이론으로 발전될 수 있다. 이를 위해서는 이 이론을 상담실제에 적용한 다른 전문상담사들로부터 정직한 피드백을 계속 받아야 한다.

(7) 상담이론 평가와 수정

상담이론 개발자는 그 이론을 상담실제에 계속 적용하고 평가해야 한다. 뿐만 아니라 자신의 상담이론을 적용하고 평가한 결과에 따라 자신의 이론을 다시 체계화해야 하며, 이 과정은 계속되어야 한다.

(8) 상담이론의 제한점 확인

모든 내담자에게 가장 많은 도움을 줄 수 있다고 내세울 수 있는 상담이론은 없다는 것을 우리 모두가 잘 알고 있다. 전문상담사가 특히 유념해야 할 사항은 자신이 현재 내담자에게 적용하고 있는 상담이론으로 인해 도움을 받지 못하거나 불이익을 당하는 내담자가 있어서는 안 된다는 점이다. 따라서 상담이론을 개발한 전문상담사는 새로운 이론의 한계점을 알고, 자신의 이론을 적용하여 상담할 가능성이 있는 모든 전문상담사에게 이에 대해 정확히 알려야 한다.

많은 전문상담사는 어느 누구의 이론에 정확히 맞추어 상담을 하고 있지는 않다. 엄격히 말하면, 모든 전문상담사는 매 상담에서 새로운 이론을 적용하고 있다고 보면 된다. 즉, 모든 전문상담사는 상담이론 및 상담실제의 전문가다. 이론과 실제는 함께해야 한다. 이론만 강조되는 상담은 상담을 통한 실제적 만족을 줄 수 없고, 상담을 통해 만족을 얻을 수는 있지만 이론적 체계가 약한 상담이론은 시동이 멈춘 배를 타고 밤바다의 파도와 하늘의 은하수를 즐기다가 항구로 되돌아올 수 없는 것과 같다. 그래서 이론은 곧 실제이고 실제는 곧 이론이며, 이 둘이 서로 상호작용하면서 상담이 발전한다는 점을 잊어서는 안 된다.

제2장
정신분석상담

| 천성문 |

　정신분석상담에서는 인간의 모든 행동, 사고, 감정은 추동(drives)하는 에너지의 원천인 본능, 특히 무의식적 성적 본능(리비도, libido)에 의해 결정된다고 전제한다. 그리고 이러한 리비도와 직결되는 욕구인 원초아와 이로부터 분화된 자아, 초자아 간의 갈등과정에서 성격이 형성되며, 특히 아동 초기(0~6세)에 어떤 경험을 하는가에 따라 기본적인 성격이 형성되고 이렇게 형성된 성격구조는 성인기가 되어도 변하지 않는다고 가정한다.

　이러한 정신분석상담의 가정에 의하면 심리적 문제는 원초아, 자아, 초자아 간의 갈등을 조정할 수 있는 힘이 약해졌을 때 발생하는 것으로, 그 근원은 유 · 아동기의 갈등이나 억압에 있다. 따라서 정신분석상담은 내담자의 호소문제 자체에 초점을 맞추기보다는 그런 문제가 발생하게 된 원인을 밝혀내어 제거하는 데 중점을 두며, 특히 초기 아동기의 경험을 재구성하는 과정이 필수적이다. 어린 시절에 경험했던 부적응적 반응은 갈등상황에서 무의식적으로 반복되며 현재의 부정적 행동패턴에 영향을 미치므로 반복되는 갈등상황에서 벗어날 수 있도록 부정적 행동패턴의 발생 원인을 자각시켜 자기이해 수준을 높이고, 이를 통해 개인의 성격구조를 수정해 나가야 한다.

이 장에서는 정신분석상담의 토대가 되는 정신분석 이론의 기본 개념을 비롯해 정신분석상담의 원리와 기법에 대해 보다 구체적으로 살펴보고자 한다.

1. 주요 학자

Sigmund Freud

지그문트 프로이트(Sigmund Freud, 1856~1939)는 1856년 5월 6일 오스트리아령(지금은 체코 공화국령)에 속하는 모라비아의 프라이버 그에서 3남 5녀 중 장남으로 태어났다. 프로이트는 부모님의 절대적 지지를 받았으며, 그의 아버지는 매우 엄격하면서도 부드러운 성품을 지닌 분으로 프로이트를 믿고 존중하였고, 어머니 또한 집안의 장남이자 똑똑한 프로이트에게 높은 기대를 갖고 학교 공부를 적극 도왔다. 이런 부모님의 기대에 힘입어 초등학교 시절부터 학업 성적이 우수했던 프로이트는 1873년 비엔나 대학에서 의학 공부를 시작했다. 1881년 의학대학 졸업 후, 사람의 마음을 탐구하는 일에 흥미를 느꼈던 프로이트는 신경학 분야의 전공의가 되면서 의사로서의 경력을 쌓기 시작했다. 이 무렵 프로이트는 히스테리 증상 환자의 최면치료에 대해 연구하던 요제프 브로이어(Josef Breuer)를 만나게 되는데, 브로이어와의 만남은 프로이트가 정신분석을 창안하는 직접적인 계기가 되었다. 브로이어는 프로이트에게 자신의 치료 방법과 결과들을 보내 주었고, 환자들을 의뢰하기도 하였으며, 두 사람은 공동으로 히스테리의 병인을 연구하여 『히스테리 연구』(Breuer & Freud, 1895)를 출판하였다.

1886년 프로이트는 마르타 베르나이스(Martha Bernays)와 결혼을 했고 신경과 의사로 개인 진료실을 개업했다. 내과 환자를 비롯해 다양한 신경증 환자를 보았고, 그중 히스테리 환자들에게 관심을 보였으며, 그들을 치료하는 과정에서 상처받은 과거의 기억이 마음의 제2의식(비의식)에 숨어 있는 것을 알게 되었다. 그리고 많은 환자를 접하면서 마음이 의식과 비의식으로 나누어지는 것이 신경증 환자에게만 국한된 것이 아니고 모든 인간에게서 일어나는 현상이라는 확신을 갖게 되었다.

그 후 프로이트는 물리학, 화학, 철학을 비롯해 다양한 학문 영역의 지식을 쌓기 시작했으며, 루드비히 뵈르네(Ludwig Börne)의 영향을 받아 자유연상(free association)과 같은 정신분석 기법을 발전시켰고, 자신의 어린 시절에 대해 분석하기 시작하면서 어렸을 때 아버지에게 적대감을, 어머니에게 성적 감정을 느꼈다는 사실도 발견하게 되었다. 프로이트는 자기분석의 경험과 환자를 치료하는 과정에서 발견한 사실들을 통합하여 자신의 이론을 형성, 발전시켜 나갔다. 프로이트는 매우 창조적이고 생산적이었으며, 하루에 18시간이나 연구를 하는 날도 잦았다. 그의 전집은 총 24권이나 되는데, 프로이트의 활동은 턱에 종양이 생겼던 생의 후반까지 계속되었다. 그는 생의 마지막 20년 동안 33번씩이나 수술을 받았으며, 투병 중에도 계속 글을 쓰고 환자를 돌보기 위해 정신이 흐려진다는 이유로 진통제를 맞지 않았다. 프로이트는 결국 1939년 9월 23일 83세로 생을 마감하게 된다.

2. 주요 개념

여기서는 정신분석의 기본적인 인간관을 비롯해 성격구조, 의식의 수준, 불안, 자아방어기제, 심리성적 발단단계 등의 핵심 개념들을 살펴보고자 한다 (Sharf, 2013; Seligman, 2011; Timothy, 2008).

1) 인간관

프로이트의 인간관은 기본적으로 결정론이다. 그에 따르면 인간의 행동은 무의식적 동기와 생물학적 욕구 및 충동, 그리고 생후 6년간의 생활경험에 의해

결정된다고 보았다. 그는 초기에 성적 에너지를 리비도(libido)라고 불렀지만 후에는 모든 삶의 본능(life instincts) 에너지를 리비도라고 의미를 확장시켰다. 즉, 리비도는 성적 에너지 이상인 동기의 원천으로 이해되어야 한다. 그리고 프로이트는 죽음의 본능(death instincts)이라는 개념으로 공격적 욕구를 설명하였는데, 이는 인간은 때로 자신이나 타인을 죽이거나 해치려는 무의식적 소망을 행동으로 나타낸다는 것으로, 따라서 성적 충동이나 공격적 충동은 행동의 강력한 결정요인이 된다.

프로이트는 현재는 과거의 축적물이기 때문에 현재를 바꾸기 위해서는 과거를 변화시켜야 한다고 보았다. 이를 위해 초기 아동기 때 억압했던 무의식적 갈등을 떠오르는 대로 자유롭게 이야기하게 하는 자유연상과 꿈분석을 통해 무의식을 의식화시킴으로써 무의식의 지배에서 벗어나 보다 자유로운 삶을 살 수 있다고 하였다.

2) 성격구조

프로이트는 인간의 성격구조를 원초아(id), 자아(ego), 초자아(superego)의 세 가지 체계로 구분하였다. 원초아는 생물학적 구성요소, 자아는 심리적 구성요소, 초자아는 사회적 구성요소다.

(1) 원초아

원초아는 출생할 때부터 존재하며, 의식적인 자각이 없고 무의식적인 행동만 있다. 원초아가 작동하는 방식은 쾌락의 원리를 따른다. 예를 들면, 유아가 배고픔, 목마름, 배설과 같은 생리적 욕구를 충족하기 위해 주위의 여건이나 타인의 입장을 고려하지 않은 채 울음을 터트려 즉각적으로 자신의 욕구를 충족하려는 행동 등이다.

쾌락을 얻기 위한 두 가지 전략으로 반사행동과 일차적 과정이 있다. 반사행동은 눈에 먼지가 들어갔을 때 반사적으로 눈을 깜박거리는 것처럼, 생물학적 성질을 가진 것으로 긴장을 줄이려는 자동적 과정이 이에 해당한다. 일차적 과정은 욕구의 좌절을 경감할 수 있는 어떤 대상의 이미지를 형성하는 수단이 된다. 엄마의 젖가슴에 대해 유아가 가진 이미지, 즉 배고픔과 갈증을 해소시켜 준다는 이미지는 일차적 과정의 한 예다.

(2) 자아

자아는 만족을 지연시키거나 쾌락 원리의 작동을 잠시 중지함으로써 현실의 원리를 따른다. 예를 들면, 아동은 음식에 대한 자신의 욕구가 만족되지 않을 때 바로 울어버리는 대신 음식을 달라고 요청하는 방법을 배운다. 이러한 현실적인 사고는 이차적 과정(secondary process)이다. 현실을 검증하고 계획하며 논리적으로 생각하고 욕구를 만족시키기 위해 계획을 세우는 것 등은 자아가 수행하는 기능이다. 자아는 원초아를 통제하고 초자아의 제약을 인식하여 둘 사이를 중재하며 자신의 욕구를 조절한다.

(3) 초자아

원초아와 자아가 개인적 차원이라면, 초자아는 부모 또는 사회의 기준을 내면화한 것이다. 초자아는 일종의 엄격한 양심으로 도덕의 원리에 따르며, 수용될 수 없는 원초아의 본능적인 충동을 차단하고 자아가 보다 도덕적으로 작용하도록 압력을 가하는 역할을 한다. 초자아를 따르지 않을 경우에 수치심, 죄책감, 불안을 경험하게 된다. 예를 들면, 배가 고픈 아동이 길에 떨어진 돈을 주웠을 경우 그 돈으로 자신의 배고픔을 채우기보다는 돈을 잃어버린 사람의 입장을 생각해 보거나 주운 물건은 주인을 찾아줘야 한다는 도덕적 규범에 따라 근처 파출소에 주운 돈을 갖다 주는 것이다.

3) 의식의 수준

프로이트는 의식의 수준을 의식(consciousness), 전의식(preconsciousness), 무

의식(unconsciousness)으로 구분하였다. 의식은 사람이 어떤 시점에서건 자각하고 있는 부분으로, 현재 인지되는 영역을 말한다. 예를 들면, 따뜻하거나 차가운 것에 대한 자각이나 핸드폰이나 신발 등에 대한 자각 등이다. 프로이트는 자각하고 있는 의식은 빙산의 일각에 불과하며 자각하지 못하는 부분이 훨씬 더 많음을 강조하였다. 전의식은 의식과 무의식을 연결하는 다리로서 의식화될 가능성이 있는 것들의 저장고로, 지금 당장은 자각하지 못하지만 조금만 주의를 기울이면 기억되는 영역이다. 예를 들면, "어제 영화 뭐 봤니?"라는 질문을 받았을 때, 질문을 받기 전에는 어제 본 영화에 대해 별 생각을 하지 않고 있다가 질문을 받자마자 어제 본 영화에 대한 내용이 떠오르는 경우다. 무의식은 전혀 의식되지는 않지만 인간행동을 결정하는 데 큰 영향을 미치는 것으로, 무의식에는 개인이 자각하지 못하는 욕구나 동기를 포함한다. 무의식적 동기는 개인이 자각할 수는 없어도 이미 그의 사고나 행동 속에 드러나기도 한다. 정신분석 이론은 성격의 무의식적 측면을 강조하고, 이 무의식적인 내용을 의식적 자각 수준으로 끌어올리는 것을 가장 중요한 치료적 작업으로 본다.

4) 심리성적 발달단계

심리성적 발달단계(psychosexual development)는 유아기에서부터 시작되는 프로이트의 발달단계로, 성격발달의 기초가 되고 생물학적 욕구와 쾌락의 원리를 바탕으로 한다. 각 단계마다 적절한 욕구가 충족되지 않거나 과도하게 충족될 경우 심리적 문제가 발생하거나 고착현상이 일어나게 된다. 프로이트는 성격발달과 자아 방어기제를 비롯한 원초아, 자아, 초자아는 생후 초기 6년간의 심리성적 발달과정에 따라 좌우된다고 생각했다. 그는 발달단계가 달라짐에 따라 서로 다른 부위에 쾌감의 초점이 맞춰진다고 보았다(Freud, 1923b). 여기서는 성격발달의 기초가 되는 구강기, 항문기, 남근기, 잠재기, 성기기의 심리성적 발달단계에 대해 보다 구체적으로 살펴보고자 한다.

(1) 구강기

생후 18개월까지의 기간으로, 구강기에는 먹는 것과 입으로 빠는 것으로 욕구를 충족한다. 이 단계에서는 욕구를 충족하기 위해 엄마에게 의존하는 정도, 즉 엄마와의 관계가 매우 중요하다. 엄마가 젖을 준다는 것은 사랑과 인정을 뜻하는 것이고, 그렇지 않을 경우 유아는 거부당한다고 느끼게 되면서 불안을 경험하게 된다. 아동이 구강기 단계에서 엄마에게 지나치게 많이 의존하게 되면 이 단계에 고착되어 성인이 되어서도 의존적인 성격을 나타내는 반면, 아동이 부주의나 불규칙한 수유 등 거부당한 느낌을 받을 경우 불안감을 경험하게 된다. 구강기에 만족되지 않으면 그 아동은 초기 단계뿐 아니라 성인기에도 타인에게 불신을 보이고 타인의 사랑을 수용할 수 없게 되거나 관계 형성에 어려움을 겪게 된다.

(2) 항문기

18개월에서 3세까지의 기간으로, 항문이 쾌감의 주요 근원이 되며 이 시기에는 배설을 통해 긴장이 해소되는 쾌감을 맛보게 된다. 성인이 이러한 행위에 대해 혐오스러운 반응을 보이면 아동은 자존감이 낮아질 수 있다. 이 시기에 아동은 대장운동의 조절과 배변 훈련으로 인한 부모와의 갈등을 경험하게 되는데, 너무 엄격한 배변 훈련은 지나치게 꼼꼼한 성격이나 구두쇠적인 행동 성향을 갖게 하고, 반면에 배설 행위에 대해 지나치게 허용적인 태도는 무절제한 생활 및 도박, 낭비 등의 습성을 갖게 한다. 이 시기의 아동은 자신의 신체에 대한 조절력을 습득할 뿐 아니라 다른 사람에 대한 통제력을 가지려고 노력한다.

(3) 남근기

3세부터 5~6세에 해당하는 시기로, 성적 욕구 만족의 근원이 항문에서 성기 주변으로 이동한다. 이 시기에 유아는 이성 부모에게 무의식적인 성적 욕구를 느끼게 되는데, 남아는 어머니에 대해 성적인 욕구를 느끼게 되면서 아버지에게 적개심을 갖게 되는 오이디푸스 콤플렉스를 경험하게 되고, 여아는 이와 반대되는 엘렉트라 콤플렉스를 경험하게 된다. 이와 같은 외상적 경험을 통해 아동은 결국 동성인 부모와 동일시를 통해 이성에 대한 성적인 느낌을 승화하게 된다. 이 발달단계에서 겪는 어려움은 성 정체성에 관련된 문제를 유발하며 결과적으로 동성 또는 이성과의 관계에 영향을 미칠 수 있다.

(4) 잠재기

6세에서 12세에 해당되는 시기로, 유아는 성적 욕구의 충족보다는 학교, 친구, 스포츠, 취미생활 등에 관심을 갖고 에너지를 투자한다. 정서발달의 초점은 새로운 도전과 노력으로 성공을 경험하는 것과 현실적인 목표를 설정하고 그것을 성취하는 것에 맞춰진다. 이 단계를 성공적으로 보낸 아동은 자신에게 힘이 있다는 자신감을 갖지만 그렇지 못한 아동은 낮은 자존감을 갖게 된다.

(5) 성기기

성기기는 12세 전후의 초기 청소년기에 시작해서 일생 동안 지속된다. 이 시기에는 이전의 단계와는 달리 다른 성적인 대상에게 관심이 쏠리게 된다. 이성과의 성욕 발산을 지향하는 것이 특징이며, 처음에는 자애적 행동으로 출발하여 점차 사회화한다. 이 단계의 청소년과 성인들은 자기 정체성을 확고하게 하고, 다른 사람을 돌보는 이타적인 태도를 발달시키며, 애정 어린 이성 관계를 형성하고, 직업과 진로에서 진보를 이룬다.

5) 불안

프로이트는 불안(anxiety)을 원초아, 자아, 초자아 사이의 마찰 및 갈등으로 인해 발생한다고 보았다. 불안에는 현실적 불안(reality anxiety), 신경증적 불안(neurotic anxiety), 도덕적 불안(moral anxiety)의 세 종류가 있다. 현실적 불안은 실제 외부에서 받는 위험에 대한 두려움으로, 자신을 지키고자 하는 정상적인 반응으로 불안의 정도는 실제 위험에 비례한다. 예를 들면, 낯선 사람이 따라올 때 불안감을 느끼는 경우다. 신경증적 불안은 불안을 느껴야 할 이유가 없음에도 불구하고 본능이 통제되지 않아 나쁜 일이 발생하게 될 것이라는 막연한 느낌으로 인해 불안감에 휩싸이는 것을 말한다. 예를 들면, 아무런 근거 없이 누군가가 항상 나를 지켜보고 있고 또 언젠가는 나를 해칠 거라며 불안해하는 경우다. 도덕적 불안은 자신의 양심에서 생기는 두려움으로, 양심이 잘 발달된 사람은 자신의 도덕적 규칙에 위배되는 일을 할 때 죄책감을 느끼는 경향이 있다. 합리적·직접적 방법으로 불안을 통제할 수 없을 때, 자아는 자아방어 행동이라는 비현실적 방법을 택한다. 예를 들면, 지나가는 여자를 보면서 성적 충동을 느끼는 자신을 수치스러워하거나 지하철에서 노인에게 자리를 양보하지 않았을 때 느끼는 죄책감 등이 그 예다.

6) 자아방어기제

자아방어기제(ego-defense mechanism)는 개인이 이성적이고 직접적으로 불안을 통제할 수 없을 때, 즉 불안하거나 붕괴의 위기에 처한 자아를 보호하기 위해서 무의식적으로 사용하는 자기보호적 사고 및 행동수단을 말한다. 이 자아방어기제는 병적인 것이 아니라 정상적인 행동이다. 즉, 방어기제는 현실 직면을 피하려는 삶의 양식만 되지 않으면 적응적 가치가 있다. 그러나 방어기제가 현실을 부인하거나 회피, 방어하는 수단으로 고착될 경우에는 개인의 삶을 파괴하는 부정적 결과를 낳을 수 있다. 어떤 시점에서 어떤 방어기제를 사용하는가는 개인의 발달 수준과 불안의 정도에 따라 다르게 나타나며, 심리성적 발달단계에 어떤 경험을 하는지에 따라 방어기제의 작동 시기 및 종류가 결정된다. 방어기제에는 현실을 부정하거나 왜곡시키며, 무의식 수준에서 일어난다는 두 가지 공통점이 있다. 대표적인 방어기제들은 다음과 같다.

(1) 억압

억압(repression)은 중요한 방어기제 중 하나로, 의식하기에는 너무나 고통스럽고 충격적이어서 기억을 무의식 속으로 밀어넣어 버리는 것을 말한다. 억압은 다른 방어기제나 신경증적 장애의 기초가 되며, 모든 억압은 불안을 없애는 것에 목적이 있다. 예를 들면, 너무나 고통스럽고 견디기 힘든 과거의 기억(성폭력이나 가정폭력 등)을 전혀 기억하지 못하는 경우다. 억압과 혼동되기 쉬운 방어기제로 억제가 있다. 억압은 본인이 기억하지 못하는 무의식 수준에서 일어나는데 반해, 억제는 기억을 하고 있으면서 의식적으로 기억하지 않으려고 노력하는 것이다. 예를 들면, 어릴 때 부모로부터 받은 학대를 기억하고는 있지만 그에 대한 분노감을 숨긴 채 부모와 관련된 이야기를 의식적으로 회피하는 경우다.

(2) 부정

억압과 유사한 특성을 가진 부정(denial)은 견디기 힘든 상황에서 현실을 왜곡하는 것으로서 억압이 무의식의 영역이라면 부정은 전의식이나 의식에서 일어난다. 예를 들면, 자신이 사랑하는 사람이 자동차 사고로 사망했다는 이야기를 들었을 때, 그 사건이 발생한 것 자체를 부정하거나 사랑하는 사람이 사망했다는 사실을 부정할 수 있다. 또한 말기 암을 선고받고도 이를 인정하지 않으려는 환자, 누구나 알고 있는 알코올의 심각성을 인정하지 않고 지속적으로 음주를 하는 사람의 경우가 있다.

(3) 반동형성

실제로 느끼는 충동과는 극단적으로 반대되는 행동을 하는 것을 반동형성(reaction formation)이라 한다. 자신을 불편하게 만드는 욕구와 반대되는 행동을 함으로써 욕구 때문에 초래되는 불안을 직면하지 않아도 된다. 즉 '미운 놈에게 떡 하나 더 준다'는 우리 속담처럼 어떤 본능이 정반대의 본능에 의해 의식세계로 떠오르지 못하게 되는 현상을 말한다. 예를 들면, 남편을 미워하는 아내가 남편에게 과도한 사랑이나 헌신적인 행동을 보임으로써 결혼생활의 파경이라는 위협적인 상황을 피하려는 것이다. 또한 좋아하는 사람에게 오히려 더 차갑게 굴거나 짓궂게 구는 경우가 있다.

(4) 투사

자신이 수용할 수 없는 감정이나 생각, 느낌 등을 외부세계나 타인의 탓으로 돌리는 것을 투사(projection)라고 한다. 강력한 성적 · 파괴적 추동 때문에 위협을 받을 때 사람들은 파생되는 불안을 수용하는 대신 감정을 타인에게로 돌릴수 있다. 예를 들면, 불행한 결혼생활을 하는 남자는 자신의 친구들이 모두 불행한 결혼생활을 하고 있어서 자신의 생활과 공통점이 많다고 생각할 수 있다. 또는 자신의 부주의로 칼에 손을 베인 사람이 칼을 잘못 만들어서 그렇다고 칼을 만든 사람에게 잘못을 돌리는 경우가 있다.

(5) 전치

원래의 대상에게 감정을 해소하지 못하고 상대적으로 위험이 덜한 상대에게 감정을 푸는 것을 전치(displacement)라고 한다. 다시 말해, 불안한 감정을 위험이 될 수 있는 사람 · 대상이 아닌 상대적으로 안전한 사람 · 대상에게 쏟아내는 것을 의미한다. 예를 들면, 직장상사에게 받은 스트레스를 집에 돌아와 아이들에게 푸는 경우나 남편에게 화난 부인이 아이들에게 소리 지르는 것, 아이가 부모에게 혼나고 지나가는 강아지를 발로 차는 경우가 있다.

(6) 승화

사회적으로 인정되는 형태와 방법을 통해 충동과 갈등을 발산하는 것을 승화(sublimation)라고 한다. 예를 들면, 공격성이 강한 사람이 권투나 태권도 같은 운동을 함으로써 공격성을 표현하거나 대회에 참여해 상을 받는 경우, 성적 욕구를 멋진 예술작품으로 표현해 내는 경우가 있다.

(7) 합리화

성과가 좋지 않거나 실패 또는 상실을 설명하기 위해 핑계를 만들고, 그렇게 함으로써 자신의 불안을 줄이거나 실망감을 경감시키는 것을 합리화(rationalization)라고 한다. 예를 들면, 먹고 싶으나 먹을 수 없는 포도를 보면서

'신 포도이기 때문에 안 먹겠다.'고 말하는 경우가 있다. 또한 시험에 떨어진 경우 '나는 최선을 다하지 못했어.'라고 변명함으로써 자신의 실패로 인해 자존심이 상하는 불안으로부터 자신을 보호하는 것이나, 지원한 대학에 떨어진 경우 '나는 원래 그 대학에 가고 싶지 않았어.' 또는 '내 적성에 맞지 않았어.'라고 자신을 확신시키는 경우가 있다.

(8) 퇴행

심각한 스트레스 상황이나 위험에 처했을 때 이전의 발달단계로 되돌아가는 것을 퇴행(regression)이라고 한다. 예를 들면, 동생을 본 아동이 동생처럼 젖병에 우유를 넣어 먹으려고 하거나 바지에 오줌을 싸는 행동을 하는 경우다. 또한 학교에 첫 등교하는 날 아동이 울어버리거나 부모 뒤에 숨거나 혹은 손가락 빨기 등과 같이 유아기 행동을 하는 경우가 있다.

(9) 동일시

자신에게 중요한 인물의 태도나 행동을 똑같이 따라하면서 닮으려는 것을 동일시(identification)라고 한다. 동일시는 다른 사람의 특성과 닮음으로써 자신의 불안이나 다른 부정적 감정을 줄일 수 있다. 특히 자신보다 더 강한 사람에게서 받은 공포를 제거하는 데 이용된다. 예를 들면, 남자아이는 오이디푸스 콤플렉스 시기 동안 거세 공포에서 벗어나기 위해 아버지와 자신을 동일시하고, 여자아이의 경우에는 엘렉트라 콤플렉스에 의해 어머니와 자신을 동일시한다. 또한 유명 연예인과 자신을 동일시함으로써 자신이 그 연예인처럼 인기가 많다고 믿어 버리는 경우가 있는데, 이런 경우에는 동일시가 자신의 열등감에 대한 방어적 반응으로 사용되기도 한다.

(10) 주지화

정서적인 주제를 직접 다루기보다 추상적인 사고과정을 통해 간접적으로 처리하는 것을 주지화(intellectualization)라고 한다. 예를 들면, 어린 시절에 부모로부터 심각한 폭력에 시달린 경험에 대해 이야기하면서 남의 일인 것처럼 무덤덤하게 그때의 상황을 자세히 묘사하는 사람의 경우나 배우자가 헤어지자고 하는 심각한 상황에서 자신의 힘든 감정을 다루기보다는 오히려 미래에 대한 계획을 세우는 데 몰두하는 경우를 들 수 있다.

3. 상담 과정과 기법

내담자가 호소하는 문제는 내재되어 있던 어린 시절의 억압된 감정이나 무의식적 갈등이 현실에서 이와 비슷한 상황에 맞닥뜨리게 되면서 다시 되살아난 것이다. 이런 갈등 상황이 발생하면 자아는 허용되지 않는 본능적 욕구가 나타나는 것을 막기 위해 무의식적으로 방어기제를 사용한다. 그러나 자아가 방어하기에 버거운 문제의 경우, 내담자는 방어기제의 과도한 사용으로 인해 부적응적인 반응을 보이게 되는데, 이것이 바로 이상심리적 증상이자 내담자의 호소문제다. 따라서 정신분석상담에서는 내담자의 증상을 내담자가 가지고 있는 무의식적 갈등에 대처하기 위해서 찾아낸 최선의 해결책으로 본다.

여기서는 일상생활의 어려움을 호소하면서 상담실을 찾는 내담자의 문제적 증상을 해결해 나가는 정신분석상담의 과정과 상담과정에서 쓰이는 주된 기법에 대해 살펴보고자 한다.

1) 상담과정

(1) 정신분석상담의 목표

많은 정신분석학자와 정신역동적 심리치료자가 공유하는 일반적인 목표들은 다음과 같다(Gabbard, 2004, 2005). 첫째, 내담자는 자신의 내면세계에 있는 무의식적 갈등을 좀 더 효과적으로 해결할 수 있어야 한다. 둘째, 정신분석상담의 결과, 내담자는 자신을 좀 더 잘 알고 신뢰하며(authentic), 실재적(real)으로 느낄 수 있어야 한다. 셋째, 다른 사람들에 대한 자신의 반응을 이해함으로써 내담자는 가족, 친구, 동료들과 좀 더 개선된 관계를 가질 수 있어야 한다. 넷째, 치료가 끝난 후 내담자는 실제 발생한 사건과 그 사건에 대한 자신의 관점을 구별할 수 있어야 한다.

(2) 상담자의 역할

상담자는 먼저 내담자와 치료적 관계를 형성해야 하며, 그런 다음에 경청과 해석을 해야 한다. 내담자에 대한 공감적 이해는 내담자의 내부세계에 대한 상담자의 이해를 촉진시킨다(Wolitzky, 2011). 이때 상담자는 내담자의 저항에 특히 주목해야 하며, 경청하고 해석할 시기를 결정한다. 해석의 주된 기능은 무의식적 자료를 파헤쳐서 치료과정을 촉진시키는 것이다. 상담자는 내담자의 말의 차이나 불일치를 감지하고, 보고된 꿈과 자유연상의 의미를 추론하며, 자신에 대한 내담자의 느낌을 잘 감지해야 한다. 내담자는 상담과정에서 '전이(transference)'라고 하여 과거 자신에게 중요한 사람에게서 느꼈던 감정을 무의식적으로 상담자에게 투사하게 된다. 정신분석상담에서 상담자는 내담자에게 전이가 일어나도록 만들고, 또한 해석을 통하여 전이를 좌절시킴으로써 내담자가 무의식적 갈등과 문제의 의미를 통찰하도록 조력한다. 내담자의 저항을 적절하게 다루는 것 또한 상담자의 중요한 역할이다. 상담자는 내담자가 자유연상을 통하여 저항이나 갈등 상황을 자유롭게 표현하도록 격려하고, 해석을 통하여 현재 내담자가 호소하는 어려움 또한 과거 부모나 자신에게 중요한 사람과의 관계에서 느꼈던 부정적 감정 또는 행동 패턴을 되풀이하고 있음을 이해할 수 있도록 해야 한다. 상담자의 주된 기능 중에는 내담자에게 해석을 통해 이 과정들의 의미를 가르쳐서 그들이 문제를 통찰하고 변화 방법을 더 잘 인식함으로써 삶을 보다 합리적으로 통제할 수 있도록 하는 것도 포함된다.

정신분석상담에서 내담자의 변화는 상담자가 내린 해석의 정확성보다는 내담자의 변화 준비성과 연관이 더 많다. 따라서 상담자가 내담자를 너무 급하게 재촉하거나 시기에 맞지 않는 해석을 하면 오히려 상담에 역효과를 가져올 수 있다. 그러므로 상담자는 내담자의 낡은 행동양식을 재작업하면서 변화가 일어나도록 돕고(Loughead et al., 2010), 내담자가 새로운 방식으로 행동할 수 있도록 완급을 조절할 수 있어야 한다.

(3) 상담자와 내담자의 관계

상담자와 내담자의 치료적 관계는 '전이'라는 개념으로 설명된다. 전이란 내담자가 과거의 중요한 인물에게 느꼈던 감정을 상담자에게 투사하는 현상으로서 전이 현상의 해소가 정신분석상담의 핵심이다. 치료과정이 깊어지면서 내담자의 어린 시절의 경험과 갈등들이 무의식 속에서 표면 위로 떠오르기 시작한다. 따라서 내담자는 여러 가지 상반되는 감정에 대한 갈등을 회상하게 되고, 그때의 감정들은 상담자를 대상으로 재경험하게 되는데 이때 전이가 발생한다. 그런데 치료의 효과가 있으려면 이러한 전이 관계를 파악하여 극복해 나가야 한다. 전이를 이해하고 해결하기 위해서는 '훈습(working-through)'이라는 장기간의 과정이 필요하다. 이 과정을 통해서 내담자는 자신의 무의식적 심리역동에 대한 통찰을 얻게 되며, 결과적으로 과거의 경험과 현재의 대인관계 문제를 이해하게 된다.

한편, 상담자가 내담자와의 관계에서 갈등을 느끼고 내담자를 싫어하거나 좋아하게 되는 경우가 있다. 이러한 현상을 '역전이'라고 한다. 역전이가 일어나면 상담자 자신의 감정이 부각되므로 치료에 방해가 된다. 따라서 상담자는 내담자에 대한 자신의 감정에 주의를 기울이면서 역전이가 일어나지 않도록 조심해야 한다.

(4) 상담과정

정신분석상담의 과정은 크게 4단계로 나누어진다(정방자, 1998; 천성문 외, 2009; Gilliland et al., 1993). 상담자와 내담자가 상담관계를 형성하는 초기 단계와 내담자가 상담자에게 전이 감정을 느껴 이를 표현하는 전이 단계, 전이에 대한 분석을 통해 내담자의 자기이해 수준을 높이는 통찰 단계, 끝으로 통찰한 것을 일상생활에서 계속 유지하기 위해 노력하는 훈습 단계로 나눌 수 있다.

① 초기 단계

먼저 내담자와 상담자 간 신뢰 관계(rapport)가 형성되고, 이를 바탕으로 자유연상과 꿈분석을 통해 내담자의 심리적 문제에 접근하게 된다. 이를 통해 내담자의 심리적 문제의 윤곽이 드러나면 상담자는 내담자와 치료동맹을 맺게 된다. 치료동맹을 통해서 내담자는 상담자에게 한 인간으로서 온전히 수용받고 존중받는 경험을 하게 되고, 이를 통해 상담자에 대한 의존 욕구가 증가하게 된다. 치료동맹은 내담자의 전이 감정을 불러일으키는 데 중요한 역할을 한다.

② 전이 단계

전이 단계에서 내담자는 어릴 때 자신에게 중요했던 사람에게 느꼈던 감정을 상담자에게 투사하면서 억압되었던 유아기적 욕구를 상담자에게서 충족하려 한다. 이때 상담자는 중립적인 태도를 취하면서 해석 및 참여적 관찰자(participant observer) 역할을 통해 내담자의 전이 욕구를 좌절시킨다.

③ 통찰 단계

전이 욕구가 좌절된 내담자는 상담자에게 욕구 좌절로 인한 분노, 적개심 등의 감정을 표현하게 된다. 이러한 감정표현을 통해 내담자는 카타르시스(catharsis)를 경험하기도 하고, 의존 욕구나 사랑 욕구와 같이 무의식 속에 억압되었던 자신의 감정과 만나게 된다. 더불어 그동안 자신이 경험했던 부정적 감정들이 의존 욕구나 사랑 욕구 등의 좌절로 인해 발생된 것임을 통찰하게 된다.

④ 훈습 단계

내담자가 심리적 문제의 원인을 통찰하였다고 해서 바로 문제가 해결되는 것은 아니다. 내담자가 통찰한 것을 일상생활에 적용하여 실질적으로 내담자의 변화를 도모하는 단계가 훈습 단계인데, 상담자는 내담자가 상담을 통해 통찰한 것을 현실에 적용할 수 있도록 적절한 강화 및 지지를 해 주어야 한다. 상담자는 훈습 단계를 거친 후, 내담자의 행동 변화가 어느 정도 안정적으로 일어날 때 종결을 준비해야 한다.

2) 상담기법

(1) 자유연상

자유연상(free association)은 정신분석상담의 핵심 기법으로 내담자에게 아무리 고통스럽고, 어리석고, 사소하고, 비논리적이고, 부적절하더라도 마음에 떠오른 것은 무엇이든지 가능한 한 많이 말하라고 독려하는 것이다. 이 기법은 때로는 과거 경험을 회상시키고, 때로는 차단되었던 강한 감정을 완화시킨다. 그러나 이 완화 자체가 중요한 것은 아니다. 자유연상 동안에 상담자가 해야 할 과제는 무의식에 갇혀 있던 억압된 자료를 규명하는 것이다. 상담자는 내담자의 자유연상을 들으면서 표면의 내용만 듣는 것이 아니라 감춰진 의미까지 헤아려야 한다. 내담자의 말 그 자체로는 별로 얻을 것이 없다. 예를 들면, 말의 실수는 갈등하는 정서의 표현이라고 본다. 따라서 내담자가 말하지 않은 부분도 그들이 말하는 부분만큼이나 중요하다(Corey, 2017). 상담자는 이를 통해 내담자의 마음속에 억압된 자료를 수집하고 이를 해석함으로써 내담자의 통찰을 돕게 된다.

(2) 해석

정신분석상담에서의 해석(interpretation)은 자유연상이나 꿈, 저항, 전이 등을 분석하고, 그 속에 담긴 행동상의 의미를 내담자에게 지적하고 설명하는 기본적인 절차다. 해석을 통하여 내담자는 의식하지 못했던 자료를 분명히 이해할 수 있게 된다.

해석은 다음과 같은 원칙들에 따라 이루어져야 한다. 첫째, 해석을 시도하는 시기의 적절성이다. 왜냐하면 적절하지 못한 때에 해석을 하면 내담자가 거부 반응을 일으킬 수 있기 때문이다. 우선 해석하려는 내용이 내담자의 의식 수준에 가까워졌을 때 하는 것이 원칙이다. 둘째, 내담자가 소화해 낼 수 있을 정도의 깊이까지만 해석해야 한다. 셋째, 저항이나 방어의 저변에 깔려 있는 무의식적 감정 및 갈등의 의미를 해석하기에 앞서 그 저항과 방어가 어떻게 나타나고 있는지를 먼저 지적해 줄 필요가 있다.

해석은 명료화해석, 비교해석, 소망-방어해석의 세 범주로 분류할 수 있다. 명료화해석은 내담자의 생각과 감정을 구체화함으로써 보다 깊은 탐색이나 해석이 요구되는 어떤 주제에 내담자의 관심을 집중시키기 위한 상담자의 언급이다. 비교해석은 상담자가 내담자의 두 가지 이상의 사건, 생각, 감정들을 나란히 대비시킨다. 이런 비교는 반복되어 나타나는 행동·감정 양식이나 모순점을 지적하는 언급이다. 소망-방어해석은 신경증적 갈등의 소망-방어적 요소를 지적하는 언급이다.

(3) 꿈의 분석

꿈은 무의식적 자료를 드러내고 해결되지 못한 주제에 대해 통찰을 제공하는 중요한 수단으로, 마음의 무의식적 활동에 관한 지식을 얻을 수 있는 왕도다. 즉, 꿈분석을 통해 소망, 욕구, 두려움 등이 밖으로 드러날 수 있다. 프로이트는 어떤 동기나 기억 등은 자아가 수용할 수 없기 때문에 그것들이 상징적인 형태를 띠고 꿈으로 나타난다고 생각했다. 즉, 꿈은 억압된 원초아적 충동과 방어 사이에 이루어지는 일종의 타협이라고 생각했다. 꿈의 내용은 꿈을 꾼 사람이 지각하는 방식에 해당하는 겉으로 드러난 내용과 그 꿈속에 내재된 상징적이고 무의식적 동기를 의미하는 잠재적 내용으로 구분된다. 내담자가 꿈을 탐색하는 과정에서 상담자는 그들이 수행하는 자유연상을 점검하고, 그러한 자료들이 가지고 있는 억압된 의미를 자각하도록 도움으로써 그들이 가지고 있는 문제에 대한 새로운 통찰을 얻게끔 도와준다.

(4) 전이의 해석과 분석

전이 감정을 탐색하고 해석하는 과정은 치료과정의 핵심이다. 왜냐하면 이 과정이 통찰을 증가시키고 성격 변화를 가져온다고 보기 때문이다. 치료과정에서 전이가 나타나는 시점은 내담자와의 초기 관계가 현실을 왜곡하는 바로 그 부분이다. 전이는 내담자가 접근할 수 없었던 다양한 감정을 재경험할 수 있도록 해 주므로 치료적 가치가 있다. 상담자와의 관계를 통해 내담자는 무의식 속에 묻어 두었던 감정, 신념, 욕망을 행동으로 표현한다. 전이를 해석하는 것은 내담자의 내적 세계를 밝히는 길이다(Wolizky, 2011). 이러한 해석을 통해 내담자는 '과거 중요한 타인과의 관계 패턴이 지금 상담자와의 관계와 다른 중요한 타인과의 관계에서도 동일한 형태로 되풀이되고 있다는 것'을 알게 된다. 적절한 해석, 초기 감정의 훈습 등을 통해 내담자는 오래 지속되어 온 행동양식을 인식하고 일부 바꿀 수 있게 된다. 전이의 분석은 정신분석의 중심 기법이다. 그렇게 함으로써 내담자가 현재 기능에 대한 과거의 영향을 통찰할 수 있기 때문이다. 전이 관계의 해석은 지금 그들을 고착시키고 정서적 발달을 지연시키는 옛 갈등을 훈습할 수 있도록 해 준다.

(5) 역전이

역전이는 프로이트가 만들어 낸 개념으로서 상담자가 자신의 삶에서 가지고 온 것을 내담자에게서 느끼는 현상, 즉 치료자 편의 전이를 가리켰다. 오늘날에는 보다 관계중심적인 치료 접근들이 등장하고 애착과 치료과정에 대한 연구 성과들이 축적되면서 역전이는 상담자가 내담자에게 느끼는 '정상적인' 혹은 예측 가능한 반응까지 포함하는 개념이 되었다. 또한 역전이는 내담자의 대인 관계적 역동 및 다른 사람들이 내담자에게 보이는 반응을 이해하는 데 큰 도움을 준다. 상담자는 자신의 역전이 감정을 살펴서 이러한 정보를 치료에 도움이 되는 방향으로 사용한다. 왜냐하면 내담자에 대한 임상적 정보가 역전이에 풍부하게 담겨 있기 때문이다.

묄러(Moeller, 1977)는 역전이에 대해 세 가지 다른 접근방식을 언급하였다. 첫째, 역전이에 대한 전통적인 해석 방법은 그것을 내담자에 대한 비합리적이고 신경증적인 상담자의 반응으로 보는 것이다. 둘째, 역전이를 좀 더 포괄적으로 보면 그것은 의식과 무의식을 포함하여 내담자에 대한 감정의 총체를 의미한다

(Gabbard, 2004). 이글(Eagle, 2000)은 상담 중에 상담자가 가지게 되는 모든 생각과 감정이 내담자의 내면세계를 반영하는 것으로 가정하지 않아야 한다고 경고하였다. 셋째, 역전이를 내담자의 전이에 상응하는 것으로 보는 것이다. 즉, 내담자의 감정은 상담자의 감정에 영향을 끼치며 그 반대도 성립한다. 이런 방식으로 역전이를 이해하면 상담자는 '나는 내담자의 어머니가 느꼈음직한 감정을 느끼고 있는 것은 아닌가?'라는 생각을 할 수 있다. 따라서 상담자는 내담자와 그들의 감정, 그리고 그들 사이의 상호작용을 공감하려고 시도한다.

(6) 저항의 해석과 분석

저항이란 치료의 진전을 방해하고 상담자에게 협조하지 않으려는 내담자의 무의식적 행동을 말한다. 예를 들면, 상담시간에 지각하기, 약속을 잊기, 상담에 대한 흥미 잃어 버리기 등 다양한 형태를 띤다. 어떤 경우, 내담자들은 기억하거나 상담 시간에 자유연상을 하는 데 어려움을 겪는다. 다른 경우, 그들은 상담 장면 밖에서 과도한 음주나 외도 등과 같은 다른 문제들을 보이는 방법으로 저항한다. 내담자가 저항하는 이유는 자신의 억압된 충동이나 감정을 알아차렸을 때 느끼게 되는 불안으로부터 자아를 보호하기 위해서다. 따라서 내담자의 갈등을 근본적으로 해결하기 위해서는 상담자가 이를 지적해 주어야 한다. 상담자는 내담자가 보이는 가장 큰 저항에 내담자의 주의를 환기시킨 다음, 내담자가 수용할 수 있도록 배려하면서 해석을 가한다. 저항이 드러날 때 자주 보이는 형태는 전이저항이라고 알려져 있는데, 이는 전이를 하나의 저항으로 보는 것으로 내담자가 상담자와 경험하기를 원하거나 또는 두려워하는 상호작용이 실제로 발생하게 조절하는 것을 의미한다(Horner, 1991, 2005).

(7) 훈습

훈습(working-through)은 내담자가 상담과정에서 얻은 통찰을 일상생활에 적용함으로써 실질적인 변화가 일어나는 것이다. 훈습과정은 무의식의 자료와 방어기제를 반복적으로 자세히 탐색하는 것인데, 대부분 그 근원이 초기 아동기에 있다. 또한 훈습은 반복적 해석과 저항 형태의 탐색을 통해 가능하다. 이러한 훈습의 결과, 내담자는 낡은 행동양식을 버리고 새로운 선택을 할 수 있게 된다. 효과적인 치료는 내담자가 교정적이고 완전하게 경험하는 현재에서 상담자와의 관계를 발달시킬 것을 요구한다. 참여적이고 배려가 있으며, 신뢰로운 상담자와의 만남을 통해 내담자는 근원적으로 변화하여 새로운 인간관계를 경험할 수 있게 된다(Ainslie, 2007b).

정신분석상담에서 내담자가 자신의 정서적 문제를 명료화하고 수용하며, 문제의 역사적 원인을 이해하고 자신의 현재 대인관계와 과거의 문제를 통합할 수 있게 되었다는 사실을 상담자와 내담자가 합의하게 되면 상담의 종결을 준비하게 된다. 분석이 잘 되었을 경우 내담자는 자신의 생활에서 증상과 증상의 기능에 대해 이해하게 되고, 환경이 자신에게 끼친 영향과 자신이 환경에 끼친 영향에 대한 통찰이 일어나며, 방어는 감소하게 된다.

상담자는 내담자가 통찰을 바탕으로 현실에서 새로운 방법으로 갈등을 해결하려고 노력할 때 적극적인 지지와 격려를 해 주어야 하며, 이를 통해 내담자는 통찰을 통해 얻은 새로운 갈등 해결 방법을 적용할 힘을 얻게 된다.

4. 평가

장기간의 치료 기간을 요하는 정신분석상담의 비효율성에 대한 비판으로 등장한 치료적 접근이 행동주의 치료이고, 정신분석상담의 생물학적 · 결정론적 인간관에 반론을 제기한 대표적인 상담이론이 칼 로저스(Carl Rogers)의 인간중심이론이다. 그러나 이러한 이론들 또한 정신분석의 원리와 개념을 바탕으로 발전된 이론으로서 정신분석의 영향에서 자유로울 수는 없다.

여기서는 상담 및 심리치료 분야의 초석인 정신분석상담의 한계와 비판 및 공헌점에 대해서 살펴보고자 한다.

1) 한계와 비판

정신분석상담의 한계는 다음과 같다. 첫째, 정신분석상담은 시간과 비용이 많이 든다. 둘째, 정신분석상담은 긴급한 현안이 있는 내담자를 돕는 용도로 개발되지 않았다. 셋째, 정신분석상담은 다문화적 차원에 적절한 관심을 기울이지 않았다. 넷째, 정신분석상담은 건강한 성인의 생활양식을 촉진하는 방안에 대해서 별다른 언급이 없다. 다섯째, 정신분석상담은 여성에 관한 잘못된 주장을 했다. 예를 들면, 여성이 아동의 주된 양육자라는 점에서 아동의 정서적 문제에 대해 주로 어머니를 비난하고 아버지에게는 대체로 면죄부를 주었다(Enns, 1993). 여섯째, 정신분석상담이 장기적이고 집중적인 치료방식이라는 점으로 인해 고전적 정신분석의 가치를 뒷받침하는 연구가 많지 않다는 것이다. 왜냐하면 한 명의 상담자가 치료할 수 있는 사람이 제한되어 있고, 각각의 치료과정이 매우 독특하기 때문이다.

2) 공헌점

정신분석상담의 공헌점 중에서 가장 중요한 것은 인간발달에 대한 이해에 아주 심대한 영향을 미쳤다는 것이다. 이로 인해 대부분의 사람은 아동기 경험의 중요성을 인정하며, 발달에서 성이 중요한 역할을 함을 이해하고, 부모가 우리의 삶에 강력한 영향력을 미침을 인식했다. 또한 무의식의 존재를 받아들이고, 대부분의 성격 내부에 내적 갈등이 일어난다는 것도 인정했다. 뿐만 아니라 치료 관계가 가진 치유적인 힘을 인식하고, 언어를 통한 치료가 긍정적 변화를 촉진하는 강력한 도구임을 믿으며, 사람들이 더 생산적이고 보람 있는 삶을 살도록 촉진하는 데 심리치료가 도움이 된다는 낙관적 견해를 가지게 되었다.

5. 현대 정신분석의 동향

현대의 정신분석은 크게 세 방향으로 학파를 형성하면서 발전해 가고 있다. 첫 번째 흐름은 전통적인 프로이트의 이론에 가까이 위치하고 있으면서도 자아(ego)의 자율적 기능을 보다 강조하는 자아심리학(ego psychology)이다. 자아심리학을 발전시킨 주요 인물은 하인즈 하르트만(Heinz Hartmann)과 그 동료들로, 이들은 자아를 그 나름의 발달과정을 거치며 성적 혹은 공격적 추동과 무관한 고유한 활동력을 지닌 적응 기관으로 보았다. 또한 치료적인 면에서 내담자의 자율성을 키우도록 돕는 상담자의 역할을 강조하였다.

두 번째 흐름은 고전적 정신분석의 비정통 학파였던 멜라니 클라인(Melanie Klein) 등에 의해 영국에서 발전된 대상관계이론(object relation theory)이다. 여기서 '대상'은 사물이 아닌 '사람'을 의미한다. 전통적인 정신분석이론이 개인 내적 심리과정을 중시하는 것에 비해서 대상관계이론은 '대상관계', 즉 심리적으로 내면화한 타인과의 관계를 중시한다. 이 이론은 생애 초기(특히, 오이디푸스기 이전)의 관계가 한 개인의 건강한 발달에 결정적으로 중요한 영향을 미친다는 것을 강조한다.

세 번째 흐름은 하인즈 코후트(Heinz Kohut)에 의해 미국에서 발전된 자기심리학(self psychology)이다. 자기심리학은 개인이 자존감과 가치감을 유지하는 데 외적인 관계가 얼마나 큰 영향을 미치는지를 더 강조하며, 인간이 심리적 안녕감을 유지하기 위해서 다른 사람으로부터의 격려, 지지, 사랑과 같은 반응을 얼마나 절실하게 필요로 하는지를 보여 준다. 이 이론은 상담자의 공감적 반응을 매우 중시하므로 로저스의 인간중심적 접근과의 유사성이 지적되기도 한다. 앞에서 언급한 세 흐름은 상호 보완적인 것이라고 할 수 있다.

6. 요약

정신분석상담은 증상이 나타나게 된 원인에 주목하며, 쾌락을 추구하고 고통을 회피하려는 인간의 근본적인 생물학적 동기를 강조했다. 프로이트는 무의식적 동기를 가정하고 인간은 의식적으로 지각되지 않는 경험이나 사고, 감정에 영향을 받는다고 하였다. 그리고 억압된 생각이 무의식 속으로 들어감으로써 신경증이 발생한다고 보았다. 따라서 무의식을 의식화함으로써 신경증적 행동의 원인을 이해할 수 있게 되며, 궁극적으로는 내담자의 인간적 자율성이 향상되게 된다. 정신분석상담은 주로 훈습할 무의식적 자료를 의식세계로 가져오는 방법을 사용한다. 아동기 경험을 강조하며 이 경험을 토의하고, 재구성하고, 해석하고, 분석한다. 성격 변화를 위해서는 상담자와의 전이 관계에 대한 훈습을 통해 이루어지는 과거 탐색이 필수적이다.

아동기에 중요한 대상과의 관계에서 비롯된 혼란스러운 아동기 감정양식이 성장해서도 과도하게 지배하는 상태가 되면 신경증이 유발되기도 한다. 이러한 정서발달상에 결함이 많은 일부 사람들은 자신이 가장 좋아하는 환경에서조차 자신의 의지대로 행동하지 못하고 다른 사람의 뜻에 따라 기능한다. 정신분석상담에서는 이러한 정서발달상의 결함을 치료하기 위해서 자유연상과 꿈분석을 통해 무의식을 발견하고자 한다. 결국, 무의식의 탐색은 아동기 감정양식을 이해하게 하여 자동적인 정서반응을 통찰하고 그것으로부터 벗어나게 한다. 아동기 감정양식은 상담자와의 관계에서 발생하는 전이를 통해 체험되므로 전이를 분석하는 것은 아동기 감정양식을 이해할 수 있게 한다. 내담자가 전이 감정을 일으키더라도 상담자는 내담자가 아동기에 경험한 부모와는 다른 반응을 하게 되고, 이런 과정에서 내담자는 교정적 정서 체험을 하게 된다. 그리고 교정적 정서 체험은 자신도 모르게 묶여 있었던 아동기 감정양식에서 벗어나게 한다. 따라서 정신분석상담은 신경증의 치료뿐 아니라 정신건강을 위한 예방적 처치로서 자기이해를 통한 정서적인 발달과 성숙을 도모할 수 있게 한다.

제3장
분석심리학과 상담

| 박종수 |

　스위스의 정신의학자인 융(C. G. Jung)은 정신분석과 함께 심층심리학의 양대 산맥 가운데 하나인 분석심리학을 제창한 인물이다. 그는 프로이트(S. Freud)가 제안한 무의식의 영역을 확대하여 집단무의식과 원형이라는 개념을 이론적으로 체계화하였다. 프로이트에게 무의식은 의식이 경험 속에서 소화해 내지 못한 억압적 요소가 수면 아래로 침잠된 상태라면, 융에게 있어 무의식은 개인적 경험에서 파생된 무의식뿐만 아니라 본능적이며 원형적인 집단무의식까지 포함한다. 융에 의하면, 정신은 다양한 인격으로 구성된 복합체와도 같다. 자아와 페르소나가 의식의 영역에서 작용한다면, 콤플렉스를 비롯한 그림자와 아니마/아니무스는 주로 무의식의 영역에서 작용한다. 의식의 중심인 자아는 전체 정신의 중심인 자기와의 역동적 관계를 통해 인격의 성장과 개성화를 이끄는 주역이 된다. 융의 인간 이해는 이러한 정신세계의 구조와 맞물려 있다. 그에게 인간은 하나의 물리적 단일체라기보다는 다양한 인격이 한 존재 안에서 긴밀한 관계를 형성하고 있는 심리적 복합체다. 분석심리학적 상담기법 또한 이러한 인간의 이해하에 전개된다. 우선 의식적 차원에서 발생한 다양한 경험과 환경적

요소를 분석한 다음에 개인적 무의식과 집단적이며 원형적인 무의식의 내용을 파악한다. 그 과정에서 심리적 질환을 초래한 요소들과 콤플렉스는 자연스럽게 의식화되어 전체 인격에 통합된다. 융의 치료기법은 심리적 질병의 발생 원인을 밝히기보다는 상담자와 내담자 사이의 역동적 관계를 통해 인격의 성숙과 자기실현(individuation)을 추구하는 과정으로 볼 수 있다.

1. 주요 학자

Carl Gustav Jung

사무엘스(A. Samuels)에 의하면, 융학파는 세 분류로 나뉘어진다. 고전학파에 융과 함께 오랜 동안 분석심리학을 연구해 온 폰 프란츠(von Franz), 노이만(E. Neumann), 야코비(J. Jacoby) 등이 포함된다. 이들은 융의 사상을 이어받아 분석심리학을 계승 발전시킨 주역들로 인정된다. 영국을 중심으로 형성된 발달학파에는 포드햄(M. Fordham), 사무엘스 등이, 그리고 후기 융학파이자 원형학파로 알려진 학자는 힐먼(J. Hillman), 스테인(M. Stain) 등이 있다(Samuels, 2012: 59). 이들의 견해는 약간의 강조점이 다를 뿐 융의 기본 사상과 크게 다르지 않다는 점에서 모두 융학파에 속한다고 볼 수 있다.

분석심리학의 창시자인 칼 구스타브 융(Carl Gustav Jung, 1875~1961)은 1875년에 스위스 동북부 투르가우주에 있는 케스윌 마을에서 개신교 목사의 아들로 태어났다. 바젤 대학에서 자연과학을 공부한 후에 의대를 졸업하고 정신의학을 전공하기 위해 블로일러(E. Breuler) 교수 밑에서 조교생활을 하였다. 그는 취리히 대학 의학부에서 정신과 의사로 근무하면서 단어연상에 관한 실험적 연구를 하였다. 32세에 융은 프로이트와 처음으로 만나 다음 해에 국제정신분석학회에 참석하기도 했다. 이후 융은 신화, 동화, 민담 연구를 통해 집단무의식과 원형에 대한 개념을 정립하고 프로이트와의 견해 차이를 드러냈다. 그는 프로이트의 정신분석학 운동으로부터 결별하고 자신의 심리학을 '분석심리학(analytical psychology)'이라고 명명했다. 치료기법으로 융은 연상법, 확충법, 적극적 상상법을 확립하면서 분석심리학의 주요 개념인 자아, 페르소나, 그림자, 아니마/아니무스, 자기 등에 대해 이론적 토대를 수립했다. 아프리카의 튀니지와 알제리, 케냐와 우간다 등을 여행하면서 원초적 삶을 살고 있는 그들의 심리를 통해 원형적 세계를 경험한 후에 자아와 무의식의 관계를 정립했다. 융은 취리히 호숫가에 자신이 직접 탑을 짓고 그곳에서 사색을 즐기며 조각과 건축 작업을 통해 무의식의 역동을 경험하고 예술치료와 놀이치료의 원리를 소개하기도 했다. 63세에 인도를 여행하면서 명상과 요가를 연구한 융은 정신과 신체의 관계를 심리치료에 적용했다. 그는 말년에 이르러 분석심리학의 배경을 연금술의 원리를 통해 증명해 보이고자 했다(CW[1] 12-13).

2. 인간관

프로이트의 정신분석학 이후 많은 심리학 이론이 소개되었다. 그 이론들은 대체로 개인적 경험과 인간에 대한 이해에 바탕을 두고 있다. 그럼에도 인간의 어떤 측면을 강조하느냐에 따라 그 이론과 실천 방향은 달라진다. 따라서 어떤 심리학 이론도 인간을 온전하게 설명하지 못하며, 결국 부분적 인간 이해에 머무를 수밖에 없다. 그것은 이론의 부적합성 때문이라기보다는 정신세계의 무한한 가능성에 있다고 보아야 할 것이다. 융은 어떤 인간관을 지녔는가? 융의 인간 이해는 분석심리학의 기본 개념에서 드러난다. 그 대표적 예가 학자들마다 견해를 달리하는 자아(ego)와 자기(self)의 관계다. 융에게 있어 자아는 인격 전체를 대표하는 자기의 일부에 해당된다. 따라서 자아는 의식뿐만 아니라 무의식의 영역까지도 포괄하고 있는 자기와의 관계를 올바로 수립할 때 건강한 인식의 주체가 된다. 자아는 현실 속에서 경험하는 의식적 내용뿐만 아니라 꿈과 환

---

1) *Collected Works* by C. G. Jung(융 저작집 영문판).

상 등을 포함한 무의식의 내용까지도 인식할 수 있을 때 전체적 인격에 동참할 수 있기 때문이다. 인간은 하나의 단일체로 구성되었다기보다는 다양한 인격적 요소로 형성되어 있다. 인간을 대체로 영(spirit), 혼(soul), 육체(body)로 구성되어 있다고 여겼던 고대인의 사상은 종교, 문화적 영역을 비롯한 현대인의 인간 이해에도 여전히 영향을 끼치고 있다. 인간에 대한 다양한 견해에도 불구하고 인간은 영과 육체, 보이는 것과 보이지 않는 것, 심리학적으로 볼 때 의식과 무의식의 영역으로 구성되어 있다고 보아도 무리는 아니다. 물론 그 개념에 대해서는 저마다 의견이 다를 수 있지만, 융 또한 고대인의 인간 이해의 범주에서 크게 멀어지지 않았다.

프로이트는 무의식을 지극히 제한적인 범위에서 이해했다. 의식이 소화해 내지 못한 억압적 요소가 무의식을 형성한다는 것이 그 주요 내용이다. 병리적 원인이 되는 무의식에 잠재된 외상이나 억압적 요소가 의식에 통합될 때 치료가 된다는 것이 그의 주장이다. 프로이트의 무의식 개념은 인간 자체에 대한 사변적 이해라기보다는 정신분석적 심리치료를 위한 유용한 통찰력을 제공한다는 점에서 의미가 있다. 이에 반해 융의 무의식 개념은 보다 본질적인 인간 이해에 그 뿌리를 두고 있다. 프로이트가 제기한 무의식의 개념은 융에게 있어서 개인의 경험에 근거한 개인무의식에 해당된다. 이에 반해 융이 제창한 집단무의식은 개인의 경험을 초월한 인류공동체의 보편적 경험에 해당된다. 우리 모두는 태곳적 인류가 세대를 거쳐 경험한 것들을 안고 태어난다. 거의 본능적이며 원형적인 내용으로 구성되어 있는 집단무의식은 문화와 종교 그리고 일상적 삶에 스며들어 인간의 정신적 삶에 지대한 영향을 끼치고 있다는 것이 그의 주장이다. 따라서 융의 치료방식은 의식에서 파생된 억압적 요소를 의식화하는 것뿐만 아니라, 인류가 담지한 전체적 인간상을 발견하는 과제가 포함된다. 개인 안에 선천적으로 존재한 인류의 보편적이고 원형적인 성향과 행동양식이 의식 안으로 통합될 때 비로소 건강한 삶을 살 수 있다는 것이 분석심리학의 치료 원리다.

융의 인간관은 한마디로 부분과 전체의 역동적 체계로 이해될 수 있는데, 이는 개인과 집단의 관계로 비유될 수 있다. 개인의 욕망과 집단의 이상이 서로 조화되지 못하고 갈등 상태에 있을 때 개인은 집단의 권력 앞에서 무기력해지며 정신적 고통을 받게 된다. 따라서 심리적 고통은 옳고 그름의 차원이 아니라 철저히 개인의 고유한 인격적 성향에 따라 결정된다. 인간은 사실 다양한 인격적 요소로 구성된 일종의 연합체다. 인격적 구성요소들은 때로는 의식적으로, 때로는 무의식적으로 자신의 존재를 드러낸다. 자아와 페르소나가 의식적 영역에 있는 인격적 요소라면, 개인무의식 영역에 있는 그림자와 콤플렉스, 그리고 집단무의식의 원형들은 모두 무의식의 인격적 요소들이다. 의식과 무의식의 모든 인격적 요소의 중심에 자기가 있다. 자기는 정신의 중심이자 정신 그 자체로서 개인의 고유한 통합체다. 따라서 모든 인격적 요소는 어떤 형태로든 자기와의 관계성 안에 있다. 만일 부분적 인격들이 전체 인격을 대변하는 자기와의 관계성을 상실하거나, 각자의 기능을 효과적으로 수행하지 못하거나, 다른 인격적 요소들과 조화를 이루지 못할 때 전체 인격은 일그러지며 심리적·육체적 질병에 시달리게 된다. 이것은 개인이 어떤 형태로든 집단과 조화를 이루며 살아가야 하는 실존적 인간의 모습을 보여 준다. 개인과 전체의 조화야말로 모든 인류가 추구해야 할 중요한 가치이며, 융이 말하는 인격의 성숙이자 개성화에 해당된다. 따라서 분석심리학적 심리치료는 부분이 전체와 조화를 이루는 일이며, 그것은 부분이 전체를 인식하는 과정을 통해 이루어진다. 공동체의 작은 부분으로 태어난 한 인간이 성장하면서 전체 사회와 조화를 이룰 때 건강한 사회의 일원이 된다. 집단에 속한 사회인이면서 동시에 고유한 개인성을 지닌 인간이야말로 이상적인 존재이며 건강한 인간상이다. 융은 의식과 무의식의 교감과 역동적 통합이야말로 자기실현의 지름길로 보았다.

융은 개신교 목사의 아들로 태어났지만 그의 종교관은 기독교에 국한되지 않았다. 오히려 그의 이론은 기독교의 교리를 넘어서고자 했으며, 한편으로는 보다 보편적이고 열린 기독교 세계관을 바랐던 것 같다. 따라서 그가 제창한 분석심리학의 개념들도 종교적 색채를 띠고 있지 않다. 그럼에도 그의 사상을 어떤 특정 종교의 언어로 환원하고자 한다면 융심리학의 진의를 왜곡할 수 있다. 예를 들면, 정신의 중심이자 자기는 일종의 원형으로서 꿈이나 환상 속에서 구원자 이미지, 즉 하나님 혹은 부처나 그리스도 이미지로 나타나거나 경험된다. 그렇다고 해서 자기가 곧 특정 종교의 믿음의 대상은 아니다. 융의 종교관 역시 대극의 원리에 있다. 그의 저서『욥에게의 응답』에서 융은 신의 양면성을 표현하였다. 신의 선한 면과 어두운 면은 원형의 대극적 요소로서 어느 한쪽에 치우칠 때 온전한 균형을 이룰 수 없다는 것이 그의 주장이다(CW 11: 553-758).

융의 예술관에서 인간에 대한 보편적 이해가 드러난다. 피카소와 같은 천재적인 화가라도 그의 작품은 어느 한 천재의 작품이라기보다는 인류의 집단무의식이 창조해 낸 결과요, 시대적 요구에 의해 보상적으로 드러난 심리적 사건이라는 것이다(CW 15: 159-161). 인류의 보편적 세계인 원형의 세계는 플라톤이 말하는 이데아의 세계와 유사한 개념이다. 선험적 이미지인 원형은 천부적으로 부여되어 모든 인간으로 하여금 태어나면서 적응할 수 있는 사고와 행동유형으로 현실화된다. 따라서 모든 심리적 질병은 개인적 경험과 원형적 정서의 복합적 산물로 이해된다. 그것은 한 개인의 질병이라고 할지라도 보다 넓은 의미에서 보면 인류 모두의 책임과 의무가 한 개인을 통해 표출된 것으로 볼 수 있다. 이 점이 융심리학이 보여 준 보편적 인간관이며, 이것은 개인과 공동체의 공생과 조화를 위한 밑거름이 된다.

3. 주요 개념

융은 정신(psyche)을 어떻게 이해할까? 시대와 문화, 그리고 사상적 배경에 따라 그 정의는 달라질 것이다. 어떤 단일한 단위로 정신을 정의할 수 없다. 정신은 마치 큰 가마솥과 같아서 그 안에 서로 상반된 충동, 금지, 혹은 감정이나 정동들이 한데 섞여 있다(CW 9i: 190). 정신은 이런 복잡한 요소들의 상호작용을 통해 그 실체를 드러내며, 나이, 성, 기질, 태도, 본능적 성향 등에 따라 그 표현 양상은 달라진다. 정신은 의식과 무의식을 포함하는 모든 심리적 과정의 총체다(CW 8: 261, 408).

정신에 어떤 구조가 있을까? 눈에 보이지 않는 정신을 어떤 일정한 구조를 통해 설명한다는 것 자체가 무리일 것이다. 그럼에도 학문적인 혹은 치료적인 차원에서 정신은 다양하게 설명되어 왔다. 무의식의 심리학을 처음으로 체계화한 프로이트는 정신구조를 일단 의식과 무의식의 이중구조로 설명했다. 무의식은 과거의 경험에서 파생된 억압적인 요소로 구성된다는 프로이트의 견해와는 달리, 융은 알려지지 않은 억압적 내용뿐만 아니라 정신의 본능적 요소, 그리고 각 개인의 행동과 태도의 기본적 형식을 담고 있는 원형들이 무의식의 내용을 형성한다고 주장하였다. 융에 의하면 무의식은 단지 알려지지 않은 것이 아니라 오히려 알려지지 않은 정신적인 것, 즉 우리가 알고 있는 정신적 내용과 구별되지 않는 모든 것을 말한다. 내가 알고 있지만 지금 이 순간에는 생각하고 있지 않은 모든 것, 언젠가 의식했지만 이제는 망각된 모든 것, 내가 무의식적으로 느끼고 생각하고 기억하고자 하고 행하는 모든 것, 내 안에 준비되어 있어 나중에야 비로소 의식에 나타나게 될 모든 미래의 것, 이 모든 것이 무의식의 내용이다. 따라서 무의식은 '의식의 언저리'에 있는 심리적 내용들이다(CW 8: 382).

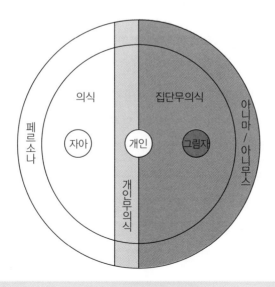

[그림 3-1] 정신의 구조

융은 1928년에 인도했던 꿈분석 세미나에서 정신의 구조를 [그림 3-1]과 같이 설명한 바 있다(DA[2]: 51).

1) 자아와 페르소나

자아(ego)는 [그림 3-1]의 왼편 의식의 중심에 있다. 현실 속에서 생각하고 느끼고 판단하고 인식하는 주체로서의 자아는 우리가 알고 있는 내용 외에도 부분적으로 유전된 기질과 알려지지 않은 무의식적 내용에 의해 구성된 복합체다. 인식의 여러 과정이 상호작용하면서 그 내용이 자아의식(ego-consciousness)을 형성한다는 점에서 융은 자아라는 용어보다는 유동적인 복합체로서의 자아콤플렉스(ego-complex)라는 용어가 더욱 실제적이라고 말한다. 융에 의하면 자아는 내외적인 자극을 전달하는 감각작용으로부터 기록된 이미지로 구성된다. 더 나아가 자아는 과거의 과정에서 파생된 이미지들의 거대한 집합체로 구성된다. 따라서 여러 과정의 상호작용과 그 내용이 자아의식을 이룬다(CW 8: 611). 자신을 둘러싸고 있는 자연환경, 사회환경, 문화와 종교적 배경, 그리고 복잡하게 얽힌 정치적·경제적 상황 속에서 자신이 가야 할 바를 판단하고 결정하는 일도 자아의 몫이다. 외부환경과 사회 속에서 관계를 맺고 있는 대상들 또한 자아의 성장에 중요한 역할을 한다. 심지어 자아는 무의식 안에 내재된 내부 대상 혹은 내면 인격과의 신비한 관계를 맺는 주체이기도 하다. 융에 의하면 "의식의 주체인 자아는 콤플렉스 덩어리로 생성되어 일부는 유전적 성향에 의해, 일부는 무의식적으로 획득된 인상들이나 그 부수적 현상에 의해 구성된다."(CW 17: 169) 이런 관점에서 보면 우리는 의식 활동의 주체인 자아를 충분하게 인식하지 못할 수도 있다. 예를 들면, 여러 사람 앞에서 자신을 소개할 때 막막한 느낌을 가질 수 있다. 대체로 사회 속의 역할, 즉 페르소나의 모습을 소개하게 된다. 자신이 알고 있는 출생과 성장 배경 혹은 사회적 지위나 역할들이 자아를 대변한다고

---

2) *Dream Analysis* by C. G. Jung.

생각한다. 이런 표상들은 공동체에 비친 자신의 모습이다. 사람들은 대체로 다른 사람들이 생각하는 방식과 그들의 평가에 의해 자신을 이해한다. 그러나 자신이 고유하게 느끼고 생각하며, 자신만이 갈 수 있는 내면의 세계로 인도하는 주체가 바로 자아다.

  자아가 의식적 인격의 중심이라면, 페르소나는 사회적 적응을 위한 외적 인격으로서 자아의 구성요소다. 자아가 어느 정도 일관성을 지닌 개인성 (individuality)인 반면, 페르소나는 임시적이며 변화 가능한 집단적 인격이다. 페르소나는 적응 혹은 개인적인 편이를 도모하기 위해 존재하는 일종의 기능콤플렉스(functional complex)다. 사회적 기능인 페르소나는 절대적으로 대상과의 관련성에 주목한다(CW 6: 800-801). 집단의 요구에 부응할 수밖에 없는 페르소나는 자아를 대신할 수 없다. 자아는 철저히 개인성을 담보로 하기 때문이다. 그렇다면 우리는 자아를 어떻게 인식할 것인가? 자아가 모든 의식적 내용이 관련되어 있는 감정의 복합체라고 할 때 우리는 어떻게 우리의 감정을 인식할 것인가? 의식의 영역에서 이루어지는 모든 것을 인식하고 이해하기란 거의 불가능하다. 더군다나 우리 안에 발생하는 정신작용 가운데 자아의 역할이 어디까지인지 분명하게 알지 못한다. 결국 내가 느끼는 감정을 대변하는 자아콤플렉스가 실질적으로 자아를 대신한다.

  그렇다면 교육이나 상담현장에서 주로 언급되는 자아정체성을 어떻게 이해할 것인가? 자아정체성은 주로 자신의 고유성과 관련되어 사용된다. 자신만이 느끼고 지각하며 고유한 방식으로 사유하고 행동하는 모습이 자아라면, 자아정체감이나 자아정체성은 확실히 인간 본연의 개체성을 지향한다. 그럼에도 정체성에 대한 일반적 이해는 주로 집단이 요구하는 이상과 관련되어 사용된다. 학생이면 학생답게 굴라! 좋은 부모가 되라! 존경받는 교사가 되라! 사회에 희망을 주는 지도자가 되라! 이런 식의 주문은 결코 자아의 개인성을 대변하지 못한다. 이것들은 모두 사회(집단)의 요구에 나를 맞추어 가는 것과 같다. 물론 집단 속에서의 활동은 자아의 결단에 의한 것일 수도 있다. 하지만 타의에 의해 결정된 사회적 역할이라면 그것은 자신의 고유한 개체성을 대변할 수 없다. 카스트

(Kast)는 공동체나 다른 사람이 나에게 요구하는 이미지로부터 구별된 나 자신의 고유한 감정과 자아활동력이 정체성의 토대가 된다고 주장하였다(Kast, 2007: 52-53).

획일화된 사회제도는 집단의 이상을 대변하기 때문에 개인의 고유성을 수용하지 못한다. 자살률이 급속도로 증가하고 있는 현대사회에서 자살은 자아와 페르소나 사이의 구별이 없을 때 발생하는 경우가 많다. 사회적 체면과 지위, 그리고 자신의 전문적인 영역이 무시당했다고 느껴질 때 존재감의 상실을 초래하여 자살로 이어질 수 있다. 이처럼 사회적 인격인 페르소나가 자아를 대신하게 될 때 진정한 자아의 기능은 상실된다. 집단의 이상을 대변하는 페르소나와 의식의 주체인 자아가 건강한 관계를 이룰 때 삶은 풍요로워진다.

2) 개인무의식과 그림자

[그림 3-1]에서 개인무의식은 전체 원의 왼쪽에 치우쳐 집단무의식과의 경계에 위치하고 있다. 그것은 개인무의식의 내용이 원래 의식의 영역에서 파생된 것임을 의미한다. 한때는 의식적인 것들이 무의식에 잠재되어 의식과 끊임없이 상호작용을 하는 것이 개인무의식의 내용들이다. 개인무의식 영역에 그림자가 있다. 융은 의식되지 않는 인격의 어두운 면을 그림자로 정의했다(CW 9ii: 14). 원형들이 집단무의식 안에 존재한다면, 콤플렉스는 주로 개인무의식의 그림자 안에서 작용한다(Shalit, 2002: 73). 고조된 감정으로 표출되는 콤플렉스는 일종의 분열된 정신으로서 정서적 충격이나 외상에 의해 발생한다. 콤플렉스는 대체로 인격의 열등한 면을 드러내거나 부정적으로 표출되지만 반드시 그렇지는 않다. 아직 의식화되지 않은 무의식의 내용이 콤플렉스가 되어 새로운 가능성을 열어주는 요인이 되기도 한다. 모든 콤플렉스는 자아콤플렉스와 관련이 있다. 예를 들면, 모성콤플렉스는 현실적 모친과의 관계와 태생적인 모성원형 사이의 역동적 관계에서 발생한다. 따라서 콤플렉스의 핵심에는 원형이 있다. 무의식에 내재된 콤플렉스들이 자아콤플렉스와의 연관성 안에서 자아와 무의식 사이, 혹은

자아와 외부세계 사이의 대화를 중재하는 수단이 된다. 결국 콤플렉스는 다른 정신요소처럼 자율적 인격이 되어 우리를 지배한다(CW 8: 200-210; CW 6: 925).

우리는 일단 그림자가 의식되지 않은 측면이라는 것에 주목할 필요가 있다. 그림자는 의식이 인지하는 방식과 다르게 간접적으로(혹은 상징적으로) 자신의 모습을 드러내거나 타인의 눈에만 비치는 인격의 어두운 면이다. 그림자는 대체로 억압된 소망이나 세련되지 못한 충동, 도덕적으로 열등한 동기, 원한 감정, 자신감 없는 행동, 어린아이다운 환상 등이 다른 대상에게 투사되는 형태로 나타난다. 개인무의식 안의 그림자는 개인적 속성, 즉 성장과정에서 형성된 인격의 열등한 면을 드러낸다. 이때 그림자는 약간의 주의력을 가지면 비교적 쉽게 인식된다. 하지만 원형적 차원의 그림자는 의식으로부터 멀리 떨어져 있기 때문에 다른 원형과 마찬가지로 쉽게 인식되지 않는다. 융이 제시한 그림에서 눈길을 끄는 점은 그림자가 집단무의식 안에 있다는 점이다. 그림자는 집단무의식에 그 원형적 뿌리를 두고 있으면서 동시에 개인무의식의 내용을 이룬다. 이것은 모든 콤플렉스의 핵심에는 원형이 있다는 말과 그 맥락을 같이한다. 원형적 그림자는 일종의 본성에 내재된 상대적 악으로 경험된다. 따라서 절대적 차원의 악을 경험하는 것은 매우 드문 일이다(CW 9ii: 19).

그림자는 사람에게 투사되어 나타나거나, 꿈이나 환상 속에서 주로 같은 또래의 동성(同姓)으로 인격화되어 나타난다. 시인이나 작가에 의해 그림자는 종종 인격화되어 나타난다. 파우스트와 메피스토펠레스의 관계나 지킬박사와 하이드의 관계가 바로 그렇다. 로마의 신 야누스(Janus)의 두 얼굴 또한 자아와 그림자의 관계를 보여 준다. 야누스는 본래 사물의 시작과 끝을 주재하는 신으로, 문의 수호신이 되어 앞뒤를 향한 두 개의 얼굴을 가진 모습으로 표현되었다. 서로 반대편을 향하고 있어 상대편을 인식하지 못하는 관계가 그림자의 속성을 대변한다. 이처럼 그림자는 인정하기 싫은 자신의 모습에 주로 투사된다(CW 9i: 513). 다른 사람에게 투사된 그림자가 의식화되면 자아는 아니마/아니무스와 교감할 능력이 생긴다. 이때 경험된 아니마/아니무스는 도덕적 열등감에서 해방되어 생기 있고 창조적인 기능을 감당한다(CW 12: 242). 그 반대로 그림자와 아니마/아니무스와 연합하게 되면 원형의 파괴적인 힘이 위험한 방식으로 표출되어 정신적 고통으로 다가온다(CW 13: 435).

외상이나 원초적 열등감이 신경증 형태로 나타났을 때 우리는 반드시 강화된 그림자를 의식화할 필요가 있다. 그럼에도 신경증의 진짜 원인은 과거에 있지 않고 현재에 있다. 왜냐하면 신경증적 갈등은 현재의 어려움을 극복하는 과정에서 발생하기 때문이다. 인격의 일부로 자리 잡은 신경증은 겸손하게 자신의 그림자를 인식함으로써 완화된다. 아무도 자신의 그림자를 외면할 수 없다. 외고집 유아와 같은 일방적인 환상들은 어두운 측면의 존재를 부인하려는 시도들이다(CW 10: 362-363). 그림자를 의식하지 않는 사람은 자신에게 흠이 없다고 생각한다. 억압된 그림자는 원초적 정신세계(archaic psyche)가 의식세계에 직접적으로 침투하게 함으로써 자아가 원형에 사로잡히는 상태에 이르게 한다. 그림자는 도덕적 불감증이나 양심의 부재로 드러나는 경우가 많다. 이로 인해 본능적 충동에 대한 조절능력이 감소되어 결국 자신만의 세계에 갇히고 만다. 따라서 고통스러운 도덕적 노력 없이는 그림자를 결코 인식할 수 없다(CW 9ii: 14).

3) 집단무의식과 원형

융이 말하는 집단무의식은 개인의 특성보다 인류 일반의 특성을 부여하는 요소다. 여러 가지 근원적 원형(archetypes)으로 구성된 집단무의식은 인간의 태곳적 경험을 간직하면서 결정적인 순간에 표출된다. 융에 의하면 집단무의식은 개별적으로 발전하는 것이 아니라 인류의 조상들로부터 전수된다. 집단무의식은 선재하는 틀(pre-existent forms), 즉 원형들로 이루어지며 그것들은 단지 이차적으로 의식될 수 있다(CW 9i: 90).

프로이트 이론에 없는 집단무의식 개념은 분석심리학의 핵심적 내용이라고 말할 수 있다. 개인의 경험과 관련된 그림자의 영역이 개인무의식이라면, 집단무의식은 원형들의 영역이다. 집단무의식은 개인적 경험과는 달리 모든 개인에게 어디서나 똑같은 내용과 행동양식, 즉 원형을 가지고 있다. 그것은 모든 인간에게 동일하며, 모든 사람에게 존재하는 초개인적 성질을 지닌 보편적 정신의 토대를 이루고 있다. 집단무의식은 현대인의 정신세계로부터 너무 멀리 떨어져 있기 때문에 마치 개인의 삶과 죽음을 초월한 원시적 자연을 연상하게 한다. 거의 원시림에 가까운 정신세계를 대변하는 집단무의식의 내용이 의식에 배치될 때 갑작스러운 충격으로 인해 정신증이나 분열증 등의 심각한 심리적 질병을 유발하기도 한다(CW 9i, 3: 518-519).

4) 아니마/아니무스

융은 집단무의식 영역에 있는 내적인 인격을 영혼, 즉 아니마(anima) 혹은 아니무스(animus)로 불렀다. 페르소나가 사회적응을 위한 외적 인격이라면, 아니마와 아니무스는 의식과 무의식을 연결하는 내적 인격이다. 남성의 무의식에는 여성적 성향의 정신원리, 즉 아니마가 있다. 여성의 무의식에는 반대로 남성적 성향의 정신원리, 즉 아니무스가 있다. 남성의 의식적 인격은 주로 사고기능과 연계된 로고스로 대변되며, 무의식적 인격인 아니마는 감정기능을 대변하는 에로스로 특징짓는다. 반면에, 여성의 의식적 인격은 에로스로 대변되며, 무의식적 인격인 아니무스는 로고스 형태로 표출된다. 남성에게는 대개 관계의 기능인 에로스가 덜 발달되어 있다. 반면에, 여성에게는 에로스가 그들의 진정한 본성의 표현인 반면, 로고스는 대체로 어색한 지적 능력으로 나타난다(CW 9ii: 29). 이것은 남성에게 에로스가 지나치게 활성화되거나, 여성에게 로고스 기능이 과도하게 지배적일 때 모두 자아의 능력을 초월한 병리현상으로 나타날 수 있다는 것을 의미한다.

남성의 아니마는 꿈이나 환상에서 주로 여성 이미지로 나타나며, 여성의 아니무스는 대체로 남성 이미지로 나타난다. 남성의 아니마는 주로 여성에게 투사되며, 반면에 여성의 아니무스는 남성에게 투사된다. 남성이 매력적인 여성에게 순간적으로 사로잡혀 이성을 잃는 현상은 남성의 아니마가 여성에게 투사된 상태를 보여 준다. 하지만 아니마가 일단 의식화되면 긍정적인 방향으로 전환하여 개성화를 위한 안내자가 된다(CW 9ii: 29). 원형으로서의 아니마는 남성의 삶 속에서 다양하고도 광범위하게 사고(ideas), 태도(attitudes), 정서(emotions) 등에 영향을 미친다. 원형들은 행동의 근거를 위한 체계이면서 동시에 이미지이자 감정들이다. 뇌구조 속에 전수된 원형들은 뇌의 정신적 측면을 대변한다. 원형은 매우 강한 본능적 보수주의를 드러내지만, 다른 한편으로 직관적인 적응을 돕는 가장 효과적인 수단이기도 하다(CW 10: 53). 정신세계의 어두운 부분에 있는 원형은 그 자체로 자신을 드러내지 않는다. 대신 그 심리적 작용은 원형적 이미지나 은유(metaphors)를 통해 드러난다. 원형적 이미지는 집단무의식으로부터 파생된 보편적 형태나 동기들로서 주로 종교전통, 신화, 전설, 민담 등에 나타난다(CW 9i: 267).

아니마는 남성의 정신 안에 있는 원형적이면서 동시에 개인적인 콤플렉스를 보여 준다. 아니마는 남성 아이에게 천부적으로 부여된 여성상으로서 처음에는 개인적 어머니와 동일시되다가 성장과정에서 다른 여성(딸, 누이, 연인, 여신 등)으로부터 경험된다(CW 9ii: 24, 28 이하). 아니마와 마찬가지로 아니무스 또한 개인적 콤플렉스(personal complex)이면서 동시에 원형적 이미지(archetypal image)다. 여성은 실제적 아버지로부터 남성을 최초로 경험한다. 이러한 현실적 남성 경험이 아니무스의 개인적 콤플렉스를 대변한다. 동시에 여성 조상들의 남성 경험을 전수하여 여성으로 하여금 인류 역사를 통해 이어져 온 보편적인 남성상을 경험하게 된다. 이러한 아니무스의 원형적 이미지는 여성에게 창조적인 능력과 출산능력을 부여한다.

[그림 3-1]에서 의식의 외부 둘레에는 외적(사회적) 인격인 페르소나가 있으며, 내적 인격인 아니마/아니무스는 페르소나의 대극에 위치하고 있다. 아니마/아니무스는 종종 그 대극인 사회적 인격을 대변하는 페르소나를 통해 자신의 정체를 간접적으로 드러낸다. 예를 들면, 자신이 정성스럽게 제작한 예술작품에 대한 부정적인 평가를 들었을 때 어떤 남성 예술가는 심하게 실망하는 경우가 있다. 그는 애써 만든 작품을 한순간에 망가트린다거나, 분노와 격분 혹은 자책감에 빠져서 한동안 무기력해지기도 한다. 예술가가 아니라면 그냥 넘어갈

일도 사회적 인격으로서의 페르소나가 자아의 기능을 압도할 때 '아니마 무드 (anima mood)'에 사로잡힌 반응을 보인다.

아니마와 마찬가지로 무의식의 심층에 내재된 아니무스 역시 그 원형적 특성으로 인해 처음에는 일단 부정적으로 경험된다. 대체로 다양한 합리적인 말과 의견 제시로 표출되는 '의견 아니무스(animus opinion)'가 강하게 활성화되거나, 그런 아니무스에 사로잡히게 되면 여성은 갑작스럽게 비판적이 되거나 논리적인 측면에서 공격적이 된다. 예를 들면, 한 여성 교수가 제자의 논문을 심사하는 과정에서 "저런 저질적인 논문을 쓴 학생은 공부할 필요가 없다."는 격한 말을 하면서 잘못된 부분을 조목조목 따지듯이 지적했다면 그녀는 그 순간 아니무스에 사로잡힌 상태로 볼 수 있다. 아니무스는 이성에게 투사되어 환상적인 사랑의 감정을 드러내기도 하지만, 때로는 지나칠 정도로 구조화된 의견을 제시함으로써 대인관계를 불편하게 하기도 한다. 여성이 무의식의 정신적 활동에 주목하지 않고 의식화에 무관심할 때 아니무스는 자동적으로 부정적이 되며, 대인관계를 파괴적인 방향으로 인도한다. 정신 에너지인 리비도(libido)가 무의식의 포로가 될 때 아니무스가 활성화된다. 이로 인해 아니무스는 거대해지고 자아를 압도하여 결국 전체 인격을 지배하게 된다(Jung, 1995: 18). 여성이 의식적 사고와 아니무스에 의해 발현된 무의식적 견해를 구별할 수 있을 때 아니무스는 인격 성장에 도움이 되는 심리적 요인이 된다. 아니무스는 아버지의 모습을 통해 일상적인 의견뿐만 아니라 '영적' 혹은 철학적이거나 종교적인 견해를 드러내기도 한다. 이때 아니무스는 의식과 무의식 사이의 중재자의 기능을 충분히 발휘하게 된다. 여성의 아니무스가 긍정적으로 활성화될 때 그녀는 자신의 행동에 대해 반성하는 능력이 커지며 심사숙고하게 된다(CW 9ii, 33). 따라서 여성은 상황에 어울리지 않는 비판적인 생각이 떠오를 때 자신의 여성적 자아와 아니무스에 의한 의견 사이를 구별할 줄 알아야 한다. 그렇지 못할 때 대인관계에서 지속적인 어려움에 직면하게 된다(von Franz, 2002: 36).

아니마/아니무스를 비롯한 모든 원형은 밝은 면과 어두운 면을 지닌다. 그 두 측면은 하나이면서 기능적으로 분리된다. 원초적 감정인 아니마/아니무스는 압도적인 감정 상태로 경험되기 때문에 현실 속에서 일단 부정적으로 경험된다. 그러나 부정적인 아니마/아니무스가 의식에 통합되면 그것은 긍정적인 원형으로 변화되어 정신의 통합, 즉 개성화에 기여한다.

5) 자기

[그림 3-1]에서 개인(individual)으로 표기된 자기(self)는 정신의 중심에 있다. 융심리학에서 자아(ego)가 의식의 중심이라면, 자기는 정신 전체의 중심이자 정신 그 자체다. 융은 자아가 자기를 향해 나아가는 과정을 개성화(individuation)라고 부른다. 그렇다면 자아와 자기의 심리적 관계는 어떤가? 자기가 전체 정신을 대변한다면, 자아는 의식의 주체다. 자아와 자기는 결국 부분과 전체의 관계로 볼 수 있다. 부분은 항상 전체와의 관계 속에서 그 생명력을 유지한다. 그것은 마치 개인이 집단과의 건강한 관계를 유지해야 하는 것과 같다. 부분 인격인 자아가 병들면 전체 인격인 자기 또한 병들게 된다. 그것은 가족구성원의 질병이 가족 전체를 병들게 하며, 가족 전체의 정서적 분위기가 가족구성원에게 많은 영향을 끼치는 것과 같은 원리다. 따라서 개인의 원리와 집단의 원리는 상보적이며 역동적인 관계에 있다.

융심리학에서 말하는 자기는 존재론적 개념이 아니다. 의식과 무의식의 개념과 마찬가지로 객관적 사물처럼 '있다' 혹은 '없다'로 정의되는 것이 아니라 경험적 개념으로 인식된다. 심리적 실체는 항상 객관적이고 합리적이며 인과론적인 증명에 의해 확인되지 않는다. 오히려 정신은 비합리적인 역동성에 근거한다. 전체로서의 인격의 통합체인 자기는 부분적으로밖에 인식되지 않는다. 왜냐하면 인격은 의식의 영역과 무의식의 영역 모두를 포함하기 때문이다. 경험적으로 자기는 꿈, 신화, 환상 속에서 초월적 인격, 예를 들면 왕, 영웅, 예언자, 구원자 등으로 나타난다. 혹은 원, 정방형, 십자가 등 전체성의 상징으로 나타나는 자기는 선과 악, 양과 음, 영웅과 대적 등 두 상반된 요소가 함께 작용하는 대극의 연합을 묘사한다. 자기는 만다라의 경우처럼 독특한 신성성, 즉 선험적인 정서 가치를 지닌다. 결국 자기는 원형적 이미지, 예를 들면 꿈이나 환상에서 예수 그리스도나 하나님과 같은 신앙의 대상으로 나타나 신성한 경험을 하게 한다(CW 6: 789-791).

의식의 영역에서 비교적 자유의지를 행사할 수 있는 자아는 전체 정신을 대변하는 자기에 종속된다. 그럼에도 자기는 자아에게 마치 외부세계에서 발생하는 심리적 사건으로 경험된다(CW 9ii: 9). 부분과 전체로서의 자아와 자기 관계는 분명한 구별이 있음에도 의식과 무의식의 관계처럼 한 인격체 안에서 상호 심리적인 교감을 한다. 정신의 일부인 자아가 전체 정신인 자기를 인식하는 과정이 곧 개성화의 과정이자 심리치료의 목표다. 의식의 확장을 통해 자아는 무의식의 영역과 교감하게 된다. 동시에 자기는 종종 정신의 균형과 조화를 위해 자아의 희생을 요구하기도 한다. 자신의 이기적 주장을 포기할 때 우리는 자아를 훨씬 능가하는 자기를 경험한다.

살아 있는 개체로서의 인간은 보편적인 요소들로 구성되어 있다. 이런 보편적인 요소들은 인간이 전적으로 집단성을 전제로 살아갈 수밖에 없음을 보여 준다. 그럼에도 개인성을 회복하는 길은 보편적 요소들과의 상호 협력을 요구한다. 개인주의(individualism)가 자기중심적이며 이기적 자아를 대변한다면, 개성화(individuation)는 개인이 보편적 집단과 건강한 관계를 유지하는 것이다. 융에 의하면, 개성화의 목표는 한편으로 페르소나의 거짓된 포장으로부터 자아를 해방시키는 작업이며, 다른 한편으로 원초적 상(감정)들의 영향력으로부터 자기를 해방시키는 것이다. 자율적 정신요소로서의 자기는 대체로 자아의 능력을 벗어난 무의식적 동기나 개입으로부터 인식된다. 의식하지 못한 상태에서 자기가 발현될 때 신경증으로 이어지는 경우가 많다. 그렇지 않을 경우 자아는 계속적인 인격의 변화를 경험하든지, 아니면 팽창 상태에서 위대한 힘의 소유자로 착각하는 경우가 생긴다. 자아는 일반적으로 무의식의 역동에 의해 인격에 활기가 생긴다는 사실을 발견하기 어렵다. 자아가 무의식에 매료되면 본능적인 힘을 추종함으로써 자기와 동일시하게 된다(CW 8: 430). 개성화는 자아-자기 동일시로부터 벗어나 부분으로서의 자아가 전체인 자기를 알아가는 과정이다. 자기의 초월적 기능은 자아를 비롯한 모든 인격적 요소와 교감하여 정신을 통합된 상태로 이끈다(CW 6: 789; 박종수, 2009: 33-38).

4. 상담 목표와 과정

상담이 대체로 언어를 매체로 하여 내담자가 제기한 문제를 해결하는 방향으로 진행된다면, 심층적 심리치료는 언어뿐만 아니라 다양한 매체를 활용하여 무의식의 내용을 의식화하는 과정을 통해 이루어진다. 하지만 현대사회에서의 상담과 심리치료는 그 구별이 거의 없어지고 있다. 인지행동주의 상담기법뿐만 아니라, 정신분석을 비롯한 다양한 치료기법이 상담에 적용되고 있기 때문이다. 융심리학을 배경으로 하는 심리치료와 상담의 원리는 무엇일까? 인지행동주의 심리학이 바람직한 인식과 행동의 대안을 찾아가는 데 있다면, 분석심리학은 개인사뿐만 아니라 무의식의 내용을 탐색한다. 내담자가 알고 있는 내용뿐만 아니라 아직 발견되지 않은 심리적 내용까지도 분석함으로써 정신적 고통의 근원과 배경 및 그 의미를 살핀다. 심층심리학의 치료 원리는 구체적인 대안 제시나 지시보다는 질병의 원인이 되는 무의식의 내용을 의식화함으로써 내담자 스스로 자기실현의 길을 가도록 돕는 작업이다. 융에 의하면, 치료의 목표는 자아의식을 강화시킴으로써 무의식의 내용을 의식에 통합시키는 것이다(CW 16: 479).

융은 프로이트의 무의식이론이 임상에 적용하기에 충분하지 않다고 여기고 새로운 이론을 제창하였다. 정신분석학의 창시자인 프로이트는 의식활동에서 파생된 억압적 요소가 건강하게 흘러가지 못하고 의식영역 바깥(비의식)에 축적된 것들이 무의식의 내용을 이룬다고 보았다. 자신이 알지 못하는 무의식의 억압적 구조가 정신세계를 병들게 한다는 것이 그의 주장이다. 따라서 프로이트에게 무의식은 대체로 의식활동의 부정적 산물에 해당된다. 이에 반해, 융에게 있어 무의식은 의식활동에서 파생된 억압된 내용도 있지만 동시에 위대한 어머니처럼 모든 생명을 잉태하는 자연과도 같다. 자연의 모태에서 탄생한 의식은 무의식과의 끊임없는 관계성 안에서 존재한다. 프로이트의 무의식은 대체로 융 심리학에서 개인무의식에 해당된다. 개인무의식 안에 있는 각종 콤플렉스가 병리적 현상을 드러내기도 한다. 동시에 인류 모두에게 천부적으로 부여된 무의식은 집단무의식에 해당된다. 집단무의식 안에 있는 원형들이 인간의 행동양식과 사고의 틀을 형성하여 일상생활에 직간접적으로 영향을 끼친다. 분석심리학적 상담은 무의식 안에 내재된 콤플렉스와 그 핵심을 이루는 원형의 작용을 내담자와 함께 탐색함으로써 내담자 스스로 자신을 찾아가게 하는 개성화의 여정이다. 한편으로는 내면의 주관적인 통합과정을 통해, 다른 한편으로는 객관적인 관계 형성을 통해 개성화가 이루어진다(KGW[3]3: 252).

심층심리학의 치료 원리인 무의식을 의식화하는 작업은 개인무의식뿐만 아니라 집단무의식의 내용이 의식에 통합되는 과정이다. 의식의 주체인 자아가 무의식에 내재된 자율적 콤플렉스를 발견하고 건강한 관계를 맺게 되면 심리적 고통은 훨씬 줄어들거나 사라진다는 원리다. 그러나 의식과 무의식이 서로 분리되어 교감하지 못할 때 정신은 파편화되어 그 통합성을 유지하지 못하게 된다. 의식과 무의식의 분리 정도에 따라 심리적 고통의 강도도 달라진다. 그렇다면 무의식은 어떻게 의식에 통합될 수 있는가? 융은 우선 무의식의 내용을 탐색하는 많은 방법론을 개발했다. 융은 꿈이야말로 무의식에 이르는 가장 좋은 방법 가운데 하나로 여겼다. 또한 꿈과 유사한 신화, 동화, 민담 속에서 인류의 보편적 심성이 담긴 원형상을 많이 발견하였다. 이런 원형적 감정들이 인간의 정신활동에 끼치는 영향들을 연구함으로써 치료 원리를 습득한다. 개성화를 치료 목표로 하는 상담과정을 화산맥 원리에서 살펴보면 [그림 3-2]와 같다.

---

3) 융 기본 저작집(한글판).

단계	지형적 관계	도형적 관계	정신영역	활용자료
1단계 표층	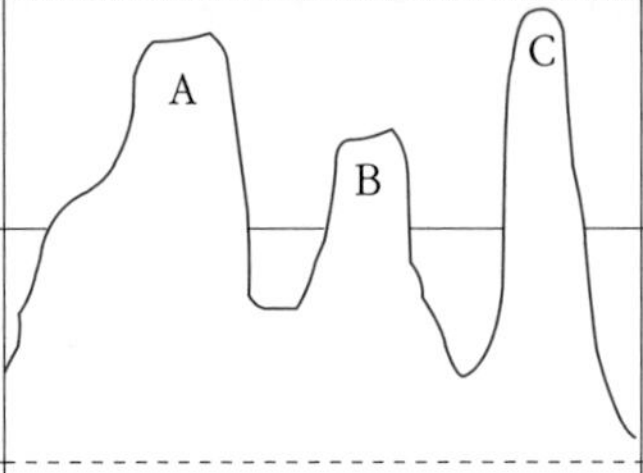	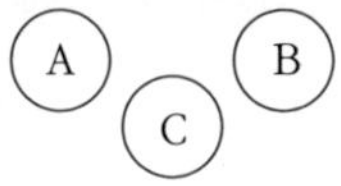 A · B · C	의식 (자아)	개인적 경험 가족관계 대인관계
2단계 지층		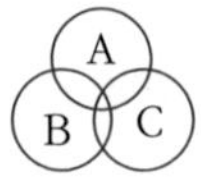 A · B · C	개인무의식 (그림자)	사회문화적 환경 비교종교학 꿈과 환상
3단계 심층		 ABC	집단무의식 (원형)	신화, 민담, 동화, 상징론, 동시성 원리

[그림 3-2] 화산맥 원리로 본 상담과정

1) 상담의 1단계: 의식

상담의 1단계는 표층(현실)의 문제를 다룬다. 가족관계, 대인관계, 환경에 대처하는 능력 등을 탐색한다. 이 모든 것은 의식의 중심인 자아가 인식하는 범주 내에서 이루어진다. 예를 들면, [그림 3-2]에서 상담자 A는 내담자 B를 만나면서 B와 C의 관계를 살핀다. C는 배우자 혹은 다른 가족관계나 사회적 관계에서 발생하는 대상이나 사건이 될 수 있다. 이때 대상들은 서로 독립적 위치에서 탐색된다. 상담 초기에 내담자에 의해 제공된 내용들은 대체로 고백을 통해 이루어진다. 사람들은 저마다 비밀을 간직하고 있다. 비밀의 방은 자신만의 공간이자 안식처이며 창조의 원천이 된다. 내밀한 세계는 다른 사람과 구별되는 우선적 기준이 된다는 점에서 비밀은 나의 숨은 얼굴이라고 할 수 있다. 비밀의 세계는 생명력을 주는 나만의 세계이면서 동시에 심리적 억압을 가중시키는 창고로 변하기도 한다. 비밀은 나도 모르는 사이에 콤플렉스가 되어 우리의 감정과 행동을 지배한다. 따라서 비밀을 털어놓을 때 심리적 부담감은 훨씬 감소한다. 그 비밀은 편안한 장소에서 안전한 대상과 함께 나눌 때 의식화과정으로 승화된다. 어떤 권위자나 집단의 분위기에 이끌려 거의 강압적으로 자신을 드러내는 행위는 진실한 고백이 될 수 없다. 고백은 자신에게 진실해지는 과정이며 그것은 상당한 고통을 수반한다. 따라서 내면세계를 보려는 마음의 준비가 되지 않았을 때 행해진 고백은 더 큰 상처를 안겨 주기도 한다.

우리는 의식적으로 알고 있는 비밀뿐만 아니라 우리도 모르는 사이에 무의식에 내재된 수많은 비밀이 있다. 그 비밀들은 고백의 과정 중에 연상이나 꿈을 통해 자연스럽게 의식화되기도 한다. 우연히 발생하는 의식화는 의식에 의해 버려진 내용들이 다시 의식으로 수용되는 과정이다. 의식의 고백에 의해 무의식에 숨은 비밀이 드러나는 것이 곧 의식화다. 고백은 조심스럽게 이루어져야 한다. 의식적으로 알고 있는 비밀보다는 무의식에 내재된 비밀이 더욱 위험하기 때문이다. 융에 의하면, 무의식적 비밀은 가끔 자살충동으로 이어지기도 하며, 공공장소에서 경솔한 행동을 한다거나, 자동차 앞에서 머뭇거린다거나, 위험한 광대놀이에 심취하는 따위의 행동으로 드러난다. 그럼에도 비밀을 내재하는 것은 항상 부정적인 것만은 아니다. 자신의 감정(feeling)과 정서(emotion)를 뒤로 감춤으로써 다른 사람들과의 관계를 원활하게 한다. 내면을 성찰하는 가운데 이루어지는 인내와 자기절제는 그림자와 내면 인격을 의식화하는 기회를 제공함으로써 개성화로 인도하기도 한다(CW 16: 128-130).

콤플렉스로 인한 신경증은 대개 개인성(individuality)이 집단성(collectivity)에 의해 침해당할 때 발생한다. 개인의 본성과 본래의 자아 모습에 따라 살지 못하고 사회적 요구에 부응하는 삶을 살게 될 때 심리적 억압은 가중되고 존재감을 잃게 된다. 사회적 인격인 페르소나가 자아를 대신할 때 개인성은 상실되며, 자아는 집단적 성향이 강한 무의식에 의해 지배를 받게 된다. 부부관계나 가족관계는 개인성이 존중받을 때 건강한 관계를 유지하게 된다. 여러 구성원이 한 가족을 이룰 때 그 가정은 심리적으로 전체성을 지향한다. 통합되지 못한 가족구조는 파편화된 자아의 모습이며, 분열된 정신과도 같다. 부부는 서로 정신의 일체를 이루며 상호 부족한 점을 보상하는 관계라야 한다. 예를 들면, 사고형인 남편은 감정형인 아내로부터 감성의 세계를 배울 수 있다. 반대로, 아내는 사고형인 남편으로부터 합리적인 대처능력을 보완할 수 있다. 아이들과 부모 역시 서로 대등한 존재적 가치를 지닐 때 서로에게 부족한 점을 보상하여 각종 심리적 질병을 예방하게 된다. 예를 들면, 성인은 아동에 비해 상상력이 현저하게 떨어진다. 건강한 아동은 의식과 무의식의 세계를 자유롭게 넘나든다. 반면, 성인은 무의식의 세계에 대한 두려움이 있다. 그것은 집단적 이상이 담긴 교육방식에 오랫동안 적응해 왔기 때문이다. 그만큼 성인은 집단적이며, 아동은 대체로 개인적이다. 성인의 집단성과 아동의 개인적 성향이 가족 안에서 조화와 균형을 이룰 때 건강한 가정을 이룬다. 융은 가족구조에서 개인적인 성향이 가족 전체에 보상적 기능을 수행한다고 주장하였다. 특히 아동의 충동적 행동은 가족의 무의식적 생활방식에 대한 보상적 차원에서 발생한다(CW 18: 1139).

상담의 초기 단계에서 내담자가 제공한 자료는 치료를 위한 결정적인 정보를 제공한다. 내담자의 개인사로부터 파생된 내용은 의식적으로 알고 있는 당면한 문제뿐만 아니라 내담자의 정신세계와 자신이 경험하는 세계 전체가 포함되어 있다. 따라서 상담자는 내담자의 사고방식, 태도, 세계관, 언어와 감정 표현방식 등을 통해 내담자의 정신세계를 통합적으로 이해하려고 노력해야 한다(KGW 1: 70). 그 밖에 심리검사 자료나 문서 자료, 대인관계나 사회 적응 방식, 그리고 꿈이나 환상, 예술작품이나 놀이내용 등을 조심스럽게 관찰해야 한다. 또한 내담자나 환자에 대한 진단은 조심스럽게 이루어져야 한다. 『정신장애 진단 및 통계편람(Diagnostic and Statistical Manual of Mental Disorders: DSM)』에 의한 정형화된 진단은 유용성 못지않게 많은 위험성을 내포한다. 진단은 약물처방을 할 때 위험성을 최대한으로 줄이는 효과가 있다. 그러나 모든 치료관계는 내담자와 상담자의 역동적인 심리작용의 결과로 나타난다. 세지윅(Sedgwick)에 의하면, 진단은 페르소나처럼 아픔의 실체를 보여 주기보다는 겉으로 드러나는 현상을 보여 줄 뿐이다. 정형화된 진단은 어떤 특정한 이론적 틀에 빠짐으로써 다른 이론들의 유용성과 내담자의 주관적 심리세계를 간과하는 경향이 있다. 따라서 진단은 최소화될 필요가 있으며, 오히려 겸손과 인내로 치료과정을 함께 경험하는 것이 더 중요하다. 치료는 진단에 의해 이루어지는 것이 아니라 상담자와 내담자의 정서적 공감대 안에서 이루어진다. 결국 진단은 치료의 최종 단계에서 이루어지는 것이 바람직하다(Sedgwick, 2001: 116-119). 융 역시 진단을 중요하게 생각했다. 진단을 통해 치료를 위한 방향감각을 설정할 수 있다. 그럼에도 진단 자체가 환자를 도와주지는 않는다. 결정적인 것은 내담자의 '역사'를 묻는 일이다. 내담자의 개인사는 인간적인 배경과 고통에 대한 유효한 정보를 제공한다.

상담 초기에 대개 상담의 목표 설정과 함께 구조화가 이루어진다. 상담과 치료를 위한 구조화는 다양한 관점에서 검토되어야 한다. 단기치료가 의무적으로 행해져야 할 상황이나 상담기관에서 정해진 규정에 의해 실시되는 개인상담이나 집단상담은 대체로 구조화된 치료 계획이 요구된다. 그러나 개인적으로 이루어지는 상담현장에서는 구조화된 상담이 오히려 치료에 방해되는 경우가 있다. 내담자의 호소내용에 기초한 진단과 치료 목표, 그리고 회기를 미리 정하여 상담이 진행될 경우, 상담자와 내담자 모두 정해진 규정에 얽매이거나 시간에 쫓기게 되어 중요한 심리작용을 간과할 수 있다. 이런 이유 때문에 융학파의 심리분석은 대체로 짜임새 있는 구조화를 요구하지 않는다. 지나치게 짜임새 있는 인위적인 구조화보다는 오히려 내담자를 신뢰하는 치료자의 일관성 있는 태도가 요구된다. 내담자에 대한 신뢰는 인간에 대한 보편적 이해와 생명에 대한 존엄성에서 출발한다. 일관성 있는 이론과 다른 견해에 대한 열린 마음, 그리고 내담자 개인의 특성에 대한 존중감이 상담자에게 요구되는 덕목이다. 내담자 개인의 특수성과 인류가 안고 있는 보편성이 조화를 이룰 때 상담자는 두 세계를 연결하는 중재자가 된다. 상담과 심리치료는 내담자를 어린애처럼 항상 보살피고 지켜 주는 정서적인 개입만은 아니다. 계획된 구조에 의해서 배타적 이론을 일방적으로 적용하는 것보다는 상담자와 내담자의 심리적 역동에 의해 새롭게 그려지는 그림에 대해 주목하는 것이 더욱 중요하다. 치료는 거짓 페르소나를 만들어 내는 것이 아니라 깊은 차원에서 정신세계에 대한 정의를 새롭게 하는 것이다(Sedgwick, 2001: 120-133). 안전하고 자유로운 심리적 공간에서 의식과 무의식의 내용이 만날 때 치료의 구체적 표상인 변화(transformation)가 발생한다.

융은 변화의 원리를 연금술에서 찾았다. 수은이나 납 혹은 그 밖의 비금속을 혼합하여 가열한 후에 금을 만들어 낼 수 있다는 연금술은 동서양을 막론하고 한때 널리 퍼졌던 신비의 전설이다. 초기 기독교시대에는 연금술이 용광로의 불빛에 따라 검정, 하양, 노랑, 빨강의 네 단계로 진행된다고 여겼다. 그러다가 15~16세기에 이르러 그 네 가지 색은 검정, 하양, 빨강의 세 가지 색으로 축소되었다. 연금술에는 그 어떤 정해진 표준이 없었던 점을 고려한다면 이러한 기준도 시대와 장소에 따라 달라질 수 있다. 융의 견해에 따르면, 3과 4의 숫자는 인간 내면의 심리적 이유에서 비롯된 것이다. 첫 단계의 니그레도(nigredo) 혹은 흑화는 원진료(prima materia)의 양으로서 시작 단계다. 용광로 안에서 여러 요소가 각각 떨어져서 혼돈 속에서 존재하는 상태가 바로 니그레도 단계다. 심리치료 현장에서 상담자와 내담자가 서로 독립된 존재로서 라포(rapport)를 형성하기 전까지 혼돈을 경험하는 것과 같다. 이때 전이와 역전이를 비롯한 다양한 투사가 일어나며, 내담자의 저항과 상담자의 편견이 치료를 방해하기도 한다. 둘째 단계인 알베도(albedo) 혹은 백화는 각기 떨어져 있는 요소들이 대극의 합일을 이루는 단계다. 상담자와 내담자가 치료자와 치료받는 자로 양분되는 것이 아니라 하나의 인격체로 통합을 이루는 단계다. 이것은 마치 연금술사들이 그렸던 왕비와 왕의 합일, 달과 태양의 합일을 의미한다. 검게 변한 상태에서 열(에너지)을 가하면 흰색으로 변한다. 모든 색상을 포함하는 흰색처럼 상담자와 내담자는 편견을 버리고 함께 공동의 길을 가게 된다. 백화 단계는 은이나 달의 상태와도 같다. 완성의 단계인 금이나 태양으로 가기 바로 전 단계, 즉 여명과 같은 단계가 바로 알베도 단계다. 셋째 단계인 루베도(rubedo) 혹은 적화는 열이 최고도에 이르러 용광로의 빛깔이 적색으로 변하는 상태다. 연금술사들은 이 단계에서 그들이 말하는 금, 소위 '철학자의 돌'이 탄생한다고 믿었다. 심리학적으로 이 단계는 개성화의 단계로서 치료의 목표점에 이른 상태다. 이것은 마치 왕과 여왕이 그들의 결혼을 기념하는 것과 같은 상태다(CW 12: 333-334).

2) 상담의 2단계: 개인무의식

상담의 2단계는 지층, 즉 개인무의식을 다루는 단계다. 현실에서 발생한 억압적 내용이나 콤플렉스의 내용을 다루면서 인격의 어두운 면인 그림자를 탐색하는 과정이다. 내담자가 처한 사회문화적 환경에서 발생하는 무의식적 요소 역시 이 과정에서 중요하게 다루어져야 한다. 무의식 분석은 의식적 자료가 고갈되었을 때에만 조심스럽게 이루어지는 작업이다. 융은 무의식 분석이란 외과수술과 같은 것이므로 다른 방법이 듣지 않을 때에만 칼을 들어야 한다고 주장하였다. 무의식이 의식으로 몰려들지 않는다면 그냥 조용히 내버려 두는 것이 좋다(KGW 3: 195). 이 단계에서 A, B, C의 관계는 의식적, 무의식적으로 서로 연계되어 있으며 심리적 역동이 발생한다. 상담자는 내담자 혹은 내담자와 관련된 대상들 사이에서 일어나는 심리작용을 관찰할 능력이 있어야 한다. 여기서 주의할 점은 내담자가 제공한 자료의 표면적 의미뿐만 아니라 그 내면에 담긴 무의식적이고 상징적인 의미에 주목해야 한다는 점이다. 상담현장에서 내담자는 자신의 문제를 간접적인 방식으로 드러내는 경우가 많기 때문이다. 진술이나 사건과 관련된 연상(association) 작업은 내담자가 제공한 정보를 보다 세밀하게 관찰할 기회를 제공할 뿐만 아니라 잊혀진 기억이나 억압된 외상 등 아직 언급되지 않은 내용까지 서서히 드러나는 효과가 있다. 프로이트의 자유연상은 구체적인 상황이 주어지지 않은 상태에서 자유롭게 연상을 유도하는 반면, 융의 연상법은 꿈분석처럼 주어진 맥락을 기초로 연상을 시행한다. 연상은 내담자가 제기한 문제나 개인사, 혹은 꿈이나 환상 등에 나타난 이미지들에 대해서 "이것을 보면 무엇이 생각나느냐?"는 질문을 통해 기억의 연결고리를 추적하여 주요 콤플렉스를 발견하는 작업이다. 상담자는 연상을 통해 내담자가 제공한 정보의 내용을 확대하면서 구체화할 수 있다. 예를 들면, 꿈의 내용이 파편적이거나 불분명할 때 조각난 자료에 대한 연상을 통해 드러나지 않는 내용을 보완하게 된다. 연상은 생각(ideas), 개념(perceptions) 등이 그것과 유사하거나 병렬관계이거나 반대되거나 혹은 인과관계를 통해 어떻게 연결되는가를 파악하는 작업이다. 융의 단어연상검사는 내담자의 응답 속도와 자극적으로 주어진 단어에 대한 반응을 해석함으로써 내담자의 콤플렉스를 발견하는 작업이다(MDR[4]: 412).

초기 상담에서 무엇보다도 중요한 것은 진실한 공감에 의한 라포(rapport) 형성이다. 상담은 치료관계의 형성으로부터 시작된다. 상담자는 대체로 좋은 부모 역할을 해야 하는 것으로 생각한다. 물론 내담자는 마음속에 그리는 좋은 대상을 상담자에게 투사하여 상담자가 그렇게 되기를 희망하며 무의식적으로 강요하는 경향이 있다. 그러나 상담자는 친절하고 따뜻한 부모 역할을 하려고 한다거나 내담자가 원하는 대상이 되려고 인위적으로 노력할 필요는 없다. 오히려 어떤 대상이 되려고 할 때 내담자의 저항에 직면하기도 한다. 상담이 시작되기 전에 어떤 내담자는 상담자의 이론적 배경과 진행방향을 물어본다. 이때 거부반응을 보이기보다는 "일단 만나서 우리의 작업이 어떻게 진행되는지 함께 경험해 봅시다."라는 식으로 친절하게 말함으로써 안정감을 줄 필요가 있다. 대부분의 내담자는 그들이 진정으로 무엇을 원하는지 모를 때가 많다. 단지 분명한 사실은 보다 나은 상태가 되길 원한다는 것이다. 상담자는 자신의 전문성을 강조하기보다는 내담자와 동등한 한 인간으로서 내면 여행의 동반자라는 인식을 통해 좋은 치료자가 될 수 있다.

융은 공감을 대상에 대한 내사(introjection)로 정의하였다(CW 6: 707). 상담자는 내담자의 이미지를 내면에 간직하며, 내담자 역시 상담자의 공감과 수용을 마음속에 담아 둔다. 공감은 상담자와 내담자가 치료현장에서 무의식적으로 부모와 아이 관계를 형성하게 된다는 전제에서 출발한다. 부모에 의해 치유된 과거의 상처는 상담자로 하여금 부모 역할을 하도록 유도한다. 이런 내담자의 정신세계에 동참하여 함께 여행하는 것이 곧 공감이다. 따라서 공감은 이해와 수용을 넘어선 일종의 일시적 퇴행(regression)이라고 말할 수 있다. 함께 퇴행하는 것은 상담자가 내담자의 행동뿐만 아니라 감정과 동일시된 상태로 함께 환자가 되는 순간이다. 거기에 옳고 그름의 판단은 없다. 단지 주체와 객체가 합일이

---

4) *Memories, Dreams, Reflections* by C. G. Jung.

되어 창조의 세계가 전개되기 직전의 혼돈을 경험하는 것이다. 일시적으로 내담자와 함께 퇴행하여 공동의 정신적 과제를 경험하고 함께 일상으로 돌아오는 작업이 상담이요, 심리치료의 과정이다. 공감을 통해 내담자는 상담자에게 더욱 깊은 신뢰와 애정을 갖게 됨으로써 한 단계 높은 수준의 적응력을 갖게 된다(CW 6: 491).

상담자와 내담자의 공감적 토대는 무의식적으로 발생하는 전이와 역전이 현상을 필수적으로 동반한다. 내담자는 상담자로부터 좋은 치료 결과를 기대한다. 이로 인해 자신의 내면에 있는 좋은 대상, 특히 치유력이 있는 대상을 상담자에게 투사하게 되는데, 주로 부모, 교사, 종교지도자, 구원자, 신앙의 대상 등이 이에 해당된다. 상담이나 분석 과정에서 내담자가 일단 투사된 내용들의 기원을 알게 되면 의식에 통합되어 치료에 긍정적인 영향을 준다. 그러나 어떤 사람들은 의식화를 거부하고 계속하여 내적 대상을 상담자에게 투사한다. 투사된 내용 가운데 다른 성과의 관계가 주로 전이의 내용을 이룬다. 예를 들면, 아들과 엄마의 관계, 딸과 아버지의 관계, 혹은 남자형제와 자매 관계가 상담자와 내담자 사이에 무의식적으로 자리 잡게 된다(CW 16: 357). 상담자와 내담자가 서로 이성일 때 사랑의 감정이 발생하기 쉬운 것도 바로 이런 이유 때문이다. 상담자는 내담자의 전이를 분석함으로써 올바른 치료방향을 정립하게 된다.

전이는 항상 긍정적인 방향으로 일어나지 않는다. 긍정적인 전이는 상담자에 대한 애정과 존경으로 나타나지만, 부정적인 전이는 적대감과 저항으로 드러난다. 융은 전이를 단순히 부모에 대한 유아기적인 성적 환상이 상담자에게 투사되는 것에 국한하지 않았다. 내담자의 꿈이나 환상을 성적인 관점에서만 볼 때 오히려 내담자의 반발을 야기할 수 있다. 전이 내용은 유아기적 성적 환상 외에도 내담자를 신경증으로부터 해방시킬 많은 창조적 내용을 담고 있다(CW 16: 277). 내담자에게 신경증을 유발시킨 대상관계 방식이 치료과정에서 전이를 통해 재현될 경우가 있다. 이때 상담자의 전이에 대한 객관적이고 올바른 이해는 치료를 위해 필수적이다. 전이에 대한 상담자의 일방적인 해석은 치료에 방해가 될 수 있다. 전이는 그 자체로 감정의 전달이기 때문에 내담자의 경험이 중요하다. 전이에 대한 해석은 가능한 한 내담자의 언어로 번역되어야 한다 (Sedgwick, 2001: 83-84).

전이와 함께 치료과정에서 중요한 분석요소는 내담자에게 향한 상담자의 투사내용, 즉 역전이다. 내담자와 마찬가지로 상담자 역시 자신의 내적 대상을 내담자에게 투사시킴으로써 때로는 치료에 긍정적으로, 때로는 부정적으로 작용한다. 내담자가 상담자에게 주로 부모상을 투사한다면, 상담자는 내담자에게 자녀상을 투사하는 경우가 많다. 물론 상담자와 내담자 사이에 사랑의 감정을 투사하는 전이와 역전이가 동시에 나타나기도 한다. 역전이는 주로 전이에 대한 상담자의 반응에서 나타나지만 때로는 전이와 관계없이 단독으로 발생하기도 한다. 역전이 역시 전이와 마찬가지로 강박적이며 강력한 유대감으로 나타난다. 왜냐하면 역전이는 무의식적으로 대상과의 동일시로 인도하기 때문이다 (CW 8: 519). 상담자와 내담자가 무의식적으로 동일시됨으로써 혼돈 상태에 함께 빠지게 된다. 이때 객관적인 분석작업은 이루어지지 않는다. 상담자는 내담자의 전이뿐만 아니라 상담자 자신의 역전이를 냉철하게 분석함으로써 그것이 치료에 미친 영향을 살펴보아야 한다. 치료 중에 상담이 힘들어지거나 중단하고 싶은 충동이 올라올 때 상담자는 자신의 역전이를 분석해 볼 필요가 있다. 역전이를 통해 내담자로부터 발생하는 전이의 내용이 밝혀지기도 한다. 부정적인 역전이가 긍정적인 역전이로 변화될 때 치료는 가속화된다(Sedgwick, 2001: 75-79). 융은 역전이가 의식화되지 않고 상담자와 내담자가 동일시될 경우 치료가 중단되는 사태가 발생할 수 있다고 경고하였다(CW 16: 545).

개인의 경험과 관련된 개인무의식 차원의 내용을 탐색하는 상담의 2단계에서는 내담자에 의해 제공된 자료에 대한 객관적인 분석과 평가, 그리고 상담이 안정적으로 진행될 수 있는 편안한 환경 조성이 무엇보다도 중요하다. 상담과정 중에 발생한 내담자의 모든 사고방식과 행동 패턴, 그리고 내담자 주변의 크고 작은 사건들은 내담자의 세계관을 드러내는 중요한 자료가 된다. 이들 사이의 심리적 역동이 삶의 현장과 상담자와 내담자 사이에 어떤 형태로 재현되는가를 주의 깊게 살펴보는 것은 매우 유용하다. 무의식의 내용이 의식화되는 형태는 사람마다 차이가 있으므로 조심스럽게 다루어야 한다. 상담자는 가능한 한 내담자 스스로 자신의 심리적 내용을 천천히 소화시킬 수 있도록 도와야 한다.

3) 상담의 3단계: 집단무의식

상담의 3단계는 정신의 심층세계를 다룬다. 융은 이 영역을 집단무의식이라 불렀다. 무의식의 심층에 내재된 원형은 인류에게 선천적으로 부여된 행동과 사고 및 감정의 틀이다. 남성의 내적 인격인 아니마, 여성의 내적 인격인 아니무스, 정신의 중심이자 전체인 자기, 그리고 생명의 원천인 모성원형, 공동체의 질서와 권위를 대변하는 부성원형, 그 밖에 노현자, 영웅, 어린이 원형 등은 직간접적으로 의식활동에 많은 영향을 끼친다. 자아콤플렉스와 개인무의식, 그리고 원형 사이의 심리적 역동을 총체적으로 관찰하는 작업이 3단계에서 진행된다. 꿈, 민담, 신화 등에 나타난 원형적 이미지들이 집단무의식 속에 내재된 정신의 원초적 성향들을 보여 준다. 내담자의 꿈이나 환상 속에 원형적 이미지가 발견될 때 상담자는 확충(amplification) 혹은 적극적 상상(active imagination)을 통해 집단무의식의 내용에 보다 가깝게 접근할 수 있다.

융심리학적 상담과정에는 꿈해석이 주로 활용된다. 프로이트 이후 꿈이야말로 무의식의 내용을 알 수 있는 가장 좋은 길 가운데 하나로 여겨져 왔다. 꿈을 해석하는 데에는 객관적 해석과 주관적 해석이 있다. 꿈에 대한 객관적 해석은 일단 개인의 경험과 관련된 자료에 근거한다. 꿈에 나타난 내용과 연상을 통해 얻어진 정보들을 토대로 기억재생의 원리에 따라 전체적인 내용을 재구성한다 (KGW 1: 133, 154). 꿈 내용의 심리학적 맥락은 꿈의 표현이 자연스럽게 편입되어 있는 연상조직으로 되어 있다. 꿈의 모든 부분을 일단 모르는 것으로 여기고 내용의 맥락을 받아들인 후에 해석을 시도해야 한다(CW 17: 114).

개인적인 상황과 관련이 깊은 꿈들(작은 꿈)은 꿈꾼 사람의 개인적 연상을 통해 어느 정도 그 맥락을 추정할 수 있다. 그러나 원형상을 담지하고 있는 중요한 꿈(큰 꿈)일 경우, 우리는 주관적인 방법으로 꿈의 상이 지닌 신화적·상징적 의미를 추적해야 한다. 원형은 선험적으로 존재하는 유형으로서 개인적 생성과 소멸로부터 벗어나 있는 영원한 현존이다. 이러한 이미지들은 개인적 연상에 의해 그 의미가 드러나기보다는 원형상들의 본래적 의미를 찾아가는 확충법에 의해 구체화된다(CW 7: 122). 확충법은 꿈에 나타난 원형적 요소들이 다른 신화나 민담 혹은 동화에서 구체적으로 드러나는 방식을 연구함으로써 꿈의 의미를 확대하는 작업이다. 예를 들면, 꿈에 지하 동굴에서 황금접시를 지키고 있는 커다란 뱀을 보았다고 할 경우에 우리는 확충을 통해 뱀이나 용, 보배, 동굴의 의미를 찾기 위해 영웅의 시련을 묘사하고 있는 신화소로 되돌아가 꿈속에 나타난 원형상의 의미를 추적해야 한다. 여기에 집단무의식이 관계한다(KGW 1: 219-280). 이것은 꿈에 대한 주관적 해석방법에 해당된다. 이런 작업을 위해 상담자는 비교상징학과 비교종교학, 비교신화학 등의 연구를 통해 원형상에 대한 보다 폭넓은 지식을 갖출 필요가 있다. 확충법은 에너지를 변화시킬 상징의 능력을 탐색하거나 무의식의 초월적 기능이 활성화되는 가능성을 열어 준다(Dieckmann, 1979: 130). 꿈에 대한 주관적인 해석에 적용된 확충법은 경계선 인격장애나 정신분열증 환자에게도 유효하게 적용된다. 그들의 꿈과 환상에 나타난 신화소들이 어떤 원형적 이미지를 대변하고 있는가를 파악함으로써 개인무의식 차원에서 드러나지 않은 심층의 내용을 접하게 된다(KGW 1: 335).

연상 및 확충 작업과 더불어, 꿈이나 환상에 드러나는 이미지에 접근하기 위해 우리는 융이 제시한 적극적 상상(active imagination)을 활용할 수 있다. 적극적 상상은 눈을 뜨고 꿈을 꾸는 것과 같다. 우선 꿈이나 환상 속에 등장하는 이미지에 집중하여 주목한다. 그 이미지들이 무엇을 산출하며 어떤 이미지가 이런 분위기를 자아내는가를 관찰한다. 명상하면서 그 이미지를 관찰하면 그것이 점점 다른 형태로 변화하는 것을 발견하게 된다. 이 변화를 통해 의식과 무의식의 동화과정을 관찰하게 된다. 두 번째 단계는 자아의 의식적인 참여를 통해 무의식의 내용을 겸손하게 판단한다. 이때 마치 환상 속의 인물처럼 인격적인 반응을 보이는 무의식의 보상작용을 경험한다(CW 14: 706, 753-756). 자율적 콤플렉스인 아니마/아니무스가 스스로 자아를 향해 말을 할 수 있도록 의식의 눈과 귀를 여는 작업이 곧 적극적 상상이다. 예를 들면, 꿈에 나타난 대상에게 말을 걸어 "하고 싶은 말을 해 보라."고 권유할 수도 있다. 무의식의 보상적 응답은 자아가 무의식에 대해 열린 태도를 견지할 때 발생한다. 꿈이 무의식의 자율적 행위의 소산이라면, 적극적 상상은 무의식을 향한 의식의 적극적인 노력이라고 말할 수 있다. 이것은 수동적인 명상(contemplation)과는 다르다. 명상이 마음속의 상념을 제거함으로써 새로운 경지에 이르는 수련법에 해당한다면, 적극적 상상은 보이지 않는 정신세계를 탐구하려는 의식적 노력의 일환이다. 꿈분석 과정에서 연상과 맥락화, 그리고 확충작업이 일차적 임무라면, 적극적 상상은 부차적으로 고려해야 할 과정이라고 말할 수 있다.

상담의 3단계에서 우리는 내부에서 발생한 심리적 작용과 외부에서 발생한 물리적 사건이 상징적으로 일치하는 현상을 통해 심리 상태를 살펴볼 수 있다. 상담 중에 발생한 의미 있는 사고(accident)와 신체화 증세는 치료를 위한 중요한 단서를 제공한다. 이것은 정신과 물질세계가 일치한다는 융의 동시성에서 출발한다. 상담의 마지막 단계는 인류의 보편적 정신영역인 집단무의식의 세계를 공유하는 단계다. 상담자의 입장과 내담자의 입장이 한데 얽혀 심리적 역동이 일어나는 과정이다. 이것은 마치 심리적 용광로에 들어가 함께 금을 만들어 내는 공동의 연금술 작업과도 같다.

이상에서 본 상담의 3단계 과정은 시간적 순서라기보다는 모든 회기에 적용될 수 있는 심리분석의 수준을 의미한다. 의식적 차원에서 발생하는 모든 요인을 파악한 다음 무의식의 내용을 개인무의식 차원에서 집단무의식 차원으로 확대시키는 심리분석의 과정으로 보아야 한다. 그러나 상담에서 이 세 가지 과정이 모두 이루어져야 할 필요는 없다. 내담자의 성향에 따라서 1단계의 분석이 필요한 사람이 있는 반면에, 어떤 이들은 보다 심층적인 분석이 필요한 경우가 있다. 이는 결국 상담치료의 본질은 상담자의 이론적 배경과 치료적 기술보다는 내담자 자신의 성향이 치료방향을 결정짓는다는 것을 의미한다(박종수, 2009: 381-434).

5. 상담 적용

1) 상담 동기와 내담자 정보

내담자 김성태(가명)는 50대 중반인 부모와 두 살 연하의 남동생과 함께 살고 있다. 일류대학을 나온 아버지는 현재 일정한 직업이 없이 집안일을 돕고 있다. 거의 자기 의견이 없는 것처럼 보이는 내담자는 아버지에 대한 내용만 나오면 지나치게 흥분하며 온갖 욕설을 퍼붓는다. 어머니는 직장생활을 하다가 퇴직하여 지금은 시간제 일을 하고 있다. 내담자는 집안의 경제적인 면을 홀로 담당해온 어머니에 대한 고마움은 있지만, 어머니가 아버지로부터 자신을 적극적으로 보호해 주지 못한 것에 대한 서운함도 있다. 내담자가 정신과 의사로부터 약물처방을 받자 어머니는 친구의 권유로 아들에게 상담을 받도록 인도한 장본인이다. 내담자의 남동생은 명문대학에 재학 중이며, 다른 가족과 비교적 원만한 관계를 유지하고 있다. 가끔 동생으로부터 무시당한다는 생각이 내담자를 힘들게하며 자존심을 건드리는 요인이 된다.

김성태는 대학에 다니다가 군에 입대하여 상당히 고된 군생활을 했는데, 이것이 무기력증을 유발한 것으로 보인다. 사실 힘든 군생활 때문에 정신적 고통이 온 것이 아니라, 군에 갈 당시에 이미 대인관계 능력을 상실한 상태였다. 내담자의 증언에 의하면, 초등학교 4~5학년 때부터 친구가 거의 없었던 그는 아버지로부터 공부만을 강요당했다. 과학을 곧잘 했던 그는 다른 학과목에서도 비교적 좋은 성적을 거두었다. 중학교, 고등학교를 거치면서 그는 갈수록 고립되었고 다른 학우들로부터 따돌림을 당했다. 대인관계의 상실은 사회부적응으로 나타났고, 그 결과 철저히 부모의 말에 의존할 수밖에 없었다. 대학생이 되었는데도 인터넷과 게임하는 것 외에는 거의 컴퓨터 조작을 할 줄 모른다. 원하던 대학과 학과에 진학하지 못한 김성태는 대학생활에도 흥미를 갖지 못하다가 군에 입대한 것이다. 초기의 군생활은 견딜 만했다. 선임이 시키는 대로 따라하다가 실수하면 약간의 대가를 치르면 되었다. 하지만 점점 고참이 되면서 심각한 문제가 발생했다. 멍한 상태에서 저지르는 실수(예를 들면, 폭탄을 훈련장에 놓고 귀대하는 일)는 부대원 전체를 황당하게 했고, 심지어 자신보다 계급이 낮은 부하들에게도 선임 대우를 받지 못할 지경이 되었다. 그것은 자신에게도 심각한 타격이 되었다. 자존심이 상한 상태에서 자신에 대한 비하는 또 다른 실수를 유발했고, 갈수록 다른 부대원과 관계를 맺지 못하게 만들었다. 선임병과 동시에 후임병에게까지 따돌림을 받았던 그는 그때 받은 충격으로 제대 후까지 한동안 군대 얘기만을 반복했다.

전역 후에 대학에 복학한 김성태는 여전히 원하지 않는 학과에서 나름대로 적응해 보려고 노력했다. 방학 기간에 학과 일과 관련된 아르바이트가 있어서 다른 학우들과 함께 일하기로 되어 있었다. 그런데 막상 방학이 되니 다른 학우들이 자신과 일하기를 꺼린다는 것을 알고 아르바이트를 못하게 된 것도 큰 상처로 다가왔다. 이후 내담자는 대학생활을 어떻게 해야 하며, 대인관계나 사회 진출은 어떤 방식으로 해야 하는지 모른 채 부모님의 단순한 몰아침("공부를 열심히 해야 먹고 살 것이 아니냐?")에 수동적으로 따르고 있었다. 외국 성인 잡지를 탐독하고, 날이 새도록 성적 흥분을 야기하는 동영상을 보며 그 과정에서 '죽도록' 자위행위를 하다가 지쳐 쓰러져 잠드는 것이 그의 일과였다. 이로 인해 몸은 갈수록 피폐해지고 정신은 몽롱해지면서 건널목을 건널 때에도 신호등을 구별하지 못해 위험한 순간을 여러 번 겪기도 했다. 지쳐 쓰러져 잠들었다가 학교에도 가지 못하고 상담실에도 지각하거나 오지 못하는 경우도 여러 번 있었다.

상담보다는 약물 처방에 중요성을 두는 정신과의 태도에 만족하지 못한 내담자의 어머니는 학교 상담실의 소개로 상담을 요청했다. 상담은 1년 7개월 사이에 54회기가 이루어졌다. 상담자는 한동안 내담자의 콤플렉스와 자신의 콤플렉스가 혼란스럽게 얽혀 있는 채로 함께 허우적거렸다. 다만 다행스러운 것은 상담 기간 내내 내담자의 치료의지가 비교적 강하게 나타났으며, 상담자와 내담자 사이의 대화가 보다 편안하게 전개되었다는 점이다. 그에 반해 아쉬운 점은 내담자의 가족, 특히 어머니와의 상담이 거의 이루어지지 않고 있다는 점이다. 아직도 여전히 심리적 유아 상태에 머물고 있는 내담자에게는 친절하고도 따뜻한 안내자가 필요했음에도 가족은 여전히 그를 성인으로 취급하고 있었다. 성인의 눈에 비친 내담자는 게으르고 나태하며 무기력하고 정체성을 확립하지 못한 인물로 인식되었다. 그러나 내담자는 서서히 정서의 분화와 함께 사람들과의 관계가 중요하다는 점을 인식하기 시작했다. 보이지 않는 목적지를 향해 가는 내담자와의 끝없는 항해는 가끔 상담자를 지치게 하고 무력하게 하였지만, 실낱같이 엿보이는 내담자의 생명력이 상담자에게 큰 힘을 주었다.

2) 진단과 상담목표

군 전역 후에 학교에 복학한 20대 중반의 대학생인 김성태는 군생활의 충격으로 학교생활에 적응하지 못하고 있다. 중학교 때부터 친구 없이 홀로 고립된 생활을 해 왔던 그는 아버지의 완고함에 분노하고 있다. 약간의 우울증이 있으며, 한동안 이상한 소리를 혼자 중얼거리기도 한다. 창백하고 힘없는 상태로 상담실을 찾는 내담자는 상담 도중에 제공된 과자를 허겁지겁 먹는다. 내담자는 '끊임없이 공부를 해야 한다.'는 생각에 사로잡혀 있으나 실제로는 공부를 거의 하지 못하는 실정이다. 상담자의 말에 내담자는 거의 '예' 혹은 '아니요'로 대답하며 자신의 생각이나 감정을 잘 표현하지 못한다. 항상 무기력증에 빠져 있으며, 성적인 환상과 더불어 지쳐서 몸이 피폐해질 정도로 자위행위에 집착하기도 한다. "왜 사는지 모르겠다."는 말을 종종 하고, 마치 공중에 떠 있는 사람처럼 현실감각이 없다. 감정적인 차원에서 볼 때 학교, 가정, 사회로부터 격리되어 홀로 지내며 무엇을 어떻게 해야 할지 모른다. 그가 바라는 것은 거의 모두 부모나 사회가 요구하는 것을 대변할 뿐이다. 그의 자아는 마치 바다 위에 둥둥 떠다니는 난파된 배의 한 조각으로 보인다.

내담자에게 나타나는 신경증적인 증세는 다양하게 표출된다. 우선 겉으로 보기에 우울증, 무기력감으로 인한 고립과 자폐, 그리고 약간의 분열성 성향을 보이기도 한다. 사회적응력(학교생활) 부족, 불규칙적인 생활이 그를 지배하고 있다. 상담자는 내담자와의 편안한 관계를 유지하기 위해 노력해 왔다. 동시에 내담자의 심리구조를 살펴보기 위해 상담과정에서 다양한 분석치료(꿈분석, 단어연상, 놀이, 미술, 동화 창작 및 분석 등)를 적용하기도 했다. 이 과정에서 무의식의 억압적 요소들이 자연스럽게 의식에 동화되어 인격의 통합을 이룬다.

융의 분석심리학에 이론적 근거를 두고 진행된 상담의 목표는 개성화에 있다. 상담자와 내담자가 연금술의 용광로에 들어가 뒤섞여 함께 금(통합된 인격)이 되어 재탄생하는 과정이 상담이요, 심리치료의 목표다. 따라서 상담자는 단기적으로는 내담자가 학교생활에 적응하도록 돕고, 장기적으로는 편안한 환경과 심리적 안정을 통해 주변 사람과 원활한 관계를 맺음으로써 개인과 집단이 균형과 조화를 이루도록 돕는다. 이를 위해 상담자는 내담자와 함께 견디고 오랫동안 기다려 주는 일이 우선이라 생각한다. 치료과정은 의도적으로 계획된 상담보다는 무의식의 자율적 보상원리에 따라 의식이 그때그때 자연스럽게 응답하는 형식으로 진행된다.

3) 상담과정

54회기의 상담은 대체로 6단계로 진행되었다. 처음부터 계획된 구조 안에서 이루어지기보다는 대체로 내담자가 제공한 자료를 근거로 진행되었다. 진행과정에서 필요하다고 느낄 때(예를 들면, 심리적 혼란 상태나 언어를 통한 의사소통이 어려울 때) 다양한 보조수단을 활용했다. 다음에 요약된 6단계는 54회기를 회고하면서 발견된 변화된 국면을 반영한다.

초기 단계(1~5회기)에서 내담자의 심리적 상태가 대체로 드러나고 있다. 내담자의 우울감은 그리 심각한 수준은 아니었다. 비교적 밥은 잘 먹고 수면도 어느 정도 취하고 있는 점은 우울증으로 깊이 빠져들 위험성을 줄이고 있다. 내담자의 심리유형은 내향적 감정형으로 드러났지만, 실제적으로 자신의 감정표현은 거의 하지 못하고 있다. 기억하는 꿈이 없자 2회기에 단어연상을 통한 동화 창작에 참여하게 했다. 융이 단어연상검사에 사용했던 단어를 약간 수정한 100단어

중에 다섯 단어를 고르게 한 후에 그 단어가 들어가는 동화를 만드는 작업이다. 과학, 스트레스, 동생, 돈, 복수라는 단어를 선정했는데, 이 단어들은 모두 내담자에게 활성화된 콤플렉스의 주제들을 암시한다.

> A는 과학을 열심히 공부하였습니다. 스트레스를 많이 받았지만 열심히 공부하였습니다. 동생과 사이가 나빠도 열심히 공부하였습니다. 결국 열심히 공부해서 새로운 학설을 발명하고, 난제의 법칙을 증명하여 매우 유명해지고, 노벨상도 받았습니다. 그래서 돈도 많이 벌고 성공한 것으로 다른 사람에게도 복수를 할 수 있었습니다.

동화를 짓기 전에 "주변 사람들에 대한 내용을 배제하고, 상상 속의 내용이어야 한다."라고 주문했지만, 내담자의 동화 내용은 철저히 자신과 가족에 대한 감정을 대변하고 있다. 내담자는 아직 무의식으로부터 발생하는 건전한 상상력, 즉 환상의 세계로 들어갈 수 없다. 자아구조가 취약한 사람에게 무의식은 상상의 세계가 아니라 불안과 공포의 세계로 다가온다. '열심히 공부했다'는 말이 네 번이나 반복되고 있음은 그가 부모로부터 얼마나 가혹한 의무를 강요당했는지 짐작하게 한다. 그 과정에서 발생한 가족 간의 갈등이 동화의 주제로 드러나고 있다. 초등학교 수준에도 미치지 못하는 그의 동화 작문 능력은 내담자의 언어 수준을 보여 준다. 상당한 지능을 지닌 사람이라도 감정의 분화가 일어나지 않을 때 언어표현은 거의 불가능하다. 언어를 통한 감정 표출은 무의식이 의식으로 흘러들어가는 건전한 통로가 된다. 3회기 때 실시한 놀이의 내용은 갈등상태에 있는 아동들이 보여 주는 전형적인 놀이형태다. "동물의 왕국에서 지금 무슨 일이 발생했는가?"에 대해 놀이로 보여 준 것은 육식동물이 초식동물을 공격하는 장면이다. 강자와 약자의 대립은 자아가 처한 갈등구조를 보여 주며, 그것은 외부 대상뿐만 아니라 내적 대상(혹은 콤플렉스) 사이의 갈등을 동시에 반영한다. 4회기의 꿈은 초기 꿈(initial dream)으로서 앞으로 전개될 치료방향을 제시한다. "혀와 혓바닥이 땅에 떨어져 주워 붙이려고 했다."는 내담자의 꿈은 제자리를 잃고 땅에 떨어진 혀를 본래의 자리로 회복시키는 장면이다. 혀가 제자리에 있을 때 언어활동이 이루어지며 감정의 분화를 통해 자신의 콤플렉스를 인식한다. 5회기째의 꿈 역시 4회기 꿈을 보완하고 있다. '허공에 떠 있다가 밑으로 떨어지는 자신의 모습'은 환상의 세계에서 현실로 돌아오는 것을 암시한다. 개성화의 과정으로 이끄는 꿈의 보상적 성격이 드러나고 있다. 5회기 때 그린 그림은 내담자의 현재 심리 상태를 구체적으로 보여 준다. A4 용지에 연필로 그린 그림은 모두 14개의 그림이 두 줄로 나열되어 있었다. 막대기 모양으로 그려진 인물들은 자아구조의 취약함을 드러낸다. 공부에 대한 스트레스, 군생활의 어려움, 신체의 허약함, 지루한 학교생활, 나치와 같은 독재자, 소가 된 사람을 모는 농부 이미지가 그의 그림 내용이다. 그림 속 이미지들은 그의 다양한 콤플렉스를 대변한다. 그것들은 공부에 대한 억압, 부모와의 불편한 관계, 그리고 심신의 피로함을 호소하고 있다. 대체로 왼편으로 향하고 있는 이미지들은 내담자의 우울한 감정을 암시한다. 이런 이미지들이 질서를 잡아 갈 때 그는 건강한 모습으로 되살아날 것이다.

두 번째 단계인 6~11회기는 내담자의 잠재적 생명력이 상담의 주제를 이루고 있다. 꿈에서 국보급 보물을 발견한 것이나 군대 선임이 복잡한 상황을 처리했던 기억을 회상함으로써 정신의 자가치유 기능이 되살아나고 있다. 파편화된 자아(ego)는 정신의 중심인 자기(self)에 의해 통합된다. 다른 사람의 시선을 지나치게 의식하여 자신의 모습을 상실한 내담자에게는 당분간 무조건적인 지지가 절실하게 요구된다. '어깨가 넓은 남성이 여성의 엉덩이를 만지는 꿈'은 단순히 성적 환상을 보여 주는 것이 아니라, 엄마 혹은 내면 인격인 아니마와의 통합을 갈망하는 내담자의 심리 상태를 보여 준다. 다만 아직은 준비되지 않은 상태다. 운동선수로 대변되는 남성상과 관능적인 여성상의 만남은 남녀 간의 본능적 결합 수준에 머문다. 하지만 이후에 전개될 남녀의 결합은 성스러운 결혼(sacred marriage)으로 승화될 것이다. 9회기에 제기된 정신과 치료에 대한 고려는 내담자의 꿈에 반영되고 있다. "상담실 직원들이 나를 치료하지 않고 다른 사람들을 상담할 때 기분이 나빴다."라는 내담자의 진술은 상담자에 대한 부정적 전이를 보여 준다. 충분하게 지지받지 못한 아버지 이미지가 상담자에게 투사되어 상담효과에 대한 의심을 불러일으켰는지도 모른다. 상담자의 역전이는 "이 기회에 가장 힘들고 고달픈 이 상담을 그만둘까?"하는 생각으로 빠지게 했다. 정신과 처방에 따라 약을 먹으면서 상담을 한다면 상담자의 의무감은 그만큼 줄어든다. 상담에 대한 전적인 책임도 없어진다. 여기에 상담자의 고뇌와 윤리적 태도가 요구된다. 약물처방을 무조건 거부함으로써 치료의 기회를 박탈하는 것도 무책임하며, 상담치료를 통해 건강해질 수 있는 사람에게 약물치료로 인도하는 것 또한 상담자의 태도가 아니다. 상담자는 약물치료를 받지 않아도 될 몇 가지 기준을 제시해야 했다. 우선 내담자는 아쉬운 대로 학교생활을 영위하고 있고, 음식을 섭취하며, 충분하지는 않지만 수면을 취하고 있다. 체중의 변화도 거의 없다. 무기력하고 허약한 듯 보이지만 건강 상태는 비교적 양호하다. 가장 고려할 점은 미미하지만 내담자에게 약간의 심리적 변화가 서서히 일어나고 있다는 점이다. 무엇보다도 긍정적인 치료과정이 상담자로 하여금 약물복용보다는 상담치료를 권하게 된 결정적인 계기가 되었다. 그사이 내담자는 매혈을 해서 돈을 번 적이 있었다. '돈'은 내담자의 콤플렉스를 대변한다. 내담자에게 돈은 곧 어머니다. 어머니의 힘으로 온 가족이 살고 있다. 상담료가 부담이 된 내담자의 매혈 행위는 엄마에 대한 죄책감을 보여 주는 상징적인 사건이다. "네가 지금 엄마 생각할 때냐? 우선 네가 살아야지! 그래야 엄마도 살지!"라는 상담자의 말이 내담자로 하여금 돈 콤플렉스로부터 어느 정도 해방되게 해 주었다.

세 번째 단계에 진행된 12~18회기는 현실감을 경험하는 과정을 보여 준다. 의식과 무의식이 혼재된 상태로부터 의식의 분화가 이루어지는 시점이다. 〈넌 할 수 있어〉라는 노래가 내담자를 희망의 세계로 이끈다. "그래, 넌 할 수 있어!"라는 상담자의 외침은 내담자와 함께 노래를 부르는 것으로 시작된다. 내담자가 지독히도 싫어한 '아버지와 포옹하는 꿈'은 역설적으로 내담자의 내면에 아버지와의 화해를 열망하는 무의식적 동기가 도사리고 있음을 암시한다. 그 꿈은 또한 내담자가 사회적 일원으로 살아갈 수 있는 미래의 모습을 예견하기도

한다. 13회기에 진행된 놀이는 5회기 때 그린 그림과 동일한 맥락을 보여 준다. 놀이상자 왼편 아래쪽에서는 호랑이가 황소를 잡아먹고 있다. 오른쪽 위에서는 곰 두 마리가 얼룩말과 염소와 사이좋게 한가로이 놀고 있다. 그들 사이 왼편 위쪽에서 늑대가 어슬렁어슬렁 기어 오고 있다. "그림에 제목을 붙여 보라."는 상담사의 요구에 내담자는 "호랑이가 황소를 잡아먹고, 곰이 평화롭게 쉬고 있고, 늑대가 다가오고 있다."로 대답하였다. 각각의 내용이 따로따로 열거되고 있다. 콤플렉스 사이에 서로 관계성이 없다. 분열성 인격장애는 대상과 대상 사이의 관련성을 찾지 못하는 것이 특징이다. 어느 한 가지를 생각할 때 그 주변의 것을 고려하지 못한다. 공부를 해야 한다면 그 외에는 아무것도 생각하지 못한다는 얘기다. 상담사는 내담자에게 그 제목을 한 문장으로 줄여서 말해 보라고 했다. 놀랍게도 그는 "잔혹하지만 아름다운 세계."라고 응답했다. 상담자는 신이 나서 "그럼 그것을 두 글자로 말해 보라."라고 했다. 그러자 그는 "현실."이라고 답변했다. 그의 두드러진 지성이 돋보이는 대목이다. 상담자는 더 나아가 "현실 세계를 한 글자로 말하면 뭘까?"라고 물었다. 그는 머뭇거렸다. 상담자는 "그게 곧 삶이지."라고 하면서 내담자의 언어능력을 검증했다. 이것은 단순한 언어놀이는 아니다. 언어를 통해 따로 분리된 세 사건을 통합함으로써 콤플렉스 간의

연결을 시도한 것이다. '삶은 환희와 고통이 병존하는 그래도 살 만한 세계'라는 것을 함께 경험하면서 관계의 원리를 통해 자아구조가 통합되는 과정을 보여 주고자 했다. 이후 진행된 14~18회기는 군생활을 심리적 차원에서 청산하는 계기가 되었고, 여전히 성적 환상 속에서 서서히 자신의 아픔을 돌아보는 여정이었다. 18회기에 아르바이트가 결정된 소식은 내담자에게 현실 경험을 할 수 있는 좋은 계기가 되었다. "제대 후 6개월 동안 산송장처럼 지냈죠."라는 내담자의 한탄은 이제 오랜 잠에서 깨어난 듯한 느낌을 주었다.

네 번째 단계인 19~22회기는 리비도의 활성화로 인해 내담자에게 현실 인식과 함께 관계 맺는 능력이 생겨나고 있음을 보여 준다. 아르바이트 기간 중에 중단된 상담이 아버지와의 다툼으로 재개되었다. 상담자에게 직접 "상담을 재개하고 싶다."는 내담자의 의사표현이 분명해지고 있었다. 한 번도 아버지에게 대들지 못했던 내담자가 주먹으로 유리창을 깨트려 손을 심하게 다쳐 병원신세를 진 것은 획기적인 사건이었다. 비록 윤리적 측면에서 보면 바람직한 일은 아니지만, 그의 리비도의 활성화로 인한 공격성의 표출은 앞으로 진행되는 상담에 긍정적인 영향을 끼칠 것은 분명하다. 투박한 공격성이 점점 세련된 형태로 자리를 잡아 간다면 사회 속에서 관계 맺는 능력도 차츰 좋아질 것이란 기대에 상담자는 뿌듯한 느낌을 금할 수 없었다. 면담 이후 처음으로 깔끔한 옷차림으로 나타난 내담자의 모습은 상당히 늠름해 보였다. 상담자에게 "날 지금 무시하는 건가요?"라고 농담 섞인 항의를 한 것도 자신감의 반영이다. 아르바이트를 통해 내담자는 관계 맺기의 중요한 원리를 깨달았다. 외적인 대상이나 내적인 대상과 관계를 맺는 것은 양자 간의 관계가 아니라 다자간의 관계를 입체적으로 볼 때 가능해진다. 부부간에는 좋은 관계를 유지하지만 자녀들과의 관계가 원만하지 못하면 그 가정은 분열된 정신구조를 가진 것과 같은 이치다. 배타적이고 일방적인 사람은 한 가지에 몰입할 뿐이며 동시에 두세 개의 관계성을 보지 못한다. 내담자는 자신이 풀어야 할 과제를 아르바이트를 통해 스스로 깨달은 것이다. "이젠 혼자 살 수도 있겠다."는 내담자의 자신감은 아르바이트를 통해 얻은 귀중한 자산이다. 내담자의 깨달음은 신선한 충격을 주었고, 상담자에게도 자랑거리가 되었다. 상담자는 그동안 매 회기마다 상담실에 과자나 빵을 준비해 두었다. 내담자는 준비해 둔 과자를 한아름 안고 책상 위에 두고 먹으면서 상담에 임했다. 밥맛이 없다는 내담자는 상담자와 함께 있을 때 '별로 맛없는' 과자와 빵을 쉴 사이 없이 먹어 치웠다. 지지받는 사람에게 더 많은 사랑을 받고 싶은 것일까? 상담사에게 에너지 공급원인 어머니상을 투사한 것일까? 내담자의 이러한 전이에 대해 상담자는 약간의 연민과 함께 소위 '이상화 대상'이 되는 것에 대해 경계하였다. "너는 내가 준 것만 먹지 말고 다음부턴 좀 사와 봐라!"라는 상담자의 말이 얼마나 내담자의 내면에 자리 잡았는지는 모른다. 내담자는 여전히 상담자가 제공한 과자를 먹을 뿐이다. 자위 도중에 귀두가 잘려 나가는 꿈은 내담자로 하여금 성적 환상에 빠진 결과를 미리 경험하게 했다는 점에서 무의식의 보상적 성격이 강하다. 죽음의 욕동보다 생명의 욕동이 훨씬 강하다. 그는 남근의 귀두로 상징되는 생명이 환상적 놀이로 인해 잘려 나가는 것을 결코 원치 않았을 것이다.

다섯 번째 단계인 23~28회기는 자신의 그림자를 의식하는 수준으로 진행되었다. 콤플렉스가 서서히 제자리를 찾아가면서 자아콤플렉스는 그림자를 인식하게 된다. 23회기 상담 시 30분 늦게 도착한 것이 내담자의 저항 때문인지는 분명하지 않다. 다만 아르바이트로 인해 피곤하자 자신도 모르게 상담시간을 잘못 알고 온 것이다. 몸과 정신의 관계, 의식과 무의식의 관계를 살펴봄으로써 치료관계로 들어감을 느낄 수 있었다. 이제는 언어로 의사소통이 어느 정도 가능해진 것이다. "도서관 사서를 하고 싶다."는 내담자의 말에 공감해 주면서도 사서를 하기 위해서 어떤 일들이 필요할 것인지를 살펴보았다. 현실과 꿈의 괴리를 느꼈을까? 다음 회기에 그는 "그냥 지금 학과에서 졸업을 하기로 결정했어요."라고 말함으로써 아쉬운 감정을 표출하였다. 거의 4.0에 가까운 성적을 받고도 상담자에게 전혀 내색하지 않은 것이 못내 아쉬웠다. 자신의 장점을 인정할 수 없는 상태! 자신의 모습을 전혀 자랑스러워하지 않는 모습은 그 대극인 병적인 자기애성과도 일맥상통하는 면이 있다. 자신을 과대평가하는 것과 자신을 지나치게 과소평가하는 것 모두 자아통합을 가로막는 저해요인이 된다. 내담자는 이제 친구와의 관계 맺기를 시도하고 있다. 그러나 그 과정에서 자신의 그림자가 투사된 친구의 모습을 보고 외면하거나 불편해한다. 대상에 비친 자신의 모습을 받아들일 용기가 아직은 없다. 아버지와의 불편한 관계가 내담자와 다른 대상 사이에서 재현되고 있다는 사실은 "우리가 콤플렉스를 가지고 있는 것이 아니라, 콤플렉스가 우리를 지닌다."(CW 8: par. 200)는 융의 말을 되새기게 한다. 학기가 시작되면서부터 슬럼프에 빠진 내담자는 다시 퇴행적 양상을 보이고 있다. 밤새껏 동영상을 보다가 잠을 설치고 다음 날 꺼칠하게 학교에 가는 모습을 볼 때 상담자는 한편으론 실망스럽지만, 다른 한편으론 '현실의 굴곡'을 보면서 때를 기다리고 있다.

마지막 여섯 번째 단계(29~54회기)는 대체로 아버지에 대한 불만과 군대 시절에 힘들었던 기억을 회상하는 때가 많았다. "새를 보면 허공에 떠 있는 것 같다."(29회기)는 내담자의 말은 아직도 심리 상태가 불안하다는 것을 의미한다. 말도 안 되는 상황에서 어떤 성인 남성과 대치하는 꿈은 여전히 아버지에 대한 분노와 적개심이 많이 남아 있다는 암시를 준다(32회기). 그동안 내담자는 아르바이트를 통해 사회생활을 습득하고 규칙적인 생활을 하는 데 도움을 얻었다. "음악이 좋은 줄 이제 알았다."(47회기)는 말은 내담자에게 조금씩 감정이 살아나고 있다는 것을 의미한다. 이후 상담은 잠시 중단되었다. 6개월 후쯤에 전화가 왔다. 지금은 대학을 졸업하고 취업을 준비하는데 상담자가 생각나서 전화를 했다는 것이다. 언제 점심이나 같이 하자고.

4) 잠정적 결론

54회기의 상담은 철저히 내담자가 제공한 자료에 의해 진행되었다. 상담 중간에 실시된 투사적 검사(꿈, 그림, 놀이, 단어연상, 동화 창작 등)는 사전에 계획된 것이 아니라 그때그때 필요에 의해 즉흥적으로 실시된 경우가 거의 대부분이다. 그럼에도 무의식이 이끄는 상담은 스스로의 자율성에 의해 서서히 구조화된 모습을 보여 준다.

내담자는 꿈을 거의 기억하지 못한다. 기억하더라도 매우 단편적이다. 환상 능력도 현저히 떨어진다. 이것은 그의 콤플렉스들이 아직 분화되지 못함으로써 자아(ego)가 혼돈 상태(chaos)에 있음을 보여 준다. 콤플렉스는 미분화된 상태의 고조된 감정으로 나타나 인격을 지배하며 판단능력을 저하시킨다. 예상치 못한 행동으로 주변을 놀라게 하며, 그 일로 인해 스스로 위축된다. 내담자는 지나치게 엄격한 아버지로부터 충분한 지지를 받지 못했을 뿐만 아니라, 어머니마저 자신을 보호해 주는 역할을 하지 못했다. 안전감을 위협당한 어린아이는 권위자에게 철저하게 매달리는 수밖에 없다. 실제로 구타나 매질은 없었다고 하더라도 언어폭력을 통해 자신을 심리적으로 학대하는 아버지로부터 한 발짝도 도망갈 수 없었다. 그는 점점 고립되면서 사회 적응능력이 상실되었고, 그 결과 무능력한 자아상을 아버지에게 투사함으로써 자신의 분노를 해소할 수밖에 없었다. 자신의 의견을 한 번도 자신 있게 개진하지 못했던 내담자는 언어적 감각이 둔해졌으며, 그 결과 언어를 통한 감정표출을 할 수 없는 상태에 이르렀다. 그것은 대인관계의 부재로 이어져 사회부적응이라는 악순환을 반복하게 했다.

"아버지가 눈에 보이지 않으면 좋겠다."는 내담자의 희망과는 별도로 아버지와 어머니는 그럭저럭 잘(?) 지내고 있다. 그것이 내담자를 더욱 분노의 도가니로 몰고 갔는지도 모른다. 증오 대상으로부터 어머니를 빼앗긴 내담자는 다른 여성과의 만남을 생각할 수조차 없다. "아버지가 집에 없어서 가장 행복한 시간을 보냈다."는 내담자의 고백은 그의 부정적인 부성콤플렉스를 단적으로 보여 준다. 동시에 어머니의 자궁 속에서 편안하고 안전한 환경을 갈망하는 그의 이상이 성적 환상으로 재현되고 있다. 상담 기간 내내 상담자는 내담자를 바라볼 때 아무 생각이나 느낌도 없이 오직 멍한 상태가 되었다. 내담자의 심리 상태를 상담자가 공유한 것이다. 내담자가 현실을 서서히 인식하기 시작하면서 상담자 역시 오랜 잠에서 서서히 깨어나고 있는 것 같았다.

거의 말을 하지 못하는 내담자를 어떻게 대할 것인가? 그림을 그리기도 싫어하고, 놀이하는 것도 좋아하지 않고, 그렇다고 글쓰기도 싫어하는 내담자와 어떻게 좋은 치료관계를 유지할 것인가? 이런 점들이 54회기를 지나오는 동안 상담자를 끊임없이 긴장하게 했던 것 같다. 내담자는 마치 감정이 없는 듯이 보이는 혼돈 상황에서 이제 서서히 깨어나고 있다. 내담자 자신의 내면에 감추어진 생명력은 언어의 활성화와 감정의 분화를 통해 서서히 그 진가를 발휘할 것이다. 그때 내담자는 외적 대상(현실)뿐만 아니라 내적 대상(콤플렉스)과도 건강한 관계를 맺게 될 것이다.

6. 평가

분석심리학은 프로이트의 정신분석학과 더불어 심층심리학의 근간을 이루고 있다. 무의식에 대한 정신분석학의 미시적 차원에서 거시적 차원으로 확대시킨 융의 분석심리학은 오늘날에도 많은 도전을 받고 있다. 선천적 행동유형인 원형에 대한 개념과 집단무의식의 개념은 기억과 경험의 영역에서 멀리 떨어져 있다는 이유로 실증적 과학에 밀려 관념적이고 종교적이며 신비한 내용으로 오해되는 경향마저 있다. 그럼에도 오늘날 정신분석학과 후기 대상관계이론학파, 그리고 다양한 통합치료에서 융심리학은 상호 보완적으로 적용되고 있다. 분석심리학은 꿈분석뿐만 아니라, 모래놀이치료와 각종 예술치료, 그리고 신화, 동화, 민담 연구를 통한 인류의 보편적 정신세계를 연구하는 매우 유용한 심리학으로 자리매김하고 있다.

제4장
개인심리학과 상담

| 김춘경 |

개인심리학은 프로이트(S. Freud), 융(C. G. Jung)과 더불어 심층심리학의 대부이자 초기 정신역동적 심리치료 발전에 크게 기여한 알프레드 아들러(A. Adler)에 의해 창시된 심리상담학이다. 아들러는 9년간 비엔나 정신분석학회(Vienna Psychoanalytic Society)에서 프로이트와 함께 정신분석을 연구하였으나, 프로이트와의 입장 차이로 결별한 후 자신만의 이론을 발전시켰다. 프로이트가 인간의 성격을 자아, 초자아, 원초아로 구분하고, 인간은 이러한 부분들 사이의 갈등에서 벗어날 수 없는 존재로 본 것과는 달리, 아들러는 인간을 전체적으로 보아야 한다는 입장에서 자신의 이론을 개인의 분리불가능성(indivisibility), 즉 나눌 수 없는(in-divide) 전인이라는 의미를 넣어 '개인심리학(Individual psychology)'이라고 명명하였다. 후에 이 명칭은 아들러의 주요 개념인 공동체감 또는 사회적 관심과 상충되는 개념으로 오해의 소지가 있어 명칭을 바꿔야 한다는 의견도 제기되었으나, 아들러는 인간의 전체성의 개념을 강조하기 위해서 개인심리학을 고수하였다. 긍정적이고 낙관적인 인간관을 가진 아들러는 집단상담, 가족상담, 부부상담, 학교상담, 부모교육 등 상담 분야의 확장은 물론이고, 실존치

료, 인본주의 치료, 게슈탈트 치료, 인지치료, 현실치료, 교류분석, 해결중심치료, 체계적 치료, 구성주의 치료의 선구자로 인정받고 있다. 그는 단기치료, 통합치료, 다중심리치료 등 상담심리 및 치료기법의 발전에도 큰 영향을 미쳤다. 비록 그가 살았던 당시에는 프로이트의 그늘에 가려 크게 인정받지 못했으나, 최근에는 외국에서는 물론이고 국내에서도 아들러 심리학이 많은 상담자와 일반인들에게도 인정을 받아 새로운 전성시대를 맞이하고 있다.

1. 주요 학자

1) 알프레드 아들러

Alfred Adler

알프레드 아들러(Alfred Adler, 1870~1937)는 1870년 2월 7일 비엔나 근교에 있는 펜칭(Penzing)에서 유대인 중산층 상인인 아버지 레오폴트(Leopold)와 가정주부인 어머니 파울린(Pauline)의 4남 2녀 중 차남으로 태어났다. 어린 시절 아들러는 구루병과 폐렴 등을 앓았고, 건강했던 형 지그문트(Sigmund)가 밖에서 뛰어노는 것을 보면서 열등감을 느끼며 자랐다고 한다. 동생이 태어나면서 어머니의 사랑을 동생에게 빼앗기고, 아들러는 아버지의 보살핌을 받으며 아버지와 친밀하게 지냈다. 이런 경험은 프로이트의 오이디푸스 콤플렉스(Oedipus complex) 개념을 받아들이기 어렵게 했다. 아들러는 세 살때 자기 침대 옆에서 동생이 죽는 것을 경험하게 되는데, 자신의 병약함과 동생의 죽음은 아들러로 하여금 아주 어린 시절부터 의학에 대한 관심을 가지게 했다.

학창 시절 아들러는 매우 평범한 학생이었고, 수학을 낙제하여 재수강을 받기도 했으며, 선생님으로부터 상급학교 진학을 포기하고 구두제화공 기술을 배우도록 권유받기도 했다. 그때 선생님과 면담을 했던 아들러의 아버지는 아들러가 학업을 계속할 수 있도록 격려하였고, 그후 아들러는 최우수 학생으로 고등학교를 졸업하였다. 1888년 명문 비엔나 대학에 입학해서 의학을 전공한 아들러는 의학뿐 아니라 정치, 경제, 사회학 등을 두루 섭렵하였고, 사회문제에 대해서 많은 관심을 가져 마르크스의 저서를 특히 많이 읽었다. 아들러는 사회주의 학생연합(Sozialistischen Studentenverein)의 회원으로도 활동하였다. 1897년에 러시아에서 온 라이사 티모폐예바 엡스타인(Raissa Timofejewna Epstein)과 결혼을 하여 세 명의 딸과 한 명의 아들을 두었다.

아들러는 1898년에 안과의사로 첫 개업을 하였고, 그때 그는 눈이 나쁜 환자일수록 탐욕스러운 독서광이 되기를 원한다는 사실에 주목하여 사람들이 무의식 중에 자신의 열등성을 극복하려고 열심히 노력하는 가운데 인간의 발전이 이루어진다는 진리를 발견하였다. 그 후 일반내과를 거쳐 신경학과 정신의학으로 전공을 전환하였다.

아들러는 1902년 가을 프로이트의 초대를 받아 프로이트의 토론 그룹에 참여하였다. 이 그룹은 1910년 아들러가 의장이 된 비엔나 정신분석학회로 발전했다. 프로이트와 아들러는 초기에는 조화로운 관계를 유지하였으나, 자신의 이론에 대한 엄격한 충성과 획일화에 대한 프로이트의 압력으로 인해 아들러는 1년 후인 1911년에 비엔나 정신분석학회를 탈퇴하였고, 1912년에 '개인심리학'의 개념을 가지고 '개인심리학회(Society for Individual Psychology)'를 탄생시켰다.

아들러는 군의관으로 제1차 세계대전에 참전하였고, 제1차 세계대전 이후 오스트리아 정부의 부탁으로 신경증 아동들과 그들 부모들이 상담을 받을 수 있는 아동상담센터를 설립하였다. 이 센터는 현재 지역사회 정신치료센터의 선구자적 역할을 하였다. 아동상담센터에서 아들러는 부모교육, 부모상담 프로그램, 교사교육, 집단상담의 새로운 장을 개척하였다. 이러한 시도는 아들러 당시에는 혁명적인 것으로, 아들러의 아동상담센터는 비엔나와 전 유럽에 빠르게 확산되었다. 아들러는 의사, 교사, 부모와 같은 많은 청중 앞에서 집단치료와 가족치료를 실시함으로써 내담자와 공식적으로 일한 최초의 사람이었다. 그는 다른 전문가들이 상담 상호과정을 직접 관찰하며 배울 수 있도록 하기 위해 모의실험

상황(demonstration)을 사용하였다.

아들러는 미국, 네덜란드, 프랑스, 스웨덴, 벨기에, 체코, 독일, 유고슬라비아, 영국, 스코틀랜드 등을 순회하면서 수없이 많은 강연을 하면서 많은 추종자를 두게 되었다. 유럽에서 나치의 압제가 시작되었던 1935년에 평등한 사회에 관한 급진적이고 정치적으로 수용할 수 없는 개념을 가졌던 아들러는 미국으로 망명할 수밖에 없었다. 그는 1937년 스코틀랜드 애버딘에서 순회강연 중에 사망하였다. 아들러의 사망 이후 그의 연구에 관한 관심은 점점 퇴조되었으며, 아들러의 제자들은 나치정권과 제2차 세계대전으로 유럽 대륙과 다른 지방으로 흩어졌다. 그들 중 상당수는 미국으로 건너갔고, 미국에서는 프로이트 심리학과 많은 부분에서 대립되는 아들러의 사상에 대해 매우 심한 거부 반응을 보였다. 그러나 제2차 세계대전 이후에 개인심리학은 다시 르네상스를 맞이했다. 루이스(V. Lous), 래트너(J. Rattner), 스퍼버(M. Sperber), 드라이커스(R. Dreikurs) 등 그의 많은 동료와 제자에 의해 아들러의 개인심리학은 다시 조명받기 시작했고, 그 이후 엄청난 발전을 이루고 있다.

2) 루돌프 드라이커스

Rudolf Dreikurs

루돌프 드라이커스(Rudolf Dreikurs, 1897~1972)는 1897년 2월 8일 오스트리아 비엔나에서 태어났다. 그는 아들러의 가장 가까운 동료이자 애제자이며, 1939년 아들러가 스코틀랜드에서 순회강연을 하던 중 사망했을 때에도 그의 강의가 끝날 때까지 아들러 곁에 있었다. 드라이커스는 아들러의 이론을 미국으로 가져가서 발전시킨 핵심인물이다. 그의 가장 큰 공헌은 아들러의 이론을 실제 임상에 적용시킬 수 있는 방법을 개발하고 확장시킨 것이다. 특히, 문제아동이나 청소년들의 문제행동의 목적을 이해할 수 있게 이론을 정립한 것과 청소년들의 문제행동을 개선시킬 수 있는 실용적 방법들을 개발한 것은 큰 업적으로 인정받고 있다. 그는 인간의 비행은 그가 속한 사회집단에 대한 소속감의 결여인 것으로 보았다. 이로 인해서 아동은 잘못된 관심(undue attention), 힘(power), 복수(revenge), 회피[avoidance, 부적절함(inadequacy)] 등의 네 가지의 '잘못된 목표(mistaken goals)'를 갖고 행동한다. 드라이커스의 전반적 목표는 학생들이 처벌이나 보상 없이 자신들이 교실환경에서 가치 있는 인물이라는 생각을 가지고 합리적인 협력을 배워 나가도록 하는 것이다. 드라이커스는 첫 번째 사회적 환경을 가족으로 꼽았는데, 이는 교육이 일어나는 장소이기 때문이며, 학교를 가족의 확대 개념으로 본 것이다. 드라이커스는 가정 내 인간관계를 중시했다. 그는 아들러 이론으로 부모교육 연구모임을 결성하였고, 사회적 평등과 사회적 관심 원칙에 기초한 민주적 생활양식으로 가족구성원 간의 관계 향상을 위해 노력하였다. 드라이커스는 민주적 가족관계를 강조하면서 가족구성원 간에 밀접하면서도 서로에게 예의를 지키고, 부모가 가족에게 긍정적 영향을 미치며, 가족구성원 간에 상호 자극을 줄 수 있는 선의의 경쟁자로서의 역할을 할 것과 협동을 중요한 덕목으로 삼을 것을 강조하였다. 드라이커스는 아들러의 개인심리학을 감옥, 학교, 보건센터 등에서 실제의 장으로 적용할 수 있도록 확장시켰다. 드라이커스는 아들러와 마찬가지로 격려(encouragement)가 행동 및 인간관계 개선에 핵심적인 요소라고 믿었다.

드라이커스는 1952년에 알프레드 아들러 연구소(Alfred Adler Institute)를 시카고에 창설하였다. 그는 이 연구소를 통해 아들러식 교육 프로그램을 미국 및 캐나다 등지에 전파시켰다. 또한 드라이커스는 미국에 아들러 아동상담센터(Adlerian Child Guidance Center)를 설립하고 전 세계에서 몰려오는 상담자들을 훈련시키면서 전 세계에 아들러-드라이커스 가족센터(Adlerian-Dreikursian Family Centers)의 지부를 설립하였다. 드라이커스는 시카고에서 1972년 5월 25일 사망할 때까지 아들러의 개인심리학을 감옥, 학교, 보건센터 등에서 강의하면서 아들러의 이론을 상담실이나 치료실뿐 아니라 학교, 정신보건센터, 감옥 등으로까지 확장시켜 개인심리학의 발전은 물론이고, 사회의 문제를 해결하는 데 이르기까지 수많은 공헌을 하였다.

3) 하인즈 루드비히 안스바허

Heinz Ludwig Ansbacher

하인즈 루드비히 안스바허(Heinz Ludwig Ansbacher, 1904~2006)는 1904년 10월 21일 독일 프랑크푸르트에서 태어났다. 고등학교를 마치고 중개회사에서 일을 하다가 1924년에 스페인, 쿠바, 멕시코 등지를 거치면서 증기선의 막일을 하던 중 미국으로 건너가서 월스트리트에서 일을 하게 된다. 뉴욕에서 아들러의 강의를 들은 후 아들러에게 개인상담을 받고, 아들러의 세미나에도 참여하면서 심리학에 관심을 갖게 되었다. 아들러는 그런 안스바허에게 대학원에 입학할 것을 권유하였다. 그때 그는 빈 대학교에서 박사학위를 받고 아들러 심리학에 영향을 받은 개인심리학자였던 로웨나 리핀(Rowena Ripin)을 만나 1934년에 결혼을 한다. 그 후 삶의 방향을 전환하기로 마음을 먹은 안스바허는 컬럼비아 대학교에 입학하였고, 1937년에 심리학 박사학위를 취득하였다. 그는 1940~1943년까지 브라운 대학교의 교수로 재직하였다. 제2차 세계대전 당시에는 전쟁 정보 사무소(Office of War Information)에서 독일인 수감자들을 인터뷰하는 일을 하면서 독일 군인 심리학에 대한 논문을 몇 편 썼다. 1946년에 버몬트 대학교에 교수로 임용되어 심리학 분야에 종사하다가 여생을 바쳤다. 안스바허의 큰 공로는 개인심리학의 기본도서로 지금까지도 인정받고 있는 『아들러 개인심리학: 아들러 저서 선집(The individual psychology of Alfred Adler: A systematic presentation in selections from his writings)』을 아내인 로웨나 리핀과 함께 집필한 것이다. 아들러는 자신의 이론을 체계적으로 조직하고 그 것을 집필하기보다는 임상현장에서 치료와 교수에 집중하였기에(Corey, 2010) 프로이트와 달리 개인심리학을 체계화시킨 전문 저서가 부족하다. 안스바허 부부는 아들러에 관한 저서를 펴내면서 16년간 개인심리학 저널의 편집을 맡았다. 이 저널은 아들러학파 사람들에게 큰 호응을 얻었다. 이 저널을 통해 전체주의적이고, 현상적이며, 목적론적이고, 장이론적이며, 사회적 지향성을 지닌 심리학 및 그 관련 분야들이 아들러의 개인심리학의 전통을 이어 나갈 수 있게 된 점에서 크게 인정을 받았다. 안스바허 부부는 평생을 아들러학파의 학자로서 또한 아들러학파의 사상을 따르던 초기 추종자들을 이끄는 리더로서 활약을 하였다. 이 부부는 1980년에 버몬트 대학교에서 명예박사학위를 함께 받았다. 안스바허는 2006년 6월 22일 101세의 일기로 생을 마감했다. 그는 독일의 키엘 대학교에서 객원교수로 있었고, 북미 아들러심리학회(North American Society of Adlerian Psychology)의 회장으로도 봉사하였다.

2. 인간관

아들러는 인간은 분리하여 생각할 수 없는 전체적 존재이고, 본질적으로 사회적 존재이기에 사회적으로 동기화되며, 목표를 추구하는 목표지향적이고 창조적인 존재이며, 독립적인 행동을 할 수 있는 주관적인 존재임을 강조했다. 아들러학파의 개인심리학 이론을 뒷받침하는 주요 인간관은 다음과 같다.

1) 전체적 존재

아들러는 의식과 무의식, 마음과 육체, 접근과 회피, 양가감정과 갈등의 양극성의 개념을 부정하고 인간을 목표를 향해 일정한 패턴을 가지고 인생을 사는 역동적이고 통합된 유기체로 보았다. 아들러는 사람의 행동, 사고, 감정을 하나의 일관된 전체로서 보아야 한다고 했다. 인간을 전체적으로 보아야 한다는 입장을 주장하기 위해서 그는 자신의 이론을 '개인심리학'이라 칭하였는데, 여기서 개인은 내담자 한 사람에게 초점을 맞춘다는 뜻이 아니라 라틴어의 개체(individum)에서 따온 것으로, 나눌 수 없는 전체성의 의미를 지닌 개인(individual: in-divide)을 뜻한다. 아들러를 극찬한 매슬로(A. H. Maslow)도 아들러의 전체성 개념에서 개인심리학파의 우수성을 보았다. "해가 갈수록 아들러가 더욱더 옳다고 느껴진다. 사실이 밝혀짐에 따라 그의 인간에 대한 이론은 더욱 강한 지지를 받는다. 특히 어떤 면에서는 이 시대가 아직 그를 쫓아가지 못하고 있다고 말할 수 있다. 내가 말하고자 하는 것은 그의 전체성에 관한 강조다"(Maslow, 1970).

2) 사회적 존재

아들러는 인간이 본질적으로 사회적 존재이며, 사람의 행동은 사회적 충동에 의해서 동기화되기에 인간의 행동은 사회적 맥락 속에서만 이해할 수 있다고 하였다. 인간은 '사회적 관심'을 발달시킬 능력을 갖고 태어나며 사회적 관심이 있기 때문에 다른 사람을 이해하고 공감하며 그들과 협동하고 기여할 수 있는 존재다. 이러한 사회적 관심은 훈련을 통해 개발될 수 있고 정신건강의 준거가 된다. 아들러는 긍정적인 생의 의미가 사회적 관심 안에 놓여 있다고 강력하게 믿었다. 사회적 관심에는 다른 사람들과의 협동, 복지에 대한 관심, 사회에 대한 헌신, 인간성에 대한 가치 등이 포함된다.

미성숙한 사회적 관심을 가진 사람들은 범죄, 괴롭힘, 정치적 영향력, 신체적 강인함, 경제적인 힘 등으로 타인을 착취할 수도 있고, 고독한 사람이 되어 삶의 많은 영역에서 타인과 관계를 맺지 않으려고 할 수도 있다. 아들러는 사회적 관심을 지능보다 우위에 두었다. "우리의 문명 속에서 실제적으로 모든 사람이 자신의 기술과 능력을 열심히 발달시키고 있지만, 정말 중요한 것은 개인의 우수함에 있는 것이 아니라 그 우수함이 사회에 얼마나 유용하게 기여하는가에 있는 것이다"(Adler, 1973a). 예술에 대해서도 아들러는 프로이트와 차이를 보였는데, 프로이트는 예술가가 성적 억압에 의해 동기화된다고 주장하였으나, 아들러는 위대한 예술가는 청중과 만나고 청중을 기쁘게 하려는 소망으로 동기화될 수 있다고 보았다.

3) 목표지향적·창조적 존재

아들러는 인간을 이해하는 데 있어서 인간의 에너지의 원천보다는 인간이 추구하는 궁극적 목표를 더욱 중요하게 여겼다. 그는 인간을 자신에게 중요하다고 지각된 목표를 향해 나아가는 존재로 보았다. 그래서 아들러는 행동의 원인을 이해하는 것을 거부하고 행동의 목적을 이해할 것을 강조하였다. 즉, 모든 행동에는 목적이 있고, 설명하기 어려운 행동도 일단 그들의 무의식적 목표나 목적을 알게 되면 이해할 수 있다고 보았다. 인간이 목표지향적이라는 주장은 아들러를 또 한 번 프로이트와 확실하게 차별화시킨다. 프로이트에 의하면, 인간은 미래가 아니라 과거 어린 시절의 경험에 의해 형성된 성격이 행동에 결정적 영향을 끼친다고 하였다. 아들러는 목표, 계획, 이상, 자기결정 등이 인간행동에 있어서 아주 실제적인 힘이 된다고 주장한 반면, 프로이트는 이런 개념들은 실제로 무의식적 갈등에 의해 진작된 행동에 대한 합리화라고 주장하였다.

아들러에 의하면 목표를 지향하는 인간은 자신의 삶을 창조할 수 있고 선택할 수 있으며 자기결정을 내릴 수 있는 존재다. 인간은 유전과 환경에 반응하는 반응자(reactor)가 아니라 자기가 선택한 목표를 향해 운명을 개척하고 창조해 나가는 행위자다. 인간은 유전과 환경을 능가하는 제3의 힘, 즉 창조력을 갖고 있기 때문에 무한한 가능성을 갖고 목표를 향해 도전할 수 있다. 인간의 독특성은 이러한 '창조적 힘'에 달려 있다고 볼 수 있다. 인간은 자신의 경험에 스스로 의미를 부여하고, 자신의 삶에 부여한 의미에 따라서 삶의 태도와 방식을 달리한다. 그러므로 아들러는 인간에게 중요한 것은 개인에게 주어진 환경 자체가 아니라 개인이 그 환경을 어떻게 느끼고, 또 어떻게 해석하고 바꾸어 나가는지에 있다고 하였다.

4) 주관적 존재

아들러는 현상학적인 관점을 수용하여 개인이 세계를 어떻게 인식하느냐 하는 주관성을 강조하였다. 인간을 단순한 반응자(reactor)가 아니라 창도자(創導者, proactor)로 본 것이다. 아들러(1966)는 "모든 경험은 여러 가지 해석을 낳을 수 있다. 두 사람이 비슷한 경험에서 동일한 결론을 끌어낼 수 없다는 것을 알게 될 것이다."라고 했다. 경험의 총체는 너무 거대해서 완전히 모두를 볼 수는 없다. 우리는 각자의 세계와 그 안에 살고 있는 것에 대한 인지지도를 가지고 있고, 우리는 이 지도에 따라 사건의 위치를 정한다. 우리가 주의를 기울이거나 무시하는 것은 그것들이 우리의 내적 지도의 지형학에 일치하는 정도나 수준에 따라 결정된다. 이는 우울한 사람에게서 분명히 나타나는데, 그는 길을 걸을 때 눈부신 햇살이 아니라 도랑 사이의 쓰레기에 눈길을 주고 걷는다. 당신도 영화를 보거나 책을 읽을 때 당신의 친구나 급우들이 하는 것과는 다른 방식으로 현상학적 경험을 할 것이다.

우리가 세계를 인식하고 해석하는 방식이 우리가 행동하는 방식을 결정한다. 어린 시절의 불행한 경험도 사람마다 상당히 다른 의미를 가지게 하고 전혀 다른 결과를 가져다줄 것이다. 불행한 경험을 한 어떤 사람은 이후 그 경험에 머무르지 않고 그 경험을 발판으로 불행을 이겨 내기 위해 열심히 살아 성공하게 된다. 그 사람은 '내가 겪었던 불행한 상황을 우리 아이에게 다시 경험하게 할 수는 없어. 내 아이들에게는 좀 더 행복한 삶을 살게 해 주어야 해.'라고 생각하며 노력한다. 그러나 또 다른 사람은 '인생은 불공평해. 다른 사람들은 늘 잘 살잖아. 세상이 날 이렇게 만드는데 내가 어떻게 세상을 더 좋게 할 수 있겠어?'라는 식으로 생각하며 과거의 불행을 계속 반복하면서 살아간다. 모든 사람은 그들의 해석에 타당한 이유를 가지고 있다. 분명한 것은 그들이 자신의 해석을 바꾸지 않는 한 그들의 행동은 바뀌지 않을 것이라는 사실이다(Adler, 1966).

3. 주요 개념

1) 열등감과 우월추구

아들러는 계통발생학적(phylogenetisch)으로 인간은 육체적으로 약한(열등한) 종족에 속한다는 것과 개체발생학적(ontogenetisch)으로도 인간은 생애 초기에는 육체적으로 아주 약한 존재로서 타인의 도움 없이는 생존조차 할 수 없는 무력한(열등한) 존재라는 사실에 주의를 기울였다. 그는 인간의 심층심리에 자리 잡고 있는 열등감을 모든 정신병리 현상의 일차적 원인으로 보았고, 열등감에 관한 연구가 정신병리 현상을 이해하는 열쇠가 된다고 보았다(Adler, 1973a). 아들러의 관심은 열등함 자체가 아니라 생득적인 열등함을 인간이 어떻게 받아들이고 대응해 나가느냐에 있었다. 아들러는 열등성과 열등감의 차이를 분명히 할 것을 강조하였다. 감(느낌, feeling)이란 항상 주관적 해석이고, 일정한 가치판단에 의존하며, 결코 객관적 실제인 열등함과는 전혀 다른 것이다(Adler, 1972).

아들러(1973a)는 "열등감은 연약한 인간에게 자연이 준 축복이다"라고 하면서 열등 상황을 극복하여 우월의 상황으로 밀고 나아가게 하는 힘을 지닌 열등감은 인간이 지닌 잠재능력을 발달시키는 자극제 또는 촉진제로서의 역할을 한다고 강조하였다. 아들러는 말더듬이에서 당대의 유명한 웅변가가 되었던 데모스데네스, 학력이 없었던 링컨, 신체에 대한 열등감을 지녔던 루스벨트, 가난했던 록펠러, 귀머거리의 베토벤, 돌대가리란 소리를 들었던 소크라테스 등의 실례를 들어 이들이 열등감이 있었기에 그것을 극복하고 성공할 수 있었다고 했다.

아들러(1973a)는 인간의 모든 문화사와 교육사도 인간의 불안과 열등감을 극복하고자 노력했던 역사라고 보았다. 새처럼 하늘을 날 수 없다는 열등감이 인간을 우주에 갈 수 있게 만들어 주었고, 표범처럼 빨리 달릴 수 없다는 열등감이 인간에게 자동차를 안겨다 주었으며, 허약한 신체를 가졌다는 열등감이 인간을 지구의 생물 중 가장 뛰어난 의학을 가진 존재가 되게 했다는 것이다. 인간이 열등감을 느끼고, 이것을 극복하려는 노력을 하지 않았다면 인간은 참으로 하찮은 존재로 살고 있을 것이며, 인류의 역사는 조금도 발전하지 않았을 것이다. 인간의 발달을 위해 무한한 에너지를 제공해 주는 것이 열등감이라고 볼 수 있다. 열등감이 이와 같이 긍정적이고 생산적인 것으로 인식될 수 있는 것은 열등 개념과 항상 함께 등장하는 보상 개념 때문이다.

인간은 기본적으로 자신의 약점 때문에 생기는 긴장과 불안정감, 그리고 남보다 열등하다는 사실을 참기 힘들어한다. 그래서 열등의 감정을 극복 또는 보상하여 우월해지고 위로 상승하고자 하는 목표를 달성하고자 노력한다. 보상은 인간의 열등감을 조정하는 효과가 있다. 프로이트가 인간행동의 동기를 긴장을 감소하고 쾌락을 얻는 것으로 보았다면, 아들러는 긴장의 감소를 목표로 보지 않고 오히려 완전에의 추구라는 더 많은 에너지와 노력을 요구하며 긴장을 증가시키는 것을 인간행동의 동기로 보았다. 인간이 자신의 열등감을 보상하는 방향으로 행동한다면 그 보상은 어디까지 이르는가? 보상의 궁극적인 목적을 아들러는 우월에의 추구라고 하였다. 마이너스에서 플러스로의 우월에의 충동은 끝이 없고, 이것은 완전을 위한 투쟁으로 이어진다. 우리 안에 있는 진리에 대한 추구, 삶의 문제를 해결하고자 하는 만족되지 않은 욕구는 완전을 향한 갈망을 보여 준다(김춘경, 2006).

인간의 우월추구를 향한 보상은 긍정적 또는 부정적 경향을 취하게 된다. 초기 어린 시절에 받았던 인상과 경험, 즉 아동이 어린 시절에 얼마나 깊은 불안감과 열등감을 느꼈는가와 삶의 문제를 극복하는 데 있어 주변 인물이 어떠한 모델이 되어 주었는가에 따라 각기 다른 보상 형태를 취하게 된다. 아동이 어린 시절의 열등감 때문에 억압받지 않고 생의 유용한 측면에서 성공의 경험을 하게 되면 실제 자신이 한 노력의 결과로 성장할 수 있게 되고, 그런 과정에서 얻은 능력은 아동의 인성을 강하게 하고, 객관적 열등성을 계속해서 극복할 수 있게 한다. 그러나 만일 잘못된 교육상황이나 부적절한 환경이 아동의 열등감을 더욱 심화시켜 아동이 삶의 유용한 측면에서 정상적인 방법으로 자신의 열등감을 극복할 수 없다고 믿게 되면 비뚤어진 방향의 보상을 시도하게 된다. 이와 관련하여 아들러(1966)는 "열등감을 지나치게 억압하면 위험하다. 그렇게 되면 아동은 미래의 삶이 실패하지 않을까 하는 불안 속에서 단순한 보상으로 만족하지 않고 더 많은 또는 더 도달하기 어려운 보상을 획득하려고 한다. 이때 그의 권력과 우월성의 추구는 정도를 넘어 병이 될 정도로 극단으로까지 치닫게 된다."라고 하였다. 자신의 열등감을 정상적으로 극복하지 못하는 상황에 있게 된 아동은 비현실적이 되고, 심리적 병리영역에 속하는 발달장애, 열등콤플렉스를 지닌 아동으로 발달하게 된다(Rattner, 1963).

아들러(1973a)는 자신의 열등감에 강하게 사로잡혀 열등콤플렉스에 걸린 사람이 절대적 안전과 우월성을 획득하기 위해 노력하며, 자신이 다른 사람들보다 훌륭하거나 위에 있다고 생각하는 거짓 신념을 구체화시키는 것을 관찰했고, 이런 현상을 우월콤플렉스라고 명명하였다. 우월콤플렉스는 정상적인 우월성 추구와는 다른 것으로, 강한 열등감을 극복하거나 감추려는 하나의 '위장술 또는 속임수'라고 볼 수 있다. 이들의 왜곡된 보상 노력은 열등감을 더욱 강화시키는 악순환을 되풀이하게 한다.

2) 허구적 목적

프로이트가 현재를 과거의 산물로 간주하는 결정론적 입장을 가진 것과는 달리, 아들러는 인간의 행동이 과거 경험에 의해 좌우되기보다는 미래에 대한 기대와 목적에 의해서 좌우된다고 생각하였다. 아들러는 사고, 감정 혹은 행동의 심리적 과정 모두 마음속에 일관된 어떤 목적을 따르고 있다고 생각했기에 프로이트의 결정론을 부인하지는 않았으나, 결정론보다는 목적론을 더 중요하게 생각했다. 그래서 설명하기 어려운 행동들도 일단 그들의 무의식적 목적을 알게 되면 이해할 수 있다고 했다.

아들러는 개인의 행동을 이끄는 마음속의 중심 목적을 허구적 목적(fictional finalism)이라고 했다(Corey, 2009). 그는 사람은 허구(fiction, 세상은 어떠해야 한다) 속에서 생활한다는 바이힝거(H. Vaihinger)의 관점을 그의 목적론에 결부시켰다. 프로이트는 성격의 요인으로 신체적 요인과 유아기의 경험을 강조했는데, 아들러는 바이힝거에게서 프로이트의 완고한 역사적 결정론에 대한 반증을 찾았던 것이다. 결국 인간은 과거의 경험보다는 미래에 대한 기대에 의해서 행동하게 된다는 생각을 가지게 되었다. 이들 목적은 어떤 목적론적 계획의 일부로 미래에 존재하는 것이 아니고, 보다 주관적 혹은 정신적으로 현재의 행동에 영향을 주는 노력이나 이상으로서 여기에 지금 존재하는 것이다. 바이힝거는 그의 저서 『마치 ~인 것 같은 철학(The philosophy of as if)』에서 인간은 현실적으로는 전혀 실현 불가능한 '마치 ~인 것 같은' 상황이 절대적으로 진실인 것처럼 행동하고, 많은 허구적인 생각에 의해서 살고 있다는 흥미로운 견해를 제시하였다. 예를 들면, "모든 사람은 동등하게 만들어졌다." "목적이 수단을 정당화한다."와 같은 허구는 현실보다 더 효과적으로 사람들을 움직이게 한다는 것이다.

행동을 이끌어 주는 허구는 "내가 완전할 때만이 나는 안전할 수 있다." 혹은 "내가 중요한 인물이어야만 나를 수용할 수 있다." "인생은 위험한 것이고, 나는 나약하다." 혹은 "다른 사람을 신뢰할 수 없다."는 것으로 표현될 수도 있다. 이런 허구들은 진실과는 다르더라도 인간의 삶을 지배하는 개념이 된다. 명백하고 훌륭한 것으로 믿고 있는 개념도 있지만, 무슨 뜻인지 알아차리지 못하면서도 행동에 강력한 영향을 미치는 개념이 있다. 아들러는 그러한 것을 허구적 개념(fictive notion)이라고 칭했다. 이와 같은 허구적 개념들은 보조적 구성 개념이나 가정이지, 검증을 통해서 확인되어야 하는 가설은 아니다. 그 유용성이 없어지더라도 생활하는 데 조금도 불편함이 없다. 바이힝거에 따르면 우리 모두는 일련의 허구들에 의해 살아가는데, 그 허구들은 현실에서 실제적 대응물을 갖지 못하는 관념들로서 사람들은 그것을 경험으로 간주하지도 않고 순전히 논리적인 것으로 따르지도 않는다. 사람들은 그동안 배워 온 특정 가치 및 이상에 부합되는 허구를 만들어 낸다. 허구이지만 일상생활에서 커다란 실제적 가치를 갖는다. 이러한 허구는 활동의 기초로서 작동한다. 바이힝거는 허구를 가설과 구분했다. 가설은 검증되거나 입증될 수 있으며, 혹은 잘못된 것으로 드러나 버려질 수도 있다. 그러나 허구는 검증되지 않는 것으로, 어떠한 현실적 타당성도 결핍되어 있기 때문에 무너지게 될 것이다. 그럼에도 허구는 인생을 더욱 유쾌하고 생동감 있게 할 수 있다. 실제 경험 및 사건들이 우리의 기대에 부합되지 않을 때 그것들이 서로 부합되도록 마음속에 있는 기대들을 변경할 수 있다. 우리는 우리의 허구에 부합되지 않는 것들을 검열하고, 배제하거나 변경시킨다. 우리는 영웅에게 있는 악함을, 그리고 악한에게 있는 선함을 무시하며 행복한 결말이 사실에 비추어 터무니없다 할지라도 행복한 결말을 기대한다.

안스바허와 안스바허(Ansbacher & Ansbacher, 1982)는 허구적 목적론에 주관적이고 창의적인 요소와 무의식적 요소, 보상 또는 우월추구의 요소가 들어 있음을 지적하였다.

프로이트의 결정론적 입장과 대립되는 아들러의 목적론은 주관적 요인을 강조한다. 이들 목적은 어떤 목적론적 계획의 일부로 미래에 존재하는 것이 아니라 보다 주관적 혹은 정신적으로 현재의 행동에 영향을 주는 노력이나 이상으로서 지금 여기에 존재하는 것이다. 아들러는 허구들이 객관적인 원인으로 환원되도록 있는 것이 아니고 정신구조이자 마음의 창조물이라고 생각했다. 아들러는 개인의 주관적이고 창조적인 심리적 속성을 인간의 허구적 세계에서 찾아냈다. 허구가 주관적으로 창조된 것처럼, 최종 목적도 주관적이고 창조적인 것이다. 아들러는 허구에서 그의 주관적이고 최종적인 심리학의 기초를 발견했다. 목적은 허구로서 현실 불가결한 이상일지 모르지만 무엇보다도 인간의 노력에 박차를 가해 줄 수 있고, 그의 행위에 대한 궁극적인 설명이 된다. 아들러는 정상인은 필요하면 이러한 허구의 영향에서 벗어나서 현실을 직시할 수 있으나, 정신증적인 사람은 그렇게 하지 못한다는 것을 발견하였다. 사람들은 스스로 선택한 목적에 따라 자신의 생활을 평가하고 해석한다. 개인은 목적을 추구하는 데 있어 자신의 독특한 인지능력과 감정을 사용한다.

개인심리학에서 말하는 허구적 목적론에는 무의식적 개념이 들어 있다. 아들러는 최종 목적이 개인에 의해 개별적으로 만들어진 것이나, 일반적으로 개인은 이해하지 못한다고 믿었다. 또한 목적은 개인의 열등감을 보상하기 위해 만들어진 것이다. 개인이 열등감을 자각하는 순간부터 환경에 보다 잘 적응하고 열등감에서 오는 불편감과 어려움을 극복하려는 우월추구의 노력을 하게 된다. 이 과정에서 열등감 해소 및 우월추구의 욕구를 충족시키기 위해서 허구적인 목적을 만들어 내게 된다(Adler, 1973b). 열등감이 클수록 그것을 극복할 수 있는 목적이 더욱더 필요하다.

3) 공동체감과 사회적 관심

아들러는 사회적 동물인 인간이 열등감을 극복하고 건강하게 살아가기 위해서, 그리고 인간의 문화와 정신을 발달시키기 위해서 가장 필요한 것이 공동체감이라고 하였다. 그는 인간이 경험하는 많은 문제는 자신이 가치 있게 여기는 집단에 받아들여지지 않을까 하는 두려움과 관련되고, 소속감을 느끼지 못할 경우 불안하게 되며, 인간의 불안은 단지 협력을 통해서만 제거될 수 있다고 보았다(Adler, 1966). 즉, 인간이 사회와 결속되어 있을 때 안정감을 갖고 행복하고 평안하게 인생을 살아갈 수 있는 것이다(Adler, 1966). 이와 관련하여 아들러는 "문화라는 도구 없이 원시의 밀림에서 혼자 사는 인간을 상상해 보라. 그는 다른 어떤 생명체보다 생존에 부적합할 것이다. 인간의 생존을 위해서 가장 좋은 방법은 공동체(Gemeinschaft) 안에 있는 것이다. 그리고 공동체감은 모든 자연적인 약점을 보상하는 데 반드시 필요하고 또한 옳은 것이다."(Adler, 1963)라고 했다.

공동체감이란 보다 큰 공동체, 더 나아가 인류와 자기 자신을 동일시하는 자연 발생적인 능력을 의미한다. 개인이 자기 자신의 경계를 넘어서서 움직여 가는 과정 중에 자아와 타자를 동일시하는 움직임이 생겨나는데, 이러한 정체감의 변형을 일으키는 주요 단서가 '공감'이다. 아들러는 공동체감을 동일시와 공감을 연결 지으면서 개념화하고 있는데, 아들러는 '공감'을 "다른 사람의 눈으로 보고, 다른 사람의 귀로 듣고, 다른 사람의 마음으로 느끼는 것이다."라고 하였다. 공감은 공동체감의 핵심이다. 더 나아가 아들러는 이 개념을 사회적 집단에 대한 순응성과 소속감을 주장하는 지금-여기의 개념으로 확장하였으며, 보다 일반적이고 추상적인 개념으로 공동체감을 설명하였다.

아들러에 의하면(Kaplan, 1991) 신경증, 정신병, 범죄, 알코올, 문제아동, 자살 등의 모든 문제는 사람들에게 사회적 관심이 부족하기 때문이다. 아들러는 공동체감이 제대로 발달되었는지의 여부를 정신건강의 척도로 사용하고 있다. 정상 아동은 학교나 가정생활에 별 어려움 없이 잘 지내고, 사랑과 인정을 얻으며, 학업뿐 아니라 자신의 문제나 어려움에 직면하여 해결하는 데 충분한 힘과 용기를 가지고 있다. 그러나 정서행동 장애아는 무엇보다 학습을 위주로 하는 학교생활에 잘 적응하지 못할 뿐만 아니라, 매일 해야 하는 삶의 과제에도 적응하지 못한다. 그들은 친구관계 등 사회기술과 협동심이 부족하고, 교사와 부모 등 주변 인물과 많은 갈등을 지니고 있으며, 이들의 자아관, 타인관 및 세계관은 매우 부정적이다. 이들은 모든 상황에서 자신이 무시당한다고 생각하고, 심지어 태어날 때부터 불이익을 받고 있다고 믿으며, 모든 사람에게서도 부당하게 무시당하고 있다고 생각한다(Adler, 1966). 이들의 세계관은 황량하고 비관적이며, 친구나 어른들에게 접근하기를 어려워하며, 항상 전투 상황과 비슷한 처지에 있다고 느끼며, 타인을 염두에 두지 않고 그들을 향해 적대감을 느낀다. 이들이 열등감을 극복하기 위해서는 공동체감을 발휘하여 다른 사람의 도움과 지지를 수용하는 것이 필요한데, 이러한 부정적인 타인관과 세계관은 공동체적 노력을 발휘하지 못하게 한다. 이런 아동은 삶의 문제를 해결하는 데 있어 새로운 것을 탐구하려는 시도를 하지 않을 것이고, 이는 새로운 삶의 경험을 방해하여 삶의 문제를 해결하지 못하게 하며, 결국 이런 아동은 사람들과 거리를 두게 되어 더 깊은 좌절과 낙담 속에 빠지게 된다(Dinkmeyer & Sperry, 2004).

공동체감이 있다는 것은 개인이 심리적으로 건강하다는 표현이며, 개인의 사회적 관심의 표현이나 행동은 집단에 유익을 가져다줄 것이다. 이와는 달리, 사회적 관심의 표현이 적다는 것은 집단의 정신이 건강하지 않다는 것을 드러내는 것이다. 사회적 관심은 타인의 안녕에 대한 개인의 헌신을 기본으로 정신건강을 설명해 준다. 이와는 반대로, 신경증이란 사회적 관심이나 유익한 행동에 대한 관심 없이 오로지 자기중심적인 우월성을 추구하는 것이다. 아들러는 신경증을 높은 열등감을 없애기 위해 개인적인 안전을 추구하고자 노력하는 과정에서 '자기고양' '개인적인 지력' '힘' '즐거움을 얻는 것' '개인적인 우월감' 등을 추구하는 것으로 간주하였다. 이와 같이 신경증이 있는 사람은 자기 소유와 힘, 영향력 등을 증가시키려고 하고, 다른 사람을 깎아내리고 속이려고 애쓰는 사람이다. 따라서 사회적 관심은 이타주의, 사회적 행동, 대인 상호 간의 접촉에 대한 요구 등과 같은 구성 개념이 포함된다.

공동체감과 사회적 관심이라는 용어가 혼용되면서 혼동을 주기도 한다. 공동체감(Gemeinschaftsgefuehl)을 미국에서는 지금까지 사회적 관심(social interest)으로 번역하여 사용하였다. 우리나라에서는 공동체감이라고 할 때 의미 해석에 아무런 어려움이 없으나, 미국에서는 처음 아들러의 공동체감 개념이 도입될 때 그 개념을 이해하는 데 어려움이 있었던 것 같다. 오랫동안 공동체감을 사회적 관심으로 번역하여 사용하였으나, 그러한 번역이 지나치게 피상적이고 제한되어 있으며 문화적인 구속을 지니고 있다고 수십 년 동안 비판받아 왔다(O'Connell, 1991). 안스바허(1992)는 공동체감과 사회적 관심은 다른 개념이며 전혀 유사하지 않다는 점을 지적하면서 공동체감을 사회적 관심으로 번역하는 것은 오류가 있음을 지적하였다. 이러한 혼란을 명료화시키고자 미국에서 오랫동안 사용해 왔던 사회적 관심을 공동체감이라고 바꾸어 번역하였다.

4) 삶의 과제

아들러에 의하면 사회적 관심은 인간이 사회적 존재로 살아가면서 해결해야 할 삶의 과제를 해결할 수 있는 동기를 제공해 준다. 삶의 과제와 관련하여 모든 인간은 세 개의 인연을 가지고 있으며, 이와 관련하여 세 가지 삶의 과제를 지니게 된다(Adler, 1966). 세 가지 인연이란 첫째, 약한 육체를 지닌 인간이 지구라는 환경과 관계 맺고 있는 인연이고, 둘째, 자신의 약함과 불완전성 그리고 한계성 등에 의해 다른 인간과 맺는 인연이며, 셋째, 인류의 생명을 지속한다는 점에서 두 이성의 만남, 즉 다른 성과의 인연을 말한다. 이 세 가지 인연은 세 가지 삶의 과제, 즉 직업, 우정(사회), 이성교제/결혼의 과제를 제시한다. 모삭(Mosak)

과 드라이커스는 아들러가 암시한 네 번째와 다섯 번째 과제를 추가로 제시하였다. 네 번째 과제는 우주, 신(神)과 유사한 개념에 대한 반응으로 인간의 영적인 자기(self)를 다루는 것이다. 다섯 번째 과제는 주체로서의 자기(I)와 객체로서의 자기(me)에 성공적으로 대처하는 것이다. 아들러는 한 사람이 성공적으로 다른 사람과 지내고, 일을 하며, 그리고 이성과 만족스러운 관계를 형성하는 범위가 개인의 전반적인 성격과 성숙도를 드러내는 지표라고 믿었다.

5) 생활양식

생활양식은 사람들이 행동하고 사고하며 느끼는 이유와 삶의 목적, 자아개념, 삶의 가치와 태도, 살아가는 방식 등 한 개인의 독특성을 설명하는 아들러의 독자적 원리로서 그의 이론의 핵심이 된다. 생활양식은 인생의 초기에 한 개인의 경험을 조직하고 이해하며, 그것을 예언하고 통제하기 위해서 발달시켜 온 개인의 인지조직도다. 생활양식은 어릴 때부터 자신의 열등감을 극복하고 우월 또는 완전의 목표를 이루는 과정에서 스스로 창조한 자기 나름의 독특한 생활로, 보통 4~5세에 그 틀이 형성되고 그 후에는 거의 변하지 않는다(Adler, 1956). 엘리와 지글러(Hjelle & Ziegler, 1998)는 생활양식을 우월성 추구의 개념을 더 확장시키고 다듬은 아들러의 역동적 성격이론을 가장 잘 나타낸 개념으로 평가하였다. 생활양식은 창조적 자아의 힘, 주관적인 통각 경향, 무의식, 목적지향적인 전체성, 불변성, 예견성 등 개인심리학의 주요 개념들로서 그 구조를 설명할 수 있다. 아들러는 인간이 유전과 환경의 영향을 받지만 궁극적으로 생활양식은 개인의 창조물로서 환경에 대한 개인의 독특한 해석이라는 점을 강조하였다. 아들러는 어린 시절의 여러 경험이 생활양식 형성에 영향을 끼치기는 하지만, 더욱 중요한 것은 어린 시절의 중요한 사건이 아니라 경험한 사건에 대한 지각과 해석이라고 하였다. 즉, 그는 인과론적 원인론을 거부하고 인간은 목적지향적 존재이자 창조적 존재임을 강조하였다(Adler, 1965, 1973a, 1973b).

생활양식에서 가장 중요한 것은 자신의 경험을 인식하는 방법이다. 생활양식

은 변화될 수 있긴 하지만 확실한 결심을 하고 분명한 노력을 통해서만 가능하
다. 대부분의 사람은 이러한 생활양식을 무의식적으로 따른다. 무의식적이라
하더라도 생활양식의 모든 표현은 목적지향적이다. 한 개인의 생활양식을 통해
그가 추구하는 우월의 목표와 그의 독특한 방법, 그리고 자신과 세계에 관한 자
신의 의견을 이해한다는 것은 인간을 이해하는 개인심리학의 기본 원리다.

아들러는 각 개인의 독특성을 이해하는 것이 중요하다고 생각하기 때문에 생
활양식 유형론을 적극 지지하지는 않지만, 생활양식 유형론이 인간의 행동을 이
해하는 데 도움이 된다는 점은 인정하였다(Langenfeld, 1981; Lundin, 2001; Hjelle
& Ziegler, 1998).

아들러의 생활양식 유형은 사회적 관심과 활동 수준에 따라 4가지 유형으로
구분된다. 사회적 관심이 부족하고 활동 수준도 낮아 자신은 물론 사회에 무익
한 생활양식 유형으로는 지배형, 획득형, 회피형이 있고, 사회적 관심이 높고 활
동 수준도 높아 사회적으로 유익한 생활양식 유형이 있다(Ansbacher & Ansbacher,
1982; Hjelle & Ziegler, 1998).

유형별 특성을 간단히 살펴보면, 지배형(dominant or ruling type)의 사람들은
사회적 자각이나 관심이 부족한 반면 활동성은 높은 편이다. 이들은 타인을 배
려하지 않고 부주의하며 공격적이다. 이 공격성은 경우에 따라서 자신에게 향
하기도 하여 알코올중독, 약물중독, 자살의 가능성도 나타낸다. 기생형/획득형
(getting type)의 사람들은 자신의 욕구를 다른 사람에게 의존하여 충족시키는 사
람들로, 자신의 문제를 스스로 해결하려 하기보다는 남에게 의존하여 기생의 관
계를 유지하는 데 자신의 힘을 탕진한다. 도피형/회피형(avoiding type)의 사람
들은 사회적 관심과 활동성이 다 떨어지는 유형으로, 삶의 문제를 아예 회피함
으로써 모든 실패의 두려움에서 벗어나려고 한다. 이들은 문제에 대한 의식도
없고, 사람들과의 관계에도 관심을 두지 않는다. 사회적으로 유용한 형(socially
useful type)은 사회적 관심과 활동성이 모두 높은 유형으로, 이 유형의 사람들은
삶의 과제에 적극적으로 대처하고, 자신의 삶의 문제를 잘 발달된 사회적 관심
의 틀 안에서 타인과 협동하여 해결할 수 있는 능력을 갖추고 있으며, 적절한 행

동을 한다(Schultz, 1990). 여기서 사회적 관심은 높고 활동성이 낮은 유형은 실제로 존재할 수 없는 유형이다. 그 이유는 사회적 관심이 높다는 것은 어느 정도의 활동성이 있음을 의미하기 때문이다(Lundin, 2001; Hjelle & Ziegler, 1998).

6) 가족구도와 출생순위

한 사람의 생활양식을 이해하기 위해서는 그 개인이 다른 가족원과 어떤 역학관계에 있는지, 다른 가족이 무슨 역할을 하는지, 그리고 어떻게 내담자가 그의 삶을 해석하는지, 즉 그가 자신과 삶에 관해 끌어내는 결론들이 무엇인지를 알아야 한다. 한 개인의 생활양식을 탐색하려고 할 때 가족구도는 그에 관한 많은 것을 예측할 수 있게 도와준다. 가족구도와 출생순위에 대한 해석은 어른이 되었을 때 세상과 상호작용하는 방식에 큰 영향을 미친다. 아동기에 타인과 관계하는 독특한 스타일을 배워서 익히게 되면 성인이 되어서도 그 상호작용 양식을 답습하기 때문이다.

가족구도는 가족의 사회심리학적인 형태를 설명하는 것으로, 각각의 가족구성원의 성격 특성, 감정적인 유대, 출생순위, 구성원 간의 지배와 복종, 나이차, 성, 그리고 가족의 크기 등이 가족구도의 요인이 된다. 가족구도 요인 중에서 출생순위는 특별히 아동의 생활양식 형성에 큰 영향을 미친다. 출생순위를 아는 것은 내담자를 이해하는 데 있어 매우 중요한 보편적 법칙을 제시해 준다. 상담자가 내담자의 역동성을 알기 위해 가족 내 내담자의 지위(위치)를 고려하는 것은 필수적이다. 아들러는 한 가정의 형제 간의 개인적 차이를 유전적 차이나 어린 시절의 상처 등에 의해서가 아니라, 형제 간의 경쟁으로 설명하였다. 그는 열등의 경험이 출생순위를 통해서 조건 지어질 수 있다고 하였다(Adler, 1972). 태어날 때 이미 경쟁자가 있느냐 없느냐에 따라 서로 다른 상황에서 태어난 아동은 다른 형제를 제치고 부모의 사랑을 차지하는 데 있어서, 또는 가정에서 자신의 위치와 세력을 확실히 하기 위해서 서로 경쟁하게 된다. 형제간의 권력다툼의 과정에서 겪은 실패와 성공, 기대와 실망, 가능성과 장해 등의 경험이 아동의 생활양식을 형성하는 데 영향을 준다.

아들러(1958)는 한 가족 내 자녀들이 서로 크게 다를 수 있다는 사실에 대해 많은 사람이 놀라워한다는 사실을 관찰했다. 한 가족 내 자녀들이 같은 환경 속에서 성장한다고 가정하는 것은 잘못된 생각이다. 비록 그들은 가족구성 전체로서는 공통점을 가지고 있지만, 출생순위로 인해 각자의 심리적인 환경은 형제들 간에 서로 차이가 있다.

아들러는 출생순위가 한 사람의 생활양식이나 성격 형성 과정에 매우 중요한 요인임을 강조하였다. 그는 인간이 태어날 때부터 출생순위에 따라 서로 다른 환경, 즉 형제간의 관계와 부모의 양육태도 면에서 서로 다른 인간관계 구도 속에서 살아갈 수밖에 없는 현실이 인간의 성격에 커다란 영향을 미친다는 사실을 통찰하고, 출생순위로 인간의 성격 또는 생활양식을 파악하였다. 맏이로 태어난 아이는 부모의 사랑과 관심을 독차지하면서 자라게 된다. 그러나 둘째는 태어날 때부터 경쟁자가 있는 상황에서 손위 형제를 이기려는 노력을 하게 된다. 이때 맏이는 자신이 지금까지 독차지하면서 누리던 소중한 것을 동생에게 빼앗기는 경험을 하게 된다. 셋째가 태어나면 형제구도는 또 달라진다. 형제자매 수가 늘어남에 따라 부모와의 관계와 형제자매 간의 관계가 달라지고, 그 지위나 위치상에 변화가 온다. 열등감을 인간 이해의 핵심 요소로 제시하고 있는 아들러에게 있어 출생순위는 한 인간의 열등감 형성과 열등감 극복 기제를 습득하는 데 있어서도 매우 중요한 변인이 된다. 이와 같이 출생순위에 따른 한 개인 특성에서의 차이는 출생순위 자체가 직접적인 변인이라기보다는 출생순위에 따른 부모의 양육태도나 기대에서의 차이, 태어날 때부터 다른 심리사회적 지위와 경쟁적 구도 등 다양한 변인이 영향을 미쳐 드러나는 현상이다. 아들러가 말하는 출생순위는 심리적 출생순위다(김춘경, 2006).

심리적 출생순위는 일반적으로 한 사람의 지각방식이며, 가족구성원 내에서 자신의 위치를 해석하는 것으로 정의된다(Greene & Clark, 1970). 개인은 출생순위 때문에 그 출생순위의 사람들에게 공통되는 어떤 특성이나 패턴을 반드시 보이는 것은 아니다. 개인의 심리적 위치가 보다 더 중요하다. 모든 사람은 자신의 가족 안에서 스스로 인식된 위치가 있다. 이렇게 인식된 위치는 가정의 출생 순위의 순서를 나타내는 실제적 출생순위와 같을 수도 있고 다를 수도 있다. 예를 들어, 맏이가 심한 정신지체라면 둘째 아이가 뒤를 이어받아 맏이의 역할을 할 것이다. 아이가 사산된 이후에 태어난 아동의 경우에는 보통의 경우보다 더 특별한 맏이로 키워질 수 있다.

출생순위에 따른 성격 특성을 살펴보면, 맏이는 리더가 될 수 있는 책임감이 있다. 전형적으로 이러한 아동은 사회적으로 적절한 방법으로 행동하고 즐겁게 사는 성인으로 성장한다. 일반적으로 그들은 규칙을 고집하고 다른 사람 앞에 나서려고 한다(Adler, 1966). 그러나 동생이 태어나면 자신이 누리던 자리에서 쫓겨나게 됨을 알게 된다. 맏이는 더 이상 독특하거나 특별한 대우를 받지 못한다. 맏이는 새로운 인물(동생)이 '자신이 누리고 있던 사랑'을 훔쳐 갔다고 믿게 된다(Corey, 2001b). 이와 관련하여 맏이에게는 '폐위당한 왕'이라는 별명이 붙는다.

둘째 아이는 맏이의 성취에 도달하기 위한 방법을 발견하거나 다른 의도를 통한 중요한 위치를 발견하기 위해 맏이의 심리적 위치와 경쟁해야만 한다. 예를 들어, 만약 맏이가 학문적 성취와 즐거움을 통해서 중요성을 발견한다면, 둘째 아이는 맏이와 경쟁하거나, 스포츠를 통해서 중요성을 발견하거나, 강한 사회적 관계를 개발하는 능력을 발전시킬 것이다. 이러한 아동은 맏이를 따라잡기 위해서 경주하는 듯하고, 경쟁심이 강하며, 큰 야망을 가진 성격을 가지게 된다. 만약 셋째 아이가 태어난다면, 둘째 아이는 중간 아이가 된다. 드라이커스와 솔츠(Dreikurs & Soltz, 1964)에 의하면, 둘째 아이는 셋째 동생보다 우위에 서기 위한 행동을 해야 하며, 맏이인 형과 구별되는 분명한 행동을 하기 위해서도 노력이 필요하다. 중간 아이는 맏이와 셋째 아이가 하는 것처럼 특별한 위치를 가지지 않는다는 것을 느낄 수도 있고, 낙담하여 인생은 불공평하다는 삶의 느낌을 가지거나 속았다는 느낌을 가질 수도 있다. 그러나 중간 아이가 갈등이 있는 가족 상황을 결합시키는 조정자나 평화의 사도가 될 수도 있다.

한편, 독자는 거의 대부분 관심의 중심에 있고, 자신의 삶 속에서 중요한 어른과의 관계를 바탕으로 생활양식을 형성한다. 독자는 맏이의 생활양식 특성들을 공유할 것이다. 독자는 맏이처럼 높은 성취동기를 가지고 있지만, 다른 형제들과 나누거나 협동하는 것을 배우지 못할 수 있으며, 어른으로부터 더욱더 압력을 느낄 것이다(Gfroerer, Gfroerer, Curlette, White, & Kern, 2003).

4. 상담 목표와 과정

1) 상담목표

아들러의 상담모델은 의료 모델이 아니라 성장 모델이다. 아들러는 사람이 지닌 문제는 사람과 분리될 수 없기에 심리상담은 전인격의 치료가 필요하다고 했다. 그는 아픈 사람과 건강한 사람 사이에 분명한 선이 있다고 생각하지 않았다. 개인심리학에서는 내담자를 병든 존재나 치료받아야 할 존재로 보지 않기 때문에 증상의 제거보다는 열등감을 극복하고, 잘못된 생의 목표와 생활양식을 수정하며, 사회에서 다른 사람과 상호작용할 수 있도록 타인과 동등한 감정을 갖고, 공동체감을 증진시키는 것을 상담의 목표로 설정하였다(Dreikurs, 1967; Mosak, 1992). 구체적인 상담목표는 열등감 극복하기, 자신의 독특한 생활양식 이해하기, 잘못된 삶의 목표 수정하기, 공동체감 향상시키기 등으로 종합해 볼 수 있다.

2) 상담과정

아들러 상담과정은 4단계로 구성되어 있다.

- 1단계: 내담자가 상담자에게 이해받고 받아들여진다고 느끼도록 내담자와 공감적 관계를 형성하는 관계 형성 단계

- 2단계: 내담자가 그의 생활양식을 결정하는 동기나 목표는 물론 자신의 신념과 정서를 이해할 수 있도록 돕는 생활양식 탐색 단계
- 3단계: 내담자의 잘못된 목표와 자기패배적 행동을 자각하도록 돕는 통찰 단계
- 4단계: 내담자가 문제행동이나 문제 상황에 대한 대안들을 고려하여 변화를 실행하도록 돕는 재정향 단계

(1) 관계 형성 단계

아들러학파에서는 상담자와 내담자 상호 간의 합의된 목표를 향해 적극적인 파트너로서 일하는 평등하고 상호 협력적인 관계를 추구한다. 이를 통해 내담자와 상호 신뢰와 존경을 가지도록 하는 것을 중요시한다. 아들러학파의 상담자들은 평등한 존경, 평등한 권리, 평등한 책임을 가지는 평등한 관계를 유지하면서 내담자가 스스로 독립적인 선택을 할 수 있는 역량과 힘을 지닌 점을 존중해 준다. 내담자는 '상담받는' 소극적인 수용자가 아니라 협력적인 관계에서 적극적으로 개입해야 하는 당사자다.

평등과 책임을 강조하는 것은 '치료받기 위해 상담받으러 간다'는 일반적인 생각과는 반대의 것이다. 아들러 상담에서는 내담자 자신이 그들 자신의 행동에 책임이 있다는 것을 강조한다. 아들러 상담의 기본 개념은 다음과 같은 지침을 가지고 있다.

- 상호 존중을 유지하라.
- 관계를 형성하기 위해 분명하고 간단한 목표를 설정하라.
- 내담자가 낙담해 있고 목표를 지향하고 있다고 이해하라.
- 상담에서 가장 기본적인 것은 상담자와 강요받은 내담자 간의 치료적 동맹을 형성하는 것이다.

1단계에서 주로 사용하는 상담기술은 참여, 경청, 목표의 확인과 구체화, 공

감이다. 다른 상담과 마찬가지로 내담자와의 치료적 관계는 무엇보다 내담자에게 관심을 가지는 것과 주의 깊은 경청이다. 적절한 관심과 경청은 상담관계에서 상호 신뢰와 존경을 개발하는 데 필수적이다. 이러한 분위기는 내담자로 하여금 분명히 이해되고 수용되는 변화와 움직임에 대해 상담자가 강조하는 가정에 잠재력을 증강시킨다. 내담자를 무조건적으로 수용하고, 내담자가 누구인지에 대한 이해를 함께 발달시키며, 내담자의 강점과 능력을 알려 주고, 원한다면 스스로 변화할 수 있다는 것을 믿도록 격려한다. 내담자들은 그들 자신이 변화의 힘을 가지고 있다고 믿는 상담자의 신뢰를 알아차리게 된다. 이러한 믿음은 내담자로 하여금 그들이 종종 '할 수 없는' 것이라고 보았던 방식이 실은 '하지 않았던' 것이라는 사실을 깨닫도록 돕는 것으로 입증된다. 또한 아들러 상담의 기본 개념에서 강조했던 인간행동의 목적성 이해는 상담 초기부터 나타난다.

상담 초기에 상담자는 내담자들에게 도움을 구하고자 하는 이유에 대해서 질문한다. 이때 가장 많이 쓰는 질문은 "만약 이러한 문제가 없었다면 당신의 인생은 어떻게 달라졌겠습니까?"다. 이러한 질문의 다른 형태로 "당신은 지금 무엇을 하고 있습니까?" 혹은 "만약 문제가 없다면 당신이 지금 할 수 없는 것 중 무엇을 할 수 있겠습니까?"라고 말할 수도 있다. 이러한 질문은 내담자가 '자신이 가진 문제'로 인해서 어떤 기본적인 생활과제를 회피하고 있는지를 파악하려는 의도에서 하는 것이다.

(2) 생활양식 탐색 단계

두 번째 단계에서는 생활양식을 이해하고 생활양식이 삶의 과업에 어떠한 영향을 미치는지를 이해하는 것이 중요한 목표다. 생활양식은 그 자신과 타인에 관한 신념, 지각, 감정에 의거해 세워진 구조, 그리고 개인의 구성 개념으로, 아들러 상담의 기본 개념이다. 상담자는 내담자의 신념, 지각, 감정을 확인하기 위해 노력하며 그의 이야기를 주의 깊게 듣는다.

아들러 상담자는 가족과 다른 사회적 환경 내에서 생활양식이 처음부터 어떻게 개발되었는지, 어떤 기본적 확신이 작동하고 있는지, 생활양식이 내담자의 공동체, 직업, 사랑 등에 참여하는 것을 어떻게 방해하고 있는지 등이 포함된 내담자의 생활양식을 이해해야 한다. 이는 대체로 자유 형식 또는 구조화된 형식으로 진행된다. 아들러 상담자는 새로운 내담자에게 자신의 삶의 이야기를 해 보라는 간단한 질문을 한다. 삶의 이야기를 한꺼번에 모두 할 수 없기 때문에 대략 자신이 겪어 온 사건과 사람들에 관해서 지금 중요하다고 여기는 것들을 먼저 이야기하게 된다. 상담자는 삶의 이야기에서 포기나 성취 같은 주제를 골라낼 수도 있고, 이야기의 전반적인 정서적 색채에 이름을 붙일 수도 있다. 이런 것들이 생활양식에 대한 주제와 색채가 된다. 생활양식은 자기 자신과 타인, 세계, 현실에 대한 주관적인 인식이나 신념에서 비롯된다. 생활양식은 자아개념, 자아이상, 세계상, 윤리적 확신으로 설명할 수 있다. 생활양식에 관한 조사에서 주로 쓰이는 기법은 가족구도사정, 초기회상, 꿈분석, 기초적인 실수에 관한 분석 등이 있다. 아들러는 내담자를 전체적으로 사정하기 위해 구조화된 면접을 사용했다. 구조화된 면접을 통해 그는 내담자들이 삶의 이야기 중에서 놓치는 것(고의이거나 아니거나)을 빠뜨리지 않으려 노력했다. 아들러는 면접할 때 파악해야 할 목록을 제공했다(김춘경 외, 2010).

- 불만 또는 문제가 무엇입니까?
- 처음 증상을 알았을 때 상황이 어땠습니까?
- 지금 상황은 어떻습니까?
- 직업이 무엇입니까?
- 부모님의 특성과 건강에 대해서 설명해 보세요. 살아 계시지 않다면 어떤 병으로 돌아가셨습니까? 부모님과의 관계는 어땠습니까?
- 형제가 몇 명이나 됩니까? 그중 몇째입니까? 당신에 대한 형제들의 태도는 어떻습니까? 얼마나 오래 형제들과 같이 살고 있습니까? 형제들에게 병은 없습니까?
- 아버지나 어머니가 누구를 더 좋아합니까? 어떤 식으로 키워졌습니까?
- 어린 시절의 욕구의 표현방법을 말해 보십시오(겁 많음, 수줍음, 친구 관계 형

성 곤란, 난폭함).

- 어린 시절에 어떤 질병을 앓았습니까? 또 형제들에 대한 태도는 어땠습니까?
- 가장 어린 시절의 기억은 무엇입니까?
- 겁이 나면 몸과 마음이 어떤 상태가 됩니까? 가장 무서운 것은 무엇입니까?
- 반대 성별에 대한 태도는 어떻습니까? 어린 시절과 시간이 지난 뒤에는 어떻습니까?
- 가장 관심이 가는 직업은 무엇이었습니까? 그리고 그 직업을 갖지 못했다면 이유는 무엇입니까?
- 야망이 크거나, 민감하거나, 기분 발작이 일어나는 경향이 있거나, 현학적이거나, 거만하거나, 부끄러움이 많거나, 참을성이 없습니까?
- 현재 주변에는 어떤 사람들이 있습니까? 그 사람들은 참을성이 없거나, 성미가 까다롭거나, 자애롭습니까?
- 잠들 때는 어떻습니까?
- 어떤 꿈을 꿉니까? (떨어지는 꿈, 나는 꿈, 회상하는 꿈, 시험에 대한 예언, 기차를 놓치는 꿈)
- 가족력이 있는 질병이 있습니까? 있다면 무엇입니까?

면접은 가족구성을 조사하고, 가족구성원의 특정 사회적 위치(성좌 속의 별들의 위치처럼)를 조사하는 것에 중점을 두고 있다. 면접 질문에는 아들러학파의 주요 개념이 많이 반영되어 있다.

(3) 통찰 단계

세 번째 단계는 통찰력을 가지는 것이다. 상담자는 내담자의 가족 내에서의 위치와 초기기억, 꿈, 삶의 우선순위 등에 대한 자료들이 수집되면 각 영역을 분리해서 요약하여 내담자의 자신에 대한 관점, 세상에 대한 관점, 그리고 생애 동안 어떻게 행동할지에 관한 무의식적인 결정들에 대한 몇 가지 가설을 형성한다. 이러한 가설들은 내담자와 함께 확인할 필요가 있다. 대부분의 사람은 자신이 뭔가 잘못되었다고 생각하고 상담을 받으러 온다. 상담은 개인이 자신의 잘못된 생각을 자각하고 왜 자신이 그런 방식으로 행동하는지를 이해하도록 돕는 것이다. 상담자는 내담자를 만나서 사정과정을 통해 모은 증거들을 가지고 함께 해석을 해 나간다. 내담자가 자신의 생활양식, 현재의 심리적인 문제, 잘못된 신념 등 기본적 오류를 깨닫도록 하고, 그것이 내담자에게 어떻게 문제가 되는지 해석한다. 이것에 대해 내담자는 동의할 수도 있고, 그렇지 않을 수도 있다. 상담자는 내담자가 말을 통해 또는 웃는 것과 같은 비언어적인 반응을 통해 인지한 것을 나타낼 때 자신이 맞게 추측한 것인지를 알게 될 것이다. 내담자는 통찰력을 가져야 하는데, 이때 상담자는 자신의 제안을 강요해서는 안 된다. 상담은 공동 작업이다. 일단 상담자가 내담자의 말을 적극적으로 듣고 전체적 통합의 원리를 적용하여 내담자의 생활양식을 이해하게 되면 상담자는 내담자가 생활양식에 영향을 주는 그의 기본신념과 인식을 자각하게 함으로써 상담자와 같은 이해에 도달하도록 도울 수 있다. 내담자에게 생활양식을 이해시키고 그것이 어떻게 해서 그렇게 된 것인지를 분명히 보여 주는 그런 과정이 상담관계에 깊은 치료적 영향을 준다. 무엇이 내담자로 하여금 좀 더 효율적으로 행동하지 못하도록 하는지에 대한 이러한 통찰은 내담자가 겉으로 드러난 모순을 해결할 수 있도록 도움을 준다. 이로써 내담자는 그들의 잘못된 목적을 버리고 효율적인 행동양식을 추구하게 된다. 내담자는 자신의 느낌, 신념, 그리고 사고를 인식하게 되고, 어떻게 그것들을 가지게 되었는지를 이해함으로써 더 이상 그것에 대한 신비도 갖지 않게 된다. 내담자는 자신의 사적인 논리가 어떻게 그를 제지하는지 인식할 수도 있고, 자신의 생각과 목표들이 변화되기를 원할 수도 있다. 상담자는 내담자가 자신의 사적인 논리가 아닌 상식으로서 자신의 목표를 조준할 수 있도록 그들의 목표와 생각에 도전할 수도 있다. 상담자는 내담자가 현재 제시한 문제들이 자신의 생활방식에 어떻게 맞아떨어지는지를 내담자가 알도록 돕게 된다.

내담자가 "내 증상으로 인해 나는 삶의 어떤 임무를 회피하게 되는가?" 또는 "이렇게 함으로써 나는 어떤 대가를 지불해야 하는가?"라는 질문을 할 때 상담자는 해석을 해 주게 된다. 아들러는 모든 증상은 근간에 깔린 목적이 있고, 삶의 요구에서 뒤로 물러설 변명거리를 제공한다고 확신했다.

(4) 재정향 단계

네 번째 단계는 해석을 통해 획득된 내담자의 통찰이 실제 행동으로 전환되게 하는 단계로, 행동을 유발하기 위한 다양한 능동적(적극적) 기술이 사용된다. 상담자는 내담자가 잘못된 생각을 계속해서 유지하고자 할 때 그것을 지적할 수 있다. 그리고 달성할 수 있는 과제를 내담자와 함께 정한다. 과제는 사적인 논리에 대한 도전이고, 내담자가 자신의 삶에서 가지고 있던 장애물을 깨트리는 것이어야 한다. 과제는 내담자를 위한 새로운 행동들이기에 상담자는 내담자가 새로운 행동을 어떻게 경험했는지 들을 수 있어야 하고, 내담자가 변화를 성취해 가는 것을 축하해 줘야 한다. 내담자의 성취는 변화를 시도하고자 하는 내담자의 열망이 얼마나 강한지에 달려 있다. 내담자는 과거의 잘못된 신념, 행동, 태도를 버리고 새로운 생활양식을 갖고 사회적 관심을 갖도록 부단히 노력해야 한다. 상담자는 내담자에게 사회적 접촉을 시범으로 보여 주고 내담자가 이를 다른 사람에게 실시해 보도록 격려한다.

내담자는 삶의 요구에 직면할 용기를 얻어야 한다. 내담자의 새로운 행동은 오랫동안 지녀 온 회피적 행위와 지금까지 추구해 왔던 잘못된 목표 추구를 포기하는 일이 될 수도 있다. 재정향은 통찰을 행동으로 전환시키는 것이다. 내담자는 회피해 왔던 위험을 감수하는 것이 생각보다 나쁘지 않다는 것을 발견하게 된다. 유리한 점에 초점을 두는 것이 또 하나의 재정향 임무다. 많은 내담자가 자신의 문제에 너무 깊이 몰두하여 자신의 강점을 개발하는 것을 잊어버린다. 약점을 받아들이는 것도 필요하지만, 강점을 보충하는 것에 더 많이 집중해야 한다.

재정향 단계를 성공시키는 데 효율적인 요인은 격려다. 격려는 내담자에게 변화를 자극하는 최고의 요소다. 격려는 자신감과 용기를 증가시킬 뿐 아니라 변화를 촉진시킨다. 내담자가 격려를 통해 용기를 얻게 되면 더 긍정적인 방향으로 행동하고, 좀 더 개방적으로 변모하게 된다. 내담자가 다른 사람을 격려하

는 것을 배우게 되면 그들은 다시 그들 자신을 격려하게 되며, 이로써 자신감 있
는 행동이 더 큰 자신감을 자극하는 순환과정을 강화한다. 변화를 촉진하는 또
다른 요소는 확고한 목표다. 상담자가 특정한 목표와 목적을 명확히 진술해 주
면 내담자는 더욱 변화에 참여하게 되고 변화를 실행하고자 노력하게 된다.

아들러 상담은 행동수정체계가 아니라 동기수정체계다. 상담의 초점을 태도,
신념, 인식, 목적의 변화에 두고, 이를 통해 행동도 바뀔 것으로 본다. 변화에 초
점을 맞추는 것은 내담자로 하여금 그들의 자기패배적인 잘못된 신념, 잘못된
인간관계에 대한 생각, 생의 요구에 대한 잘못된 생각, 그리고 잘못된 목적과
목표를 깨닫도록 돕는 것을 포함한다. 상담자가 이러한 요소들 간의 상관관계
를 알게 될 때 내담자는 변화의 선상에 있게 되고 긍정적인 방향으로 움직이게
된다.

이 단계에서는 실제로 한 사람의 행동과 관계들이 어떻게 그 사람의 의도와
신념과 관련이 있는지를 본다. 상담자는 내담자에게 어떻게 그들 고유의 목적
과 의도를 선택하는지, 그리고 그것들이 그들의 모든 행동, 느낌, 생활과제를 해
결하는 데 어떤 영향을 미치는지를 반영해 준다. 아들러 상담과정에서 상담자
와 내담자는 그들의 목적을 제시하고, 가능한 대안과 결과들을 고려하며, 이러
한 대안들이 내담자를 어떻게 도와서 목적을 성취하게 하는지를 평가하고, 그러
고 나서 행동의 과정을 취함으로써 재방향 설정을 한다. 이때 상담자는 자기패
배적이고 잘못된 인식이 내담자가 효과적인 결정을 내리는 데 있어서 얼마나 방
해가 되는지를 생각해 보도록 도와야 한다.

5. 상담기법과 적용

여기서는 아들러의 주요 개념을 상담에 적용시키기 위해 개발된 주요 상담기
법에 대해서 소개하고자 한다.

1) 단추누르기 기법

이 기법은 아들러의 창조적 존재에 관한 관점을 적용한 기법이다. 내담자가 선택한 사건이나 기억에 의해 자신의 감정을 스스로 만들 수 있다는 사실을 알게 하여 내담자가 감정의 희생자가 아니라 감정의 창조자임을 알게 하는 기법이다(Mosak, 1977, 2000). 이 기법은 자신이 감정이나 정서의 희생자라고 느끼는 내담자들에게 효과적이다. 상담자는 내담자에게 단추를 누르는 것을 상상해 보라고 하고, 눈을 감고 자신의 인생에서 아주 행복했던 사건을 상상하라고 요청한다. 그들은 그때 좋은 감정을 다시 경험하라는 요청을 받는다. 다음으로, 내담자는 굴욕과 실패와 같은 불쾌한 사건을 상상하고, 그때 기분을 다시 느껴 보라는 요청을 받는다. 그러고 나서 그들은 행복한 사건을 다시 상상하고 행복감을 다시 경험하도록 한다. 상담자는 다음과 같이 말한다. "나는 두 개의 누름단추를 드리려고 합니다. 행복단추와 우울단추입니다. 만약 당신이 행복단추를 누르면 당신은 행복한 생각을 하고 행복한 감정을 느낄 것입니다. 만약 우울단추를 누른다면 불쾌한 생각과 불쾌한 감정을 느낄 것입니다. 그러나 만약 당신이 다음 주에 왔을 때 여전히 우울하다면 나는 당신에게 선택할 수 있는 행복단추가 있는데 왜 계속 우울을 느낄 것을 선택했는지를 설명해 달라고 요청할 것입니다." 내담자가 생각하는 것에 따라서 내담자의 느낌을 통제할 수 있다는 것을 실감하도록 하여 내담자의 자기결정적인 힘을 알아차리게 한다.

2) 스프에 침 뱉기

이 기법은 내담자의 자기패배적 행동(스프)의 숨겨진 목적을 드러내어 이전에 하던 행동을 분리시키려고 할 때 아주 효과적으로 사용하는 기법이다. 이 기법은 내담자의 자기파괴적 행동 뒤에 감춰진 의도나 목적을 드러내 밝힘으로써 접근-회피 상황을 설정하게 된다. 상담자가 내담자의 잘못된 인식, 생각 또는 행동에 '침을 뱉으면' 내담자는 그와 같은 것을 더 이상 하지 않거나 주저하게 될 것이다. 아들러는 이 기술을 '깨끗한 양심에 먹칠하기'라고 하였다. 상담자가 내담자의 문제행동을 관찰하고, 그 행동에 감춰진 목적을 내담자에게 명확하게 보여 주게 되면 내담자는 이 행동을 계속할 수는 있겠지만 더 이상 이전처럼 편하게 할 수는 없을 것이다. 내담자는 더 이상 감춰진 의미에 무지하지 않기 때문이다. 이 기법은 냉소적이거나 무관심하다는 말을 듣지 않도록 유념해서 사용해야 한다. 특히 자신에 대해 부정적인 관점을 지닌 내담자에게는 사용하지 않는 것이 좋다.

3) '마치 ~인 것처럼' 행동하기

이 기법은 허구적 목적론의 개념을 기초로 하여 개발한 기법이다. 내담자의 치료 목표를 분명히 한 다음, 내담자가 마치 목표를 이룬 것처럼 행동해 볼 것을 제안하는 것이다. 내담자가 바라는 행동을 실제 장면이 아닌 허구 장면에서 '마치 ~인 것처럼(as if)' 해 보게 하는 것 또는 바람직한 자신의 모습을 상상함으로써 실제로 그렇게 해 보도록 요청하는 것이다. 예를 들어, 두려움이 많은 내담자가 담대하고 용기 있는 행동을 하기를 바라면 내담자에게 용기 있는 장군과 같은 사람의 행동을 해 보도록 하는 것이다. 이때 내담자는 어색해하고, 가짜이고 속임수가 무슨 도움이 되겠냐고 저항할 수 있다. 그럴 경우에는 멋진 옷으로 갈아입는 것이 사람을 변화시키지는 않지만, 멋진 옷을 입은 사람의 기분이나 태도는 변화시킬 수 있음을 설명하면서 한번 시도해 볼 것을 권할 수 있다. 보통 "만약에 지금 가지고 있는 문제가 없다면 어떤 모습으로 변할 것 같으신가요?"라는 질문 뒤에 사용한다. 이 기법은 내담자의 현재 신념과 문제 인식을 변화시키기 위해, 통찰력을 제공하기 위해, 내담자가 새로운 행동과 신념을 시작할 때 재정향을 용이하게 하거나 실제 행동을 변화시키기 위해, 자존심, 자신감, 개념, 적성 등의 변화에 용기를 북돋워 주기 위해, 문제가 있는 행동의 목적과 목표를 새로운 방향으로 돌리기 위해, 또는 미래의 목표를 앞당기기 위해 사용한다.

4) 초기기억

이 기법은 생활양식을 탐색하는 주요 기법이다. 초기기억은 초기 6개월부터 9세까지 선별된 기억들로, 아들러는 초기기억을 통해 내담자가 자기 자신과 다른 사람, 삶을 어떻게 지각하는지, 삶에서 무엇을 갈구하는지, 삶에서 무슨 일이 일어날 것이라고 예견하는지에 대한 정보를 얻을 수 있다고 믿었다.

아들러는 사람들이 자신의 사적인 논리의 신념과 생각을 강화해 주는 것들을 기억한다는 사실을 발견했다. 내담자는 자신이 만난 셀 수 없이 많은 인상 중에서 자신의 상황에서 느끼는 것들만 기억하고자 한다. 이처럼 내담자의 기억들은 그에게 위안을 주거나 경고를 주기 위해 반복되는 이야기, '자신의 삶의 이야기'를 드러낸다. 우울한 사람의 경우, 그가 좋은 순간과 성공을 기억한다면 우울한 채로 있을 수 없다. 그는 스스로에게 "내 모든 삶은 불행이었다."라고 말한다. 그는 자신의 불행한 운명의 입장을 해석할 수 있는 사건들만 선택한다. 기억들은 생활양식에서 벗어날 수 없다.

사람들은 그들의 과거 사건들을 선택적으로 기억하고 있기 때문에 선택적으로 회상할 수 있는 인간관계와 상황은 그들에게 중요한 것들이다. 아동의 초기기억은 그의 생활양식, 잘못된 신념, 사회적 상호작용, 행동 목표에 관해 가치 있는 단서를 준다. 사람들이 자신의 무수한 경험들로부터 어떤 사건을 기억하기 위해서 선택한 4세, 5세 또는 6세 때의 생활에서의 순간인 초기기억은 개인적인 생활양식의 원형이거나 혹은 왜 자신의 삶의 계획이 본인에게 특별한 형태로 정성 들여 만들어지는지에 관한 유용한 암시다. 초기기억에는 기억되는 사건들과 사건에 대한 그들의 감정, 사건 자체에 대한 자신의 초기의 태도, 다른 사람과 자신의 관계, 그리고 자신의 삶의 관점 등이 드러난다. 초기기억, 가족형태, 꿈과 같은 진단적인 수단을 통해서 상담자들은 내담자의 생활양식을 이해할 수 있게 된다. 초기기억은 개인의 행동에 대한 지침을 반영해 준다. 사건은 기억한 것처럼 실제로 일어났거나, 그것에 대한 설명이나 가정이 덧붙여졌거나, 결코 일어나지 않았던 일일 수도 있다. 어느 경우라도 결과는 같다. 초기기억은 세계와 그 자신에 대한 주관적 견해와 복잡한 세상에 대처하기 위해 스스로 선택했던 행동의 경로를 반영한다.

초기기억은 특별히 중요한 문제, 그의 포부, 그를 둘러싼 세계에 빨리 초점을 두게 한다. 상담자는 내담자에게 "가능한 한 어렸을 때의 사건을 말해 주세요."라고 질문하고 내담자가 자유롭게 말하도록 한다. 그다음에 "그중에서 가장 확실히 생각나는 것은 무엇입니까?" "그것을 생각하니 지금 어떤 기분이 느껴집니까?"라고 질문한다. 아들러 상담에서는 초기기억과 보고를 구별한다. 초기기억은 어린아이였을 때 "나는 행복한 어린 시절을 보냈어요." 또는 "나의 부모님은 나를 거부했고 늘 외로웠어요."와 같이 보편적인 보고 형식의 내용이어서는 안 된다. 초기기억에는 생생한 구체적인 사건과 그 사건과 관련된 정서들이 포함되어야 한다. 초기기억은 현재 나타나는 행동에 대한 이유나 원인이 아니다. 그 것들은 현재 행동을 결정하지 않는다. 그것들은 힌트다. 그것들은 허구를 이해하도록 한다. 목표를 향해 움직이도록 하고 어떤 장애를 극복해야 할지를 알려 준다. 초기기억을 모으면 상담자는 내담자의 투쟁, 태도, 희망, 행동을 이해할 수 있게 된다. 그것은 내담자가 중요한 것을 얻는 방식과 노력의 방향에 대해 상담자에게 단서를 제공한다. 초기기억은 내담자가 없애기를 원하는 위험과 내담자가 품고 있는 가치를 나타낸다. 초기기억에 의해 조명되는 기본적 오류는 내담자의 자기, 타인, 세계에 대한 기본적 신념을 말한다. 행동을 지배하는 이 생각들은 내담자가 자각할 수도 있고 자각하지 못할 수도 있다. 기본적 오류는 소속과 의미의 욕구를 충족시키기 위해 아이가 인생 초기에 발달시킨 최초의 생각이다. 그것들은 아이가 세계에서 어떤 입장을 세우려고 투쟁하면서 형성한 부적절한 결론이다. 상담의 목표 중 하나는 기본적 오류를 확인하고 내담자로 하여금 자각하게 하는 데 있다. 초기에 잘못 발달된 신념을 발견하게 하고 이 생각들이 어떻게 잘못되었는지, 그것들이 사회적·인격적 기능을 효율적으로 발휘하는 데 어떻게 방해가 되는지를 내담자로 하여금 보게 할 책임이 상담자에게 있다. 초기기억을 해석함으로써 상담자는 내담자의 현재 태도와 의도를 있는 그대로 반영해 줄 수 있다. 초기기억이 내담자의 잘못된 신념과 개인적 논리를 축약해서 보여 줄 수 있기 때문에 초기기억의 심상과 적극적인 해석은 내담자의 잘못된 신념을 재구성하는 데 훌륭한 도구로 사용할 수 있다.

5) 꿈분석

꿈분석 역시 생활양식 탐색의 주요 자원으로서 아들러는 내담자의 꿈을 초기 어린 시절의 기억과 같은 방법으로 여러 가지로 사정했다. 프로이트와 달리 그는 꿈에 나오는 대상과 사건에 고정된 의미를 두지 않았다. 꿈의 의미는 꿈을 꾸는 사람에 따라 특수하다. 해석은 초기기억, 현재 문제, 평소 경향 등과 같은 다른 증거들과 함께 조화될 수 있어야 한다. 꿈속에서 우리는 깨어 있을 때에는 결코 생각하지도 못한 행동을 실제로 하는 경험을 한다. 아들러에 따르면 잊어버린 꿈은 나왔던 행동을 거부하는 것이거나 연기하는 것을 의미하는 반면, 악몽은 우리가 심사숙고하는 행동을 하지 못하게 한다(Mosak, 2000).

아들러에게 있어서 꿈은 당시에 지니고 있는 문제들을 해결하는 데 사용될 수 있고, 다음 날 깨어 있는 삶을 위해 정서를 생산하는 미래를 보는 경험이기도 하다. 꿈은 미래 상황에 대한 의미 있는 연습이다. 아들러는 꿈속에 보편적인 상징이 있다는 생각을 믿지 않는다. 아들러의 꿈분석 방법은 직접적이고 실제적이다. 실제로 드라이커스(1971)는 "세부적인 꿈 소재가 어디에서 오는지를 발견하기 위하여 지나친 노력과 너무 많은 시간을 낭비하지 않아도 되고 일반적인 꿈의 방향을 아는 것만으로도 충분하고 만족스럽다."라고 말했다. 아들러 상담에서는 본질적으로 꿈을 통해 꿈꾸는 사람의 행동을 해석한다. 꿈을 활용하면 상담시간을 단축시킬 수 있다. 상담자는 종종 문제의 요점을 빨리 찾을 수 있고, 꿈의 메시지를 추출해 내거나 변화를 촉진하기 위해 꿈언어 자체를 활용함으로써 행동 변화를 촉진할 수 있다.

꿈은 사적 논리나 자아관, 타인관, 세계관 등 개인의 논리적이고 특유한 방식과 일치한다. 꿈에서는 개인이 지금-여기를 어떻게 지각하고, 자신과 타인과 세계에 대해 우리가 갖는 기대를 우리가 어떻게 지각하는지가 보다 명백하게 드러난다. 꿈은 피부로 느껴지는 사회적 요구나 구속에 의해 속박되는 것에 대한 해결책과 그날 마무리되지 못한 문제들에 대한 해결책을 제공해 주며, 우리 일상의 대처방식과 활동양식을 보여 준다. 아들러에 의하면 꿈은 쉽게 문제에 대한 해결책에 도달하려는 시도이고, 개인의 용기에 대한 좌절을 드러낸다.

6) 격려하기

격려는 아들러학파의 상담기법 중 가장 기초적이면서 중요한 기법이다. 격려는 내담자가 자신의 열등감을 극복하고, 그들의 가치를 깨닫도록 돕는 데 초점을 둔다. 격려를 통해 상담자는 내담자가 자신의 능력과 유용성을 소유하고 있다는 것을 깨닫도록 돕는다. 한 개인의 신념을 변화시키기 위해서는 그가 가진 강점과 장점을 인식하게 하여 자신의 삶의 문제에 용감하게 다가갈 수 있도록 도와주는 것이 필요하다. 격려란 용기를 북돋워 주는 것이다. 용감하게 삶의 문제에 다가가는 특성은 우리 주변의 모든 아름다움, 새로운 경험에서의 본질적인 가치, 새로운 발견과 새로운 기술의 숙달에서 오는 만족감에 대한 자각을 높이는 것이다. 삶의 문제에 대한 해결책을 찾기 위한 용기는 삶의 가장 큰 강점 중의 하나다.

격려에서 중요한 요인은 용기를 갖고 삶에 직면하며, 그 용기가 개인적 이익을 위해서가 아니라 공공의 유익을 위해서 나아갈 수 있는 용기의 방향성 문제다. 사적인 이익보다 더 큰 선(good)을 위해 행동할 때 인간은 매 순간마다 적극적인 삶의 참여자로서 충만하게 살 수 있게 된다.

6. 평가

오늘날 아들러는 많은 심리상담 접근의 선구자로 인식되고 있다. 뉴욕시의 개업의(practitioner)인 그의 아들 커트(Kurt Adler)는 심리치료와 상담에 대한 아버지의 혁신적인 공헌 중에 가장 중요한 예들을 모아서 제시하였다. REBT의 선구자로 알려진 엘리스(Ellis)는 아들러를 최초의 인본주의 심리학자라고 하였고, 실존상담자인 바텀(Bottome)은 아들러를 실존주의 심리학의 창시자로 불렀다. 또한 의미치료의 창시자인 프랭클(Frankl)은 "아들러는 실존주의 정신운동의 선구자이며, 아들러가 성취하고 달성한 바는 코페르니쿠스(Copernicus)의 발견에 버금간다."라고 하였다. 욕구이론으로 유명한 매슬로(A. H. Maslow)도 "해가 갈수록 아들러가 점점 더 옳다는 생각을 하게 된다. 그 시대가 아들러를 따라잡지 못했다고 말하고 싶다."라고 하였다. 이밖에도 아들러의 이론은 로저스(Rogers)의 인간중심, 프랭클의 실존주의, 엘리스의 합리-정서적 접근, 번(Berne)의 의사교류분석, 글래서(Glasser)의 현실치료, 그리고 행동치료와 인지행동치료 등의 상담이론에 큰 영향을 미쳤다.

또한 신프로이트학파로 불리는 에릭슨(Erikson), 프롬(Fromm), 호나이(Horney), 설리번(Sullivan) 등은 아들러와 관계를 맺지는 않았으나, 일찍이 아들러가 강조한 요소인 인간발달에 있어 사회적 과정의 중요성을 재발견하여 많은 부분에서 아들러와 같은 입장에서 그들의 이론을 전개시키고 있어 이들을 신아들러학파로 불러야 한다는 주장이 있다(Ansbacher, 1992; Massey, 1989; Mosak, 1992; Schultz, 1990). 신프로이트학파에 속한 학자들 중에서도 아들러의 사회적 영향을 강조하는 특성은 호나이와 프롬에게, 성격의 통일성을 강조하는 점은 올포트(Allport)에게, 인간의 창조적 힘과 과거보다는 미래의 목적이 더 중요하다는 주장은 매슬로의 연구에 영향을 주었다(Schultz, 1990). 프롬, 호나이, 설리번은 개인심리학을 자신의 체제로 통합했는데, 너무나 많은 부분을 통합했기 때문에 엘런버거(Ellenberger)는 호나이의 심리학을 "아들러의 가르침과 프로이트의 용어를 결합한 것"이라고 말할 정도였다.

이론을 도그마시키려 했던 프로이트와는 달리 아들러는 이론의 체계화보다는 자신의 이론을 문제를 지닌 자를 실제로 돕는 데 중점을 두었다. 엘런버거(1970)는 아들러의 심리학을 칸트(Kant), 마르크스(Marx), 니체(Nietzsche)가 기여했던 구체적이고 실용적인 심리학 전통에 포함시켰다. 또한 최근에 발달한 필립스(Phillips)의 간섭치료(interference therapy), 켈리(Kelly)의 개인구성 심리학, 사르트르(Sartre)의 실존심리분석, 모우러(Mowrer)의 통합치료(integrity therapy) 등이 아들러의 영향을 받았다. 코리(Corey, 2010)는 아들러를 가치, 신념, 태도, 목표, 관심, 현실에 대한 개인적 지각과 같은 행동의 내적 결정요인을 강조한 심리학에서의 주관적 접근의 선구자일 뿐 아니라, 총체적ㆍ사회적ㆍ목표지향적ㆍ체계적ㆍ인본주의적 접근의 선구자라고 하였다. 또한 코리(2010)는 사람들이 살고 있는 체계 속에서 사람들을 이해하는 것이 매우 중요하다고 주장한 최초의 체계적 상담심리사도 아들러였다고 하였다.

아들러 상담은 이론적인 부분에서의 영향력뿐 아니라, 상담기술에 있어서도 다양한 인지적 기법, 행동적 기법, 경험적 기법들을 개발하였다(Watts & Shulman, 2003). 아들러는 단기상담 또는 시간제한적 상담치료법의 제안자로도 인정받고 있다(Carlson, Watts, & Maniacci, 2006; Corey, 2010에서 재인용).

공동체감을 정신건강의 척도로 인식한 아들러는 상담의 영역을 개인뿐 아니라, 가정, 학교, 지역사회 등으로 확장시켰다. 그는 교육자인 동시에 사회개혁자였다(Corey, 2010; Ellenberger, 1970). 개인심리학은 일찍부터 자녀양육, 결혼과 가족치료, 학교상담, 교사상담, 교정상담, 인간관계 개선, 진로상담, 부모교육 및 부모상담 등 수많은 분야에 영향력을 미쳤으며, 범죄, 전쟁, 종교, 민족주의, 저항, 인종, 약물, 사회적 조건 및 종교에 대한 사회문제에 관심을 갖고 사회문제 해결에도 관여하고 있다(Corsini, 2001; Mosak, 1977).

제5장
실존주의와 상담

| 한재희 |

    실존주의 상담은 실존주의 철학에 그 뿌리를 두고 있지만 단일체계로 정립된 상담이론이라기보다는 인간에 대한 존재론적 세계관을 기반으로 다양한 학자들에 의해 발달한 이론적 체계라 할 수 있다. 실존주의 상담은 제2차 세계대전 이후 세계의 여러 곳에서 광범위하게 시행되고 있으며, 기존의 다른 상담이론에도 많은 영향을 끼치고 있다. 유럽에서는 실존주의 사상을 접목하여 실존심리 치료를 시행한 빈스방거와 보스, 나치대학살의 생존자인 프랭클의 로고테라피, 그 이후 랭, 뒤르첸, 쿠퍼 등으로 인해 실존주의 상담이 발전되었다. 미국의 인본주의 사상과 결합한 실존주의 상담은 메이를 비롯한 얄롬, 부젠탈, 슈나이더 등을 들 수 있다. 이 장에서는 실존주의 상담의 철학적 기초를 바탕으로 실존상담의 주요 개념과 인간에 대한 이해를 살펴보고, 얄롬(I. Yalom), 메이(R. May), 프랭클(V. E. Frankl)을 중심으로 한 실존주의 상담이론을 살펴보고자 한다. 특히 상담의 실존주의적 접근에서 강조하는 상담자와 내담자의 관계적 경험을 중심으로 한 상담의 목표와 상담자의 역할, 상담과정에 대해 이해하고자 한다. 더 나아가 실존주의 상담에서 나름대로의 체계를 확립한 프랭클의 실존요법을 중

심으로 한 상담기법을 이해하여 상담에 적용할 수 있도록 한다.

서구 유럽에서 심리학의 제3세력으로 등장한 실존적-인간주의적 심리학은 인간을 외적 환경의 산물로 보는 행동주의적 견해와 내적 충동의 산물로 보는 정신분석학적 견해에 대한 비판과 보충으로서 태동되었다. 메이(May, 1983)는 그의 저서 『존재의 발견(*The discovery of being*)』에서 실존심리학에 대한 근원을 밝혔다. 실존(existence)이라는 용어는 '밖에(ex)'와 '있다(sistere)'에서 유래된 것으로 문자적으로는 '밖에 서다' '나타나다'라는 의미를 지니고 있다. 실존과 대비될 수 있는 본질은 어떤 사물이나 개체의 일반적이고 불변적인 특성을 의미한다. 반면, '나타난다'라는 것은 본질적 특성의 조합을 넘어서 드러나는 사물이나 개체의 현실을 의미한다(Cooper, 2014). 실존주의 철학을 기반으로 한 실존주의 상담은 인간의 정신적 차원에 대한 본질과 존재적 의미에 초점을 맞추고 있다. 이는 상담 및 심리치료에 있어서 인간을 정적인 존재 혹은 기계론적 구조와 여러 조각의 집합체가 아닌 시간과 공간 안에서 변화하는 존재로서 이해하려는 노력이다. 실존주의 상담은 내담자로 하여금 증상의 회복만이 아닌 인생의 궁극적 관심인 죽음, 소외, 자유, 책임, 실존적 공허, 무의미, 고통 등을 극복하고 진정한 선택과 자유를 통한 현존재로서의 삶을 살아갈 수 있도록 도와주는 접근법이다.

1. 주요 학자

실존주의 상담이론은 특정한 학자에 의해 단일체계로 정립된 상담이론이라기보다는 인간에 대한 현상학적이며 존재론적 세계관을 기반으로 하는 철학과 신학, 교육학, 심리학 등 다양한 학문분야에서 발달한 인간 이해에 대한 이론적 체계라 할 수 있다. 따라서 실존주의 상담은 전문적 기법을 정교화하고 상담이론체계를 구축하기보다는 상담 및 심리치료에 대한 상담철학적인 특성을 띠고 있다.

실존주의 상담은 무엇보다도 인간 존재에 대한 실존주의 철학에 깊은 뿌리를 내리고 있다. 헤겔(G. W. F. Hegel)의 이성철학에 대한 반발로 등장한 실존철학은 이미 19세기 초반에 덴마크의 철학자 키르케고르(S. A. Kierkegaard, 1813~1855)로부터 시작되었다. 실존주의 철학의 선구자인 키르케고르는 헤겔이 주장한 진리의 보편성에 대해 반기를 들었으며, 위선에 빠진 당대의 종교와 객관적 체계 속에서 인간의 의미를 상실해 버린 철학을 공격함으로써 인간 실존의 의미를 추구하기 시작했다. 그는 특정 상황에 있는 개인의 주체적 진리에 주목함으로써 객관적인 사상과 실존적인 사상을 구별하였으며, 진리는 내면적이고 실재는 개인적인 것이라는 실존적인 진리를 주장하였다.

S. A. Kierkegaard

키르케고르의 철학적 유산은 세계대전의 참극을 거치면서 실존주의적 인간 이해를 구체화하였다. 전쟁의 참혹함을 경험한 사람들은 희망 속에 가려져 있던 현실의 모순을 보기 시작하였으며 인간 내면세계로 눈을 돌렸다. 실존주의적 인간 이해는 전통적 가치체계의 총체적 붕괴에 따른 결과와 함께 현실적으로 생생하게 고찰되었으며, 존재론적 개념으로서 개인의 실존과 잠재력을 통하여 자기실현을 완성하려는 경향으로 발현되었다.

제2차 세계대전을 거치면서 스며든 인간과 그 실존에 대한 물음은 삶의 체험에서 모든 것을 파악하려고 시도했던 베르그송(H. L. Bergson)의 생의 철학과 "현상 그 자체로 돌아가라."고 했던 후설(E. Husserl)의 현상학적 방법으로 인해 철학적으로 더욱 다듬어졌으며, 실존적 가능성에 대한 물음은 하이데거(M. Heidegger), 야스퍼스(K. Jaspers), 사르트르(J. P. Sartre) 등에 의하여 더욱 포괄적으로 실현되었다. 실존주의를 대표하는 철학자로는 키르케고르, 야스퍼스, 마르셀(G. Marcel) 등의 유신론적 실존주의자와 하이데거, 사르트르 등의 무신론적 실존주의자가 있다. 이 밖에 실존주의 철학사상은 릴케(R. M. Rilke), 카프카(F. Kafka), 카뮈(A. Camus) 등의 문학작품에서도 잘 드러나고 있다(강성률, 2009).

실존주의 철학가들 중 하이데거의 철학은 실존주의 심리학에 매우 큰 영향을 주었다. 하이데거는 현존재(Dasein)를 근본적인 인간의 실존으로 해석하였으며,

Martin Heidegger

이 현존재는 무엇보다 자기의 의지와는 상관없이 이 세계 안에 던져진 채 살아가는 투여성을 기본 구조로 하고 있다. 이러한 현존재는 세계 안의 존재(In-der-welt-sein), 불안한 존재, 죽음을 향한 존재로 특징짓는다. 특히, 하이데거의 '세계 안의 존재'는 세 개의 존재양태로 형성되는데, 첫째는 생물학적이고 물리적인 자연계(Umwelt)이고, 둘째는 인간과 이웃으로 구성된 사회계(Mitwelt)이며, 셋째는 자신의 내면적 대화의 관계를 맺는 내면계(Eigenwelt)로 구분되었다.

한편, 야스퍼스는 실존을 삶과 정신이 합쳐진 것으로 인식하여 실존은 이성에 의해 밝혀지고 이성은 실존에 의해 비로소 내용을 갖게 되는 것으로 보았다. 따라서 그는 실존에 있어서 소통과 역사성을 강조하였다. 실존은 다른 현존재처럼 존재하는 것에 그치는 것이 아니라 서로의 소통을 통해 비로소 자기 자신을 발견하고 과거를 짊어지며 미래를 바라보는 현재적 존재다(강성률, 2009). 야스퍼스는 인간 실존에 있어서의 한계를 실감하게 하는 출생, 죽음, 고통, 갈등, 죄책감 등의 궁극적인 상황을 경험하게 될 때 진정한 자기 자신을 발견할 수 있다고 하였다.

이러한 실존적 존재 이해는 스위스의 정신과의사인 빈스방거(L. Binswanger)와 보스(M. Boss), 프랭클, 그리고 영국의 정신과의사인 랭(R. D. Laing) 등에게 직접적인 영향을 주었으며, 이들은 내담자의 고통을 이해하고 심리치료적 접근을 하는 데 있어서 실존적 접근을 시도하였다. 이후 유럽에서 실존분석학회가 설립되었으며, 뒤르첸(E. van Deurzen)과 쿠퍼(M. Cooper) 등과 같은 실존주의 상담자에 의해 실존치료 운동이 유럽 대륙 전역에 영향을 미쳤다(Deurzen, 2017). 미국에서는 인간주의적 심리학과의 접목을 통해 더욱 실존주의 상담의 실제적 적용이 활성화되었다. 메이에 의해 심리치료에 있어서 실존적 접근이 구체화되었으며, 얄롬은 실존주의적 심리치료를 발전시키는 데 탁월한 공헌을 하였다. 이외에도 실존주의 상담의 대표적인 인물로 부젠탈(J. Bugental), 슈나이더(K. Schneider), 콘(H. W. Cohn), 캄(van Kaam) 등을 들 수 있다.

실존주의 상담은 접근에 있어서 통일된 표준체계나 방법을 제시하고 있지 않

다. 빈스방거는 자신의 실존적 접근을 현존재분석(Dasein-analyse)
으로 명명하였고, 프랭클은 의미요법(Logotherapy)으로 명명하여 나
름대로의 상담적 접근을 체계화시켰다. 의미요법은 본래 실존분석
(Existenzanalyse)이란 이름으로 칭해 오다가 빈스방거의 현존재분
석과 의미요법 모두 영어에서 '실존분석(existential analysis)'으로 번
역되어 사용되므로 현존재분석과 구별하기 위해 사용한 명칭이다
(Frankl, 1983). 많은 상담전문가가 실존주의에 영향을 받고 나름대
로의 상담적 접근을 발전시켜 활용하였지만, 실존주의 상담의 이론
을 체계화시키고 임상적 실제에 구체적으로 활용한 널리 알려진 실

Victor E. Frankl

존주의 상담자로는 프랭클, 메이, 얄롬을 들 수 있다. 이들의 실존주의적 접근
은 관점과 강조점에 따라 나름대로의 특징을 지니고 있는데, 그 방향을 나누
어 보면 얄롬의 역동적 실존주의(Dynamic Existentialism), 메이의 인간주의적
실존주의(Humanistic Existentialism), 프랭클의 초월적 실존주의(Transpersonal
Existentialism)로 나눌 수 있다.

2. 인간관

실존주의는 인간 모두를 설명하는 객관적 진리가 아닌 특정 상황에서 각 개
인에게 존재하는 주체적 진리에 초점을 맞추고 있다. 따라서 실존주의 상담의
인간관은 개인의 특성을 범주화하는 진단 틀을 활용하기보다는 인간 실존의 기
본적인 차원을 설명해 주는 틀을 제시한다(Deurzen, 2017). 여기서 실존주의 상
담에서 보는 공통적인 인간에 대한 이해를 개념적으로 살펴본 후 뒤르첸(2017)
이 정리한 개념을 중심으로 네 가지 인간 존재 양태에 대해 설명하고자 한다. 또
한 프랭클이 차원적 존재론으로 인간 존재에 대해 좀 더 명료하게 체계화시킨
인간관에 대해 설명하고자 한다.

1) 실존주의의 인간 이해

실존주의는 실존하는(existing) 인간을 중심(centering)으로 하는 것을 의미한다. 이러한 실존하는 인간은 피투된 현존재(Dasein), 즉 지금 여기에 내던져진 존재로서 생성되고(emerging), 되어 가는(becoming) 존재로서의 인간 존재를 강조한다. 실존주의 상담자들이 일반적으로 공유하고 있는 인간 존재에 대한 특성을 살펴보면 다음과 같이 정리할 수 있다(강성률, 2009; 김춘경, 이수연, 이윤주, 정종진, 최웅용, 2010; 한재희, 2008; Cooper, 2015; Deurzen, 2017).

첫째, 인간은 정신적 차원의 존재다. 즉, 인간 실존은 본질적으로 사물의 하나가 아닌 영적 의미를 지닌 정신적 존재다. 여기서 영적이라는 의미는 종교적 용어의 의미가 아닌 선택, 자유, 책임, 의미 등 인간 안에 존재하는 진정한 인간성을 의미한다. 따라서 인간의 실존을 올바로 재는 척도는 주어진 현상이 정신적인가 아니면 본능적인가를 판별하는 데 달려 있다. 인간이란 동물의 수준까지 내려갈 가능성과 동시에 성자의 생활에까지 올라갈 수 있는 가능성을 지닌 존재다(Frankl, 1983).

둘째, 인간은 이 세상에 우연히 내던져진, 즉 피투된 존재다. 즉, 인간은 이미 '세계 안의 존재'라는 의미다(Heidegger, 1927). 이는 공간적인 의미라기보다는 인간은 자신의 의지와는 상관없이 어떤 나라, 사회, 가족 등 자기에게 고유한 어떤 곳에 던져져 살아가는 것을 의미한다. 그러나 인간은 정신적 차원의 존재로서 자신의 피투성을 자각하여 자신의 삶을 스스로 결정할 수 있는 자유로운 존재이며 자신의 존재적 본질에 대한 책임을 지니고 있다.

셋째, 인간은 유한성을 지닌 존재다. 인간의 실존은 죽음을 향해 가는 존재다. 죽음은 외부에서 오는 것이 아닌 존재적 삶 자체에 수반되어 있다. 따라서 인간은 소외와 고독, 개인적 의미와 주체성의 상실, 비존재의 위협에 염려를 지니고 있다. 이러한 비존재에 대한 두려움이나 불안을 실존적 불안이라 한다. 그러나 인간은 절대적 한계점을 가지고 삶을 바라봄으로써 오히려 자기의 본래적이고 고유한 삶을 책임감 있고 가치 있게 살아갈 수 있게 만든다.

넷째, 인간 본질은 객관적 실체가 아닌 과정 속에서 변화되어 가는 존재다. 따라서 자아는 사물적 개체나 묘사되거나 설명될 수 있는 별개의 실재가 아니다. 인간의 자아는 의미 있는 전체로서 끊임없이 생성되고 변화되는 상태에 놓여 있다. 실존은 서로 간의 소통을 통해 참된 자아를 발견하고, 이는 다시 한계적 상황으로 인해 가장 깊은 고독과 불안으로 돌아가며, 이러한 고독은 다시 실존 간의 소통을 요구하며 변화적 과정을 겪게 된다(Jaspers, 1951).

다섯째, 인간은 자유와 책임을 지닌 가치 있는 존재다. 인간의 각 개인은 독자적이고 중요한 존재로서의 존엄성을 지니고 있으며 타인의 평가적 관점에 의거하여 형성되는 존재가 아니다. 특히, 프랭클은 인간의 존엄성, 각 개인의 존엄성을 형성하는 사고(의식)를 책임성이라 하고 이 존엄성을 유지하느냐, 손상하느냐 하는 것은 항상 각 개인에게 달려 있다고 보았다(Frankl, 1958). 즉, 진정한 실존은 자기 자신을 결정하는 책임적 순간에 나타나는 것이지 본능(id)이 충동할 때 나타나는 것이 아님을 강조하고 있다.

여섯째, 인간은 생물학적·심리적·사회적 조건을 극복하고 초월할 수 있는 능력을 지닌 존재다(Jaspers, 1951). 인간은 원인과 결과의 법칙에 지배되는 심리적 기계가 아니라 궁극적으로 자기가 결단하는 주체인 것이다. 따라서 인간은 단순한 심리적 존재 이상의 정신적 존재다. 그리고 바로 자기초월 행위에 의해서 단순한 생물적·심리적 평면을 떠나 인간의 특유한 영역, 즉 정신적 차원으로 들어간다(Frankl, 1959). 이러한 자기초월성은 인간이 지닌 선택적 자유에 근거한다. 인간에게 있어서 어떤 환경이 정신적으로든 신체적으로든지 일정한 개인에게 영향을 주느냐 못 주느냐, 그리고 그 영향이 어떤 방향으로 나아가느냐 하는 것은 그 개인의 자유선택에 달려 있다. 인간의 자유란 어떤 상태로부터의 자유가 아니라 상태에 대해 어떤 태도를 취할 수 있는 자유다. 그러므로 본질적으로 유한한 존재로서의 인간은 자기가 결코 변경할 수 없는 상황에서 완전히 해방될 수는 없으나 인간의 결단을 위한 자유를 통해 초월할 수 있는 능력은 항상 남아 있다.

2) 네 가지 차원의 인간 존재양태

전통적으로 인간을 이해하는 실존적 인간 이해의 틀은 하이데거의 세계 내존재(In-der-welt-sein)'를 세 개의 존재양태로 구분하여 독일어로 물리적 세계(Umwelt), 사회적 세계(Mitwelt), 내면적 세계(Eigenwelt)로 구분하였다. 이러한존재양태에 더하여 틸리히(Tillich)나 야스퍼스, 프랭클 등은 영적 차원을 강조하였는데, 이는 영적 세계(überwelt)로 표현된다.

물리적 세계는 자연세계(natural world)를 의미한다. 이는 생물학적 본성으로행동하는 인간의 특성을 포함한 물리적 차원의 세계를 의미한다. 이러한 자연세계는 인간 실존에 있어서 가장 근본적인 세계이지만 이러한 자연세계에 대한개인의 존재양태는 매우 다양하다. 인간은 한계와 제약이 있는 물리적 환경에던져지지만 주어진 상황에 대한 반응은 개인에 따라 매우 다르게 나타난다. 따라서 자연세계는 매우 실재적이고 객관적일지라도 실제로 인간 개개인의 실존적 물리적 세계는 주관적이라 할 수 있다.

사회적 세계는 사회적 차원의 공적인 세계(public world)로서 사람이 문명화된방식으로 행동하는 것과 같이 인간관계나 상호작용과 관계된 세계를 의미한다.이러한 사회적 차원에서의 인간 실존의 핵심은 타인과의 관계적 양태로서 사회적 상호작용과 관련되어 있다. 이러한 사회적 차원의 공적인 세계는 대중의 일상 속에서 만나는 사람들과의 관계다. 따라서 개인이 맺는 친밀한 관계는 개인적 차원에 해당되기에 이 존재양태의 범주에는 들어가지 않는다.

내면적 세계는 개인의 심리적 경험과 연관된 개인적 세계(private world)를 의미한다. 이러한 내면적 세계는 존재적 정체감이나 친밀감의 특성을 지닌 세계로서 인간이 자기 자신과 맺는 관계일 뿐만 아니라 타인과의 친밀함을 포함하는 나와 우리의 세계다. 이는 가치관이나 감정, 열망이나 대상이 자기 자신과 동일시되는 내면세계로서 이러한 존재양태는 단지 물리적 거리를 의미하는 것이아니다. 즉, 가장 가까운 가족일지라도 개인적 세계에 있기보다도 공적인 세계(Mitwelt)의 양태로 관계할 수 있다. 인간은 자기 자신과의 관계에서조차도 개인적 세계와 공적인 세계가 동시에 존재하는 양태를 보인다.

영적 세계는 개인의 종교적 특성만이 아니라 삶의 의미, 자신을 초월하는 가치 및 신념, 자유와 소망 등의 영적 차원의 이상적 세계(ideal world)를 의미한다. 이는 사회적 세계의 가치에 적응하는 차원이 아닌 인간 존재에 있어서 자기 삶의 의미와 가치를 창조하고 선택하며 경험하는 존재양태다.

3) 인간 실존의 차원적 존재론

프랭클은 인간 실존에는 적어도 세 가지 차원이 구별될 필요가 있는데, 이는 신체적 차원, 심리적 차원, 그리고 정신적 혹은 영적(noetic or spiritual) 차원이라고 말한다. 이와 같이 프랭클의 인간관은 신체적·심리적 영역에만 머물러 있지 않고, 이 두 가지를 결코 부인하지 않으면서도 인간을 영적 차원에서 이해하고자 하는 전인간(total humanity)을 취급하고 있다. 특히 프랭클이 강조하는 영적 차원은 영의 실존성을 통하여 나타나는데, 그는 인간 실존을 구성하는 세 가지 특성으로 영성, 자유, 책임을 들었다(한재희, 2008).

프랭클은 의미요법이 실존분석에 근거했음을 시사하면서 실존분석이 실존의 단일성 안에서 존재론적 다양성을 지니고 있음을 말하였다. 그는 차원적 존재론(dimensional ontology)이라는 용어를 통하여 인간 실존이 신체적·심리적·정신적인 존재론적 다양성에도 불구하고 인간학적 단일성 내지 실존의 전체성을 유지하고 있음을 설명하였다(Frankl, 1959). 이것은 인간 실존에 있어서 신체, 심리 그리고 정신이 서로 엉성하게 혼합된 분리되는 층으로 구성된 것이 아닌 존재적 차원 안에서 인간의 고유한 통일성과 전체성을 이루고 있는 것을 뜻한다.

그러나 프랭클은 인간의 통일성이 필연적으로 신체와 정신의 다양성에도 불구하고 생물학적 또는 심리학적 차원에서는 발견될 수 없고 정신적 차원 안에서 추구되어야 한다고 주장하였다(Frankl, 1980). 이처럼 자기 자신의 심신 상태를 정신적으로 초월하는 것을 실존적 행위라고 일컬을 수 있는데, 인간은 바로 이런 행위에 의해 존재의 정신적 차원으로 들어간다. 인간은 자기의 차원으로 이

차원을 강조하며, 그렇다고 이것이 인간과 동물이 다 같이 생물학적이고 심리학적인 차원을 가지고 있다는 사실을 감소시키지 않는다(Frankl, 1967). 프랭클은 이것을 비행기에 비유하였는데, 마치 비행기가 자동차처럼 지상을 달릴 때에도 비행기는 여전히 비행기이듯이 인간이 동물적 특성을 지니지 않게 된다는 뜻이 아니다. 그러나 비행기는 공중에서 공간 차원으로 날아갈 때 비로소 진정한 비행기임을 입증하듯 어느 정도 인간은 동물적 특성을 계속 지니고 있지만 결국 동물적 특성을 초월한다. 그리고 비행기가 3차원의 세계로 떠오를 때 비행기가 되는 것처럼, 인간은 정신적 차원으로 들어가 인간성을 증명한다(Frankl, 1967). 요컨대, 프랭클은 인간 존재의 실체를 차원적 존재론으로 봄으로써 인간관에 있어서 생물주의, 심리주의, 사회주의 등의 일원적 견해를 배제하였다.

3. 주요 개념

대부분의 상담 및 심리치료 전문가는 어떤 학파와 상관없이 임상현장에 있어서 일정 부분 실존주의적 접근을 의도적이든 의도적이지 않든 활용하고 있다. 대부분의 전문상담사는 인간의 정신을 사물화시켜서 객관적 분석의 대상으로만 보지는 않기 때문이다. 상담자들은 내담자의 상황적 맥락에서 내담자의 실존을 이해하고자 노력한다. 그러나 실존주의 철학을 기반으로 상담적 접근을 시도하는 실존주의 상담자들은 인간 존재의 좀 더 근원적인 차원에서 인간심리를 이해하며 초점을 맞추고 있다. 실존주의 상담에 있어서 공통적으로 설명되는 주요 개념들은 인간의 한계 상황과 관련된 고통, 죽음, 소외, 불안, 무의미, 죄책감 등의 철학적 주제와 자유, 책임, 선택, 삶의 의미 등 존재방식 등에 대한 주제라 할 수 있다. 실존주의 상담에서 중요하게 설명되는 개념을 학자에 따라 살펴보면 다음과 같다.

1) 얄롬의 역동적 실존주의 상담

얄롬은 실존주의 상담을 역동적 심리치료의 한 형태로 소개하였다. 그는 실존주의 상담을 개인의 존재에 뿌리내리고 있는 관심에 대해 초점을 맞추고 있는 역동적인 접근으로 설명한다. 그러나 실존주의 상담은 개인의 내부에서 상호작용하는 에너지나 동기, 불안이나 두려움 등의 내면적 역동에 대해 기존의 정신역동적인 접근과는 다른 관점을 지니고 있다. 인간의 근본적인 갈등이나 불안은 프로이트(S. Freud)가 말하는 본능적인 것을 억압하거나 내재화된 중요한 타자로 인해 오는 갈등이 아니다. 이러한 갈등은 인간 존재에 있어서 궁극적인 관심이나 본질로 인한 갈등으로 설명하고 있다. 얄롬은 이러한 인간 존재의 궁극적 관심이나 본질의 요소를 죽음, 자유, 고립, 무의미로 보았으며, 이러한 요소가 인간이 일상에서 직면하는 역동적 갈등을 실존적인 차원에서 만들어 내고 있음을 설명했다(Yalom, 2007).

죽음은 인간이 가장 분명하게 두려워하는 궁극적 관심의 본질이다. 모든 사람은 죽음에 대한 불안에 직면해 있다. 실존주의에서 죽음은 불안의 핵심적인 근원이 된다. 죽음에 대한 불안은 삶의 종결 시기에 나타나는 것이 아니라 인생의 초기에 나타나고 일생을 통해서 불안을 야기한다. 따라서 죽음에 대한 불안은 인격구조를 형성하는 데 중요한 역할을 하며, 심리적 방어기제를 형성하는 결과를 나타낸다. 신경증적 삶은 죽음의 불안으로 인해 발생하고, 죽음의 불안에서 탈출하려는 시도는 신경증적 갈등의 핵심이 된다. 그러나 죽음으로 인한 불안은 실존과 긴밀하게 연결되어 있기에 삶에 있어서 양면성을 지니고 있다. 즉, 이러한 불안은 삶의 대항자이면서도 삶의 안내자로서 확실한 존재로 가는 길을 제시해 주는 역할을 한다. 인간 존재에 죽음의 불가피성과 삶의 유한성이 있기에 오히려 삶이 더 가치 있고, 죽음의 불안은 현재의 삶에 충실하도록 자극하는 역할을 하는 것이다.

자유는 실존적인 의미에서 인간이 선택할 수 있는 존재이며 자신의 삶에 책임을 지는 것을 의미한다. 책임감에 대한 자각은 개인이 자신의 주장에 대한 두려움을 언급할 때 발생하기 시작한다. 이러한 의미에서 자유는 책임과 의지라는 측면을 안고 있는 매우 중요한 의미를 지니고 있다. 자유는 선택하는 권한인 반면, 선택에 대한 책임을 함께 품고 있다. 이런 의미에서 책임은 자신의 세계나 행동, 선택에 있어서 주인이 된다는 것이다. 따라서 삶에서의 의존과 무책임은 자기실존을 회피하는 것이다. 상담에 있어서도 삶의 책임을 회피하려는 내담자는 지시적이고 활동적이며 회기를 구조화하는 상담자를 선호한다.

소외 또한 인간의 궁극적 관심으로서 인간은 실존적으로 고독한 존재다. 얄롬은 소외를 세 가지의 다른 형태, 즉 대인관계적(interpersonal) 소외, 개인내적 (intrapersonal) 소외, 실존적(existantial) 소외로 구분하였다. 대인관계적 소외는 개인이 자신과 연관된 타인으로부터 느끼는 외로움과 동일시되는 소외다. 개인 내적 소외는 프로이트가 억압, 해리 등의 방어기제로 설명한 것과 유사한 개념으로 개인이 자기 느낌이나 욕구를 억압하여 자기판단을 불신하거나 자기 잠재력을 소멸시키는 자아분열 형태의 소외를 의미한다. 반면, 실존적 소외는 개인이 자신과 타인 사이의 연결될 수 없는 단절이나 인간과 세상 사이의 분리라는 근원적인 소외를 의미한다. 무엇보다 이러한 소외현상은 인간이 죽음이나 자유를 직면할 때 명확하게 드러난다. 인간은 홀로 죽음을 맞이하며 자신의 삶을 책임져야 하는 고독한 존재다. 실존적 소외와 대인관계적 소외는 서로 복잡하게 얽혀 있으며, 관계의 문제는 곧 융합과 소외의 문제라 할 수 있다. 대인관계적 소외와 실존적 소외는 성숙한 관계를 형성하기 위해 사람 사이에 놓인 완충지대가 되지만, 어떤 관계도 소외를 제거할 수는 없다. 사람은 일반적으로 대인관계를 통해서 소외에 대한 두려움을 완화시키려 한다. 그러나 인간은 자신의 실존적 소외에 대해 인정하고 직면할 때 타인과 성숙한 관계를 맺을 수 있다.

또한 인간은 자신의 삶과 인생에서 끊임없이 어떤 의미를 추구하고 있다. 삶의 의미 또는 무의미는 인간의 궁극적 관심 중 하나다. 삶의 의미를 지니고 있는 사람은 인생에서 자신의 시간과 삶을 불태워 전념할 수 있는 목적을 이루어 가는 경험을 하게 된다. 인생은 예정된 각본이 없기에 개인은 각자 자신의 의미를 구축해야 한다. 이러한 삶의 창조적 의미가 궁극적으로 어떤 환경에서도 삶을 지탱해 낼 수 있을 만큼 가치가 있는 것인지가 실존적 역동의 갈등을 만들어 내는 것이라 할 수 있다. 이러한 궁극적 관심으로서의 의미와 무의미의 주제는 프랭클에 의해 더욱 정교하게 정리되어 설명되고 있다.

2) 메이의 인간적 실존주의 상담

메이는 역동이나 추동 등의 정신분석적 개념을 거부하지는 않았지만 무엇보다도 인간의 존재론적 상황을 중요시하였다. 인간 내면의 역동이나 추동의 에너지는 현상적으로 존재하는 상황 내에서만 의미가 있는 것으로 여겼다. 메이는 인간의 존재론적 특징을 여섯 가지로 설명하였다(May, 2005).

첫째, 인간은 자기실존의 중심성을 보존하려는 특징이 있다. 때때로 신경증은 자신의 중심, 즉 자기실존을 보존하기 위한 한 방법이기도 하다. 따라서 신경증은 적응의 실패라고 하기보다는 자기실존의 중심성을 보존하기 위한 필수적인 적응으로 이해하여야 한다.

둘째, 인간의 중심성, 즉 자기실존을 보존하려는 인간 내면의 요구는 자기긍정(self-affirmation)의 특성을 지니고 있다. 인간 존재 안에 있는 이러한 자기긍정은 바로 '존재에의 용기'라는 폴 틸리히(Paul Tillich)의 개념을 설명하고 있다. 따라서 존재는 자동으로 주어지는 것이 아니고 개인적인 용기에 의존하고 있으며 용기가 없다면 존재도 상실하는 것이다. 따라서 상담에 있어서 의지적 결단과 선택은 매우 중요한 요소라고 할 수 있다.

셋째, 실존하는 인간은 다른 존재에 참여하기 위해 자신의 중심에서 나오려는 요구와 가능성을 지니고 있다. 인간 존재는 다른 존재와 연결될 때 자기에 대한 이해가 분명해지고 성장할 수 있다. 그러나 자기 존재의 중심이 상실될까 두려워서 밖으로 나오는 것을 거절하고 축소된 세계 속에서 경직되어 있거나 자신의 존재가 텅 빌 때까지 다른 사람과 동일시하거나 자신을 분산시키는 것 모두 자기 존재의 성장을 저해하게 된다.

넷째, 존재의 위협에 대한 경계심으로서 인간 존재는 불안을 경험하게 된다.

이는 모든 살아 있는 생물이 공유하고 있는 특성으로서 인간 존재의 주관적이면서도 원초적인 특성이다.

다섯째, 인간 존재는 다른 생물들과는 달리 자기의식(self-consciousness)이라는 고유한 특성을 지니고 있다. 자기의식은 단순히 위협에 대한 경계심으로서의 불안에 대한 인식이 아닌 '위협받는 한 존재로서 자신을 아는 능력이며, 하나의 세계를 소유한 주체로서 자기 자신을 경험'하는 독특한 인간의 능력이라 할 수 있다. 이러한 자기의식으로 인해 인간은 구체적인 상황을 초월하는 가능성의 기초를 갖게 되며 심리적 자유의 토대 위에 서게 된다. 따라서 인간의 존재론적 기초는 심리적 자유이며, 모든 상담은 이러한 심리적 자유의 토대 위에서 구성된다.

여섯째, 실존하는 사람은 자기의식을 수용하는 가운데 자기대면(self-confrontation)이라는 선택에 직면한다. 이러한 과정에서 불안을 경함하게 되는데, 이러한 불안은 자신의 존재를 파괴하려는 것에 대항하여 내적인 전쟁을 벌이는, 즉 틸리히가 언급한 비존재와의 갈등 안에 있는 존재의 상태인 것이다. 상담자는 내담자가 자기의식과 자기대면으로 전환할 수 있도록 도와주는 역할을 하는 사람이다.

3) 프랭클의 초월적 실존주의 상담

프랭클의 실존주의 상담을 일컫는 의미요법은 삼중 개념, 즉 의지의 자유, 의미에의 의지, 그리고 삶의 의미에 바탕을 두고 있다. 이러한 실존주의적 개념들은 인간만이 지니고 있는 독특한 특징이며, 인간으로 하여금 자기초월의 능력을 가능하게 하는 요인들이다. 프랭클의 실존주의적 접근의 이론적 근간이 되는 세 가지 개념을 살펴보면 다음과 같다(Frankl, 2012).

의지의 자유는 인간이 처한 어떤 환경이나 상태로부터의 자유가 아니라 어떠한 상태에 대해 각 개인이 취할 수 있는 태도에 대한 자유를 말한다. 인간은 자신에 대한 자기의 태도를 선택할 수 있는 존재로서 최악의 상태에서도 자신을 분리시킬 수 있는 것은 인간에게만 있는 특별한 능력이다. 이것은 새로운 차원, 곧 정신적 차원을 여는 것이며 독특한 인간현상들이 존재하는 차원으로서 인간은 최악의 조건하에서도 영적인 자유와 존엄성을 유지하는 능력을 가진다. 이는 인간에 대한 결정론적 접근에 반대하는 것으로 한 인간은 자유롭게 자기 자신의 성격을 형성하며, 자신의 삶에 대한 책임이 자신에게 있다고 보는 것이다. 따라서 중요한 문제는 우리 성격의 특성이나 충동 및 본능 그 자체가 아니라 인간이 그것들에 대해 취하는 태도로, 이러한 태도를 취하는 능력이 진정한 인간으로 만드는 것이다.

의미에의 의지는 인간으로 하여금 쾌락과 권력에의 예속을 거부하고 진정한 의미를 추구할 수 있도록 하는 원동력이다. 프랭클은 쾌락이나 권력이 의미를 추구하는 과정에서 생겨나는 부산물이지 결코 목표가 아니라고 주장하였다. 삶의 근본적인 힘은 본능적 충동에서 나오는 것이 아니라 의미에의 발견과 의미의 역동적인 의지에서 흘러나오는 것이다. 이는 긴장 감소를 위한 충족을 이루어 내적인 균형을 이루려 한다고 주장하는 동기이론과 대립되는 견해라고 볼 수 있다. 그러나 인간에게 있는 의미는 존재에 앞서고 자기초월적인 것이기 때문에 외부로부터 주어지는 것이 아니라 개인 스스로 탐색하는 것이다. 그러므로 여기에는 반드시 자유와 책임이 따른다. 인간이 의미를 찾으려는 욕구는 그의 삶에 있어서 본능적인 충동의 부수적인 합리화 작용이 아니라 근본적인 힘이 되는 것이다.

삶의 의미라는 개념에 있어서 기본적으로 인간은 의미를 추구하는 존재다. 의미 추구가 강하고 계속될수록 그 사람은 건전하고, 의미 추구가 중단되거나 좌절되면 건전하지 못하게 된다. 인간에게 주어진 일이나 사명은 사람이나 시기마다 각각 독특한 것이기 때문에 인간이 추구해야 하는 삶의 의미는 일반적인 삶의 의미가 아니라 주어진 그 순간에 그 사람에게 구체적인 것이 되어야 한다. 인간은 다음의 세 가지 가치를 실현함으로써 삶에 의미를 부여할 수 있다.

첫째, 창조적 가치(creative values)라고 부르는 것을 실현함으로써 자신에 대한 삶의 의미를 부여하게 된다. 이 의미의 실현은 개인이 자신의 사명과 구체적인 과업을 자각할 때 생기는 것이다. 둘째, 경험적 가치(experiential values)를 실현함으로써 삶에 의미를 부여할 수 있다. 경험적 가치란 자신이 직접 창조해 내지는 않지만 타인이 창조해 놓은 것을 경험함으로써 가치를 느끼는 것을 말한다. 셋째, 태도적 가치(attitudinal values)를 실현함으로써 삶의 의미를 경험할 수 있다. 인간이 극한 상황에 처하여 창조도, 경험도 하기 힘들 경우라도 그는 태도적 가치를 통하여 삶에 의미를 부여할 수 있다. 비록 극도의 절망적 상황에 처하더라도 그 운명을 어떻게 맞이하느냐 하는 태도는 인간의 자유의지에 의하여 선택할 수 있기 때문이다.

삶의 의미는 사람에 따라 다르고 인생의 과정에 따라 달라지기 때문에 삶의 의미에 대하여 쉬운 말로 답할 수는 없다. 사람 각자는 다른 사람으로 대체될 수 없으며, 그의 삶 또한 반복될 수 없다. 그러므로 한 사람의 과제는 그것을 수행하는 사람의 특수한 기회만큼이나 독특하고 유일한 것이다.

4. 상담 목표와 과정

1) 상담목표

실존주의 상담 및 심리치료는 통일된 표준체계나 방법을 갖추고 있지는 않다. 그러나 공통적인 특성으로 실존주의 상담은 상담자와 내담자의 인격적 만남을 통해 발생하는 결정적인 내적 경험을 매우 중요하게 취급한다(Cooper, 2015). 이를 통해 새로운 정신적 시야가 열리고 세계관이 바뀌며 삶에 새로운 의미를 부여한다.

일반적으로 실존주의 상담자들은 특별한 목표를 세우는 데 관심을 갖기보다는 가능성에 대한 개방에 초점을 둔다(Palmer, 2004). 따라서 실존주의 상담에서는 기존의 심리치료적 접근처럼 내담자를 기능적으로 변화시키려 하지 않는다. 무엇보다도 실존주의 상담자들은 내담자가 자신의 삶을 명료하게 성찰하고 이해하여 삶의 방향을 발견하도록 도와준다(Deurzen, 2017). 즉, 내담자 스스로 자신의 삶의 문제를 명확하게 직면하고 삶의 가능성과 한계를 탐색하도록 한다. 그러므로 실존주의 상담의 기본적인 목표는 내담자가 자각을 통해 자신의 문제를 직시하도록 도와서 삶의 도전에 직면하는 개인적인 방식을 발달시키고 강화시키도록 하는 것이다. 인간의 삶은 근본적으로 끊임없이 영원과 자유로의 초월을 요구하는 한계상황이다(홍경자, 2016). 내담자의 자각은 단지 문제에 대한 직면만이 아니라 자신의 내면에 있는 자유와 잠재능력, 삶의 의미와 목적에 대한 깨달음을 포함한다. 따라서 실존주의 상담의 궁극적인 목적은 내담자로 하여금 자신의 실존 상황에 초점을 맞추고 능동적으로 자신의 삶을 주관할 수 있도록 돕는 것이다. 이를 통해 내담자가 자신의 세계를 수용하고 한계 상황을 극복할 수 있도록 도우며 자율적 결단을 통해 올바른 방향 설정과 미래의 삶을 설계할 수 있도록 하는 것이다(강경미, 2011).

더 나아가 의미요법은 인생에 대한 능력을 회복시키는 목적을 포함하면서 고난을 받는 의미와 생의 목적을 찾도록 하여 삶의 가치를 증대시키는 곳으로 한 걸음 더 나아간다. 그러므로 의미요법에 있어서의 일차적인 관심은 자아실현이라기보다는 의미의 실천이며, 이를 통해 다음과 같은 구체적인 목적을 얻고자 한다(한재희, 2008).

- 내담자로 하여금 자신의 삶에 대한 전반적인 의미와 가치체계를 의식시킴으로써 자신의 삶을 재구성하고 직면하게 한다.
- 내담자로 하여금 자신의 삶을 경험할 수 있도록 격려하며 현재 상황을 초월할 수 있는 의미를 깨닫도록 한다.
- 이를 통해 내담자의 불안과 신경증을 감소해 나가도록 돕는다.

2) 상담자의 역할

실존주의 상담자는 무엇보다도 내담자로 하여금 자기의 자아세계를 직면하고 자기 안에 있는 잠재력을 깨닫도록 하며, 자기에게 주어진 선택과 책임을 활용할 수 있도록 도와주는 역할을 수행한다. 따라서 실존주의 상담자는 스스로를 내담자보다 우월한 위치로 인식하지 않는다. 상담자는 치료적 기술을 위한 전문가라기보다는 상담자와 내담자의 관계적 경험을 통해 도움을 주는 사람이다. 따라서 상담자는 상담자와 내담자가 참여하는 '세계-내에-존재하는-두 사람'으로 형성되는 실존적 시간과 공간의 세계 속에 있는 실제적인 자료를 활용한다. 또한 실존주의 상담자는 삶의 불안을 제거하려는 작업보다는 오히려 어려움과 그것으로 말미암은 불안에 직면하도록 격려한다(Palmer, 2004).

실존주의 상담자는 내담자의 문제를 분석하고 설명하는 해석자의 모습이 아니다. 상담자의 역할은 내담자의 현재 상황에 초점을 두고 단지 내담자에게 있는 그대로의 세상과 환경을 볼 수 있는 눈을 제공하는 데 있다. 따라서 프랭클은 실존주의 상담자를 세상을 볼 수 있는 눈을 씻어 주는 안과의사의 역할에 비유하였다. 또한 상담자는 내담자로 하여금 실존과 죽음, 고통, 사랑, 일 등과 관련된 전반적인 삶의 가치, 과업, 책임, 목표, 의미 등을 자각할 수 있도록 도와서 진정한 인간성의 회복이 이루어질 수 있도록 하는 역할을 수행한다.

3) 상담과정

실존주의 상담은 정형화된 상담체계를 가지고 있지 않다. 실존주의 상담에서는 정형화된 상담체계보다는 상담자와 내담자의 관계를 중요시한다. 즉, 상담의 과정은 상담자와 내담자가 참만남에 대한 내적인 경험을 이루어가는 과정이다(김춘경 외, 2010).

특히 얄롬은 실존주의 상담을 "실존에 근거한 관심사에 초점을 두는 역동적인 치료적 접근"으로 개념화하여 무의식적인 힘이 의식작용에 영향을 미친다고 가정하였다(Yalom, 2005). 그러나 이러한 내적 갈등의 요인은 본능적 추구나 무의식적 외상만이 아닌 실존의 궁극적 관심사에서 비롯된다. 이에 대한 실존주의 상담의 과정에서 얄롬은 무엇보다도 실존적 논제들에 대한 민감성을 높이는 것에 초점을 두고 있다. 따라서 상담과정에서는 상담자와 내담자의 상호작용 과정을 강조한다. 상담과정에 있어서 상담자와 내담자가 실존적 문제에 대해 민감성이 높아지면 둘 사이의 관계의 질이 달라지며, 이것은 내담자의 삶에 영향을 주게 된다.

실존주의 상담에서 나름대로의 정형화된 체계를 세우고 있는 프랭클의 의미요법 상담의 진행과정은 내담자로 하여금 삶의 의미를 발견할 수 있도록 삶에 대한 새로운 성찰 또는 인식의 재구조를 이루는 과정이라 할 수 있다.

이것을 위한 과정을 살펴보면, 첫 번째 단계는 내담자를 현재의 증상으로부터 초월할 수 있도록 도와주는 것이다. 내담자가 자기 증상과 자신을 동일시하면 심리적 질병의 희생자가 될 수 있기 때문에 상담자는 무엇보다도 내담자를 격려하고 붙들어 주어야 한다. 동시에 상담자는 내담자를 설득하려 하지 말고 내담자 스스로가 자신의 문제를 초월하여 좀 더 깊이 생각할 수 있는 질문들을 던지며 희망과 의미에 대해 이야기해야 한다. 두 번째 단계는 상황 또는 삶에 대한 비생산적인 태도의 변화를 위해 도와준다. 의미요법은 자기초월을 통해서 삶의 방향을 재조정하는 것으로서 이것을 위한 핵심은 내담자가 갖고 있는 태도의 변화다. 다음 단계는 내담자의 태도 변화를 통해 증상이 사라지거나 줄어드는 단계이고, 마지막 단계는 상담을 끝내기 전에 내담자로 하여금 보다 커다란 삶의 의미를 발견하도록 이끌어 주는 과정이다.

5. 상담기법과 적용

일반적으로 실존주의 상담자들은 상담기법을 정형화하거나 특별한 기술을 강조하지 않는다. 실존주의 상담자들은 인간을 메커니즘(mechanism)으로 취급하는 것을 가장 경계해야 하는 것으로 생각하기 때문에 심리치료 기술 자체를 강조하지 않는다. 프랭클은 상담 및 심리치료법의 선택을 하나의 대수적인 등식, 즉 'Z=X+Y'에 비유하고 있는데, 여기서 Z는 심리치료법, X는 내담자 또는 환자의 개성, Y는 상담자 또는 담당의사의 성격을 가리킨다(Frankl, 1983). 이 등식이 뜻하는 바는 상담에 있어서 보다 중요한 요인은 개입방법이 아니라 내담자와 상담자 사이의 관계라는 것이다. 즉, 현대에서 흔히 사용되는 표현을 빌리자면 상담자와 내담자 사이의 만남(encounter)이라는 사실을 강조하고 있다(Frankl, 1983). 프랭클의 주장과 같이 대부분의 실존주의 상담자는 상담개입 기술에 대한 의존보다는 인격적인 접근을 강조하였다.

실존주의 상담자들은 상담의 과정에서 구체적인 기술을 통한 상담적 개입을 시도할 때 다른 상담이론 기술의 원리와 기법을 활용하여 적용하는 경우가 많다(김춘경 외, 2010). 예를 들면, 역동적 실존주의 접근을 하는 얄롬은 자유연상법, 질문법, 해석 등 정신분석적 접근의 몇 가지 원리와 기법을 실존주의적 차원에서 적용하기도 하였다. 또한 인간주의적 실존상담 접근으로 구분할 수 있는 메이는 인간중심 상담의 기법적 원리와 방법을 활용하였다. 그는 역동적 개념을 부인하지는 않았지만 주로 내담자의 주관적 세계를 중시하며, 존중, 수용, 솔직성 등에 기반한 상담관계를 통해 내담자의 성장과 발달을 촉진하는 상담적 접근을 시도하였다. 초월적 실존주의 상담 접근의 프랭클은 개입기술에 있어서 인간의 영적 차원인 정신적 영역에 대한 개입을 기본적인 명제로 하였다. 따라서 프랭클의 실존주의 상담은 내담자의 능동적인 역할을 통해 의미에 대한 관점 및 인지적 변화와 현실세계 내에서 실제적인 행동 변화를 강조하였다. 이 밖에도 실존주의 상담자들은 일반적으로 게슈탈트 상담이나 교류분석 등의 기법적 원리를 실존주의적 차원에서 적용하여 다양하게 활용하고 있다. 실존주의 상담에서 활용되는 기법들을 살펴보면 다음과 같다(강경미, 2011; 한재희, 2008; 김춘경 외, 2010).

1) 자유연상법

자유연상은 정신분석상담의 가장 핵심이 되는 기법으로서 내담자의 증상과 관련된 과거의 원인과 외상 경험을 찾아서 내담자의 증상과 무의식적으로 어떤 연관이나 의미가 있는지 통찰할 수 있도록 활용하는 기법이다. 하지만 실존주의 상담에서 자유연상법은 정신분석과는 다르게 인과적인 치료에 집중하기보다는 현재 일어나고 있는 일에 대한 현상적 경험을 깊이 있게 다루어서 실존적 개념의 바탕하에 내담자의 문제를 분석하는 데 초점을 두고 있다. 따라서 실존주의 상담에서는 자유연상을 통해 내담자로 하여금 자신이 접촉하고 있는 현실적이고 주관적인 세계를 자각하고 삶의 의미와 방향을 찾아갈 수 있도록 도와준다.

2) 직면

얄롬은 실존주의 상담의 접근은 실존의 주어진 현실에 대한 직면으로부터 시작된다고 주장하였다. 이는 내담자의 실존적 공허나 불안은 인생의 궁극적 관심사와 관련이 있다는 전제를 바탕으로 하기 때문이다. 얄롬은 상담과정에서 죽음, 고립, 자유, 삶의 의미 네 가지를 내담자의 궁극적인 관심사로 보았다. 상담자가 내담자의 일상과 상황을 주의 깊게 탐색하면 이러한 궁극적인 관심사에 해당하는 존재의 심층적 구조에 도달하게 된다(Yalom, 2004). 내담자가 궁극적 관심사에 대해 진술하게 직면하게 될 때 진정한 내적 갈등의 내용이 구성되며 자신의 한계 상황과 불안을 극복할 수 있게 된다.

3) 해석법

정신분석에서는 저항, 전이, 꿈 등에 대한 해석을 통해 무의식을 의식화하고 증상의 원인을 찾거나 성격구조의 특성을 이해한다. 그러나 실존주의 상담에서의 해석은 내담자 자신의 실존적 세계를 명료화하고 자신의 존재양식에 대한 자각을 돕기 위해 활용된다. 꿈에 대한 작업에 있어서도 꿈의 내용을 정확하게 해석하는 것을 목표로 하는 것이 아니라 상담적 치료동맹을 활성화시키거나 현재의 실존적 상황과 관련된 꿈의 양상에 초점을 맞추는 것을 통해 상담적으로 활용한다(Yalom, 2004). 따라서 실존주의 상담자는 내담자의 꿈의 내용을 내면적 욕구에 대한 상징적 차원이 아닌 현존재의 한 측면을 반영하는 현상적 실제로 파악하여 꿈에 나타나는 실존적 의미를 해석한다.

4) 역설지향

역설지향 또는 역설적 의도(paradoxical intention)는 강박증이나 공포증에 대한 조기치료기술이다(Frankl, 1960). 강박증이나 공포증 환자는 주로 예상불안(anticipatory anxiety)을 갖게 되는데, 이는 내담자가 하나의 사건에 반응할 때 다시 그 사건이 일어날 것에 대한 불안을 갖고 반응하는 것을 의미한다. 그러나 공포는 그 사람이 두려워하는 경우에 정확히 일어나도록 하는 경향이 있으며, 예상불안 역시 마찬가지다. 즉, 불안의 징후는 공포증을 불러일으키고, 공포증은 다시 징후(불안)를 유발한다. 그러므로 징후의 재발은 공포증을 더욱 강화한다.

역설지향은 이와 같은 악순환을 극복하기 위하여 자기가 두려워하는 바로 그 일을 하도록 용기를 북돋아 주거나, 혹은 일어나기를 바라도록 고무하는 방법이다. 자기분리와 자기초월의 능력을 활용하여 불안을 객관화시킬 때 이러한 역설지향은 공포의 대상에 대한 태도의 변화를 가져오고, 이 태도의 변화는 증세의 변화로 연결된다. 이때 유머가 큰 역할을 한다. 유머는 그 사람으로 하여금 자기의 문제로부터 떠나게 한다. 즉, 환자가 자신의 불안에 대해 웃을 수 있게 되면 그는 불안에서 정상적으로 다시 회복하게 된다는 것이다.

5) 반성제거

프랭클은 인간이 쾌락을 추구하는 데 집착하면 집착할수록 쾌락을 상실하게 된다고 하였다. 쾌락이나 자아만족 등은 집착을 통해서 얻어지기보다는 오히려 타인을 사랑하거나 의미를 발견하는 삶을 통해 부산물로 얻어지게 되는 것이다. 여기서 자신에 대한 지나친 집착을 과열의도(hyper-intention)라고 부르고, 이와 유사하게 지나치게 자신이나 자신의 문제에 대해 주의하는 것을 과열반사

(hyper-reflection)라고 부르는데, 이들 모두 신경증의 원인이 된다.

사고중단을 통한 반성제거는 과열반사의 반대 개념으로, 기능장애를 가진 신경증적 반응에 부수된 극도의 강박적인 자기관찰이나 반성(反省)을 중화시키기 위한 것이다. 이는 역설지향과 유머를 사용하여 병을 비웃는 것으로, 실은 그 이상의 효과가 있다. 역설지향이 예상불안의 상쇄작용으로 고안되었다면, 반성제거는 강박적인 자기성찰 또는 과열반사를 상쇄시키기 위해 고안되었다. 역설지향을 통해서 자신의 증상을 비웃고 조롱한다면, 반성제거를 통해서 그것을 무시해 버리는 것이다(Frankl, 1966). 이와 같은 상담개입 기술은 인간 속에 내재한 책임과 자유를 일깨워 삶의 의미와 연결시키는 것이다. 즉, 역설지향은 올바른 수동성과 그릇된 수동성을 일깨우는 것이고, 반성제거는 올바른 적극성과 그릇된 적극성을 일깨우는 것이다.

6) 태도변형

인간은 과거 그 자체나 과거에 있었던 사건을 변형시킬 수는 없지만 과거에 대한 태도를 바꿈으로써 과거뿐만 아니라 현재를 좀 더 의도적으로 자신의 것으로 만들 수 있다. 내담자들은 때때로 자신이 처한 상황 안에 긍정적인 측면이 있음에도 자신의 내면에서는 그 상황에 대해 여전히 부정적인 태도를 지니고 있을 수 있다. 의미요법은 내담자로 하여금 자신에게 있는 실존적 현실에 있어서 이러한 부정적인 태도를 변경하도록 돕는다.

태도변형은 주로 상담자의 적극적인 의견교환이나 긍정적인 제안 등 직접적인 개입을 통해 이루어진다. 비록 직접적 개입을 통해 이루어지지만 무엇보다 중요한 것은 상담자가 내담자에게 태도를 바꾸도록 강요하거나 주입식으로 교육하는 것이 아니다. 상담자는 내담자가 스스로 긍정적인 태도를 지향할 수 있도록 도와야 한다(Deurzen & Adams, 2011). 이를 위해 상담자는 소크라테스적 질문 등을 통하여 내담자로 하여금 자신의 삶에 대한 사려 깊은 의미를 발견할 수 있도록 도와주어야 한다. 결국 태도변형을 통하여 내담자가 처해 있는 어떤 상황이나 직면한 문제에 대한 태도를 새롭게 재구성해 주고, 미래에 대한 새로운 결단을 위해 구조화시켜 주는 것이다.

6. 평가

실존주의 상담은 기계적이고 동물적인 인간관을 반대하고 인간의 정신적 독특성을 강조한 상담 및 심리치료 이론이다. 실존주의 상담에서의 인간에 대한 이해는 자유와 책임을 가지고 있고 삶의 의미와 보람을 추구하는, 즉 가치를 창조하는 존재로서의 인간관을 제시하여 상담과 심리치료 분야에서 새로운 관점과 기술을 태동시키는 데 상당한 영향을 미쳤다. 특히 산업화와 기계화에 따른 기계과학 문명의 급속한 성장으로 인간상실의 위기를 맞고 있는 현실 속에서 실존주의 상담의 인간에 대한 관점이 기여하는 바는 매우 크다.

이에 따라 실존주의 상담은 공통적으로 심리치료적 개입기술보다 인간 대 인간의 관계, 즉 상담자와 내담자의 관계적 질을 다른 어떤 상담적 접근법보다도 강조한다. 실존주의 상담의 이러한 점은 상담 시 상담자가 기계적으로 접근할 때 야기될 수 있는 비인간적 요인들에 대한 가능성을 줄여 줄 수 있다. 또한 실존주의 상담인 의미요법은 상담자와 내담자의 관계적 질을 강조하면서도 나름대로의 체계적인 기법이 정립되어 있다는 점에서 큰 기여를 하고 있다.

반면, 실존주의 상담은 과학적 검증의 대상이 되기 어려운 철학적인 측면에 치중하고 있어서 많은 개념이 추상적이라는 점에서 비판의 대상이 되고 있다. 실존주의 상담자는 현대사회가 요구하는 단기적 모델에 대한 개발과 함께 치료적 효능을 입증할 수 있는 과제를 안고 있다(Cooper, 2014). 또한 실존주의 상담은 인간이 극복할 수 없는 삶의 실존적 문제를 다룰 때 매우 효과적이지만, 철학적 통찰이 적절하지 않은 경우에는 상담이 매우 추상적으로 흐를 수 있다는 한계를 지니고 있다.

제6장
인간중심상담

| 김형태, 홍종관 |

인간중심상담은 1940년대에 로저스(C. Rogers)에 의해 창시된 상담이론이다. 인간중심상담은 1940년대에는 비지시적 상담으로, 1950년대와 1960년대에는 내담자중심상담으로, 그리고 1970년대 이후부터는 인간중심상담으로 불리게 되었다(Groddeck, 1987; Hong, 1994; Weinberger, 2006).

인간중심상담에서는 구체적인 상담 방법이나 기법보다 내담자에 대한 상담자의 태도를 더 중요시한다. 그 이유는 이 상담이론이 갖는 인간관과 철학적 배경에 근거한다. 인간중심상담에서는 인간을 정신분석학에서처럼 과거 경험에 의해 성격이 결정되고, 자신도 의식하지 못하는 무의식에 의해 지배받는 그런 존재로 보지 않는다. 또한 행동주의 상담이론에서처럼 인간을 외부 자극에 의해 성격이 형성되고 행동이 좌우되는 수동적인 반응체로 보지 않는다. 인간중심상담에서는 인간을 태어나면서부터 자기잠재력을 실현하려는 경향성과 가능성을 가지고 있는 존재로 본다. 따라서 상담자의 역할은 내담자가 가진 자기실현경향성을 탐색하고 계발하도록 최적의 분위기나 환경을 제공하는 것이다. 또한 인간중심상담은 현상학과 실존주의의 철학적 배경을 가진다. 인간중심상담에서는 인간을 현상학적 장에서 이해해야 한다고 본다. 그리고 인간을 실존적으로 도와야 한다고 본다. 즉, 상담자는 내담자가 지각하는 참조체계에 따라 그를 이해해야만 내담자를 이해할 수 있다는 것이고, 내담자를 돕기 위해서는 그의 입장에서 그와 그의 문제를 보고 또 그가 처해 있는 실존적 상황에서 해결책을 모색해야 한다는 것이다(김형태, 2005; 홍종관, 2016).

이러한 인간중심상담은 정신분석상담과 행동주의상담과 더불어 대표적인 상담이론으로 자리매김하였다. 그리고 이 이론은 상담분야뿐만 아니라 교육, 가정, 기업체 등 우리 삶의 전 영역에 큰 영향을 미치고 있다. 그 실례로, 아동중심상담, 학습자중심학습, 배우자중심상담, 국민중심정치, 노동자중심기업운영, 환자중심진료 등을 들 수 있다. 즉, 인간중심 상담이론은 단지 상담이론으로만 머물지 않고 교육, 정치, 경제 등 우리 삶의 전 영역에 적용되어 하나의 인간중심적 삶의 원리이자 삶의 철학으로까지 발전하였다(홍종관, 1997; Weinberger, 2006).

1. 주요 학자

Carl Rogers

인간중심상담의 창시자인 칼 로저스(Carl Rogers, 1902~1987)는 40대 초반에 로체스터에 체류하면서 기존의 심리치료 방식에 불만을 느끼고, 자신의 독특한 심리치료 접근방법을 개발하기 시작하였다. 이때 랭크(O. Rank)의 '건강 의지(will to health)'는 로저스의 실현경향성(actualizing tendency)에 영향을 주었다. 로저스는 1942년에 『카운슬링의 이론과 실제(Counseling and psychotherapy)』를 발간하고 이 새로운 심리치료 접근방법을 제시하였다. 즉, 당시에 정신분석상담과 행동주의상담이 심리치료 분야에서 중요한 영향력을 행사하고 있었는데, 그 두 이론은 치료자중심의 지시적인 상담이었다. 그런데 로저스는 『카운슬링의 이론과 실제』에서 상담자가 허용적이고 통제하지 않는 온화하고 자유로운 분위기를 형성하면 내담자는 스스로 자기 자신을 실현하게 된다는 것을 제시하였다. 그는 이러한 자신의 접근을 '비지시적 상담(non-directive counseling)'이라고 불렀다.

로저스는 1951년에『내담자중심치료(Client-centered therapy)』를 출판했다. 그는 이 책에서 비지시적 상담을 내담자중심상담(client-centered therapy)으로 변경하였다. 이는 부정적이고 소극적 명칭인 비지시적 상담 대신 내담자 자신 안의 성장 유발적 요인들을 강조하기 위함이었다.

로저스는 그 후『진정한 사람되기(On becoming a person)』(1961),『인간 대 인간(Person to person)』(1967),『학습의 자유(Freedom to learn)』(1969)를 출판하며, 이 책들에서 인간의 가치를 강조하였다. 그리고 자신의 내담자중심상담이론을 우선 교육학적 분야에 적용하였다. 그는 또한 1968년에 인간연구센터(The Center for Studies of the Person)를 설립하고 인간의 주관적 경험의 본질적 가치와 상담자와 내담자의 인간관계 속에 이루어지는 치료과정에 대해 깊은 관심을 가졌다. 그래서 이때의 로저스 상담이론은 경험중심상담(experience-centered psychotherapy) 또는 과정중심상담(process-centered psychotherapy)으로 불린다(Hong, 1994).

로저스는 1970년대 이후 자신의 상담이론을 심리치료나 교육학에만 머물게 하지 않고, '인간중심이론(Person-Centered theory)'이라 명명하여 이를 인간 삶의 전 영역에서의 인간관계에 적용하였다. 그러한 시도는『참만남집단(Carl Rogers on encounter groups)』(1970),『인간중심적 접근(A person centered approach)』(1975),『인간의 힘에 대한 칼 로저스의 견해(Carl Rogers on personal power)』(1977) 등의 책으로 출판되어 결실을 맺었다.

로저스는 노년기에 자신의 인간중심이론을 세계공동체가 직면한 문제 해결을 위해 적용하고자 시도하였다. 1980년에『칼 로저스의 사람-중심상담(A way of being)』이라는 책을 출간하고 이 책에서 미래세계에 대한 강한 비전을 제시하였으며, 영적이고 정치적인 쟁점들에 대해 관심을 보였다(김형태, 2005).

2. 인간관

로저스는 인간을 긍정적으로 보았다. 인간은 태어나면서부터 자기실현경향성, 즉 자기실현을 하고자 하는 욕구와 자기실현을 할 수 있는 잠재능력을 가지고 태어난다고 보았다. 따라서 상담자의 역할은 바로 내담자가 가진 이 자기실현경향성을 잘 계발하도록 돕는 것이라고 보았다. 그래서 내담자로 하여금 충분히 기능하는 인간, 즉 자기실현인이 되도록 돕는 것이다.

3. 주요 개념

1) 필요충분조건 '만일 ~라면 ……이다'

인간중심상담은 '만약 ~라면 ……이다' 이론이라고 볼 수 있다. 즉, 내담자에게 만약 ~조건이 주어진다면 내담자에게 ……과정이 따를 것이고, 그 과정을 통하여 내담자의 성격과 행동에 변화가 일어나 결국 자기실현인이 된다는 것이다. 여기서 '만약 ~라면'이라는 조건은 인간중심적 환경을 말하고, 이는 상담자의 인간중심적 태도를 통하여 상담자가 내담자와 촉진적 관계를 맺음으로써 형성된다는 것이다. 로저스(1957)는 이 '만약 ~라면'이라는 조건을 '치유적 인격변화의 필요충분조건'이라고 하였다(박성희, 2014).

2) 자기실현경향성

로저스는 모든 인간은 본성적으로 자기를 보전 · 유지하고 향상시켜서 마침내 자기를 실현하고자 하는 성향, 즉 자기실현경향성을 가진다고 보았다. 이 성향은 인간 유기체를 유지하고 고양시키는 힘으로, 외부의 통제 없이 자유로운 분위기만 형성되면 촉진된다고 보았다.

따라서 상담자는 내담자가 가진 자기실현경향성을 잘 계발하도록 돕는 자라고 보았다. 즉, 상담자는 인간중심적 관계와 환경 형성을 통해 내담자로 하여금 자기탐색을 하도록 하여 내담자가 자신이 어떤 자기실현경향성을 가지고 있는지 발견하도록 돕고, 그 발견한 자기실현경향성을 잘 계발하도록 촉진해 주어야 한다는 것이다. 그리고 그렇게 계발한 자기실현경향성을 적극 활용하여 자기실현적 삶을 살도록 도와주고 촉진해 주어야 한다는 것이다.

3) 충분히 기능하는 인간

충분히 기능하는 인간(fully functioning person)은 최적의 심리적 적응, 최적의 심리적 성숙, 완전한 일치, 경험에 대한 완전한 개방이라는 특징을 가진다. 이러한 사람은 자유롭고, 과정 지향적이며, 계속적으로 변화하는 사람이다. 인간중심상담의 목표가 바로 이 충분히 기능하는 인간이다.

4) 자기와 경험 간의 불일치

인간은 유기체적 존재로서 긍정적 존중에 대한 욕구와 공감적으로 이해받고 진실되게 대우받고 싶은 욕구가 있다. 이러한 욕구는 기본적으로 긍정적으로 작용하지만, 인간이 자라면서 유기체로서 자신의 경험을 무시하고 타인의 반응을 민감하게 여기게 된다. 특히, 자신에게 중요한 타인인 경우 그의 가치체계를 그대로 받아들이게 되고, 그것이 자기개념이 형성되는 데 기초가 되기도 한다. 이렇게 타인에 의해 형성된 자기개념은 자신이 유기체로서 느끼고 생각하는 것과 차이가 나게 되는데, 이로 인해 자기개념과 유기체의 경험 간에 불일치가 생긴다. 이렇게 자기와 경험 간에 불일치가 발생하면 자기개념은 유기체적 경험을 부정하게 되고 현실을 왜곡시켜 받아들이게 된다. 또한 이상적인 자기를 만들어 그에 도달하려고 노력하게 되고, 이러한 과정에서 심리적 고통이 발생하게 된다(연문희, 이영희, 이장호, 2008).

4. 상담 과정과 기법

로저스(1951)는 내담자에게 긍정적인 행동 변화나 경험 변화를 촉진하는 상담자의 인간중심적 태도로 '진정성' '긍정적 수용' '공감적 이해'를 들고 있다. 상담자가 이 세 가지 인간중심적 태도를 상담과정에서 적절하게 실천하고 이것이 내담자에게 지각된다면 내담자의 어려운 문제가 긍정적으로 해결된다는 것이다(Tausch & Tausch, 1990).

상담자가 효과적으로 내담자를 상담하려면 먼저 내담자와의 촉진적이고 신뢰성 있는 관계 형성이 필요하다. 내담자와 촉진적이고 신뢰성 있는 관계를 형성하기 위해서 상담자는 내담자와 상담할 때 인간중심적 태도를 가져야 한다. 즉, 내담자에게 진정성을 갖고, 긍정적으로 수용하며, 공감적으로 이해하여야 한다. 이 장에서는 상담자의 진정성, 수용, 공감의 의미, 표현방법, 효과에 대해서 살펴본다.

1) 상담자의 긍정적 수용[1]

(1) 긍정적 수용의 의미

긍정적 수용은 내담자에 대한 상담자의 근본적인 긍정적 태도나 입장을 가리킨다. 학자들은 여러 가지 용어를 사용하여 긍정적 수용에 대해 언급하고 있다. 무조건적 긍정적 인정(Rogers, 1942), 가치 인정, 무조건적 수용(Rogers, 1951), 수용과 받아들임(Gordon, 1977; Schubert, 1973), 내담자의 조건 없는 긍정적 찬성(Bierkens, 1973), 존중과 향함, 따뜻함과 향함(Pongratz, 1973), 제한 없는 인

---

1) 이 부분은 홍종관(2004)의 「상담자의 '긍정적 수용'에 관한 연구」(대구교육대학교 초등교육연구논총 20, 239-251)에서 발췌하여 이 책에 맞게 재편집한 것이다.

정과 가치 인정(Minsel, 1974), 긍정적 감정의 의사소통(Grassner, 1975), 따뜻함 (Goldstein, 1977), 감정적 승인과 무조건적인 인정(Pfeiffer, 1977), 감정적 참여와 조건에 얽매이지 않는 수용(Pfeiffer, 1977), 존중(Egan, 1979; Schubert, 1980), 긍 정적 가치 인정과 감정적 따뜻함(Binder, u.a., 1979; Hoffmann u.a., 1981), 조건 에 얽매이지 않는 긍정적 가치 인정(Hacknez, u.a., 1982), 감정적 향함(Bommert, 1987), 무조건적인 인정(Krone, 1988), 무조건적인 가치 인정(Biermann-Ratjen, u.a., 1989), 존중, 따뜻함, 보살핌(Fleischer, 1990; Tausch & Tausch, 1990), 받아들 임과 가치 인정(Weber, 1994) 등이 그중 일부다(홍종관, 2004 재인용).

이러한 여러 가지 개념을 정의적 측면과 인지적 측면으로 정리해 볼 수 있 다. 즉, 정의적 측면에서 긍정적 수용은 상담자의 내담자를 향한 감정적인 따뜻 함, 즉 온정적인 것을 말하고, 인지적 측면에서 긍정적 수용은 상담자가 내담자 의 가치를 무조건적이고 긍정적으로 인정하고 존중하는 것을 말한다(Alterhoff, 1994). 이를 좀 더 세분화하면 온정과 보살핌, 그리고 존중과 무조건적임으로 나 누어 생각할 수 있다(Hoeder, 1994).

① 온정과 보살핌

상담자의 긍정적 수용은 정의적 측면에서 온정과 보살핌이라는 의미를 갖는 다. '온정'이라 함은 상담자가 내담자에게 따뜻한 마음을 갖는 것을 말한다. 이 온정은 언어보다는 상담자가 풍기는 분위기를 통하여 내담자에게 전달된다. 즉, 우정 어린 표정으로 따뜻한 상담 분위기를 만들고, 등을 두드리거나 가슴에 안음으로써 내담자를 위로할 수 있다. 이 모든 것이 가식적이지 않고 상담자의 실제적인 감정과 일치할 때 내담자는 상담자로부터 따뜻함을 느낀다.

'보살핌'은 상담자가 내담자가 가능한 한 행복해지기를 원한다는 것의 표현이 다. 즉, 상담자는 내담자의 필요나 욕구를 충족시켜 주고자 노력한다. 예를 들 면, 내담자가 필요 없이 기다리지 않도록 한다. 만약 내담자가 기다려야 한다면 상담자는 그에게 읽을거리를 주거나 마실 것을 준다.

② 존중과 무조건적임

상담자의 긍정적 수용은 인지적 측면에서 존중과 무조건적이라는 의미를 갖는다. 내담자에 대한 상담자의 '존중'은 다음 두 가지 측면에서 나타난다(Hoeder, 1994). 첫째, 상담자는 내담자를 근본적으로 자신과 똑같은 가치를 가진 사람으로 본다. 내담자중심적 상담자는 내담자가 가진 그 어떤 문제로 인해서도 내담자를 경멸하지 않는다. 상담자는 그러한 문제들을 모든 인간의 삶에서 자연스러운 부분으로 생각하여 내담자를 자신과 동일한 가치와 권리를 가진 대화 파트너로 생각한다. 상담자는 자신에게도 어려움이 있고, 실수를 하고, 약점이 있는 사람이라는 것을 항상 기억한다. 상담자는 내담자가 약점만 가진 것이 아니라 장점도 가지고 있음을 잊지 않는다. 상담자는 내담자와 함께 한 책상 앞에 앉고, 상담자의 의자는 내담자의 의자보다 더 안락하고 더 비싼 것이 아니다. 둘째, 상담자는 내담자의 자기결정권을 존중한다. 내담자중심적 상담자는 내담자가 스스로 결정하는 것을 원하고 이를 도와준다. 그는 내담자의 자기결정능력을 존중할 뿐만 아니라 이를 적극 촉진한다.

존중, 온정, 보살핌은 그 어떤 조건에도 매여 있지 않다. 즉, '무조건적'이다. 내담자는 이를 위해 어떤 자격을 갖출 필요가 없다. 내담자중심적 상담자는 내담자에게 "나는 네가 이것을 행하고 저것을 지켜야 너를 좋아할 것이다."라고 요구하지 않는다. 오히려 그는 "나는 네가 너이기 때문에 좋아한다."라고 말한다. 그러나 이것이 상담자가 내담자의 모든 행동과 태도를 좋게 여긴다는 것을 의미하지는 않는다. 만약 내담자가 매우 비사회적이고 폭력적으로 행동한다면 이에 대해서 상담자는 전혀 칭찬이나 동조를 하지 않는다. 이럴 경우, 상담자는 내담자의 특정 행동과 내담자의 인격을 분리하여 그를 근본적으로 존중한다는 것을 분명하게 보여 준다. 즉, 조건 없는 수용과 존중을 동의나 찬성과 혼동해서는 안 된다. 상담자는 내담자와 대화할 때 한 인간으로서의 그와 그의 개별적인 특정한 행동을 구분할 필요가 있다. 상담자는 원칙적으로 내담자를 인간으로서 수용하지만, 그의 개별적인 특정 행위와 행동방식을 거부할 수 있어야 한다.

(2) 긍정적 수용의 표현방법

상담자의 긍정적 수용의 태도를 구체화하기 위한 시도에서 의사소통의 비언어적인 부분 역시 매우 중요하다. 즉, 내담자에게 보이는 상담자의 얼굴표정, 몸짓, 말하는 자세, 목소리 등을 통하여 상담자가 내담자를 정말 긍정적으로 수용한다는 사실이 보다 효과적으로 내담자에게 전달될 수 있다. 따라서 상담자는 비언어적 의사표현에도 숙달되어야 한다.

베버(Weber, 1994)는 상담자가 내담자를 긍정적으로 수용하기 위해서 다음 사항들을 유의할 것을 권한다.

첫째, 상담자는 자기경험 집단이나 개인상담을 통해 먼저 자기 자신을 수용하고 존중하는 것을 배워야 한다. 즉, 자신의 잠재력과 한계, 장점과 단점, 밝은 면과 어두운 면, 능력과 무능력이 무엇인지를 객관적으로 이해하고, 자신을 있는 그대로 수용하며, 또한 자신을 있는 그대로 개방하는 훈련을 쌓아야 한다. 왜냐하면 상담자가 자신을 있는 그대로 수용하고 개방할 수 있을 때 상담자는 마찬가지로 내담자를 있는 그대로 수용할 수 있으며, 내담자가 있는 그대로의 자신을 개방할 때 보다 긍정적으로 수용할 수 있기 때문이다.

둘째, 상담자는 물론 개인적인 가치척도와 윤리적 규범, 평가기준을 가질 수 있다. 그러나 상담에서 내담자를 긍정적으로 수용하기 위해서는 자신의 가치척도가 주관적이라는 사실과 시간, 장소, 대상에 따라 자신의 가치척도가 달라질 수 있음을 인정해야 한다. 그는 내담자에게 자신의 가치척도를 강요하지 않아야 한다.

셋째, 상담자는 부드러운 얼굴표정과 몸짓을 통해 존중과 친절을 표현할 수 있다. 그리고 다정하고 따뜻한 목소리를 통해서 이를 표현할 수 있다. 이처럼 상담자는 비언어적 의사표현에도 능숙해야 한다. 즉, 상담자는 신체적 언어 사용을 적극 활용할 수 있어야 한다.

넷째, 상담자가 내담자의 특성과 행동방식을 받아들이기가 힘들 경우 그것은 자신의 자기보호와 자기방어에서 기인한 것일 수 있다. 그러므로 상담자는 이를 알고 신중하게 그것을 다루기 위해 자신의 무의식적 자기보호와 자기방어를 인식하고 수용하려고 노력해야 한다.

다섯째, 상담자는 내담자 개인의 있는 그대로의 상태, 완전히 개인적인 삶의 길, 그의 자유와 종속, 상이함에 대한 경이로움 등을 깊이 존중해야 한다. 즉, 상담자와 내담자는 다른 개성을 가진 존재라는 사실을 인정한다.

여섯째, 상담자는 내담자와의 관계에서 정신분석학에서 말하는 전이가 작용할 수 있음을 인정하고, 이에 근거하여 내담자를 수용하고 존중할 수 있어야 한다. 내담자는 자신의 경험과 유년 시절에서 유전된 태도를 상담자에게 옮겨 올 수 있다. 결국 내담자는 상담자를 독립된 개인으로 생각하지 않고 자신이 유년 시절에 경험했던 어떤 사람으로 오인할 수 있다. 상담자가 이것을 유념한다면 그는 내담자의 공격 또는 불안과 회의를 더 잘 수용할 수 있다.

일곱째, 수용과 존중을 할 때 상담자는 진실해야 한다. 상담자는 내담자를 수용할 때 자신의 한계점을 인정하며 모든 것을 받아들일 수 없다는 사실을 수용해야 한다. 상담자가 내담자가 가진 면을 수용할 수 없을 경우에는 그 점을 솔직하게 표현해야 한다. 예를 들면, "나는 많은 점에서 너를 인정할 수 있다. 그리고 나는 너와 함께 공동으로 이 문제를 해결할 방법을 찾고 싶다. 그러나 너의 이러한 점을 수용하고 인정하는 것이 나에게는 어렵게 여겨진다."라고 말할 수 있어야 한다. 만일 상담자가 내담자를 원칙적으로 수용할 수 없고 존중할 수 없다면 차라리 그 자리를 물러나는 편이 낫다.

여덟째, 상담자는 내담자와 대화할 때 종종 '그러나'라는 단어로 표현을 시작하지 않도록 유의해야 한다. 왜냐하면 그 말 뒤에는 자주 반대와 거부가 숨어 있고 수용과 존중은 거의 없기 때문이다.

아홉째, 상담자는 긍정적 수용이 다른 두 가지의 인간중심적 태도와 함께 동시에 행해질 때 효과가 있음을 알고 이를 위해 적극 노력해야 한다. 예를 들면, 상담자는 내담자의 진술을 공감적으로 이해하고 이를 언어화함으로써 내담자에 대한 긍정적 수용을 더욱 효과적으로 보여 줄 수 있다는 것을 알아야 한다.

(3) 긍정적 수용의 효과

상담자가 내담자를 온정적으로 보살펴 주고 존중하며 무조건적으로 대할 때 이러한 상담자의 태도와 행동이 내담자에게 어떠한 영향을 미치는가? 상담자의 내담자에 대한 온정과 보살핌, 그리고 존중과 무조건적임의 효과는 다음 세 가지로 요약해 볼 수 있다(Hoeder, 1994).

① 좋은 감정, 더 나아진 기분

많은 내담자의 정신적 질환은 그들이 수년 동안 존중, 온정, 그리고 보살핌에 대한 욕구를 충족시키지 못한 데에서 발생했다. 상담자의 내담자에 대한 존중, 온정, 그리고 보살핌은 내담자에게 긍정적인 감정을 갖게 해 준다. 내담자를 지도할 때 이를 반복함으로써 내담자는 상담이 종료된 후에도 계속 더 나아진 기분을 가지게 된다.

② 자기존중감 증진

적응 문제를 가진 대부분의 내담자는 낮은 자기존중감을 가지고 있다. 그들은 자신을 너무 약하고, 너무 어리석으며, 너무 못생겼다고 생각한다. 이러한 열등감은 그들이 다른 사람들로부터 자주 그렇다고 들었기 때문이다. 그들이 열등감을 갖게 된 이유가 이처럼 다른 사람들의 부정적인 평가로 인한 것이라면 그들이 다른 사람들로부터 존중, 온정, 그리고 보살핌을 받는다면 열등감이 사라지고 자신을 가치 있는 존재로 여기게 되는 일도 가능할 것이다. 여기서 '자기를 존중한다'는 것이 자기를 훌륭하게 생각하고 자기애에 빠지는 것을 의미하는 것이 아니다. 오히려 자기존중감을 갖는다는 것은 내담자가 자신의 약점을 정확히 보고 수용하며 이를 고쳐 나가고자 노력하는 것을 의미하며, 특히 자신의 약점만을 보지 않고 자신의 장점을 보고 이를 더욱 발전시키고자 적극적인 자세를 갖는 것을 말한다. 상담자가 내담자를 있는 그대로 긍정적으로 수용하면 내담자도 자신을 긍정적으로 수용하여 자기존중감이 증진된다.

③ 가면의 제거

타인에게 자신의 좋은 면만을 보이고자 하는 사람은 많은 어려움에 직면하게 된다. 그는 다른 사람이 자신을 보지 못하도록 숨겨야 하며, 그로 인해 타인과 거리감을 가지게 된다. 그러나 그가 자신을 있는 그대로 수용한다면 자기 자신을 타인에게 개방하기가 쉬워진다. 그는 자신을 방어하기 위해 자신의 에너지를 쓸데없이 소비할 필요가 없어진다. 상담자가 내담자를 있는 그대로 수용하면 내담자 또한 자신을 있는 그대로 수용하고, 있는 그대로의 자신을 상담자에게 개방하게 된다. 내담자는 자기를 방어하기 위해 가면을 쓸 필요가 없어진다.

2) 상담자의 공감적 이해[2]

(1) 공감적 이해의 의미

공감적 이해는 문헌에서 다음과 같이 여러 가지 개념으로 나타난다. 감정이입(Goldstein, 1977; Hoffmann, 1981; Rogers, 1942, 1951), 제한 없는 경청(Rogers, 1951), 반영(Schmid, 1973), 감정에 대한 반영 혹은 반사(Lattke, 1973; Minsel, 1976), 내담자의 감정적 경험 내용의 언어화(Geissler, 1988; Gerbis, 1977; Pongratz, 1973; Tausch & Tausch, 1990), 적극적 경청(Gordon, 1977), 공감적 이해 그리고 그의 언어화(Schmid, 1989, 1994), 공감적인 경청(Egan, 1990), 공감적인 평가하지 않는 이해(Fleischer, 1990; Tausch & Tausch, 1990), 적극적인 감정이입(Egan, 1990), 반영하는 방법(Weber, 1994) 등이다(홍종관, 2002 재인용).

공감적 이해는 다음과 같은 두 가지 측면에서 살펴볼 수 있다. 첫째는 공감적으로 이해하는 것 혹은 자신이 다른 사람의 입장에 서는 것에 관한 것이고, 둘째는 공감적으로 이해한 것을 전달하는 것에 관한 것이다. 즉, 공감적 이해란 상담자가 내담자의 입장에서 공감적으로 이해할 뿐만 아니라 상담자가 공감적으로 이해한 것을 내담자에게 전달해 줌으로써 내담자는 상담자로부터 공감적으로

---

2) 이 부분은 홍종관(2002)의 「상담자의 '공감적 이해'에 관한 연구」(대구교육대학교 논문집 37, 211-228)에서 발췌하여 이 책에 맞게 재편집한 것이다.

이해받고 있음을 느낄 수 있도록 하는 것을 의미한다. 이 두 가지 측면에서 좀 더 상세하게 살펴보면 다음과 같다.

① 공감적으로 이해하기

공감적으로 이해한다는 것은 상담자가 자신을 내담자 입장에 놓음으로써 그의 내면세계로부터 그를 공감하고 이해하는 것을 말한다. 즉, 상담자가 내담자의 개인적인 세계를 마치 자신의 것처럼 느끼고 이해하는 것을 말한다. 그러나 이때 상담자는 내담자와 자신을 동일시하지는 않는다. 내담자중심적 상담자의 가장 큰 특징 중의 하나는 내담자를 공감적으로 이해하고자 노력한다는 것이다. 그는 내담자의 내면세계를 알고 싶어 한다. 그는 기꺼이 내담자의 입장에서 그와 그의 경험을 이해하고 공감하고자 한다. 즉, 내담자는 그의 문제를 어떻게 지각할까, 내담자는 자신을 한 인간으로서 어떻게 지각할까, 내담자는 그가 경험하는 것에 어떠한 의미를 부여할까 등의 질문을 던지면서 내담자 내면으로의 탐구 여행에 동반자가 되기를 원한다.

세상을 지각하고 지각한 것을 평가하며 또한 그 평가에 따른 행동은 사람마다 모두 다르다. 왜냐하면 사람은 외부의 객관적인 현실에 반응하는 것이 아니라 그가 지각한 주관적인 현실에 반응하기 때문이다. 사람은 오직 지각을 통해서 이 세계를 알 수 있고 현실이란 그가 지각하고 믿는 내용일 따름이다. 따라서 사람이 지각한 현실만이 유일한 현실이다. 그의 과거에 주어진 기회와 얻어진 경험에 의해서 지각되도록 학습된 것이 바로 존재하는 것이다. 이러한 현상학적 지식은 상담자로 하여금 내담자의 행동을 이해하고 그를 돕는 데 큰 도움이 된다. 즉, 내담자의 행동이 그 자신의 지각에 의해 결정된다면 그의 행동을 이해하고 돕기 위해서 상담자는 내담자와 그의 주위 환경에 대하여 잘 아는 것보다 내담자의 입장에서 그를 지각하고, 내담자가 지각하는 방식으로 그의 세계와 경험을 지각하는 것이 더 중요하다.

② 공감적 이해 전달하기

내담자와 상담할 때 상담자가 내담자의 말을 열심히 경청하는 것만으로는 효과적인 상담을 할 수 없다. 상담자는 경청하면서도 한편으로는 그가 들은 것이 정말 내담자가 말하고자 하는 것인지를 점검해야 한다. 또 다른 한편으로 내담자는 상담자가 경청을 하고 이해를 하는지, 아니면 다만 앉아서 고개만 끄덕거리고 있는지를 알 수 있도록 해야 한다. 이를 위해 상담자는 그가 내담자로부터 이해한 바를 즉시 전달해야 한다. 효과적인 전달을 위해서 상담자는 먼저 내담자의 말 중에서 '느낌표가 세 개 붙은 곳', 즉 내담자에게 있어 가장 깊은 감정이 묻어 있는 곳이 어느 곳인가를 파악해야 한다. 그리고 이 부분을 바꾸어 말하기, 명료화, 해석의 방식으로 반영해 준다. 이때 상담자의 표현이 내담자의 표현과 똑같은 반복이 되지 않도록 해야 한다.

베버(1994)는 공감적 반영의 내용으로 감정과 정서의 반영, 소망과 목표의 반영, 가치기준과 평가의 반영을 제시하면서 공감적 반영과 전달을 할 때 이것들의 순서가 중요하다고 지적하였다. 즉, 가치기준과 평가의 반영보다는 소망과 목표의 반영이, 그리고 소망과 목표의 반영보다는 감정과 정서의 반영이 먼저 이루어져야 한다는 것이다. 왜냐하면 상담자는 내담자의 인지적인 문제에 우선하여 상한 감정을 공감적으로 이해하고 이를 전달함으로써 신뢰성 있는 인간관계를 맺을 수 있고, 이런 관계를 바탕으로 내담자가 정서적으로 안정을 느낄 때 자신의 문제를 보다 객관적이고 정확하게 볼 수 있기 때문이다.

(2) 공감적 이해의 표현방법

상담자의 공감적 이해를 구체화하기 위한 시도에서는 의사소통의 비언어적인 부분을 중시하는 긍정적 수용과 달리 언어적 부분이 중요하다. 즉, 상담자는 내담자를 어떤 점에서 이해하고 공감하는가를 언어적으로 표현하여 상담자의 공감적 이해를 구체적이고 직접적으로 전달해야 한다. 상담자가 내담자를 공감적으로 이해하고 이를 전달하기 위해서는 다음과 같은 공감반응 공식을 이용하는 것도 좋다. 즉, "(핵심내용) 때문에, (핵심감정) 하구나!"와 같이 상담자는 정확한 공감을 전달하기 위해 다양한 감정낱말을 알고 있어야 한다.

진정한 공감적 이해를 위해서 상담자는 내담자가 말하는 것을 정확히 경청하고 내담자가 지각하는 그의 내면세계에 주의를 집중해야 한다. 이를 위해 상담자는 이때 자신의 개인적인 생각, 경험, 느낌을 가능한 한 갖지 않아야 한다. 상담자는 우선 들은 것과 지각한 것에 대하여 생각하지 말아야 한다. 또한 상담자가 듣고 지각한 것을 전문적으로 분석하고 평가하려 하지 말아야 한다. 상담자는 자신의 생각, 느낌과 평가를 일단은 옆으로 제쳐 두고 먼저 내담자의 입장에서 생각하고 느끼며 지각하고자 노력해야 한다. 상담자는 내담자의 말에만 집중하지 말고 말과 말 사이의 침묵, 목소리, 얼굴표정에 나타나는 것들에도 주의를 집중해야 한다.

박성희와 이동렬(2001)은 공감적 이해력을 높이기 위해서는 먼저 정확한 이해가 중요함을 강조하였다. 이들은 정확한 이해를 위한 전략으로 '핵심 용어와 낱말 이해' '고유논리의 이해' '습관언어의 이해' '감각언어 통로의 이해' '주의집중 행동을 통한 이해' 등을 제시하였다. 박성희(2001a)는『동화로 열어가는 상담 이야기』에서 공감적 이해, 수용, 진정성을 연습할 수 있는 동화 자료들을 제시하고 있다.

상담자의 공감적 이해를 위해 알터호프(Alterhoff, 1994)는 다음과 같은 유의할 점을 제시하였다.

첫째, 상담자는 무엇보다 내담자의 감정에 주의집중한다.

둘째, 공감적 이해를 전달할 때에는 가능한 한 구체적이고, 시각적이며, 짧고 정확하게 한다.

셋째, 상담자는 그가 공감적으로 이해한 바를 전달할 때 그것은 항상 단지 가정 혹은 내담자의 감정에 가까운 것일 뿐이라는 사실을 염두에 두어야 한다.

넷째, 상담자는 그가 공감적으로 이해한 바를 내담자에게 가능한 한 자주 전달한다.

다섯째, 상담자는 내담자의 감정을 가능한 한 직접 다룬다.

여섯째, 상담자는 순간적이고 현재적으로 경험하는 것, 즉 지금-여기의 내담자의 감정을 전달하여야 한다.

베버(1994)는 상담자가 내담자를 공감적으로 이해하기 위해 유의할 점으로 다음의 사항들을 권하였다.

첫째, 상담자는 자기경험 집단이나 개인치료 등을 통해서 자기 자신의 감정과 소망, 그리고 가치척도를 지각하고 언어화하는 것을 배워야 한다. 상담자가 자기 자신에게 공감과 언어화를 실제로 행할 수 있을 때에만 그것을 내담자에게도 역시 효과적으로 행할 수 있기 때문이다.

둘째, 상담자는 무엇보다도 내담자의 내적 경험의 세계를 반영해야 한다. 즉, 감정이 강조된 주장, 소망과 목표, 가치척도와 평가, 또한 윤리적 규범, 양심, 초자아, 어른으로서의 나를 반영한다.

셋째, 상담자는 가능한 한 모든 중요한 내담자의 의견을 구체적으로 언어화하여 전달하고자 노력해야 한다.

넷째, 상담자는 짧게 반영해야 한다. 쓸데없이 장황한 언어화는 내담자의 생각 표현을 방해하고 이해를 어렵게 하기 때문이다.

다섯째, 상담자는 구체적으로 반영해야 한다. 이때 일상적이고 분명한 언어가 유용하다. 추상적인 언어는 종종 이해할 수 없고 구속력이 없으며, 보편적이고, 내담자로 하여금 추상적으로 이야기하게끔 부추긴다.

여섯째, 상담자는 공감적 반영을 할 때 무엇보다도 내담자가 그때 경험하고 느낀 것에 집중해야 한다. 내담자가 과거의 경험에 대해 이야기할 때 상담자는 어떤 감정들이 그의 마음속에 일어나는지 내담자와 함께 생각해 내고자 해야 한다.

일곱째, 상담자는 자신의 언어화가 피상적으로 흐르지 않고 단순히 반복되지 않도록 유의해야 한다. 또한 상담자는 내담자와는 다른 단어를 사용하고 무엇보다도 동의어와 반의어로 표현한다. 또는 내담자의 진술 뒤에 숨어 있는 것을 언어화한다.

(3) 공감적 이해의 효과

내담자가 상담자를 공감적이고 이해심이 많은 자로 경험하게 되면 내담자에게 많은 긍정적 변화가 나타나게 된다. 이러한 공감적 이해의 효과를 다음과 같은 세 가지 측면에서 살펴볼 수 있다.

① 좋은 감정

인간은 타인이 자신을 이해해 줄 때 즐겨 이야기한다. 이는 그가 정신적인 위기에 있을 때 더욱더 그렇다. 또한 그 이해가 깊고, 자신에게 개인적으로 아주 중요한 것에 관한 것일수록 더욱 그렇다. 인간이 불행해지고 우울해지며 두려움을 느낄 때 타인으로부터 전혀 이해받지 못할 감정, 생각, 그리고 행동을 취하게 된다. 이로 인해 그는 타인으로부터 더욱 이해받지 못하게 됨으로써 더욱 우울해지고 두려움에 빠지게 된다. 그러나 이때 드디어 자신을 이해해 주는 상담자를 만난다면 그 기쁨은 말로 표현할 수 없을 정도로 커진다. 많은 내담자가 이때 깊은 외로움으로부터의 해방감을 느낀다. 내담자는 상담자에게 감사하게 되고, 그를 신뢰하게 된다.

이러한 좋은 감정은 다음과 같은 중요한 의미가 있다. 첫째, 자기개방을 촉진한다. 둘째, 스트레스적인 감정을 해소시킨다. 셋째, 안정적인 분위기를 만든다. 넷째, 새로운 평가를 가능하게 한다. 다섯째, 활동적이 되게 한다. 여섯째, 사람들과의 교제를 가능하게 한다. 일곱째, 자율신경계를 통하여 신체에까지 좋은 영향을 준다.

② 자기탐색

공감적 이해와 이의 전달을 통하여 내담자는 자신에 대하여 탐색하기 시작한다. 즉, 자신이 타인에 의해 이해되는 것을 통하여 내담자 자신도 자신에 대하여 생각하게 된다. 내담자는 자신의 감정과 정서, 소망과 목표 등을 탐구한다. 그는 거울 속에서처럼 자신을 보고 연구할 수 있다. 내담자는 자신을 점점 더 개방하게 되고, 마침내 자신에 대한 이야기를 더 많이 하게 된다. 내담자는 자신에 관한 이야기를 함으로써 이완과 해소를 경험하고, 자신의 감정을 왜곡시키지 않고 수용하게 된다. 내담자는 이미 상담자에게 두려움이나 부담감을 갖지 않기 때문에 자신의 문제를 상세히 전달할 수 있다. 내담자는 그의 모든 진술과 함께 이해되고 수용됨을 느끼고 또는 잘못 생각한 것을 수정할 수 있다. 내담자는 자기 자신과 문제의 본질에 대해 더 많이 이해하게 된다. 내담자는 점점 강도 깊게 자기 자신의 주관적인 체험으로 향한다. 왜냐하면 그는 점점 더 자신에게 책임을 느끼기 때문이다. 내담자는 자신의 문제 해결을 다른 사람에게 맡기는 것을 포기한다. 스스로 하지 않으면 안 된다는 확신이 자라는 것이다. 내담자는 "내가 직접 하도록 나를 도와주시오."라고 말한다. 내담자는 자신을 상담과정에서 상담자와 권리가 같은 협력자로 느낀다. 내담자는 자신의 인격의 구조적인 변화를 발견한다. 내담자의 자기탐색에 대한 이러한 공감적 이해의 촉진적인 효과는 매우 큰 의미를 가진다. 왜냐하면 자기탐색의 정도는 내담자의 건설적인 변화와 밀접한 관계가 있기 때문이다.

③ 상담자 보호

상담자가 내담자를 공감적으로 이해할 때 내담자에게만 이와 같은 긍정적 효과가 있는 것이 아니다. 상담자가 내담자를 공감적으로 이해하고 이를 내담자에게 전달한다면 그것은 상담자가 체계적인 경청을 실제로 행하는 것이고, 내담자를 포용적으로 받아들이고 존중하는 것이며, 내담자가 더 많은 진정성과 일치성, 더 많은 자기활동과 자기책임, 더 많은 자기탐구와 자기치료를 얻도록 도와주는 것이다. 특히 상담자가 내담자를 공감적으로 이해할 때 상담자는 내담자와 내담자의 문제를 보다 객관적이고 정확하게 볼 수 있게 된다. 즉, 상담자가 내담자의 입장에서 내담자의 문제와 그의 감정을 보면 상담자 입장에서만 보는 주관적이고 편협된 것으로부터 자신을 보호하게 된다. 또한 공감적 이해를 통해 상담자는 자신이 내담자와 동업자처럼 일한다는 사실을 표현할 수 있다.

3) 상담자의 진정성[3]

(1) 진정성의 의미

진정성의 개념에 대한 많은 정의가 있다. 진실성, 일치성 혹은 자기일치 (Biermann-Ratjen u.a., 1989; Binder u.a., 1979; Bommert, 1987; Rogers, 1942, 1951, 1983; Schmid, 1989, 1994; Tausch & Tausch, 1990; Weinberger, 1990), 투명성 (Rogers, 1942, 1951, 1983), 순수성 혹은 순순하게 존재하기(Rogers, 1951), 참존재, 참 대면하기(Pfeiffer, 1979; Rogers, 1951; Vossen, 1975), 순수성, 개방성(Barton, 1979; Pongratz, 1973), 행동의 통일성(Minsel, 1974), 신호일치(Graessner, u.a., 1975), 진실하기-가면 없이 존재하기(Fleischer, 1990; Tausch & Tausch, 1990), 상담자의 자기전달(Egan, 1990) 등이다(홍종관, 2005 재인용).

진정성은 두 가지 측면에서 살펴볼 수 있다. 첫째, 개인적이고 내면적인 경험 내용에 대한 의식적인 지각이라는 측면, 둘째, 적절한 의사소통, 즉 그러한 경험 내용의 적절한 표현이라는 측면이다. 한 인간에게 있어 이 두 가지 측면이 일치할 때 그는 진정성과 일치성을 가진다고 본다. 즉, 한 개인의 내면적 경험과 개인적 경험의 의식적인 지각, 그리고 그의 의사소통적인 표현이 서로 일치할 때 이를 진정성 혹은 일치성이라고 한다(Alterhoff, 1994). 자기일치는 내적 체험(여러 가지 감정, 소망, 가치관)과 외적 행동의 조화와 일치를 의미한다. 또한 자기일치는 비언어적인 표현과 언어적인 표현과의 일치를 의미한다. 깊은 내적 경험은 매우 직접적으로 즉시 비언어적 행동, 즉 얼굴표정, 몸짓, 목소리의 상태로 표현된다. 진실되지 못한 사람은 비언어적인 행동과 언어적인 표현이 일치하지 않는다. 즉, 그의 '어떻게'는 그의 '무엇'과 일치하지 않는다.

(2) 진정성의 표현방법

진정성의 본질적인 범주는 상담 중에 행해지는 표현행동의 다양한 요소 사이

---

3) 이 부분은 홍종관(2005)의 「상담자의 '진실성'에 관한 연구」(인하대학교 교육연구 11, 597-617)에서 발췌하여 이 책에 맞게 재편집한 것이다.

의 일치성을 말한다. 이때 일치성은 내담자에 의해 지각될 수 있어야 한다. 상담자는 상담과정에서 자신의 개인적인 느낌과 생각의 개방을 통하여 자신의 자기일치성을 나타낸다. 그렇다고 해서 상담자가 자신의 모든 감정과 생각을 아무런 생각 없이 마구 표현해야 한다는 것을 의미하지는 않는다. 상담자는 자기개방의 범주를 자신과 내담자의 관계에서 중요하다고 생각되는 경험 내용으로 제한한다. 내담자는 상담자의 모든 표현이 그의 진정한 체험의 솔직한 표현인 것을 알게 된다. 만약 상담자가 자신에 관한 어떤 것을 이야기할 때에는 항상 그것을 자신의 감정과 주관적인 경험으로서 표현한다. 상담자는 이것을 객관적인 가치의 요구를 충족시키는 형태로 하지 않는다. 만약 상담자가 자신의 내면적 경험에 대한 표현을 개방적으로 한다면 그는 그것이 자신의 개인적인 피드백임을 내담자가 알 수 있도록 표현한다.

상담자는 내담자에게 정말 도움이 되는 다음과 같은 경우에 자기를 개방한다.

첫째, 상담자는 상담이 끝날 무렵에 격려가 되는 생각과 느낌을 이야기한다. 예를 들면, "네가 너의 어려움을 이겨 나가는 것은 나에게 매우 인상적이다." "나는 오늘 너로부터 무엇인가를 배웠다." "오늘 너와 이야기한 것이 너무나 즐거웠다." 등이다.

둘째, 내담자가 물어 올 때 상담자는 답변한다. 예를 들면, 상담자가 어떤 특정한 문제를 어떻게 처리하는지, 상담자는 어떤 특정한 상황에서 어떤 느낌을 받는지, 상담자가 어떤 주제에 대하여 어떻게 생각하는지 등에 대해 내담자가 물어 오면 성실히 대답한다.

셋째, 상담자에게 내담자의 말에 집중하지 못하게 만드는 어떤 생각이나 느낌이 들 때 이것을 내담자에게 말한다. 예를 들면, "나는 아침에 좋지 않은 소식을 들었다. 자꾸 그 생각이 들어서 이것 때문에 너의 이야기에 집중할 수 없구나."라고 말함으로써 내담자는 상담이 조금 다른 길로 간다 해도 이것이 자신에게 문제가 있는 것이 아니라는 것을 알고 불안해하거나 기분 나쁘게 생각하지 않는다.

넷째, 상담자의 감정은 내담자의 행동으로부터 직접 영향을 받게 되고, 이것이 상담자에게 부담이 될 때 상담자는 내담자를 평가하지 않으면서 다음과 같이 내담자에게 이야기할 수 있다. "나는 잘 모르겠다. 무엇 때문인지는 잘 모르지만 나는 너의 앞에서 두려워진다. 나는 위협받는 느낌이 든다." 이때 상담자는 "너는 정말 위협적이다."라고 말하지 않는다. 이렇게 말하는 것은 내담자에 대한 평가이기 때문이다. 설사 그 상황이 다른 상담자에게는 별 문제가 안 되고 다르게 느껴질지도 모르지만 그는 그 두려움이 자신의 감정임을 의식한다.

다섯째, 며칠 동안 계속되는 집단상담이라면 상담자는 자신의 자유시간의 일부를 내담자와 함께 보낸다. 예를 들면, 상담자는 내담자와 함께 식사를 하거나, 놀이를 하거나, 춤을 추거나, 산책을 하거나, 잡담을 한다.

진정성과 자기일치는 상담자와 내담자 사이의 관계에서 매우 결정적인 역할을 한다(Rogers, 1951). 그러나 이 진정성은 배우고 가르치기가 매우 어렵다.

베버(1994)는 상담자가 진정성을 갖기 위해서 다음 사항들에 대해 유의할 것을 권했다.

첫째, 상담자는 공감적 이해와 전달, 그리고 온정과 존중을 통하여 진정성을 증가시킬 수 있다. 즉, 상담자는 자신의 감정적인 체험의 내용을 언어화하고 자신의 감정과 소망을 긍정적으로 수용하는 경험을 통하여 진정성과 자기일치를 더욱 증가시킬 수 있다.

둘째, 상담자는 내담자와 함께 다음과 같은 주제중심적인 상호작용의 중요한 규칙(Cohn, 1980)을 지킴으로써 진정성의 과정을 촉진시킬 수 있다. ① '사람이……' 형식이 아닌 '나는……' 형식으로 이야기한다. ② 개인적인 의견을 말하고 질문 뒤에 숨지 않는다. ③ 방해를 인식하고 이에 대하여 말한다. ④ 신체 신호를 주시하고 이를 언어화한다.

셋째, 상담자는 자신과 내담자에게 있는 방어기제를 인식하고 이를 제거한다. 상담자는 자신이 어떻게, 무엇을 방어하는가, 그리고 무엇을 위하여 이것이 필요한가를 알아낸다. 또한 상담자는 그 방어기제를 제거해야 할지 아니면 그대로 두어야 할지를 조심스럽게 타진한다.

넷째, 상담자는 자신의 신체언어를 더욱 주시하고 자신의 신체가 무엇을 이야기하고 싶어 하는지 알아차림으로써 더욱 진정성을 가지게 된다. 따라서 신체언어를 억누르지 말고 오히려 상담에 적극 이용한다. 이런 의미에서 상담자는 내담자와 대화할 때 자신의 손과 발에 무슨 일이 일어나고 있고, 숨은 어떻게 쉬고 있으며, 목소리는 어떠한지에 관심을 가져야 한다.

(3) 진정성의 효과

자기일치가 되는 상담자에게서 내담자는 그들 사이의 관계에 영향을 줄 어떤 가식적인 것에도 상담자가 얽매여 있지 않음을 확신할 수 있다. 상담자의 자기일치적인 행동은 상담자의 개인적인 내적 경험의 진실한 표출이기 때문에 내담자는 상담자의 모든 표현을 신뢰한다. 내담자는 투명하고자 노력하는 상담자를 들여다 볼 수 있다. 이러한 내담자의 신뢰와 확신은 내담자에게 안정감을 주고, 그래서 두려움 없이 자신을 상담자의 표현에 맡길 수 있게 되고, 자신의 문제를 스스로 탐색할 수 있게 된다.

상담자의 자기일치적인 표현들이 내담자에 대한 상담자의 느낌에 관한 내용일 때 그 표현들은 내담자에게 더 큰 의미를 준다. 왜냐하면 상담자가 내담자 자신을 어떻게 생각하고 어떻게 경험하는지를 내담자에게 분명하게 해 주기 때문이다. 이 표현들은 내담자로 하여금 그가 다른 사람에게 어떠한 영향을 주는지를 알게 해 준다. 이를 통해 내담자는 교실 안과 밖에서 그에게 유용한 자신에 관한 정보를 얻게 된다. 이러한 경험의 획득은 자기일치적인 상담자의 모델 영향을 통하여 더욱 촉진된다. 왜냐하면 인간이 자신의 내면적인 경험 내용을 어떻게 표현할 수 있는가를 상담자가 본보기로 보여 주기 때문이다. 또한 상담자는 수업이나 상담 중에, 아니면 그 후에도 내담자에게 좀 더 깊은 자기탐색을 가능하게 해 주는 행동을 분명하게 보여 주기 때문이다.

진정성의 효과를 정리해 보면 다음과 같다(Hoeder, 1994).

첫째, 진정성은 상담자와 내담자 관계의 기초다. 상담자가 진정성을 가지고 내담자를 어떻게 도울 수 있는가? 상담자의 진정성의 효과는 무엇인가? 로저스

(1951)는 진정성을 세 가지 인간중심적 태도 중에서 가장 중요한 것으로 보았다. 왜냐하면 공감적 이해나 긍정적 수용은 그것이 내담자의 마음으로부터 올 때 그 효과가 극대화될 수 있기 때문이다. 만약 상담자가 내담자를 진정으로 이해하고자 하는 마음 없이 공감적 이해가 하나의 기법으로만 사용될 때 내담자는 쉽게 불안해지고 위협받는다는 느낌을 받는다.

둘째, 불확실성으로 인한 부차적인 스트레스를 주지 않는다. 만약 상담자가 가면을 쓰고 투명하지 않다면 이것은 내담자에게 자신의 문제 외에 또 다른 스트레스를 주는 것이 된다. 내담자는 그의 정신적 문제로 인해 쉽게 스트레스와 상처를 받게 되는데, 상담자가 불투명할 때 내담자는 상담자에 대해 생각하거나, 상담자의 말을 의심하거나, 상담자가 자신을 어떻게 생각하는지를 생각하느라 많은 시간과 에너지를 소모하게 된다. 내담자는 진실되지 못하고 투명하지 않은 상담자와 함께 있는 것을 부담스러워한다.

셋째, 내담자에게 더 많은 신뢰감을 갖게 한다. 내담자는 진실하지 않은 사람을 신뢰하지 못한다. 그리고 이런 사람들에게는 자신을 개방하지 않는다. 정말 중요한 개인적인 이야기를 숨기게 된다. 이로 인해 효과적인 상담을 위한 기초가 사라진다.

넷째, 상담자의 진정성은 내담자의 진정성을 촉진한다. 만약 상담자가 오랜 기간 동안 일관성 있게 내담자를 진실되고 개방적으로 대할 때 내담자도 마찬가지로 상담자에게 진실되고 자신을 개방하게 된다.

다섯째, 상담자의 진정성은 내담자의 자기탐색을 촉진한다. 상담자가 내담자와 관련된 자신의 감정이나 생각을 표현하면 이것은 그들의 관계를 더욱 깊게 해 주고, 이는 내담자로 하여금 자신을 탐색하는 자극이 된다. 예를 들면, 내담자는 다음과 같이 말할 수도 있다. "당신이 나의 말에 그렇게 큰 의미를 부여한 것에 대해 나는 놀랐습니다. 나는 자주 당신이 나의 말을 전혀 받아들이지 않는다고 생각했습니다."

4) 진정성, 수용, 공감의 관계

이 진정성, 수용, 공감이라는 인간중심적 태도들은 함께 행해져야 효과적이다. 진정성은 공감적 이해와 긍정적 수용과 함께 동시에 행해질 때 그 효과가 커진다. 역으로 공감적 이해와 긍정적 수용은 바로 진정성과 함께 행해질 때 그 효과가 극대화된다. 즉, 진정성의 기초 위에 진정한 공감적 이해와 진정한 긍정적 수용의 효과를 나타낼 수 있다. 만약 상담자가 이 인간중심적 태도 중에서 한 가지 태도만 취하고 다른 두 가지 태도를 취하지 않는다면 부정적 영향을 끼칠 수 있다. 예를 들면, 상담자의 진정성만으로는 내담자를 공격적으로 대할 가능성이 있다. 상담자가 그에 관한 것을 내담자에게 솔직하게 이야기한다 하더라도 내담자에 대한 존중과 배려가 없을 때 그것은 내담자에게 불쾌한 감정을 줄 수 있다. 상담자는 그의 개인적인 친밀감과 온정이 내담자에게 진정으로 얼마나 받아들여지는지에 관심을 기울여야 한다. 그렇지 않을 경우 이러한 태도들은 내담자를 압박하는 것이 될 수 있다. 그러므로 상담자는 이 세 가지 인간중심적 태도를 동시에 함께 취해야 하며, 그리할 때 상담의 효과를 극대화시킬 수 있다. 어느 한 가지나 두 가지 태도만으로는 큰 효과를 거둘 수 없다.

알터호프(1994)는 상담자의 인간중심적 태도 간의 관계를 다음과 같이 요약하였다. 첫째, 상담자가 세 가지 인간중심적 태도를 동시에 자주 그리고 드러나게 취할 때 그 효과는 더욱 크다. 둘째, 세 가지 인간중심적 태도의 효과는 내담자로부터 얼마나 구체적이고 깊게 지각되느냐에 의해 좌우된다. 셋째, 세 가지 인간중심적 태도는 각각 나름대로의 특정한 기능을 가진다. 예를 들면, 상담자의 존중과 온정은 내담자의 자기존중감을 촉진하고, 상담자의 공감과 이의 전달은 내담자로 하여금 자신의 경험을 탐색하도록 돕는다. 그러나 이 두 가지 태도의 효과는 상담자의 진정성과 일치성과 만날 때 더욱 효과적이다. 넷째, 세 가지 인간중심적 태도는 상담자의 언어, 행동, 얼굴표정, 몸짓 등과 같은 여러 가지 통로를 거쳐 내담자에게 전달된다. 이때 각 통로로 전달되는 내용이 일치할 때 그 효과가 더욱 크다.

5) 상담자의 인간중심적 태도 수준 평가

상담자는 다음의 '상담자의 인간중심적 태도 수준 평가 설문지'를 통하여 자신이 상담과정에서 얼마나 내담자를 긍정적으로 수용하고, 공감적으로 이해하고, 진정성을 가지고 대했는가를 평가해 볼 수 있다.

상담자의 인간중심적 태도 수준 평가 설문지

〈안내문〉
이 설문지는 상담자의 인간중심적 태도의 수준을 평가해 보려는 것입니다.
다음 문항을 잘 읽고 당신(내담자)이 상담과정 중에 경험한 상담자의 태도가 어떠했는지 솔직하고 정확하게 답하여 주십시오.
우선 문항 하나를 잘 읽고 〈보기〉와 같이 5가지의 평정정도 중에서 당신의 의견과 일치하는 곳에 ○표해 주십시오.

〈보기〉

멸시, 냉정, 무관심						존중, 온정, 관심
문항	1	2	3	4	5	문항
상담자는 내담자를 멸시하고 그에게 무관심하다.		○				상담자는 내담자를 존중하고 그에게 깊은 관심을 갖고 있다.

〈보기에서 평정정도의 의미〉
1 – 매우 멸시적이고, 냉정하며, 무관심하다.　　2 – 약간 멸시적이고, 냉정하며, 무관심하다.　　　3 – 보통이다.
4 – 약간 존중적이고, 온정적이며, 관심이 있다.　5 – 매우 존중적이고, 온정적이며, 관심이 있다.

가. 상담자의 긍정적 수용 수준 평가

멸시, 냉정, 무관심						존중, 온정, 관심
1. 상담자는 내담자를 멸시하고 그에게 무관심하다.	1	2	3	4	5	1. 상담자는 내담자를 존중하고 그에게 깊은 관심을 갖고 있다.
2. 상담자는 내담자를 과소평가하고 못마땅하게 여긴다.	1	2	3	4	5	2. 상담자는 내담자의 진가를 인정하고 그를 기꺼이 맞아 주며 호감을 갖고 있다.
3. 상담자는 내담자에게 불친절하고 무성의하게 대하며 엄격하고 굴욕감을 느끼게 한다.	1	2	3	4	5	3. 상담자는 내담자에게 친절하고 성의 있게 대하며 관대하고 자부심을 갖게 한다.
4. 상담자는 내담자에게 무례하고 쌀쌀맞게 대한다.	1	2	3	4	5	4. 상담자는 내담자에게 예의를 갖추고 따뜻하게 대한다.

5. 상담자는 내담자를 실망시키고 불안하게 한다.	1	2	3	4	5	5. 상담자는 내담자를 격려하고 편안한 마음을 갖게 한다.
6. 상담자는 내담자를 불신한다.	1	2	3	4	5	6. 상담자는 내담자를 신뢰한다.
7. 상담자는 내담자를 위협하고 처벌하며 마음에 상처를 입힌다.	1	2	3	4	5	7. 상담자는 내담자 편에 서 주고 도와주고 위로한다.
8. 상담자는 내담자에게 폐쇄적이고 거리감을 갖게 한다.	1	2	3	4	5	8. 상담자는 내담자에게 개방적이고, 상담자에게 쉽게 가까이 할 수 있게 한다.

나. 상담자의 공감적 이해 수준 평가

전혀 공감적이지 못한 이해와 전달하지 않음			← →			충분한 공감적 이해와 전달
9. 상담자는 내담자의 의사표시에 대해 별 관심을 표하지 않는다.	1	2	3	4	5	9. 상담자는 내담자의 경험 내용과 그 의미를 충분히 이해한다.
10. 상담자는 내담자의 말과 행동 뒤에 있는 느낌과 생각을 이해하지 못한다.	1	2	3	4	5	10. 상담자는 내담자의 말과 행동 뒤의 느낌과 생각을 충분히 이해한다.
11. 상담자는 내담자가 자신에 대해 알고 있는 것과는 아주 다르게 내담자를 알고 있다.	1	2	3	4	5	11. 상담자는 내담자가 자신에 대해 알고 있는 것과 똑같이 내담자를 이해한다.
12. 상담자는 내담자의 내면세계에 대한 자신의 생각이나 느낌을 말하는 것을 꺼린다.	1	2	3	4	5	12. 상담자는 내담자의 내면세계에 대한 자신의 생각과 느낌을 솔직히 말한다.
13. 상담자는 내담자가 느끼고 생각하고 말하는 것에 무관심하고, 그것을 이해하려고 노력도 하지 않는다.	1	2	3	4	5	13. 상담자는 내담자가 느끼고 생각하고 말하는 것에 깊은 관심이 있고, 그것을 이해하려고 노력한다.
14. 상담자는 내담자의 내적 욕구를 간과해 버린다.	1	2	3	4	5	14. 상담자는 내담자의 내적 욕구를 충분히 고려한다.

다. 상담의 진정성 수준 평가

거짓된 위선, 일치하지 않음			← →			진실함, 솔직함, 일치됨
15. 상담자는 자기의 느낌과 생각을 반대로 이야기한다.	1	2	3	4	5	15. 상담자는 자기의 느낌과 생각을 솔직히 이야기한다.
16. 상담자는 꾸미고 조작된 행동을 하며 연극을 한다.	1	2	3	4	5	16. 상담자는 진실되고 자연스럽게 행동한다.
17. 상담자는 관료적, 직업적이며 틀에 박힌 것 같이 행동한다.	1	2	3	4	5	17 상담자는 어떠한 관료적이고 직업적인 태도를 취하지 않는다.
18. 상담자의 몸짓과 어휘에서 번번이 틀에 박힌 것들을 볼 수 있다.	1	2	3	4	5	18. 상담자는 개성적이고, 그 나름대로 다양한 방식으로 태도를 취한다.
19. 상담자는 내담자가 자기의 실제 모습을 알지 못하도록 말과 표정, 몸짓 등으로 자기를 방어한다.	1	2	3	4	5	19. 상담자는 자기의 실제 모습을 인정하며 자신을 투명하게 드러내 보인다.
20. 상담자는 자신의 어떠한 강한 감정과 느낌도 나타내 보이려 하지 않는다.	1	2	3	4	5	20. 상담자는 자신의 모든 감정과 느낌을 솔직히 표현한다.

라. 종합적으로

21. 상담자는 그의 말과 행동이 거짓되며, 내담자 (들을)를 멸시하고, 그(들)에게 관심이 없고, 그(들)의 내면세계와 그(들)의 느낌과 생각, 경험에 공감적으로 이해하지 못한다.	1	2	3	4	5	21. 상담자는 그의 말과 행동이 진실되며, 내담자(들을)를 존중하고, 그(들)에게 깊은 관심이 있고, 그(들)의 내면세계와 그(들)의 느낌과 생각, 경험에 충분히 공감적으로 이해한다.

'상담자의 인간중심적 태도 수준 평가 설문지'는 독일의 Tausch와 Tausch(1991)의 '인간대면관계에 있어서 고려되어야 할 세 가지 인간중심적 태도에 관한 일반적인 측정표'를 홍종관(1999)이 상담자와 내담자라는 구체적인 상담장면의 인간관계에 적용하여 재편집하였다.

5. 상담 적용

인간중심 상담과정에서 공감적 이해에 대한 예를 들어 보면 다음과 같다 (Hong, 1994에서 재인용).

상담자: 당신이 이야기한 것을 이해하겠습니다. 그리고 다음과 같이 이야기하고 싶은 강한 느낌이 옵니다. "당신이 여기서 화를 낸다고 해도 괜찮다."

내담자: 그러나 사람이 어떻게 화를 내야 하는지를 아는 것이 내게는 힘이 듭니다.

상담자: 그렇겠지요. 그러나 나는 당신이 화를 내야만 한다고 말하지는 않았습니다. 나는 다만 당신이 화를 내도 나에게는 아무렇지도 않다는 것을 말하는 것입니다. 만약 당신이 화가 나면 화를 내도 된다는 말을 하고 싶은 것입니다.

내담자: 정말 그래도 되나요?

상담자: 그럼요. 그렇게 하기 위해 제가 여기 있지 않습니까? (긴 침묵, 내담자는 울기 시작한다.)

이 상담 사례에서 상담사는 내담자를 공감적으로 이해하려고 하면서 동시에 진정성을 가지고자 했다. 로저스에 의하면, 상담자는 그 어떤 두려움이나 공포감 없이 내담자의 사적인 세계에 들어가서 그의 눈으로 그의 삶을 보는 위험을 무릅써야 한다. 곧 공감적 이해란 상담자가 내담자의 내면에 일어나고 있는 내적 경험의 의미를 이해하고 이를 내담자와 이야기하는 것을 말한다.

인간중심 상담과정에서 긍정적 수용에 대한 예를 들어 보면 다음과 같다(Hong, 1994에서 재인용).

> 상담자: 음…… 음…… 그러니까 당신은 당신 자신에게 아무렇지도 않기 때문에 그렇게 하겠다는 것이군요. 나는 당신에게 관심이 있다는 것을 말씀드리고 싶습니다. 나는 당신에게 일어나는 일에 대해 도와주고자 합니다. (30초 침묵. 내담자는 눈물을 흘린다. 울먹이며 혼잣말을 한다.)
>
> 상담자: (부드러운 목소리로) 어쨌든 모든 것을 쏟아 놓으세요. 그냥 모든 감정을 털어 버리기를 바랍니다. (내담자는 35초간 울먹인다.)
>
> 내담자: 나는 내가 죽을 수 있기를 바랐습니다. (침묵)
>
> 상담자: 당신은 죽는 것이 최선이라고 생각하는군요. 맞습니까? 음, 당신은 절망스러운 느낌이 든다는 말이군요. 당신은 당신 삶이 끝장이라고 생각된다는 말이군요.
>
> 상담자: 내가 말한 모든 것에 대해 나는 정말 진심이라는 것을 당신은 아시겠지요. 나는 당신을 다음 주 화요일에 다시 보기를 원합니다. 그리고 당신이 더 일찍 보기를 원한다면 주저하지 마시고 저에게 전화를 주십시오.

로저스에 의하면 상담자가 내담자를 긍정적으로 수용한다는 것은 상담자가 내담자의 감정과 생각, 그리고 그의 인격을 존중한다는 것이다. 즉, 내담자의 느낌과 생각이 긍정적이든 부정적이든, 내담자가 인격적으로 성숙되었든 미성숙하든 무관하게 그를 조건 없이 있는 그대로 존중하는 것을 말한다. 그러나 그렇다고 해서 상담자가 내담자의 모든 행동을 좋다고 인정하는 것은 아니다.

로저스에 의하면 상담자가 내담자에 대해 진정성을 갖고 대한다는 것은, 예를 들어 내담자와 함께 있는 것이 답답하고 불안할 때 이에 대해서도 이야기하는 것을 말한다. 다음과 같이 표현할 수 있다(Hong, 1994에서 재인용).

"오늘 나는 당신의 말을 잘 경청할 수가 없군요. 왜냐하면 지금 내가 몇 가지 개인적인 문제로 머리가 혼란스럽기 때문입니다. 그리고 이 순간 당신이 나에게 이야기한 것들을 충분히 이해하지 못하면 어쩌나 하는 두려움이 있기 때문입니다. 나는 이러면 안 된다는 것을 알지만 나는 지금 그런 느낌이 듭니다."

이러한 이야기를 할 때 상담자는 자신의 내면에 흐르는 느낌과 생각에 한정해야지 내담자를 평가하고 판단하는 것이 되어서는 안 된다.

6. 평가

1) 인간중심상담의 공헌

로저스의 인간중심상담의 내용들은 실험실의 검증을 강조하는 사람들로부터 비판을 받으며 무시를 당하였다. 그럼에도 다음과 같은 측면에서 인간중심상담은 상담분야 전반에 지대한 공헌을 하였다.

첫째, 인간중심상담은 상담의 초점을 기법중심에서 상담관계중심으로 돌려놓았다. 상담자에게 요구되는 내담자에 대한 진정성, 무조건적인 수용, 공감적 이해는 누구나 이해할 수 있는 효과적인 상담방법으로서 고도의 훈련된 전문가들의 독점물이었던 상담을 모든 사람이 이해하고 활용할 수 있는 방향으로 발전시키는 데 많은 공헌을 하였다(김형태, 2005).

둘째, 인간중심상담은 상담 연구를 과학적으로 접근하도록 하였다. 그 당시 많은 상담자가 자신들의 치료과정을 신비롭게 포장하여 상담을 의학, 정신의학 또는 심리학 분야에서 특별한 자격을 가진 권위자들만 할 수 있는 영역으로 만들었는데, 로저스는 상담의 전체 과정을 녹음하여 공개적으로 연구할 수 있는 길을 열어 주었다. 이로 인해 상담심리학의 이해와 발달에 중요한 공헌을 하였다.

셋째, 인간중심상담은 다문화적 상담에 기여하였다. 인간중심상담은 다양한 문화를 가진 사람들의 상호 이해를 발전시키는 데 적용되었다. 로저스는 그의 인간중심 상담이론을 서로 반목하는 집단 간의 긴장을 감소시키는 데 적용하였다(Corey, 1991).

2) 인간중심상담의 비판

인간중심상담이 공헌한 점도 많지만, 다음과 같은 비판을 받기도 했다.

첫째, 인간 본성의 관점에 대한 비판이다. 로저스는 인간의 본성에 대해서 인간이 성장지향적이라는 것과 일정한 심리적 조건만 갖춘다면 타고난 잠재력을 성취하는 방향으로 자연스럽게 나아갈 것이라고 강조하였다. 그러나 인간의 본성에 대해 비관적이고 무의식이 개인의 행동과 현실을 결정짓는다는 정신분석학파로부터 많은 비판을 받았다. 그리고 행동이 인간 내면의 어떤 근원에서 일어난다는 것을 부정하고 환경적 요인을 중시하는 행동주의자와는 인간 환경을 중요시 여기는 측면에서는 비슷한 입장을 취했지만, 개인의 주관적 인식을 중요시한다는 측면에서는 그들로부터 비판을 받고 있다. 최근에 인지치료자들은 인간중심상담이 너무 감정의 표현에 초점을 두고 지적 및 인지적 요인을 소홀히 취급한다고 비판하고 있다.

둘째, 상담자의 전문성과 역할에 대한 비판이다. 상담전문가의 정체성은 주로 심리학 지식과 역할의 수행능력에서 형성되는데, 인간중심상담에서는 전문성이 상담자의 인지적 · 경험적 지식에서 나오는 것이 아니라 내담자가 성장할 수 있는 관계를 제공하는 능력에서 나온다고 보고 있다. 즉, 공식적인 훈련도 없이 자신의 인생 경험으로 상담자의 소양을 훌륭히 갖출 수 있다는 인간중심상담의 관점을 비판하고 있다.

셋째, 치료의 실제에 대한 비판이다. 부버(M. Buber, 1878~1965)는 상담자가 제공하는 수용과 공감은 내담자의 자기평가 기준을 박탈시켜 결국 내담자의 자율성을 향상시키는 것이 아니라 상담에 대한 의존성을 더 높이는 결과를 초래하게 된다고 비판했다(연문희, 이영희, 이장호, 2008 재인용). 메이(May, 1982)는 인간중심상담자들이 내담자의 악의 감정인 분노, 적대감, 부정적 감정을 다루지 않거나 다룰 수 없다고 비판했다. 즉, 그는 인간중심상담자들이 자신들의 신념 때문에 내담자의 속에 있는 악하고 파괴적인 성향을 알아차리고 직면시킬 능력이 없다고 보았다.

제7장

게슈탈트 상담

| 이영이 |

게슈탈트 상담은 프리츠 펄스(Fritz Perls)와 로라 펄스(Laura Perls), 그리고 폴 굿맨(Paul Goodman)이 1950년대에 창시한 실존주의적이고 인본주의적인 접근 방식이다. 1940년대와 1950년대에 실존적 · 현상학적 · 전체론적 사조로부터 영향을 받아서 고전적 정신분석을 개혁하며 이론적 모델이 발전되었으며, 제3세력의 하나로서 인정받으며 성장하였다. 그 특징으로는 현상학적 방법론, 장이론, 실존적 대화관계 및 실험적 자유를 꼽을 수 있다. 게슈탈트 상담에서 내담자는 자신의 있는 그대로의 상태를 자각하며, 이를 통합하며 성장해 갈 수 있도록 도움을 받는다. 상담과정에서 상담자는 내담자의 입장을 공감하면서도 자신의 입장을 유지하는 포함의 태도와 진정성을 가지고 현전하며 실존적 대화에 헌신한다. 특히 현상학적 방법론을 활용하여 내담자의 탐색을 도우면서 주요한 주제 및 접촉경계 혼란을 발견할 수 있도록 한다. 또한 내담자에게 새로운 경험을 허용하는 실험을 통해 잠재력을 꽃피우고, 전체 자기를 실현해 나가며, 타인과 접촉하여 연결성을 체험할 수 있도록 한다. 그 밖에도 상황에 따라 연습과 과제 등을 활용함으로써 다양한 치료적 개입이 가능하다. 이를 통해 게슈탈트 상담은

내담자의 주요한 미해결 과제를 해결하고, 자신의 고유하고 창조적인 삶을 살아 갈 수 있도록 도울 수 있다.

1. 주요 학자

1) 초창기의 주요 학자

Fritz Perls

게슈탈트 상담을 처음 창시하고 널리 알린 인물은 프리츠 펄스(Fritz Perls, 1893~1970)와 로라 펄스(Laura Perls, 1905~1990)다 (Sreckovic, 1999). 프리츠 펄스는 1893년 독일 베를린 중류층의 유대계 가정에서 출생하였다. 그의 아버지 나단 펄스(Nathan Perls)는 자유로운 와인 상인이었는 데 반해, 그의 어머니 아멜리아 펄스(Amelia Perls)는 독실한 유대교 전통방식에 따라 생활하였다. 주로 어머니의 영향을 받았던 프리츠 펄스와 그의 두 누나는 어릴 때 아주 경건한 종교적 분위기에서 성장하였다. 그는 학업과 연기, 그림 등 다방면에서 우수한 재능을 보였다. 그러나 그가 고등학교에 진학했을 때 반유대주의로 인해 괴롭힘을 당하고 반항적인 청소년기를 보내게 되었다. 이 시기에 그는 막스 라인하르트(Max Reinhardt)의 연극학교에서 즉흥적이고 자연스러운 표현과 태도를 익히고, 집중의 중요성을 깨달았다. 당시에 그는 배우가 될 기회가 있었으나 재능이 없다고 스스로 판단했다. 그 후에 프로이트(S. Freud)의 『꿈분석』을 읽고 나서는 의학 공부를 결심하게 되었다. 그의 가족은 그가 법률가가 되기를 기대했지만, 프리츠 펄스는 자신의 의지대로 베를린 대학에서 의학을 전공하였다. 제1차 세계대전 기간이었던 1916년에 학업을 중단하고 독일군에 입대하여 위생병으로 복무하기도 했다. 종전 후 그는 복학하여 의학 박사학위를 받으며 졸업하였다.

이후에 프리츠 펄스는 프랑크푸르트로 이주하였고, 신경정신의 쿠르트 골드

스타인(Kurt Goldstein)의 '뇌를 다친 군인들을 위한 연구소'에서 조교로 근무하면서 게슈탈트 심리학을 접하게 되었다(Sreckovic, 1999). 그는 1928년에 베를린으로 다시 돌아가 정신과의사로서 개업했고, 카렌 호나이(Karen Horney)로부터 정신분석을 받기 시작하였다. 그녀의 당위성에 대한 문제제기에 자극을 받은 프리츠 펄스는 이후에 게슈탈트의 '상전(top dog)'과 '하인(under dog)'의 개념을 발전시킬 수 있었다. 한편, 그가 정신분석의 수련과정을 거치면서 정통적인 정신분석에 대해 점차 회의를 느끼게 되었을 무렵에 빌헬름 라이히(Wilhelm Reich)로부터 분석을 받게 되었다. 당시에 라이히는 만성적인 인격장애의 경우 신체의 뼈와 근육의 갑옷과 같은 긴장표현 뒤에 미해결된 정서적 갈등이 숨어 있음을 발견했다. 즉, 사람들은 자신의 정서 기억과 이에 대한 방어를 자신의 신체에 저장한다고 보았다. 그 영향으로 프리츠 펄스는 심리적인 통합과 에너지를 표출하는 주요 통로로서 신체 감각의 회복에 주목하게 되었다(Clarkson, 2010).

프리츠 펄스와 함께 게슈탈트 상담을 발전시켰던 로라 펄스는 1905년에 독일의 소도시인 포르츠하임에서 정착하여 살았던 유대계 가정에서 탄생하였다(Sreckovic, 1999). 그녀의 어머니 토니 포스너(Toni Posner)는 예절을 중요시 여겼고 올바른 삶을 강조하였다. 로라에게는 어릴 때 매우 친했던 여동생과 조금 거리감이 있던 남동생이 있었다. 그녀의 아버지 루돌프 포스너(Rudolf Posner)는 매우 성공한 보석상이었기 때문에 로라는 유복한 어린 시절을 보낼 수 있었다. 그녀는 다섯 살 때부터 피아노 교습을 받았고, 주로 음악과 문학을 통해서 자유로움을 추구했다. 또한 여덟 살때부터는 유리드미

Laura Perls

(Eurhythmie) 표현무용을 배우고 즐겨 했는데, 이는 게슈탈트 치료에서 보여 주었던 그녀의 동작을 통한 표현기법에 많은 영향을 주었다. 그녀는 조용하고 적절한 행실과 예절을 중요시했던 가족 분위기로부터 벗어나 자유로움을 추구했던 사춘기를 보냈다. 이후에 사회에 대한 관심이 높아지면서 프랑크푸르트 대학교에서 법학을 전공하기로 결정했지만, 자신의 적성에 맞지 않자 고민 끝에 심리학으로 전공을 바꾸었다. 이 시기에 그녀는 프랑크푸르트 심리학연구소에

서 일하고 있던 프리츠 펄스를 만나 사랑에 빠졌고, 두 사람은 1930년에 결혼하여 이후에 두 명의 자녀를 낳았다. 로라 펄스는 형태심리학을 연구하여 1932년에 심리학 박사학위를 취득했다.

유럽에서는 1920년부터 1940년까지 뉴턴식 실증주의에 대항하는 시대였고, 독일의 현상학적 실존주의가 영향력을 크게 떨치고 있었는데, 펄스 부부도 그 흐름을 따라가고 있었다(Sreckovic, 1999). 1933년에 나치 정권이 들어서자 그들은 독일을 떠나 10여 년을 남아프리카공화국에서 체류했다. 프리츠 펄스는 그곳에서 정신분석 훈련센터를 개설했고, 『자아, 배고픔과 공격성(Ego, hunger and aggression)』을 저술하였는데, 이에 로라 펄스는 자신의 육아 경험을 바탕으로 저술에 일부 참여하였다(Perls, 1969). 이 책으로 게슈탈트 치료의 기본 개념과 모델이 준비되었다. 펄스 부부는 남아프리카공화국의 인종차별 정책이 강화되었던 1946년에 미국의 뉴욕으로 또다시 이주하였다.

프리츠 펄스는 뉴욕의 지식인들과 폴 굿맨의 도움을 받아 게슈탈트 치료체계를 처음으로 포괄적으로 통합한 『게슈탈트 치료(Gestalt therapy)』를 저술하였다(Perls, Hefferline & Goodman, 1951). 특히 이론 부분을 정리하며 저술에 참여했던 폴 굿맨(Paul Goodman, 1911~1972)은 뉴욕 유대계 이민가정에서 1911년에 출생하였다. 여러 분야에서 다재다능했던 그는 게슈탈트 치료자이면서 사회학자이자 시인과 작가였으며, 사회비평가이기도 했다. 그리고 1952년에 펄스 부부가 뉴욕의 맨해튼 아파트에서 게슈탈트 연구소를 시작했을 때 동참했던 7명의 창립 멤버(Isadore From, Elliot Shapiro, Paul Weisz, Richard Kitzler) 중 한 명이기도 했다.

프리츠 펄스는 게슈탈트 워크숍과 훈련을 실시하기 위해 미국 전역을 이동하며 활발히 활동했다(Sreckovic, 1999). 이에 로라 펄스는 그를 '선지자이자 떠돌이'였다고 표현하기도 하였다. 1950년대에 집중적인 게슈탈트 워크숍과 스터디 그룹들이 뉴욕과 클리블랜드, 마이애미, 로스앤젤레스 등 미국 전역에 걸쳐 생겨나기 시작했다. 프리츠 펄스는 1960년 말에 짐 심킨(Jim Simkin)의 초청으로 로스앤젤레스로 이주했는데, 이 시기에 프리츠 펄스의 명성이 높아졌고 많은 성공을 거두었다. 하지만 그는 이에 만족할 수 없었으나 만성적인 심장 질환으로 우울해하며 은퇴를 고려하기도 했다. 새로운 방향을 모색하던 그는 1962년에 홀연히 세계여행을 떠났고, 불교의 선종에 관심이 있어서 일본의 불교사원에서 잠시 수행하기도 하였다. 다시 귀국한 그는 1964년 여름에 캘리포니아 빅서의 에살렌 연구소에서 거주하며 첫 워크숍을 열었다. 그 후 정기적인 집단을 진행하였고, 1주에서 4주에 걸친 워크숍들을 활발히 개최하였다. 1969년에는 캐나다 밴쿠버 섬에 위치한 코위찬 호수에서 게슈탈트 훈련과정과 공동체를 시작했지만, 그 이듬해에 시카고의 한 병원에서 심장수술을 받은 후 사망하였다. 한편, 로라 펄스는 프리츠 펄스가 에살렌 연구소로 떠난 후에 뉴욕 게슈탈트치료 연구소를 운영하면서 왕성히 활동하다가 1990년에 85세의 나이로 사망하였다.

2) 현존하는 주요 학자

(1) 어빙 폴스터

펄스가 사망한 이후에 세계적인 명성을 얻은 게슈탈트 치료자가 어빙 폴스터(Erving Polster)다. 그는 1922년에 미국 오하이오에서 출생하였다. 1953년에 프리츠 펄스의 지도로 게슈탈트에 처음 입문하였고, 게슈탈트 치료 수련을 마치고 1956년에 클리블랜드의 게슈탈트 연구소에서 첫 워크숍을 개최하였다. 그는 아내인 미리엄 폴스터 (Miriam Polster)와 함께 1973년에 샌디에이고로 이주했는데, 그때까지 클리블랜드 게슈탈트 연구소 소장을 역임하였다. 폴스터 부부는 샌디에이고에서 게슈탈트 훈련센터를 개설했고, 미리엄 폴스터가 2001년에 사망하기 전까지 함께 게슈탈트 치료를 지도했다. 또한 어

Erving Polster

빙 폴스터는 샌디에이고의 캘리포니아 대학교 정신의학부에서 임상 교수로 재직하였다. 이들 부부가 이끄는 치료 작업은 매우 유명해져서 전 세계 사람이 훈련 프로그램에 참여하기 위해 센터를 방문하였다(Polster, 2006b).

1970년에 폴스터 부부는 주요 게슈탈트 치료 문헌 중 하나인『통합된 게슈탈

트 치료(Gestalt therapy integrated)』를 저술하여 명성을 얻었다(Polster & Polster, 1973). 이들은 펄스와 그의 동료가 창안한 기존의 접촉경계현상, 즉 내사, 투사, 융합 및 반전에 새로운 편향을 추가하였으며, 경계현상이 갖는 병리적 측면과 비병리적인 측면을 상술하였다. 어빙 폴스터는 최근까지 치료활동과 저술을 함께하면서 게슈탈트 치료의 이론을 발전시키고, 임상과 이론의 사이를 좁혀 왔다. 그의 저서『자기의 모집단(A population of selves)』에서는 개인이 지닌 다양성을 탐색하고, 이론적 원칙과 치료적 실제의 간극을 좁힐 수 있는 자기이론을 제시하고 있다. 그 외에『새로운 현장(Uncommon ground)』에서는 일상의 삶을 향상시키기 위해 심리치료와 공동체 간에 조화가 필요함을 역설하고 있다(Polster, 2006a). 이를 통해 어빙 폴스터는 전통적인 심리치료의 한계를 넘어서는 심리치료의 비전을 발전시켰다고 볼 수 있다. 즉, 정신적 문제 해결만을 돕는 것이 아니라 사람들이 살아갈 수 있고 정신적으로 성장할 수 있는 방향을 제시해 줄 수 있는 심리치료를 제시하였다. 여기서 소속감, 공동체 및 연결성을 갈구하는 사람들에게 심리치료가 제공될 것임을 보여 준다.

(2) 조지프 징커와 게리 욘테프

Joseph Zinker

조지프 징커(Joseph Zinker)는 게슈탈트 상담의 주요 이론인 알아차림-접촉 주기 모델을 확립하였고, 창조적으로 게슈탈트 기법을 적용시킨 것으로 인정받는 대표적인 게슈탈트 상담자다(Zinker, 1977). 그는 폴란드에서 탄생하고 성장하였으며, 1949년에 미국으로 이주하여 뉴욕과 클리블랜드에서 심리학과 러시아 문학을 전공하였다. 1960년대에 프리츠 펄스로부터 훈련받았고, 클리블랜드 게슈탈트 연구소 공동 창립자이며 개인 심리치료 클리닉을 가지고 있다. 징커는 특히 게슈탈트 치료의 뿌리인 인본주의와 전체론 및 개인 안에 상주하는 성장과 통합의 창조적 힘에 대한 신뢰를 상기시켰으며, 부부 및 가족 치료에 대한 게슈탈트 이론을 발전시켰다.

현대 게슈탈트 치료 이론을 완성시킨 주요 인물로 게리 욘테프(Gary Yontef)

를 꼽을 수 있다. 그는 1965년에 프리츠 펄스와 짐 심킨으로부터 게슈탈트 치료 수련을 받았고, 게슈탈트 치료사로 활동해 오고 있다. 그는 로라 펄스와 심킨의 영향을 주로 받아서 관계적이고 과정적인 게슈탈트 치료를 발전시킨 인물이라고 할 수 있다. 또한 임상심리전문가 및 임상사회복지사로서 미국 임상심리학회 이사 및 미국 심리학회 제49분과 뉴스레터 부편집장 등을 역임했다. 그리고 미국 캘리포니아 주립대학교(UCLA) 심리학과 교수직과 로스앤젤레스 심리학자협회 직업윤리 위원장을 맡았으며, 로스앤젤레스 게슈탈트 연구소(GTILA) 소장과 운영위원장을 역임했다. 그는 현재 린 제

Gary Yontef

이콥스(Lynne Jacobs)와 태평양 게슈탈트 연구소를 공동 창립해서 운영하는 한편, 산타 모니카에서 개인 클리닉도 운영하고 있다. 그리고 미국 국내는 물론이고, 국제적으로 매우 활발한 강의와 교육 및 슈퍼비전 활동을 하고 있다. 또한 『The Gestalt Journal』과 『Gestalt Review』의 편집위원이었으며, 『British Gestalt Journal』의 편집위원회에 자문위원으로서 활동했다. 특히 욘테프는 게슈탈트에 관한 50여 편의 논문 및 책을 단독 또는 공동 저술하였는데, 그의 저서 『알아차림, 대화, 그리고 과정(Awareness, dialogue and process)』이 대표적인 게슈탈트 치료 이론서로서 인정받고 있다(Yontef, 2008).

2. 인간관

게슈탈트 상담은 인간이 출생에서부터 사망에 이르기까지 환경에 창조적으로 적응하며 자신의 정체감을 형성해 간다고 본다(Yontef, 2008). 인간은 생명을 얻은 순간부터 생물학적·심리적·사회적·영적 존재로서의 자기(self)를 실현해 나간다고 볼 수 있다. 즉, 모든 과거의 상호작용을 통합하고, 현재의 유기체-환경의 장에서 생태학적으로 상호 의존하며, 지속적으로 새로운 환경에 적응하고 이를 조절하기도 하면서 새로운 자기를 체험하게 된다. 이런 유기체의 자기

조절능력은 유아가 선천적으로 가지고 태어나는 것으로서 유아와 돌보는 사람 사이의 관계에 따라 그 기술이 발달되거나 장애가 생길 수 있다.

펄스는 유아의 배고픔 충동(hunger instinct)의 발달과정에 대한 기술에서 섭식 행동을 정신적 신진대사와 함께 비교하였다(Perls, 1969). 그에 따르면, 사람들이 환경과의 관계에서 정보를 다뤄 가는 방식이 음식을 삼키거나 혹은 음식을 잘게 부수어 소화할 수 있는 형태로 만드는 행위와 유사하다고 보았다. 많은 성급한 성인은 마치 목마른 신생아가 음료수를 들이키는 것처럼, 배고픔을 즉시 해소하려고 딱딱한 음식을 씹지도 않고 그냥 삼킨다. 이들은 욕망에 사로잡혀서 기다리지 못하며, 음식을 씹으면서 맛보는 것에도 관심을 갖지 않는다. 펄스는 인간의 정신적이고 정서적인 배고픔을 해소하는 과정이 물질적 소화과정과 같이 인간에게 수용되고 충분한 시간 동안 음미되고 소중한 것으로 체험되어야 한다고 보았다. 또한 인간의 파괴적 경향이 그 자체로 독립된 충동은 아니지만 배고픔 충동을 위한 강력한 도구로써 치아를 사용하면서 자연스럽게 만족될 수 있다고 보았다. 만약에 치아로 깨물거나 씹어 소화해 내는 유아의 파괴적 기능이 억제된다면 살인이나 잔인한 전쟁 혹은 자기학대와 자살 같은 반전의 방식으로 나타날 수 있다고 하였다.

인간은 자신과 환경을 구분하면서도 동시에 자신과 환경을 연결시키면서 존재한다. 환경과의 접촉은 바로 그 경계에서 발생하는데, 효과적인 자기조절을 위해서는 자신에게 자양분이 되는 것은 동화시키지만 나머지 해로운 부분은 거부하며 자신을 보호할 수 있어야 한다. 이런 변별적 접촉이 성장을 가져올 수 있다(Polster & Polster, 1973). 이때 자기와 환경 사이의 경계는 교환이 가능할 정도로 투과적이어야 하지만 자율성을 유지할 정도의 충분한 견고함이 필요하다. 만약 유기체가 건강하다면 자신의 가장 긴급한 욕구들을 알아차리고 활성화시켜 해소하는 게슈탈트의 형성과 파괴의 주기가 자기조절 흐름에서 나타난다.

인간은 생물학적 유기체만이 아니라 자신의 고유한 삶을 살아가는 실존적 존재다(김정규, 1996; 이영이, 2013). 실존적 삶이란 유기체가 자신의 자연스러운 욕구에 따라 사는 것이며, 남과 비교하여 우월한 자신을 입증하는 대신에 자기 자신이 되려고 노력하는 삶이다. 인간은 자신의 진정한 존재 가능성을 실현하고 자 매 순간 용기를 내어 자신만의 고유한 삶의 의미를 찾아간다. 즉, 언젠가 미래에 실현되어야 할 당위적인 존재로서가 아니라 지금 현재 나와 너의 참만남에 관심을 가지고 자신의 경험들을 수용하면서 자신이 처한 실존적 상황에 열려 있는 삶의 자세를 추구한다. 게슈탈트 상담이론에 영향을 준 비교종교학자인 마틴 부버(Martin Buber)는 참된 삶이란 만남을 의미한다고 하였다(Buber, 1982). 인간은 나와 그것이라는 대상으로서가 아니라 현재에 마주 기다리며 지탱하는 나와 너의 직접적인 관계에서 살아가고, 자신과 타인의 유일하고 고귀한 존재가치를 체험할 수 있다고 본다. 게슈탈트 상담은 인간이 타인에게 의존하거나 통제해야 살아남을 수 있다는 생각에서 벗어나 자신이 가진 잠재력과 자원을 알아차려 자신이 처한 환경에서 주도적 반응을 선택하고 이에 책임지며 실존해 나갈 수 있다고 믿는다(Passons, 1975: Clarkson, 2010에서 재인용).

게슈탈트 상담은 인간의 심리적인 성장과 변화, 발달 전체의 한 부분으로서 영적 차원을 포함시킨다(이영이, 2014). 프리츠 펄스는 독일 철학자 살로모 프리드랜더(Salomo Friedlaender)의 『창조적 무관심(Creative indifference)』의 영향을 받았는데, 펄스는 그의 사상을 동양의 노자사상과 유사하다고 보았다(Sreckovic, 1999). 프리드랜더는 인간의 심리와 삶의 근본적 특징이 양극단으로 구분되지만 양극이 모두 '원점의 무(Nichts des Nullpunktes)'로부터 발생한다고 보았다. 펄스(1969)는, 예를 들어 가학증과 피학증, 활력과 권태, 무기력과 힘 등이 동일 맥락의 양극단의 개념이면서 서로 매우 밀접하게 연관되어 있다고 하였다. 만일 중간 지점에 깨어 있게 되면 온전한 하나의 양면을 볼 수 있고, 한쪽만이 갖는 부족함을 보완할 수 있다고 하였다. 그리고 한쪽으로의 치우침을 피할 수 있다면 유기체의 구조와 기능에 더 깊은 통찰을 얻고 창조적인 능력을 획득할 수 있다. 무수한 양극적 특성들을 가진 존재인 인간이 당위적으로 한쪽 면만을 허용할 때 다른 쪽의 양극성이 경직되게 배경으로 남아서 개인은 분열되고 불균형한 삶을 살게 된다고 보았다(이영이, 2013).

또한 폴스터는 인간을 본질적으로 연결성(connectedness)을 추구하는 영적 존재로 파악했다(Polster, 2006a). 즉, 인간은 유기적 존재로서 사회의 구성원과 서로 불가분의 관계에 있고, 문화적·역사적 유산과도 밀접하게 연결되어 있으며, 자연과 우주와도 분리될 수 없는 유기체이며 통합적인 존재다. 생리학적·심리학적·사회학적·과학적·종교적 차원 모두에서 연결성은 인간의 본질적 특성이라 볼 수 있다. 폴스터에 따르면, 각 인간은 개별화의 욕구와 함께 연결성과 소속에 대한 원천적 갈망이 있다. 인간에게 후자의 욕구가 충족되지 않으면 파편화되고 혼란에 처하게 되어서 삶의 목표와 의미를 상실하게 된다. 따라서 게슈탈트 상담에서는 인간의 연결성을 회복시켜서 원래의 통합적이고 유기체적인 삶을 살 수 있도록 돕는다. 구체적으로 말하자면, 개인의 다양한 접촉경계 혼란행동으로 인해 내적인 분열과 혼란이 발생하여 자신을 하나의 연결된 통합체로 경험하지 못하고 종국엔 타인과의 연결성도 상실하게 된다고 본다.

요약하면, 게슈탈트 상담에서 인간은 유기체적 자기조절을 하며 생물학적·심리적·사회적·영적 자기를 실현해 가는 존재다. 인간은 생물학적 유기체로서 생태학적 상호 의존성을 지니고, 현재에 생생한 나와 너의 만남에서 실존적 관계를 경험하고, 매 순간 자신만의 고유한 삶을 살아가는 용기를 내며, 다양한 차원에서 연결성을 이루어 삶의 의미를 찾는 영적인 존재다.

3. 주요 개념

게슈탈트 상담의 핵심적인 이론과 개념은 다양한 원천으로부터 영향을 받아 발전하였다. 즉, 정신분석, 게슈탈트 심리학, 장이론, 현상학, 실존주의 철학, 인본주의 심리학, 종교학 및 동양의 선사상과 도가사상 등의 영향을 받았다. 이들은 단순히 절충된 것이 아니라 충분히 비판적으로 소화시켜 새로운 통합을 이루었다(Perls et al., 1951). 다음에는 게슈탈트 상담의 주요 개념인 게슈탈트, 알아차림, 현상학적 방법, 실존적 대화 관계, 장이론, 알아차림-접촉 주기 및 접촉경계 혼란을 살펴보겠다.

1) 게슈탈트

독일어인 게슈탈트(Gestalt)는 형태, 배열, 구조, 주제 혹은 의미 있게 조직화된 전체를 뜻한다(Perls et al., 1951). 게슈탈트란 개념은 주로 지각 현상을 실험하며 기초 연구를 수행했던 게슈탈트 심리학에서 유래했다. 프리츠 펄스는 게슈탈트 심리학이 '전체로서의 유기체'라는 개념을 도입함으로써 심리학에 큰 영향을 주었다고 평가했다(Clarkson, 2010에서 재인용). 펄스는 게슈탈트 심리학의 원리 중 몇 가지를 빌려와 게슈탈트 상담에 통합시켰다. 예를 들어, 게슈탈트 이론은 인간이 전체 가운데 주의하는 한 요소가 나타나는 맥락을 배경이라고 하고, 배경에 대비되어 나타나는 것을 전경이라 부른다. 그리고 배경과 전경의 관계가 의미를 형성하게 된다고 본다. 이 원리를 활용하여 게슈탈트 상담에서는 개인의 즉각적인 경험을 탐색하는 과정에서 유기체의 관심을 끄는 것을 전경으로 인식하고, 이와 관련된 배경과의 관계에서 의미를 찾게 된다(Yontef, 2008).

펄스에 따르면 생존과 관련된 가장 급한 욕구가 전경이 되고, 그 욕구가 충족될 때까지 개인의 행동을 결정한다(Perls, 1969). 일단 욕구가 충족되고 나면 배경으로 사라지는데, 유기체는 한동안 균형을 유지할 수 있다. 그 후에야 새로운 중요한 욕구가 전경을 차지할 수 있다. 건강한 유기체에서는 욕구들의 우선순위의 변경이 잘 이뤄질 수 있다. 만약 특정한 욕구들이 우월하여 만성적으로 중요시된다면 인간 유기체의 복잡한 자기조절이 방해받을 수 있다. 예컨대, 안전에 대한 욕구에 집착하는 사람은 자신의 진정한 흥미와 상관없는 일을 계속하면서 우울을 경험할 수 있다. 보통 신경증 환자에게서 전경과 배경을 형성하는 유연성의 장애가 나타나는데, 이는 정신증적 환자들에게서 더욱 심하게 나타난다(Perls et al., 1951). 즉, 전경 형성이 지나치게 경직되거나 결핍되는 것을 발견할 수 있다. 이 경우 적절한 게슈탈트를 완성시키는 것이 방해받는다. 게슈탈트 상담에서는 다양한 기법을 활용하여 인간의 욕구가 어떻게 나타나고 어떻게 좌절되거나 혹은 충족되는지를 탐색한다(Clarkson, 2010).

2) 알아차림

욘테프는 알아차림(awareness)을 "에너지 면에서 지원하면서 개인/환경 장에서 일어나는 현재의 가장 중요한 사건에 주의를 기울이며 접촉하는 과정"이라고 정의하였다(Yontef, 2008: 220). 특정 순간에 자신의 모든 욕구나 흥미의 전부를 알아차리는 것이 아니고, 매 순간 유기체의 전경이 되는 특정 욕구나 흥미를 향해 주의를 집중하는 것이다. 한편 주의를 받지 못하는 나머지 부분은 자각되지 않는 배경으로 남게 된다. 이는 게슈탈트 상담에서 비자각(unawareness)하는 부분이라고 본다. 즉, 알아차리지 못하는 것은 배경으로서 일시적으로 알아차림 밖에 있으나, 이를 즉각적으로 자각하면 전경이 될 수 있다(Perls et al., 1951). 알아차림은 지금-여기에 존재하는 것을 경험하는 것이다. 과거는 기억, 후회, 신체 긴장 등으로 지금 존재하기에 알아차릴 수 있으며, 미래를 환상이나 희망, 두려움의 경험으로 지금 알아차릴 수 있다. 또한 지금은 매 순간 변화하기에 알아차림은 정지할 수 없고, 매 순간 새로운 방향을 정하며 진화하게 된다. 알아차림의 차원은 자신과 타인 및 환경에 대한 알아차림으로 구분할 수 있다(김정규, 1996). 또한 자신과 타인에 관한 신체 상태, 정서, 욕구, 미해결 과제 및 처한 상황 등의 현상 알아차림과 동작이나 생각, 상상 및 지각, 접촉경계 혼란행동 등 행위 알아차림으로 구분할 수 있다.

펄스는 알아차림의 네 가지 특징으로 접촉, 감각, 흥분, 그리고 게슈탈트의 형성을 꼽았다(Perls et al., 1951). 첫째, 알아차림은 접촉(contact)이 필수적이다. 반면에 접촉은 알아차림 없이도 발생할 수 있다. 접촉의 중요한 측면은 개인이 실제로 접촉하는 대상이 된다. 둘째, 감각의 양상이 알아차림의 성질을 결정한다. 예컨대, 보통 원거리에는 청각을 사용하고, 근거리에는 촉각을 사용할 수 있다. 셋째, 알아차림의 특성은 흥분인데, 이는 신체적 자극이자 분화되지 않은 감정을 말한다. 넷째, 알아차림과 함께 게슈탈트가 형성된다. 완전하고 포괄적인 게슈탈트를 형성하는 것은 심리적 건강과 성장의 전제 조건이 된다. 게슈탈트가 완성되어야만 전체 유기체가 이를 자동적으로 조절할 수 있다. 이때 전경이 경직되거나 분명한 전경을 형성하지 못하게 되면 적절한 게슈탈트의 완결이 어렵다. 이를 '고정된 게슈탈트(fixed Gestalt)' 혹은 '미해결 상황/과제(unfinished situation/business)'라고 부르는데, 유기체의 주의를 끌고 새롭고 생생한 게슈탈트를 형성하는 것을 방해한다. 따라서 유기체가 성장과 발달을 하는 대신 침체되고 퇴행하게 된다.

알아차림의 단계를 살펴보면 대상에 대한 단순한 알아차림에서 나아가 자신의 알아차림에 대해 알아차릴 수 있는 '반영적 알아차림(reflexive awareness)'이 있다(Yontef, 2008). 이는 유기체가 어떤 부분을 알아차리며 어떤 부분을 회피하고 있는지에 관한 알아차림이다. 무엇이 그리고 어떻게 행해지고 있기에 상황이 발생하고 지속되는지를 직접적이고 상세하며 분명히 알아차리는 것이 필요하다. 이러한 반영적 알아차림의 능력이 증진되면 유기체의 접촉이 향상되고 필요한 체험을 확장할 수 있으며 통합시켜 갈 수 있다. 만약 알아차림이 방해를 받지 않고 계속된다면 '아하!'의 통찰로도 이어질 수 있다. 이때 유기체는 장의 서로 다른 요소들의 통일성에 대한 순간적인 깨달음을 얻을 수 있다. 즉, 자신의 행동과 감정에 대한 자신의 통제력과 선택, 책임과 반응할 수 있는 능력 및 자신의 행동에 주체가 되는 것을 알아차리는 과정이 따라올 수 있다. 따라서 자신의 힘에 대해 알아차리며 온전한 알아차림을 통해 자신의 행동과 그 결과에 대해 책임질 수 있게 된다. 욘테프는 알아차림이란 자기수용, 즉 진정한 자기인정을 포함하는 것이라고 주장하였다. 반면에 자기거부적 태도는 알아차림과 상반되는 것이고, 자신을 관찰하면서 말하는 것도 자신과 일치되지 못한 상태라 볼 수 있다.

3) 현상학적 방법

게슈탈트 상담은 현상학적 방법을 활용한다. 이를 통해서 '체험적으로 어떤 상황 속으로 들어가서 감각적인 알아차림으로 하여금 분명히 주어진 것을 발견하도록 허용하면서 작업'을 할 수 있다(Yontef, 2008: 223). 현상학적 방법의

3단계는 다음과 같다(Burley & Bloom, 2008). 첫째 단계는 판단중지(epoche or bracketing)다. 이는 내담자의 현상학을 최대한 접근하여 이해하기 위해 어떤 자료도 미리 배제하지 않으면서 존재하는 것, 있는 것을 자각하는 태도를 취한다. 이때 무엇이 적절한 것인가에 대한 자신의 선입견을 인식하고, 그런 선입견을 괄호 안에 넣어 두는 제쳐 두기의 태도를 취한다. 둘째 단계는 서술(description) 이다. 여기서 상담자가 내담자와의 접촉에서 얻은 순간적이고 직접적인 내담자의 경험을 서술한다. 이 방법은 지금-여기의 구체적인 현실에 머물도록 돕는다. 이 단계에서 상담자는 개방할 수 있으며, 감각적인 자료 등을 서술할 수 있다. 셋째 단계는 동등화(horizontalization or equalization)로서 모든 자료를 동등하게 취급하는 것이다. 점차 반복적으로 관찰되는 자료들을 의미 있는 하나의 집단으로 응집시키고, 관련성이 적은 자료들은 무시된다. 즉, 일관되게 관련성 있는 자료들이 수집되어 서술되고 종합된다. 이 과정을 통해 내담자의 주제나 패턴을 명시화할 수 있다. 구체적으로 여러 경험적 사건을 통해서 반복적으로 나타나는 패턴이나 주제를 찾아낼 수 있다. 예를 들어, 저자의 상담 사례에서 어려운 사람을 도와야 한다고 믿고 나눠 주기를 좋아한다는 내담자가 있었다. 그는 몇 가지 구체적인 사건들을 이야기한 후에 이로 인해 자신이 몹시 힘들기도 했음을 알아차렸다. 하지만 왜 그런지 어쩔 수 없다고 말했다. 상담자가 그들에게 도움이 필요한 줄을 어떻게 아는지 질문했을 때 바로 자신이 어려울 때 아무도 도와주지 않아서 무척이나 힘들었던 기억을 회상할 수 있었다. 그의 부모는 집안의 장남으로서 헌신하기를 요구하였지만 그의 헌신을 인정하거나 지지하지 않았던 것이다. 상담에서 탐색적 질문을 통해 그는 자신의 행동패턴과 그 배경이 되었던 자신의 경험을 떠올려 자각하며 의미를 파악할 수 있었다.

온테프는 현상학적-실존주의적 접근이 내담자의 유기체적 자기조절을 도울 수 있을 뿐 아니라, 상담자의 온정적이고 정확한 공감적 이해를 증진시키는 가장 좋은 방법이 될 수 있다고 보았다(Yontef, 2008). 왜냐하면 모든 현상학적 대화치료를 위한 기초가 바로 수용과 제쳐 두기이기 때문이다. 상담자는 변화의 매개자가 되지 않으면서 내담자의 통찰을 발달시키는 것이 가능하다. 또한 게슈탈트 상담의 현상학적 개입은 내담자의 욕구와 역동에 대한 상담자의 이해를 바탕으로 안내된다. 이때 상담자가 자신의 통찰을 사용함으로써 지도된 알아차림(directed awareness)을 활용하는 현상학적 초점화(phenomenological focusing)를 내담자에게 안내할 수 있다. 예컨대, 욘테프는 야심적이고 정력적인 한 남성이 돌봄을 받고자 하는 모든 소망을 부인하는 사례를 들었다(Yontef, 2008: 258). 상담자는 내담자가 돌봄을 받고 싶은 강한 소망을 가지고 있지만 이를 알아차리기를 저항한다고 가정하고 게슈탈트 실험을 제안했다. 즉, 내담자가 어린 소년이 되어 어머니가 "정말 사랑한다. 한번 안아 보자구나!"라고 말한다고 상상하면서 어떤 경험을 하는지 말해 달라고 요청하였다. 이런 개입은 "당신은 실제로 보살핌을 받고자 하는 욕구가 있으나 이를 부인하고 있다."라고 상담자가 단순히 해석해 주는 것과는 다른 개입이다. 이런 실험을 하면서 내담자는 자신이 미처 체험하지 못한 상담자의 해석을 이해해야 하는 대신에 상상을 통해 자신의 욕구를 알아차리고 접촉할 수 있다는 점이 효과적이다.

4) 실존적 대화 관계

게슈탈트 상담은 전적으로 대화적 실존주의, 즉 나-너의 접촉과 철수의 과정을 바탕으로 실시된다(Yontef, 2008). 실존적 대화에서 두 사람은 인격체로서 서로 만나며, 연결된 나-너로서 상대방에게 영향을 받고 상대에게 반응한다. 대화란 접촉의 특수한 형태로서 언어적 대화를 넘어서 몸짓이나 비언어적 소리를 사용한 만남까지도 포함한다. 그리고 두 사람 사이에서 일어나는 접촉과정에서 발생하는 사건 중의 하나가 관계다. 관계를 잘 맺기 위해서는 두 사람이 서로를 연결하고 인정해야 하지만 자신의 경계가 명확하고 각자 분리된 정체성을 유지할 수 있어야 한다.

욘테프(2008)는 상담자와의 접촉이 나-너 관계를 본보기로 하기에 기법을 활용하는 상담기술과 더불어 상담자와의 개인적 접촉 모두가 필요하다고 말했다. 구체적 대화에서는 상담자가 내담자를 따뜻하게 대하며, 직접적이고 개방적이

며 잘 보살피면서 접근하는 것이 요구된다. 게슈탈트 상담에서 나-너 대화적
관계의 접촉 특성은 포함, 현전, 대화에 헌신하기 및 비착취성이다. 본래 부버가
제시했던 포함(inclusion)이란 나-너의 양극에서 상대방의 극에 사는 것, 내담자
의 세상에 자신을 포함시키는 것을 의미한다. 즉, 상담자는 자신의 방식과 의도
를 잠시 옆에 제쳐 두고, 내담자의 현실과 자료를 동등하게 인정하는 현상학적
태도를 취하며, 내담자의 태도와 행동을 판단하지 않고 이해하고 수용한다.

상담자의 현전(presence)의 특성은 그가 다른 사람인 것처럼 가장하기보다는
있는 그대로 보여 주고자 하는 진정성을 의미한다. 게슈탈트 상담은 상담자의
정직함에 의해서 내담자를 더 잘 돌볼 수 있다고 믿기 때문에 내담자가 자신으
로 있기를 허용할 뿐만 아니라 상담자 자신도 내담자에게 반응할 때 자신으로
있기를 허용한다. 이는 부드럽고 따뜻한 수용 이상을 보여 줌을 의미한다. 내담
자가 부정하는 부분이더라도 자율적인 상담자가 관찰하는 부분을 내담자에게
말해 줄 수 있다. 상담자는 충분히 독립적인 시각을 가지고 내담자의 성격에 대
한 명확하고 정확한 판단을 기반으로 작업해 갈 수 있다. 또한 상담자는 내담자
를 그 자체로 수용하면서도 그의 잠재력을 확인할 수 있어야 한다. 내담자가 알
아차리는 것뿐만 아니라 거부하고 소외시킨 실존적 측면까지도 수용하고 확인
한다. 특히 상담의 실제 만남에서는 내담자가 원치 않아도 정확한 피드백을 주
어야 할 시점이 있다.

게슈탈트 상담자는 진정으로 대화에 헌신한다(Yontef, 2008). 대화란 한 개인
에 의해 통제되는 것이 아니고 두 사람 사이에 있는 것이 통제하도록 허락하는
것이다. 즉, 보통 상담자는 온전한 관계를 확립하기 위해 접촉하려고 노력하는
가운데 자신을 알려 주고 가까이 다가가려 할 수 있다. 하지만 접촉은 두 사람의
시도 이상의 힘인 은총에 의해서만 발생하게 된다고 보고 접촉을 허용하는 것이
필요하다. 특히 상호적 접촉에는 반드시 지지(support)가 필요함에 유의해야 한
다. 접촉을 위한 지지가 결여된 상황에서는 그 한계를 수용하는 것이 상담자가
책임져야 할 중요한 부분이다. 욘테프는 너무 많지도, 너무 적지도 않은 적절한
지지가 상담에서 필요하다고 보았다.

끝으로, 비착취적이며 수평적인 대화적 관계의 특성이 있다. 게슈탈트 상담에서는 상담자와 내담자의 과제와 역할이 구별되더라도 그들의 관계는 수평적이라고 본다. 이는 개인이 목적을 위한 수단으로 취급되는 것이 아니라 자기결정을 하는 사람들의 진정한 만남과정이 될 수 있도록 관심을 기울이는 것이다. 그리고 현재중심의 체험을 하면서 상담자와 내담자가 동일한 언어를 사용한다. 상담자는 대화 분위기를 조성하고, 내담자가 현상학적 실험을 하도록 촉진할 책임을 지며 그에게 초점을 맞춘다. 내담자는 상담자와의 실존적 대화를 통해 교류하며 성장하게 된다.

5) 장이론

장이론은 현상학과 대화적 실존주의와 조화를 이루며 게슈탈트 상담이론의 바탕이 된다. 레빈(K. Lewin)의 장이론은 유기체가 환경과 어떻게 영향을 주고받는지를 명료화시키는 이론이다. 장(field)이란 "함께 하나의 통일된 상호작용적인 전체를 형성하는 상호 영향을 미치는 총체(totality)"다(Yontef, 2008: 349). 장이론의 관점은 존재하는 모든 것이 관계들의 조직망으로 구성되고, 이러한 관계 접촉이 첫 실재이며, 유기체는 환경의 관계를 떠나서는 아무런 의미가 없다고 본다. 따라서 게슈탈트 상담은 사회문화적 맥락 내에서 어떤 욕구를 가진 개인을 염두에 둔다(Clarkson, 2010).

또한 장이론적 관점은 시간이 흐르며 변해 가는 삶과 움직임과 활기찬 상호작용을 고려하고, 장의 힘들은 전체에 속한 것으로서 점차 발달한다고 파악한다(Yontef, 2008). 따라서 정지가 아닌 움직임을, 사물이 아닌 사건을, 비연속적인 것을 연속적인 것으로 볼 수 있다. 이는 양자택일적인 이분법이 아니라 연속체로서 나타나는 세계에 대한 앎이다. 개인과 환경은 모두 유기체/환경의 장에속하며, 한 개인은 어떤 시점에서 그가 속하는 장에서만 정의될 수 있고, 역으로 그 장은 오로지 누군가의 경험이나 시간에 의해서만 정의될 수 있다. 레빈은 개인의 행동도 그것이 속하는 장의 기능으로 보았고, 경험하기 역시 장의 기능으로 보았다. 모든 사건이나 경험, 대상 또는 유기체 등 모든 현상은 전체 장에 의해 결정되는 것이다. 따라서 욘테프는 내담자가 회복하는 것도 전체 장의 기능이라 보았고, 보험 혜택을 받기 위해 병원에 입원했던 경계선 성격장애 환자가 병원의 환경적 영향을 받아 수년간 머물게 되는 경우를 예시했다. 또다른 그의 집단 사례를 보면 리더가 집단을 존중하여 초기에 참가자들의 불안과 공포, 수치심, 책임감 등을 탐색할 수 있도록 돕는다면 개인이 집단 내에서 이해받고 수용받는 느낌을 받게 된다고 한다. 초기에 이런 작업이 일어나지 않고 서둘러 개별 작업을 할 경우에는 개방적이거나 위험감수 행동에 대해 좋은 평가를 하게 되면서, 자기보호적인 사람들은 집단을 안전하지 못한 곳으로 지각하고 더욱 방어적이 되어 부정적인 평가를 받게 된다. 보통 전체 집단의 분위기를 안정적으로 만드는 요인에 대해 초기에 공감적 관심을 기울이면서 집단과정이 진행될 때 집단원의 상호작용이 점차 원활해질 수 있다.

　장이론에서는 한 부분의 상태가 장의 다른 모든 부분에 의존하는 역동적인 속성이 있다고 본다. 가족이나 부부, 형제, 큰 조직 등에서도 한 구성원이 변화하면 다른 모든 사람이 영향을 받는다. 예컨대, 두드러진 장애를 가진 가족구성원이 치유가 된 후에는 다른 가족구성원이 가족 문제를 떠안고 갈 수 있다.

　장이론의 동시간성 원리는 영향을 미치는 모든 것이 지금-여기의 일부분으로 있음을 나타낸다(Yontef, 2008). 현재란 정지된 시점이 아니라 시간의 흐름인데, 이를 알아차리지 못함은 현재와의 접촉이 단절된 것이라 할 수 있다. 예컨대, 내담자가 과거에 부모로부터 상처를 받았던 것은 이미 지난 일이지만 그는 여전히 해결되지 않은 강렬한 감정을 가지고 이에 해당하는 신체자세를 취하며, 고정된 부정적 자기 이미지를 가지고 살아왔기에 과거와는 다른 새로운 접촉을 하는 것이 불가능했을 것이다. 그러므로 상담자는 내담자가 지속적으로 지각하고 행동하는 과정을 정확하게 관찰하는 것이 중요하다. 내담자가 현재 얼마나 새롭게 행동하는가에 따라 과거가 해결될 수 있으며 더 이상 부정적 영향을 주지 못하게 된다. 이와 관련해서 욘테프는 게슈탈트 치료를 과정치료(process therapy)라고 불렀는데, 모든 것이 에너지이고, 장의 역동적 힘에 의해 구조화되며, 시공간을 통해 움직이는 것을 다루기 때문이다. 따라서 게슈탈트 상담에서는 현재 나타나는 과정을 기술하고 강조한다. 여기서 떠오르는 게슈탈트를 신뢰하며 연속적인 움직임을 다뤄 나간다.

상술한 장이론과 유사한 사상이 전체론(holism)이다. 게슈탈트 치료의 초기 단계에 프리츠 펄스는 전체론적 관점으로부터 영향을 받았다. 남아프리카공화국의 수상이었던 얀 스뮈츠(Jan Smuts)는 1925년에 저술한 『전체론과 진화(Holism and evolution)』에서 인간 진화의 전체론적 개념을 발표했는데, 이는 인과론적 환원주의에 반대하며 복잡성과 포괄성 및 다양성을 수용하고 있다(Clarkson, 2010에서 재인용). 즉, 인간은 유기체적 통일체로서 자기성장과 자기실현을 추구하며 자신의 환경과 통일체를 이룬다. 이 통일체의 각 요소들은 상호적으로 협조하며 자기조절을 한다. 이는 유기체와 환경을 나누는 이분법을 극복하는 것이며, 유기체는 본질적으로 자기조절과 성장을 하며 환경과 떨어질 수 없다고 보는 점에서 장이론과 유사하다(Gremmler-Fuhr, 1999).

6) 알아차림-접촉 주기

게슈탈트 상담에서 사용되는 '유기체'란 "온전한 단위로서 기능하는 인간의 본질적인 측면들이나 부분들 혹은 기관들의 전체를 아우르는 개념이다"(Clarkson, 2010: 70). 이 개념은 주관성, 생동성 및 생물학적 근원의 의미를 포함한다. 그리고 '유기체의 흐름'이란 개념은 게슈탈트 형성과 파괴를 반복하는 건강한 흐름을 표현한다. 인간의 사회적이거나 생물학적 욕구가 떠오르고 만족되는 게슈탈트 형성과 파괴의 주기가 해당된다. 징커(Zinker, 1977: 96-113)는 게슈탈트의 알아차림-접촉 주기 모델을 6단계로 구성하였다([그림 7-1] 참조). 첫째, 처음엔 배경에서 출발하여 유기체의 욕구가 신체감각의 형태로 나타난다(감각 단계). 둘째, 이를 알아차려 게슈탈트를 형성한다(알아차림 단계). 셋째, 게슈탈트를 해소하기 위해 에너지가 동원되면서 흥분을 경험한다(에너지 동원 단계). 넷째, 적절한 행동을 선택하고 실행한다(행동 단계). 다섯째, 마침내 환경과의 완전하고 생생한 접촉을 통해 게슈탈트를 해소한다(접촉 단계). 여섯째, 게슈탈트 가 사라지고 휴식을 취할 수 있다(물러남 단계). 물러남의 단계에서 일시적인 균 형의 상태가 유지되다가 잠시 후에 새로운 욕구가 배경에서 떠오르고 이를 알아 차려 새로운 주기가 형성된다.

펄스는 알아차림-접촉 주기의 어느 단계에서든 방해가 일어날 수 있고, 이로 써 삶이 정체되고 진정한 만족에 이를 수가 없게 된다고 보았다(Perls, 1969). 개 인이 자신의 진정한 욕구를 충족시키기 위해 알아차림-접촉의 주기에 따르지 않으면 그 욕구는 미해결된 상태로 남게 된다. 미해결 과제가 많아질수록 자신 의 욕구를 해결하지 못하고 정신신체적 장애가 생길 수 있다. 예컨대, 아동이 부 모의 사랑을 받기를 원하지만 충족되지 않을 때 수치심이나 갈망 혹은 분노를 느낀다. 그 애정 욕구가 해소되지 못하고 미해결 과제로 남게 되면 이후에 자신 감이나 정체감, 그리고 대인관계에 부정적인 영향을 미칠 수 있다. 이런 어린 시 절의 미해결 과제를 가진 여성의 경우에 성인이 되어서 남편이 자신을 사랑하지 않고 자신을 방치할 것이라고 불안해할 수 있다. 혹은 위장장애 등 신체적 증상 을 호소할 수 있다.

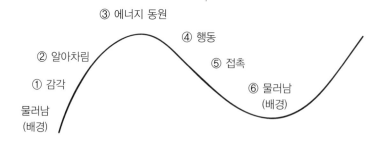

[그림 7-1] 알아차림-접촉 주기

7) 접촉경계 혼란

접촉경계 혼란은 미해결 상황을 현재까지 유지시키고, 개인의 욕구충족을 방해하며, 자기 자신뿐 아니라 타인 및 환경과의 접촉을 방해하는 심리기제다 (Clarkson, 2010). 이는 유기체/환경의 경계에서 창조적 자아가 게슈탈트 형성과 파괴의 주기를 통해 건강하게 기능하는 것을 방해한다. 펄스는 접촉경계 혼란으로서 내사, 투사, 융합, 반전 및 자의식을 설명하였다(Perls, 1969; Perls et al., 1951). 폴스터는 여기에 편향을 추가했다(Polster & Polster, 1973). 보통 접촉경계 혼란이 특정 상황에서 일시적으로 사용될 때에는 건강을 유지하는 기능을 할 수 있으나, 만성적으로 부적절하게 사용되면 신경증적인 것으로 볼 수 있다.

첫째, 내사(introjection)는 부모나 사회의 영향을 받거나 혹은 스스로의 경험에 의해 형성된 내면화된 가치관이다. 좋은 부모로부터 자신의 숙고과정을 거쳐 형성된 건강한 내사는 바람직하지만, 지나치게 경직된 내사 혹은 부정적인 내사는 개체가 필요한 행동을 하지 못하게 하고 억압한다. 예를 들면, 무조건 참아야 한다는 가치관이 강한 경우에 자신의 고통과 필요를 타인에게 표현하지 못하여 도움을 받지도 못하고 미해결될 수 있다.

둘째, 투사(projection)는 자신의 욕구나 감정 혹은 생각이나 가치관 등을 타인의 것으로 왜곡해 지각하는 것이다. 여기서는 자신이 싫어하거나 감당하기 어려운 자신의 측면들이 부정되면서 외부 환경에 속한 것으로 상상하고 추측한다. 예를 들면, 과거 주변 사람들로부터 많은 놀림을 받았으면서도 저항을 못했던 자신을 혐오하던 여성이 거리를 걸으면서 타인들이 자신을 경멸할 것이라고 상상하며 불안해할 수 있다. 이런 투사가 심할 경우에는 피해망상 등으로 발전할 수 있다. 이런 병리적 투사와 대조적으로 어떤 문제에 대한 해결책을 떠올리거나 예술을 창작하는 과정에서 일어나는 창조적 투사는 긍정적 기능을 한다.

셋째, 융합(confluence)은 개인이 중요한 타인과 자신과의 경계를 짓지 못하고 의존적인 관계를 형성한다. 융합의 건강한 형태로는 출산한 여성과 유아의 관계를 들 수 있다. 일시적이지만 산모와 유아의 융합적 돌봄의 관계가 없다면 유아는 생존에 위협을 받게 된다. 그러나 융합이 심할 경우에는 개인이 자신의 정체성을 상실하고 건강하지 못한 관계에 예속된다. 예컨대, 내담자와 상담자의 관계도 융합적으로 형성되면 경계를 상실하여 서로의 성장이 불가능할 것이다.

넷째, 반전(retroflexion)은 외부의 타인에게 표출할 행동을 내적으로 자신을 대상으로 행하는 것이다. 이로 인해 욕구를 해소하지 못하고, 신체 긴장이나 불안을 경험할 수 있다. 또한 다양한 정신신체적 증상들이 나타날 수 있다. 여기서 개인의 인격이 가해자와 피해자로 분열될 수 있다. 예를 들면, 직장 상사의 부당한 대우에 분노하지만 이를 참아야 하는 직원이 자신의 무능을 탓하며 자책하는 경우다. 역시 적절한 반전은 대상을 변별하여 외부로부터 자신을 보호하도록 도움을 줄 수 있다.

다섯째, 자의식(egotism)은 자신이 자기를 대상화하여 주의를 기울여 관찰하는 행동이다. 이로 인해 대인관계 접촉이 방해받아 장기적으로 고립될 수 있다. 관심의 대상이 자신인 까닭에 타인과 관계 맺기가 어렵기 때문이다. 예를 들면, 파티에서 춤을 추면서 자신의 동작이 타인에게 어떻게 비칠지 의식하여 자연스러운 몰입을 하지 못하는 경우다. 하지만 적절한 자의식은 자신의 반응에 주의를 기울이게 하여 상황에 맞는 행동을 하는 데 도움을 줄 수 있다.

여섯째, 편향(deflection)은 개체가 특정한 정서나 욕구의 접촉을 두려워하여 여러 회피적인 행동을 하는 것이다. 편향적인 개인은 장황하고 모호하게 표현하거나 추상적으로 표현하고, 시선을 회피하는 방식으로 행동한다. 이를 통해 현재의 감정과 욕구를 알아차리기가 어렵게 된다. 예를 들면, 어린 시절에 성폭행을 당한 여성이 편향기제를 지나치게 사용하는 경우 성인기의 성행동을 회피할 수 있다. 반면, 상황에 적절한 편향은 과도한 자극으로부터 자신을 보호할 수 있도록 돕는다.

4. 상담 목표와 과정

1) 게슈탈트 상담의 목표

게슈탈트 상담에서는 알아차림, 통합, 성장, 그리고 실존적 삶을 목표로 한다. 일차적인 목표이자 가장 주요한 목표인 알아차림(awareness)은 자신의 삶에서 현재 일어나는 중요한 현상들을 방어하거나 피하지 않고 있는 그대로 지각하고 체험하는 행위다(Yontef, 2008). 펄스는 알아차림 그 자체가 바로 치료적일 수 있다고 역설했다. 나란조(Naranjo, 1993) 역시 알아차림 능력을 향상시키는 것이 게슈탈트 상담의 목표라고 했으며, 이는 물고기를 낚아 주는 것이 아니라 물고기 낚는 법을 알게 하는 것이라고 비유하였다. 즉, 상담에서 내담자의 당면한 문제를 해결해 주는 것이 아니라 내담자 스스로가 목표를 발견하고 실현할 수 있도록 알아차림을 증진시킨다.

펄스는 상담의 궁극적 목표를 통합을 충분히 이루어서 나중에는 저절로 통합이 추진될 수 있게끔 하는 것이라고 보았다(Yontef, 2008에서 재인용). 외부로 투사되었거나 내면에서 격리된 내담자의 에너지 혹은 감정을 자각하여 통합하는 것이 게슈탈트 상담의 목표다. 알아차림과 접촉을 통해 자신에 대한 체험을 확장하며, 내담자가 자립적으로 기능할 수 있는 수준의 통합을 추구한다.

또한 게슈탈트 상담은 정신병리만을 다루는 것이 아니라 인간의 성장을 목표로 한다(Clarkson, 2010). 성장은 내담자의 독립성, 가치 및 자각 능력을 존중하는 나-너의 관계에서 가능하다(Yontef, 2008). 상담과정에서 내담자는 타인의 권리를 침해하지 않으면서 자신의 욕구를 충족시킬 수 있는 기술을 학습한다(Zinker, 1977). 그리고 자신의 긍정적인 에너지를 통합하고, 환경에 대해 수용적으로 접촉하는 상호교류를 통해 성장을 지향한다. 반면에 파괴적이고 유해한 상황에서는 자신을 방어하는 것도 배운다. 내담자는 상담자와의 관계에서 현상학적이고 실존적 체험 중심적이며 대화적이고 수용적인 아가페적 사랑의 태도를 경험할 수 있다(Polster & Polster, 1973). 이를 통해 통제적이고 상투적인 지금까지의 행동패턴을 알아차리고, 사랑이란 의존이나 집착이 아니고 성적 욕구와도 다른 것임을 구분할 수 있게 된다. 진정한 사랑에 장애가 되는 자신의 행동방식을 자각한 내담자는 주어진 환경에서 자유롭고 창의적으로 반응할 수 있는 능력을 증진시킨다.

끝으로, 게슈탈트 상담에서는 상담자가 설정한 당위가 없다. 어떠한 가치보다 내담자의 자율성과 자기결정을 존중한다(Yontef, 2008). 내담자가 실존적인 자세로서 자신의 존재와 타인의 존재를 있는 그대로 수용하며 자신의 고유한 삶을 살아가는 것이 게슈탈트 상담의 목표다(김정규, 1996). 따라서 이상적인 자아상에서 벗어나 실존적 인간으로서 삶을 직면하도록 돕는다. 내담자가 이상적인 사람이 되려는 시도를 포기하고 자신이 될 때 비로소 변화와 성장이 일어난다고 보는 변화의 패러독스 이론에서는 내담자가 자신이 되도록 격려한다(Beisser, 1970). 게슈탈트 상담에서는 알아차림과 접촉을 통해 내담자의 행동에 대한 책임과 제재를 스스로 담당하도록 허용한다.

2) 게슈탈트 상담의 과정

상담과정에서는 일반적으로 내담자의 상담 주제를 탐색하고 알아차림을 증진시키기 위해 현상학적 방법을 제공하며 실존적 대화관계를 추구한다. 또한 내담자의 건강한 기능을 유지하고 개인과 환경적 지지를 북돋는 데 주의를 기울인다(Joyce & Sills, 2001). 상담 시작단계에서 바로 그 순간에 내담자에게서 발생하는 것에 초점을 두거나 내담자의 인생 이야기로 출발할 수 있다(Yontef, 2008). 보통 상담 초기에 내담자는 자신이 아니라 상담자가 문제를 해결해 주기를 바라는 경우가 많지만 상담자는 내담자와 접촉하며 지금 경험하는 것에 집중하도록 도와서 떠오르는 문제를 명료화시킨다. 내담자가 접촉경계 혼란행동 등으로 자기조작이나 환경통제를 하여 자연스러운 욕구 해소를 위한 게슈탈트의 형성과 파괴의 주기에 장애가 발생하기 때문에, 이러한 인위적인 노력을 좌절시키고 유기체적 흐름을 알아차리도록 돕는 것이 필요하다.

점차 상담이 진행되고 내담자의 알아차림 과정에 대한 알아차림(반영적 알아차림) 능력이 향상되면 상담자와 내담자 사이의 접촉에서 발생하는 경험에 주의를 기울일 수 있게 된다. 이때 내담자는 상담자의 진정성과 애정, 친절과 존경의 태도를 알아차리면서 자신의 경험에 대해 탐색하고 새롭게 알아차릴 수 있는 안전한 분위기가 형성됨을 느끼게 된다. 그리고 상담자는 내담자를 유일하고 독특한 존재로 바라보며, 조건 없이 수용하고 무비판적인 자세를 취하며, 진정성과 용기를 가지고 현전하고자 노력한다.

욘테프는 상담자와 내담자의 접촉에서 치유가 일어난다고 역설했는데, 접촉은 내담자의 임상적 요구사항들에 따라 달라지는 욕구들이 반영된 자기경계에서 발생한다고 보았다. 상담자와 접촉하거나 철회하기 위해서 내담자는 적절한 지지(support)를 필요로 한다. 지지의 예로는 에너지, 신체적 지지, 호흡, 정보, 언어, 관습, 학습, 지능, 관심, 자비심 등이 해당된다. 또한 내담자가 자신을 지지하기 위해 자신의 경험과 동일시함으로써 통합하는 것이 필요하다. 상담에서 적절한 지지는 환경 요인뿐 아니라 유기체 요인이 모두 관련된 전체 장에서 발생한다고 본다. 예를 들어, 내담자가 고통스러운 감정을 표현하려면 자신의 감정과 표현 욕구를 자각할 수 있고, 상담 상황과 같은 안전한 장소를 찾아 자기 욕구를 표현할 수 있어야 한다. 이때 상담자의 공감과 자기개방은 내담자의 지지를 북돋울 수 있다.

게슈탈트 상담에서 좋은 접촉이란 지금-여기의 현실에 주의하는 것이라고 볼 수 있다. 내담자가 과거 미해결 과제나 신념에 연연하거나, 미래의 부정적인 상상을 한다면 현실 접촉이 손상된다. 예컨대, 상담자를 과거의 부모와 혼동할 때 현재의 접촉에 문제가 발생한다. 게슈탈트 상담에서는 이러한 혼동을 알아차려야 할 현상으로 다루는데, 상담자를 과거 부모가 아닌 실존하는 인물로서 자각할 수 있도록 개입한다. 따라서 좋은 접촉을 위해서는 충분한 지지를 기반으로 지금-여기를 알아차리는 것이 필요하다.

또한 게슈탈트 상담에서는 내담자의 저항을 유기체적 목적을 이루기 위한 것으로서 자신에게 위험할 것이라고 여겨지는 전경 형성을 방해하는 과정이라고 본다. 따라서 상담과정에서 현재 내담자가 알아차림과 접촉을 위한 충분한 지지를 받는지 혹은 받지 못하는 지점이 무엇인지 현상학적 접근을 통하여 알아차리는 것이 중요하다. 예컨대, 일단 과거의 고통스러운 기억이나 현재 겪고 있는 괴롭고 수치스런 상황을 회피하고 싶은 마음 자체를 알아차리게 되고 상담자로부터 공감적으로 지지를 받게 되면 자기탐색의 욕구가 떠오를 수 있다.

상담과정에서 내담자의 알아차림-접촉 주기는 한 회기 안에 모두 나타날 수도 있고, 좀 더 긴 기간에 걸쳐 나타날 수도 있다(Clarkson, 2010). 즉, 상담회기에서 내담자는 가장 급한 욕구를 알아차리고 에너지를 동원하여 지각적·정서적·생리적 수준에서 조직화하여 충분히 표현할 수 있거나 온전한 만남이 발생할 수 있다. 이 과정에는 만족과 즐거움이 따르고 후에는 새로운 주제가 떠오를 수 있다. 하지만 실제 상담에서는 알아차림-접촉 주기가 보다 다양한 장애와 함께 나타나기 때문에 주기가 진척되다가 혼란이 오면서 후퇴하거나 정체되기도 한다.

내담자의 현상학에 접근하기 위해 현상학적 방법을 활용할 때 상담자는 자신의 모든 선입견과 편견 및 가정을 내려놓고 내담자에게 자신의 경험을 개방할수 있다. 이때 상담자는 내담자를 미성숙한 존재로 취급하지는 않지만 아직 책임질 수 없는 부분에 대해서는 떠맡기지 않는다(Petzold, 1978: Rahm, 1995에서 재인용). 독일의 통합치료 상담자인 페촐드(Petzold)는 상담자가 상담과정에서 책임감 있게 선택적 개방을 해야 한다고 보았다. 즉, 상담자는 모든 것을 개방하지 않으나 개방한 내용은 진실한 것으로서 부분적 참여를 하게 된다. 이를 로라 펄스는 "선택적 진정성"이라 언급하며, 내담자가 다음 단계로 가도록 도움이 되는 것을 상담자가 개방하는 것이 바람직하다고 본다(이영이, 2014).

그리고 현상학적 방법에서는 내담자의 주요한 언어적 표현이나 진술, 동작및 정서표현 등을 포착하여 이에 대한 내담자의 해석을 발견하고, 이런 해석을 분석하여 현상의 본질을 추출하게 된다(Burley & Bloom, 2008). 특히, 반복되는 본질적 양상의 차원에서 현상을 밝히려고 의도한다. 내담자와의 접촉에서 얼은 순간적이고 직접적인 내담자의 경험을 기술하는 데 역점을 두고 설명이나 해석은 지양한다. 이렇게 즉각적이고 구체적인 관찰들을 서술하는 것이 구체적인 현실에 머물도록 도와주는데, 주로 오관을 이용한 감각적 자료들이다. 예를 들어, 매번 문제를 말할 때마다 웃거나 시선을 피하는 내담자의 행동을 관찰하고 피드백을 주면서 그 행동의 의미를 탐색할 수 있다.

게슈탈트 상담장면에서는 내담자가 과거 경험에 관해 이야기하더라도 그가 현재 장에서 체험하는 자신의 욕구와 감정 및 느낌을 자각하도록 주의를 환기시킨다. 상담자는 내담자가 느끼고 이해한 것을 반영하고 공감해 주는 한편, 내담자가 자각하지 못한 감정도 인식하고 표현하도록 돕는다. 폴스터(2006b)는 특히 내담자가 자신의 인생 이야기를 할 때 막연하고 추상적인 개념보다는 매우 구체적인 사건을 중심으로 진행되도록 하였다. 구체적인 사건에 대해 질문을 하다 보면 중요한 정서들을 경험하게 된다. 폴스터는 내담자의 이야기에서 떠오르는 매 순간 자연스러운 정서의 흐름을 쫓아가면 다음 방향이 나타난다고 보고, 이를 화살표(arrow) 현상이라고 지칭했다. 내담자 자신이 미처 의식을 못 해도 주의 깊게 내담자의 언어적 · 비언어적 표현을 살펴보면 항상 내담자의 이야기에는 다음 방향을 가리키는 화살표를 찾을 수 있다는 것이다. 상담자는 이 화살표를 감지하며 내담자의 이야기가 자연스럽게 이어지도록 돕는다. 이를 통해 내담자의 저항이나 의도적인 회피가 나타나더라도 전체적인 연결성을 발견할 수 있으며, 하나의 의미 있는 스토리가 구성되어 내담자의 삶이 이해되고 새롭게 조명된다.

(1) 성격 변화의 5단계

상담이 진행되면서 알아차림이 발전하고 접촉이 향상되면서 내담자의 성격에 대한 알아차림이 가능해진다(Yontef, 2008). 즉, 알아차림과 회피로 이끄는 조건과 유형을 알아차리며 자신의 전반적 성격구조를 알아차리게 된다. 마지막 단계로서 증진된 알아차림이 일상생활로 스며들어 어떤 상황에서 실제로 어떻게 작용하는지를 반복, 관찰하며 과정에 깨어 있을 수 있다.

[그림 7-2] 성격 변화의 5단계

펄스(1985)는 당위적이고 의존적이며 경직된 성격이 변화하여 전체적이고 통합되며 환경과 상호 교류가 가능한 성격으로 발달하는 심리상담의 과정을 제시하였다([그림 7-2] 참조). 펄스의 5단계 모델을 살펴보면 다음과 같다(김정규, 1996에서 재인용).

첫 번째 단계는 피상층(cliche or phony layer)이다. 이 단계에서 개인은 형식적이고 의례적인 규범에 따라 피상적인 만남을 한다. 표면적으로 세련되고 적응적인 행동을 보이면서 깊은 자기개방을 하지 않는다. 두 번째 단계는 공포층 혹은 연기층(phobic or role playing layer)이다. 이 단계에서 개인은 자신의 고유한 모습으로 살아가지 못하고 부모나 주위 환경의 기대에 따라 역할을 수행하며 살아간다. 개인은 환경에 적응하기 위해 자신의 욕구를 억압하고 주위에서 바라는 대로 살아야 한다고 믿는데, 이를 진정한 자신의 욕구인 줄 알고 착각하고 산다. 예를 들어, 모범생, 지도자, 협조자, 중재자, 희생자 등의 역할을 한다. 이들은 자신이 '어떤 사람이어야 한다'는 관념에 의해 살아가고, 타인에 대해서도 관념적인 규준과 틀로 대한다. 세 번째 단계에는 교착층 혹은 막다른 골목

(impasse)이 나타난다. 개인이 자신이 했던 역할연기를 자각하게 된 후에는 같은 역할을 지속하기가 어려워지면서 심한 공포와 허탈감을 체험한다. 그러나 이런 혼란스러운 상태와 공백 상태를 참고 통과하게 되면 새로운 유기체적 변화가 일어나고 돌파구가 열리는 단계다. 네 번째 단계에는 내파층(implosive layer)이 나타난다. 이 단계에서 개인은 그동안 억압하고 차단해 왔던 욕구와 감정을 알아차리게 된다. 이때 자신의 유기체 에너지가 오랫동안 차단된 결과 막강한 파괴력을 갖고 있어 외부로 발산하면 타인과의 관계가 악화될 것이라는 두려움 때문에 일단 자기 내부로 향하게 한다. 그래서 에너지가 응축되며 죽음의 공포를 체험하기도 한다. 개인의 신체근육이 긴장되고 온몸이 경직되기도 한다. 또한 개인이 자신의 감정을 억제하고 스스로를 비난하고 질책하기도 한다. 다섯 번째 단계는 폭발층(explosive layer)이다. 여기서 개인은 비로소 자신의 진정한 감정과 욕구를 외부대상에 직접 표현한다. 그리고 자연스럽게 강한 게슈탈트를 형성하고 환경과의 접촉을 통해 완결을 짓는다. 또한 이전에 억압하고 차단했던 미해결 과제들을 전경으로 떠올려 완결하기도 한다. 이 단계는 진정한 자기로서 실존할 수 있는 상태로 이어질 수 있다.

(2) 심리치료의 절차

김정규(2015)는 게슈탈트 상담의 원리를 적용하여 세부적인 상담절차를 네 가지 단계로 체계화시켰다. 이 단계들은 반드시 순서대로 진행되는 것은 아니고 각 단계가 서로 순환하며 영향을 주면서 깊어진다고 본다. 첫 단계에서 내담자의 주제(theme)를 찾는다. 이는 내담자의 중요한 미해결 과제를 해결하기 위해 지속적으로 노력하는 과정에서 생겨나는 것으로 '반복회기 게슈탈트(recurrent gestalt)'라고 부른다. 예컨대, '나는 쓸모없는 인간이다.' '다른 사람들의 요구에 맞춰 줘야 한다.' '실수하면 사람들이 나를 떠나갈 것이다.' 등과 같은 부정적인 내사를 내면화하여 자존감이 낮아지고 대인관계에서 고통을 겪게 된다. 주제를 발견하기 위해서는 내담자의 이야기를 경청하면서 미해결 감정을 중심으로 탐색하거나, 내담자가 제시하는 주제를 구체화시키고 확인하거나, 내담자가 상담과정에서 보이는 행동이나 예술매체를 활용한 작업을 주의 깊게 관찰하면서 발견할 수 있다. 주제를 명료화시키기 위해서 상담자의 공감과 가설 검증을 토대로 탐색한다. 가설은 대화과정을 통해 수정되고 좀 더 정교해지면 내담자의 주제를 심도 있게 이해하게 된다.

둘째 단계는 배경 탐색이다. 즉, 내담자의 주제의 의미를 이해하기 위해 특정 행동의 이유나 목적을 탐색한다. 과거에 자신을 보호하기 위해 선택했던 행동이지만, 현재는 자신에게 고통을 주는 주제를 해결하기 위해 그 배경이 되는 외상적·충격적 경험을 떠올려 연계성을 찾아 이해를 돕는다. 예를 들어, "당신에게 예의가 왜 그렇게 중요한가요?" "만일 예의 바르지 않으면 어떤 일이 벌어질 수 있나요?" 등의 질문을 통해 주제행동을 당연시 여기는 내담자가 이와 관련된 과거의 특수한 경험을 발견하는 것을 촉진할 수 있다. 또한 주제행동의 시작 시점이나 그것이 나타나는 구체적 상황을 물어볼 수도 있다. 그리고 시작 시점의 미해결된 감정과 욕구를 탐색할 수 있다. 주제행동과 연관된 생각과 감정, 신체감각을 물어보며 연결된 사건들을 떠올릴 수도 있다. 이 과정을 통해 내담자는 자신의 습관적 행동의 처음 선택 동기를 자각하게 되고, 현재에 보다 적절하고 새로운 창조적인 행동을 선택하는 것도 가능해진다.

셋째 단계는 지금-여기의 활용이다. 이는 상담시간에 나타나는 주제 관련 현상을 관찰하여 치유를 위해 활용하는 것이다. 내담자가 이야기를 하며 생각, 감정, 신체감각, 관계 등을 지각하고 반응을 보이는 가운데 내담자의 주제가 상담과정에서도 반복적으로 나타나는 것을 확인할 수 있다. 혹은 지금-여기의 프로세스를 통해 관찰된 부분을 내담자 스토리를 통해 재확인할 수도 있다. 내담자는 미해결 과제를 자각하고 지금-여기에서 생생하게 접촉하면서 해결할 수 있다. 하지만 미해결 과제를 직면하는 것이 트라우마 사건과 연관된 파국적 이미지를 내포하기 때문에 내담자는 심한 두려움을 느낄 수 있어 상담자의 안내와 지지가 필요하다. 미해결된 트라우마를 다루는 방법은 지금-여기에서 벌어지는 것처럼 생생하게 사건을 현재화하고, 당시 느꼈던 공포, 수치심, 분노, 슬픔, 외로움 등의 감정을 재경험한다. 상담자는 경청과 공감을 함으로써 내담자가 연대를 느끼는 새로운 경험을 할 수 있게 돕는다. 이 과정에서 미해결 과제를 가져온 내적·외적 장애를 발견할 수 있다. 예컨대, 내담자는 내사된 도덕적 규범 때문에 분노감정을 온전히 접촉하지 못함을 자각할 수 있다. 또한 적극적인 실험을 활용하여 빈 의자나 인형작업을 하면서 분노를 직접 표현해 볼 수 있다. 점진적인 작업을 통해서 미해결 감정을 정화하고, 더 나아가 내담자에게 결핍된 새로운 행동방식을 배우거나 자아의 나-경계를 확장하는 경험을 촉진할 수 있다. 지금-여기의 알아차림은 신체감각, 욕구, 감정, 이미지, 내적인 힘, 환경, 상황, 관계에 대한 현상 알아차림과 접촉경계 혼란행동, 사고패턴 및 행동패턴에 대한 행위 알아차림으로 구분할 수 있다. 상담과정을 통해 내담자는 있는 그대로를 알아차리고 수용하며 향유할 수 있게 되고, 적극적이고 창의적인 실험과 만남을 통해 새로운 경험을 하며 성장할 수 있게 된다.

마지막 단계는 대화적 관계의 적용이다. 앞에서 설명한 대화적 관계의 특성인 상담자의 현전, 포함 및 확인을 통해 내담자는 상호 동등하고, 상호 교류적이며 고유한 존재로서 목적이 되는 '나-너 관계(I-Thou relationship)'을 경험할 수 있게 된다. 이 단계는 앞선 세 가지 단계를 촉진시켜 주기도 하고 마무리하고 완결시켜 주기도 한다. 즉, 대화적 관계를 지향하는 상담자의 태도에서 내담자는 신뢰와 안정감을 느낄 수 있어 미지의 영역으로 자기탐색을 해 나갈 수 있게 된다. 또한 상담에서 얻은 통찰과 알아차림을 타인과의 관계차원으로 확장하고 통합하도록 함으로써 치유를 완결시키도록 한다.

5. 상담기법과 적용

욘테프는 상담자가 이해할 수 있고 편안하게 느끼는 어떤 내담자에게도 게슈탈트 상담이 효과적으로 적용될 수 있다고 보았다(Yontef, 2008). 즉, 상담자가 내담자와 관계를 맺을 수 있다면 대화와 실험 등을 통해 직접 경험하기의 원리를 적용할 수 있다는 것이다. 하지만 게슈탈트 상담의 일반적 원리들을 내담자의 특정한 임상적 상황에 맞춰 수정하여 적용하는 것에 주의를 기울여야 한다. 전통적으로 게슈탈트 상담은 지나친 사회화로 위축된 개인들에게 효과적인 것으로 여겨졌다. 이들은 불안하거나 완벽주의가 강하고 공포증이 있으며 우울한 내담자들이었다. 그러나 현재는 보다 광범위한 문제들에 적용되어 개인치료와 부부치료, 그리고 더 큰 집단치료의 형태로 실행되고 있다. 게슈탈트 상담으로 정신병적이거나 와해되거나 혹은 다른 종류의 심각한 정신장애를 가진 환자들과 작업하는 것은 더 어려울 수 있으므로 상담자의 조심성과 민감성 및 인내심을 요구한다.

다양하고 풍부한 게슈탈트 상담기법을 실험, 과제, 연습 및 상황에 따른 개입 등 네 가지 유형으로 구분할 수 있다(Stemmler, 1999). 우선 각 유형들을 설명하고, 구체적인 게슈탈트 치료기법들을 선택하여 소개하겠다(김정규, 1996; Joyce & Sills, 2001; Kim & Daniels, 2008; Stevens, 1993).

1) 게슈탈트 상담기법의 유형

상담자는 내담자에게 다양한 실험을 제안할 수 있다. 실험이란 내담자로 하여금 자신의 내면을 탐색하고 타인과 접촉하며, 이를 통해 미해결 과제를 완결 짓거나 새로운 행동을 시행해 볼 수 있게 하는 모든 개입이다(Kim & Daniels, 2008). 실험을 통해 고정된 반복적 패턴을 파기하고 새로운 행동을 선택하고 확립할 수 있는 계기를 마련할 수 있다. 이때 주의할 점은 내담자가 실험 제안을 받으면서 변화를 지시받는 것으로 오해할 수 있다는 점이다(Yontef, 2008). 따라서 실험이란 내담자가 순간순간 경험하는 것을 알고 지지하면서 자기를 수용하고 이해하는 것이 중요함을 명백히 전달해야 한다. 실험은 4단계로 구성된다(Zinker, 1977). 첫째, 내담자의 현재 상태를 요약하고 확인한다. 둘째, 상담자는 내담자의 문제를 함께 정의한다. 셋째, 상담자가 실험을 제안하고, 이에 대한 내담자의 반응을 확인한다. 이때 내담자의 의사에 따라 난이도를 조절하거나 계획을 조정한다. 넷째, 실험을 실시하면서 내담자를 지지하고 탐색한다. 실험을 종료하고 나서는 경험한 내용을 평가한다.

게슈탈트 상담기법의 또 다른 유형은 과제다(Stemmler, 1999). 과제란 실험의 형식을 활용하나 상담장면 밖에서 실행하는 것이다. 이는 상담장면에서 얻은 내용을 실제 장면에서 실험해 보는 것이 목적이다. 과제도 실험과 마찬가지로 자신의 경험을 탐색하는 것이 중요함을 주의해야 한다. 예를 들어, 발표불안이 심한 내담자가 실제 생활 속에서 발표과제를 하면서 자신의 신체감각, 호흡, 감정, 생각 등을 자각하고 이를 표현하면서 계속 변화되는 과정을 알아차리는 과제를 제안할 수 있다.

게슈탈트 기법의 세 번째 유형인 연습에서는 의도적으로 구조화된 상황을 지시하고 내담자의 경험을 탐색한다(Stemmler, 1999). 연습의 목표 역시 내담자의 반응에 대한 알아차림을 증가시키는 것이지 특정한 능력에 대한 훈련이 아니다. 예컨대, 상상기법으로서 눈에 띄는 물건과 동일시하는 기법이 있다. 이 기법에서 내담자가 주어진 환경에서 어떤 의미를 발견하는지, 이러한 경험을 대화적인 관계에서 어떻게 표현하는지를 관찰할 수 있다.

마지막 기법 유형은 상담상황에 따라 상담자가 내담자에게 피드백을 주거나, 상담자가 자신의 느낌을 개방하거나, 지각에 근거한 현실적인 상상을 말하면서 개입하는 방법이다(Stemmler, 1999). 예를 들어, 내담자가 시선을 피하면서 이야기를 할 때 "당신은 나를 보지 않고 이야기한다."(피드백), "당신은 내게 말하지 않는 것 같다."(개인적 느낌), "나를 보는 것이 창피한 것 같은 인상을 주는군요."(현실적 상상)라고 개입할 수 있다. 이런 유형의 반응기법은 내담자의 배경이나 상황 혹은 상담자와의 관계를 고려해서 적용해야 한다.

2) 게슈탈트 상담의 구체적 기법

(1) 현재 감정 및 신체의 자각

현재 상황에서 체험하는 감정을 자각하는 것은 게슈탈트 상담에서 기본이 된다(김정규, 1996). 상담자는 내담자의 생각이나 주장 혹은 질문의 배후에 있는 감정을 찾아내어 이를 자각하도록 돕는다. 내담자의 사고 내용이 옳은지에 대해 평가하기보다는 자신의 감정을 명확히 자각할 수 있는지 혹은 이 체험에 어떤 의미를 부여하는지 파악한다. 내담자의 비언어적 표현을 관찰하여 기술하거나 직접 질문을 할 수 있다. 예를 들어, "지금 이 순간 어떤 기분이 드나요?" "그것이 무슨 의미가 있지요?"와 같이 질문할 수 있다.

내담자가 자신에 대해 추상적이고 비개인적인 태도를 취할 때 현재 내담자의 내면에서 어떤 것이 발생하고 있는지 주의하도록 한다. 특히 내담자의 공허감, 좌절감, 불안, 실망감과 혼동 등 자신이 감당하기 힘든 감정을 회피하려는 패턴이 반복될 때 이에 대한 피드백을 줄 수 있다. 만약 감정을 느끼고 접촉하는 것이 필요한 상황이라면 "지금 그 상태에 머물러 보세요."라고 권유해 볼 수 있다. 이런 연습에서 내담자가 처음엔 불안을 느끼기도 하는데, 감정과 접촉하고 머물면서 완화되는 감정의 변화를 알아차리면서 안정될 수 있다.

게슈탈트 상담에서는 정신과 신체작용의 불가분의 관계를 전제한다. 따라서 감정을 느낄 때 신체적인 감각을 알아차릴 수 있다. 만약 감정에 대해 잘 알아차리지 못할 경우에는 신체감각을 알아차리면서 분리된 에너지를 자각하고, 소외된 자신의 감정과도 접촉하는 것이 더 용이할 수 있다. 예를 들어, "당신의 신체에서 어떤 느낌이 드나요? 혹은 신체의 답답한 부분이 말을 한다면 뭐라고 할까요?"라고 질문해 볼 수 있다.

신체 자각은 가장 기본적인 자기지지(self support) 가운데 하나다. 특히 호흡 방식은 강한 감정들과 함께 변화한다. 호흡을 어떻게 하고 있는지를 집중하여 알아차리는 것만으로도 저절로 조절될 수 있다. 보통 호흡은 불안한 상태에서 차단되거나 불균형하게 된다. 펄스에 따르면, 유기체가 지금-여기에 몰입하는 경우에 흥분은 행동으로 변화될 수 있다(김정규, 1996에서 재인용). 개인이 지금-여기를 떠나 과거나 미래를 예상하면서 흥분을 차단하고 불안해질 때 호흡에 장애가 생길 수 있다. 불안한 경우에는 충분히 숨을 내쉬지 않아서 탄산가스를 충분히 배출하지 못하고, 신선한 산소를 실은 피가 폐에 도달하지 못한다. 이 과정에서 맥박이 증가하고, 급하게 숨을 들이쉬며 호흡항진을 경험할 수 있다. 이때 상담자는 내담자를 관찰하고 숨을 내쉬게 하거나 함께 걷는 동작을 하면서 호흡을 정상화시키는 것이 필요하다.

(2) 언어 자각

내담자가 흔히 사용하는 비접촉적인 언어를 수정해서 자신의 감정을 되찾아 통합하도록 도와줄 수 있다(김정규, 1996). 가령, 융합적 부부의 갈등을 해결하기 어려운 경우에 "우리는 괜찮다."라고 하는 파트너에게 "나는 혹은 당신은 괜찮다."라고 구분하여 표현하도록 지시한다. 이를 통해 자신이 알아차리지 못하고 회피해 온 부부간의 차이를 깨달을 수 있다. 또는 "사람들이 다 불안하지 않은가요?"라고 일반화시켜서 묻는 내담자에게 "나는 불안하다."라고 표현해 보도록 개입하면서 자신의 감정과 접촉할 수 있도록 돕는다. 혹은 당위적이고 객관적인 논조의 말투인 "해야 한다." "해서는 안 된다." 등의 말들을 "하고 싶다." 혹은 "하기 싫다." 등으로 바꿔 표현하도록 요구한다. 이로써 자신의 욕구와 행동에 책임지는 경험을 할 수 있다.

(3) 과장하기

내담자가 감정을 명확히 자각하지 못할 때 상담자는 내담자가 하고 있는 표현행동을 과장하도록 요구할 수 있다(김정규, 1996). 내담자가 신체동작이나 감각을 느낄 때 현재 감정이나 욕구와 연결되어 있다면 과장해 볼 수 있다. 예를 들어, 아버지에 대한 분노를 억눌러 왔음을 이야기할 때 팔의 통증을 느낀다면 내담자에게 그 팔을 어떻게 움직이고 싶은지를 느껴 보라고 할 수 있다. 팔이 치고 싶은 욕구를 느낀다면 쿠션 등을 치면서 어떤 감정을 느끼는지 자각하도록 도울 수 있다. 이를 통해 자신의 분노 감정과 에너지를 접촉할 수 있다.

내담자의 언어표현을 주의깊게 관찰하다가 내담자가 무심코 한 말을 되풀이해서 말하거나 큰 소리로 말해서 말 속의 의미를 자각하게 만들 수 있다. 반면에, 내담자가 작은 소리로 말하는 경우에는 더 작은 소리로 말을 하면서 그 순간의 감정이나 욕구를 알아차리게 도울 수 있다.

(4) 빈 의자 기법

게슈탈트 상담에서 빈 의자는 내담자의 양극성, 투사 및 내사를 탐색하기 위한 방법이다(Joyce & Sills, 2001). 상담실의 빈 의자를 활용하여 내담자가 감정적 관계를 갖고 있는 인물이 거기에 앉아 있다고 상상하고 대화를 나누게 한다. 상담자는 내담자가 빈 의자에 있는 상상 속의 타인에게 자신의 감정과 욕구를 말로 표현하고, 내담자가 체험하는 감정을 자각하도록 돕는다. 이때 역할을 바꿔가며 대화를 시켜서 그 인물과의 상호작용을 탐색해 볼 수 있다. 이는 내담자가 자신이 상대방에게 투사한 감정들을 되찾아 자각하는 데 유용할 수 있다. 또한 지금까지 시도하지 못했던 새로운 행동을 시도하면서 어떤 경험을 하는지 알아차려 볼 수 있다. 혹은 상대방의 입장에서 공감해 보는 경험을 할 수 있다.

빈 의자 기법을 활용하면서 주의할 점은 내담자가 대인관계에서 경계상의 문제가 있는 경우에는 상대와 역할 바꾸기 기술을 적용하는 것이 부적절하다는 것이다. 예를 들어, 성폭력 가해자에 대한 분노작업을 할 때 피해 내담자의 경계가 혼란될 가능성이 있을 경우 역할 바꾸기는 바람직하지 않다. 만약 내담자가 빈 의자 기법을 활용해서 직접 대화하는 것을 어려워할 경우에는 상상 속에서 말하기를 실험해 보라고 권해 볼 수 있고, 이때 중간에 멈춰 무엇을 경험하는지를 검토해 볼 수 있다.

(5) 자아 부분들과의 대화, 상전과 하인의 대화

내담자의 성격이 내사된 부분들로 나뉘어 통합되지 못한 상태에서 여러 내적인 부분과 대화를 해 볼 수 있다(김정규, 1996). 대화를 통해 지금까지 내면에서 통합되지 않은 감정들을 깊이 자각하면서 통합할 수 있다. 내담자가 내사된 내용들을 알아차리면 이를 자신의 진정한 부분들과 변별하고, 무조건적으로 순종하는 대신에 현실과 자신의 욕구를 고려하여 합리적 선택을 할 수 있도록 돕는다.

내담자의 모순적이거나 양극적인 내적 대화를 두 자리를 오가며 소리 내어 표현하게 하면서 자각이 일어나고 새로운 통합적 조망을 경험할 수도 있다. 펄스(Perls, 1985)는 우리의 내면이 환경을 통제하기 위해 두 부분으로 양분되어 싸우는 데 에너지를 낭비한다고 보았다. 이것을 상전(top dog)과 하인(under dog)이라고 명명하고, 상전과 하인의 싸움을 자기고문 게임(self-torture-game)이라 불렀다(김정규, 1996에서 재인용). 보통 상전은 권위적이고 명령적이며 도덕적인 모습이다. 항상 당위적으로 말하고, 명령과 요구사항을 제시하여 조작하고 통제하려고 한다. 하인은 상대적으로 약하고 여러 가지 다양한 전략을 세워서 상전과 싸운다. 예를 들어, 변명하기, 쉽게 사과하기, 억지 부리기, 보채기, 회피하기, 아양 떨기 등을 무기로 상전을 괴롭히고 궁지로 몬다. 상전은 완벽주의를 추구하고 비현실적 이상을 요구하며 하인을 징계하고 처벌하는데, 이것이 자신을 향상시키기 위한 것이라고 혹은 자기 자신을 위한 것이라고 주장한다. 결국에는 이를 충족시키려 노력해 온 개인의 신경파탄을 초래할 수 있다.

의자나 방석 등을 사용하면서 상전의 위치에서 하인이 해야만 하는 것을 표현하고, 하인의 위치에서는 그에 대한 감정과 필요를 표현할 수 있다. 강하고 명령적인 상전을 두려워하는 하인은 상담자의 지원을 받아 상전에 대항할 수 있다. 처음에는 비난과 방어로 이어지는 대화가 점차 상호 간의 필요성을 인정하며 내적인 갈등을 해소할 수 있게 변화된다. 이때 내담자는 지금까지 자신의 무기력했던 내면 상태를 통찰하게 되면서 양극을 아우르는 제3의 관점을 경험할 수 있고, 긍정적인 자기지지를 향상시킬 수 있다(Oaklander, 2006).

(6) 꿈 작업

게슈탈트 상담에서 가장 중요시하는 기법 가운데 하나가 꿈 작업(dream work)이다. 이는 개인이 자신의 에너지와 감정을 투사한 것이 꿈에서 가장 잘 나타나기 때문이다(Perls, 1985). 펄스는 꿈을 통합을 위한 왕도라고 했다. 꿈속에서 자신이 투사된 자아의 많은 부분을 만날 수 있으며, 이를 다시 통합하는 작업을 할 수 있다. 투사를 걷어내고 자신의 감각과 운동으로 현실과 만날 때 지금 여기서의 진정한 실존적 삶이 가능하다(김정규, 1996). 또한 꿈을 깨어 있는 삶에서 표현되지 못하고 억제된 감정과 욕구의 반전으로도 이해한다(Joyce & Sills, 2001). 깨어 있는 삶에서 표현되지 못한 것이 꿈에서 나타나는 것이다.

꿈 작업을 할 때 투사된 사람, 사물 등과 동일시하는 연습을 통해서 접촉이 발생한다(Perls, 1985). 이때 꿈의 일부분과 동일시하여 그 입장으로 투영하는 연습을 변형(transform)이라고 한다. 변형을 통해 투사된 에너지와 접촉이 이뤄지고 유기체의 조정능력이 발동된다. 정신분석의 꿈분석과는 달리, 게슈탈트 상담에서는 꿈이 마치 현재 일어나는 것처럼 상상하면서 직면하고 꿈의 일부가 되어 본다. 이미 오래된 과거의 꿈이든, 최근에 꾼 꿈이든 모두 현재에 의미가 있는 내용들이 포함된다. 특히 오래 기억되는 꿈이나 되풀이되어 나타나는 꿈일수록 현재 더 중요한 꿈이라고 할 수 있다. 꿈을 선택해서 다룰 때에는 꿈의 부분들이 모두 합해져서 전체를 이루는 관점에서 다루며, 각 부분들이 만나서 싸우거나 대화를 나눌 수 있다. 이 기법을 '각본 쓰기'라 한다. 이는 자기고문 게임과 비슷하게 나타나는데, 이 과정을 통해 상호 이해가 생겨 서로를 인정하고 통합이 일어난다. 예를 들어, 쫓기는 꿈을 꾸는 경우에는 두려워하며 쫓기는 자와 뒤에서 무섭게 쫓는 자가 서로 대화를 해 볼 수 있다. 이를 통해 심리적 장애가 있는 개인의 투사된 힘이 접촉되고 통합될 수 있다. 꿈은 투사로 인하여 인격에 구멍이 난 사람의 비실존적 상황에 대한 메시지다. 주의할 것은 꿈 작업이 처음에 공포심을 유발하고 저항을 초래하여 회피하거나 무시하려고 할 수 있다는 점이다. 따라서 내담자가 수용할 수 있는 단계부터 시작하는 것이 필요하다.

반전된 형태의 감정들을 접촉할 경우에는 직접 표현해 보는 실험을 해 볼 수 있다. 꿈을 언어적으로 설명하는 것을 넘어서 그림을 그리거나, 찰흙 작업을 하거나, 드라마 등에서 신체적 표현을 통해 작업을 하면서 다뤄 볼 수 있다. 또한 악몽을 꾸거나 꿈의 결말이 아쉬운 경우에는 새로운 결과를 만들어서 자신이 능동적으로 실존적인 선택을 실험해 볼 수 있다. 때로 삶의 막다른 골목의 상황을 알려 주는 꿈을 작업할 때 새로운 선택을 통하여 돌파구를 경험해 볼 수도 있다. 이와 관련된 사례를 예로 들면, 한 내담자는 자신의 꿈속에 나온 무기력한 모습의 인물과 자신을 동일시하면서 삶에서 취하는 자신의 무기력한 태도를 자각하였다. 이를 통해 자신이 좀 더 능동적으로 대처할 필요성을 느낀 내담자는 적극적인 행동을 실험해 보기로 결정하였다.

(7) 예술치료 기법을 활용한 게슈탈트 접근

게슈탈트 상담에서 시, 연극, 인형놀이, 동작치료, 찰흙 작업과 그림 그리기 등 다양한 미디어를 활용하여 알아차림과 통합을 촉진할 수 있다. 페촐드(Petzold)는 미디어를 사용한 예술작업을 4단계로 구분하였다(이영이, 2001에서 재인용). 첫째, 상담자가 내담자에게 사용할 예술매체를 안내한다(안내 단계). 둘째, 매체를 활용하여 창조적인 작업을 한다(생산 단계). 셋째, 완성한 작품을 가지고 작품을 만드는 과정에서 체험했던 경험을 나눈다(통합 단계). 즉, 어떤 체험을 하였는지, 작업 전후의 감정과 욕구의 변화를 자각해 볼 수 있다. 그리고 여기서 체험한 경험이 현재 자신의 삶과 어떻게 관련되는지 살펴볼 수 있다. 상담자는 작품을 해석하지 않고, 내담자의 경험을 존중하며 탐색하는 것을 촉진한다. 집단상담의 경우에는 다른 구성원의 피드백을 통하여 지지를 받을 수 있으며, 미처 깨닫지 못했던 것들을 직면할 수도 있다. 넷째, 새롭게 얻은 통찰을 실천할 방향을 정해 볼 수 있다(실천 단계). 창조적인 과정에서 자신을 알아차리고 표현하는 것은 그 자체로 충분한 의미가 있으나, 체험을 통합하고 새로운 방향을 모색하는 것은 상담에서 다뤄져야 할 중요한 부분이다.

김정규(2010)는 대인 간의 관계성을 향상시키기 위한 프로그램(Gestalt Relationship Improvement Program: GRIP)을 개발하였는데, 세분화된 단계의 알아차림 연습들과 다양한 도구의 활용, 놀이 및 예술치료 활동으로 구성되어 있다. GRIP의 놀이 및 예술치료 활동에는 다양한 상상기법과 가족상징 작업, 콜라주 작업, 집단그림, 찰흙 작업 등을 포함하고 있다. 창조적인 활동을 하면서 자신과 타인에 대한 알아차림을 증진시키고, 상호작용을 통해 접촉하면서 진정한 만남이 촉진될 수 있다. 현재 GRIP은 개인상담과 다양한 대상을 위한 집단상담에서 활용되고 있다.

(8) 과거와 미래의 대화

내담자가 과거에 미해결된 사건이나 미래에 예기되는 위협적인 사건을 마치 현재에 일어나는 것처럼 상상하면서 체험하는 것을 알아차리도록 한다(김정규,

1996). 예를 들어, 대인공포증이 있는 내담자에게 타인을 대하는 경험에서 어떤 내적 과정들이 발생했는지를 지금 상상하게 하면서 불안을 야기하는 사고와 신념들을 탐색해 볼 수 있다. 또한 미해결된 감정들을 빈 의자 기법 등을 통해 직접 표현하는 실험과 연결해 볼 수 있다.

미래에 예기되는 불안은 내담자가 달성해야 할 이상적인 기대목표와 실제 상태의 차이에 의해서 발생한다. 상담에서 미래 사건을 현재화하여 체험하면서 내담자는 때로 고통과 슬픔을 경험하기도 하지만, 궁극적으로 유기체가 극복하고 동화시킬 수 있음을 체험해 볼 수 있다. 예기되는 고통을 회피하거나 억압 혹은 투사하는 대신에 직면하여 자각하면서 현재에 깨어나 실존적으로 대처할 수 있고 성장을 계속해 나갈 수 있다.

(9) 안전기술

과거의 충격적 사건을 보고하면서 재체험하는 감정은 때로 내담자에게 외상적 경험이 될 수 있다. 이런 경우, 내담자가 현재 장으로 돌아와 지금-여기를 알아차리며 느끼는 감정을 자각하고 표현하도록 한다(김정규, 1996). 그리고 과거에 느꼈던 감정과 달리 현재 경험하는 감정의 변화를 알아차리도록 돕는다. 이때 상담자는 내담자의 현재 자각을 위해 타인과 시선 접촉이나 신체적 접촉을 하도록 개입할 수 있다. 예컨대, 과거 대인관계에서 무관심과 소외감을 느껴 상처받았던 내담자에게 집단과정에서 "다른 사람들이 어떻게 하고 있는지 살펴보세요."라고 요구하면 내담자가 집단원의 공감하는 표정들을 살펴보면서 지지받는 느낌을 받을 수 있다.

(10) 상상기법

상담자는 지시문을 읽어 주면서 상상을 할 수 있도록 안내한다. 예를 들어, 장미덤불 기법에서는 자신이 장미덤불이라고 상상하면서 어떤 꽃인지, 꽃잎과 줄기 및 뿌리는 어떤지, 어디에서 살고 있는지, 누가 돌보고 있는지 등을 상세히 상상해 보도록 인도할 수 있다(Oaklander, 2006). 이러한 상상 속에서 대상과 동일시함으로써 자신의 모습을 자각할 수 있다. 이 과정에서 자신이 지금까지 알아차리지 못했던 모습들도 떠오르고 자각을 통해 통합을 이루고 성장해 나갈 수 있다(Stevens, 1993).

혹은 안전한 장소를 상상해 볼 수 있다. 이는 내적 지지를 발굴해 내는 작업이 될 수 있다. 자신이 혼자서 편안하게 쉴 수 있는 상태나 장면을 상상한다. 집이나 다른 휴양지, 혹은 상상의 장소가 될 수도 있다. 쉽게 떠오르지 않을 경우라도 시간을 두고 찾아볼 수 있다. 예를 들어, 안전하고 편안한 장소로서 어머니의 자궁 속의 경험을 떠올릴 수도 있다. 내담자는 안전한 장소에서 신체적 이완을 체험하면서 불안과 긴장에서 벗어나는 경험을 할 수 있다.

상상 속의 인물로서 좋은 부모, 지혜로운 사람, 판타지 속의 요정 혹은 수호천사 등을 떠올려 자신에게 필요한 도움을 받는 상상을 할 수도 있다. 가령, 진로로 혼란스러워하는 내담자에게 내면의 지혜로운 사람에게 묻는 상상 작업을 하도록 인도하면 현재 자신에게 필요한 마음가짐을 알아차릴 수 있다. 자신의 내면에서 떠오르는 메시지를 통합하면서 자신의 힘과 지혜를 발견할 수 있게 된다.

6. 평가

게슈탈트 상담은 프리츠 펄스가 처음으로 발전시켰던 실존적 대화관계에서 현상학적 방법을 통해 실험적 경험을 추구하는 과정(process)중심적인 상담 접근이다(Yontef, 2008). 펄스는 초기에 프로이트의 정신분석이론을 반박하며 아동의 구강기 섭식행동 발달과정에 대한 고찰에서 공격성이란 환경을 변화시키기 위해 개인의 의지를 사용하는 것으로 보았다. 또한 정신구조를 본능, 자아, 초자아로 구분하는 것에도 동의하지 않았고, 특정한 방식으로 기능하는 하나의 '전체 자기'를 개념화했다. 그리고 무의식이란 용어가 아닌 '이 순간에 알아차리지 못한 것'으로서 보다 포괄적이고 광범위한 의미를 지닌 용어를 선호하였다

(Clarkson, 2010에서 재인용). 그 외에도 정신분석이론의 영향을 살펴보면 정신분석가였던 빌헬름 라이히의 신체와 정서 간의 연결성에 주의하여 게슈탈트 상담에서 활용하였고, 게슈탈트 상담의 상전과 하인의 개념을 발전시킨 것도 카렌 호나이의 영향이 있었다. 최근에는 게리 욘테프와 린 제이콥스 같은 게슈탈트 상담자들이 대상관계이론 및 자기이론을 게슈탈트 상담에 적극 통합시키고자 시도하고 있다(김정규, 2015).

게슈탈트 상담은 일찍이 정신분석과 행동주의와 비교하여 제3세력으로 불렸던 인본주의 심리학에 속한다고 볼 수 있다. 게슈탈트 상담은 1950년대와 1960년대에 꽃을 피웠고, 1980년대 이후에는 이론적으로나 임상 실제에서 더욱 성장하고 발전해 왔다(Clarkson, 2010). 구체적으로 프리츠 펄스는 사이코드라마의 창시자인 제이콥 모레노(J. Moreno)가 당시 인본주의와 실존주의적 원리에 근거하여 집단상담을 시행했던 것을 호의적으로 평가하여 게슈탈트 상담에 적극적으로 통합시켰다. 게슈탈트 상담에 대해 펄스 자신은 빈스방거(L. Binswanger)의 현존재 치료(dasein therapy)와 빅터 프랭클(V. Frankl)의 의미요법(logotherapy)과 함께 실존치료의 하나로 보았다. 펄스는 게슈탈트 상담을 특별히 현상학적 방법론에 기반을 두어 순수한 알아차림을 추구하였으며, 경험을 해석하는 대신에 기술하고, 경험의 구조 및 패턴을 발견하는 현상학적 접근이라고 간주하였다.

반면에, 욘테프는 게슈탈트 상담이 1960년대의 반이론적 태도에 영향을 받아 연극적이고 카타르시스 지향적인 접근방법으로 발전이 오도되었다고 비판적으로 고찰하였다(Yontef, 2008). 게슈탈트 상담이 발전했던 초기에 펄스와 같은 카리스마 넘치는 지도자가 상담을 시연할 때 기법과 만남(encounter)을 사용하여 사람들을 감동시켰으나, 후기에 와서 욘테프 등과 같은 상담자들은 현상학적이며 양질의 접촉을 중시하여 상담자와 내담자 간의 관계를 더욱 강조하였다. 이와 더불어 집단상담도 펄스의 개인작업(hot seat) 중심으로 진행하던 전통적 방식에서 집단원 간에 대화적 관여를 통해 성장이 일어남에 주의하고, 집단원의 상호작용을 상담의 성공요인으로 간주하였다. 따라서 상담기법을 활용하는 것이 알아차림을 도와주는 보조수단에 불과하므로 기법을 남용하는 것에 주의를 기울여야 한다고 강조한다(김정규, 1996). 알아차림은 실존적 대화관계 속에서 실현되어야 할 부분이므로 지나친 기법 사용은 상담자와 내담자 사이를 소외시켜 새로운 문제를 야기할 수 있다. 그리고 기법을 사용할 때에는 내담자의 특성이나 내적 상태와 상담자와의 관계적 측면을 고려해서 알맞은 기법을 적시에 사용하는 것이 필요하다. 예컨대, 경계선 환자와 정신증 환자의 경우에는 빈 의자 기법이 오용될 경우를 주의해야 한다.

게슈탈트 상담에서는 형식적인 심리진단 평가와 보편적인 연구방법론을 개별적인 환자의 평가에 비해 덜 신뢰하는 전통이 있었다. 특히, 게슈탈트 상담은 현상학적 입장을 취해서 매 회기가 하나의 실존적인 만남이자 실험으로 간주된다(Yontef, 2008). 따라서 내담자에게 무엇이 효과가 있고, 무엇이 없는지를 평가하기 위해서 현상학적 초점화 기술과 대화적 접촉을 사용할 수 있다. 이를 통해 지속적인 개별 사례 연구가 이뤄진다고 볼 수 있다.

게슈탈트 상담에서도 학문적인 관점에서뿐 아니라 임상적 실제의 필요에 의해서도 상담 연구에 관한 관심은 점차 증가해 왔으며, 최근까지 경험적 연구의 결과들이 꾸준히 축적되었다(김정규, 2015). 영어로 발간되는 게슈탈트 상담 학술지로는 『Gestalt Review』 『Gestalt Theory』 『Britisch Gestalt Journal』 『International Gestalt Journal』 『Australian Gestalt Journal』 『Studies in Gestalt Therapy』 등이 있고, 전자저널로는 『Gestalt!』와 『Gestalt Critique』가 있다. 근래에는 한국에서도 게슈탈트 상담에 대한 경험적 및 이론적 연구에 관한 논문들이 한국게슈탈트심리상담학회의 학회지인 『한국게슈탈트상담연구』를 통해 꾸준히 발표되고 있다.

게슈탈트 상담의 효과에 대한 슈트륌펠(Struempfel, 2004)의 논문을 살펴보면 60개의 상담과정과 평가 연구를 개관하였다. 여기서 게슈탈트 상담은 행동치료 혹은 내담자중심치료와 비교하여 유사하거나 더 빠른 치료 효과를 보였다고 평가했다. 더욱이 게슈탈트 상담이 증상 위주의 치료가 아님에도 다수의 연구에서 증상 수준에서의 효과가 행동치료와 동등하였다. 그리고 대부분의 자료에서 게슈탈트 상담이 심한 성격장애, 정서장애, 의존 및 다른 장애들에서 효과가 있는 것으로 나타났다. 또한 부부나 부모 상담 및 심리사회적으로 소외된 배경의 아동 및 성인들에게도 효과적으로 적용됨을 보여 주었다.

심리상담과정에 관한 연구들을 살펴보고 그린버그(L. Greenberg)는 그의 개관 연구에서 상담의 맥락에 관한 관심이 부족하고, 과정과 결과에 대한 연구가 분리되어 실행된다는 문제를 제기하였다(Yontef, 2008에서 재인용). 그와 동료들은 세 종류의 치료 결과(즉각적인, 중간 및 최종 결과)와 과정의 3단계(언어적 의사소통, 일화와 접속)를 구분하여 연구하였다. 그들은 언어적 소통을 발생하는 일화의 맥락 안에서 탐색하였고, 일화를 타인과의 접속 혹은 관계의 맥락 안에서 탐색하였다. 또한 슈트륌펠(2004)은 과정 연구를 통해서 감정의 고조가 어떻게 게슈탈트 대화의 일부가 되는지를 이해할 수 있다고 보았다. 보통 내담자의 내적 갈등을 드러내는 감정적 긴장은 내담자의 문제 해결과 동반되어 나타나는데, 내담자가 갈등의 핵심을 다루는 깊은 정서적 경험을 할 때, 심리적 고통과 증상, 대인관계 문제 및 성격장애가 완화될 수 있다. 그 밖에 과정 연구로는 상담자나 내담자가 전혀 기대하지 못했던 언어나 행동을 하는 실존적 순간의 치료적 효과 연구도 있다(Teschke, 1999).

제8장

행동주의 상담

| 김동일 |

상담은 사람들의 적응적 삶을 위하여, 그리고 더 나아가 전반적인 삶의 질을 향상시키도록 제공되는 대표적인 조력체제(human service system)다. 상담에서는 인간의 긍정적인 변화에 대한 신념을 확인하고, 효과적으로 변화시키기 위한 여러 가지 이론과 실제적인 접근이 사용되어 왔다. 정신분석, 인지치료를 중심으로 한 심리치료체계를 비롯하여 지금까지 제시된 모든 상담 접근은 어느 정도 행동변화와 관련되어 있고, 이론적인 입장에 따라 어떤 접근은 정서에 초점을 두고 또 어떤 접근은 사고에 초점을 두고 있다. 그러나 정서의 변화에 초점을 두었다 해도 행동의 변화에 관심이 없는 것이 아니라 정서 측면에 일차적인 관심을 두었다는 의미로 볼 수 있으며, 결과적으로 행동의 변화를 지향한다. 이렇게 보면 모든 상담활동은 기본적으로 행동의 변화를 포함한다고 할 수 있다. 행동주의 상담 접근은 내담자가 변화하고자 하는 구체적인 행동에 초점을 두고 상담자가 상담과정을 전개하며, 인간 내부의 심리적 구조보다는 환경과의 상호작용을 중시한다. 이러한 행동중심 접근은 긍정적 행동 지원 전략으로 잘 드러나며, 모든 상담자 훈련의 필수적인 과정으로서 인식되어야 한다. 이와 더불어, 하나

의 보조전략으로서의 행동치료나 행동요법이 아니라 상담의 전체 과정에서 구현되는 행동상담에 대한 연구가 필요하며, 학습장애와 같은 특수한 요구가 있는 내담자를 위하여 다양한 행동변화 전략이 개발되고 적용되어야 할 것이다.

1. 주요 학자

1) 이반 파블로프

Ivan Petrovich Pavlov

이반 파블로프(Ivan Petrovich Pavlov, 1849~1936)는 조건반사에 대한 개념을 발전시킨 것으로 유명하다. 파블로프는 굶주린 개가 이전의 먹이 광경과 연관된 종소리에 반응하여 침을 분비하도록 훈련시켰다. 그는 조건형성의 중요성을 강조함과 동시에 인간의 행동을 신경계와 관련시킨 선구적인 연구를 수행하면서 이와 비슷한 개념적 접근을 전개시켜 나갔다. 1904년의 소화액 분비에 관한 연구로 노벨 생리 · 의학상을 수상했다.

시골 목사의 맏아들이자 교회지기의 손자였던 파블로프는 고향인 중앙 러시아의 랴잔에서 어린 시절을 보냈다. 그는 교회학교와 신학교에 입학하였는데, 이때 헌신적으로 지식을 전달하는 신학 선생들에게서 깊은 인상을 받았다. 1870년, 파블로프는 신학 공부를 포기하고 상트페테르부르크 대학교로 가서 화학과 생리학을 공부했다. 상트페테르부르크의 임피리얼 의학 아카데미에서 의사자격을 취득(1879년 졸업, 1883년 논문 완성)한 후, 1884~1886년 라이프치히 대학의 심장혈관 생리학자 루트비히(C. Ludwig)와 브레슬라우의 심장생리학자 하이덴하인(R. HeidenHain)의 지도 아래 독일에서 연구를 했다. 루트비히와 공동으로 연구하면서 파블로프는 순환계에 대해 독자적인 연구를 하기 시작했다. 1888~1890년에는 상트페테르부르크에 있는 봇킨 실험연구소에서 심장의 생리와 혈압 조절에 관해 연구를 했다. 그는 능숙한 외과의사가 되어 마취를 하지 않고도 고통 없이 개의 대퇴부 동맥에 카테터(catheter)를 주입하고 다양한 약리적·정서적 자극이 혈압에 미치는 영향을 기록할 수 있었다. 그는 미세한 심장신경을 조심스럽게 절개함으로써 심장신경얼기에서 나가는 신경들이 심장박동의 강도를 조절한다는 사실을 밝혔으며, 절단된 경수신경의 말단을 자극함으로써 좌우 미주신경(迷走神經)이 심장에 미치는 영향도 규명하였다.

파블로프는 작가 도스토옙스키의 친구인 지적이고 매력적인 한 학생과 1881년에 결혼했으나, 가난 때문에 초기에는 서로 떨어져 살아야 했다. 그는 자신이 얻은 성공의 많은 부분을 자신의 편안과 연구를 위해 평생을 헌신한 부인의 업적으로 돌렸다. 1890년, 그는 임피리얼 의학 아카데미의 생리학 교수가 되어 1924년에 사임할 때까지 그곳에서 일했다. 그는 새로 설립된 실험의학연구소에서 외과수술 후 조리와 건강을 유지할 수 있는 데 필요한 설비에 큰 주의를 기울여 동물들을 대상으로 외과적인 실험을 시작했다. 특히 1890~1900년, 그리고 대략 1930년까지 소화의 분비 활성에 대해 연구했다. 하이덴하인과 공동으로 연구하는 동안 그는 작은 위(miniature stomach)를 표본화시키는 기술을 고안하여 미주신경이 분포된 채로 위를 분리했다. 파블로프는 외과적인 실험방법으로 정상적인 동물의 위장액 분비를 연구할 수 있었다. 이러한 연구는 그의 저서 『소화샘 연구에 대한 강의(Lectures on the work of the digestive glands)』(1897)에서 정점에 달했다. 그의 신경지배 연구는 높이 평가받았고, 이 일련의 연구 업적을 인정받아 1904년에 노벨생리·의학상을 수상하였다. 가장 널리 알려진 일화 중 하나로, 개의 소화에 대한 연구를 하던 중 파블로프는 개가 음식(고기분말) 냄새를 맡았을 때 분비되는 타액의 양을 측정하기 위해서 용기에 개의 타액을 모으면서 뜻밖의 사실을 발견하게 되었다. 개는 처음에는 고기분말의 냄새를 맡기도 전에 타액을 분비했다. 심지어는 음식을 가지고 실험실에 들어오는 연구자를 보거나 연구자의 발소리만 들어도 타액을 분비하였다. 처음에 파블로프는 이런 타액 분비를 막으려고 노력했다. 왜냐하면 그것이 실험을 망친다고 생각했기 때문이다. 그러나 파블로프는 이 사건에 점점 흥미를 갖게 되었다. 그는 개가 고기분말 냄새를 맡기 전에 타액을 분비하도록 특정한 학습이 일어난 것으로 추론했다. 이것이 고전적 조건화의 시작이다.

2) 조셉 월피

Joseph Wolpe

　조셉 월피(Joseph Wolpe, 1915~1997)는 1915년 4월 20일에 남아프리카의 요하네스버그에서 태어났다. 그는 행동치료에서 가장 영향력 있는 인물 중 하나로 평가받는다. 남아프리카의 파크타운 남자고등학교(Parktown Boys' High School)에 다녔던 그는 화학적 상호작용에 관심을 가졌고 실험을 좋아했다. 학창 시절에 그는 선생님께 재료를 구해 와서 자신만의 화학 실험실을 만들기도 했다. 그의 부모님은 그의 이런 흥미를 달가워하지 않았기에 그는 의학을 공부하기로 했다.

　월피는 남아프리카에서 의학 공부를 한 후 프로이트 이론에 관심을 가지고 이를 발전시켰다. 그리고 비트바테르스란트(Witwatersrand) 대학에서 석사학위를 받았다. 1956년에는 Ford fellowship을 수상했고, 스탠퍼드 대학의 행동과학센터에서 1년을 보냈다. 이듬해에 다시 남아프리카로 돌아왔으나, 1960년에 미국 버지니아 대학으로 간 뒤에는 계속 미국에 머물렀다. 1965년에 그는 템플 대학으로 자리를 옮겼다. 그의 삶에서 가장 잘 알려진 부분은 그가 제2차 세계대전 당시에 군의관(medical officer)으로 남아프리카 군대에 입대했을 때다. 월피가 담당했던 병사들은 '전쟁신경증(war neurosis)'으로 진단된 환자들이었다[현재는 외상후 스트레스 장애(Post Traumatic Stress Disorder: PTSD)라고 진단된다]. 당시에 일반적인 치료방법은 정신분석치료였다. 의사들은 그들에게 당시의 기억에 대하여 회상하고 이야기하도록 촉진했다. 그러나 당시 그는 정신분석치료가 이들에게 효과적이지 않다고 믿고 대안적인 방법을 찾으려 애썼다. 이것이 그가 '체계적 둔감화'를 연구하게 된 배경이다. 정신분석을 비롯한 당시의 치료들은 이미 벌어진 일이 심리적으로 어떤 영향을 미치는지 이해하고, 원하지 않는 행동을 없애기 위해 노력하였다. 정신분석을 비롯하여 다양한 치료적 절차를 통해 그는 이미 행한 것이 마음에 어떤 영향을 미치는지 이해하고 원하지 않는 행동을 사라지게 하는 것에 초점을 맞추고 있었다. 행동치료에서는 이와 정반대의 접근을 취했는데, 내담자의 부적절한 행동을 변화하는 것에 초점을 맞추었다.

월피는 파블로프의 역조건 형성 원리를 발전시켰다. 역조건 형성 원리란 어떤 상황에서 나타나는 부적절한 행동을 적절한 행동으로 바꾸도록 새롭게 학습하는 것이다. 월피가 말한 체계적 둔감화 기법은 부적응적 불안을 경감시키기 위한 기법이다. 이 기법은 내담자가 불안을 느낀다고 하는 상황을 묘사하는 상상적 장면과 이완을 짝 짓는 것을 포함한다. 만약 내담자가 그러한 장면을 상상하는 동안에 불안보다 이완을 경험하도록 가르치게 되면 실제적인 생활 상황에서도 불편을 적게 느낄 것이라고 가정한다. 체계적 둔감화는 인지적 개념과 행동적 개념을 둘 다 사용하고 공포증을 쇠약하게 하기 위해 그들 자신을 둔감화하도록 내담자를 가르치기 위한 전략이다. 월피는 사고와 행동을 연결하기 위한 풍부한 자원으로 내담자의 정신적 과정을 사용했다. 체계적 둔감화의 치료는 다음과 같은 세 가지 기본적인 단계로 구성된다. ① 근육이완과 이완치료, ② 내담자가 전형적으로 직면하고 극복할 필요가 있는 불안을 생성하는 상황들을 위계적인 구조로 표현하고, ③ 불안 생성 상태들의 감정적인 심상을 통해서 내담자의 이완된 상태와 점진적으로 짝을 짓는다. 예를 들면, 이 둔감화 회기는 내담자가 엘리베이터 장면에 있게 되었을 때 불안 없이 '설' 수 있을 때까지 지속하며, 마침내 혼자서 불편함 없이 엘리베이터를 탈 수 있게 된다.

상호억제는 '불안과 이완은 양립할 수 없다'는 전제에서 시작한다. 1947년에 셰링턴(Sherrington)은 만약 어떤 근육이 자극되면 대립되는 근육이 억제될 것이고, 반대로 어떤 근육이 억제되면 대립되는 근육은 자극될 것이라고 지적하였다. 그는 이러한 현상을 상호억제라고 불렀으며, 이러한 상호억제가 신경체계에서 작동하는 일반적 과정이라고 가정하였다. 월피는 만약 공포 혹은 불안과 양립할 수 없는 어떤 반응이 정상적으로 공포 혹은 불안을 야기하는 자극에 나타나게 할 수 있다면 그러한 자극은 공포반응을 유발하는 것을 중지할 것이라는 진술로 상호억제 원리를 주장하였다.

보다 효과적인 공포치료를 위해서 월피는 자기주장 훈련을 이용하여 다양한 상호억제 기법을 개발하였다. 월피가 처음으로 사용한 방법은 실험실 고양이의 전기충격에 대한 불안을 제지하기 위해 음식을 제공한 것이었다. 처음에는 해롭지 않으나 전압이 높은 전기충격을 고양이에게 준다. 이렇게 고양이는 전기충격에 심한 불안반응을 하도록 조건화되었다. 배가 고플 때 고양이에게 음식을 주면서 가장 낮은 전압부터 점진적으로 높은 전압의 충격을 주었더니 고양이는 가장 높은 전압의 충격에도 불안해하거나 두려워하지 않았다. 다시 말해서, 고양이에게 습득된 신경증은 음식을 먹는 행동에 의하여 제지된 것이다. 월피에 의하면, 공포를 이겨 내는 열쇠는 '점진적'이라는 것이다.

이러한 월피의 주장은 고전적 조건 형성을 이용한 행동치료의 발달에 중요한 기여를 하였다. 그는 공포 혹은 불안을 상호적으로 억제하기 위해 이완반응, 성적 반응, 자기표현 반응을 사용하였다. 이완이 사용될 때의 치료적 절차가 바로 체계적 둔감화다.

3) 벌허스 스키너

Burrhus Frederic Skinner

벌허스 스키너(Burrhus Frederic Skinner, 1904~1990)는 1904년 펜실베이니아주 서스쿼해너의 부유한 가정에서 두 명의 아들 중 큰아들로 출생하였다. 변호사인 아버지는 스키너의 출생을 지역신문을 통해 알렸다. 그의 부모는 열심히 일하는 사람들이었고, 아들들에게 적절한 행동규칙을 주입했다. 그의 아버지는 스키너를 법학도로 만들고자 애썼지만 모든 노력은 수포로 돌아갔고, 스키너는 영어를 공부하기 위해 해밀턴 대학에 입학하였다. 그는 직업으로 변호사가 아니라 작가가 되기를 희망했다. 졸업 후 2년 동안 글을 쓰는 데 집중했으나 자신에게 작가로서의 소질이 없음을 발견하고는 작가의 꿈을 포기하였다.

스키너는 소설보다는 과학적 방법으로 인간을 연구하기로 결정했고, 1928년에 심리학을 공부하기 위해 하버드 대학 대학원에 입학하였다. 스키너는 심리학으로 관심분야를 바꿀 때 "인간행동에 대한 나의 관심은 여전하지만, 문학적 방법에 있어서는 실패하였다. 나는 과학으로 분야를 바꾸었으며, 비록 잘 알지는 못하지만 관련된 과학이 심리학인 것 같다."라고 적었다(Skinner, 1967: 395). 그로부터 3년 후인 1931년에 그는 박사학위를 받았다. 그의 행동주의의 선택은 작가로서 묘사하려고 했던 모든 감정 및 정서적 힘을 배제하도록 이끌었다. 1936년까지 하버드 대학에 머물러 연구를 한 후, 미네소타 대학과 인디애나 대학에 재직했으며, 그 후 1947년에 하버드 대학으로 다시 돌아와 교직생활을 마감하였다.

1930년대에 스키너는 흰쥐를 이용한 실험연구를 통해 학습 원리를 개발하고자 노력하였다. 흰쥐를 이용한 그의 연구 결과는 『유기체의 행동(The behavior of organisms)』이라는 책으로 출판되었다. 실험심리학에 있어서 그의 가장 중요한 기여는 아마도 일반적으로 '스키너 상자(Skinner box)'라고 불리는 장치의 발명이었다. 스키너 상자는 동물(주로 쥐와 비둘기)의 자발적 행동을 분석하기 위한 실험 장치로, 이 실험에 의해 새로운 학습실험의 형식이 생겨났다고 할 수 있다. 이 실험 장치는 스키너가 강화라고 불렀던 것을 얻기 위해 동물이 새장에 붙어 있는 지렛대를 누르도록 고안된 장치다. 나중에 스키너와 다른 연구자들은 이 장치를 비둘기, 원숭이, 인간, 그리고 다른 다양한 유기체에 적용하였으며, 이 장치는 지금도 다양한 학습 원리를 실험하는 데 사용되고 있다.

연구 동물들을 단계적으로 훈련시킨 경험을 통해 프로그램 학습 원리들을 정립한 스키너는 이른바 '교수기계(teaching machine)'를 사용함으로써 그 원리들이 이루어지기를 기대했다. 그의 접근법에서 핵심적인 개념은 강화 또는 보상이다. 자기 나름의 속도를 정하고 교수기계를 이용하여 학습하는 학생은 자신이 익히려는 주제에 관한 질문에 정확히 대답하면 보상을 받는다. 그럼으로써 학습은 강화된다. 스키너는 널리 읽히는 『과학과 인간행동(Science and human behavior)』(1953)을 비롯하여 『언어행동(Verbal behavior)』(1957), 『행동분석(The analysis of behavior)』(J. G. Holland 공저, 1961), 『교수기술(Technology of

Teaching)』(1968) 등 많은 책을 썼다. 상당한 논쟁을 불러일으켰던『자유와 존엄을 넘어서(Beyond freedom and dignity)』(1971)에서는 자유와 존엄 개념이 자기파멸을 부를 수도 있다고 주장하면서 물리학 또는 생물학의 기술과 비교할 만한 행동기술 개념의 필요성을 주장했다. 그가 시리즈로 계획한 자서전의 제1권『나의 인생사(Particulars of my life)』는 1976년에 나왔다. 제2권『행동주의자가 되다(The shaping of a behaviorist)』는 1979년, 제3권『비망록(Notebooks)』은 1980년에 나왔다. 특히 스키너의『과학과 인간행동』이라는 책은 인간의 행동을 물리적인 관점에서 생물학적 주제의 근본적인 부분을 강조했다는 점에서 전환기적인 획을 그었다. 이 책은 자발적 선택과 다윈의 자연선택설의 유사성에 대해 스키너의 견해를 다루었다는 것이 핵심이다. 다시 말해, 행동적 관념이 어떻게 모든 인간행동의 영역에 적용될 수 있다고 생각했는지 잘 묘사되어 있다. 또한 다양한 인과 관계, 사적인 사건, 자기, 사회적 우연한 사건 등을 다루었다. 이 책은 인간의 언어적 행동을 정교하게 이해하는 데에도 도움을 준다.

그는 1990년에 사망할 때까지 자신이 발견한 강화원리를 강조하면서 타임지에 "노병은 아직 죽지 않았다."란 표현으로 자신의 입장을 기술하였다. 스키너는 죽기 바로 직전까지 부지런히 글을 쓰고 강연을 계속하였다.

2. 인간관

모든 상담 접근은 어느 정도 행동변화와 관련되어 있으며, 이를 좀 더 확장시켜 보면 행동이란 사고와 감정을 포함한 외현적 · 내재적 행동과 인간의 심리적 과정을 모두 가리키는 개념으로 파악될 수 있다. 그러나 보다 좁은 의미에서의 행동이라는 것은 측정이 가능하고 실제 행위로 나타나는 심리신체적 행동을 이른다(박성수, 1986).

행동에 초점을 맞춘다고 말할 때 그 행동은 무엇의 상징이거나 증상이 아닌 실제적이라는 뜻이며, 정상행동이든 소위 이상행동이든 그 학습, 유지, 변화의 규칙은 동일하다는 가정을 지닌다. 이상행동이든, 정상행동이든 동일한 학습원리에 의해서 습득되고 유지되기 때문에 부적응적인 행동을 적응적인 행동으로 변화시키는 과정을 학습과 재학습의 과정으로 파악한다(이성진, 1998). 행동변화를 강조하는 전략은 간접적이라기보다 직접적이다. 만일 이상행동이 인간의 성격 내부에 실제로 존재하는 근원적인 질병의 증상에 불과하고 그 근원은 과거의 역사적 선행조건에 있다고 보게 되면 행동 자체를 직접 치료하기보다는 내재적 질병을 간접적으로 다루게 된다. 예를 들면, 야뇨증을 치료할 때 아이의 정서불안이 내재해 있기 때문에 오줌 싸는 행동을 직접 고치기보다는 내재하고 있는 정서불안을 고쳐야 한다고 주장한다. 그러나 보다 직접적인 행동변화를 지향하는 접근에서는 환경과 하는 행동 자체를 중요시하고, 행동에 영향을 미치는 요인을 과거의 역사에서 찾는 것이 아니라 행동의 현재의 결정요소를 찾고, 문제 행동 자체를 직접 다루며, 현재의 문제 상황에 보다 효과적으로 대응하고 해결할 수 있는 방법을 학습하고 체험하도록 한다.

그러므로 행동주의 상담 접근은 기본적으로 인간의 행동과 학습에 대한 이론에 근거하고 있다. 인간과 인간 변화에 대한 학문적 접근이며, 이는 다음과 같은 기본 가정에 근거하고 있다. 첫째, 학습의 결과는 행동의 변화에 있다. 둘째, 모든 연구는 과학적이어야 하며, 과학적이라는 의미는 객관적이고 검증 가능하다는 의미이기 때문에 모든 과학적 연구는 오로지 관찰 가능한 사건이나 현상에 한정되어야 한다. 셋째, 인간행동은 환경의 통제에 의해서 예측과 통제가 가능하며, 이는 인간이 생존을 위하여 환경에 적응해야 하기 때문이다. 넷째, 그러므로 학습은 환경에 대한 자극과 반응에 의하여 일어난다.

인간행동의 변화는 환경적 변인과 행동 사이의 기능적 관계를 찾아서 설명하는 것이다. 즉, 행동은 환경적인 단서(cue)와 결과로 이해될 수 있다는 것이다. 단서는 행동에 선행하여 행동을 발생시키는 조건들을 일컫는다. 결과란 행동 이후에 일어나는 것으로서 행동을 더 많이 하도록 혹은 더 적게 하도록 유도하는 것을 말한다. 학습하는 동안 마음속에 일어나는 것은 학습을 이해하거나 묘사하는 데 중요치 않다.

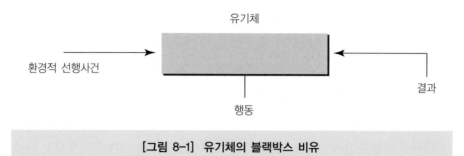

유기체

환경적 선행사건

결과

행동

[그림 8-1] 유기체의 블랙박스 비유

스키너는 인간과 행동에 대한 이해를 설명하기 위해 그 과정을 검은 상자에 비유했다([그림 8-1] 참조). 인간의 내면에서 어떤 일이 일어나고 있는지 모르기 때문에 인간을 검은 상자로 나타냈는데, 블랙박스 안에서 무엇이 일어나는지는 환경적 선행사건과 결과에 의해 지배되는 행동을 설명하는 데 있어서 필수적이지 않다.

3. 주요 개념

1) 행동과 조건화

스키너는 인간의 행동을 반응적 행동(respondents)과 조작적 행동(operants)으로 대별하였다. 그에 의하면 반응적 행동은 자율신경조직(autonomic nervous system)에 의해 통제되는 행동으로서 내적 또는 외적 자극에 의하여 유발된 비자발적이고 수동적인 행동들(S-R), 예를 들면 아이가 바늘에 찔려 운다든지, 배고파서 운다든지 하는 행동들을 말한다. 도구적 행동이라고도 불리는 조작적 행동은 중추신경조직(central nervous system)에 의해 조절 및 통제되는 행동으로서 주변 환경으로부터 어떤 자극이나 관심, 또는 보상을 얻어 내기 위하여 자발적이고 능동적이며 유목적적으로 시도된 행동들(R-S), 예를 들면 부모의 관심을 얻어 내기 위한 행동 등을 말한다. 스키너는 후자에 더 관심을 두었고, 더 중요하게 여겼다.

스키너는 신행동주의자로서 이전의 행동주의 이론들, 특히 파블로프의 고전적 조건화를 반박하기보다는 두 가지 형태의 조건화, 즉 S형 조건화(type S conditioning)와 R형 조건화(type R conditioning)로 구분하여 자신의 조작적 조건화를 이전의 고전적 조건화와 차별화하였다. S형 조건화는 파블로프의 고전적 조건화와 같이 강화(reinforcement)가 자극과 상관되어 있으며, R형 조건화는 손다이크(E. L. Thorndike)의 효과의 법칙이나 스키너의 조작적 조건화처럼 강화가 자발적으로 시도된 반응과 상관되어 있다고 설명한다.

파블로프의 고전적 조건화와 스키너의 조작적 조건화는 최소한 두 가지 점에서 구별된다. 첫째, 고전적 조건화는 인간의 비자발적이며 반사적인 행동의 발달과 관련이 있는 반면, 조작적 조건화는 인간의 자발적이고 유목적적인 행동의 발달과 관련이 있다. 둘째, 고전적 조건화에서는 행동이 앞서 제시되는 자극에 의해 통제되는 반면, 조작적 조건화에서는 행동이 뒤따르는 결과에 의해 통제된다.

2) 강화와 벌

강화(reinforcement)는 손다이크의 효과의 법칙 중 만족의 법칙과 관련이 있으며, '어떤 바람직한 행위의 강도나 빈도를 증가시켜 주기 위한 처치'를 말한다. 이러한 강화에는 정적 강화(positive reinforcement)와 부적 강화(negative reinforcement)가 있다.

정적 강화는 바람직한 행위 다음에 행위자가 원하는 강화제(reinforcer)를 제공함으로써 그 행위를 강화시켜 주는 방법을 말하며, 사용되는 강화제로는 가시적 보상(돈, 음식, 성행위 등)과 사회적 보상(관심, 칭찬, 미소, 사랑 등)이 있다. 정적 강화의 예로는 학생이 과제를 잘해 왔을 때 칭찬을 해 주어 과제를 잘해 오는 행위를 강화해 주는 것을 들 수 있다.

부적 강화는 바람직한 행위 다음에 행위자가 현재 안고 있는 혐오스러운 짐

을 제거하여 그 행위를 강화시켜 주는 방법을 말하며, 예로는 모범수에게 사역
을 면제해 주어 그 모범적 행위를 강화하는 방법을 들 수 있다.

　벌(punishment)은 손다이크의 효과의 법칙 중 불만족의 법칙과 관련이 있으
며, '어떤 바람직하지 않은 행위의 강도나 빈도를 감소시키기 위한 처치'를 말한
다. 이에는 '정적 강화제의 철회'와 '혐오스러운 자극의 부과'라는 두 가지 형태가
있다. 전자의 예는 바람직하지 않은 행위 다음에 가장 좋아하는 TV 프로그램의
시청을 금지시키는 것 등이 될 수 있고, 후자의 예는 체벌을 가하는 것 등이 될
수 있다. [그림 8-2]에 지금까지 논의된 강화와 벌의 유형을 요약·정리하였다.

	즐거운 자극	혐오스러운 자극
제시	정적 강화 (칭찬)	제시형벌 (체벌)
제거	제거형벌 (TV 시청 금지)	부적 강화 (숙제 면제)

[그림 8-2] 강화와 벌

3) 소거, 차별적 반응, 반응의 일반화

　소거(extinction)는 강화에 의하여 학습된 행동을 강화를 계속적으로 하지 않
음으로써 소멸시키는 과정을 말한다. 아내가 구두를 닦은 아들에게 용돈을 주
어 아들이 구두를 자주 닦게 되었는데, 아내가 더 이상 용돈을 주지 않자 구두
닦는 일을 그만두게 되는 것은 소거의 좋은 예다.

　차별적 반응으로서의 행동조형(response differentiation: shaping)은 차별적 강
화에 의하여 여러 가지 다른 반응을 이끌어 내는 과정을 말하며, 이것은 행위 다
음에 오는 보상의 질과 양을 달리함으로써 행위의 강도나 빈도가 달라짐을 의미

한다.

반응의 일반화(response generalization)는 특정한 행위 다음에 강화제가 주어졌을 때 강화가 기대되는 비슷한 종류의 행위를 시도하게 되는 경향성을 말하며, 유리창을 닦은 아이에게 칭찬을 해 주었을 때 칭찬받은 아이가 칠판도 닦게 될 수 있음을 말한다.

4) 강화계획

조작적 행동(operant behavior)은 행위 다음에 주어지는 보상의 질이나 양에 따라 조절·통제될 수도 있지만, 강화계획(schedules of reinforcement)에 의해서도 조절·통제될 수 있다. 강화의 방법에는 계속적 강화와 간헐적 강화가 있다. 계속적 강화는 한 번 행위가 끝날 때마다 매번 강화를 하는 방법이고, 간헐적 강화는 매번 행위 때마다 강화하지 않고 시간 또는 횟수를 조절하여 강화하는 방법이다. 간헐적 강화에는 비율강화와 간격강화가 있다. 비율강화에는 고정비율강화(fixed ratio reinforcement: FR)와 변동비율강화(variable ratio reinforcement: VR)가 있고, 간격강화에는 고정간격강화(fixed interval reinforcement: FI)와 변동간격강화(variable interval reinforcement: VI)가 있다.

고정비율강화(FR)는 일정한 반응 횟수 다음에 주어지는 예상된 강화방법으로, 강화가 예상되는 횟수에 가까워지면 반응이 빠르게 증가되고 강화가 지나면 급격히 반응이 감소된다. 고정비율강화의 예로 완제품을 일정 수만큼 만들었을 때마다 보너스를 주는 경우를 들 수 있다.

변동비율강화(VR)는 반응의 횟수와 관계없이 수시로 주어지는 예상하지 못하는 강화로, 반응이 가장 빠른 속도로 증가되며 강화가 지난 후에도 반응의 감소현상이 극히 적다. 변동비율강화의 예로 슬롯머신이나 화투를 사용한 도박 등을 들 수 있다.

고정간격강화(FI)는 일정한 시간 간격마다 주어지는 강화로, 강화시간이 가까워지면 반응이 증가되고 강화시간이 지나면 반응이 빠르게 감소한다. 고정간격강화의 예로 매월 정해진 날짜에 받는 급료를 들 수 있다.

변동간격강화(VI)는 일정하지 않은 시간 간격마다 수시로 주어지는 예상하지 못하는 강화로, 반응이 느리게 꾸준히 증가되며 강화가 지난 후에도 반응의 감소 현상이 매우 적다. 변동간격강화의 예로 낚시하는 것을 들 수 있다.

반응의 속도는 통제 정도에 달려 있다. 강화가 시간 간격보다는 반응의 횟수에 따라 이루어질 때 강화를 더 통제할 수 있다. 이는 시간과 상관없이 반응의 횟수가 빨리 누적될수록 강화가 빨리 올 수 있음을 의미하므로 반응의 속도는 간격강화보다 비율강화에서 더 빠르다. 반응의 지속성은 예측 가능성에 달려 있다. 계속적 강화와 고정강화(비율과 간격)는 예측 가능성이 상당히 높다. 예측 가능성이 높은 강화에는 반응의 지속성이 떨어지게 된다. 강화가 기대될 때에만 반응하고 그 외에는 반응을 유보하기 때문에 반응의 지속성을 북돋아 주려면 예측 가능성이 낮은 변동강화(비율과 간격)가 효율적이다.

4. 상담 목표와 과정: 긍정적 행동지원

행동주의 상담기법은 다른 상담이론과 병합하여 구현될 수 있으며, 절충주의 상담과정으로 진행될 수 있다. 행동주의 상담은 그 오래된 역사와 다양한 기법으로 인하여 한꺼번에 정리하거나 요약하기는 매우 어렵지만, 이 장에서는 최근 행동주의 개입과 중재의 대표적인 접근으로 등장한 긍정적 행동지원(positive behavior support)을 중심으로 상담 목표와 과정을 구성해 보고자 한다.

1) 상담목표

긍정적 행동지원은 내담자의 삶의 질을 향상시키고 긍정적 행동의 증가와 문제행동의 최소화를 위해 생활환경을 재설계하기 위한 개인의 행동 레퍼토리와 시스템 변화 방법을 확대하는 행동과학적 방법이다. 긍정적 행동이란 정상적인 학업적, 직업적, 사회적, 여가적인 지역사회 가족 환경에서 성공과 개인적인 만족 가능성을 증가시킬 수 있는 행동 기술들을 일컫는다. 긍정적 행동지원의 기본적인 목표는 교사나 부모, 친구, 당사자 등 관계된 모든 사람이 자신의 삶을 즐길 기회를 가질 수 있는 방향으로 생활과 행동을 바꾸도록 돕는 것이다. 그러므로 긍정적 행동지원에서 상담목표를 설정하기 위해 몇 가지 가정을 이해해야 한다(김동일, 손승현, 전병운, 한경근, 2010).

첫째, 내담자의 행동, 특히 문제행동은 그 나름대로 독특한 기능을 지니고 있다. 많은 아동이 원하는 것을 가지거나 원치 않는 것을 피하기 위해 문제행동을 사용하도록 학습하게 된 것으로 볼 수 있다. 그러므로 문제행동을 개인의 결손으로 보지 않고 구체적인 목표를 성취하기 위해 사용되는 개인의 반응으로 본다.

둘째, 효과적인 개입은 예방적이며 기능적이라는 것이다. 문제행동을 억제하는 것이 아니라 문제행동과 똑같은 효력을 가지고 있고, 문제행동의 발생 가능성을 예방하는 대체기술을 학습하게 하는 것이 필요하다.

셋째, 개입 효과성에 대한 평가는 문제행동의 즉각적인 감소에만 두지 않는다는 점이다. 문제행동의 감소와 함께 가정과 학교, 지역사회 등의 환경에서 새로운 기술을 얼마나 활용할 수 있는가 하는 점과 선택과 통제 능력의 향상 등의 아동의 삶의 질의 증진까지도 평가에 포함될 수 있다.

2) 긍정적 행동지원 개입과정

긍정적 행동지원을 통한 행동변화의 과정은 다음과 같은 특징을 지니고 있다. 첫째, 긍정적 행동지원은 문제행동의 빈도나 강도, 지속시간의 감소뿐 아니라 생활양식의 변화를 강조한다. 지역사회의 다양한 환경에 참여하고 사회적 관계, 활동 등에 접근할 수 있도록 구성되어야 한다.

둘째, 기능평가를 실시하여 문제행동이 발생하거나 발생하지 않을 상황을 파악하고, 그 행동을 유지시키는 후속반응을 파악하여야 한다. 이렇게 파악된 기능평가의 결과와 실제적인 중재 프로그램이 직접적으로 연결된다.

셋째, 긍정적 행동지원은 중다 중재 요소를 포함한다. 기존의 행동치료에서 주로 사용되던 후속반응의 조절뿐만 아니라, 선택 기회 제공이나 선호성 고려 등의 환경적 수정을 통한 예방, 대체기술 교수 등을 포함하는 포괄적인 전략을 사용한다.

넷째, 문제행동에 직접적인 영향을 미치지는 않지만 배고픔이나 목마름, 수면 부족, 소음, 일과의 예측 등 문제행동의 발생 가능성을 높이는 생태학적 사건과 배경사건을 조절한다.

다섯째, 문제행동이 발생하기 바로 전에 나타난 선행사건을 조작한다. 선행 사건을 수정함으로써 문제행동을 유발할 수 있는 자극을 감소시키거나 제거하고, 바람직한 행동을 증가시킬 가능성이 있는 선행사건을 첨가한다.

여섯째, 문제행동을 통해 가지던 것을 적절한 행동을 통해 가질 수 있도록 대체행동을 가르치는 것이다. 새로운 대체기술 교수에 초점을 두는 것은 강제적인 방법을 사용하지 않고 문제행동을 감소시킬 수 있는 효과적이고 효율적인 방법이 된다.

일곱째, 긍정적 행동지원은 벌의 사용을 최소화하고 적절한 행동을 하도록 다시 지도한다.

여덟째, 긍정적 행동지원은 사회적 타당성과 인간의 존엄성에 기초하여야 한다. 사회적 타당도를 확보하기 위해 문제행동이 발생하는 실제 상황에서 중재가 이루어지고, 이를 통해 중재의 효과가 실제 생활 속에 자연스럽게 일반화되고 유지될 수 있게 된다.

종합하여 보면 긍정적 행동지원은 인간에 대한 신뢰와 존엄성을 기반으로 문제행동의 발생 가능성을 감소시킬 수 있는 환경 조성과 적절한 학습을 통해 바람직하지 못한 행동을 변화시키고 행동기술 레퍼토리를 확장하는 치료방법이다. 이 접근은 문제행동의 원인을 아동에게 두지 않고 환경에 두며, 문제행동이 발생한 후 반응을 조절하는 소극적인 행동수정전략에서 벗어나 환경의 수정을 통해 행동 발생 전의 예방을 강조하며, 문제행동의 감소뿐만 아니라 적절한 행동을 증가시키는 것을 목적으로 하며, 사회적 타당성이 높은 긍정적인 접근이다.

긍정적 행동지원의 과정에서 가장 특징적인 것은 기능평가(functional analysis)다. 기능평가는 다양한 사람과 방법을 통해 다양한 환경에서 정보를 수집하여 배경사건과 선행자극, 문제행동, 후속반응을 이해하는 단계와 수집된 정보를 이용하여 문제행동의 기능에 대한 가설을 개발하는 단계, 가설을 근거로 개입 계획을 수립하는 단계, 개입을 실행하는 단계로서 개입과정을 나누어 볼 수 있다 (김동일 외, 2010).

① 배경사건의 이해

배경사건(setting events)이란 문제행동의 발생에 직접적으로 영향을 미치지는 않지만 문제행동 발생에 정적으로 영향을 미치는 사건을 말한다. 예를 들어, 아침에 가정에서 엄마한테 혼이 나서 기분이 나쁜 경우에 학교에서 친구들이 조금만 괴롭혀도 과잉적으로 반응하여 친구와 싸우거나 크게 소리 지르는 등의 행동을 할 가능성이 높아진다. 이 경우, 엄마한테 혼이 난 사건이 배경사건이 된다. 이 외에도 배고픔이나 수면 부족, 피로, 약의 부작용, 갑작스럽게 낯선 환경에 노출되는 등이 배경사건이 될 수 있다.

② 문제행동을 유발시키는 선행사건

기능평가를 통해 파악해야 할 또 다른 하나는 문제행동을 직접적으로 유발시키는 선행자극이 무엇인가를 아는 것이다. 선행사건(antecedents)은 문제행동이 발생하기 바로 직전에 일어났던 사건, 즉 문제행동의 발생과 직접적으로 연결되는 사건을 말한다.

③ 선행자극에 의해 발생한 문제행동(behavior)

문제행동이 어떤 양상으로 나타나는지, 그 강도나 지속 시간은 어떤지에 대해 파악을 해야 한다. 그리고 어떤 행동들이 같이 나타나는지에 대한 파악도 이루어져야 한다.

④ 문제행동에 대한 후속반응(consequences)의 확인

문제행동이 발생한 다음 주변의 반응은 어떤지에 대해 확인을 해야 한다. 문제행동을 했을 때 주변의 관심이 주어지는지, 하고 싶은 활동을 하게 되는지, 가지고 싶은 물건을 가지게 되는지, 하기 싫은 과제를 피하게 되는지 등을 파악해야 한다.

⑤ 선행자극, 행동, 후속반응의 분석과정

배경사건	선행사건	행동	후속반응
늦잠을 자서 아침을 먹지 못하였다.	교사가 수업시간에 수학문제를 풀도록 하였다.	책과 연필을 집어던지고 소리를 계속 질렀다.	수학문제를 풀지 않고 학습도움실로 보내졌다.
가설		기능	
식사를 하지 않고 등교했을 때 교사가 수학문제를 풀도록 요구하면 수학문제를 풀지 않기 위해서 수학책과 연필 등을 집어던지고 소리를 지를 것이다.		힘든 수학문제 푸는 것을 회피	

5. 상담기법과 적용

행동변화를 위한 전략은 매우 다양하며 내담자에게 도움이 될 수 있다면 절충적으로 사용될 수 있다. 그러나 행동주의 상담과정에는 관찰 가능한 행동을 중심으로 명세화하고 수행 수준을 기록하며 학습의 원리를 적용시키고 응용하는 방법을 통해 바람직한 행동의 강화, 부적절한 행동의 소거, 학습된 행동의 일반화, 반응에 대한 변별과 행동의 조형 등의 공통요소가 존재한다. 대표적인 상담기법으로는 체계적 둔감화(systematic desensitization), 행동계약(behavior contracts), 상표제도(token economy), 타임아웃(time-out), 모델링(modeling), 자기관리(self-management) 등이 있으며, 각각에 대하여 개요, 절차, 장점 및 유의점에 대하여 살펴보겠다(정원식, 박성수, 김창대, 1999).

1) 체계적 둔감화

(1) 개요

월피에 의해 소개되어 정리된 체계적 둔감화는 본래 다른 행동을 유발하던 자극에 새로운 행동을 짝지어 학습을 시키는 상호억제(reciprocal inhibition)이론에 근거를 두고 있다. 이 기법에는 역조건 형성, 긴장이완훈련, 위계 구성 등의 전략이 포함된다. 월피는 수동조건화의 원리에 의거하여 불안이나 공포도 형성된다고 보았다. 한 실험에서는 어떤 집단의 고양이에게 부저 소리와 전기충격을 짝지어 제시하였다. 그리고 다른 집단의 고양이에게는 부저 소리와 먹이를 같이 제시하여 조건형성을 시킨 후에 부저 소리와 전기충격을 짝지어 제시하였다. 즉, 동일한 자극(부저 소리)에 대하여 갈등을 형성하여 불안반응이 나타나는 것을 확인하였다. 그러나 월피는 첫 번째 집단의 고양이도 부저 소리에 유사한 불안반응이 나타난다는 결과를 확인하였다. 이 결과는 신경증이 필연적으로 갈등에 의하여 생겨나는 것이 아니고 어떤 자극에 대하여 조건형성된 반응일 수 있다는 것이다. 또한 그는 불안반응이 먹는 것을 금지시키는 것에 대하여 반대로 먹이가 불안을 제지시킬 수 있다고 추론하여 생리학자 셰링턴이 제시한 '상호억제'라는 용어를 사용하게 되었다.

월피는 조건형성된 공포반응을 보이는 동물이 자기 우리에서 가장 높은 불안반응을 보이고 다른 장소에서는 비교적 낮은 불안반응을 보이는 것에 착안하여 학습된 불안반응을 제거하였다. 즉, 매우 다른 상황에서 불안반응을 보이지 않고 먹이를 먹게 한 후, 점점 원래 자신의 우리와 유사한 상황으로 바꾸어 갔다. 목표동물이 본래의 우리에서 불안반응을 보이지 않을 때까지 체계적으로 점진적으로 변화시키는 것이다. 이와 같이 체계적 둔감화는 대상이 불안반응이 학습된 상황에 이르기까지 점진적으로 접근시키면서 불안반응을 제지할 수 있는 먹이와 짝지어 제시하는 과정을 포함하게 된다.

(2) 절차

① 내담자에게 정서 반응이나 행동의 학습과정에 대한 기본적인 정보를 알려
준다. 즉, 소리나 특정한 장소, 색깔 등 중립적인 자극이라도 충격적인 경
험과 짝을 이루게 되면 불안, 걱정과 같은 정서를 일으킬 수 있다는 것을
알려 준다.

② 내담자의 생활에서 부정적인 정서(두려움, 불안 등)를 일으키는 요인을 찾
아낸다. 그리고 내담자에게 체계적 둔감화를 사용하여 이를 극복할 수 있
다고 설명한다.

③ 근육 긴장이완훈련은 신체의 중요한 근육이 이완될 때까지 체계적으로 근
육을 연속적으로 긴장하고 이완하는 것을 포함한다. 상담자는 〈표 8-1〉과
같은 지시문으로 내담자의 긴장이완훈련을 도울 수 있다.

○○○ **표 8-1 근육 긴장이완훈련 지시문**

- 먼저 두 눈을 감으세요. 그리고 숨을 길게 들이 마시세요. 하나-둘-, 깊게 내쉬세요. 하
나-둘-셋-넷-, 숨을 깊게 들이마시세요. 하나-둘-, 깊게 내쉬세요. 하나-둘-셋-넷.
- 자, 편안한 마음으로 끝없이 넓게 펼쳐진 파란 바다, 새하얀 모래사장, 그리고 그 위에 누
워서 뒹굴고 있는 자신의 모습을 그려 보세요. 이제 나의 마음은 안정되어 있다. 나의 마
음은 안정되어 있다. 나의 마음은 안정되어 있다.
- 이제는 오른팔에 주의를 집중하세요. 오른팔이 무겁다. 오른팔이 무겁다. 오른팔이 무
겁다.
- 이제는 왼팔에 주의를 집중하세요. 왼팔이 무겁다. 왼팔이 무겁다. 왼팔이 무겁다.
- 이제는 양쪽 팔에 주의를 집중하세요. 양쪽 팔이 무겁다. 양쪽 팔이 무겁다. 양쪽 팔이 무
겁다.
- 이제는 오른쪽 다리에 주의를 집중하세요. 오른쪽 다리가 무겁다. 오른쪽 다리가 무겁다.
오른쪽 다리가 무겁다.
- 이제는 왼쪽 다리에 주의를 집중하세요. 왼쪽 다리가 무겁다. 왼쪽 다리가 무겁다. 왼쪽
다리가 무겁다.
- 이제는 양쪽 다리에 주의를 집중하세요. 양쪽 다리가 무겁다. 양쪽 다리가 무겁다. 양쪽
다리가 무겁다.
- 이제는 목에 주의를 집중하세요. 목이 무겁다. 목이 무겁다. 목이 무겁다.
- 이제는 어깨에 주의를 집중하세요. 어깨가 무겁다. 어깨가 무겁다. 어깨가 무겁다.

- 이제는 다시 오른팔에 주의를 집중하세요. 오른팔이 따뜻하다. 오른팔이 따뜻하다. 오른팔이 따뜻하다.
- 이제는 왼팔에 주의를 집중하세요. 왼팔이 따뜻하다. 왼팔이 따뜻하다. 왼팔이 따뜻하다.
- 이제는 양쪽 팔에 주의를 집중하세요. 양쪽 팔이 따뜻하다. 양쪽 팔이 따뜻하다. 양쪽 팔이 따뜻하다.
- 이제는 오른쪽 다리에 주의를 집중하세요. 오른쪽 다리가 따뜻하다. 오른쪽 다리가 따뜻하다. 오른쪽 다리가 따뜻하다.
- 이제는 왼쪽 다리에 주의를 집중하세요. 왼쪽 다리가 따뜻하다. 왼쪽 다리가 따뜻하다. 왼쪽 다리가 따뜻하다.
- 이제는 양쪽 다리에 주의를 집중하세요. 양쪽 다리가 따뜻하다. 양쪽 다리가 따뜻하다. 양쪽 다리가 따뜻하다.
- 이제는 목에 주의를 집중하세요. 목이 따뜻하다. 목이 따뜻하다. 목이 따뜻하다.
- 이제는 어깨에 주의를 집중하세요. 어깨가 따뜻하다. 어깨가 따뜻하다. 어깨가 따뜻하다.
- 이제는 심장에 주의를 집중하세요. 심장이 조용히 규칙적으로 뛰고 있다. 심장이 조용히 규칙적으로 뛰고 있다. 심장이 조용히 규칙적으로 뛰고 있다.
- 이제는 호흡에 주의를 집중하세요. 편하게 호흡하고 있다. 편하게 호흡하고 있다. 편하게 호흡하고 있다.
- 이제는 이마에 주의를 집중하세요. 이마가 시원하다. 이마가 시원하다. 이마가 시원하다.
- 이제는 양쪽 팔과 다리를 강하게 구부렸다 펴세요. 양쪽 팔과 다리를 구부렸다 펴세요. 다시 한 번 양쪽 팔과 다리를 강하게 구부렸다 펴세요.
- 숨을 깊게 들이마시세요. 하나-둘, 깊게 내쉬세요. 하나-둘-셋-넷, 숨을 깊게 들이마시세요. 하나-둘, 깊게 내쉬세요. 하나-둘-셋-넷, 숨을 깊게 들이마시세요. 하나-둘, 깊게 내쉬세요. 하나-둘-셋-넷.
- 이제는 눈을 부드럽게 뜨세요. 이제 여러분의 몸은 아주 편안해졌을 것입니다. 여러분의 몸이 편안할 때에는 불안이나 긴장도 없을 것입니다.

- 예, 수고했습니다.

---

④ 내담자와 불안자극에 대한 위계를 구성해 본다. 불안 위계에 포함시킬 항목은 일차적으로 내담자에게 달려 있지만 상담자가 확인하고 조정해 주어야 한다. 예를 들면, 시험불안을 느끼는 내담자와 위계표를 작성하기 위해 〈표 8-2〉와 같은 목록을 작성해 본다. 목록이 작성되면 가장 불안한 항목부터 보다 덜 불안한 항목의 순서로 나열하여 위계표를 작성한다.

ᵒᵒᵒ **표 8-2 시험불안 자극의 목록**

- 시험 시간표를 발표할 때
- 시험이 있기 일주일 전
- 시험 전날
- 시험 보는 날 아침
- 시험지가 배부될 때
- 시험을 치르고 있는 도중
- 시험시간이 거의 끝날 무렵
- 시험지를 제출할 때
- 시험이 다 끝났을 때
- 성적이 나올 무렵

⑤ 내담자에 대한 긴장이완훈련과 불안 위계를 마친 후에 둔감화 절차를 실행한다. 내담자가 이완된 상태에서 낮은 위계에 있는 자극부터 제시한다. 생생하게 상상할 수 있도록 지시한 후 내담자가 불안을 느끼게 되면 신호를 하도록 한다. 15~30초 동안 상상한 후에도 아무런 불안의 징후가 없으면 다시 동일한 자극을 제시하고 20~30초 정도 후에 상상을 중지시킨다. 그리하여 내담자가 이완되어 있는 상태에서 점차 더 높은 위계의 자극까지 제시하게 된다. 이때 내담자가 불안을 느끼는 신호를 보내지 않을 때 상담자가 "좋습니다."라는 말을 자주 하게 되면 내담자가 불안을 보고하지 않는 경향을 강화할 수 있으므로 주의하여야 한다.

⑥ 불안자극을 상상할 때 내담자는 이완되어 있는 상태에서 긍정적인 자기암시를 하도록 한다. 예를 들면, 어떤 시험문제가 어렵다고 모든 문제가 어려운 것이 아니라는 것이다. 상담자는 내담자의 비합리적인 생각을 합리적인 생각으로 대치할 수 있도록 도와준다.

⑦ 한 회기에 모든 불안자극을 제시하는 경우는 드물다. 시간을 두고 불안자극을 조심스럽게 제시하며, 내담자의 미묘한 불안신호를 포착하여 필요하면 중지시키고 다시 시도한다. 또한 위계항목 간의 간격이 너무 크면 부가적인 중간 단계의 위계항목을 구성하거나 불안을 유발하는 다른 요소가

있는지 다시 점검해 보아야 한다.

(3) 장점 및 유의점

체계적 둔감화는 특별한 도구가 필요 없기 때문에 경제적이고, 내담자가 불안에 대처할 수 있는 자신의 독자적인 적응전략을 형성할 수 있으며, 주의집중력을 증진시킬 수 있다. 그러나 체계적 둔감화를 위해서는 상담자가 많은 훈련을 쌓아야 하며, 자극을 상상하기 위하여 내담자도 어느 정도 지적 능력을 지니고 있어야 한다. 또한 상상된 자극에 대하여 불안이 감소되었더라도 실제 상황에서는 일반화되지 않는 경우도 있다.

2) 행동계약

(1) 개요

행동계약이란 상담자(혹은 다른 주요 타자)와 내담자 간의 구두나 문서에 의한 합의다. 대부분의 경우 내담자가 어떤 행동을 수행하고 그 대가로 보상을 하기로 약속하여 계약서를 작성한다. 행동계약에는 대체로 긍정적인 용어나 행동 및 이에 대한 보상을 언급하게 되지만, 경우에 따라 부정적이고 바람직하지 않은 용어나 행동을 정하고 이에 대한 반응대가를 명시하기도 한다. 행동계약은 행동주의적이며 인본주의적인 원칙에 근거한다. 계약당사자들의 자발적인 의사를 존중하고 목표행동과 그에 대한 보상에 대하여 활발한 의사소통을 통하여 합의하게 된다. 특히 내담자가 직접 계약서를 작성하는 데 참여하고, 확인 서명을 하는 절차에 의해 내담자의 동기가 높아지며, 내담자중심의 상담과정을 강조하게 된다.

(2) 절차

① 내담자에게 행동계약체제에 대하여 설명한다. 이전의 다른 내담자와의 계약서를 참조하여 보는 것도 도움이 된다.

② 계약기간과 목표행동을 명세화하고 수행 수준을 명확하게 해야 한다. "공부를 열심히 한다."라는 말보다는 "한 시간 동안 산수 문제 10개를 틀리지 않게 푼다."라고 명문화하는 것이 바람직하다.

③ 보상을 선택한다. 보상물을 정할 때는 내담자가 원하는 것을 고려하고, 내담자가 해야 할 행동과 보상의 양을 비슷하게 하여 서로 지나치게 불리한 조건을 감수하지 않도록 한다. 또한 처음에는 오랫동안 기다려서 큰 보상을 받는 것보다 조금씩 자주 보상을 받도록 한다.

④ 계약서를 작성하고 내담자, 상담자(혹은 보상을 지급할 사람), 그리고 필요하다면 참관인까지 모든 관련 인사가 서명을 한다.

⑤ 계약서를 잘 보이는 곳(칠판, 벽)이나 내담자의 수첩과 같이 매일 사용하는 곳에 붙여 놓는다. 사본을 만들어 한 장씩 모든 관련 인사에게 나누어 준다.

⑥ 내담자가 과제를 일정 기간 동안 수행하고 상담자가 이를 확인한다. 내담자가 정해진 준거대로 과제를 수행하면 약속된 보상은 즉시 지급되어야 한다. 보상이 제공되지 않으면 서로 믿지 못하고 이후 행동을 수행하는 데 소홀해지게 된다.

(3) 장점 및 유의점

행동계약은 의외의 보상물이나 결과를 불명확하게 기대하는 것이 아니라 서로 명시적인 계약을 통해 참여를 하는 것이다. 또한 내담자 자신의 요구와 관심이 반영되기 때문에 자신이 개인적으로 인정받는다고 여기게 되며, 비교적 객관적인 준거에 의해 보상이 결정되기 때문에 서로 분쟁할 필요가 없다. 상담자와 내담자가 서로 협의하고 토의하여 결정하는 과정을 통해 인간관계 기술을 익힐 수 있다.

그러나 행동계약을 수행하는 동안에 상담자나 보상을 제공하는 사람이 주의 깊게 내담자를 관찰해야 하기 때문에 부담이 되며, 바람직한 행동의 수행 수준을 결정하는 것이 쉽지 않다. 상담자나 교사가 기초선(행동 수준)을 제대로 알지 못하면 비현실적인 행동 수준을 요구할 수 있기 때문에 유의해야 한다.

3) 상표제도

(1) 개요

강화물로 스티커, 플라스틱 조각, 점수 등의 물건, 즉 '상표(token)'를 사용하는 행동변화 기법을 상표제도라고 한다. 이러한 상표는 일정한 행동반응에 대하여 즉시 보상으로 주어지게 된다. 상표 자체는 가치가 없지만 특전, 휴식시간, 재미있는 활동, 음식, 학용품 등과 같은 강화물로 교환할 수 있다. 즉, 상표제도는 일반화된 강화이며 조건화된 강화물에 근거한다.

상표를 강화물로 사용하게 되면 첫째, 목표행동을 성취했을 때마다 강화물을 주는 대신 상표를 주면 되기 때문에 편리하다. 만일 아이스크림을 강화물로 사용한다면 상담실에 냉장고가 있어야 하고, 5분 동안 오락하기가 강화물이라면 상담실에 오락을 할 수 있는 시설이 마련되어 있어야 할 것이다. 상표제도를 사용하게 되면 상담시간 동안 상표를 다섯 개 모으면 아이스크림을 하나 먹을 수 있다거나, 상담시간 동안 모은 상표 수에 따라서 5분 동안 오락을 할 수 있다고 정해 두면 된다. 둘째, 상표는 제공이 용이하여 행동이 일어난 후 즉시 줄 수 있으므로 강화를 지연시키지 않는다. 강화물은 바람직한 행동을 한 즉시 주어지는 것이 효과적이다. 동일한 과제를 일정 시간 지속했을 때 강화를 주기로 했다면 약속된 시점에서 바로 상표를 주면 된다. 셋째, 상표로 여러 가지 강화물을 교환할 수 있다. 한 가지의 특정 강화물이 계속 주어지는 경우에는 그 강화물에 대한 포화현상이 생겨 강화력을 상실하게 되거나, 상황이 변화하여 그 강화물이 내담자에게 더 이상 강화가 되지 않는 등의 문제를 방지해 준다. 그리고 상표를 많이 모으면 더 좋은 강화물로 교환할 수도 있어서 내담자에게 최대의 강화 효과를 갖는 강화물이 주어지게 된다(김재은 외, 1997).

(2) 절차

상표제도의 규칙은 내담자 또는 집단구성원과 함께 합의하여 결정해야 한다. 그리고 그 규칙을 참가자들이 잘 알 수 있도록 정확하게 지시하여 동기를 높이는 것이 좋다.

상표제도의 절차는 다음과 같다.

① 상표로 사용할 물건을 정한다. 가능한 한 작고 휴대가 간편하며 모방이 불가능하고 내구성이 있는 것으로 상표를 정하는 것이 바람직하다. 예를 들면, 스티커, 포커칩, 놀이용 돈 등을 쓸 수 있다.

② 상표를 제공하는 규칙과 상표를 모으는 방법에 대하여 합의를 해야 한다. 내담자가 제멋대로 표시한 후 상표를 달라고 우기거나 상표를 복제하거나 혹은 몰래 훔치는 경우에 대비하여야 한다.

③ 상표에 알맞은 목표행동을 정한다. 처음에는 상담자와 내담자가 서로 동의하는 일반적인 행동을 중심으로 시작한다. 이때 내담자로 하여금 목표행동에 대한 상표의 수를 이야기하도록 하는 것은 보상물뿐만 아니라 목표행동에 대한 주의집중을 높이게 된다. 점차로 목표행동에 대한 가치를 바꿀 필요가 있을 때, 목표행동을 보일 때 얻는 상표의 수를 줄이기보다는 강화물을 얻기 위한 상표의 수를 늘리는 것이 바람직하다.

④ 상표를 통해 얻을 수 있는 강화물을 결정한다. 구체적인 물건(음식, 장난감)에서부터 특혜(상담자와 소풍, 자유시간)까지 매우 다양한 강화물을 사용할 수 있다. 상담과정이나 수업장면에서 활용될 수 있는 활동이나 특혜를 중심으로 강화물을 정하는 것이 자연스럽다. 내담자에게 적절한 강화물을 선택하기 위하여 직접 물어보거나 설문조사를 해 보기도 한다.

⑤ 각각의 강화물에 대한 가치를 정한다. 구체적인 물건인 경우에는 현금 가치에 따라서 더 많은 상표가 필요하며, 활동이나 특혜인 경우에는 얼마나 복잡하고 어려운 일인가에 따라 가치를 결정하게 된다. 초기에는 비교적 '싼' 강화물이 다양하게 제공될 수 있도록 하여 내담자가 쉽게 얻을 수 있도록 하는 것도 필요하다. 점차 다양한 가치의 강화물을 개발하도록 한다.

⑥ 강화물을 어떻게 보여 주고 전시할 것인지를 정한다. 음식점의 메뉴판처럼 만들어 회람할 수도 있고, 폴라로이드 사진기로 찍은 즉석사진을 칠판

에 붙여 놓을 수도 있으며, 여건과 공간이 허락하면 실제 물건을 진열해 놓을 수도 있다.

⑦ 상표와 강화물을 교환하는 시간을 정한다. 초기에는 상표를 얻는 시기와 강화물과 교환하는 시기가 짧아야(약 30분 정도) 하는 경우도 있으나, 점점 그 간격을 길게 하여 매일 일정한 시기를 정할 수 있다. 점차 일주일에 한 번이나 그 이상으로 시기를 지연하거나 내담자가 정하는 시기에 맞출 수 있다.

⑧ 상표제도에 익숙해지면 목표행동이나 그에 대한 상표의 수 또는 강화물의 종류에 대해 변화를 시도할 수 있다. 특히 강화물에 대하여 흥미를 잃지 않도록 적절히 바꾸어야 한다. 또한 일단 상표제도가 익숙해지면 반응 대가(response cost)의 전략을 같이 사용할 수 있다. 즉, 부적절한 행동에 대해서는 가지고 있는 상표를 회수하는 것도 고려해 볼 수 있다.

(3) 장점 및 유의점

상표는 목표행동이 성취되었을 때 이를 알려 주는 구체적인 단서가 된다. 그러므로 구체적 조작기의 아동에게도 효과가 있다. 상표제도를 이용하면 상담 과정이나 수업의 흐름에 방해되지 않게 강화자극을 분배할 수 있고, 별다른 설명 없이 수시로 제공할 수 있다. 또한 상담자로 하여금 내담자의 긍정적인 행동을 계속 주시하게 하므로 상담자와 내담자의 상호작용을 촉진하게 되고, 다양하고 일반적인 강화물을 사용하므로 자극포화를 피할 수 있다. 상표와 목표행동은 내담자마다 다르기 때문에 개별화된 교육 프로그램에서 이용할 수 있다. 특히 획득되어야 할 상표의 수를 조정하여 목표행동의 난이도를 쉽게 반영할 수 있다.

그러나 상표제도를 활용하는 데 여러 가지 유의점도 있다. 아동들에게 상표를 나누어 주게 되면 쉽게 잃어버리거나 도난당했다고 불평하는 경우가 많다. 그리고 각각의 행동에 대하여 상표의 개수를 정하는 것이 복잡하고, 강화물을 나누어 주기 위하여 계속 신경을 써야 한다. 게다가 강화물을 구입하는 것도 경제적으로 부담이 된다. 마지막으로, 상표제도는 처음 도입할 때 결정해야 할 규칙이나 조건이 많기 때문에 상담자나 내담자가 익숙해지기까지 시간이 걸릴 수 있다.

4) 타임아웃

(1) 개요

타임아웃은 부적절한 행동을 감소시키기 위한 벌의 일종이다. 바람직하지 않은 행동을 하게 되면 모든 정적 강화를 차단하여 그 행동을 감소시키는 방법이다. 실제로 타임아웃은 바람직하지 않은 행동을 할 때 일시적으로 다른 장소에 격리시켜 두는 방법으로 이루어진다. 흔히 학교에서 떠드는 학생을 일정 시간 동안 교실 뒤에 서 있게 하거나 복도에 나가 있게 하는 것도 일종의 타임아웃이다.

타임아웃이 행동을 변화시키는 효과적인 방법이 되기 위해서는 두 가지 조건에 유의해야 한다. 첫째, 부적절한 행동이 일어나고 있는 장소에 강화요인이 존재하고 있어야 한다. 떠드는 학생을 수업에서 격리시키는 것이 벌이 되기 위해서는 수업이 이루어지고 있는 교실이라는 장소에 이 학생이 좋아하는 요인이 있어야 한다. 이 학생의 이야기를 듣고 재미있어 하는 친구들이 있거나 선생님을 좋아하거나 수업을 듣고 싶어 하는 등 교실에서 강화를 받고 있어야 한다. 수업에 참여하고 있는 것 자체를 싫어하는 학생이라면 오히려 교실에서 격리되는 것이 정적 강화를 박탈하는 것이 아니라 혐오 자극을 제거해 주는 역할을 하여 벌이 아니라 부적 강화가 된다.

둘째, 격리되어 있는 장소에 강화자극이 없어야 한다. 자녀가 TV를 오래 보고 있는 것에 대해 그 벌로 "네 방에 들어가서 30분 동안 나오지 마라."라고 할 때 자녀의 방에는 더 많은 강화자극이 있을 수 있다. 라디오나 음악을 듣거나 친구와 전화를 하거나 만화를 보거나 잠을 자거나 하는 등으로 자기가 좋아하는 것들을 할 수 있는 공간으로 격리된다면 일시적으로 정적 강화를 박탈하기 위한 타임아웃의 의미가 없다. 오히려 부적절한 행동이 강화를 받게 되어 그 행동이 더 오랫동안 지속되는 결과를 초래할 수 있다.

타임아웃은 반드시 물리적인 장소의 이탈의 방법만으로 실시되는 것은 아니다. 그 자리에 있으면서 참여를 제한받을 수도 있다. 타임아웃 카드나 리본을 사용하여 그것을 받은 사람은 10분 동안 발표를 할 수 없다는 식으로 정하여 실시할 수도 있다. 그리고 교실이나 병원과 같이 여러 사람이 모인 집단에 대해 실시하는 경우가 많지만, 개인에 대해서도 그 적용이 가능하다.

타임아웃의 시간은 너무 길지 않은 것이 좋으며, 보통 5분 정도가 효과적이다. 시간이 너무 길어질 경우에는 오히려 그 효과가 감소한다고 여러 연구에서 밝히고 있다. 타임아웃을 효과적으로 적용하기 위해서는 지속 시간에 대해 내담자와 상황의 특성을 잘 고려해야 한다. 또한 타임아웃이 벌의 일종임을 고려하여 벌을 사용할 때 주의할 점을 고려하여 적용해야 한다.

(2) 절차

타임아웃에서 강화자극의 제거에 중점을 두게 되면 다음과 같은 절차에 따른다.

① 아동이 부적절한 행동을 보이면 모든 관심이나 강화가 될 만한 물건을 제공하지 않는다. 가끔 이러한 강화자극의 제거와 더불어 신체적인 구속이나 부적절한 행동을 하지 못하게 막는 경우도 있다(자폐아동의 자해행동).
② 아동이 부적절한 행동을 중지하면 수초 후에 강화물을 돌려주거나 아동에게 주의집중을 한다.

아동을 격리하는 타임아웃을 하게 되면 다음과 같은 절차에 따른다.

① 모든 참가자와 타임아웃에 처하게 되는 문제행동에 대하여 토의한다. 아동이 타임아웃에 따르지 않을 경우에 처하게 되는 다른 처벌에 대해서도

확인한다. 결정된 문제행동의 목록은 잘 보이는 곳(칠판, 교실 뒤)에 제시한다.

② 타임아웃 장소를 정한다. 타임아웃방을 설치하기 위해서는 적당한 크기(적어도 가로 1.8m × 세로 1.8m)를 확보하고, 상해를 입지 않도록 모든 물건을 치워 놓아야 하며, 아동들을 모니터하기 위한 책임자가 있어야 한다. 대부분 교실 내에서의 타임아웃은 교실 한쪽 구석의 특별히 표시된 영역이나 의자로 실행될 수 있다.

③ 사전에 정해진 수의 경고(통상 한 번)를 한다. 아동에게 여전히 타임아웃이 될 문제행동을 계속하거나 그만둘 수 있는 선택이 있다는 것을 상기시킨다.

④ 아동이 문제행동을 계속하게 되면 타임아웃 장소로 가도록 지시한다. 교사는 감정적으로 훈시를 하거나 야단을 치기보다는 침착하게 필요한 말만을 한다.

⑤ 아동이 타임아웃 장소로 가기를 주저하면 교사는 직접 아동을 도와서 이동하게 하거나 경고(숫자 5에서부터 1까지 세기)를 한다.

⑥ 아동이 조용히 한 순간부터 타임아웃이 시작된다는 것을 확인한다. 계속 떠들거나 부적절한 행동을 그치지 않는 한 타임아웃 시간을 적용하지 않는다.

⑦ 1분에서 5분 혹은 그 이상의 타임아웃 시간을 지키면서 규칙에 맞는 행동을 보일 때 자기 자리로 돌아가게 한다.

⑧ 타임아웃 시간 동안에는 의도적으로 아동에게 관심을 보이지 않으며, 가능한 한 모든 긍정적인 보상물로의 접근을 제한한다.

⑨ 타임아웃의 시작과 종료 시간, 문제행동, 아동의 이름 등 필요한 정보를 관련 양식에 의거하여 기록해 둔다. 타임아웃에 할당된 방에 아동을 보낸 경우에는 이후의 항의나 다른 사태에 대비하여 보다 자세하게 기록해 둔다.

⑩ 문제행동이 다시 나타나지 않도록 대안적인 긍정적 행동에 강화를 한다.

(3) 장점 및 유의점

타임아웃은 문제아동을 적극적으로 격리하기 때문에 다른 아동들의 동요를 막을 수 있고, 상황이 매우 소란스러워진 경우에 타임아웃을 함으로써 상담자나 교사는 자신의 생각을 추스리고 다시 상황을 통제할 수 있는 기회를 얻게 된다. 또한 교실 내에서 타임아웃을 하게 되면 교실 뒤의 작은 공간에 의자만 있으면 되기 때문에 용이하게 수행될 수 있다.

그러나 타임아웃을 위한 방을 마련하는 경우에는 경비가 많이 들고 타임아웃을 시키면 눈에 띄지 않기 때문에 대상아동이 잊히거나 방치될 위험이 있다. 또한 타임아웃을 시키는 과정에서 아동이 반항하거나 자해를 할 수 있으므로 이러한 극단적인 행동에 대한 대비가 필요하다. 기본적으로 강화가 전혀 없는 타임아웃 환경을 만들기가 어렵다는 것도 문제점이다. 게다가 타임아웃 자체가 아동에게 적절한 행동을 가르쳐 주는 것은 아니기 때문에 이에 전적으로 의존하는 것은 교육적으로 바람직하지 않다.

5) 모델링

(1) 개요

모델링이란 타인(모델)의 행동에 대한 관찰학습을 통해 새로운 행동을 습득하거나 행동의 빈도와 양을 변화시키는 과정을 활용하여 행동의 변화를 촉진하는 방법이다. 심리학에서 모방(imitation)에 대한 연구는 밀러와 달러드(Miller & Dollard, 1941)에서 시작되었고, 반두라와 월터스(Bandura & Walters, 1963)가 사회학습과 성격발달에서의 모방의 중요성을 주장하였다. 반두라는 관찰학습에 대해 계속 연구하였고, 다양한 관찰학습의 과정을 포괄하는 용어로 모델링을 사용하였다.

관찰학습이란 타인의 행동을 관찰함으로써 학습하는 것이다. 반두라(1971b)에 의하면, 관찰학습은 4단계로 구분된다([그림 8-3] 참조). 주의집중 단계에서는 관찰자(학습자)가 모델의 행동에 주의를 기울인다. 일반적으로 지위가 높은 사람, 유능한 사람, 매력적인 사람에게 주의를 기울이게 된다. 파지 단계란 관찰한 행동을 하기 위해 상징적으로 기억하고 있는 단계다. 재생 단계에서는 기억된 상징을 통한 행동의 내적 모델이 형성되면 이를 바탕으로 관찰한 행동을 실제로 해 본다. 동기화 단계는 관찰을 통해 학습한 행동이 강화를 받아서 실행되는 단계다. 여기에서 강화받지 못하고 벌을 받게 된다면 이 행동은 다시 일어나지 않을 가능성이 더 커진다.

모델이 관찰자에게 제시되는 방법에는 여러 가지가 있다. 첫째, 관찰자가 있는 곳에서 바로 모델이 행동을 보여 주는 실물 모델(live model)이 있다. 교사, 상담자, 부모는 각각 학생, 내담자, 자녀의 실물 모델이라 할 수 있다. 실물 모델은 본질적으로 다른 어떤 모델보다도 관찰자의 관심을 끌 수 있다는 점이 장점이다. 또한 실물 모델은 행동 수행을 관찰자에 맞게 변화시킬 수 있다는 장점도 있다. 반면, 실물 모델의 행동의 예측과 통제가 곤란해서 오히려 관찰자에게 해가 되는 행동을 보여 줄 수 있다는 위험성도 배제할 수 없다. 그리고 이러한 위험성은 의도되지 않은 자연적 상황에서도 일어나기 때문에 더욱 주의를 기울여야 한다.

둘째, 모델을 영화, 비디오 또는 오디오 테이프, 만화 등의 매체를 통해 제시하는 상징 모델(symbolic model)이 있다. 이미 제작되어 있는 매체물을 활용할 수도 있고, 의도적으로 제작할 수도 있다. 어느 경우든지 상징 모델의 행동은 이미 통제되어 있고, 필요한 부분을 강조해서 볼 수 있으며, 반복해서 동일한 행동을 여러 번 관찰할 수 있다는 장점이 있다.

셋째, 실제 동일한 공간에 존재하고 있는 타인이나 매체를 통해 제시되는 주인공처럼 관찰 대상이 시각적으로 제시되지 않는 모델 제시법으로 묵시적 모델

[그림 8-3] 관찰학습의 단계

(covert model)이 있다. 이 모델은 학습자가 상상을 하여 떠올리는 모델이다. 타인이 상상 속의 모델이 될 수도 있고, 자기 자신이 상상 속의 모델이 될 수도 있다. 그 모델이 바람직한 행동을 수행하는 과정을 상상하는 과정으로 모델링이 일어난다. 내담자가 행동의 수행을 상상할 수 있도록 상담자는 그 상황과 행동에 대해 잘 기술하고 행동의 진행을 지시해야 한다.

마지막으로, 앞에서 소개된 모든 형태의 모델을 혼합하여 사용하는 방법이 있을 수 있다. 여러 가지 형태의 모델을 제공함으로써 수행의 다양성과 상황의 융통성을 학습자 또는 내담자에게 실감할 수 있게 해 준다. 특히 한 개인이 아닌 집단을 대상으로 하는 수업이나 상담의 경우 여러 모델을 제시하여 모델의 형태에 따른 개인차를 해결할 수 있다.

모델링에 영향을 미치는 요인은 모델링을 통한 행동의 습득과정을 촉진하는 요인과 모델링을 통해 습득한 행동의 수행을 촉진하는 요인으로 구분된다.

모델링을 증진시키기 위해서는 먼저 누가 모델의 역할을 하는지, 즉 모델의 특성이 중요하다. 일반적으로 모델은 성, 나이, 인종, 태도에서 관찰자 자신과 유사할수록 모델링하기 쉽다. 그리고 모델의 지위와 능력이 관찰자보다 높을 때, 따뜻함을 주는 모델일 때, 모델이 어떤 행동을 했을 때 그 행동이 강화를 받을 때 모델링의 효과가 증진된다. 둘째, 관찰자의 측면에서 모델링이 가능하기 위해서는 관찰자가 모델링을 할 수 있을 정도의 지적 능력이 있어야 한다. 관찰학습의 4단계를 수행할 수 있는 인지적 능력이 결여되어 있는 경우에는 모델링이 부적합하다. 셋째, 복잡하고 추상적인 행동을 모델링해야 할 때는 각 행동의 특징을 말로 설명해 주거나 행동에 대한 일반적 규칙을 미리 알려 주어 모델링을 촉진할 수 있다. 그리고 습득된 행동을 상상으로 시연(rehearsal)해 보거나 실제로 시연해 보면 행동을 더욱 정확하게 학습할 수 있다.

모델링을 통해 습득한 행동의 수행을 증진시키기 위해서는 강화를 제공하여 수행의 빈도를 증가시키는 것과 행동 연습을 통해 수행의 질을 향상시키는 것이 모두 병행되어야 한다. 먼저, 관찰자에게 강화를 주는 방법은 그 행동을 하는 모델이 강화를 받는 것을 보거나 모델 자신이 자기에게 강화를 주는 것을 보는 대리강화와 모델링한 행동을 할 때 관찰자가 직접강화를 받는 직접강화의 두 가지가 있다. 수행의 질을 향상시키기 위해서는 모델의 행동과 자신의 행동을 비교할 수 있는 시연의 기회를 주는 것이 좋다. 이 과정에서 상담자가 내담자의 행동에 대해 피드백을 제공하여 행동에 대한 동기를 증진시키면서 동시에 행동의 질을 개선시킬 수 있다. 모델이 직접 관찰자의 모델링 과정에 개입하여 한 동작 한 동작씩 가르쳐 주면서 진행되면 행동을 더욱 정확하게 학습할 수 있다. 무엇보다 일상생활 속에서 습득한 행동을 성공적으로 수행하기 위해서는 행동을 연습하는 상황이 가능한 한 일상생활 환경과 유사해야 하고, 연습 상황에서 다양한 행동의 변화를 시도해 보면서 반복학습을 해야 한다.

(2) 절차

① 내담자의 신체적 · 기능적 수준에 적절한(수행할 수 있는) 목표행동을 선택한다.

② 적용할 모델을 설정한다. 종종 상담자나 부모가 모델이 되기 쉽다. 또래 중에서 모델을 정할 경우에는 성, 사회적 배경 등이 비슷한 아동을 고르도록하며, 다른 친구들로부터 인기 있는 아동을 모델로 설정하면 효과가 높다.

③ 숙달 모델(mastery model)과 적응 모델(coping model) 중에서 모델 역할을 결정한다. 숙달 모델은 언제나 완벽한 수행 수준을 보여 주는 사람이고, 적응 모델은 내담자와 마찬가지로 좌절하고 불안해하지만 결국 문제를 해결해 가는 사람이다. 내담자가 목표행동의 수행에 대하여 두려워하고 단점이 너무 많다고 생각하는 경우에는 적응 모델이 더 적합하다.

④ 모델의 행동에 주의하도록 단서를 준다. "자, 잘 보거라."라는 말이나 손짓, 몸짓 등이 단서로 사용된다. 어떤 내담자는 초기 단계(모델의 행동에 주의 집중)에서부터 어려움을 겪기 때문에 내담자가 제대로 주의집중을 하는지 확인해야 한다.

⑤ 내담자가 관찰된 행동을 적절하게 습득할 수 있도록 상징적으로(언어적으로) 반복하거나 실제로 연습해 보도록 격려한다. 또한 관찰행동을 조직화

할 수 있도록 설명해 준다.

⑥ 보상(incentives)을 선택한다. 그러나 내담자들은 활동을 하면서 흥미를 보이거나 좋아하면 따로 보상이 필요 없고, 보상을 하더라도 관찰행동에 대한 강화가 이루어지지 않는 경우가 있다.

⑦ 누구에게 보상을 할지 결정한다. 대개 모델이 보상을 받거나 벌을 받는 것만 보아도 내담자의 행동이 변화하게 된다. 아동인 경우 모델과 내담자가 같이 보상을 받는 것이 좋다.

(3) 장점 및 유의점

모델링은 경비가 많이 들지 않아 경제적이고 시행착오를 줄이게 되어 시간을 절약할 수 있는 효과적인 학습방법이다. 또한 모델링 절차는 상담자나 부모, 교사들에게 익숙하여 용이하게 실행할 수 있고, 내담자들도 관찰하는 것에 대해 익숙하기 때문에 별다른 설명 없이 진행할 수 있다.

그러나 또래 중에서 적절한 모델을 찾기 어려운 경우가 많고, 어떤 내담자는 성공적인 모델링을 위하여 모델에 주의를 집중하는 것이나 적절히 관찰행동을 기억해 내는 것을 따로 가르쳐야 할 필요가 있다. 또한 이러한 모델링은 문제행동이 그들의 배경 환경에서 형성된 '가정 및 사회경제적으로 열악한 아동'들에게는 그리 효과가 높지 않다고 한다(Polsgrove, 1979).

6) 자기관리

(1) 개요

자기관리(self-management) 전략이란 내담자가 자신의 행동을 관리할 수 있도록 조력하는 과정을 일컫는다. 즉, 자기관리는 내담자가 변화하기 위하여 자신의 노력으로 자신의 환경을 수정하고 행동의 결과를 조정하며 관리하는 것이다. 자기관리 기법은 상담과정에서 내담자에게 어떻게 자기관리가 진행되는지 자기관리의 과정을 교육하고 실생활에서 과제의 형태로 실습하고 난 뒤, 상담자와 내담자가 함께 진행 상황을 점검해 보는 과정을 거친다(김재은 외, 1997).

자기관리는 일반적으로 3단계에 걸쳐 진행된다. 첫째, 자기관찰 단계다. 문제행동과 관련된 자신의 생각, 감정, 행동, 환경과의 관계 등을 관찰하여 문제행동이 어떻게 어느 정도 진행되었는지에 관한 기본적인 정보를 수집하는 단계다. 둘째, 자기평가 단계다. 목표를 설정하고, 실제 수행 정도와 수행준거를 비교하는 과정이다. 이 단계는 자기관찰을 통해 실제로 행동하는 정도와 초기에 설정한 행동목표와의 차이점을 알아보는 것이 목적이다. 셋째, 자기강화 단계다. 자기평가를 토대로 그 결과에 대한 반응을 자신에게 제공하는 과정이다. 자기강화의 목적은 동기화다. 행동변화가 일어나고 있음을 깨닫고 동기화되어 행동변화를 위한 자신의 노력을 더욱 증진시킬 것이다. 자기관리 과정은 이와 같은 세 단계를 목표가 성취될 때까지 반복한다.

자기관리 과정을 촉진하기 위하여 자기관찰(self-monitoring), 자극통제(stimulus control), 자기강화(self-reinforcement)의 기법을 사용하게 된다. 먼저, 자기관찰은 문제행동 또는 목표행동과 관련된 자기 자신의 생각이나 감정, 행동, 그 행동이 일어나는 전후 상황에 대해 보다 체계적인 방법으로 관찰하고 기록하는 과정이다. 상담자와 내담자는 함께 무엇을 관찰할 것인가를 결정하고, 내담자에게 적합한 기록표를 만들어 일정한 장소에 기록표를 두고 정해진 시간에 스스로 자신의 행동을 기록하는 과정으로 이루어진다. 관찰하고 기록하는 내용은 목표와 관련된 행동, 그 행동의 선행조건(antecedent condition), 그 행동의 결과(consequence)다. 그리고 행동은 그 빈도와 정도를 함께 기록하므로 객관적이고 구체적인 자료가 된다.

자기관찰을 통해 우리는 문제행동이 실제 생활에서 어떻게 일어나고 있는지에 관한 구체적인 정보를 얻을 수 있다. 그리고 상담장면에서 내담자가 호소하는 문제 상황의 이해에 대한 정확성을 확인할 수도 있으며, 기록된 정보를 바탕으로 상담자와 내담자는 문제행동이 일어나는 발생과정에 대해 진단할 수 있다. 뿐만 아니라 행동변화를 확인할 수 있는 근거 자료가 되고, 행동의 관찰 및 기록 자체가 내담자의 행동변화에 대한 동기를 증진시키기도 한다. 효과적인 자기관찰을 위해서는 먼저 내담자의 특성이 고려되어야 한다. 내담자의 인지적 능력, 신체적 능력, 자기관찰에 대한 내담자의 동기 수준 등을 반영해야 한다. 또한 목표에 적합한 목표행동이 선택되어야 한다. 목표행동은 가능한 한 긍정적인 행동이어야 하고, 내담자가 원하고 있어야 하며, 한 가지 행동일 때 가장 잘 기록할 수 있다. 기록 방법이나 시기가 쉽고 그 자체로 강화가 될 수 있으면 더욱 효과적일 것이다.

다음으로, 자극통제는 문제행동과 관련된 환경적 요인들을 미리 재조정하여 행동의 변화를 촉진하는 기법이다. 자극통제는 부적절한 행동을 일으키는 환경자극의 빈도를 줄이고 바람직한 행동을 일으키는 환경자극을 증가시키는 것을 목적으로 한다. 환경을 통제하는 일은 우리의 일상생활에서도 흔히 적용되고 있다. 공부에 집중하기 위해 조용한 방을 찾거나, 돈을 적게 쓰기 위해 신용카드를 집에 두고 다니거나, 알코올중독 환자를 병원에 입원시키거나, 컴퓨터 통신을 자제하기 위해 컴퓨터에서 통신 프로그램을 제거하게 하는 예를 볼 수 있다. 이와 같은 물리적인 환경을 변화시키는 것만이 아니라 자기진술을 변화시키는 방법도 있다. 문제행동과 결부된 부정적인 자기진술을 긍정적인 자기진술로 바꾸어서 그 행동을 변화시키는 것이다.

자극통제의 기본 원리는 다음과 같이 정리해 볼 수 있다. 첫째, 물리적 환경을 변화시킴으로써 문제행동을 실행하기 어렵도록 만든다. 예를 들어, 체중을 줄이고자 하는 사람에게 초콜릿을 보이지 않는 곳에 둔다거나 담배를 줄이고자 하는 사람에게 성냥이나 라이터를 가지고 다니지 않게 하는 것이다. 둘째, 문제행동을 제한된 환경에서만 하도록 통제한다. 비만한 사람이 아무 장소에서 먹는 것이 아니라 반드시 식탁에서만 먹도록 계획하는 것이 그 예다. 여기에선 제한된 환경에서는 목표행동만을 하고 다른 행동을 통제하는 방법도 효과적이다. 예를 들면, 공부방에서는 공부만 하고 공부가 안 될 때는 그 방에서 나와서 다른 활동을 하게 하거나, 불면증이 있는 사람의 경우에는 졸려서 잠을 잘 때만 침실에 들어가고 그렇지 않을 때는 그곳에 가지 않는 것이다. 셋째, 물리적 환경만이 아니라 사회적 환경도 함께 통제한다. 공부를 하는 동안은 가족이 거실에서 TV

보는 것을 삼갈 것을 요청하거나, 식사 조절을 하고 있는 동안 집에서는 함께 간식을 먹지 않기로 가족의 협조를 구할 수 있다. 넷째, 개인의 신체적·생리적 조건을 변화시켜서 문제행동(목표행동)을 약화시킬 수도 있다. 불면증 환자가 수면제를 복용하거나 긴장이완 기법으로 몸을 이완시키거나 낮 동안의 활동량을 늘리거나 하는 등의 방법을 사용하는 것이 이에 속한다.

이와 같은 자극통제 기법은 환경의 변화로 행동변화를 위한 기초를 마련해 준다고 할 수 있다. 따라서 이 기법은 다른 기법의 효과를 더욱 촉진시켜 줄 것이며, 실제로 행동수정가들은 이 기법의 단독 사용보다는 다른 기법과의 병행을 추천하고 있다.

마지막으로, 자기강화는 바람직한 행동을 강화하여 그 행동을 증가시키는 역할을 한다. 학습습관 형성, 체중 감량, 우울 감소, 학교 적응, 자기주장 등의 다양한 영역에서 자기강화 기법이 효과가 있다. 자기강화는 궁극적으로 자기관리에 대한 동기를 높여 주고 촉진시키는 역할을 하기 때문에 자기관리 과정에서 특히 중요한 기법이다.

자기강화를 위해서는 우선 타인에 의해서가 아닌 자기 스스로 강화를 받을 수 있는 적절한 수행 수준과 강화물이 결정되어야 한다. 그리고 강화물의 제공도 자신의 통제하에 있어야 한다. 자기강화 역시 자신에게 긍정적인 자극을 제공하는 긍정적인 강화와 혐오적이거나 부정적인 자극을 제공하는 부정적인 강화의 두 가지로 구성된다. 자기강화의 형태는 부정적이거나 혐오적인 자기강화보다는 긍정적인 자기강화에 초점을 두는 것이 바람직하다. 긍정적인 자기강화에는 "잘했다." "그 정도면 충분하지."와 같은 언어적인 자기강화를 비롯하여 영화 보기, 좋아하는 물건 사기 등의 물질적 자기강화, 휴식을 취하거나 이완하는 신체적 자기강화 등 여러 가지가 있다.

보다 효과적으로 자기강화 기법을 활용하기 위해서는 자기강화 계획이 필요하다. 자기강화 계획은 내담자에게 가장 적절한 강화물을 선택하여 언제, 어떤 방법으로, 얼마만큼의 강화물을 제공할 것인지를 결정하는 과정이다. 자기강화 계획도 다른 기법에서의 강화 계획과 마찬가지로 내담자가 주체가 되어 설계할 수 있도록 상담자가 적극 협조해야 하고, 자기강화 계획을 이끌어 가는 과정도 상담자가 조력해야 한다.

(2) 절차

① 자기행동을 관찰하고 빈도를 기록할 수 있도록 내담자를 훈련시킨다(자기 관찰 훈련). 예를 들면, 다른 사람의 행동을 관찰하거나 녹화한 비디오테이 프를 틀어 주면서 특정 행동을 확인하고 일정 시간 동안 나타난 빈도를 적 어 보도록 한다.

② 상담자와 내담자가 합의한 영역에서 관찰 가능한 바람직한 행동을 정하도 록 한다. 목표행동의 빈도는 속으로 세거나 기록지에 표시하게 한다(종이 컵에 빈도수만큼 성냥개비나 포커칩을 담기도 한다).

③ 자신이 표시한 빈도의 정확도를 평가하도록 한다. 예를 들면, 상담자나 다 른 사람이 표시한 빈도와 내담자의 빈도가 어느 정도 비슷한가를 비교해 볼 수 있다. 거의 유사한 경우에는 내담자에게 보상을 할 수 있다.

④ 목표행동의 수행 수준을 협의하여 결정한다. 통상, 내담자는 상담자나 부 모에 비하여 쉬운 수행 수준을 결정하는 경향이 있다. 그러나 현실적으로 내담자가 성취할 수 있다면 보다 높은 수행 수준을 요구하고 기대하는 것 이 바람직할 때가 더 많다.

⑤ 내담자와 목표행동이 나타나는 선행조건과 뒤따를 결과를 정한다. 즉, 어 떤 상황(학교에서 혹은 집에 혼자 있을 동안)에서 목표행동(책을 읽고)을 하 면 이에 따라 어떤 결과(아이스크림을 먹는다는 보상)를 예상할 수 있다는 것 이다. 이러한 자기강화 계획의 현실성에 대하여 상담자와 내담자가 토의 한다.

⑥ 내담자로 하여금 실제 행동의 수행 수준을 관찰하고 준거와의 차이를 확 인하며 자기관리 과정을 평가하도록 한다. 자기관찰 기록표를 상담자에게 제출하고 수행상의 난점과 수정할 점을 토의한다. 이때 자극통제를 통하 여 목표행동의 수행 수준을 높일 수 있다.

⑦ 자기관리 과정을 통하여 바람직한 행동은 사회적으로 인정해 주고 부적절한 행동은 무시한다.

(3) 장점 및 유의점

자기관리의 장점은 내담자가 자신의 행동을 통제하도록 하기 때문에 상담자가 불필요하게 무리한 개입을 하지 않아도 되고, 다른 사람과의 비교보다는 자신의 수행 수준이 향상되는 것에 동기화되며, 의사결정에서의 효율성을 높이고 의존성을 줄일 수 있다. 또한 다른 영역에까지 행동변화를 일반화하는 데 유리하다.

그러나 내담자가 자신의 행동을 관리하도록 훈련시키는 데 많은 시간이 걸릴 수 있으며 상담자의 인내심이 요구된다. 특히 정서장애 아동인 경우에는 쉽게 산만해지기 때문에 더디게 진행될 수 있다. 또한 상담자나 교사의 직접적인 통제가 약화되어 권위가 도전받을 수 있으며, 집단적으로 자기관리 전략을 적용하는 것에는 여러 가지 어려움이 있다.

6. 평가

행동주의 상담 접근의 행동변화 전략은 내담자가 변화하고자 하는 구체적인 행동에 초점을 두고 상담자가 상담과정을 전개하며 인간 내부의 심리적 구조보다는 환경과의 상호작용을 중시한다. 이러한 행동중심 접근은 앞으로도 상담자 훈련에 필수적인 과정으로서 인식되어야 한다.

첫째, 지금까지 개발되고 검증되어 온 행동중심의 기법들은 상담의 기본상식(counseling literacy)으로 받아들여지고 있다. 특히, 상담회기를 전개하는 과정에서 내담자의 호소 문제와 관련된 주요 변인에 대한 체계적인 측정과 선행조건과 결과에 관한 기능적 관계를 밝혀 문제를 해결하는 것은 기본적인 요소다.

둘째, 행동중심 접근에서는 내담자의 심리적 · 물리적 환경에 관심을 가지고 영향을 미치는 주요 관련 인사를 포함하여 내담자의 대인관계를 중요하게 여긴다(이성진, 1998). 그러므로 '환경공학'적인 입장에서 내담자와 환경의 상호작용의 변화를 통하여 상담을 진행하게 된다. 내담자가 적극적으로 자기 자신에게 영향을 미치는 강화조건을 이해하고 이를 바꾸는 데 참여하도록 조력하는 것이 상담자의 역할이 된다.

셋째, 행동변화의 전략은 내담자의 필요와 요구에 따라 개별화된다. 정해진 단계에 따라 그대로 수행하는 것이 아니라 상담자의 창의적인 생각과 끈기 있는 적용을 통해 내담자의 문제를 개별적인 차원에서 이해하고 구조화하여 공동의 노력에 의해 해결하고자 한다.

행동중심 접근은 지속적으로 상담과정에서 보다 폭넓게 활용될 것이다. 이와 더불어, 하나의 보조전략으로서의 행동치료나 행동요법이 아니라 면접상담의 전체 과정에서 구현되는 행동상담에 대한 연구가 필요하며(이성진, 1998), 학습장애와 같은 특수한 요구가 있는 내담자를 위하여 다양한 행동변화 전략이 개발되고 적용되어야 할 것이다(김동일, 이대식, 신종호, 2009).

제9장
인지 · 정서 · 행동치료

| 박경애 |

인지 · 정서 · 행동치료(Rational Emotive Behavior Therapy: REBT)는 오랫동안 현장에서 상담과 심리치료를 수행하던 앨버트 엘리스(Albert Ellis)에 의해 창안되었다. 그는 치료적 경험이 누적되면서 내담자의 부적절한 정서와 부적응적인 행동의 이면에 잘못된 신념이 있다는 것을 확인하게 되었다. 1950년대에 엘리스는 이러한 경험을 바탕으로 기능적 사고의 중요성을 근간으로 하는 합리적 치료(Rational Psychotherpy)를 발표한 후 자신의 이론을 정교화시켜 1993년에 마침내 인지 · 정서 · 행동치료로 개명하게 되었다. 1990년대에 아론 벡(Aaron Beck)과 그 제자들에 의해 수행된 많은 연구에서 우울과 불안 등의 부적절한 정서 이면에는 역기능적 생각이 있다는 것이 판명된 이후, 엘리스의 인지 · 정서 · 행동치료는 인지행동이론군에서 가장 오래되고 이후의 인지행동을 표방하는 다른 이론의 선구자적 역할을 인정받고 있다. 인지 · 정서 · 행동치료는 이론의 핵심이 되는 ABCDE라는 틀이 있고, 구조가 단단하여 비교적 적용이 용이하기 때문에 현장에서 상담자들이 선호하는 이론으로 입지를 굳혔다. 인지 · 정서 · 행동치료는 개인상담뿐 아니라 집단상담, 가족상담, 기업상담 등에서도 그 적용의

영역을 넓혔으며, 아동 · 청소년 교육에까지 합리적 사고와 연계된 정서 · 행동 교육을 실시하여 이론의 저변을 확대하고 있다.

1. 주요 학자

Albert Ellis

인지 · 정서 · 행동치료는 앨버트 엘리스(Albert Ellis, 1913~2007)에 의해서 창시되었다. 그는 1956년 미국의 시카고에서 개최된 미국심리학회 연차대회에서 '합리적 심리치료(Rational Psychotherapy)'라는 이름으로 자신의 이론을 정리하여 발표하였다. 당시의 상담 및 심리치료 학계는 정신분석과 고전적 행동주의의 쌍두마차에 의해서 가장 중요한 이론의 줄기를 제공받고 있었다. 기존의 이론을 통해 인간의 바람직한 행동변화를 성취하려 했던 상당수의 임상가는 이론과 기법들이 해결해 주지 못하는 여러 가지 한계와 벽에 부딪히게 되었다. 정신분석은 치료 기간의 장기성, 비과학성 등으로 대표되는 단점을 지니고 있었으며, 고전적 행동주의는 지나치게 밖으로 드러나는 관찰 가능한 행동에만 초점을 둔 나머지 인간의 의식, 태도, 신념 등의 내면 과정 자체는 무시하고 있다는 비판을 받게 되었다. 이러한 상황 속에서 1960년대에 심리학계에 불어닥친 인지과학(cognitive science)은 인간의 행동을 이해하는 데 있어 인지적 요인을 주요한 변인으로 인정하는 데 결정적 기여를 하였다. 이러한 분위기와 때를 같이하여 엘리스나 벡과 같은 학자들은 그들이 오랫동안 수행하여 온 임상 경험과 연구 결과를 토대로 하여 인간행동의 이해와 변화에 있어 인지과정의 중요성을 다시 확인하였으며, 그들이 생성한 새로운 이론의 골자로 '인지(cognition)'를 부각시키게 되었다. 엘리스는 원래 정신분석을 통해 많은 내담자를 도우면서 내담자들이 호소하고 있는 상당수의 문제가 과거에 해결되지 않은 자신의 무의식적 갈등이 원인이 아니라 자신이 처한 상황과 환경을 비합리적으로 지각하는 데 기인하고 있음을 발견하였다. 그리하여 사물을 지각하는 데 합리적 사고의 중요성을 강조하게 되었고, 이를 토대로 자신의 이론을 발표하였다.

엘리스가 이 이론을 학회에 발표한 이후 많은 사람에게 '합리적(rational)'이라는 용어 때문에 파생하는 오해를 불러일으켰다. 즉, 인간 경험의 상위에 존재하는 이성을 강조하는 합리주의와 무슨 깊은 관계가 있는 것처럼 생각하는 사람들도 있었으며, 또 인간의 행동을 이해하는 데 정서적 측면을 무시한다는 비난을 받기도 하였다. 그래서 그는 자신의 이론에서 사고의 내용과 과정을 중시하는 만큼 정서의 중요성도 인정하고 있음을 알리기 위해 '합리적 · 정서적 치료(知情療法; Rational Emotive Therapy: RET)'로 1961년에 개명하였다. 한동안 이 RET가 상담 및 심리치료의 주요한 이론적 줄기로 인정받았다. 1993년 상담이론의 저술가로 유명한 하와이 대학의 코르시니(R. J. Corsini)는 엘리스 이론에서 '행동(behavior)'이 차지하는 비중이 막대하므로 이론의 전면에 '행동'이라는 용어를 내세우도록 권유하였고, 엘리스는 마침내 이를 수용하게 되었다. 그래서 그의 이론은 이러한 과정을 거쳐 'Rational Emotive Behavior Therapy(REBT)'가 되었다. 이 용어를 직역하면 '합리적 · 정서적 행동치료'라고 옮길 수 있겠으나 원 창시자의 뜻을 충분히 존중하여 필자는 '인지 · 정서 · 행동치료'로 번역하여 사용해 왔다. 엘리스는 그가 최근에 발표한 논문이나 제자들을 위한 훈련 프로그램에서 자주 '인지'라는 용어를 자신의 이론의 이름에 사용하지 않은 것을 후회하며, 지금 다시 이름을 붙인다면 '합리적'이라는 용어 대신에 '인지'라는 용어를 쓸 것이라고 서슴없이 말했다(박경애, 1997). 그의 이론은 학계에서 벡의 인지치료(cognitive therapy), 마이켄바움(D. Meichenbaum)의 인지행동수정(cognitive behavior modification) 등 여러 인지행동치료 이론군의 원조로 인정받고 있다.

2. 인간관

엘리스는 인간이 합리적일 수도 있고, 비합리적일 수도 있는 이중적인 특성이 있음을 강조하였다. 인간은 본래 자기보존적이고 행복을 추구하며 다른 사

람들과의 공동생활을 통해 성장하고 자신을 실현할 수 있는 역량을 지닌 존재로
보았다. 또한 이와 마찬가지로 자기파괴적 성향이 있고, 자기를 비난하여 성장
을 회피하는 성향도 있다고 생각하였다.

3. 주요 개념

1) ABCDE 모형

인지 · 정서 · 행동치료(REBT) 과정의 핵심 부분은 A-B-C-D-E로 불리는
틀이다. A(activating event)는 사건, 상황, 환경 또는 개인의 태도이며, C(conse-
quence)는 각 개인의 반응이나 정서적 결과다. 이 반응은 적절할 수도 있으며
부적절할 수도 있다. REBT에서는 A(반응을 일으키는 사건)가 C(정서적 결과)를 초
래한다고 보는 것이 아니라 각 개인의 A에 대한 믿음, 즉 사고 B(belief)가 C인
정서적 반응을 초래한다고 본다. 예컨대, P라는 사람이 이혼 후에 심한 우울증
을 경험한다고 하면 이혼이라는 사건 자체가 P로 하여금 우울증을 경험하게 하
는 원인이 아니라 배우자를 잃은 사실에 대한 P의 믿음이나 생각이 우울을 초
래한다고 보는 것이다. 그리하여 인간이 자신의 정서반응이나 장애를 일으키
는 비합리적인 생각을 어떻게 바꾸는지 그 방법을 내담자에게 제시하는 것이
REBT의 핵심이다. 이 방법이 바로 D(dispute)로 표현되는 논박이다. D는 내담
자가 자신의 비합리적인 생각을 고치는 데 적용될 수 있는 과학적 방법이다. 논
리를 가르침으로써 비현실적이고 검증할 수 없는 자기파괴적 가설들을 포기하
게 할 수 있다. 엘리스에 의하면, 성공적인 상담은 비합리적 사고를 계속적으로
논박하여 어느 정도 재교육에 성공하느냐에 따라 좌우된다고 강조하고 있다.
일단 논박이 성공하면 내담자의 적절한 정서와 적응적 행동을 일으키는 효과,
즉 E(effect)가 드러난다.

이 내용을 그림으로 표현하면 [그림 9-1]과 같다.

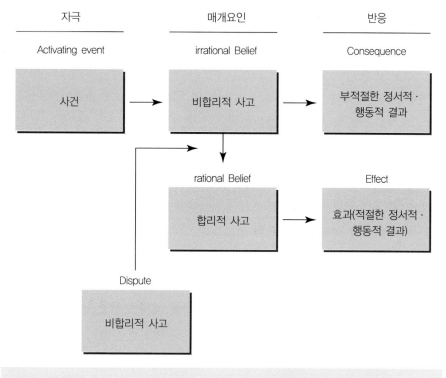

자극
Activating event
사건

매개요인
irrational Belief
비합리적 사고

반응
Consequence
부적절한 정서적·
행동적 결과

rational Belief
합리적 사고

Effect
효과(적절한 정서적·
행동적 결과)

Dispute
비합리적 사고

[그림 9-1] A-B-C-D-E 모형

2) 정신건강적 기준

엘리스가 제시한 다음과 같은 정신건강적 기준은 상담의 목표로 활용될 수 있다.

- 자기관심(self-interest): 인간이 자기 자신에 대해 완전히 몰입하면 정서적으로 건강한 사람은 자기 자신에게 관심을 가질 수 있는 역량을 가지고 있다.
- 사회적 관심(social-interest): 인간은 집단 속에서 타인과 관계를 맺으며 살고자 한다. 즉, 건강한 사람은 집단 속에서 유리되지 않고 관계적인 맥락 속에서 인간에 대한 관심을 지니고 있다.
- 자기지향(self-direction): 정서적으로 건강한 사람은 비록 타인의 지지나 협

동을 좋아한다 하더라도 이러한 지지를 요구하지 않는다. 인간은 자신의 삶에 대한 책임감이 있으며, 자신의 문제를 독립적으로 해결할 수 있는 능력이 있다.

- **관용(tolerance)**: 성숙한 사람들은 타인의 실수에 대해 관용적이며, 실수하는 사람들을 비난하지도 않는다.
- **융통성(flexibility)**: 건강한 사람들은 자신의 생각에 대해 융통성이 있으며, 변화를 수긍하고, 타인에 대해 편협하지 않은 견해를 가지고 있다.
- **불확실성에 대한 수용(acceptance of uncertainty)**: 성숙한 사람은 불확실성의 세계에 살고 있음을 깨닫는다.
- **몰입(commitment)**: 건강한 사람은 자신의 외부 세계에 대해 중대하게 몰입할 수 있는 능력이 있다.
- **과학적 사고(scientific thinking)**: 성숙한 사람은 깊게 느끼고 구체적으로 행동할 수 있다. 그들은 정서나 행동의 결과를 논리적으로 생각해 봄으로써 정서나 행동을 규율화시킬 수 있다.
- **자기수용(self-acceptance)**: 건강한 사람은 그들이 살아 있다는 사실 자체를 받아들인다. 그리고 그들의 기본적인 가치를 타인의 평가나 외부적 성취에 의해서 평가하지 않는다.
- **위험 부담하기(risk-taking)**: 정서적으로 건강한 사람은 무모하게 모험적이지 않다.
- **비이상주의(nonutopianism)**: 성숙하고 건강한 사람은 뜬구름 잡는 식의 이상향적 존재를 성취할 수 없다는 사실을 받아들인다.

3) 합리적 사고와 비합리적 사고

엘리스는 그의 이론을 형성할 때 당대의 저명한 과학 철학자였던 토머스 쿤(Thomas Kuhn)의 아이디어를 많이 빌려 왔다. 쿤의 명저 『과학혁명의 구조(The structure of scientific revolution)』(1962)에서 과학자들이 자신의 주장이 비논리적이거나 비현실적이거나 비실용적일 때 기존의 전통을 버리고 다른 전통을 따르는 내용이 나온다. 엘리스는 이를 빌려 와 합리적 사고와 비합리적 사고를 구분하는 데 활용하였다. 구체적인 내용은 다음과 같다.

- 합리적 사고는 내적으로 일치한다: 즉, 논리적이고 응집력이 있다. 합리적 사고는 단순히 논리적 신념은 아니다. 합리적 철학을 정의하는 데 있어서 논리는 필요하기는 하나 충분한 요소는 아닐 수도 있다.
- 합리적 사고는 경험적으로 증명할 수 있다: 증거에 의해서 검증되어야 한다.
- 합리적 사고는 절대적이지 않다: 대신에 조건적이며 상대적이다. 합리적 신념은 대개 바람, 희망, 소망 또는 선호적인 모습을 띠고 있다. 그리고 요구적인 철학보다는 소망적인 철학을 반영한다.
- 합리적 사고는 적응적 정서를 유도한다: 합리적 신념도 때로는 부정적 정서를 유도할 수 있다. 중요한 것은 부정적 정서라도 부적절한 역기능적 정서는 아니라는 사실이다. 이것은 짚고 넘어가야 할 부분인데, REBT에 관한 일상적인 오해 가운데 하나가 바로 합리적 사고는 아무런 정서도 유도하지 않거나 긍정적인 정서를 생성한다는 것이다. 합리적 사고도 부정적 정서를 유발할 수 있음을 유념해야 한다.
- 합리적 사고는 우리가 삶의 목적을 달성하는 데 도움을 준다: 합리적 사고는 삶의 만족도와 일치하며, 환경과의 갈등뿐만 아니라 심리내적인 갈등을 최소화하는 데 도움을 준다. 그리고 다른 사람과의 제휴나 함께하는 것을 가능하게 해 주며 성장을 도와주기도 한다. 더욱더 단순하게는, 합리적 사고는 우리에게 덜 두렵고, 비난하는 자세를 벗어나서 우리의 삶의 목적을 추구할 수 있는 자유를 제공해 주기도 한다. 또한 합리적 사고는 이러한 목표들을 획득하는 과정에서 파생할지도 모르는 어떤 위험도 무릅쓸 수 있는 용기를 제공하기도 한다.

한편, 비합리적 사고는 종종 합리적 사고와 반대되는 다른 특징으로 구분될 수 있다.

- 비합리적 사고는 논리적으로 일치하지 않는다: 비합리적 사고는 상황에 대한 극도의 과장을 하는 경향이 있으며, 종종 '끔찍하다' '지긋지긋하다'와 같이 평가적인 용어를 반영하고 있다.
- 비합리적 사고는 경험적인 현실과 일치하지 않는다: 이것은 실제 사건을 따르지 않음을 의미한다. 비합리적 사고의 예로, "만약 나의 아내가 나를 떠나가 버린다면 나는 참을 수 없다."가 될 수 있다. 이런 상황을 직면하게 되는 내담자들 중 막상 아내가 떠나 버린 상황에서 그것을 잘 대처하며 견뎌 내는 내담자들이 많다. 즉, 그들의 생각이 실재하는 현실과 일치하지 않기 때문에 비합리적이다.
- 비합리적 사고는 절대적이며 교의(教義)적이다: 이것은 확률적인 기준보다는 절대적인 기준을 나타낸다. 비합리적 사고는 요구(對 소망), 절대적 당위(對 선호), 그리고 욕구(對 바람)로 표현된다. 비합리적 신념은 아동기 이후부터 반복적으로 낭송하고 스스로에게 주입하여 과잉학습된 경우가 많다.

비합리적 사고와 합리적 사고는 다음의 〈표 9-1〉로 정리할 수 있다.

ooo **표 9-1** 합리적 사고와 비합리적 사고의 차이

유형 특성	합리적 사고	비합리적 사고
논리성	논리적으로 모순이 없다.	논리적으로 모순이 많다.
현실성	경험적 현실과 일치한다.	경험적 현실과 일치하지 않는다.
실용성	삶의 목적 달성에 도움이 된다.	삶의 목적 달성에 방해가 된다.
융통성	융통성이 있다. 경직되어 있지 않다.	절대적 · 극단적이다. 경직되어 있다.
파급효과	적절한 정서와 적응적 행동에 영향을 준다.	부적절한 정서와 부적응적 행동을 유도한다.

4) 비합리적 사고의 요소

비합리적 사고는 아주 빈번하게 자신, 타인 그리고 세상에 대한 자애적이고 엄청난 요구에 기초를 두고 있다. 엘리스는 이러한 구인을 세 가지 주요한 '반드시'로 설명하고 있다.

- 나는 반드시 ……해야만 한다(잘해야만 한다, 인정을 받아야만 한다 등).
- 당신은 반드시 ……해야만 한다(나를 잘 대해 주어야만 한다, 나를 사랑해야만 한다 등).
- 세상은 반드시 ……해야만 한다(나를 공평하게 대해야만 한다).

이러한 사고는 일반적으로 '그것은 끔찍하다'(과장성), '나는 그것을 참을 수 없다'(낮은 인내성), '나는 행동을 거칠게 하는 거칠고 한심한 사람'(자기비하성)이라는 생각을 파생한다.

이것을 그림으로 표현하면 [그림 9-2]와 같다.

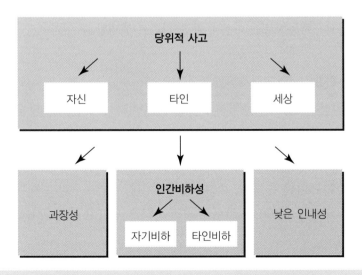

[그림 9-2] 당위적 사고에서 파생한 비합리적 사고의 요소

비합리적 사고는 혼란된 정서를 초래한다. 불안은 인간을 허약하게 하고 비생산적으로 만든다. 만약 내담자가 그의 최근의 삶 속에서 기능을 잘하고 있지 못하다면 내담자는 '내가 이렇게 한심하게 행동하다니, 이것은 끔찍하지 아니한가.'라고 생각하면서 도움이 되지 않는 정서인 극도의 불안감을 경험하게 될 것이다. 그러나 내담자가 좀 더 합리적 사고를 한다면 마음이 편안해지고 안정된 정서를 느낄 수 있다. 예를 들면, 내담자가 '나는 나의 삶 속에서 기능을 더 잘 발휘하기 위해서 노력하겠다. 그러나 내가 만약 기능을 잘 못한다고 하더라도 그것은 그리 끔찍한 것이 아니다.'라는 신념을 가지고 있다면 만족스럽지 못한 상황도 잘 견뎌 낼 수 있다.

비합리적 사고는 우리가 삶의 목표를 달성하는 데 도움을 주지 않는다. 우리가 절대적인 사고에 묶여 있을 때 우리가 지니고 있는 에너지도 그 사고와 함께 경직되어 버린다. 그래서 현실적으로 필요한 행동을 하는 데 엄청난 제약이 따르므로 목표 달성이 어려워진다.

5) 인지 · 정서 · 행동치료의 원리

인지 · 정서 · 행동치료는 다음과 같은 원리로 설명할 수 있다.

• 인지는 인간 정서의 가장 중요한 핵심적 요소다.

인간의 심리구조를 인지, 정서 그리고 행동이라는 요인으로 단순화시킬 때 이 세 가지 요인은 상호작용을 한다고 믿는다. 그리고 인간이 느끼고 행동하는 것의 원천은 인지에 의한 것임을 강조한다. 이는 "우리가 생각하는 것을 느낀다."라는 말로 표현할 수 있다. 즉, 어떤 사건이나 사물이 우리로 하여금 '기분이 좋다' 또는 '기분이 나쁘다'고 만드는 것이 아니라 우리 스스로 인지함으로써 그렇게 만든다.

- 역기능적 사고는 정서장애의 중요한 결정요인이다.

역기능적 정서 상태를 수반하는 정신병리의 많은 부분은 역기능적 사고(dys-functional thought)과정의 결과다. 이러한 역기능적 사고는 당위적 사고, 절대적 관념, 자기비하, 과장적 사고, 낮은 인내심 등으로 드러난다.

- 인간은 사고하는 것을 느끼기 때문에 사고의 분석부터 시작한다.

인간이 지닌 고통은 사고의 산물이라고 여기기 때문에 그 고통을 정복하는 길은 그것을 유도한 생각을 찾아내고 그것을 변화시켜야 한다고 주장한다.

- 정신병리의 원인인 역기능적 사고는 환경적인 영향뿐만 아니라 다분히 유전적으로 타고난 경향성도 강하다.

- 인간행동에 대한 과거보다 현재의 영향에 초점을 둔다.

인간의 행동은 과거에 기인하는 것이 아니라 현재 주어진 상황을 어떻게 해석하고 지각하느냐에 따라서 달라진다고 강조한다.

- 인간이 지닌 신념은 쉽지는 않지만 변화한다고 믿는다.

인간의 신념은 사회문화적 영향을 받아 스스로 자기언어(self-talk)를 통해 반복적으로 주입됨으로써 생성된다고 한다. 그러므로 이런 과정을 거쳐 형성된 신념이 변화하는 것은 쉽지 않으나 적극적이고 지속적인 노력을 하면 가능하다고 믿는다.

6) 인지 · 정서 · 행동치료의 특징

인지 · 정서 · 행동치료는 다음과 같은 특징을 지니고 있다.

- 심리적 장애의 생성과 치료에서 '인지'를 강하게 강조하고 있다.

인간의 기능에 있어서 인지가 중요한 역할을 한다는 인식은 최근에 발견된 것이 아니다. 이미 1세기경의 고대 그리스 스토아학파의 철학자 에픽테토스(Epictetus)가 "사람들은 사물에 의해서 방해를 받는 것이 아니고 사물을 보는 견해에 의해서 방해를 받는다."는 사실을 관찰해 냈고, 게다가 엘리스 전의 뒤부아(Dubois, 1907)와 같은 몇몇 이론가도 심리치료에서 인지를 상당히 중요하게 여기고 있다. 엘리스는 심리적 장애의 생성이나 심리적 장애의 치료에 있어서 인지의 중요성을 구체적으로 강조한 의미가 크다. 이 사실은 아마도 상담이나 심리치료 분야에서 엘리스가 끼친 가장 중요한 영향일 것이다.

• 변화의 지속을 유지하기 위하여 철학적 변화를 강조한다.

엘리스는 오랫동안 가장 도움이 되며 지속적인 치료적 변화는 철학적 수준에서 일어난다는 것을 강조하여 왔다. 즉, 인간행동의 진정한 변화는 세상이나 사물에 대한 지각의 교정을 초월하여 세상이나 사물에 대한 자신의 가치기준인 철학의 변화가 있었을 때에 가능하다는 의미다.

• 심리적 장애를 다루는 자조적(self-help) 접근의 중요성을 강조한다.

엘리스는 REBT에서 부적절한 정서와 부적응적인 행동을 극복하는 과정에서 내담자의 노력에 큰 역점을 두었다. 그는 "내담자는 꾸준히 연습하고 노력해야 한다."라고 강조하였는데, 이렇게 스스로를 돕는 사람만이 자신의 자기파괴적 생각을 변화시키고 이에 따른 효과를 볼 수 있기 때문이다. REBT 상담을 받는 내담자는 상담회기 동안 상담자가 자신을 위해서 마술적인 어떤 힘을 발휘하여 내담자 자신이 노력하지 않아도 문제를 어느 정도 치유할 수 있다는 어리석은 생각에서 벗어난다. 대신에 상담시간에 자신을 파괴적으로 유도하는 비합리적 신념에 도전하기 위해 사용되는 여러 가지 기술과 기법을 배운다. 그리고 상담자들은 치료적 목표를 얻기 위해서 내담자 스스로 상담회기 외의 일상생활 속에서 이러한 개념과 기술과 기법을 적용하도록 격려한다. 엘리스는 상담할 때 내담자에게 여러 가지 다른 면에서 자가치료적 접근을 강조하였다. 그는 숙제의 사용을 강조하거나, 자가기록지나 심리교육적 도구의 사용을 강조함으로써 자신의 이런 생각을 촉진하였다.

• 상담자의 적극적이며 지시적인 위치를 강조한다.

1950년대에 만연했던 심리치료적 접근이 상담자의 수동성과 비지시성에 의존하고 있었음에도 엘리스는 자신이 상담을 할 때에는 점진적으로 적극적이며 지시적인 스타일을 실험하기 시작하였다. 적극적이고 지시적인 상담자로서의 개척자적 작업에서 엘리스(1962)는 수동적이고 비지시적 상담자에 의해서 예견되었던 부정적인 결과가 그의 실제 상담장면에서는 별로 출현하지 않았음을 확인하였다. 대신에 엘리스는 대부분의 내담자가 그가 REBT의 원리와 기법을 적극적으로 가르쳤을 때 혜택을 얻었음을 발견하였다. 또한 독특한 REBT 해석의 타당성을 제시하기 위해 사용되는 논리성과 합리성 같은 중요한 통찰력을 습득할 준비가 되어 있는 내담자가 스스로 깨달을 때까지 기다릴 필요가 없다는 것을 발견하였다(Ellis, 1977). 엘리스(1962)는 또한 문제중심적 접근과 공감적 접근과의 조화 속에서 적극적이고 지시적인 상담자의 위치는 내담자가 의존을 더 많이 하지 않고 오히려 덜 의존하도록 내담자를 도와줄 수 있음을 발견하였다. 엘리스는 그의 명저 『심리치료의 이성과 정서(Reason and emotion in psychotherapy)』에서 적극적이고 지시적인 치료에 관한 논지를 다음과 같이 피력하였다.

"상담실에 오는 내담자는 도움을 요구하고 있다. 상담자는 자신의 편견 때문에 수동적 태도를 주장하며 어떤 실질적인 도움을 주기를 거부한다. 나는 믿건대 내담자는 상담자를 거부하며 종종 그 관계가 종결되는 것으로 끝이 난다."(Ellis, 1962)

• 상담자와 내담자의 관계에 지나친 따스함은 피할 것을 강조한다.

엘리스는 상담자들이 내담자에 대해 적극적이고 지시적인 위치를 유지하도록 옹호하는 것처럼, 내담자에게 극도의 따스함과 사랑을 제공하는 것은 피하라고 권유한다(Ellis, 1991). 엘리스는 내담자가 대개 냉철한 이성적 접근을 했을 때 심리적 문제 해결의 혜택을 받을 경우가 있다고 강조하였다. 그 자신도 1950년대에는 내담자에게 상당한 따스함과 사랑을 제공했던 페렌치(Ferenczi, 1952)의 방법을 시도했다고 한다(Ellis, 1991). 대부분의 많은 내담자가 이 접근을 좋아하는 것으로 보인다. 그들은 실제로 매주 더 많은 시간을 상담을 받는 데 할애하며, 상담의 회기도 오래 지속되는 경향이 있다. 그런데 중요한 것은 그러한 내담자들 중 상당수는 더 나아지는 대신에 더 나빠지는 경우가 많았다는 것이다. 또한 그러한 내담자들은 상담자에게 더 의존적이 된다. 그리고 그들은 자기파괴적으로 좌절에 대한 인내심이 줄어들고, 사랑과 인정에 대한 욕구가 증가함을 발견하였다. 결국 엘리스는 내담자에 대한 상담자의 지나친 따스함과 사랑을 주는 페렌치식의 접근을 포기하였고, 바람직한 상담자와 내담자 간 관계의 모델을 정립하기 위해 고민하였다.

엘리스는 그의 내담자들이 어떻게 하면 빨리 치료적 이득을 얻을 수 있는지에 관하여 많이 생각하였다. 이러한 목적에 초점을 둔 그의 접근은 내담자 편의 자기파괴적인 비합리적 생각을 빨리 없애도록 도왔으며, 내담자들의 비합리적 신념들에 어떻게 도전하며 자조적인 합리적 신념으로 대치할 수 있는지를 생각하였다. 그리하여 엘리스의 REBT 상담회기는 심리적 문제 해결에 많은 시간을 할애하며, 내담자와 상담자 간의 사회적 관계를 맺는 데 필요한 시간들은 극도로 절제하며 상담회기를 보낸다. 그러나 이것은 치료적 관계 내에서 내담자에 대한 무관심을 의미하는 것은 아니다. 그는 내담자와의 관계는 지나친 따스함이 아니더라도 무조건적 수용, 자기개방, 그리고 유머의 사용에 의해서 훨씬 더 밀접해지고 강해질 수 있음을 강조한다.

• 중다양식적 접근(multi-modal approach)을 강조한다.

엘리스가 그의 이론에 관해 집필한 서적들을 훑어보면 그는 특별히 내담자의 비합리적 신념을 규정하고 말로 논박하는 데 초점을 두고 있는 것으로 나타난다. 그가 강조하는 논박은 주로 언어적으로 이루어지는데, 먼저 내담자가 자신이 지닌 비합리적 신념을 찾도록 돕고, 그러고 나서 지시적인 질문과 교훈적인 가르침을 조합하여 왜 비합리적 신념이 비논리적이고 현실과 일치하지 않으며 도움이 되지 않는지에 관하여 보여 주도록 되어 있다. 엘리스는 이렇듯 언어적 논박에 초점을 두고 있음에도 인지적이고 정서적이며 행동적인 기법을 모두 사용하라고 적극 권장하고 있다. 그는 임상적 경험을 통해서 각 개인의 특성에 따라 여러 가지 측면에서 다양한 방법으로 그들의 비합리적 신념에 대해 공격하면 인지적 변화를 성취하는 데 커다란 성공을 경험한다고 믿고 있기 때문이다.

REBT와 같은 인지를 강조하는 상담에서 인간의 행동변화를 위해서 주로 인지적 기법만 활용하고 있다는 생각은 명백한 오해다. 내담자가 지닌 역기능적 인지를 변화시키는 데 효율적이라는 가정이 들면 어떠한 기법도 쓸 수 있으며, 특히 행동적 기법 등이 많이 활용된다는 사실을 유념해야 한다. REBT 상담을 하다 보면 눈에 보이지도 않고 손에 잡히지도 않는 인지를 변화시키는 것이 생각처럼 쉽지 않아 벽에 부딪히게 되는 초심자들을 종종 접하게 된다. 그럴 때에는 우회적으로 인지를 유발하는 행동에 직접 개입하면 효과적일 때가 많음을 유념해야 한다.

- 상담의 단기 모델을 지향한다.

상담의 수요가 폭증하고 있는 현대의 사회적 상황과 내담자의 욕구에 부응하기 위해서 정신건강 분야의 전문가들은 그들이 어떤 식의 이론적 모델을 가지고 상담이나 심리치료를 하든지 전통적인 장기 모델보다는 시간제한적인 단기 모델을 지향하고 있다. 대부분의 인지행동적 상담 모델은 그 본질이 상담의 단기적 형태를 취하고 있다. 벡의 인지치료(cognitive therapy)에서는 우울과 불안의 문제는 대개 4~14회기 동안에 치료한다. 엘리스의 REBT에서는 만약에 내담자가 성격장애인이나 정신질환자가 아니라면 대부분의 경우는 10~20회기 사이에 치료가 수행된다. 성격장애의 경우에도 전통적인 심리치료보다는 훨씬 시간이 덜 걸린다. 중요한 것은 이렇게 비교적 단기에 상담이 수행됨에도 괄목할 만한 행동의 변화가 있다는 점이다. REBT 상담은 통찰보다는 구체적으로 드러나는 행동의 변화에 더 강조점을 두고 있다.

- 심리교육적 접근을 지향한다.

REBT 상담에서는 교육적 접근을 적극적으로 활용한다. 상담과정 중에 인지상담이론과 개념에 대한 구체적인 설명과 교육이 많이 들어간다. 그러므로 상담자에게 강력한 교사의 역할을 요구한다. 엘리스 자신도 치료회기 중에 자신이 하는 중요한 활동 중의 하나가 열심히 가르치는 것이라고 강조하였다. 훌륭한 REBT 상담자가 되기 위해서는 유용한 의사전달 기술과 설득력 있게 가르치는 기술을 획득해야 한다. 상담자는 내담자에게 그가 지닌 문제의 본질과 과정에 대해서 교육한다. 특히 내담자 자신이 사고와 신념을 찾고, 규정하며, 평가하고, 행동변화를 계획하도록 가르친다.

- 상담회기의 구조화된 모델(structured model)을 활용한다.

내담자가 지닌 문제가 무엇이든지, 치료의 단계가 어떻든지 간에 REBT 상담에서는 각 회기마다 구조를 설정하는 경향이 있다. 각 회기의 구조는 다음과 같이 계획할 수 있다.

- 지난 회기에 끝내지 못한 이야기
- 기분, 징후, 약물의 복용 상태 점검
- 새롭게 등장한 사건
- 숙제의 점검
- 같이 논의할 사항의 설정
- 회기 동안 나눈 이야기의 요약
- 숙제 내주기
- 마무리하기

상담의 한 회기가 50분 정도 진행되는 경우에는 실제로 이러한 내용을 모두 다루기 어려우므로 내담자와 가장 긴급하고 중요하게 논의되어야 할 사항을 정한다. 그리고 이 구조의 틀을 넘나드는 유연성이 중시된다.

4. 상담 목표와 과정

1) 상담목표

비합리적 사고의 교정을 통하여 부적절한 정서를 적절한 정서로, 부적응적 행동을 적응적 행동으로 교정하는 데 있다.

2) 상담자의 기능과 역할

상담자는 적극적이고 지시적인 역할을 수행하고, 내담자의 비합리적이고 역기능적인 신념을 찾아 이를 교정하도록 도우며, 궁극적으로 합리적인 삶의 철학을 발전시키도록 돕는다.

3) 상담에서 내담자의 경험

인지 · 정서 · 행동치료는 심리교육적 접근을 취하므로 많은 학습의 과정이 일어난다. 자신이 세상을 보는 관점이 잘못되었기에 자신의 문제가 나타났음을 알게 되고, 새로운 관점을 습득하는 법을 배운다. 뿐만 아니라 이러한 과정을 통해 앞으로 새롭게 생성되는 문제를 스스로 해결할 수 있는 자기조력의 방법도 터득하게 된다.

4) 상담자와 내담자의 관계

상담자는 내담자를 그의 행동과 인간, 그의 신념과 인간을 분리해서 인간 그 자체를 무조건적으로 수용(unconditional acceptance)하게 된다. 그리고 내담자에게 지나친 따스함을 제공하는 것을 자제하여 내담자의 독립성을 강화할 수 있도록 최선의 노력을 기울인다.

5) 상담과정

(1) 문제, 즉 부적절한 정서적 · 행동적 결과를 탐색한다(C).
상담실에 호소하는 문제는 대개 행동적 문제와 정서적 문제로 구분할 수 있다.

(2) 상담의 목표를 설정한다.
- 결과적 목표-건강한 정서와 행동의 획득: 결과적 목표는 부적절한 정서와 부적응적인 행동을 적절한 정서와 적응적 행동으로 변화시키는 데 있다. 현재의 상태에서 좋게 느끼게 하는 것(feel better)이 아니라 현재의 상태에서 실제로 더 나아지는 것(get better)에 초점을 둔다.
- 과정적 목표-비합리적 신념을 합리적 신념으로 변화시키기: 과정적 목표는 비합리적인 생각을 합리적인 생각으로 변화시켜서 합리적인 생각이 행동양식에 영향을 미치도록 하는 것이다.

(3) 그 결과와 관계된 반응을 일으키는 사건이 무엇인지 탐색한다(A).
- 반응유발 사건을 나타내는 A에는 환경, 상황, 때로는 내담자의 태도도 포함된다.
- 문제의 반응유발 사건은 이미 일어났으며 변화되지 않는다.
- 내담자들은 강한 부정적 정서를 일으킨 사건에 대해 상담자와 함께 이야기하고 싶어 한다.

- 핵심은 반응유발 사건에 대한 내담자의 지각체계의 탐색에 있으므로 문제
  의 사건에 대해 지나치게 상세히 묘사하는 것은 불필요하다.
- 반응유발 사건에 대한 내담자의 평가, 즉 사고에 초점을 둔다.

(4) 정서적 · 행동적 결과와 사고 간의 관계를 교육한다(B-C).
- 내담자의 정서적 · 행동적 문제가 선행사건에 의한 것이 아니고 내담자의
  신념에 기인한 것을 분명히 교육한다.
- 내담자에게 타인이 그의 정서적 · 행동적 결과를 유발하는 것이 아님을 분
  명히 한다.
- 내담자에게 과거가 그의 정서적 · 행동적 결과를 유발하는 것이 아님을 분
  명히 한다.
- 내담자가 스스로 내담자의 비합리적 신념에 의해서 문제가 발생한 것임을
  확신하지 못한다면 REBT 상담은 난항을 겪을 수 있다.
- 우화, 유추, 은유 등의 방법을 활용하여 B-C 관계를 교육할 수 있다.

엘리스는 종종 다음과 같은 상담자와 내담자 간의 예화로 교육 모델을 제시
하였다.

> 상담자: 당신의 감정을 수치스러움에서 유감으로 바꾸기 위한 첫 번째 단계는 무
> 엇이 당신의 감정을 결정하는지를 이해하는 것입니다. 자, 당신 또래의
> 백 명의 사람이 친구들에게 경멸당했다고 가정해 봅시다. 그렇다면 그들
> 은 모두 수치스럽게 느낄까요?
> 내담자: 아뇨, 그렇게 생각하지 않습니다.
> 상담자: 왜 그렇죠?
> 내담자: 모르겠습니다.
> 상담자: 고대 어떤 철학자가 이렇게 이야기했습니다. "사람은 상황에 대해서가
> 아니라 상황에 대한 그들의 관점에 의해서 어려움을 느낀다." 그런데 심
> 리학자들의 연구에 의하면 이런 말이 사실이라는 것이 많이 지지되었습

니다. 따라서 친구들이 당신을 경멸한 것에 대한 당신의 관점 또는 신념이 당신을 부끄럽게 만든 것입니다. 맞는 것 같습니까?

내담자: 예, 그런 것 같습니다.

상담자: 그렇습니다. 만약 당신의 감정을 수치스러움에서 유감으로 바꾸길 원한다면 당신은 무엇을 변화시켜야겠습니까?

내담자: 내 친구들이 나를 경멸하는 것에 대한 내 생각이요.

상담자: 그렇습니다. 감정을 바꾸려면 먼저 신념을 바꾸지 않으면 안 되죠. 나는 먼저 당신이 두 가지 유형의 신념을 구별하도록 도와드리겠습니다. 하나는 수치스러움과 자기패배적 감정을 이끌어 낼 것이고, 그와는 반대로 다른 한 가지는 유감과 같은 건설적인 감정을 이끌어 낼 것입니다. 자, 당신이 이 두 가지 유형의 신념을 구별할 수 있도록 제가 예를 들어 보겠습니다. 괜찮겠습니까?

내담자: 좋아요.

상담자: 우선, 당신의 지갑에 만 원이 들어 있고, 당신의 신념은 당신이 언제나 최소한 만천 원을 갖는 것을 더 좋아하지만 꼭 만천 원이 필요하지는 않다는 것이라고 상상하십시오. 당신이 만천 원을 갖기를 원할 때 만 원을 갖고 있다면 이에 대해 어떻게 느끼겠습니까?

내담자: 실망스럽죠.

상담자: 맞아요. 또는 걱정되겠죠. 그러나 자살하고 싶지는 않겠죠?

내담자: 그렇죠.

상담자: 자, 이제 당신은 언제나 반드시 최소한 만천 원을 가지고 있어야만 한다고 믿고 있다고 상상합시다. 그런데 당신이 지갑을 열어 보았을 때 단지 만 원밖에 없다는 것을 발견했다고 상상합시다. 이제 당신은 어떻게 느낄까요?

내담자: 우울해요.

상담자: 또는 불안하겠죠. 자, 똑같은 상황이지만 단지 신념이 서로 다르기 때문에 느끼는 감정이 달라진다는 것에 주의하십시오. 이번에는 당신이 언제나 최소한 만천 원을 가지고 있어야만 한다는 절대적 신념을 갖고 있는데, 당신 지갑에 만이천 원이 있다는 것을 발견했습니다. 이제 당신은 어떻게 느낄까요?

내담자: 안도감을 느끼겠죠.

상담자: 그래요. 또는 기쁘겠죠. 그러나 당신은 언제나 최소한 만천 원을 반드시 가지고 있어야만 한다는 신념 때문에 만이천 원을 갖고 있음에도 불안해

지는 상황을 생각해 봅시다. 어떤 상황이 있겠습니까?

내담자: 내가 이천 원을 잃어버린다든지 하는 거요?

상담자: 맞아요. 또는 이천 원을 썼다거나 도둑맞을 때도 있겠죠. 자, 반드시 어떠해야만 한다는 생각 때문에 우울해지거나 불안해지는 상황을 생각해 보십시오. 그리고 그 소망이 충족되었을 때에도 그 절대적인 당위성 때문에 스스로 자신을 불행하게 만들 수 있다는 것도 명심하십시오. 그러나 절대적이지 않은 소망을 가지고 이 소망들을 절대적인 당위성으로 확대하지 않을 때 우리는 어떤 상황이라도 건설적으로 적응할 수 있을 것입니다. 아시겠습니까?

(5) 그 결과를 일으킨 근본적인 원인인 사고를 탐색한다(B).

사고란 현실에 대한 단순한 사실의 묘사가 아니라 내담자의 판단이 삽입된 평가다.

- 비합리적 사고의 수준
  - 자동적 사고: 의식적 과정에서 순간순간 떠오르는 생각이나 영상을 의미한다.
  - 추론과 귀인: 사건이나 자동적 사고에 관해 이루어지는 추론이나 귀인으로서 의식적 과정에 있으며 쉽게 떠올릴 수 있다.
  - 평가적 인지: 부정적 정서와 관련된 역기능적 인지, 다소 가정된 것이기 때문에 명확하게 표현되지 않을 수도 있다.
  - 핵심 인지(내재된 사고): 흔히 스키마라고 불린다. 각 개인이 독특하게 가지고 있는 철학적 가정, 정서적 격동, 심각한 스트레스 등 인생의 커다란 변화에 의하지 않고는 잘 드러나지 않는다.

비합리적 사고는 [그림 9-3]과 같은 방법으로 탐색할 수 있다.

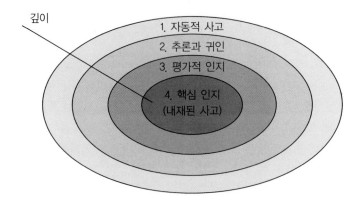

깊이

1. 자동적 사고
2. 추론과 귀인
3. 평가적 인지
4. 핵심 인지
(내재된 사고)

[그림 9-3] 비합리적 사고의 수준

(6) 탐색된 사고의 체계를 논박을 통해 바꾸어 준다(D).

• 논박의 특성

  - 논박의 본질은 내담자가 비합리적인 생각을 깨닫고 그것을 바꾸도록 하는 데 있다.

  - 논박은 내담자가 자신의 행동변화에 대한 의지가 충분히 높을 때 실시한다.

  - 논박을 하는 데에는 상당한 시간, 다양한 방법, 지속적인 노력 그리고 열정이 필요하다.

  - 논박은 상담과정에서 반복적으로 일어난다.

  - 내담자의 근본적인 신념구조는 쉽게 변하지 않는 특성을 지니고 있다.

• 논박의 단계

  - 1단계: 내담자의 사고양식이나 생각의 체계를 조사하고 도전한다.

  - 2단계: 내담자를 위한 기능적이고 효율적인 대안적 사고양식을 개발한다.

• 논박의 방법

논박의 방법은 다양하며, 은유, 유추, 우화 등의 여러 가지 방법을 활용할 수 있다.

(7) 생각이 바뀜에 따라 나타나는 정서적·행동적 효과를 알게 한다(E).

(8) 바뀐 생각이 완전히 내재화되기 위해서는 숙제를 통한 꾸준한 실천적 노력이 요구됨을 알게 한다.

• **방법의 탐색**: 합리적 자기언어, 심상법, 역할 바꾸기 등 앞에서 언급한 여러 가지 방법 가운데 내담자와 문제의 특성에 따라 무엇을 선택할 것인지 탐색한다.

• 숙제의 이용

  – 상담시간에 다룬 것과 연관된 숙제를 내준다.
  – 반드시 꼭 필요한 것을 내준다.
  – 실천 가능한 것을 내준다.
  – 숙제를 하는 이유를 자세히 설명한다.
  – 다음 회기에서 숙제해 온 것을 꼭 다룬다.

(9) 종결하기

• 상담의 종결 시점이 적절한가를 검토한다.

상담과정 중에 가장 중요한 부분이 바로 종결과정이다. 여러 가지 종결과정이 있지만 가장 이상적인 종결은 상담목표를 달성한 후에 상담자와 내담자가 상호 합의하에 이루어지는 것이다. 구체적인 기준은 내담자가 자신의 문제를 스스로 해결할 수 있는 여러 가지 기술을 습득했다는 충분한 증거가 있을 때, 그리고 상담자의 도움 없이도 자율적인 삶을 꾸려 갈 수 있을 때다. 내담자가 충분한 심리적 준비가 되어 있지 않을 때 종결에 대한 논의를 하면 여러 가지 유형의 저항이 나타날 수 있음을 유념해야 한다. 어떤 내담자는 해결된 문제가 다시 발생하기도 하는데, 이는 대표적인 저항의 형태로 이해하면 된다.

- 상담을 통해서 배운 것과 효과를 정리한다.

상담을 통해서 내담자는 어떤 것들을 배우게 되었는지를 정리한다. 특히 REBT 상담은 내담자의 현실적인 문제를 해결하는 것보다는 자신의 문제를 유발하는 비합리적 신념을 인식하고 이를 재구성하는 방법을 배우는 교육적인 접근법을 취하므로 내담자가 상담을 통해 이를 제대로 배웠는지를 확인하는 것은 중요하다. 설사 내담자의 현실적인 문제가 충분히 해결되지 않았다고 하더라도 이 방법들을 제대로 알고 있다면 내담자는 앞으로 더 잘 적응할 수 있을 것이라는 기대를 할 수 있다. 내담자들은 상담이 끝날 때가 되면 자신의 정서적인 어려움이 완전히 해결될 것이라는 기대를 갖는 것이 대부분이다. 그러나 REBT 상담은 내담자의 문제 해결에 초점을 맞추기보다는 내담자 스스로가 자신의 어려움을 다루어 나갈 수 있는 능력과 기술의 교육과 습득에 더 강조점을 둔다. 그리고 많은 경우 단기 상담을 하기 때문에 상담이 종결될 때에도 내담자의 정서적인 어려움이 완전히 해결되지 않은 상태일 경우가 많다. 이럴 경우에 내담자는 상담자나 상담에 대하여 불만을 갖기 쉬운데, 이때 상담자는 "상담을 통해서 문제를 완벽히 해결해야만 한다."는 기대나 생각이 비합리적인 것임을 지적하여야 한다. 그리고 보다 중요한 것은 내담자가 자기 스스로 문제를 다루어 나갈 힘을 키우는 것임을 이야기해 준다. 마지막으로, REBT 상담의 전 과정을 마무리하면서 자신이 배운 것과 변화가 일어난 원인에 대해서 확인한다. 그리고 상담 후에 스스로 수행해야 할 구체적인 행동지침 등 실천 사항에 대해서 합의한다.

- 자가상담 및 자기조력을 하도록 권유한다.

앞서 설명한 바와 같이 REBT는 자가치료를 강조한다. 상담과정 전체를 통해 배운 기법과 이론을 가지고 어려움이 있을 때마다 상담실에 와서 상담자의 도움을 청하기보다는 스스로 비합리적 사고를 탐색하고 자기논박을 수행하면서 스스로 문제를 해결할 것을 강조한다.

- 인지행동상담의 전 과정을 정리한다.

REBT는 심리교육적 접근을 시도한다. 내담자와 상담자가 함께 인지행동상담의 전 과정을 정리해 봄으로써 자신의 문제와 이에 대한 해결책 등을 다시 살펴볼 수 있으며, 이에 따라 확실한 교육적 효과를 거둘 수 있다.

- 종결 후의 행동 지침에 대해서 논의한다.

상담의 효과를 극대화하기 위해서 종결 후에 내담자가 취해야 할 여러 가지 종류의 행동 지침에 대해서 상의한다. 종결 시 이루어졌던 내담자의 행동변화가 지속되어 내재화되기 위해서는 내담자 스스로의 피나는 노력이 필요하기 때문이다.

- 고양회기를 정한다.

상담이 종결되면 내담자가 자신의 비합리적 신념을 인식하고 재구성하는 방법을 일상생활에서 계속 실행해 나가겠지만 때로는 그런 방법을 잊어버리거나 아니면 잘못 적용하는 경우가 생긴다. 따라서 상담자는 종결 후에도 내담자와 추수면접을 함으로써 내담자의 상태를 확인하는 것이 필요하다. 또한 상담 종결 후에도 필요하다면 상담자와 합의하여 상담이 재개될 수 있음을 알려 줄 필요가 있다. 대개 고양회기는 상담 종결 후 한 달, 그 한 달 후에서 3개월 후, 그리고 그 이후 6개월 후에 일련의 회기를 갖는 것이 일반적이다. 이렇게 되면 상담 종결 후 거의 1년 동안 내담자에 대한 서비스가 지속되면서 내담자의 변화가 유지되도록 모니터링할 수 있다. 이렇게 하면 내담자가 상담이 종결되면서 나타나는 심리적 허탈감, 주체할 수 없는 외로움 때문에 허송하는 정서의 낭비를 막을 수 있다.

5. 상담기법과 적용

인지 · 정서 · 행동치료를 활용하여 상담을 할 때에는 먼저 비합리적 신념을 다음과 같이 탐색한다.

1) 핵심적인 비합리적 사고의 탐색방법

자동적 사고가 아닌 경우 단순한 질문을 통해 비합리적 사고를 찾는 것이 어려울 때가 많다. 단순한 질문은, 예를 들면 "지금 당신 자신에게 말하고 있는 것이 무엇입니까?"를 많이 사용한다. 그러나 이 질문은 내담자 의식의 흐름 속에 있는 자동적 사고를 드러낼 수는 있으나, 이러한 반응들은 핵심적인 비합리적 사고가 아닌 경우가 많다.

예를 들면, 다음과 같다.

상담자: 당신 자신에게 말하고 있는 것이 무엇입니까?
내담자: 이 시험에 실패할 것 같습니다.

내담자는 예측식의 반응을 하였다. 그러나 명확하게 평가적 인지를 언급하지 않았으며, 내재된 비합리적 신념을 언어화하지 못하고 있다. 물론 이 내재된 비합리적 신념은 탐색하기가 더욱 어렵다. 그러므로 비합리적 사고를 찾는 데 특별한 방략이 필요하다.

귀납적 자각, 귀납적 해석, 추론 연쇄, 접속구문과 문장완성구문의 활용, 연역적 해석, 비합리적 신념을 드러내기 위한 기술로서의 논박 등의 방법이 사용될 수 있다(DiGiuseppe & McInerney, 1991). 각각에 대한 설명을 살펴보면 다음과 같다.

(1) 귀납적 자각

귀납적 자각(inductive awareness)은 상담자가 내담자에게 그들이 엄청난 분노를 느끼거나 울화가 치밀어 오를 때 스스로에게 무슨 말을 하는지를 물어보는 것이다. 이는 스스로 깨달을 수 있도록 하기 위해서다.

(2) 귀납적 해석

귀납적 해석(inductive interpretation)은 상담자가 내담자에게 정서적인 곤란을 겪을 때의 생각들을 탐색하고 수집하도록 격려하는 것이다. 이런 생각들은 자동적 사고나 추론인 경우가 많다. 상담자는 몇 회기(대략 5~10회기) 동안 비합리적 신념을 직접 드러내거나 시사하지 않은 채 다루며 추론을 논박하게 된다. 상담자에 의한 해석을 활용하는 다소 적극적인 절차다. 다양한 수의 자동적 사고와 추론을 수집하고 그것들에 도전한 후에 상담자는 해석에 의해서 일상적인 주제를 지적하고, 내담자가 가지고 있음직한 해석과 내재된 신념을 제시할 수 있다.

(3) 추론 연쇄

추론 연쇄(inference chaining)는 상담자가 반영적 사고의 논리적 오류를 다루지 않고, 대신 내담자의 해석을 사실이라고 받아들인 후 내담자가 그 해석을 어떻게 평가하는지를 더 알아보는 것이다. 추론 연쇄는 내담자의 비합리적 신념을 드러내는 데 효율적이고, 내담자가 스스로 그것을 찾아낸다는 점에서 선호되는 방법이다.

(4) 접속구문과 문장완성구문의 활용

추론 연쇄는 접속구문(conjunctive phrasing)과 문장완성구문(sentence completion phrase)의 형태를 활용한다. 예를 들면, '……그것이 의미하는 바는 무엇이지요?' 또는 '그러면요' 또는 '……그러므로……' 등이다. 상담자는 내담자의 말끝에 마침표를 찍지 않고 '그래서' '그리고'와 같은 접속사를 삽입한다. 이 방략은 완전한 문장의 질문을 가지고 반영하는 것이 아니고 접속사나 접속구문을 활용한다. 몇 개의 전형적인 반응은 '그래서, 그러고 나서' 또는 '그리고 그것의 의미는……' 또는 '그것이 사실이라면……' '그리고 그것은 내가 ××이다'와 같다.

(5) 연역적 해석

대개의 경우, 상담자들은 기다리지 않고 바로 연역적 해석(deductive interpretation)을 제공하는 경우가 많다. 그 해석은 내담자에게 장애를 일으키는 사고에 관한 가설로 제시된다. 이때 제시되는 가설은 추측의 형태로 제시하여야 하며, 내담자에게 그 가설이 얼마나 맞는지 알아보아야 한다. 또한 상담자는 스스로 그 가설이 잘못될 수 있다는 것을 인식하고 있어야 하며, 그 해석은 단지 '가설'이라는 사실을 인식해야 한다. 대부분의 내담자는 초기의 빈번한 해석에 대해서 긍정적으로 반응한다. 내담자들은 종종 상담자가 자신에 관하여 어떻게 느끼는지에 관한 이해와 더불어 그들이 생각하는 것을 어떻게 이해하는지에 대하여 언급을 한다. 만약 상담자가 논지에서 빗나가면 내담자는 대개 이것을 터놓고 숨김없이 이야기한다. 대부분의 경우 제공한 가설이 내담자의 생각과 정확하게 같지는 않더라도 비슷한 경향은 있다.

(6) 비합리적 신념을 드러내기 위한 기술로서의 논박

일단 내담자의 비합리적 신념을 찾게 되면 상담자는 대개 REBT의 다음 단계인 논박을 하게 된다. 논박은 내담자의 비합리적 신념을 변화시키기 위한 방법으로 이루어지는 것이지만, 논박의 질문에 대한 내담자의 반응은 정서적 장애의 핵심인 내재된 비합리적 신념을 드러내는 데 더욱더 많은 정보를 제공해 준다. 내담자가 처음에 보고했던 비합리적 신념을 정당화하기 위해서 또 다른 비합리적 신념이 연이어서 나올 수가 있다.

2) 논박의 방략

논박의 기법은 크게 인지적 기법, 정서적 기법, 행동적 기법으로 나눌 수 있다. 각 내용은 다음과 같다.

(1) 인지적 기법

논박의 인지적 기법은 철학적 설득이나 교훈적 제시, 논답식 탐색과 같은 소크라테스식의 대화법, 은유 및 유머의 활용을 통하여 내담자의 비합리적 생각들을 변화시키기 위한 노력이다. 가장 많이 이용하는 기법 중의 하나가 질문기법이다. 상담자의 전문적이고 세련된 질문은 내담자의 통찰력 있는 대답을 이끌어 낼 수 있다. 질문기법은 상담자에 의한 일방적인 설명이 아니라 내담자를 상담과정에 참여시키기 때문에 상담장면 자체가 활기를 띨 수 있다. 질문기법을 쓸 때는 주로 내담자가 지닌 비합리적 생각의 비현실성, 비논리성, 비실용성에 초점을 맞춘다. 소크라테스식의 대화법도 논답식 탐색이기 때문에 상담자의 질문에 대답하는 과정에서 내담자의 적극적인 참여가 가능하고, 내담자의 모든 지적 능력이 활용될 수 있는 이점이 있다. 앞서 언급한 A, B 그리고 C를 평가할 때는 '왜'라는 질문을 회피하는 경향이 있다. 그러나 논박을 할 때 '왜'라는 질문은 상당히 유용하다. 왜냐하면 '왜'에 대한 대답은 증거나 믿음에 대한 정당성을 필수적으로 요구하기 때문이다. 이 과정을 통해 내담자들은 '왜'를 통해서 찾을 수 있는 비합리적 신념에 대한 증거는 거의 없음을 깨닫게 된다.

(2) 정서적 기법

REBT는 때때로 심리치료에서 정서적 측면의 중요성에 대해 소홀히 한다는 비판을 받기도 한다. 그러나 그런 비판은 사실상 정확하지 않다. 왜냐하면 REBT 상담에서 비합리적 사고를 부적절한 정서의 원인으로 보기 때문에 사고를 먼저 분석하고 다루어서 정서를 조절하는 것이지 정서를 무시하는 것이 아니다. 그러므로 논박에서도 인간의 정서를 중요시하는 기법을 많이 활용한다.

지정적 심상법

논박의 정서적 기법은 심상(心像)하는 기능에 특히 초점을 둔다. 언어적 기능을 동원한 인지적 논박이 행해진 후에 상담자는 내담자에게 자신이 다시 곤경에 처한 상황을 상상해 보라고 요구한다. 그런 다음 내담자가 더 합리적인 생각을 연습하기 위한 방법으로 자신에게 무슨 말을 하고 있는지를 물어본다. 만약 정서가 변화되지 않았다면 아마도 또 다른 비합리적 사고가 있을지도 모른다. 이렇게 상상해 보게 하는 방법은 비합리적 생각을 떠오르게 하는 데 도움이 된다. 이런 상상법을 REBT 이론에 맞추어 고안한 정서적 논박이 지정적 심상법(Rational Emotive Imagery: REI)이다.

지정적 심상법에는 부정적인 지정적 심상법(Negative Rational Emotive Imagery: NREI)과 긍정적인 지정적 심상법(Positive Rational Emotion Imagery: PREI)이 있다. NREI에서는 내담자로 하여금 눈을 감고 자신이 문제 상황(A)에 처해 있는 모습을 상상해 보라고 한다. 그리고 대체로 겪을 수 있는 정서적 격동(C)을 경험하도록 한다. 내담자가 경험한 정서적 결과를 보고할 때까지 기다렸다가 이러한 정서적 결과와 관련되는 것으로 보이는 내재된 자기언어에 집중하라고 요구한다. 그리고 나서 내담자에게 부적절한 정서에서 더욱 건설적인 정서(예: 불안에서 관심으로)로 바꾸어 보라고 지시를 준다. 내담자가 이 과정을 다 수행했는지 확인한다. 이 과정을 마치는 대로 눈을 뜨게 한다. "당신은 어떻게 그 과정을 수행할수 있었느냐?"라고 물어보면 거의 대부분이 인지적 변화가 일어났다고 보고한다. 대개 내담자들은 자신이 과장적으로 한 생각을 그만두었다고 대답한다. PREI에서는 내담자가 문제 상황에 있는 자신을 상상해 본다. 그리고 행동과 느낌을 다르게 하는 자신의 모습을 상상해 본다. 예를 들면, 실제로 대중 앞에서 말하는 것에 대한 공포가 있는 내담자로 하여금 교실에서 친구들 앞에서 여유 있게 이야기하는 자신의 모습을 상상해 보게 한다. 내담자가 그렇게 상상했다고 대답하면 "그렇게 하기 위해 당신은 어떤 이야기를 자신에게 던졌습니까?"와 같이 질문한다. 이 방법은 내담자로 하여금 긍정적인 계획을 연습하게 하고 새로운 대처기술을 개발하게 하기 때문에 아주 유용하다. 구체적인 단계는 다음과 같다.

- 준비 단계: 눈을 감고, 숨을 길게 들이쉬었다가 한껏 내쉬십시오.
- 1단계: 가장 최악의 상태를 상상하시오.
  나의 애인이 나를 버리고 내 친구와 결혼하였습니다.

- 2단계: 그때 당신의 느낌은 어떻습니까?

  너무나 불쾌하고 우울하고 세상 살 맛을 모두 잃어버렸습니다. 한마디로 망연자실했습니다.

- 3단계: 당신의 느낌을 부정적이지만 건강한 정서로 바꾸어 보십시오.

  네, 굉장히 속상하고 마음이 아팠습니다.

- 4단계: 부정적이지만 건강한 정서로 바꾸기 위해서 어떤 노력을 하였습니까?

  나의 애인이 나를 버리고 내 친구와 결혼을 한 것은 상상하기 어려운 일이긴 하지만 있을 수도 있는 일이라고 생각했습니다.

- 5단계: 계속해서 그 생각을 유지하도록 어떤 노력을 하겠습니까?

  앞으로 이 생각이 내 생각이 될 때까지 하루에 열 번씩 마음속으로 되뇌고, 마치 영어 단어를 외우듯이 계속해서 써 보겠습니다.

- 6단계: 당신이 좋아하는 것과 싫어하는 것은 무엇입니까?

  좋아하는 것은 음악 듣기이고, 싫어하는 것은 설거지하기입니다.

- 7단계: 당신이 만약 숙제를 다 하면 음악을 하루에 30분 이상씩 듣고 숙제를 못하면 설거지를 하루에 세 번씩 하십시오.

(3) 행동적 기법

논박의 행동적 기법에는 대표적으로 역할연기와 합리적 역할 바꾸기가 있다. 역할연기는 상담자의 감독하에서 자신이 새롭게 획득한 합리적 신념과 일치되는 새로운 행동을 연습해 보게 하는 것이다. 합리적 역할 바꾸기는 상담자가 내담자의 비합리적 신념을 모델로 해서 고집스럽게 우기고 주장해 보고, 내담자는 상담자 입장에서 이성적 언어, 합리적 생각을 이야기해 보게 하는 것이다. 이 방략은 내담자의 합리적 철학에 대한 확신을 강화시킬 수 있다. REBT 상담에서 역할연기, 여론조사 기법, 현장탈감법, 보상과 처벌의 활용, 수치심 공격하기 기법 등의 행동적 방법을 상당히 많이 활용한다.

(4) 숙제의 활용

숙제를 잘 활용하기 위해서 다음과 같은 숙제의 특성을 이해해야 한다.

- **일관성(consistency)**: 숙제는 상담회기 중에 다루었던 것과 일치해야 한다. 그러므로 상담회기 중에 다루었던 것과 관계가 없거나 임의적인 것을 내주면 안 된다. 상담회기 중의 주요 주제로부터 자연스럽게 파생한 숙제를 고안하도록 해야 한다.

- **구체성(specificity)**: 숙제는 명확한 지시 사항을 충분히 자세하게 다루어서 내주어야 한다. 예를 들면, 만약 당신이 어려운 난관에 대해 가능한 해결책을 찾아오라고 요구한다면 내담자가 찾을 수 있는 한 많이 찾으라는 희미한 말보다는 "최소한 다섯 가지의 해결책을 찾아오라."고 분명하게 말하는 것이 좋다. 이런 식으로 하면 내담자는 구체적인 지시 사항을 파악하게 되고, 그의 능력을 발휘하기가 더 쉬워진다. 따라서 가능하면 완전하게 숙제를 구체화한다. 언제, 어디서, 어떻게 할 것인지에 관한 사항까지 포함하도록 한다.

- **숙제의 체계적 부여와 점검(systematic follow-through)**: 매주마다 숙제를 체계적으로 내준다. 그다음 회기에는 숙제를 점검한다. 상담자는 한 문제 영역과 관련된 숙제의 완성이 충분할 것이라고 가정해서는 안 된다. 수주 동안 똑같은 숙제나 그와 유사한 종류의 숙제를 체계적으로 반복하는 것이 현명하다.

- **효율성(efficiency)**: 내담자가 숙제를 열심히 하고 잘하게 하기 위해서는 상담자는 즉석에서 숙제를 내주거나 사과적인 태도로 숙제를 내주지 않도록 해야 한다. 숙제를 해야 하는 이유와 그 숙제를 해야만 하는 근거까지도 자세하게 설명을 해 주어야 한다. 내담자가 이를 잘 이해했을 때 상담자의 말에 잘 협조할 수 있다. 내담자가 그 숙제를 할 수 있는지에 대해서 물어보는 것도 또한 필요하다. 만약 숙제를 할 수 없다고 하면 그 숙제를 하기 위해서 필요한 다른 숙제를 내줄 수도 있다. 상담회기 중에 내담자에게 내준 숙제를 심상법이나 역할연기를 통해서 한번 연습해 볼 수도 있다.

숙제는 REBT 상담의 통합적인 부분이다. 그러므로 상담자는 내담자의 회기 사이사이에 자가치료적 숙제의 중요성에 대해서 반드시 숙지시켜야 한다.

6. 평가

엘리스에 의해 창안된 인지 · 정서 · 행동치료(REBT)는 인간의 문제행동에 '인지(cognition)'가 매개요인으로 작용한다는 가설을 임상적 경험을 통해 확인하고, 이를 상담과정에 적용시킨 인지행동상담이론의 원조격에 해당된다. 엘리스는 인간은 사물에 의해 방해를 받는 것이 아니라 그것을 바라보는 관점에 의해 방해를 받는다는 고대 스토아학파의 철학자 에픽테투스의 견해를 자신의 이론에 고스란히 적용하였다. 인간이 겪는 문제, 즉 모든 부적절한 정서와 부적응적인 행동 뒤에는 왜곡된 비합리적 사고가 있음을 주장하고, 문제의 해결을 위해 무엇보다도 이 역기능적 사고를 찾고 이를 해결하는 것이 선행되어야 한다는 것을 강조하였다. 이 과정에서 상담자는 적극적이고 지시적인 역할을 수행해야 하며, 문제행동의 원인에 대한 이러한 이해를 내담자와 공유하여 좀 더 적극적인 심리교육적 접근(psycho-educational approach)을 할 것을 강조하였다. 이러한 결과로 내담자는 차후에 생길 수도 있는 또 다른 심리적 장애를 스스로 해결할 수 있는 자기조력(self-help)의 기술까지 습득할 것을 강조하였다.

이 기법은 지나치게 역기능적 신념이 모든 문제의 원인이라고 보는 까닭에 내담자의 과거나 환경을 소홀히 다루거나 무시하는 경향이 있다. 인간의 현재가 과거의 산물임을 부인할 수 없다면 과거와 환경에 대한 지각체계만을 살피는 것은 한계점이 될 수 있다. 또한 상담의 단기적 접근을 강조하기 때문에 내담자와 상담자의 관계가 충분히 무르익기도 전에 내담자의 비합리적 사고를 찾고 이를 논박하는 데 시간을 많이 보낸다. 그러나 상담이 관계의 예술이라는 점을 생각하면 상담관계가 충분히 형성될 수 있을 때까지 생각을 바꾸어 주는 것을 잠시 기다리는 여유도 필요하다.

인지행동상담은 현대의 상담 전문가 및 실천가들에게 가장 많이 활용되고 있는 이론군이며, 인지 · 정서 · 행동치료는 여러 조사 결과에서 나타났듯이 현재 가장 많은 전문가가 선호하고 있는 이론이다.

제10장
교류분석과 상담

| 제석봉 |

교류분석(transactional analysis)은 정신의학자 에릭 번(Eric Berne)이 창시한 상담 또는 심리치료 이론이다. 국제교류분석협회에서는 교류분석을 하나의 성격 이론인 동시에 성장과 변화를 위한 체계적인 심리치료라고 정의하였다(Stewart & Joines, 2016). 교류분석은 인본주의적 가치 위에 행동주의적 명료성과 정신분석적 깊이를 더한 개인의 정신내적 및 대인관계적 심리학인 동시에 심리치료 이론이다(Clarkson, 1992). 교류분석의 특징은 개인의 정신내적 측면만 다루고 대인관계적 측면을 소홀히 한다는 비판을 받는 정신분석과 달리 정신내적 측면뿐 아니라 대인관계적 측면도 중시하고 있다. 교류분석이 이론의 깊이나 활용 범위가 넓다는 것은 심리학의 주류를 이루는 정신분석, 행동주의, 인본주의 및 실존적 접근방법을 모두 포용하고 통합하고 있다는 점이다(Lapworth & Sills, 2011).

교류분석의 주요 특징을 살펴보면 첫째, 교류분석은 하나의 성격이론으로서 구조적 자아상태 모델(ego-state model)을 통해 성격이 어떻게 형성되는지 보여 주며, 또한 기능적 자아상태 모델을 통해 성격(자아상태의 내용)이 대인관계에서 어떻게 행동으로 표현되는지 보여 준다. 둘째, 교류분석은 커뮤니케이션 이론으로서 개인의 삶이나 체계와 조직 내에서의 커뮤니케이션 과정을 분석하여 효율적으로 커뮤니케이션할 수 있는 방안을 제시해 준다. 셋째, 교류분석은 아동발달이론으로서 인생각본이라는 개념을 통해 어린 시절부터 형성된 현재의 삶의 유형을 잘 설명해 준다. 또한 아동기에 사용했던 전략이 자기패배적이고 고통스러움에도 불구하고 성장한 뒤에도 현재의 삶에서 재연하는 이유를 잘 설명해 주기 때문에 정신병리학이론이라고도 할 수 있다. 넷째, 무엇보다 교류분석은 상담 및 심리치료 이론으로서 일상적인 생활 문제에서부터 심각한 정신장애에 이르기까지 어떤 유형의 심리적 장애에도 적용할 수 있다. 교류분석은 개인뿐 아니라 집단, 부부 및 가족 상담에도 적용할 수 있다. 나아가 교류분석은 임상장면 외에도 교육적 상황, 경영과 커뮤니케이션 훈련 및 조직 개발에도 탁월한 도구로 사용할 수 있다(Stewart & Joines, 2016).

1. 주요 학자

Eric Berne

에릭 번(Eric Berne, 1910~1970)은 1910년 캐나다 몬트리올에서 의사인 아버지와 작가인 어머니 사이에서 태어났다. 번은 아버지를 존경했고 아버지의 왕진을 따라다니며 행복한 어린 시절을 보냈으나, 9세 때 아버지와 사별했다. 번은 의사였던 아버지의 영향을 받아 맥길 대학교 의과대학에 들어가 1935년에 의사가 되었다. 의사가 된 직후 미국으로 건너가 예일 대학교에서 정신과 전문의 수련을 받았다. 1941년부터 본격적으로 정신분석가로서의 훈련을 받기 시작했고, 제2차 세계대전이 발발하자 1943년에 군의관으로 참전하였다. 이 기간 동안에 집단치료를 실시하면서 정신분석에 대한 흥미를 잃고, 훗날 교류분석의 토대를 이룰 정신의학과 정신분석에 대한 비판적 노트를 수집하기 시작했다.

1946년에 제대한 후, 에릭슨(E. Erikson)과 함께 다시 정신분석을 연구하기 시작했다. 1947년에 정신분석에 대한 첫 번째 저서인『행동 속의 정신(The mind in action)』을 출판했다. 1956년에 정신분석연구소에 가입하려다 거부당하자 심리치료에 대한 새로운 접근방법을 개척하기 시작했다. 그해 말, 직관에 관한 논문을 썼는데 여기서 처음으로 구조분석이란 이름으로 세 가지 자아상태 개념을 소개했다. 이 논문들은 1957년에 출판되었다. 1957년 11월 미국 집단심리치료협회에 발표한「교류분석: 새롭고 효율적인 집단치료 방법(Transactional analysis: A new and effective method of group therapy)」이라는 논문에서 세 가지 자아상태를 다시 소개하면서 게임과 인생각본에 대한 개념도 제시했다. 이때 교류분석이론의 기본적인 토대가 구축되었다.

번은 1950년대 초부터 동료들과 정기적인 임상 세미나를 열어 오다가 1958년에는 'San Francisco Social Psychiatry Seminars(SFSPS)'를 결성하였는데, 이 세미나가 교류분석이론 발달의 산실이 되었다. 이 세미나에 참여한 사람은 스타이너(C. Steiner), 듀세이(J. Dusay), 카프만(S. Karpman), 언스트(F. Ernst), 쉬프(J. L. Schiff)였다. 굴딩(B. Goulding)은 1960년대 초기에 번에게서 임상수련을 받았다. 번은 1961년에 교류분석에 대한 첫 번째 저서『교류분석과 심리치료(Transactional analysis in psychotherapy)』를, 1963년에는『조직과 집단의 구조와 역동성(The structure and dynamics of organizations and group)』을 출판했다. 번은 1964년에『심리 게임(Games people play)』을 출판하여 교류분석 발달에 있어서 획기적인 한 해를 맞이하였다. 이 책은 비교적 소수의 전문가를 위해 집필되었지만, 베스트셀러가 되어 교류분석이 전 세계로 확산되는 계기가 되었다. 번은 교류분석이론 정립에 심혈을 기울여 1970년『사랑과 성(Sex in human loving)』과 『안녕하고 말한 다음 무엇을 말하는가?(What do you say after you say hello?)』라는 두 책의 원고를 완성했지만, 그 빛을 보지 못하고 심장발작으로 1970년 7월 15일에 사망했다.

1965년에는 쉬프가 교류분석을 정신과 환자 치료에 적용하기 시작했고, 스타이너는 TA Bulletin에「각본과 대항각본」을 발표했다. 그리고 1968년에는 카프만이 드라마 삼각형 이론을 처음 발표했다. 번 사후에 쉬프가 '수동성', 카프만이 '선택', 듀세이가 '에고그램', 굴딩이 '재결정'과 '금지명령', 칼러(T. Kahler)가 '드라이버'와 '미니각본', 어스킨(R. Erskine)과 잘크먼(M. Zalcman)이 '라켓 체계' 이론을 발표하여 현대의 교류분석이론으로 발달시켰다(Stewart & Joines, 2012). 스튜어트와 조이네스(Stewart & Joines, 2012)는 1970년대에 교류분석에서는 주요 학파로 고전학파, 재결정학파, 카텍시스(cathexis)학파라는 세 학파가 형성되어 있었다고 한다. 이 세 학파를 전통 학파라 부른다. 번 사후, 칼러는 짧은 순간에도 각본이 재연될 수 있다는 번의 아이디어에 따라 내담자의 커뮤니케이션 내용보다 과정에 초점을 맞추어 '드라이버(driver)'를 발견할 수 있다는 '과정 모델(process model)'이 각광을 받기 시작했다(Lapworth & Sills, 2011). 또한 현대의 교류분석에서 가장 유용한 개념 중의 하나인 '성격적응(personality adaptation)' 모델이 발달되었다. 성격적응은 어린이가 자랄 때 적응하는 데 가장 효과가 있었던 경험을 토대로 세상에 대처해 나가는 것을 말하는데, 웨어(Ware, 1983)는 그 여섯 가지 적응 방식을 제시하였다(Stewart & Joines, 2016).

2. 인간관

교류분석은 낙관적이요 반결정론적인 인간관에 뿌리를 두고 있다. 교류분석의 철학적 가정은 다음과 같이 세 가지로 요약할 수 있다(Stewart, 2007).

첫째, 인간은 누구나 'I'm OK, You're OK' 생활자세로 태어난다. 인간은 누구나 OK, 다시 말해 가치와 존엄성을 지니고 있다. 번은 부모나 환경에 의해 개구리로 전락될 수 있지만 원래는 누구나 왕자나 공주로 태어난다고 보았다(Nelson-Jones, 2015). 교류분석의 이러한 인간관은 내담자를 무조건 긍정적으로 존중해야 한다는 로저스(C. Rogers)의 관점과도 일치한다. 교류분석에서는 상담자와 내담자를 동등한 입장에서 대한다. 상담자는 자신뿐 아니라 내담자를 OK 존재로 보고 무조건 긍정적 시선으로 본다.

둘째, 인간은 누구나 사고할 능력을 가지고 있다. 뇌에 심각한 손상을 가진 사람 외에는 누구나 사고할 능력을 가지고 있다. 각자 자신이 원하는 것을 결정할 능력을 가지고 있다. 따라서 자신이 결정한 결과에 대한 책임도 가지고 있다.

셋째, 인간은 자기 운명을 자기 스스로 결정하며, 과거의 결정들을 얼마든지 변화시킬 수 있다. 어린 시절에 각본을 쓸 때에는 부모나 권위적 인물들의 각본 메시지의 영향을 받는다. 그러나 그 결정은 어디까지나 본인 자신이 한다. 부적응적이고 비효율적인 삶을 사는 것은 당시 자기 자신으로서는 최상의 전략이라고 여겼기 때문이다. 그러나 과거 주요한 타인으로부터 주입된 불합리한 신념이나 어린 시절의 부정적 초기결정을 토대로 작성한 인생각본을 얼마든지 변화시킬 수 있다.

교류분석적 상담과 심리치료는 바로 이러한 인간관을 바탕으로 한다. 상담자는 "노력할 만큼 했다." "도저히 어떻게 할 수가 없다." "나는 어리석기 때문에 나를 탓하지 마라."라는 내담자의 말을 받아들이지 않는다. 인간은 얼마든지 새로이 선택할 수 있고, 다시 결정할 수 있다는 것을 전제로 하기 때문이다. 교류분석에서는 내담자들이 과거에 내린 결정들이 당시에는 최상의 전략이었을지 모르지만, 성장한 사람으로서 지금-여기서의 문제에 대처하는 데 비효율적이라는 사실을 깨달음으로써 얼마든지 새로운 결정을 통해 자신의 삶을 변화시킬 수 있다고 믿는다.

3. 주요 개념

교류분석은 성격이론인 동시에 개인의 성장과 변화를 촉진하는 체계적 심리치료이기도 하다(Stewart & Joines, 2016). 교류분석은 성격의 역동성을 심층적으로 이해하고, 개인의 정신내적 및 대인관계적 차원에서 치료에 적용할 수 있는 많은 주요 개념을 내포하고 있다(Lapworth & Sills, 2011; List-Ford, 2002; Stewart & Joines, 2016).

1) 세 가지 자아상태(P-A-C 모델)

번은 자아상태(ego-state)란 일단의 사고와 감정 및 이에 상응하는 행동 유형으로 드러나는 일관성 있는 체계로 정의하였다(Berne, 1972). 좀 더 단순하게 말해 자아상태는 사고, 감정 및 행동을 포함한 상태 또는 경험을 말한다. 우리는 하루 종일 많은 생각과 행동을 하고 다양한 감정을 느낀다. 이러한 일단의 사고, 행동 및 감정을 자아상태라 부른다. 자아상태는 '어버이 자아상태(Parent ego-state, 이하 P 자아상태라 부름)' '어른 자아상태(Adult ego-state, 이하 A 자아상태라 부름)' '어린이 자아상태(Child ego-state, 이하 C 자아상태라 부름)'로 구성되며, 이러한 자아상태가 성격이론의 토대를 이룬다.

부모 및 부모와 같은 권위적인 인물들이 가르치거나 본을 보여 준 대로 사고하고 행동하며 감정을 느낄 때에는 P 자아상태에 놓여 있다. P 자아상태는 부모나 기타 수많은 권위적 인물로부터 받은 가르침, 지시, 명령 및 그들에게서 본을 본 내용으로 구성되어 있다. P 자아상태는 좋은 가르침을 받거나 좋은 본을 본 긍정적 내용도 있지만, 좋지 못한 본을 보거나 외부로부터 주입된 편견이나 불합리한 신념 등의 부정적 내용도 있다.

C 자아상태는 어린 시절부터 자신이 자주 해 오던 행동이나 사고, 감정 및 아동기의 전략을 재연할 때를 말한다. "세 살 버릇 여든 간다."는 말이 있듯이, C 자아상태에 놓일 때에는 어릴 때부터 자주 했던 사고나 행동이나 감정이 어른이 되어서도 재연된다. C 자아상태에는 어린 시절의 순순한 지각, 자발성, 창조성과 같은 긍정적 내용도 있지만, 어린 시절의 주요한 타인으로부터의 배척이나 학대나 금지명령에 따른 부정적 초기결정 또는 비효율적인 아동기의 전략과 같은 부정적 내용도 있다.

우리가 성장한 사람으로서의 자원을 활용하여 지금-여기서 일어나고 있는 일에 대한 직접적인 반응으로 행동하고 생각하며 감정을 느낄 때에는 A 자아상태에 놓여 있다. A 자아상태는 부정적인 P나 C 자아상태에서 일어나는 사고, 행동, 감정을 식별하고 이를 변화시키기도 한다. A 자아상태가 제대로 기능하지

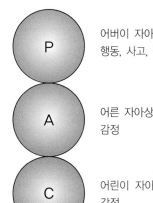

어버이 자아상태: 부모 또는 부모와 같은 권위적 인물을 모방(copy)한
행동, 사고, 감정

어른 자아상태: '지금-여기'에 대한 직접적인 반응으로서의 행동, 사고,
감정

어린이 자아상태: 아동기 시절부터 재연(replay)되고 있는 행동, 사고,
감정

[그림 10-1] 자아상태

못하면 이러한 부정적인 P 및 C 자아상태 내용의 영향에서 벗어나지 못한다. 이러한 세 가지 자아상태 모델을 P-A-C 모델이라 부르기도 한다.

효율적인 삶을 살기 위해서는 P, A, C 세 가지 자아상태가 모두 필요하다. 그러나 세 가지 자아상태 간의 경계가 모호하거나 경직되어 있을 때에는 '구조적 병리(structural pathology)'를 드러낸다(Stewart & Joines, 2016). 한 자아상태가 다른 자아상태의 경계를 침범하여 침범당한 자아상태가 기능하지 못할 때에는 '오염(contamination)'이라 한다. 또 정신 에너지가 특정 자아상태에만 머물러 다른 자아상태가 기능하지 못할 때 이를 '배제(exclusion)'라고 한다. 이와 같이 오염되거나 배제된 자아상태는 제대로 기능하지 못하기 때문에 효율적으로 적응하는 데 문제를 야기한다.

2) 기능적 자아상태와 에고그램

(1) 기능적 자아상태

자아상태는 구조와 기능이라는 두 가지 측면에서 살펴볼 수 있다. P, A, C라는 구조 모델이 각 자아상태 안에 어떤 내용이 들어 있는가를 말한다면 기능적 모델은 이것이 일상생활에서 '어떻게' 드러나는가를 말한다. 세 가지 자아상태를 가리키는 구조 모델이 정적인 특성을 보이는 것 같지만, 실제로는 역동적인 것으로서 부단한 변화와 흐름을 보인다. 기능 모델에서 볼 때 P 자아상태는 남을 가르치고 통제하며 비판하는 기능을 하는 CP(Controlling Parent 또는 Critical Parent, 통제 또는 비판적 어버이), 남을 돕고 돌보고 지지하며 칭찬하는 기능을 하는 NP(Nurturing Parent, 양육적 어버이)로 나뉜다. C 자아상태는 자신의 사고나 행동이나 감정을 있는 그대로 자유롭게 표현하는 기능인 FC(Free Child, 자유로운 어린이)와 타인의 말이나 규칙 등에 순응하는 기능인 AC(Adapted Child, 순응하는 어린이)로 나뉜다. A 자아상태는 기능이 분리되지 않는다. A 자아상태는 성장한 사람으로서의 자원을 총동원하여 '지금-여기(here-now)'의 상황에 적절하

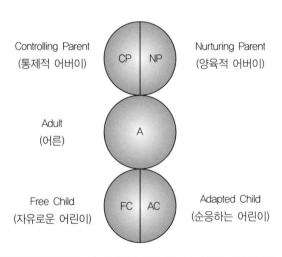

Controlling Parent
(통제적 어버이)

Nurturing Parent
(양육적 어버이)

Adult
(어른)

Free Child
(자유로운 어린이)

Adapted Child
(순응하는 어린이)

[그림 10-2] 기능적 자아상태

게 반응하는 기능이다. 특히 A 자아상태가 제대로 기능해야 지금-여기서 가장 적절하고 효율적인 기능을 선택할 수 있고, 또 그 기능을 효율적으로 사용할 수 있다.

(2) 에고그램

듀세이(1972)는 이러한 다섯 가지 기능을 직관적으로 보여 줄 방법을 고안했는데, 이것을 '에고그램(egogram)'이라 한다. 에고그램은 일상생활에서 다섯 가지 기능이 어떻게 드러나는가를 시각적으로 보여 준다. 그리고 각 기능을 많이 사용할수록 막대를 높게 그리고, 적게 사용할수록 낮게 그린다. 또한 긍정적으로 사용할 때는 흰색, 부정적으로 사용할 때에는 검은색으로 표현한다([그림 10-3] 참조).

이러한 에고그램은 생활 스타일, 커뮤니케이션 스타일 또는 대인관계 스타일을 반영한다. 건강한 삶을 살려면 다섯 가지 기능이 모두 활용되어야 하며, 나아가 각 기능을 효율적으로 사용할 수 있어야 한다(Dusay & Dusay, 1989; Thompson & Henderson, 2007). 다섯 가지 기능이 골고루 사용되지 않으면 대인관계에 많은 문제를 드러낸다. 예를 들어, CP와 FC가 높은 반면에 NP와 AC

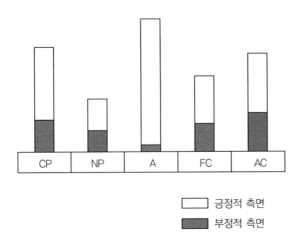

[그림 10-3] 에고그램과 긍정적 및 부정적 사용

가 낮은 사람은 타인에 대한 비판적인 태도를 거침없이 드러내는 반면에, 상대
방에 대한 동정이나 연민이 결여되고 상대방을 의식하지 않는다(Thompson &
Henderson, 2007).

3) 교류, 스트로크, 사회적 시간구조화

교류분석은 개인의 정신내적 측면을 이해할 수 있는 이론뿐만 아니라 교류,
스트로크, 사회적 시간구조화 등 대인관계적 측면을 이해하고 변화시킬 이론을
제공한다. 타인들과 어떻게 교류하고, 스트로크를 주고받으며, 시간을 함께 보
내는가는 인간관계 형성뿐만 아니라 심리적 장애 발생에도 크게 영향을 미친다.

(1) 교류

'교류(transaction)'란 양방적 커뮤니케이션이다. 우리는 커뮤니케이션을 할 때
구조적으로는 세 자아상태(P, A, C) 중의 한 자아상태, 기능적으로는 다섯 가지
기능(CP, NP, A, FC, AC) 중 한 기능에서 서로 메시지를 주고받는다. 이렇게 메시
지를 주고받는 것을 교류라고 한다. 교류의 종류로는 상보교류, 교차교류, 이면
교류가 있다. 상보교류는 한 사람이 메시지를 보낼 때 상대방에게서 기대했던

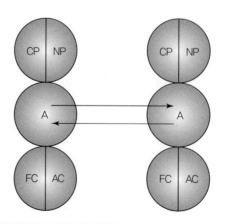

[그림 10-4] 상보교류

자아상태나 기능에서 반응이 오는 것을 말한다. 예를 들어, 한 사람이 A 자아상태에서 "지금 몇 시냐?"라고 물었을 때 상대방이 A 자아상태에서 "3시."라고 대답할 때 상보교류가 이루어진다([그림 10-4] 참조).

교차교류는 메시지를 보낸 사람이 기대했던 자아상태나 기능에서 반응이 오지 않고 다른 자아상태나 기능에서 반응할 때를 말한다. 자녀가 A 자아상태에서 어머니에게 "아버지가 몇 시에 퇴근하시지요?"라고 묻자, 어머니는 CP에서 "공부는 하지 않고 엉뚱한 질문만 한다."라고 비판할 때 교차교류가 이루어진다([그림 10-5] 참조). 교차교류를 할 때에는 교류가 중단되거나 불쾌한 감정을 유발할 수 있다.

이면교류에서는 두 가지 종류의 메시지가 동시에 전달된다. 즉, 겉으로 드러난 메시지를 '사회적 수준의 메시지'라고 하고, 그 이면에 깔려 있는 메시지를 '심리적 수준의 메시지'라고 한다. 늦게 출근하는 사원에게 과장이 "지금 몇 시냐?"라고 묻자, 사원은 "아직 10시가 덜 되었군요."라고 대답한다. 사회적 수준에서는 A 자아상태와 A 자아상태 간의 상보교류처럼 보이지만, 심리적 수준에서는 "왜 이렇게 늦게 출근하느냐?"는 비판(CP)과 "과장님은 늦게 출근한 적이 없었느냐?"는 불평(FC)이 오간다. 이면교류에 의한 행동 결과는 사회적 수준이 아니라 항상 심리적 수준에서 이루어진다.

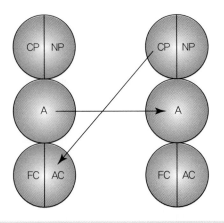

[그림 10-5] 교차교류

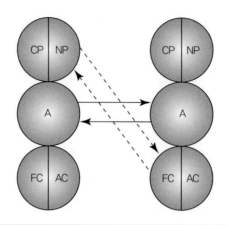

[그림 10-6] 이면교류

(2) 스트로크

인간은 사회적 동물로, 태어나면서부터 타인의 관심과 접촉을 필요로 한다. 교류분석에서는 상대방의 존재를 인정하는 행위를 '스트로크(stroke)'라 한다. 번(1964)은 음식이 없으면 살 수 없듯이, 스트로크를 받지 못하면 심리적 생존이 힘들다고 하여 '스트로크 기아'(stroke-hunger)라는 말을 사용하였다. 어릴 때부터 스트로크를 어떻게 주고받는가에 따라 성격이 형성되고 인간관계가 결정된다. 특히, 부모와 자녀가 어떻게 스트로크를 주고받는가에 따라 자녀의 성격 형성과 발달, 그리고 앞으로 고찰하게 될 인생각본 및 생활자세 형성에 지대한 영향을 미친다.

스트로크의 종류로는 언어적 스트로크와 신체적 스트로크, 긍정적 스트로크와 부정적 스트로크, 조건적 스트로크와 무조건적 스트로크로 나눌 수 있다. 따뜻한 관심과 애정, 칭찬, 지지, 격려와 같은 긍정적 스트로크는 'I'm OK, You're OK' 생활자세를 발달시키며 가치와 존중감을 발달시켜 준다. 상대방의 행동을 변화시키기 위해 부정적 스트로크가 필요할 때도 있지만, 부정적 스트로크를 비효율적으로 사용하면 가치와 존중감을 손상시키고 수치심을 심어 준다. 그러나 긍정적 스트로크를 받지 못하면 꾸중이나 비난과 같은 부정적 스트로크라도 받으려고 한다. 어릴 때 주요한 타인과 주고받던 스트로크는 성장하고 난 뒤에도 재연되기 쉽다(Stewart, 2007).

(3) 사회적 시간구조화

'사회적 시간구조화(social time structuring)'란 사람들이 둘이나 집단으로 함께 할 때 시간을 보내는 방법을 가리킨다. 다시 말해, 사회적 시간구조화는 어떻게 스트로크를 주고받는지, 즉 교류하는지를 말한다. 번은 사람들이 함께할 때 시간을 구조화시키는 여섯 가지 방법을 제시했다. 시간구조화 방법에 따라 각자 놓이게 되는 자아상태와 심리적 위험이 다르다(Nelson-Jones, 2015; Stewart & Joines, 2016).

- 폐쇄(withdrawal): 서로 스트로크를 주고받지 않는, 다시 말해 교류를 하지 않는 상태를 말한다.
- 의례(rituals): 길을 가다 아는 사람을 만나 인사를 하면 상대방도 의례히 인사를 하듯이, 친숙하면서도 정형화된 사회적 상호작용을 말한다.
- 소일(pastime): 소일은 의례보다 덜 정형화된 교류로서 좀 더 자유롭게 얘기를 주고받는 상태다. 그러나 소일은 '지나간 일(past time)'에 대해 얘기 나누는 것이다. 남자들이 모이면 군대 이야기, 여자들이 모이면 살림 이야기를 하듯이 피상적 대화가 주류를 이룬다.
- 활동(activity): 주로 A 자아상태에서 지금-여기서의 어떤 목적을 달성하기 위한 교류다.
- 게임(game): 일련의 규칙에 따라 병리적 이면교류를 통해 라켓 감정을 유발하는 교류다.
- 친밀(intimacy): 솔직하고 정직하고 진솔하게 자신의 생각이나 진정한 감정을 표현한다. 문제 해결은 라켓 감정의 표현이 아니라 친밀에서의 진정한 감정을 표현함으로써 가능하다.

4) 인생각본

번(1961)은 교류분석이론을 발달시키던 초기부터 각본이론을 주요 내용으로 삼았다. 번(1972)은 인생각본(life-script)을 어린 시절에 작성되어 부모에 의해 강화되고, 이어지는 사건들을 통해 정당화되어 결국 삶의 한 방도로 선택된 인생 계획이라고 정의하였다. 각본이란 일생 동안 살아갈 인생 계획으로서 부모나 환경에 대한 반응으로 어린 시절의 C 자아상태에서 내린 수많은 초기결정(early decision)들을 토대로 형성된다(Berne, 1972; Steiner, 1974). 어린 시절에 작성한 각본은 무의식적인 것이라 본인이 의식하지 못하지만, 일생 동안 각본에 따라 세상을 살아간다. 인생각본은 단순한 세상관이 아니라 일생 동안 살아갈 구체적인 계획이다. 각본이론에 의하면, 어린 시절 각본을 쓸 때 결말(payoff)까지 정해진다. 예를 들어, 한 사람의 각본 결말이 사람들에게 버림받고 혼자 쓸쓸히 죽음을 맞이하는 것이라면 이러한 결말로 나아가기 위해 자신도 모르게 사람들로부터 배척받을 행동들을 선택한다는 것이다. 인생각본이론은 아동기에 사용했던 전략이 자기패배적이고 고통스러움에도 불구하고 성장한 뒤에도 벗어나지 못하는 이유를 잘 설명해 준다. 인생각본은 각본 내용과 각본 과정으로 구성된다. 내용이 각본 속에 무엇(what)이 들어있는가를 말한다면, 과정은 각본이 어떻게(how) 드러나는가를 말한다.

(1) 각본 내용

사람마다 지문이 다르듯이 사람마다 각본 내용이 다르다. 그러나 크게 나누자면 승리자 각본, 패배자 각본, 평범한 또는 비승리자 각본으로 나눌 수 있다. 번은 자신이 선언한 목표를 달성하는 사람을 승리자로 규정하였고, 굴딩은 목표 달성을 통해 세상을 더 나은 곳으로 만드는 사람을 승리자라 하였다(Stewart & Joines, 2012). 여기서 '승리(winning)'란 목표를 편안하고 행복하고 무리없이 달성하는 것을 말한다. 예를 들어, 어릴 때 훌륭한 지도자가 되기로 결정하고 성공적이고 성취감을 느끼는 정치가나 장군이 되어 대중의 찬사를 받는다면 승리자다.

이와 대조적으로 패배자는 자신이 선언한 목표를 달성하지 못한 사람이다. 번은 승리자와 패배자를 정의할 때 자신이 선언한 목표의 달성 여부를 중시했다. 왜냐하면 많은 재산을 축적했다고 해서 다 승리자라 할 수 없고, 가난하다고 해서 다 패배자라 할 수 없기 때문이다(Stewart & Joines, 2016). 패배자는 대체적으로 자기제한적이며, 자기패배적 신념으로 살기 때문에 자신의 능력과 자원을 디스카운트하여 이를 활용하지 못한다. 패배자 각본은 그 결말의 심각성에 따라 1급, 2급, 3급으로 나눌 수 있다. 1급의 패배자는 사람들 입에 오르내릴 정도의 경미한 실패나 상실을 경험하며, 학생들의 경우 다양한 학교부적응을 나타낸다. 2급의 패배자는 직장에서의 해고, 우울증, 학교에서의 정학 또는 퇴학과 같이 사람들에게 드러내기 부끄러울 정도의 불유쾌한 문제를 드러낸다. 3급의 패배자의 각본은 사망, 심각한 상해나 병, 법정 구속, 자살과 같은 더욱 심각한 문제를 드러낸다.

평범한 각본을 가진 사람은 승리자와 패배자의 중간에 놓인 사람이다. 패배자와 같이 삶을 포기하고 살지 않지만 그렇다고 승리자와 같은 높은 목표도 없다. 직장에서 높은 지위에 오르려는 욕심도 없이 그럭저럭 살다가 은퇴를 맞는다.

(2) 각본 과정

각본 내용이 각본 속에 어떤 내용이 들어 있는가를 말한다면, 각본 과정은 각본에 따라 살아가는 방식을 말한다. 각본 과정은 여섯 가지가 있는데, 원래 번이 제시한 것을 칼러가 수정하였다(Gladding, 2005; Stewart & Joines, 2012).

- '까지(until)' 각본: "자식을 다 키운 다음에야 여행을 하지." 하고 특정 시점에 도달하기 전까지는 하고 싶은 일을 하지 못하거나 즐길 수 없다는 모토로 산다.
- '그 후(after)' 각본: "결혼하고 나면 구속뿐이야!" 하고 특정 시점이나 사건 이후를 암울하게 여긴다.

- '결코(never)' 각본: "내 팔자에 그런 일이 있겠는가?" 하고 자신이 원하는 일이 결코 이루어질 수 없을 것이라는 신념으로 산다.
- '항상(always)' 각본: "나에게는 왜 항상 이런 일이 일어나는지 모르겠다." 하고 푸념하면서도 변화할 생각을 하지 않는다.
- '거의(almost)' 각본: 그리스 신화의 시시포스처럼, 어떤 일이든 거의 다 해 놓고서 포기하고 만다.
- '텅 빈(open-ended)' 각본: 연극할 때 각본의 마지막 부분을 잃어버린 것과 같이, 특정 시점 이후의 삶에 대한 계획이 텅 비어 있다.

(3) 각본 매트릭스

스타이너(1974)는 부모나 부모와 같은 주요한 타인들로부터 전달되는 각본 메시지가 어린이의 각본 형성에 영향을 미치는 과정을 분석할 수 있는 '각본 매트릭스(script matrix)'를 개발하였다([그림 10-7] 참조). 각본 매트릭스에서 부모의 P 자아상태에서 자녀의 P 자아상태로 전달되는 메시지를 대항금지명령(counterinjuction), 부모의 A 자아상태에서 자녀의 A 자아상태로 전달되는 메시

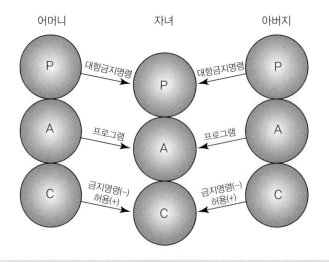

[그림 10-7] 각본 매트릭스

지를 프로그램(program), 부모의 C 자아상태에서 자녀의 C 자아상태로 전달되는 메시지를 허용(permission)과 금지명령(injuction)으로 명명하였다.

부모가 P 자아상태에서 자녀가 잘되라고 전달하는 대항금지명령은 무엇을 '하라' 또는 '하지 말라'는 명령이나 세상에 대한 정의들로 구성된다. 사람들은 자라면서 부모나 권위적인 인물들로부터 수많은 명령을 듣는다. 가정마다 대항금지명령이 다양하지만, 동서고금을 막론하고 많이 주어지는 다섯 가지 대항금지명령은 다음과 같다.

- 완벽하게 하라(Be perfect).
- 강해져라(Be strong).
- 열심히 하라(Try hard).
- 기쁘게 하라(Please people).
- 서두르라(Hurry up).

어린이가 이러한 대항금지명령에 맞추어 내린 일단의 결정들을 대항각본(counterscript)이라 한다. 대부분의 경우, 대항각본을 긍정적으로 사용하여 사회에 잘 적응하는 데 도움을 얻는다. 예를 들어, 무엇이든지 '열심히 하라'는 부모의 말씀에 따라 학교에서 열심히 공부하여 좋은 성적을 얻고, 직장에서 열심히 일하여 사회적 성공을 거둔다. 그러나 이러한 명령을 지나치게 충동적으로 따를 때에는 위궤양, 고혈압, 심장병에 걸릴 수도 있다. 이러한 대항금지명령을 충동적으로 따를 때 '드라이버 메시지(driver message)' 또는 드라이버라 부른다.

부모가 C 자아상태에서 자녀의 출생이나 자녀와의 상호작용을 기뻐하고 행복해하면서 긍정적 스트로크를 보낼 때 허용을 제공한다. 그러나 부모가 C 자아상태에서 부정적 스트로크를 보낼 때 어린이는 이러한 부정적 스트로크를 금지명령으로 지각하여 부정적인 초기결정을 하게 된다. 대항금지명령은 어린이가 말을 배우고 난 뒤에 주어지지만, 금지명령은 어린이가 말을 배우기 전에 비언어적으로 전달될 때가 많다. 굴딩과 굴딩(1972)은 내담자의 부정적인 초기결정의 토대가 되는 열두 가지의 금지명령을 제시했다. 어린이는 부모의 금지명령을 토대로 하여 부정적인 초기결정을 하게 된다(Corey, 2001b; Stewart & Joines, 2012).

- 존재하지 말라(Don't exist): 자녀의 출생을 바라지 않은 부모가 비언어적으로 전달하기 쉽다. 이러한 감정은 자녀에 대한 잔인성이나 무관심으로 표현될 수 있다. 이때 어린이는 "죽는 한이 있더라도 나를 사랑하게 만들 것이다." "당신이 원하는 대로 할 것이며, 이 집안에서 없는 듯이 살 것이다." "뜻대로 되지 않으면 죽을 것이다." 하고 초기결정을 할 수 있다.

- 가까이 오지 말라(Don't be close): 신체적 접촉을 싫어하는 부모들에게 흔한 금지명령이다. 이러한 금지명령은 '믿지 말라(Don't trust)'는 금지명령으로 변형되기도 한다. 이때 어린이는 "사람들에게 가까이 가면 떠나 버릴 것이기 때문에 가까이 가지 않을 것이다." "나는 아무도 믿지 않을 것이다." 하고 초기결정을 할 수 있다.

- 자라지 말라(Don't grow up): 자녀가 슬하에서 벗어나는 것을 원하지 않는 부모가 이러한 메시지를 주기 쉽다. 자라지 말라는 메시지는 '떠나지 말라(Don't leave me)'는 메시지로 읽히기도 한다. 이때 어린이는 "부모에게 사랑을 받기 위해 작고 무력한 아이로 남을 것이다." 하고 초기결정을 할 수 있다. 중년이 넘도록 결혼하지 못하고 부모를 봉양하는 딸이 이러한 메시지를 각본 속에 간직하고 있을지 모른다.

- 아이처럼 굴지 말라(Don't be a child): 자랄 때 아이처럼 행동하지 못하도록 제지를 받았거나 아이처럼 행동할 때 위협을 많이 느낀 부모가 흔히 주는 메시지다. 이러한 금지명령의 변형된 형태가 '즐기지 말라(Don't have fun, Don't enjoy)'다. 이러한 금지명령을 받으면 "나는 항상 성숙하고, 아이다운 짓을 하지 않을 것이다." "남을 돌보고, 내게 필요한 것은 청하지 않을 것이다." 하고 초기결정을 할 수 있다.

- 아무것도 하지 말라(Don't do anything): 자녀가 위험에 처할까 봐 겁이 많은 부모가 주기 쉬운 금지명령이다. 어른이 되어 어떤 일도 추진하지 못하고

안절부절못하는 사람이 이러한 각본 메시지를 간직하고 있을 가능성이 높다. 사사건건 위험하다고 제지하면 어린이는 "나 혼자 결정해선 안 된다. 사람들이 시키는 대로 하면 된다." "다시는 나 혼자 결정하지 않을 거야." 하고 초기결정을 할 수 있다.

- 네가 아니었으면(Don't be you): 아들을 원하는데 딸이 태어났거나, 딸을 원하는데 아들이 태어났을 때 흔히 주는 금지명령이다. 이러한 금지명령이 '네가 다른 아이였으면……' 하는 금지명령으로 변형되기도 한다. 이러한 메시지를 자주 받은 어린이는 "내가 어떤 사람이 되거나 어떤 일을 해도 마음에 들지 않을 거야." 하고 결정하기 쉽다.

- 성공하지 말라(Don't make it): C 자아상태에서 자녀의 성공에 질투하는 부모는 겉으로는 성공하라고 말하면서도 무의식적으로는 성공하지 말라는 금지명령을 주기 쉽다. 이러한 금지명령을 따르는 자녀는 한 학기 동안 열심히 공부해 놓고 시험을 치지 않거나 과제를 제출하지 않아 실패를 자초하기도 한다.

- 중요한 인물이 되지 말라(Don't be important): 어릴 때 부모로부터 무시를 당하거나 디스카운트 당할 때 중요한 인물이 되지 않겠다고, 또 원하거나 필요로 하는 것을 청하지 않겠다고 결정하기 쉽다. 이러한 금지명령을 따르는 사람은 사람들 앞에 나서서 말해야 할 때 할 말을 잊어버리거나, 다른 사람이 시키는 일은 잘해도 승진할 기회를 찾지 않거나 기회가 주어져도 회피하려고 한다.

- 소속되지 말라(Don't belong): 부모가 자녀에게 '다른 아이들과 다르다'거나 '까탈스럽다'거나 '유별나게 다르다'는 등의 속성(attribution)을 통해 이러한 메시지를 전달하기 쉽다. 또는 사회적 부적합감을 느끼는 부모의 본을 보고 이러한 메시지를 읽게 될 수도 있다. 이러한 금지명령을 받은 사람은 "나는 어디에도 소속될 수 없기 때문에 아무도 나를 좋아하지 않을 것이다."라든가 "어느 곳에서도 편할 수 없을 것이다." 하고 초기결정을 하기 쉽다. 이러한 초기결정을 내리면 집단에서 고립감을 느끼고 사람들에게 고독

하거나 비사교적인 인물로 비치게 된다.

- **건강하지 말라(Don't be well):** 평소에는 부모가 관심을 보이지 않다가 아파 누워 있을 때 어머니가 직장에도 가지 않고 돌봐 준다면 "내가 관심을 얻으려면 아파야 해!" 하고 결정할 수 있다. 이와 같이 부모는 자신도 모르게 '건강해서는 안 된다.'는 금지명령을 보낸다. 이러한 결정을 한 사람은 사람들과의 관계나 직장에서 어려움에 처하면 아파서 드러눕는 각본전략을 재연하게 된다.

- **생각하지 말라(Don't think):** 부모가 자녀의 생각을 항상 하찮게 여기고 무시할 때 자녀는 어른이 되어서도 문제 상황에 봉착하면 혼란을 느끼거나 문제를 해결할 엄두를 못 내고 기분 나쁜 감정에만 사로잡힌다.

- **감정을 느끼지 말라(Don't feel):** 어떤 가정에서는 자녀의 감정표현을 억압한다. 더 흔한 예가 어떤 감정은 허용해도 어떤 감정은 허용하지 않는 것이다. 예를 들어, 아버지는 아들에게 "남자가 눈물을 보여서는 안 돼."하고 강조한다. 이런 말은 "슬픔을 느껴서는 안 돼."라든가 "두려움을 느껴서는 안 돼."라는 의미로 받아들여질 수 있다.

어린이가 부모의 금지명령대로 각본을 쓰는 것은 아니다. 금지명령을 따를 것인가 말 것인가는 본인 자신이 결정한다. 어떤 사람은 금지명령을 그대로 받아들이고, 어떤 사람은 특정 금지명령에서 벗어나기 위해 대항금지명령이나 다른 금지명령과 '복합결정(compound decision)'을 하기도 한다. 예를 들어, '존재하지 말라'는 금지명령과 '열심히 하라'는 대항금지명령을 동시에 들었다면 "열심히 하는 한 살아남을 수 있을 거야." 하고 복합결정을 내린다. 이렇게 결정을 내린 사람은 '존재하지 말라'는 금지명령에서 벗어나기 위해 그야말로 열심히 노력하고, 너무 일에 시달려 건강이 악화되어야 휴식을 취하기로 결정한다. 그러나 휴식은 또 다른 불안을 야기한다. 왜냐하면 '열심히 하라'는 대항금지명령을 포기하면, '존재하지 말라'는 금지명령에 직면해야 하기 때문이다. 따라서 휴식을 즐기려면 먼저 '존재하지 말라'는 금지명령에서 벗어나야 한다. 또 어떤 사람은 '존재하지 말라'는 금지명령과 '가까이 오지 말라'는 금지명령을 동시에 받았다. 이때 "가까이 가지 않는 한 살아남는 데 문제가 없을 거야." 하고 복합결정을 하면 살아남기 위해 사람들과의 접촉을 기피하고 감정을 나누기를 회피하게 된다(Stewart & Joines, 2012).

5) 생활자세

번(1961)은 어린이가 태어나 각본을 쓰기 시작할 때 이미 자신과 세상에 대해 어떤 확신을 가지게 된다고 하였다. 다시 말해, 자신이나 타인에 대해 긍정적으로 보거나 부정적으로 보려는 경향을 띤다. 자신과 타인에 대한 긍정적 또는 부정적 확신들을 조합하면 다음의 네 가지로 나눌 수 있다.

- I'm OK, You're OK.
- I'm not OK, You're OK.
- I'm OK, You're not OK.
- I'm not OK, You're not OK.

이러한 네 가지의 관점을 '생활자세(life position)'라 한다. 이러한 자세는 자신과 타인을 지각하는 데 본질적인 가치를 부여한다. 이러한 자세는 단순한 견해 그 이상의 것이다. 어린이가 어느 한 자세를 취하면 여기에 맞추어 자신의 인생 각본을 작성하게 된다. 스타이너(1974)는 모든 어린이는 처음에 I'm OK, You're OK 생활자세로 출발한다고 말한다. 그러나 부모와 어떤 스트로크를 주고받는가에 따라 생활자세가 변화한다. 예를 들어, 부모로부터 금지명령과 같은 부정적 스트로크를 받으면 자신과 타인에 대해 not-OK 자세로 전환된다. 에릭슨이 말한 '기본적 신뢰'에서 '기본적 불신'으로 전환되는 것이다. 네 가지 생활자세의 특징을 간략하게 고찰해 보면 다음과 같다(Thompson & Henderson, 2007; Stewart & Joines, 2012).

(1) I'm OK, You're OK

심리적으로 가장 건강한 생활자세로서 자신과 타인을 긍정적으로 바라보고 신뢰하며 존중한다. 기대가 현실적이고 타인과 좋은 관계를 맺으며 문제를 건설적으로 해결한다. 이러한 생활자세를 가진 사람은 승리자 각본으로 살아갈 가능성이 높다.

(2) I'm not OK, You're OK

이러한 생활자세로 사는 사람은 타인을 긍정적으로 보는 대신 자신을 부정적으로 본다. 이러한 생활자세를 가진 사람은 다른 사람들 앞에서 위축되거나 주눅이 들고, 자신을 가치 없고 무력한 존재로 여기기 쉽다. 그리고 자신도 모르게 이러한 자세를 유지하기 위해 not-OK 감정을 느낄 행동을 반복적으로 선택하게 된다. 따라서 타인에게 의존하려는 경향이 높고, 회피나 우울을 잘 느끼며, 평범하거나 패배적인 각본으로 살기 쉽다.

(3) I'm OK, You're not OK

이러한 생활자세로 사는 사람은 자신을 긍정적으로 보지만 타인을 부정적으로 본다. 항상 타인을 군림하려고 하며, 모든 탓을 타인에게 전가시키려고 한다. 타인을 못마땅한 사람으로 여기고 신뢰할 수 없는 사람으로 보며, 일이 잘못되면 모두 상대방의 책임으로 돌린다. 자신을 OK로 여기고 자신을 신뢰하는 것 같지만 공격적이고 허세가 심하며, 겉으로는 자신감 있어 보여도 속으로는 슬프고 불행감을 느끼고 세상에 대해 방어적 자세를 취한다. 이러한 자세로 사는 사람은 언뜻 보기에 승리자 각본으로 사는 것 같지만, 주위 사람들로부터 인정과 존중을 받지 못해 결국 패배자로 전락하기 쉽다.

(4) I'm not OK, You're not OK

이러한 생활자세로 사는 사람은 자신과 타인을 모두 부정적으로 바라보며, 삶을 무용하고 절망으로 가득 찬 것으로 생각한다. 자신을 낮추고 가치 없는 존재로 지각하며, 타인 역시 부정적으로 바라보기 때문에 도움을 기대하지도 않는다. 이러한 사람은 자신이 타인으로부터 배척받는다고 생각하고, 타인도 배척하려는 경향이 강하기 때문에 패배자 각본으로 살 확률이 가장 높다.

누구나 네 가지의 생활자세를 토대로 하여 인생각본을 형성하고 성인기로 나아간다. 그러나 항상 한 가지의 생활자세만 취하는 것이 아니라 상황에 따라 생활자세가 변하기도 한다. 언스트(1971)는 이러한 생활자세의 변화를 분석할 방법을 개발하여 'OK 목장(OK Corral)'이라 불렀다. 언스트는 아동기의 생활자세가 성인이 된 뒤의 삶에 반영되는 것을 '작용(operation)'이라 명명하였다. 사람들이 자신도 모르게 과거의 생활자세가 작용하게 되면 이러한 생활자세에 맞는 각본 행동을 드러낸다. 생활자세도 인생각본과 마찬가지로 얼마든지 변화될 수 있다.

6) 각본에 따른 삶: 디스카운트, 재정의, 공생

살다 보면 끊임없이 문제에 봉착한다. 문제에 봉착할 때 사람들이 취할 수 있는 조처는 두 가지다. 하나는 A 자아상태에서 성장한 사람으로서의 능력과 자원을 동원하여 '지금-여기'의 상황에 적절하고 효율적으로 반응하는 것이고, 또하나는 부정적인 P 자아상태의 편견을 따르든가 C 자아상태에서 각본에 따라 반응하는 것이다. 각본에 따라 반응할 때 디스카운트, 재정의 및 공생관계가 재연된다(Stewart & Joines, 2012).

(1) 디스카운트

'디스카운트(discount)'란 자신이나 타인이나 세상을 지각할 때 자신의 기존 각본에 맞추기 위해 현실의 특정 측면을 보지 못하는 것을 말한다. 다시 말해, 문제 해결에 필요한 정보를 자신도 모르게 무시하는 것이다. 디스카운트를 하게되면 자신이나 타인이나 자신이 처한 상황에서 문제 해결에 도움이 될 수 있는 정보나 자원이나 능력을 활용할 수 없다. 디스카운트는 마음속에서 일어나는 현상이기 때문에 관찰할 수 없다. 그러나 디스카운트하고 있다는 사실을 나타내 주는 네 가지 수동적 행동이 있다(Schiff & Schiff, 1971). 즉, 문제 상황에 처해 있어도 아무 조처도 취하지 않고 방치하거나, 과잉적응하거나, 문제에 대처하지 않고 짜증만 내거나, 아니면 문제 상황에 처했을 때 무력해지거나 폭력을 행사하는 것은 디스카운트하고 있다는 단서다.

(2) 재정의

사람마다 지각하는 방법이 다르다. 그것은 사람마다 '준거틀(frame of reference)'이 다르기 때문이다. 준거틀이 형성되는 데에는 P 자아상태와 C 자아상태가 큰 역할을 한다. P 자아상태는 부모나 부모와 같은 권위적인 인물들로부터 전달된 자신과 타인과 세상에 대한 정의나 관점들로 구성된다. 예를 들어, 자랄 때 "사람들의 말을 함부로 믿어서는 안 된다."는 말을 많이 듣고, 이러한 P 자아상태의 신념에 따라 산다면 다른 사람들의 말을 믿지 않으려 한다. 또한 인생 각본도 준거틀의 주요한 일부를 이룬다. 각본에 따라 반응할 때 문제 해결과 관련된 지금-여기서의 특정 상황을 무시하고 과거 초기결정에 따라 반응하게 된다. 이와 같이 P 자아상태의 편견이나 C 자아상태에서의 각본에 맞추기 위해 현실을 왜곡하는 것을 '재정의(redefining)'라 한다(Stewart & Joines, 2012).

(3) 공생

누구나 P, A, C 세 가지 자아상태를 가지고 있다. 따라서 두 사람이 상호작용할 때 여섯 개의 자아상태가 작용한다. 쉬프와 쉬프(Schiff & Schiff, 1975)의 이론에 의하면 '공생(symbiosis)'이란 두 사람 또는 그 이상이 마치 한 사람인 것처럼 세 자아상태만 작용할 때를 말한다.

[그림 10-8]에서와 같이, 왼쪽의 남편은 P와 A 자아상태만 사용하고, 오른쪽 아내는 C 자아상태만 사용한다. 부부간이나 부모-자녀 간에 공생관계를 맺고 있으면 서로 편안함을 느끼기 때문에 잘 벗어나려고 하지 않는다. 그러나 이러

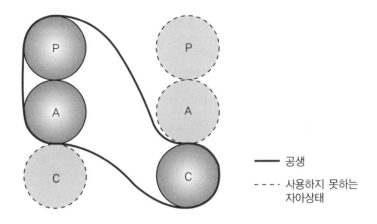

[그림 10-8] 부모-자녀 공생관계

한 편안함은 대가를 치러야 한다. 공생관계를 맺는 사람은 각자 특정 자아상태를 활용하지 못하고 배제시켜야 하기 때문이다. 공생관계를 맺고 있는 부부의 경우 남편은 주로 P 자아상태에 놓여 항상 과묵하고 강인하며 감정표현을 하지 못한다. 가정 내의 모든 결정을 남편이 하고, 아내는 단지 따르기만 하면 된다. 거의 항상 C 자아상태에서 반응하는 아내는 남편을 흡족하게 하는 것을 자신의 사명이라 여기고 남편의 결정에 따라 사는 것이 편하다. 집안에 위급한 일이 발생해도 혼자 대처하지 못하고 우왕좌왕하면서 남편이 해결해 주기를 기다린다. 공생관계를 통해 안정성을 얻는 대신 각자 사용하지 못하는 자아상태를 디스카운트하게 된다. 세월이 흐르면서 디스카운트한 것에 대해 분노를 느끼고 갈등을 빚거나 관계가 소원해진다.

7) 라켓과 스탬프

가정마다 허용하는 감정도 있고 억압하는 감정도 있다. 어린이는 부모의 인정을 받기 위해 허용하지 않는 감정은 억압하고, 그 대신 허용하는 감정을 표현하려고 한다. 누나가 혼자서 인형을 가지고 놀고 있는데 동생이 와서 망가뜨렸다. 누나는 화가 나서 동생을 밀쳤고 동생은 넘어져 다쳤다. 이때 어머니가 달려와서 야단을 쳤다. 며칠 후 또 동생이 와서 장난감을 망가뜨렸다. 이때 화를 내지 않고 울먹이자 어머니가 달래며 칭찬했다. 그다음날부터는 화가 날 일이 발생하더라도 화를 내지 못하고 슬픔을 표현하게 되었다. 이와 같이 금지하는 감정 대신 장려하는 감정을 '라켓 감정(racket feeling)'이라 한다(Berne, 1966). 사람마다 라켓 감정이 다르지만, 라켓 감정은 어려움에 처할 때마다 단골로 튀어나오는 나쁜 감정이다. 그러나 라켓 감정을 아무리 표현하더라도 문제 해결에 아무런 도움이 되지 않는다. 문제 해결을 위해서는 무엇보다 진정한 감정의 표현이 필요하다. 라켓 감정을 느낄 때 이를 바로 드러낼 수도 있고, 드러내지 않고 저장할 수도 있다. 라켓 감정을 느낄 때 드러내지 않고 저장하는 것을 '스탬프(stamp)'를 모은다고 말한다(Berne, 1964). 스탬프를 모으는 기간은 사람마다 다르다. 어떤 사람은 직장에서 여러 해 동안 분노 스탬프를 모으다 한꺼번에 폭발함으로써 해고당하기도 한다. 라켓 감정을 느끼는 것은 각본을 따르는 것이다. 스탬프를 모아 두었다가 나중에 한꺼번에 터뜨리는 것은 각본 결말로 나아가기 위해서다.

8) 게임

'게임(game)'이란 끝에 가서 라켓 감정을 유발하는 이면교류다(Berne, 1964). 집주인에게 쫓겨나 갈 곳이 없는 내담자가 사회복지사를 찾아왔다. 사회복지사는 내담자를 도울 많은 제안을 했다. 그러나 내담자는 따르지 못할 그럴듯한 이유를 대면서 받아들이지 않았다. 사회복지사의 아이디어가 동이 나자 내담자는 "어쨌든 도와주려고 해서 고맙지만……." 하고 문을 쾅 닫고 나가 버렸다. 사회복지사는 자신에 대한 부적합감과 우울이라는 라켓 감정에 휩싸였다. 내담자 역시 "기대한 것은 아니지만 아무 도움이 되지 않는다."는 분노 감정을 느꼈다. 그러나 두 사람에게는 이러한 일이 처음이 아니었다. 전에도 여러 번 이러한 일이 있었다. 사회복지사는 '이렇게 한번 해 보면 어떨까요?(Why don't you……?)'

라는 게임을 하고, 내담자는 '예, 그러나……(Yes, but……)'라는 게임을 한 것이다. 겉으로는 서로 사회적 수준의 메시지를 주고받았다. 그러나 그 이면의 심리적 수준에서 사회복지사는 "어디 받아들일 제안을 하나 봐라.", 내담자는 "아무리 떠들어 봐라! 어디 내가 받아들이는가?"라는 메시지를 주고받은 것이다. 이와 같이 게임은 A 자아상태가 깨닫지 못하는 가운데 반복적으로 일어나는 이면 교류이며, 항상 라켓 감정을 수반한다. 번(1972)은 게임이 여섯 단계를 거쳐 진행된다는 사실을 발견하고 게임 공식(formula G)을 제시했다.

$$
\underset{\text{(con)}}{\text{속임수}} + \underset{\text{(gimmick)}}{\text{약점}} = \underset{\text{(response)}}{\text{반응}} \rightarrow \underset{\text{(switch)}}{\text{전환}} \rightarrow \underset{\text{(crossup)}}{\text{혼란}} \rightarrow \underset{\text{(payoff)}}{\text{결말}}
$$

내담자의 도움 요청(con)에 각본적 약점(gimmick)을 가진 사회복지사가 기꺼이 응한다. 게임의 '반응(response)' 단계에서 일련의 교류가 일어난다. 이러한 반응은 몇 초에서 몇 년까지 이어지기도 한다. 사회복지사가 더 이상 할 말이 없게 되자 내담자는 "어쨌든 도와주려고 해서 고맙지만……." 하고 일어선다. 이때 '전환(switch)'이 일어난다. 게임에는 반드시 전환이 따른다. 현대에 와서는 전환이 없으면 게임으로 보지 않는다. 내담자가 일어서자 사회복지사는 당혹감을 느끼는 '혼란(crossup)' 단계에 도달하고, 마지막으로 '결말(payoff)'에 가서 라켓 감정을 느낀다.

카프만(1968)은 게임을 분석할 수 있는 단순하면서도 강력한 도구인 '드라마 삼각형(drama triangle)'을 제시했다([그림 10-9] 참조). 어떤 종류의 게임을 하든 게임을 하는 사람은 '박해자(persecutor)' '구원자(rescuer)' '희생자(victim)' 중 한 역할을 맡는다. 박해자는 상대방을 not-OK로 보고 무시하고 얕잡아 보며 억누른다. 구원자는 도와주려는 입장이지만 역시 상대방을 not-OK로 보고 무력한 존재로 취급한다. 희생자는 자신을 not-OK로 보고 자신을 무력하게 여긴다. 드라마 삼각형에서는 어떤 역할을 맡든 디스카운트가 일어난다. 박해자와 구원자는 상대방을 디스카운트하고, 희생자는 자신을 디스카운트한다. 드라마 삼각형

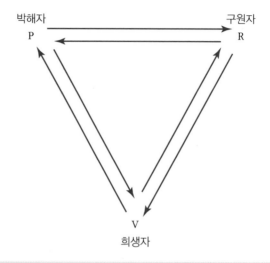

[그림 10-9] 드라마 삼각형

에서의 역할은 진정한 역할이 아니라 과거의 낡은 각본전략을 따르는 것이다. 게임을 할 때 반드시 전환이 일어난다. 앞의 사례에서 내담자는 희생자에서 박해자로, 사회복지사는 구원자에서 희생자로 전환된다.

- 박해자에서 희생자로 전환되는 게임: '나를 차라(Kick me)' '경찰과 도둑(Cops and Robber)' '흠 들추기(Blemish)' '다 너 때문이다(If it weren't for you)'
- 희생자에서 박해자로 전환되는 게임: '예, 그러나······(Yes, but······)' '좋다. 맛 좀 봐라! 망할 자식(Now I've got you, Son of Bitch)' '바보(Stupid)' '불쌍한 나(Poor me)' '의족(Wooden leg)'
- 구원자에서 박해자로 전환되는 게임: '내가 얼마나 열심히 노력했는지 봐라!(See how I've tried)' '이렇게 한번 해 보면 어때요?(Why don't you?)'

사람들은 불쾌한 감정을 느끼면서도 게임을 반복한다. 게임을 하는 이유는 자신의 인생각본을 따르기 위해서다. 어떤 게임이든 결말에 가서 라켓 감정을 느끼며 스탬프를 저장한다. 스탬프를 충분히 모으면 어릴 때 결정한 부정적인 결말로 나아가기 위해 터뜨림으로써 이를 정당화시키려고 한다. 게임을 하는 이유는 어린 시절에 초기결정을 할 때의 각본신념, 생활자세, 공생관계를 유지하고 스트로크를 추구하기 위해서다(Stewart & Joines, 2012).

4. 상담 목표와 과정

1) 상담목표

교류분석의 기본적인 목표는 내담자의 비효율적인 삶을 변화시키는 것이다. 내담자는 어린 시절에 형성한 자기패배적인 인생각본에 따라 살기 위해 자신과 타인과 세상을 올바르게 지각하지 못하고 디스카운트하고, 재정의하며, 공생관계를 유지하려고 한다. 또한 자신의 각본을 정당화시키기 위해 라켓 감정을 추구하고 게임을 하려고 한다. 번(1964, 1966)은 자율성(autonomy) 획득을 상담의 궁극적 목표로 삼았다. 자율성을 되찾으면 과거 외부로부터 주입된 불합리한 신념이나 어린 시절에 결정한 각본신념에서 벗어나 성장한 사람으로서의 능력과 자원을 동원하여 '지금-여기'서의 문제에 효율적으로 대처할 수 있다.

번은 자율성의 의미를 명확하게 정의하지 않았지만, 자각(awareness), 자발성(spontaneity) 및 친밀(intimacy)의 회복이라는 점을 시사했다(Nystul, 2006; Stewart & Joines, 2012). 첫째, 갓 태어난 아기가 세상을 왜곡하지 않고 있는 그대로 수용하듯이, 자각이란 자신과 타인과 세상을 왜곡하지 않고 있는 그대로 순수하게 지각하는 것을 말한다. 그러나 성장하면서 P 자아상태에 내재한 수많은 정의나 C 자아상태의 각본신념에 따라 왜곡하게 된다. 둘째, 자발성이란 문제에 대처할 때 자신이 취할 수 있는 모든 대안을 놓고 선택할 수 있는 능력을 말한다. 자발적인 사람은 세 가지 자아상태 중 그 어느 상태에서든 자유롭게 반응할 수 있다. A 자아상태에서 성장한 사람으로서의 능력과 자원을 활용하여 지금-여기의 문제에 효율적으로 대처할 수 있다. C 자아상태에서 어린 시절의 창조성, 직관능력, 강렬한 감정을 발휘할 수 있다. 또한 필요할 때 P 자아상태로 들어가 부모나 부모와 같은 권위적 인물들로부터 배운 사회적 규범이나 문화나 가치를 따를 수 있다. 따라서 자발적인 사람은 세 가지 자아상태를 모두 활용할 줄 안다. 셋째, 친밀은 라켓 감정이나 게임에 의존하지 않고 진정한 감정을 표현하는 것을 말한다. 진정한 감정의 표현은 문제 해결을 가능케 한다. 이와 같이 자율성 획득이란 인생각본으로부터 자유로워지고 문제해결능력을 발달시키는 것이기도 하다.

2) 상담자의 역할

교류분석에서의 상담이란 내담자가 변화해 나가도록 돕는 일련의 과정이다. 교류분석의 주요한 특징은 단순한 통찰에 그치지 않고 변화에 초점을 맞춘다는 점이다. 변화의 주체는 어디까지나 내담자 자신이다. 그리고 내담자 자신이 A 자아상태를 통해 P와 C 자아상태에서 일어나는 사고나 행동이나 감정의 비효율성을 깨닫고 스스로 통제할 수 있다고 본다. 그러면 왜 상담자의 역할이 요구되는가? 내담자는 기존의 준거틀을 유지하기 위해 디스카운트하고 재정의하려고 한다. 이러한 디스카운트와 재정의는 내담자에게 맹점으로 작용한다. 가족이나 인척들이 도움이 되지 않을 수도 있다. 왜냐하면 가족이나 인척들도 비슷한 준거틀을 가지고 있을 가능성이 높기 때문이다. 따라서 이러한 맹점을 타파하기 위해서는 상담자의 도움이 필요하다.

교류분석에서 상담자는 주로 교육자의 역할을 한다. 상담자는 내담자가 초기 결정을 하고, 인생각본을 쓰고, not-OK 생활자세를 형성하고, 주위 사람이나 상황에 대처하는 데 비효율적인 전략을 수립하게 했던 과거의 불리한 조건들을 탐색하도록 돕는다. 상담자의 역할은 내담자가 변화하는 데 필요한 도구를 획득하도록 돕는 것이다. 상담자는 내담자로 하여금 A 자아상태를 활용하도록 격려하고 가르친다. 현대의 교류분석 상담자의 핵심 역할은 내담자로 하여금 과거 어린 시절에 내린 결정에 의존하지 않고 지금-여기에 적절하고 효율적인 결정을 내림으로써 자신을 변화시켜 나갈 수 있는 능력을 발견하게 하는 것이다. 즉, 상담자의 가장 주요한 임무는 내담자로 하여금 자기 능력을 찾아 활용하도록 돕는 것이다. 교류분석 상담자들은 내담자들에게 교류분석이론과 주요 개념을 가르쳐 내담자 스스로 자신의 사고, 행동, 감정 및 행동유형을 분석하여 변화시켜 나가도록 돕는다.

3) 상담 계약

교류분석에서 상담자와 내담자의 관계는 '인간은 누구나 OK'라는 가정하에 동등한 입장에 놓인다. 상담자는 내담자와 합의한 목표를 달성하기 위해 함께 노력한다. 상담과정에서 상담자와 내담자는 상담과정에 각자 고유한 책임이 있다. 많은 내담자는 상담을 상담자의 책임으로 돌리고 자신의 인생각본에 맞는 역할을 해 주기를 바라며, 의존적이고 수동적인 입장에 놓이려고 한다. 교류분석으로 상담할 때 무엇보다 중요한 것은 계약이다. 내담자는 상담 계약을 이해하고 수용할 능력과 동기가 있어야 한다. 듀세이와 듀세이(1989)는 교류분석적 상담은 상담 목표와 과정에 있어서 상담자와 내담자의 A 자아상태와 A 자아상태 간의 동의를 기초로 해야 한다고 말했다. 계약은 다음과 같이 구체적으로 이루어져야 한다(Stewart & Joines, 2012).

- 계약 당사자는 누구인가?
- 함께 해 나갈 일은 무엇인가?
- 시간은 얼마나 걸리겠는가?
- 이러한 과정의 목표 또는 결과는 무엇인가?
- 성과는 어떻게 알 수 있는가?
- 내담자에게 얼마나 유익하고 또 도움이 되겠는가?

교류분석에서는 관리상의 계약과 임상적(또는 치료적) 계약으로 나눈다. 관리상의 계약은 상담자와 내담자 간에 상담료와 상담 절차에 대한 동의를 말한다. 임상적 계약이란 내담자가 어떻게 변화되기를 원하고 또 이러한 변화를 얻기 위해 어떻게 할지 구체적으로 밝히는 것이다. 상담자는 내담자가 원하는 변화를 초래하기 위해 내담자와 함께 상담목표, 상담 계획, 상담자와 내담자의 역할과 책임을 분명히 제시해야 한다.

교류분석에서 계약을 강조하는 이유는 첫째, '인간은 누구나 OK'라는 철학적 가정 때문이다. 상담자와 내담자는 동등한 입장에서 계약을 맺고, 내담자가 원하는 변화에 대해 책임을 나눠 갖는다. 이러한 책임을 분명하게 하지 않으면 목표도 없이 변화에 책임을 지지 않은 채 배회하기 쉽다. 둘째, 인간은 누구나 사고할 능력을 가지고 있기 때문에 자기 삶에 책임을 져야 한다. 인간은 자신이 결정한 결과에 따라 살아간다. 따라서 어떻게 살 것인지 결정하는 것은 상담자의 몫이 아니라 내담자의 몫이다. 상담자가 할 일은 내담자의 비효율적 삶을 유지하게 하는 것들을 모두 지적해 주는 것이다. 셋째, 어떤 인간관계에서든 이면적 교류가 일어날 수 있다. 상담자와 내담자도 이면교류를 할 수 있다. 계약의 주요한 기능 중 하나는 심리적 수준에 깔려 있는 내용을 명확하게 드러내는 것이다. 이러한 이면적 메시지를 드러냄으로써 심리적 게임에 말려들지 않고 상담자와 내담자 모두 드라마 삼각형에서 머물지 않게 하려는 것이다. 넷째, 상담자도 내담자와 마찬가지로 자신의 고유한 준거틀을 가지고 있으며, 내담자의 준거틀과 동일할 수 없다. 상담자는 어떻게 변화되어야 할 것인지 마음속으로 미리 정해 놓고 내담자를 대하게 된다. 만일 계약을 하지 않는다면 상담자가 좋다고 여기는 것을 내담자도 그렇게 여기리라 추정하기 쉽다. 따라서 계약을 통해 내담자가 원하는 것이 무엇인지 분명히 밝힐 수 있다. 상담자와 내담자는 분명한 목적과 변화방법에 대해 협의하면서 서로의 준거틀을 비교해야 한다. 이러한 과정을 통해 A 자아상태에서 숨겨진 내용을 자각할 수 있는 것이다. 상담자든, 내담자든 완벽할 수는 없기 때문에 숨겨진 내용을 모두 다 드러낼 수는 없다. 따라서 계약을 재검토하고, 필요하다면 변화과정 중에 몇 번이고 재협의해야 한다.

5. 상담기법과 적용

교류분석에서의 상담과정은 교육적 성격을 띤다. 상담자들은 내담자에게 교류분석의 주요 이론과 개념들을 가르쳐 왜곡되거나 손상된 자아상태를 찾아 변화시킨다. 특히 A 자아상태를 발달시켜 내담자 스스로 자신의 P 자아상태와 C 자아상태의 비효율적인 사고와 감정과 행동을 찾아 변화시킬 수 있도록 돕는다. 또한 비효율적인 인생각본을 깨닫게 하여 변화시키고, I'm OK, You're OK 생활자세를 되찾게 한다. 자율성 획득이라는 궁극적 목표는 동일하지만, 자율성을 회복하는 데 강조하는 이론이나 기법이 다르다.

교류분석은 세 개의 주요 학파로 나눌 수 있다. 첫째, 교류분석이 발달하던 초기의 번과 그 동료들의 접근방법을 따르는 고전학파에서는 아동기의 동기를 파악하고 A 자아상태를 통해 자신에 대한 이해와 통찰을 촉진하려는 분석도구들을 많이 사용한다. 예를 들어, 드라마 삼각형, 에고그램, 스트로킹 프로파일(stroking profile), 선택(option) 등의 도구들을 통해 내담자가 왜 이러한 문제에 봉착하게 되었는지 깨닫게 하고, 이러한 과거의 각본적 유형에서 벗어나 자율성을 획득하도록 돕는다. 둘째, 굴딩의 재결정학파에서는 과거의 C 자아상태에서 내린 초기결정의 중요성을 강조한다. 초기결정은 사고보다 감정에 의해 이루어진다는 사실을 강조하고, 초기결정이 이루어지던 시기의 C 자아상태 감정과 재접촉하여 이를 표현함으로써 초기결정을 새롭고 더욱 적절한 '재결정(redecision)'으로 대치시키려고 한다. 처음으로 교류분석과 게슈탈트 심리치료를 접목시킨 굴딩은 내담자가 처한 곤경을 자아상태 간의 갈등에서 발생하는 것으로 간주하여 게슈탈트 상담기법인 '두 의자 기법'을 흔히 사용하였다. 셋째, 쉬프를 포함한 카텍시스(Cathexis)학파에서는 파괴적이고 일관성 없는 P 자아상태의 내용이 행동장애의 원천이라고 강조하고, '재양육(reparenting)'이라는 접근방법으로 P 자아상태의 변화를 추구한다. 제임스(M. James)는 과거 부모나 주요한 타인들로부터 주입된 부정적이고 제한적인 메시지들을 극복할 수 있는 새로운 긍정적 메시지들을 제공함으로써 '새로운 P 자아상태'를 발달시키는 데 주력하였다(James, 1974). 현대의 교류분석 상담자들은 특정 학파에만 묶이지 않고 내담자의 자율성 획득을 위해 세 학파의 사상과 기법을 두루 활용한다. 교류분석에서 상담자들이 공통적으로 사용하는 몇 가지 주요 기법을 살펴보고자 한다(Corey, 2001b; Nystul, 2006; Stewart & Joines, 2012).

1) 구조분석

'구조분석(structural analysis)'은 P, A, C라는 세 가지 자아상태의 내용을 통찰하여 비효율적인 사고, 행동, 감정을 변화시키는 방법이다. 주요한 타인에게서 잘못된 본을 보거나 모방한 P 자아상태의 내용과 어릴 때 잘못 결정한 부정적 초기결정이나 전략은 효율적인 삶에 걸림돌로 작용한다. 더욱이 A 자아상태가 제대로 기능하지 못하면 P 자아상태나 C 자아상태에서 일어나는 비효율적인 사고, 행동, 감정을 깨닫지 못하고, '지금-여기'의 상황에서 성장한 사람으로서의 자원을 활용하여 적절하게 대처하지 못하게 된다. 구조분석은 내담자가 자신의 사고나 행동이나 감정이 어느 자아상태에서 일어나는 것인지 깨달아 부적절한 내용을 변화시키도록 돕는 과정이다.

성격의 구조와 관련된 두 가지 문제는 '오염(contamination)'과 '배제(exclusion)'다. 첫째, 오염이란 특정 자아상태가 다른 자아상태의 경계를 침범하여 침범된 자아상태가 제기능을 하지 못하는 것을 말한다. P 자아상태가 A 자아상태를 침범하면 A 자아상태가 제대로 기능할 수 없다. 이때에는 과거 주요한 타인으로부터 입력된 편견이나 불합리한 신념을 마치 사실인 것처럼 추종하게 된다. 예를 들어, "암탉이 울면 집안이 망한다."는 말이 현재에 와서 적절한지 부적절한지 깨닫지 못하고 맹목적으로 신봉한다. 또한 C 자아상태가 A 자아상태를 침범하면 과거 부적절한 아동기의 초기결정이나 각본신념의 지배를 받게 된다. A 자아상태는 P와 C 두 자아상태의 침범을 받을 수도 있다. 자아상태가 이중으로 오염되면 자신과 타인과 세상에 대한 낡고 왜곡된 신념으로 가득 찬다.

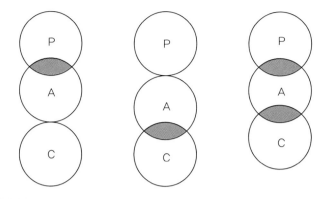

[그림 10-10] 자아상태 간의 오염

　둘째, 배제란 세 자아상태 간의 경계가 경직되거나 폐쇄적이어서 하나 또는 두 가지의 자아상태를 사용하지 못하는 것을 말한다. P 자아상태를 배제시킨 사람은 주요한 타인들로부터 배운 예의범절이나 규범이나 가치를 모른다. A 자아상태를 배제시킨 사람은 성장한 사람으로서의 현실검증능력이 없이 내면에서 일어나는 P-C 간의 대화만 듣는다. C 자아상태가 배제된 사람은 어린 시절에 저장된 기억이 없다. 우리가 자란 후 감정을 표현할 때에는 보통 C 자아상태에서 한다. 따라서 C 자아상태에 놓이지 못하는 사람은 냉담하거나 머리로만 반응하게 된다.

　세 가지 자아상태 중 두 가지를 배제시키는 사람도 있다. A와 C 자아상태를 배제시킨 사람은 항상 P 자아상태에서 반응한다. 이러한 사람은 항상 의무감에 시달리고 일밖에 모르며, 권위주의적이고 지배적인 성격을 띤다. P와 C 자아상태를 배제시킨 사람은 항상 A 자아상태에서만 반응한다. 이러한 사람은 항상 객관적이고 사실에만 관심을 보이며, 감정과 자발성이 결여되어 컴퓨터나 로봇과 같은 인상을 준다. P와 A 자아상태를 배제시킨 사람은 항상 C 자아상태에서만 반응한다. 이러한 사람은 성장을 거부하고 항상 어린이처럼 행동하고 사고하며 감정을 느낀다. 자기 스스로 사고하거나 결정하지 못하고 타인에게 의존하려고 한다.

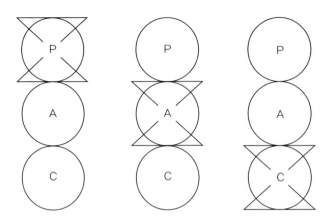

[그림 10-11] 특정 자아상태의 배제

구조분석에서는 내담자가 사고나 행동이나 감정을 드러낼 때 어느 자아상태에 놓여 있는지, 또 이 자아상태에서 일어나는 사고나 행동이나 감정이 적절한지 부적절한지 깨닫고, 비효율적인 내용을 변화시키도록 돕는다. 또한 특정 자아상태에 묶이지 않고, 필요할 때 세 자아상태를 모두 활용할 수 있도록 돕는다.

2) 교류분석

두 사람이 커뮤니케이션할 때 각자 P, A, C의 세 가지 구조적 자아상태 또는 CP, NP, A, FC, AC의 다섯 가지 기능적 자아상태 간에 메시지를 주고받는다. 이렇게 메시지를 주고받는 것을 교류라고 하는데, 교류의 종류로는 상보교류, 교차교류, 이면교류가 있다. 상보교류는 상대방에게 기대했던 자아상태나 기능에서 반응이 올 때를 말한다. 교류가 상호 보완적일 때 커뮤니케이션이 계속 이어질 수 있다. 교차교류는 상대방이 기대하지 않았던 자아상태나 기능에서 반응하는 것을 가리킨다. 교류가 교차되면 커뮤니케이션이 중단되거나 불쾌한 감정을 유발할 수 있다. 이면교류는 겉으로 드러난 사회적 수준의 메시지 외에 심리적 수준에서 다른 저의가 깔린 교류로서 정서적 거리를 심화시킨다.

교류분석(transactional analysis)은 타인과의 교류유형을 발견하고 비효율적인 교류유형에서 벗어나도록 돕는다. 원활한 커뮤니케이션을 하려면 상보교류가 필요하지만, 상보교류라 하더라도 특정 유형에만 묶이게 되면 비효율적인 커뮤니케이션이 된다. 예를 들어, 남편은 항상 CP에서 비판과 비난과 힐난을 퍼붓고 아내는 항상 AC에서 맹목적으로 순응할 때 이러한 교류가 상보교류라 하더라도 건강한 교류가 되지 못한다. 교차교류가 필요할 때도 있지만, 항상 교차교류를 하거나 비효율적으로 교차교류를 하게 되면 관계는 악화된다. 카프만은 「선택(option)」이라는 논문에서 비효율적인 교류유형에서 벗어나기 위해 한 사람 또는 두 사람 모두 다른 자아상태나 기능에서 반응함으로써 새로운 교류방법을 선택할 수 있다는 사실을 제시했다(Stewart & Joines, 2016).

3) 각본분석

내담자에게서 자율성이 결여되는 것은 인생각본에 따라 살려고 하기 때문이다. 각본을 따를 때 어린 시절에 결정한 자기제한적인 각본신념에 따라 반응한다. 각본을 따른다는 것은 과거의 부적응적인 감정, 사고, 행동유형을 반복하는 것이다. 각본분석(script analysis)은 내담자로 하여금 A 자아상태에서 자신의 각본신념을 깨닫고 지금-여기서 적절하고 효율적인 신념으로 변화시키는 것이다. 인생각본은 내담자가 어린 시절에 부모의 메시지(금지명령)에 대한 반응으로 내린 초기결정들을 토대로 하여 형성된다. 인생각본이란 일생 동안 살아갈 구체적인 인생계획이다. 각본분석은 내담자가 추종하고 있는 삶의 유형을 찾아 변화시키는 과정이다. 각본분석을 통해 내담자가 각본을 형성한 과정과 각본에 따라 살고 있는 삶의 유형과 자신의 각본을 정당화시키기 위해 사용하는 라켓감정 및 게임을 밝힐 수 있다. 내담자가 자신의 인생각본을 깨닫게 되면 이를 변화시킬 수 있는 입장에 놓이게 된다. 인생각본은 이러한 자각을 통해 얼마든지 재결정할 수 있다. 각본분석을 통해 내담자는 자신이 따르고 있는 인생각본의 내용과 과정을 자각할 수 있다. 또한 자신의 인생각본을 준거틀로 삼아 자신과 타인과 환경을 디스카운트하고, 자신의 인생각본에 맞추기 위해 현실을 왜곡(재정의)하며, 부모와 공생관계를 유지하려고 하는 자신의 삶의 특징을 발견할 수 있다(Stewart & Joines, 2016). 각본분석이란 내담자로 하여금 자기제한적이고 자기패배적인 자신의 인생각본을 깨닫게 하고, 더욱 적절하고 효율적인 대안을 찾게 하여 자율성을 획득하게 하는 것이다.

4) 라켓과 게임 분석

라켓과 게임은 인생각본에 따라 살기 위한 방편으로 사용된다. 라켓과 게임 분석은 타인과의 비효율적인 상호작용을 밝히는 데 아주 유용하다. 앞에서도 살펴보았듯이, 라켓 감정이란 진정한 감정 대신 부모가 허용한 감정으로 대치된 것이다. 라켓(racket)이란 라켓 감정을 느끼기 위해 환경을 조작하는 행동을 말한다. 문제 해결은 진정한 감정을 표현할 때 가능하다. 그러나 라켓 감정은 문제 해결에 전혀 도움이 되지 않는다. 라켓 감정을 느끼기 위해 환경을 조작하는 것은 바로 각본을 따르기 위해서다. 라켓 감정을 느낄 때 이를 바로 표현하든가 스탬프를 저장한다. 스탬프를 저장하는 이유는 나중에 한꺼번에 사용함으로써 각본 결말로 나아갈 수 있기 때문이다.

게임은 "잘 정의되고 예측 가능한 결과를 낳는 일련의 이면교류다"(Berne, 1964: 48). 게임을 하는 이유도 무엇보다 인생각본을 따르고, 각본신념을 강화하며, 기존의 생활자세나 공생관계를 유지하기 위해서다(Stewart & Joines, 2016). 어떤 게임을 하든 결말에 라켓 감정을 느낀다. 그리고 라켓 감정을 느낄 때마다 스탬프를 저장한다. 스탬프를 충분히 수집하게 되면 각본 결말로 나아가기 위해 이를 터뜨림으로써 각본을 정당화시키려고 한다. 예를 들어, 한 여성이 가지고 있는 라켓 감정이 우울이라면 다른 사람과 게임을 할 때마다 그 결말로 우울한 감정을 느낀다. 우울이라는 스탬프를 충분히 수집하고 나면 이 스탬프를 각본의 결말인 자살과 바꾼다.

상담자는 내담자가 자신의 라켓 감정과 게임을 깨닫고 변화시킬 수 있도록 도와야 한다. 게임 공식 중 어느 단계에서든 부정적 자아상태에서 긍정적 자아상태로 바꾸면 게임에서 벗어날 수 있다(Stewart & Joines, 2016). 게임이 시작될 때 상대방이 보내는 메시지 속의 심리적 수준의 메시지(con)를 파악하면 게임에 말려들지 않을 수 있다. 예를 들어, 앞에서 든 사례에서 내담자가 도움을 청할 때 사회복지사가 내담자의 숨겨진 의도를 깨닫고 "제게 무엇을 바라는지 말씀해 보시지요." 하고 A 자아상태에서 반응하면 게임이 중지된다. 게임할 때 속임수를 간파하지 못하고 전환 단계에 가서 깨달았다고 하더라도 늦지 않다. 왜냐하면 게임 말미의 나쁜 감정인 라켓 감정을 받아들이지 않고 좋은 감정으로 대치하면 되기 때문이다. 예를 들어, 사회복지사는 전환 단계에서 자신에 대한 부적합감이나 우울을 느끼는 대신, "내가 게임을 했구나. 지금이라도 깨닫게 된 것이 얼마나 다행인가!" 하고 생각하여 라켓 감정을 느끼지 않을 수 있다. 전환과 혼란 단계에서도 여전히 각본을 따르는 사람은 결말로 이어질 길밖에 없다고 믿을 것이다. 그러나 A 자아상태에서 이것을 깨닫고 진정한 감정을 표현함으로써 게임 결말로 나아가지 않고 친밀로 나아갈 수 있다. 또한 게임하는 이유 중 하나는 스트로크를 얻기 위해서다. 울엄스(S. Woollams)는 게임을 통해 얻는 스트로크는 부정적 스트로크라 하더라도 강렬한 반면에, 게임이 아닌 다른 방법으로 얻는 스트로크는 비교적 약하고 충분하지 않을 때가 많다고 하였다(Stewart & Joines, 2016). 상담자는 내담자가 라켓과 게임에서 벗어날 때 긍정적 스트로크를 충분히 제공함으로써 라켓이나 게임을 통해 얻으려는 스트로크와 대치시켜 주어야 한다.

6. 평가

1) 요약

교류분석은 하나의 성격이론이자 개인의 성장과 변화를 위한 체계적인 심리치료 이론으로서 이론의 깊이나 활용 범위가 그 어떤 심리학적 접근보다 뛰어나다. 교류분석은 자아상태 모델(P-A-C 모델)을 통해 인간의 성격이 어떻게 형성되는지 잘 보여 준다. P 자아상태는 부모나 주요한 타인의 사고나 행동이나 감정을 본받아 드러낼 때를 말한다. A 자아상태는 성장한 사람으로서의 능력과 자원을 활용하여 지금-여기서의 상황에 적절하고도 효율적인 사고나 행동이나 감정을 드러낼 때를 말한다. C 자아상태는 어릴 때부터 자신이 직접 했던 사고나 행동이나 감정 및 아동기의 전략을 재연할 때를 말한다. 각 자아상태 안에는 긍정적인 내용과 부정적인 내용이 들어 있으며, 부정적인 내용은 효율적인 삶을 사는 데 걸림돌로 작용한다. 특히 자아상태 간의 경계가 모호하여 오염되거나 경계가 경직되어 특정 자아상태를 배제시킬 때에는 성격적인 문제를 드러낸다.

세 가지 자아상태는 CP, NP, A, FC, AC라는 다섯 가지 기능을 수행한다. 어떤 기능을 많이 사용하고 어떤 기능을 적게 사용하는가를 나타내 주는 것을 에고그램이라고 한다. 에고그램 유형에 따라 생활 스타일, 타인과의 커뮤니케이션 및 관계를 맺는 스타일이 다르다. 효율적인 삶을 살기 위해서는 다섯 가지 기능을 충분히 활용할 수 있어야 한다. 그리고 각 기능을 비효율적으로 사용하지 않고 효율적으로 사용해야 한다.

교류분석은 사람들과의 커뮤니케이션을 이해하고, 역기능적 커뮤니케이션을 발견하여 변화시키는 데 큰 도움을 준다. 커뮤니케이션을 할 때 각자 세 자아상태, 더욱 정확하게 말하면 다섯 가지 기능에서 자극과 반응을 주고받는 것을 교류라고 하는데, 교류 유형으로는 상보교류, 교차교류, 이면교류가 있다. 또한 교류란 스트로크를 주고받는 것을 말한다. 스트로크는 관심 또는 인정의 한 단위로서 인간은 태어나면서부터 스트로크를 필요로 한다. 해리스(T. Harris)는 스트로크가 없는 것은 심리적 죽음을 의미한다고 말했다. 사람들이 함께할 때 시간을 보내는 방법을 사회적 시간구조화라 한다. 사회적 시간구조화는 여섯 가지 방법이 있는데, 각 방법마다 각자 놓이게 되는 자아상태가 다르고 스트로크를 주고받는 방법이 다르다. 이와 같이 어릴 때부터 서로 어떻게 교류하고, 스트로크를 주고받으며 시간을 구조화하는가에 따라 성격 형성과 발달 및 웰빙뿐만 아니라 심리적 장애 발생에 지대한 영향을 미친다.

인생각본이론은 자아상태이론과 더불어 교류분석의 두 축을 이룬다. 인생각본은 어린 시절에 부모나 주요한 타인이 전달한 각본 메시지에 대한 반응으로 내린 초기결정들을 토대로 형성된다. 각본이란 일생 동안 살아갈 구체적인 인생계획이다. 각본이론은 자신의 삶이 고통스럽고 자기패배적이면서도 그렇게 살지 않을 수 없는 이유를 잘 설명해 준다. 각본은 삶의 준거틀이 되어 각본에 맞추기 위해 현실을 왜곡하는 재정의가 일어나고, 문제에 효율적으로 대처하는데 자신과 타인과 상황의 특정 측면을 보지 못하는 디스카운트가 일어나며, 부모와 맺었던 공생관계를 유지하려고 한다. 어린 시절, 각본을 쓸 때 각본 속에는 결말까지 들어가 있다. 이러한 결말로 나아가기 위해 라켓 감정을 느끼고 게임을 하려고 한다.인생각본이론은 어린 시절의 인생각본을 변화시킴으로써 더욱 효율적인 삶을 살게 한다.

교류분석의 상담목표는 자율성 회복이다. 인간은 태어나면서부터 누구나 I'm OK, You're OK라는 생활자세로 살고, 누구나 승리자로 살 수 있는 가능성을 가지고 태어난다. 이러한 가능성을 실현하기 위해서는 어린 시절부터 결정한 부적절한 전략을 변화시켜 자율성을 회복해야 한다.

2) 교류분석의 공헌

교류분석은 인간의 성격을 이해하고 변화시키는 데 그 어떤 심리학적 접근보다 풍부한 이론과 기법을 가지고 있다. 특히 구조분석, 기능분석, 교류분석, 스트로크분석, 사회적 시간구조화분석, 각본분석, 라켓 및 게임 분석은 개인의 성격 및 역기능적 행동을 이해하고 변화시킬 수 있는 다양한 방안을 제공한다 (Hargaden & Sills, 2003; Nystul, 2006).

교류분석은 무엇보다 인간을 능동적이자 비결정론적 존재로 본다. 인간은 과거의 영향을 받지 않을 수 없다. 어린 시절의 초기결정은 각본을 형성하고, 각본에 따라 살기 위해 자신과 타인과 세상을 디스카운트하며, 각본이라는 준거틀에 맞추기 위해 현실을 왜곡하고 공생관계를 유지하려고 한다. 또한 자신의 각본을 정당화시키기 위해 라켓 감정을 추구하고 게임을 하려고 한다. 그러나 교류분석에서는 어린 시절의 부적절한 초기결정을 '재결정'하게 함으로써 인생각본에서 벗어나 효율적으로 삶을 살 수 있는 길을 제시한다. 특히 교류분석에서는 A 자아상태를 발달시킴으로써 내담자 스스로 자신의 부정적인 P와 C 자아상태에서 벗어날 수 있도록 역량을 강화시킨다.

교류분석은 대인 간 커뮤니케이션 과정과 유형을 발견할 수 있는 유용한 도구를 제공해 준다. 특히 내담자 자신도 모르게 하고 있는 게임의 과정과 공식을 깨닫게 함으로써 타인과 효율적으로 커뮤니케이션할 수 있는 길을 제시해 준다(Corey, 2001).

교류분석은 개인상담뿐만 아니라 집단상담, 가족상담, 부부상담 등 다양한 상황에 적용할 수 있다(Murakami et al., 2006). 왜냐하면 교류분석은 개인의 정신내적 측면뿐만 아니라 교류 또는 커뮤니케이션, 스트로크, 사회적 시간구조화 이론 등 대인관계적 기술을 발달시킬 다양한 도구를 제공하고 있기 때문이다. 교류분석은 가족 및 조직의 웰빙 촉진과 커뮤니케이션 기술 발달에 유용하다. 특히 교류분석은 각본 형성 과정을 밝혀 줌으로써 부모가 자녀를 양육하는 데 유용한 정보를 제공한다(Thompson & Henderson, 2007).

교류분석에서 중시하는 상담자와 내담자의 상담 계약은 내담자의 역할과 책임을 강조하기 때문에 다른 어떤 상담이론에서도 유용하게 사용할 수 있다(Corey, 2001). 내담자가 변화되든 그대로 머물든 그것은 어디까지나 내담자의 몫이다. 변화 여부는 상담자가 결정하는 것이 아니라 내담자가 결정해야 한다. 이와 같이 상담을 할 때 내담자의 역할과 책임을 분명하게 밝히는 것은 상담의 효과를 높이는 데 아주 유용하다.

교류분석의 가장 긍정적 특징 중 하나는 다른 상담이론이나 기법과 쉽게 접목시킬 수 있는 유연성이다. 대부분의 교류분석 상담자는 교류분석 외의 다른 상담이론의 기법을 가져와 활용하고 있다. 예를 들어, 굴딩은 게슈탈트 기법을 재결정치료에 활용하였다.

3) 교류분석의 한계와 비판

교류분석 학자들은 교류분석이 단순하고 어린이도 쉽게 이해할 수 있다고 주장하지만, 실제로는 라켓, 라켓티어링, 게임 등 일반인이 이해하기 어려운 전문용어를 많이 사용한다. 자칫 잘못하여 내담자들이 복잡하고 전문적인 교류분석 이론과 구조에 길을 잃지 않을까 우려된다(Corey, 2001). 또한 교류분석에 정통한 상담자라면 내담자의 자아상태, 교류유형, 생활자세, 각본, 라켓, 게임을 진단하고 분석하여 내담자를 변화시켜 나가겠지만, 이렇게 하다 보면 내담자와의 상호작용에서 상담자 자신(가치, 감정, 내담자에 대한 반응 등)을 배제시킬 수 있다. 다시 말해, 상담자의 진정성이나 내담자와 맺는 관계의 질에 대해 소홀히 할 수 있다(Corey, 2001).

교류분석에 대한 또 하나의 주요 비판은 지나치게 인지적 접근을 강조한다는 점이다(Gladding, 2005). 게슈탈트 상담에서 인지적 측면을 간과하듯이, 교류분석에서는 정서적 측면을 지나치게 간과하고 있다. 굴딩의 재결정치료에서는 정서적 접근을 강조하지만, 교류분석의 상담기법은 대개 내담자의 자기이해에 치중하고 있는 것이 사실이다. 또한 교류분석에 대한 주요 개념과 절차가 과학적으로 검증된 것이 적다는 비판이 있다.

제11장
현실치료상담

| 박재황 |

현실치료상담(Reality Therapy)은 윌리엄 글래서(William Glasser)가 1965년부터 발전시켜 온 상담이론으로서 현재 전 세계적으로 널리 보급되고 있는 상담이론 중 하나다. 글래서는 정신과 의사로 전통적인 정신분석 훈련을 받았으나 그 접근방법에 의문을 가지면서 새로운 상담방법 체계인 현실치료상담이론을 발전시켰다. 그는 이 과정에서 여러 학자의 영향을 받았는데, 그 중 가장 두드러지게 영향을 받은 학자로 조지 해링턴(G. L. Harrington)과 윌리암 파워즈(W. Powers), 그리고 에드워드 데밍(E. Deming)을 들 수 있다. 해링턴은 기존의 정신분석상담으로부터 탈피하여 현실치료상담의 토대를 구축하는 데, 파워즈는 글래서의 인간행동에 관한 이론인 선택이론을 구축하는 데, 그리고 데밍은 글래서의 조직관리이론인 리드형 관리이론을 구축하는 데 크게 영향을 주었다. 선택이론은 현실치료상담이론과 리드형 관리이론의 기초가 된다. 선택이론은 자극이 행동을 결정한다고 보는 외부통제적 관점의 대안으로서 제시되고 있으며, '거의 대부분의 인간의 행동은 자신이 선택한 것이다.'라는 관점을 취한다. 따라서 선택한 행동에 대한 책임이 개인에게 있음을 강조한다. 그리고 현실치료상담에서는 DSM-

5(Diagnostic and Statistical Manual of Mental Disorders 5th ed.; American Psychiatric Association, 2013)의 주요 내용인 인간의 정신질환보다는 정신건강이나 행복에 관심을 둔다.

1. 주요 학자

William Glasser

현실치료상담은 윌리엄 글래서(William Glasser, 1925~2013)가 주창하여 현재에 이르기까지 지속적으로 발전되어 온 상담이론이다. 글래서를 중심으로 많은 학자가 이론과 실제의 발전을 위하여 활발하게 활동해 오고 있으며, 이들 중 가장 두드러진 학자로 로버트 우볼딩(Robert Wubbolding)을 들 수 있다. 우볼딩은 현실치료상담 분야에서 가히 2인자라 할 수 있으며, 2014년에는 미국상담학회로부터 '살아 있는 전설적 상담전문가'라는 칭호를 받기도 하였다. 그 외에도 미국 및 다른 여러 나라의 학자와 전문상담자들이 현실치료상담의 이론과 실제를 발전시키고 있다. 우리나라의 경우, 한국심리상담연구소의 김인자 박사를 중심으로 2018년 6월 현재 206명의 현실치료상담전문가(현실치료상담 기초실습 수퍼바이저 138명, 중급실습 수퍼바이저 24명, 기초과정강사 31명, 상급과정강사 13명)들이 이 활동에 동참하고 있다.

2. 인간관

현실치료상담이 취하는 인간관은 다음과 같다. 가장 먼저 실존적 관점을 들 수 있다. 실존주의에서 강조하는 핵심 개념으로 '현재' '선택' '책임' 등을 들 수 있다. 현실치료상담에서는 인간은 오로지 '현재'의 자신의 욕구와 바람을 충족시키기 위하여 '현재'의 행동을 '선택'하는 존재임을 가정한다. 따라서 과거에 관심을 두지 않고 현재에 초점을 맞춘다. 그리고 거의 대부분의 활동, 생각, 느낌 그리고 심지어 많은 신체적인 반응까지도 선택하고 있다고 보기 때문에 결과적으로 이러한 행동에 대한 '책임'이 수반되어야 한다고 주장한다.

다음으로 체계론적 관점이다. 체계론적 관점의 핵심 개념으로 체계(system), 피드백(feedback), 피드백 고리(feedback loop) 등이 있다. 체계란 관련되는 구성요소의 집합과 그들의 관계양식을 의미한다. 그리고 피드백이란 자기조절체계(self-regulating system)에 의해 생성되는 신호를 의미하며, 그 신호에 의해 체계가 변화를 줄이거나 확장시킨다. 그리고 피드백 고리는 하나의 체계가 현 상태를 유지하기 위해 혹은 사전에 설정된 목표로 가기 위해 특정 활동을 한 후 자기수정에 필요한 정보를 취하는 순환과정을 의미하며, 부적 피드백 고리(negative feedback loop)와 정적 피드백 고리(positive feedback loop)가 있다. 부적 피드백 고리는 차이나 변화를 감소시키는, 즉 평형 상태(equilibrium state)나 항상성(homeostasis)에 기여하는 피드백 고리이며, 정적 피드백 고리는 차이나 변화를 확장시키는, 즉 평형 상태로부터 멀어지게 하는 데 기여하는 피드백 고리를 의미한다. 현실치료상담에서는 인간을 하나의 체계로 본다. 인간은 목표나 원하는 것을 얻기 위하여 부적 피드백 고리를 통해 자기수정에 필요한 정보를 취하며 부단히 스스로의 행동을 수정해 가는 체계라고 가정한다.

그리고 현실치료상담은 욕구이론적 관점을 취한다. 현실치료상담이 뿌리를 내리고 있는 선택이론은 인간의 생득적인 욕구를 가정하고 있다. 선택이론에 의하면, 인간은 외부세계의 힘에 의해 행동하는 것이 아니라 인간의 유전자 내에 저장되어 있는 다섯 가지의 욕구, 즉 생존, 사랑과 소속, 힘과 성취, 자유, 즐거움에 대한 욕구를 충족시키기 위해 행동한다.

마지막으로, 현실치료상담은 정신건강(mental health)/공중정신건강 모형(public mental heath model)을 지향하며, 정신질환(mental illness)/의학적 모형(medical model)에 대하여 반대하는 입장을 취한다(Glasser, 2004, 2005a). 현실치료상담에서는 우울이나 조현병 등과 같은 정신질환 혹은 정신불건강(精神不健康)과 관련되는 내용에 관심을 갖는 것이 아니라 효율적인 욕구충족이나 '보다 좋은 것(quality)'의 추구, 그리고 정신건강(精神健康) 및 행복과 관련되는 내용에 관심을 갖는다. 특히 DSM-5와 같은 정신장애의 진단분류와 그에 따른 약물 처방에 의존하는 정신과 개입활동에 대하여 심각한 우려를 표명하고 있다(Glasser, 2004). 심리적 적응상의 어려움은 특히 주변의 중요한 사람과의 관계가 깨짐으로써 발생하며, 인간의 창의성과 선택의 과정을 통하여 더욱 심각한 문제행동으로 발전될 수 있는데, 이를 생화학적 문제로 규정하고 약물을 사용하는 것은 적절치 않다고 역설하고 있다.

3. 주요 개념

현실치료상담을 이해하기 위해서는 관련되는 주요 기초이론을 이해할 필요가 있다. 가장 기초가 되는 이론으로 선택이론을 들 수 있다. 그리고 이를 토대로 설명되고 있는 현실치료상담이론과 리드형 관리이론이 있다. 선택이론은 인간행동에 관한 글래서의 성격이론이다. 성격이론은 인간행동에 관한 이론으로, 인간이 왜 그리고 어떻게 행동하느냐에 관하여 설명한다. 그리고 현실치료상담이론은 인간의 행동을 어떻게 하면 보다 효율적으로 변화시킬 수 있는가에 관한 글래서의 상담이론이다. 따라서 현실치료상담이론은 선택이론에 뿌리를 내리고 있다. 다시 말하면, 선택이론을 토대로 논리적으로 도출될 수 있는 상담이론이 현실치료상담이론이다. 그리고 리드형 관리이론은 선택이론에 근거하고 있는 조직 및 체제관리이론으로, 하나의 체제(예: 가족, 학급, 학교, 회사)가 주어진 목표나 추구하는 바람에 도달하기 위하여 어떻게 효율적으로 접근할 수 있느냐에 관한 글래서의 관점이다. 우볼딩(2011)은 이들 관계를 철로와 기차의 비유를 들어 설명하고 있다. 즉, 선택이론은 철로이며 현실치료상담이론과 리드형 관리이론은 그 철로 위를 달리는 기차와 같다고 본다. 다음은 이들 세 주요 이론을 구성하는 핵심 내용이다.

1) 선택이론

선택이론은 글래서의 현실치료상담이론과 리드형 관리이론의 근간이 되는 기초이론이다(Glasser, 1998, 2011). 이론의 형성 초기에 글래서는 인간행동을 설명하는 데 있어 인간의 뇌가 어떻게 지각하고 기능하는가에 대한 윌리엄 파워즈의 생각, 즉 인간의 뇌는 온도계나 냉난방장치와 같은 자율통제체계라는 관점을 받아들였다. 그리고 이 관점을 인간을 동기화시키는 내적 힘, 즉 욕구와 연결시켜 통제이론(control theory)으로 발전시켰다. 그 후 임상 및 교육적 활용을 높이고 행동의 선택을 강조하기 위하여 1996년에 통제이론을 선택이론으로 명칭을 변경하였다. 글래서(2005b)는 선택이론을 효과적으로 설명하기 위해 차트를 만들어 제시하였다([그림 11-1] 참조). 선택이론을 구성하고 있는 주요 개념으로 선택(choice), 외부/내부 통제(external/internal control), 욕구(needs), 바람(wants),

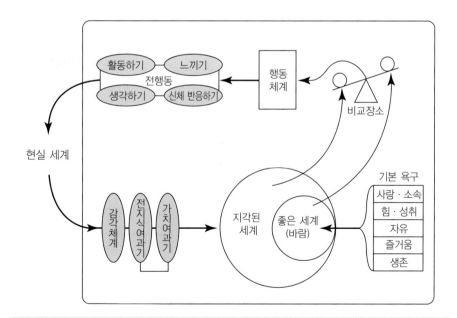

[그림 11-1] 선택이론: 인간행동의 형성 순환

출처: William Glasser Institute의 허락을 얻어 Glasser(2005b)에서 발췌하여 재구성함.

좋은 세계(quality world), 지각된 세계(perceived world), 현실 세계(real world), 감각체계(sensory system)와 지각체계(perceptual system), 비교장소(comparing place), 행동체계(behavioral system), 전행동(total behavior), 효율적/비효율적 자기통제(effective/ineffective self-control) 등을 들 수 있다. 이들에 대하여 간략히 살펴보면 다음과 같다.

(1) 선택

선택이론에서 가장 두드러진 개념은 바로 '선택(choice)'이라는 개념이다. 글래서(1998, 2011)에 의하면, 인간의 행동은 외부 환경의 힘에 의해 결정되는 것이 아니라 자신의 선택에 의해 결정된다. 많은 생리적인 반응과 같이 선택하지 않은 행동도 있으나 거의 대부분의 활동이나 생각, 느낌, 심지어는 상당한 정도의 생리적인 반응까지도 인간은 선택한다.

(2) 외부통제와 내부통제

글래서(1998, 2011)는 외부통제와 내부통제를 대비시켜 설명하였다. 인간의 행동은 외적 자극에 의해 결정된다고 보는 관점이 외부통제(external control)적 관점의 핵심 내용이다. 이에 반하여 인간행동이 외적 자극에 의해 만들어지는 것이 아니라 인간의 내적 과정에 의해 만들어진다고 보는 관점이 내부통제(internal control)적 관점의 핵심 내용이다. 이 내적 과정 또한 매우 복잡하며, 예컨대 지각, 사고, 신념, 선택 등과 같이 다양한 과정이 관여하고 있다. 이러한 다양한 내적 과정 중에 어느 것을 특히 강조하느냐에 따라 다양한 이론이 있을 수 있다. 글래서의 선택이론은 내부통제이론으로서 특히 인간의 선택을 강조하는 이론이다.

(3) 욕구

글래서(1998, 2011)에 의하면 인간은 다섯 가지 기본 욕구(basic needs), 즉 사랑(love)과 소속(belonging)에 대한 욕구, 힘(power)과 성취(achievement)에 대한

욕구, 자유(freedom)에 대한 욕구, 즐거움(fun)에 대한 욕구, 생존(survival)에 대한 욕구를 가지고 태어난다. 이 욕구들은 이미 유전자 내에 자리하고 있어 인간이 생득적으로 가지고 태어나며 인간의 행동을 유발하는 근원적 힘이 된다. 바꾸어 말하면, 인간은 이들 욕구를 충족시키기 위하여 행동한다는 것이다. 이들 욕구 중 생존욕구는 생리적인 욕구인 반면, 다른 욕구들은 심리적 욕구다. 그리고 이들 욕구의 강도는 개인에 따라 다르다.

(4) 지각된 세계, 바람 및 좋은 세계

지각된 세계(perceived world)는 우리가 알고 있는 모든 것으로 구성된 세계이다(Glasser, 1998, 2011). 우리 인간의 감각기관이나 사고과정을 통해 존재하고 있다고 인식하고 있는 모든 내용으로 구성된 세계다. 그리고 앞에서 언급한 인간의 욕구는 바로 직접적으로 충족되는 것이 아니라 우리의 지각세계 내에 있는 바람 혹은 원하는 것(원하는 사진)을 얻음으로써 충족된다. 따라서 우리 인간은 원하는 것을 얻기 위해 행동한다고 할 수 있다. 그리고 우리가 원하는 바람(wants)은 실로 매우 다양하고 많은데, 이러한 바람들로 구성되어 있는 세계를 좋은 세계(quality world)라 칭한다. 좋은 세계는 주로 세 부류의 내용으로 구성된다. 즉 첫째는 사람과 관련되는 좋은 사진이고, 둘째는 사물과 관련되는 좋은 사진이며, 마지막으로 세 번째는 생각이나 신념과 관련되는 좋은 사진이다.

(5) 비교장소

글래서(1998, 2011)는 우리 인간의 뇌에는 원하는 것과 지각하는 것을 비교하는 비교장소(comparing place)가 있다고 상정하였다. 자율통제 기능을 가지고 있는 통제체제(유기체 포함)는 이러한 비교장소를 가지고 있어 이곳에서 원하는 것과 지각하는 것을 비교한 후 이들 내용이 같으면(혹은 그 차이가 미소하여 같은 수준으로 평가되면) 원하는 것을 얻기 위한 행동을 멈추게 된다. 그러나 그렇지 못하면 그 순간 좌절을 경험하게 되며, 그 즉시 좌절신호(frustration signal, 혹은 '갈등신호'라고 칭하기도 한다)를 행동체계로 보내 특정 행동을 생산하도록 한다.

(6) 행동체계

행동체계(behavioral system)는 행동을 만들어 내는 공장이라 할 수 있다 (Glasser, 1998, 2011). 비교장소로부터 좌절(갈등)신호를 받으면 그것을 해소하기 위하여 행동체계가 작동하여 행동을 생산해 내는데, 대체적으로 그러한 행동은 기존 메뉴에 있는 행동일 때가 많으나 동시에 기존의 행동을 재조직하거나 혹은 창의적으로 새로운 행동을 만들어 낸다. 정확하게 말하면 모든 행동은 창의적인 행동이라 할 수 있다.

(7) 전행동

글래서(1998, 2011)에 의하면, 행동체계에서 생산되는 행동은 네 가지 요소, 즉 활동하기, 생각하기, 느끼기, 그리고 신체 반응하기로 구성된다. 이들 네 구성요소를 포함하는 총체적인 개념으로서 전행동(total behavior)이라는 개념을 사용한다. 이들 네 요소는 서로 긴밀하게 상호작용을 하고 있으나, 특히 활동하기와 생각하기가 다른 두 요소를 이끌어 가는 역할을 하기 때문에 중요시되고 있다.

(8) 현실 세계

현실 세계(real world)는 실제로 존재하고 있는 모든 것으로 구성되는 세계를 지칭한다(Glasser, 1998, 2011). 그것은 사물일 수도 있고, 생각이나 믿음일 수도 있으며, 일어난 혹은 일어나고 있는 일일 수도 있다. 그러나 이들은 아직 우리의 지각세계로 들어오지 않은 내용이다. 정확하게 표현하면, 이 현실 세계의 내용은 개념적으로만 가능한 것이라 할 수 있다. 그 어떤 것도 우리가 인식하는 순간 그것은 더 이상 현실 세계의 내용이 되지 않고 우리 인간의 지각된 세계의 내용이 되기 때문이다.

(9) 감각체계와 지각체계

글래서(1998, 2011)에 의하면, 현실 세계의 내용(실제 존재하는 것)이 앞에서 설명한 지각된 세계의 내용이 되기 위해서는 감각체계(sensory system)와 지각체계

(perceptual system)를 거쳐야 한다. 감각체계는 다섯 가지의 감각기관, 즉 시각, 청각, 미각, 후각, 촉각 기관으로 구성된다. 현실 세계의 내용은 주로 인간이 관심을 갖게 됨에 따라 그중 일부의 내용이 감각체계에 도달하며, 감각체계에 도달한 정보는 다시 그 일부만이 지각체계에 도달하게 된다. 지각체계는 다시 두 개의 여과기(filter)로 구성된다고 보는데, 이들은 낮은 수준의 여과기(low level filter)인 전지식여과기(total knowledge filter)와 높은 수준의 여과기(high level filter)인 가치여과기(valuing filter)다. 전지식여과기는 우리가 알고 있는 것으로 구성되어 있으며, 외부 정보가 이 여과기에 도달하게 되면 그 정보의 존재만을 인식하게 된다. 그 이후 이 정보는 도중에 소멸될 수도 있고 아니면 계속 더 관심의 대상이 되어 진행될 수 있는데, 계속 진행되는 정보는 가치여과기에 도달한다. 이 가치여과기에서는 들어온 정보에 대하여 가치가 부여되며, 그 결과 그 내용은 정서적 경험(유쾌한 경험, 불쾌한 경험, 중립적인 경험)이 되어 지각된 세계의 내용이 된다. 우볼딩(2001, 2011)은 추가적으로 중간 수준의 지각(middle level of perception) 혹은 관계성 여과기(relationship filter)를 제안하고 있다. 이 여과기에서는 도달한 정보와 관련되는 다른 정보들(발생한 일, 활동, 사람, 생각, 자료, 대상 등)의 관계성에 대한 지각이 이루어진다.

(10) 효율적 자기통제와 비효율적 자기통제

글래서(1998, 2011)에 의하면 인간은 원하는 것을 얻기 위하여 네 가지 요소로 구성된 전행동을 만들어 현실 세계로 내보내고, 또 현실세계로부터 새로운 정보를 감각 및 지각 체계를 통하여 지각된 세계의 내용으로 받아들인다. 그리고 이것을 다시 원하는 사진과 비교하여 아직 충족되지 않았다고 평가되면 계속해서 원하는 것을 추구하는 행동을 한다. 그러나 원하는 것을 얻었다고 판단되면 행동을 중단하게 된다. 인간은 살아 있는 동안에는 이러한 과정을 끊임없이 지속한다. 이때 두 부류의 사람들을 상정해 볼 수 있는데, 한 부류는 자신의 행동이 타인의 욕구 충족을 방해하지 않으면서 자신의 욕구와 바람을 효율적으로 충족시키는 사람이며, 다른 한 부류는 그 반대의 경우에 해당되는 사람이다. 전자를 효율적인 삶의 통제자, 후자를 비효율적인 삶의 통제자라 칭한다. 상담을 필요로 하는 내담자는 대부분 후자에 속한다. 따라서 상담은 비효율적인 삶의 통제자를 보다 효율적인 삶의 통제자가 될 수 있도록 조력하는 과정으로 볼 수 있다.

2) 현실치료상담이론

현실치료상담이론은 글래서가 1965년 이래 꾸준히 가르쳐 온 상담방법의 체계다. 의미 있는 관계 형성을 만들어 내담자들로 하여금 보다 효율적인 선택을 할 수 있도록 조력하는 하나의 예술이라 할 수 있다. 글래서(2000)에 의하면, 현실치료상담이론은 선택이론에 확고히 그 뿌리를 두고 있다. 그리고 현실치료상담이론의 성공적 적용은 상담자가 선택이론에 관한 지식을 얼마나 가지고 있으며, 또한 어느 정도 선택이론과 친숙하냐에 달려 있다. 그리고 내담자에게 선택이론을 가르치는 것 자체가 현실치료상담의 한 부분이 된다.

현실치료상담에서는 내담자가 통제할 수 있는 것, 그리고 새롭게 선택할 수 있는 것에 초점을 맞춘다. 내담자가 통제할 수 없는 것이나 혹은 선택할 수 없는 것을 다루는 것은 별 의미가 없다고 본다. 그리고 내담자가 가장 잘 통제할 수 있는 것은 주변 환경이나 주변 사람이 아니라 자기 자신임을 볼 수 있도록 안내한다. 따라서 현실치료상담에서는 내담자 개인의 책임을 강조한다. 내담자의 거의 모든 행동은 내담자가 선택한 행동이기 때문에 그 행동에 대한 책임을 질 수 있도록 격려하고, 변명이나 타인에 대한 비판 혹은 비난 등은 자신과 타인의 욕구나 바람을 충족시킬 수 있는 효율적인 행동이 아니라는 것을 볼 수 있도록 안내한다.

현실치료상담에서는 현재를 중시한다. 내담자의 과거를 무시하지는 않으나 내담자의 과거를 지우거나 바꿀 수 없기 때문에, 그리고 내담자의 어려움은 내담자가 현재 얻고자 하는 것을 얻지 못함으로써 나타나는 현상으로 보기 때문에 내담자의 현재의 삶이나 행동에 초점을 맞추어 탐색하고 검토하며 새로운 선택을 통하여 변화할 수 있도록 촉진한다.

현실치료상담에서는 내담자의 중요한 타인과의 관계에 초점을 둔다. 원하는 사람과의 불만족스러운 관계 혹은 그 원하는 사람과 전혀 교류가 없는 것을 대부분 인간 문제의 원인으로 가정하기 때문에 현실치료상담의 일반적인 목적은 내담자로 하여금 그들이 원하는 사람과 좋은 관계를 형성할 수 있도록 돕는 것이다. 이러한 관계의 형성은 바로 상담자와 내담자 관계에서 출발하며, 이 관계를 하나의 모델로 활용하여 내담자로 하여금 원하는 사람과 좋은 관계를 시작할 수 있도록 조력한다.

마지막으로, 현실치료상담에서는 내담자의 증상이나 불평에 초점을 맞추지 않는다. 증상에 관하여 이야기를 나누면 내담자는 그 증상에 대하여 더욱 집착하는 경향이 강해지고, 그 증상과 연계되는 비난이나 비판 행동이 강화될 가능성이 크다. 또한 증상에 대하여 반복적으로 얘기하는 것은 오히려 그 증상을 더욱 증폭시킬 가능성이 있다. 글래서(2000)는 만약 상담자가 내담자의 증상에 대한 불평을 듣게 되면 내담자는 계속해서 그 행동을 하려고 할 것이라고 지적하였다. 따라서 현실치료상담사는 내담자의 증상 대신 내담자의 욕구를 충족시키는 바람을 찾고, 이 바람을 얻기 위해 무엇을 할 수 있을지에 대하여 초점을 맞춘다.

3) 리드형 관리이론

리드형 관리이론은 선택이론에 기반을 둔 조직 및 체제관리 이론이다(Glasser, 1998, 2011). 조직(혹은 체제)은 사회적 요구에 의해 인위적으로 형성된 개인들의 모임이다. 어떠한 조직이든 그 조직의 목적이 있으며, 목적을 달성할 수 있어야 조직은 존재의 의미를 갖고 또한 존속될 수 있다. 따라서 한 개인이 어떤 특정 조직의 구성원이 되면 그 조직의 목적이나 목표에 도달하는 데 기여할 수 있어야 한다. 이 과정에서 리더의 역할이 매우 중요하다. 리드형 관리이론은 조직의 리더인 관리자가 어떻게 하면 조직구성원으로 하여금 조직의 목적 달성을 위하여 나아갈 수 있도록 조력할 것인가에 관한 조직관리이론이다.

모든 개인은 자신의 행동을 스스로 선택하기 때문에 조직의 목표를 향하면서 동시에 자신의 욕구를 충족시킬 수 있는 보다 효율적인 안내 및 관리환경이 제공되면 조직의 목표 달성에 기여하는 행동을 선택하게 된다. 리드형 관리이론의 핵심은 조직의 목표 달성과 구성원 모두의 욕구 충족이라 할 수 있다. 리드형 관리는 특히 학교장면에 적용되어 글래서 좋은 학교(Glasser Quality School) 모형의 기초가 되고 있다. 글래서 좋은 학교에서는 학교가 추구하는 목표, 예컨대 학생의 보다 높은 학업 성취 수준에 효과적으로 도달하고 있으며, 동시에 모든 학교의 구성원(학생, 교사, 학부모, 학교관리자)이 보다 좋은 것(즉, quality)을 추구하면서 보다 행복하고 만족스러운 수준의 학교생활을 하고 있다(Glasser, 2000; Glasser, 2003; Ludwig & Mentley, 2000).

4. 상담 목표와 과정

앞에서도 언급한 바와 같이, 현실치료상담은 선택이론에 근간을 두기 때문에 현실치료상담의 목표와 과정은 선택이론과 일관성 있게 논리적으로 도출될 수 있다. 선택이론에 의하면 개인은 자신의 욕구를 충족시키는 바람이나 원하는 것을 성취하기 위하여 전행동을 생성(선택)하며, 그 결과를 원하는 것과 비교평가하면서 그 바람을 성취하기 위하여 끊임없이 노력한다. 따라서 현실치료상담에서는 내담자의 바람과 욕구를 찾고, 그 바람을 얻기 위하여 내담자가 어떤 전행동을 선택하고 있으며, 그 전행동이 얼마나 효율적인지 혹은 그렇지 않은지를 평가하도록 하면서 효율적이지 않은 경우보다 효율적인 새로운 전행동을 찾을 수 있도록 돕는다. 상담의 전 과정에서 내담자의 모든 욕구(사랑과 소속, 힘과 성취, 자유, 즐거움, 생존)를 최대한 충족시켜 줄 수 있어야 한다. 특히 내담자의 사랑과 소속에 대한 욕구를 충족시켜 주어야 함을 강조한다. 따라서 내담자와 상담자의 좋은 관계 형성이 매우 중요하며 상담의 출발점이 된다.

모든 상담은 목표지향적인 활동이며 현실치료상담 또한 목표지향적인 활동이다. 그러므로 현실치료상담이 추구하는 상담목표가 있고, 또 그 목표에 도달하기 위한 다양한 상담 절차나 기법이 있다.

1) 상담목표

현실치료상담의 목표는 내담자로 하여금 자신의 욕구를 보다 효율적으로 충족시킬 수 있는 선택을 하도록 하여 보다 만족스럽고 건강하며 행복한 삶을 살 수 있도록 안내하는 것이다. 이는 자신에 대하여 보다 책임감 있는 사람이 될 수 있도록 조력하는 것을 내포하고 있으며 동시에 타인의 욕구 충족을 방해하지 않음을 함의한다.

이 과정에서 가장 강조되는 것은 내담자의 좋은 세계에 있는 사람과의 관계 형성(혹은 재형성)을 돕는 것이다. 이를 위하여 내담자에게 선택이론을 교육하는 것, 즉 내담자의 '좋은 세계(quality world)'에 선택이론이 자리하도록 하는 것도 상담의 부분적인 목표가 될 수 있다.

이러한 현실치료상담의 일반적인 목표는 실제 내담자와의 관계를 통하여 보다 구체화될 필요가 있다. 보다 구체적인 상담목표는 내담자의 구체적인 바람과 직결된다. 즉, 내담자가 구체적으로 무엇을 원하는지, 특히 내담자가 어떤 특정인과 어느 정도로 좋은 관계를 형성하고자 하는지를 찾아 그 바람에 도달할 수 있도록 조력하는 것이다.

2) 상담과정

글래서(1998, 2000)는 상담과정에서 상담자가 염두에 두어야 할 내용들을 다음과 같이 요약 제시하였다. 거의 모든 인간의 문제는 현재의 불만족스러운 관계에 기인하기 때문에 현재의 인간관계에 초점을 맞추고 과거에 대해서는 이야기하는 것을 가능한 한 피한다. 그리고 증상에 대한 이야기나 타인에 대한 비판, 비난, 불평, 변명 등도 타인과의 관계에서 좋은 관계 형성에 기여하는 행동이 되지 못하기 때문에 가능한 한 피한다. 이같이 인간관계를 파괴하는 외부통제적 행동을 피하는 것을 학습하면서 동시에 타인과의 관계 형성에 도움이 되는 행동을 선택하고 연습하도록 촉진한다. 전행동 개념을 명확히 이해하고, 특히 내담자가 직접적으로 할 수 있는 것(활동하기와 생각하기)에 초점을 맞춘다. 바꾸어 말하면, 내담자가 직접적으로 할 수 없는 것(느끼기와 신체 반응하기)에 시간을 낭비하지 않는다. 내담자의 바람이나 행동을 탐색하거나 혹은 새로운 계획을 세울 때 가능한 한 구체적으로 한다. 내담자에게 선택이론을 가르쳐 불평이 무엇이든 좋은 관계를 다시 형성하는 것이 문제의 가장 좋은 해결책임을 이해할 수 있도록 도움을 주어야 한다.

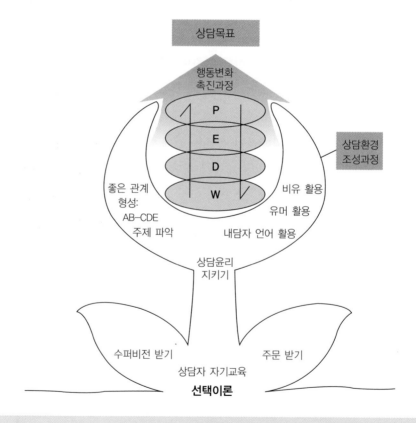

[그림 11-2] 현실치료의 상담과정

출처: Center for Reality Therapy의 허락을 얻어 Wubbolding(2012)에서 발췌하여 재구성함.

우볼딩(1991b, 2001, 2011)은 현실치료상담의 목표에 도달하기 위한 상담의 과정을 크게 두 부류의 하위과정으로 개념화하였다([그림 11-2] 참조). 첫째는 상담환경을 조성하는 과정이고, 둘째는 내담자의 행동변화를 촉진하는 과정이다. 이 두 과정은 각각 독립적으로 진행되는 것이 아니라 상담과정 전체를 통하여 함께 어우러지면서 진행된다.

(1) 상담환경의 조성

상담환경의 조성에서 가장 중요한 것은 내담자와 상담자의 좋은 관계 형성이다. 한마디로 요약하면, 이 관계는 선택이론의 내용과 일치하는 관계여야 한다. 상담자는 외부통제적인 행동을 사용하지 않고 내담자의 욕구와 바람이 상담장면에서 충족될 수 있도록 해야 하며, 특히 내담자의 사랑과 소속에 대한 욕구와 바람이 충족될 수 있어야 한다. 이를 위해서 글래서(1998, 2000)는 상담자가 관계를 손상하는 일곱 가지 행동(비판하기, 비난하기, 불평하기, 잔소리하기, 위협하기, 벌 주기, 통제를 위한 보상 주기) 대신 관계 형성에 도움을 주는 일곱 가지 행동(지지하기, 격려하기, 청취하기, 수용하기, 신뢰하기, 존중하기, 차이에 대하여 협상하기)을 실천하기를 제안하였다.

한편, 우볼딩(1991a, 2001)은 내담자와의 좋은 관계 형성을 위한 학습자료로 AB-CDE 두음문자를 사용하였다. AB는 'Always Be', 즉 '항상 ……하시오.'를 의미한다. 그리고 C는 Courteous(정중한), D는 Determined(확신을 가진), E는 Enthusiastic(열정적인)을 의미한다. 즉, 상담자는 항상 정중하고 상담성과에 대하여 확신을 가져야 하며, 열정적인 사람이어야 한다는 것이다. 그는 이 외에도 좋은 상담환경을 만들기 위한 상담자의 노력으로 상담자의 자기개방, 적절한 유머와 비유의 사용, 내담자 이야기의 주제를 파악하기, 상담윤리 지키기, 내담자 언어의 활용, 그리고 지속적인 상담자 자기교육 등을 들고 있다.

(2) WDEP 시스템

현실치료상담에서 상담과정의 핵심적인 절차를 기술하기 위하여 흔히 우볼 딩(1991a, 2001, 2011)이 제안한 머리글자로 만든 용어, 즉 WDEP 시스템을 활용한다. 이들 각 글자는 하나의 전략의 모음이라 할 수 있다. 가장 먼저 W는 Want(바람)를 나타내며, 내담자의 바람과 욕구의 탐색 및 확인과 관련되는 전략의 모음을 의미한다. D는 Doing(행동)을 나타내며, 내담자가 원하는 것을 얻기 위하여 현재 선택하고 있는 행동(정확하게 말하면, 전행동)과 삶의 방향을 탐색하고 확인하는 전략의 모음을 의미한다. 그리고 E는 Evaluation(평가)을 나타내며, 내담자가 선택하고 있는 행동, 그리고 바람이나 계획에 대해 내담자의 자기평가를 촉진하는 전략의 모음을 의미한다. 마지막으로 P는 Planning(계획)을 나타내며, 원하는 것을 보다 효율적으로 얻기 위하여 새로운 계획을 세우고 실천하는 전략의 모음을 의미한다. 이들 과정에 대하여 좀 더 구체적으로 살펴보면 다음과 같다.

① W: 바람, 욕구, 지각의 탐색

내담자를 도와주기 위해서는 무엇보다도 내담자가 무엇을 진정 원하는지를 알아야 한다. 그리고 그것이 어떤 욕구와 관련되는지, 그리고 동시에 원하는 것과 관련하여 실제적으로 무엇을 어떻게 지각하고 있는지도 살펴볼 필요가 있다. 선택이론의 용어를 사용하면 내담자의 바람, 좋은 세계, 욕구, 지각된 세계를 탐색하는 활동이다.

그중에서도 가장 중요한 것이 내담자의 바람을 명확히 이해하는 것이다. 현실치료상담을 대표하는 가장 핵심적인 질문이 바로 '당신은 무엇을 원합니까?'다. 그런데 흔히 내담자는 자신이 무엇을 원하는지를 잘 알지 못한다. 따라서 상담자는 내담자로 하여금 자신이 무엇을 원하는지를 잘 탐색할 수 있도록 촉진자의 역할을 한다. 만약 내담자가 자신의 바람을 잘 기술하지 못하면 여러 가지 활동이나 개입을 통해 내담자가 무엇을 원하는지를 찾아내거나 혹은 구성해서 명확하게 기술할 수 있도록 촉진한다.

내담자는 많은 경우에 부정적인 기분이나 상황에 의해 크게 압도당하고 있기 때문에 애매하고 부정적인 표현(예: 우울하게 살고 싶지 않다)으로 바람을 진술하는 경우가 많다. 현실치료상담사는 그러한 바람을 가능한 한 구체적이고, 긍정적인 표현(예: 아들과 기분 좋게 대화를 나누고 싶다)으로 묘사될 수 있도록 안내한다.

그리고 내담자가 원하는 것이 다양하거나 혹은 일관성이 없는 경우, 상담자는 그것들을 요약정리하고 필요하면 부류화하여 내담자로 하여금 자신의 바람을 명확히 볼 수 있도록 조력한다. 또한 어느 바람이 내담자에게 현실적으로 더 중요한지, 혹은 내담자가 누구와 좋은 관계를 갖고 싶어 하는지 등 다양한 측면에서 검토하여 바람의 우선순위를 결정하도록 조력한다.

이 과정에서 상담자는 내담자로 하여금 자신의 바람에 대해 부단히 평가해 볼 수 있도록 안내한다. 이 같은 활동은 WDEP 시스템의 세 번째 상담과정인 평가과정에서도 이루어지는 활동이다. 내담자가 표출하는 일차적인 바람은 적절하고 합리적인 평가과정을 거치지 않고 형성된 것이기 때문에 현실성이나 타당성이 결여된 것일 수도 있다. 이에 대하여 상담자가 평가를 하지 않고 내담자로 하여금 평가할 수 있도록 기회를 제공하여 스스로 자신의 바람을 선택할 수 있도록 안내한다.

내담자의 바람은 고정되고 불변한 것이 아니다. 인간의 바람은 상황과 맥락 등에 따라 수시로 변화한다. 따라서 내담자의 바람을 평가하면서 수정·보완 혹은 변경이 필요할 경우에는 새로이 구성해 가면서 내담자의 바람을 명료화한다.

일단 내담자의 바람이 확인되고 나면 상담자는 내담자로 하여금 그 바람을 잊지 않고 항상 염두에 두고 있도록 안내한다. 그 이유는 그 내담자의 바람이 상담의 구체적인 목표가 되어 상담의 방향을 결정하기 때문이다. 그리고 만약 상담자나 내담자가 그 바람을 잊으면 그만큼 상담의 방향감을 잃게 되기 때문이다. 내담자뿐 아니라 상담자도 다른 대화의 내용이나 생각에 영향을 받아 그 내담자의 바람을 잊어버리는 경우가 허다하다. 따라서 상담자와 내담자는 내담자의 바람의 내용을 수시로 상기하면서 상담의 흐름이 제대로 이루어지고 있는지를 검토한다.

이 과정에서 활용해 볼 수 있는 대표적인 질문으로는 "진정 원하는 것이 무엇인가?" "상담을 통해 어떤 도움을 얻기를 원하는가?" "상담을 받고 어떤 삶이 되었으면 하는가?" "어떤 사람과 어떻게 잘 지내고 싶은가?" 등을 들 수 있다.

② D: 행동이나 삶의 방향의 탐색

내담자가 원하는 것을 구체적으로 규명한 후에는 그것을 얻기 위하여 혹은 그곳에 도달하기 위하여 내담자가 '현재' 어떠한 '행동'을 '선택'하고 있는지, 혹은 어떤 '방향'으로 나아가고 있는지에 대해 다시 구체적으로 탐색해 볼 수 있도록 촉진한다. 여기서 특히 현재, 행동, 선택이라는 개념에 주목할 필요가 있다.

현실치료상담에서는 현재에 초점을 두며, 내담자의 과거에 대해서는 가능한 한 탐색하지 않는다. 단, 과거의 내용이 내담자의 현재나 미래의 삶을 이해하는 데 혹은 미래에 대한 계획을 세우는 데 도움이 된다고 판단되는 경우에는 다룰 수 있다. 내담자의 문제가 주로 과거에서 출발하였기 때문에 그 뿌리가 과거에 있다고 할 수 있으나 현재에도 지속되고 있기 때문에 현재의 내담자의 바람과 욕구와 연관지어 현재의 내담자의 행동에 초점을 두어 탐색하고 검토한다.

현실치료상담의 특징 중 하나가 전행동 개념이다. 전행동은 네 가지 요소, 즉 활동하기, 생각하기, 느끼기, 신체 반응하기로 구성되어 있다고 본다. 따라서 내담자가 전행동의 개념을 이해하도록 하는 것이 이 과정에서 필수적이라 할 수 있다. 특히 이들 네 요소 중 활동하기와 생각하기의 중요성을 이해할 수 있도록 안내한다. 내담자는 일반적으로 부정적인 느낌이나 신체적인 불편함에 초점을 맞추어 이야기를 하는 경향이 높은 반면, 활동하기나 생각하기 부분을 잘 보지 못한다. 따라서 상담자는 내담자로 하여금 그러한 느낌이나 불편함을 경험할 때 어떤 활동하기와 생각하기를 하고 있는지에 대해 스스로 볼 수 있도록 안내한다.

이 과정이 보다 성공적으로 진행되기 위해서는 내담자가 자신의 행동을 선택하고 있다는 것을 이해할 수 있어야 한다. 자신의 행동에 대한 선택 혹은 소유

(所有)가 현실치료상담의 핵심적인 내용이다. 따라서 상담자는 이를 위하여 다양한 전략을 준비할 필요가 있다. 필요하면 내담자에게 선택이론의 핵심적인 내용을 교육할 수도 있다. 단, 아주 쉽게 내담자가 이해할 수 있는 수준에서 이루어져야 하며, 상담의 흐름을 방해하지 않는 범위 내에서 시도하여야 한다.

그리고 내담자로 하여금 자신이 현재 선택하고 있는 전행동, 특히 활동하기 및 생각하기가 내담자의 문제와 어떻게 연관되는지를 볼 수 있도록 안내한다. 이는 상담의 다음 단계인 내담자의 자기평가 촉진 단계로 나아가는 데 선행되어야 하는 필수적인 개입활동이다. 동시에 내담자의 원함이나 바람을 수시로 상기시켜 현재 선택하고 있는 행동과 연관 지어 볼 수 있도록 안내한다.

대표적인 질문의 예로 "현재 당신은 무엇을 하고 있습니까?" "지난주에 당신은 실제로 무엇을 하였습니까?" "당신이 A라고 하는 친구와 사귀고 싶다고 했는데, 그 친구와 사귀기 위해 어떤 생각을 하였으며 어떤 활동을 하였습니까?" "당신이 원하는 것을 획득하기 위해 어떤 행동을 선택하였습니까?" 등을 들 수 있다.

③ E: 자기평가 촉진

현실치료상담의 또 다른 특징적인 개입활동으로 내담자의 자기평가를 촉진하는 활동을 들 수 있다. 사실상 이 활동은 상담의 전 과정, 즉 바람 탐색과 행동 탐색, 그리고 계획수립 과정의 내용에 대하여 이루어진다. 내담자로 하여금 자신의 좋은 세계에 있는 바람이 진정 자신과 타인을 위하여 도움이 되는지에 대하여 평가하도록 안내하는 활동과, 내담자가 선택하고 있는 행동이 자신이 진정 원하는 것을 얻는 데 도움이 되는가에 대하여 평가하도록 촉진하는 활동이 여기에 속한다. 그리고 새로운 대안적 행동이 바람과 욕구 충족에 도움이 되고 있는지에 대하여도 평가하도록 촉진하는 활동이 포함된다.

내담자의 바람 탐색이 이루어진 다음에는 내담자로 하여금 그가 선택한 행동이 과연 원하는 것을 얻는 데 기여하였는지 혹은 그렇지 않았는지를 스스로 평가해 볼 수 있도록 촉진하는 상담자의 개입이 따른다. 이는 내담자의 새로운 행동에 대한 동기화를 위하여 매우 중요한 과정이라 할 수 있다. 내담자로 하여금 자신이 선택하고 있는 행동에 대하여 자기평가를 하도록 촉진하는 것은 현실치료상담의 가장 두드러진 특징 중 하나다.

구체적으로 내담자로 하여금 전행동의 각 요소를 평가하도록 촉진하는 것은 현실치료상담의 핵심적 작업이다. 특히 내담자가 통제할 수 있는 전행동의 요소, 즉 활동하기와 생각하기 차원에서 내담자가 선택한 행동이 원하는 것을 얻는 데 도움이 되는지를 평가하도록 안내하는 것이 중요하다.

이 과정에서 사용되는 질문으로 "당신이 지금 선택하고 있는 행동이 원하는 사람에게 가까이 가는 데 기여하나요?" "당신이 아무것도 하지 않고 자신을 구박하고 있는데 그것이 그 친구와 사귀는 데 도움이 되고 있다고 생각하나요?" "당신이 선택한 행동이 원하는 것을 얻는 데 도움이 되었습니까, 아니면 도움이 되지 않았습니까?" 등을 들 수 있다.

④ P: 계획하기와 실천

내담자가 자신이 선택한 행동이 원하는 것을 얻는 데 도움이 되지 않았다고 평가를 하게 되면, 다음 과정으로 상담자는 내담자로 하여금 새로운 대안을 생각해 볼 수 있도록 촉진한다. 내담자를 도와 내담자가 원하는 바람, 특히 원하는 관계를 형성하기 위하여 도움이 되는 좋은 계획을 세우도록 안내한다. 우볼딩(1991a, 2001)은 이 과정의 핵심적인 내용을 제시하기 위하여 SAMIC3 두음문자를 활용하였다. 즉, 계획은 단순하고(simple), 도달 가능하며(attainable), 측정 가능하고(measurable), 즉각적으로 실행할 수 있으며(immediate), 일관성 있고(consistent), 내담자에 의해 통제될 수 있으며(controlled by the client), 그리고 실천할 수 있는(committed) 계획이 되어야 한다고 제안하였다.

이 계획하기 과정에서는 내담자의 창의성과 새로운 시도에 대한 용기 등을 필요로 한다. 따라서 이 과정에서 내담자들이 많이 어려워하며 심지어 다시 움츠러드는 경향을 보인다. 즉, 새롭게 생각하는 것을 어려워하면서 변명을 하거나, 다른 사람 때문에 새로운 행동을 생각하거나 실천하기가 어렵다고 하는 등 외부통제적 행동을 보이는 경우가 많다. 따라서 이 과정은 특히 상담자의 창의성과 재치, 격려 그리고 인내를 필요로 하는 과정이다.

만약 내담자가 새로운 행동에 대하여 계획하기를 어려워하는 경우, 상담자는 내담자에게 자신의 견해나 생각을 제안해 볼 수 있다. 그러나 이때 중요한 것은 제안을 내담자가 선택할 수 있도록 안내하고 그에 대한 책임을 수용할 수 있도록 촉진하는 것이다. 새로운 계획의 성공 여부는 결국 내담자의 새로운 행동에 대한 선택의 여부에 달려 있다.

상담자의 도움을 받아 일단 기존의 행동과는 다른 새로운 행동에 대하여 계획을 세우고 나면 그 계획은 반드시 실천될 수 있어야 한다. '좋은(quality)' 계획은 '원하는 것을 얻도록 하면서 실천될 수 있는' 계획이다. 따라서 상담자는 내담자의 계획이 실제로 실천되고 있는지를 검토하면서 필요하면 계획의 수정 · 보완을 통하여 실천 가능성을 최대한 높인다. 상담자는 이를 위한 다양한 전략을 마련하고 활용한다. 이 과정에서도 내담자로 하여금 자신이 원하는 것이 무엇인지를 재확인하도록 하며, 현재 선택하고 있는 전행동(특히, 활동하기와 생각하기)에 대하여 스스로 평가하도록 촉진함으로써 새로운 전행동(특히, 활동하기와 생각하기)의 실천에 대한 동기화를 증진시킨다.

이상의 상담과정을 요약해 보면 다음과 같다. 먼저, 내담자의 욕구나 바람 그리고 지각의 탐색 및 확인 과정을 거쳐 특히 내담자가 자신의 바람을 얻기 위해 현재 어떻게 행동(활동하기, 생각하기, 느끼기, 신체 반응하기)하고 있는지를 탐색한다. 그런 다음 이 같은 행동이 과연 자신의 바람을 성취하는 데 기여하고 있는가를 내담자 스스로 자기평가하도록 안내한다. 내담자는 바로 이 과정에서 자신의 행동이 곧 자신의 선택임을, 그리고 자신의 행동이 자신의 욕구나 바람을 성취하는 데 효과적으로 기여하지 못하고 있음을 깨닫게 되면서 새로운 시도나 선택을 할 수 있도록 안내된다. 내담자는 자신의 바람 충족을 위해 보다 긍정적이며 효율적인 방안을 상담자와 함께 계획하게 되는데, 이때 활동 계획은 단순하고 구체적이며 즉각 실행 가능한 것이어야 하면서 진정 내담자의 바람과 욕구를 충족시킬 수 있는 것이어야 한다. 일단 계획이 세워지면 그 계획을 반드시 실천할 수 있도록 촉진하기 위한 다양한 방법이 동원된다. 이와 같은 과정을 순환하면서 상담 결과의 평가를 통해 상담을 종료하거나 혹은 계속한다. 성공적인 상담과정을 통해 내담자는 자신의 삶을 보다 효율적으로 관리하기 위한 새로운 행동을 습득하게 되어 보다 책임감 있는 내적 통제력의 증진을 경험하게 된다.

5. 상담 적용

1) 개관

글래서(1998, 2011)는 현실치료상담은 개인이나 집단을 대상으로 어떠한 문화적 맥락에서도, 그리고 어떠한 유형의 문제에도 적용될 수 있다고 주장하였다. 왜냐하면 현실치료상담의 기반이 되는 선택이론은 모든 인간에게 적용될 수 있는 인간의 뇌의 기능에 관한 지식에 기초하는 이론이기 때문이다. 많은 연구가 이러한 주장을 경험적으로 뒷받침해 주고 있다(Wubbolding, 2001).

현실치료상담은 상담, 사회복지, 교육, 위기개입, 교정 및 재활, 조직관리, 지역사회 발전 등 실로 다양한 영역에 적용되고 있으며, 특히 학교장면, 교정기관, 정신병원, 약물예방 및 치료센터 등에서 많이 활용되고 있다. 그리고 그 효과에 대한 연구도 많이 축적되고 있다(Wubbolding & Brickell, 2000). 최근에는 현실치료상담이 우리나라를 포함하여 다양한 문화권에서 효과적으로 활용되고 있음을 보여 주는 연구도 크게 늘고 있다(Wubbolding, 2011). 나아가 현실치료상담은 인간의 문제행동이나 정신질환에 관심을 두기보다는 정신건강에 관심을 두기 때문에 정신적 건강을 추구하는 사람이나 집단, 혹은 기관이나 지역사회 등을 위해 할 수 있는 일이 실로 광범하다고 할 수 있다.

선택이론, 현실치료상담, 그리고 리드형 관리는 현실치료상담 국제협회인 William Glasser International(WGI)를 중심으로 그 하부 조직이라 할 수 있는 각

나라의 기관회원을 통하여 전 세계적으로 보급되고 있다. 미국의 경우는 미국의 윌리엄 글래서 연구소(http://www.wglasser.com)를 중심으로, 그리고 우리나라의 경우는 한국심리상담연구소(http://www.kccrose.com)를 중심으로 보급되고 있다. 이들 연구소에서는 단계적이며 체계적인 훈련과정을 마련하여 개인상담, 집단상담, 리드형 관리 및 좋은 학교 운영 등에 관하여 집중적인 훈련과 다양한 유형의 교육을 실시하고 있다. 전형적인 훈련과정을 간략히 소개하면 가장 먼저 기초집중과정(30시간)과 기초실습과정(6개월간 30시간), 그리고 중급집중과정(30시간)과 중급실습과정(1년간 30시간), 마지막으로 수료과정(30시간)이 있다. 수료과정까지의 기간이 대략 2년 정도 소요된다. 그리고 그 이후 지도자가 되고자 하면 기초실습 수퍼바이저 양성과정(약 2년), 중급실습 수퍼바이저 양성과정(약 2년), 기초집중과정강사 준비 및 양성과정(약 4년), 그리고 마지막으로 상급강사 준비 및 확인과정(약 4년 이상)을 거치도록 되어 있다.

2) 개인을 대상으로 하는 현실치료상담 적용 사례

많은 문헌에서 개인을 대상으로 하는 현실치료상담 사례를 제시하고 있다. 이들 중 대표적인 것으로 글래서(2001)의 『당신도 유능한 상담자가 되고 싶은가?(Counseling with choice theory: The new reality therapy)』를 들 수 있다. 그리고 우볼딩(2001)의 『21세기와 현실요법(Reality therapy for 21st century)』에서도 이론 설명과 더불어 구체적인 상담자-내담자 축어록이 제시되어 있다.

여기서는 필자가 만난 여러 내담자와의 경험과 역할연습의 경험을 토대로 하나의 가상적인 개인상담 사례를 제시하였다. 이 사례는 하나의 예로서 현실치료상담의 전형적인 모습을 보여 주기 위한 것이다. 따라서 여기에 제시되고 있는 것처럼, 그대로 상담을 해야 하는 것이 아니며 또 그렇게 할 수도 없다. 내담자의 상황이나 특성에 따라 내담자의 행동이 달라질 수 있으며, 그에 따라 상담자의 반응 또한 달라질 수 있다. 여기서 보여 주고자 하는 핵심은 현실치료상담이 제안하고 있는 방식으로 상담을 하느냐 그렇지 않느냐 하는 것이다. 현실치료상담에서 권장되는 기법이나 방법은 따르고 동시에 권장되지 않는 것들은 피하여 소기의 상담목표에 도달해 가는 것을 보여 주고자 하였다. 글래서(2000, 2001)가 언급하였듯이, 상담은 하나의 예술이다. 즉, 기본 원칙을 가지고 상담을 진행하지만 상담자의 경험과 창의성이 크게 개입하는 작업이다.

다음 사례의 내담자에 관하여 간략히 기술하자면, 내담자는 45세 여성으로서 주변 친구의 소개로 상담실을 방문하였다. 약 5년 전부터 불규칙적이기는 하지만 주기적으로 우울증이 있어 신경정신과 병원에 가서 우울증 치료약을 처방받아 복용하고 있다. 최근에 다시 우울증이 심해져 약을 복용하고 있으며, 지금까지의 경험으로 보아 크게 진전이 없어 주변 친구의 안내로 상담의 필요성을 느끼게 되었다. 이 내담자의 이름은 김영희(가명)로, 일상생활에서는 '철수 엄마'로 불리는데, 이 상담에서는 '철수 엄마' 혹은 '부인'이라는 호칭을 사용한다.

상담을 시작하면서 내담자의 바람을 탐색하는 과정

다음은 내담자의 바람(욕구, 지각 포함)을 찾아가는 과정으로 우볼딩의 WDEP 시스템에서 W에 해당하는 부분이다.

상담자: 어서 오세요. 어떤 도움이 필요하세요?

내담자: 잘 모르겠어요.

상담자: 상담을 받기 위해 어려운 걸음을 하셨는데, 상담을 통해 어떤 도움을 받고 싶으세요?

내담자: 뭐가 뭔지 잘 모르겠어요. 너무 우울합니다. 왜 사는지도 모르겠고… 아침에 일어나기도 싫고, 잠도 잘 자지 못합니다.

상담자: 삶이 아주 힘이 든다는 말씀이군요. 그런 삶에서 벗어나고 싶으세요?

내담자: 예. 정말 벗어나고 싶어요.

상담자: 그런 삶에서 벗어나게 되면 어떤 삶을 살게 될 것 같나요?

내담자: 글쎄요. 하여튼 우울하지만 않았으면 좋겠어요.

상담자: 그래요. 그래서 상담실을 찾아온 거고요. 우울하지 않기를 바라는데, 그렇다면 조금 더 즐겁게 살고 싶으세요?

내담자: 예? 즐겁게요? 그런 것은 바라지도 않아요. 그저 우울하지만 않았으면 좋겠어요.

상담자: 내가 아주 중요한 질문을 하나 할게요. 누구와 무엇을 하면 조금 더 즐거워질 것 같나요?

내담자: 누구와요? 글쎄 난 우울하지만 않으면 좋겠다니까요. 즐거워지는 것은 바라지도 않아요.

상담자: 무슨 말인지 잘 알겠습니다. 그 만큼 우울로부터 빠져나오고 싶다는 말씀이죠. 그런데 우울로부터 빠져 나오고 싶다고 계속 우울로부터, 우울로부터 하면서 (손바닥을 눈에 대며) 이렇게 우울만 쳐다보고 살면 우울로부터 빠져 나올 수 있을 것 같나요?

내담자: (호기심 있는 눈으로) 그러면 어떻게 해야 하나요?

상담자: 나는 다른 것에 대해서 얘기를 나누고 싶은데요. 우울한 삶이 아닌 즐거운 삶을 쳐다보면서……

내담자: 그래요. 좀 더 즐거운 삶을 살고 싶습니다.

상담자: 내가 전하고자 하는 뜻을 잘 파악하신 것 같은데 남의 이야기를 이해하는 능력이 아주 좋으시네요. 자, 조금 전에 질문한 건데, 누구와 무엇을 하면 조금 더 즐거워질 것 같나요?

내담자: 내 주변에는 모두 골칫덩어리들뿐이에요. 우리 남편부터 아들도 그렇고 특히 딸은 완전히 나만 보면 원수 쳐다보듯 해요. 우리 남편은요, 그냥 돈 벌어다 주는 사람이에요. 그런 면에서는 훌륭한 남편이죠. 하지만 나하고 별로 이야기도 하지 않고, 또 애들 이야기만 나오면 난리예요. 애는 나만 키우나……

상담자: 식구들 모두가 부인을 정말 못살게 한다는 거군요. 이 중에 가장 먼저 누구와 보다 잘 지내면 삶이 좀 달라질 것 같나요?

내담자: 단연 남편이죠. 아이들은 그래도 내 자식이니까요… 어렵기는 하지만……

상담자: 그렇다면 남편과 좀 더 잘 지내고 싶으세요?

내담자: 그런데 그 사람은 안 돼요. 지금까지 20여 년을 살아 오면서 내가 할 수 있는 모든 방법을 동원해서 한다고 해 보았는데 안 돼요. 변하지 않을 거예요. 그리고 그 사람과 내 우울증이 무슨 관계가 있는지 잘 모르겠어요.

상담자: 그래요. 이해가 갑니다. 그렇게 오랫동안 나름대로는 남편과 잘해 보려고 했는데 원하는 대로 되지 않아 별로 희망이 보이지 않는다는 거지요. 맞나요?

내담자: 그렇습니다. 그런데 왜 그것이 내 우울증과 관계가 있다는 건가요?

상담자: 내가 하는 현실치료상담에서는 중요한 사람과의 인간관계가 우울 같은 어려움과 아주 밀접하게 관련이 있다고 봅니다. 다르게 표현해 볼까요? 지금보다 좀 더 재미있게 살면 우울이 더 심해질 것 같나요? 아니면 좀 더 가벼워질 것 같나요?

내담자: 음, 아무래도 가벼워지지 않겠어요?

상담자: 그렇습니다. 그러니까 부인에게 아주 중요한 사람이 남편이지요? 맞나요? (예) 그렇다면 남편과의 관계가 부인의 우울을 감소시키는 것과 아주 밀접한 관계가 있다는 것입니다. 무슨 이야기인지 이해가 되시나요?

내담자: 조금은요. 그런데 남편과 더 잘 지낼 수 있을 것 같지가 않아요.

상담자: 잘 알겠습니다. 그만큼 아주 어렵다는 말이지요.

내담자: 예.

상담자: 남편과 더 좋은 관계가 되고 싶으세요?

내담자: 그야 그렇죠.

상담자: 남편과 어떻게 살고 싶으세요?

내담자: 그 사람에게 많은 것도 바라지 않아요. 그저 나를 좀 존중하고 서로의 의견을 진지하게 나눌 수 있을 정도면 돼요. 나를 구박하지 않고…….

상담자: 그러면 이렇게 표현해 볼까요? 남편과 서로 존중하며 대화를 나눌 수 있는 관계를 형성하는 것, 이것을 부인께서 바라고 있다고 말할 수 있나요?

내담자: 그렇게만 되면 좋지요.

상담자: 또 다른 바람은 없나요? 남편과의 관계에서.

내담자: 지금 당장은 없습니다.

상담자: 그래요. 혹시 나중에라도 또 바라는 것이 있다면 얘기해도 돼요. 그러면 지금 당장은 '남편과 서로 존중하며 대화를 나눌 수 있는 관계'에 초점을 맞추어 얘기해 봅시다. 부인께서 한번 직접 얘기해 보세요. 지금까지의 우리 이야기를 토대로 부인께서 가장 원하는 것이 무엇인가요?

내담자: 우울하지 않은 거요.

상담자: 아니, 이제까지 이야기 나눈 내용, 즉 어떻게 하면 좀 더 즐거운 삶이 될 수 있을 것인가와 관련해서요.

내담자: 아, 남편과 서로 존중하며 대화를 나누는 거요?

상담자: 그래요. 그렇게 되면 좀 더 즐거운 삶이 될 것 같지 않아요? 우울에서 조금은 빠져 나와서…….

내담자: 예. 그럴 겁니다.

상담자: 좋아요. 그러면 지금 당장은 그것을 부인께서 가장 원하는 것으로 봅시다. 괜찮아요?

내담자: 예.

상담자: 다시 한 번 더 명확히 하고 싶은데, 부인께서 지금 고생하고 있는 우울과 멀어지기 위한, 다른 말로 하면 보다 즐거운 삶을 살기 위한 하나의 구체적인 바람이 남편과 서로 존중하며 대화를 나누는 것, 맞나요?

내담자: 예, 맞습니다.

상담자: 그러면 이 상담을 통해서 부인께서 얻고자 하는 것은 남편과 서로 존중하며 대화를 나눌 수 있는 좋은 관계를 형성하는 것이라 할 수 있나요?

내담자: 그렇습니다.

* 해설   가장 먼저 언급하고 싶은 것은 내담자의 바람이나 원하는 것을 찾는 것이 쉽지 않다는 점이다. 따라서 인내심을 가지고 내담자와 좋은 관계를 형성하면서 이 과정을 진행해 가야 한다. 앞의 상담에서 이루어지고 있는 개입을 간략히 요약 제시하면 다음과 같다. 내담자는 외부통제에 젖어 있고 증상이나 어려움에 대하여 이야기를 나누려고 하며, 그런 어려움과 연관되어 있는 사람들에게 책임을 돌리면서 그들에 대하여 불평과 비난을 한다. 이렇게 외부통제적으로 습관화되어 있는 내담자의 관점을 내부통제적으로 그리고 증상이 아니라 지향하고자 하는 바람이나 목표를 긍정적인 진술로 바꾸어 표현하도록 안내하고 있다. 이 과정에서 상담자의 많은 창의성을 필요로 한다. 동시에 내담자의 바람을 남편과의 관계에서 찾으면서 가능한 한 구체적이 되도록 안내하고 있다. 마지막으로, 내담자의 바람을 찾았다 하더라도 쉽게 잊거나 혹은 명확히 인식하지 못하기 때문에 내담자로 하여금 상담자와 함께 찾은 바람을 몇 차례에 걸쳐 재확인하면서 명확하게 인식하도록 돕고 있다.

내담자가 선택하고 있는 행동 및 방향을 탐색하는 과정

다음은 앞의 과정에서 탐색하고 확인한 내담자의 바람, 즉 '남편과 서로 존중하며 대화하는 좋은 관계의 형성'을 내담자가 현재까지 어떻게 추구해 오고 있는지에 관하여 탐색해 보는 과정으로 우볼딩의 WDEP 시스템에서 D에 해당하는 부분이다.

상담자: 자, 이제까지 부인께서 원하는 것이 무엇인가에 초점을 맞추어 알아보았습니다. 이제까지의 상담에 대하여 어떠세요? 힘들지는 않아요?

내담자: 지금까지 내가 생각하는 것과 많이 다르니까 좀 힘이 듭니다. 하지만 해 볼 만합니다.

상담자: 좋아요. 부인께서 문제를 이겨내고자 하는, 그리고 보다 행복하고자 하는 바람이 강하니까 보기가 좋습니다. 부인께서도 그렇게 생각하지 않으십니까?

내담자: 그러고 보니 나도 포기하지 않고 있는 것이 다행이라는 생각이 듭니다.

상담자: 그렇습니다. 자신을 포기하지 않은 것은 보기에 아주 좋습니다. 자, 이제부터 좀 더 본격적으로 검토해 볼까요? 부인께서 남편과 더 좋은 관계를 형성하고 싶다고 하셨어요. 그러면 그러한 관계 형성을 위해 부인께서 해 보았거나 혹은 지금 현재 하고 있는 것은 무엇인가요?

내담자: 나는 하려고 했지요. 그런데 이야기가 안 통해요. 앞에서도 얘기했지만 그 사람은 얘기할 줄을 몰라요. 그저 돈만 벌어다 주면 다 되는 줄 알아요. 아이들 교육도 다 나한테 맡겨요. 요새 텔레비전을 보면 전문가들의 얘기가 아이들 교육은 부모가 함께해야 한다고 하잖아요.

상담자: 잘 알겠습니다. 그런데 내가 묻는 것은 남편이 어떻게 잘못되었는지가 아니라 남편과 좋은 대화를 하기 위해 부인께서 노력해 본 것이 무엇이냐 하는 것입니다.

내담자: 나는 결혼 후부터 줄곧 서로 대화를 해야 하지 않겠냐고 하면서 이야기했는데, 자기는 그런 것 잘 못한대요. 그리고 그냥 그렇게 살재요. 그러다 좀 더 얘기하면 짜증을 내버리거든요. 그러면 서로 기분이 나빠 그만 두죠.

상담자: 그래서 요사이는 무엇을 시도하고 있나요?

내담자: 요사이는 특별히 시도하는 것이 없습니다. 하는 것이 별로 없습니다. 그저 답답하기만 합니다. 우울하기도 하고요.

상담자: 흠, 아무것도 하지 않는 것을 선택하고 있군요.

내담자: 예? 무슨 말씀이세요?

상담자: 남편과의 좋은 대화를 나눌 수 있는 관계를 형성하기 위해 아무것도 하고 있지 않다고 하지 않으셨나요? (예, 현재는요.) 그러니까 무엇인가 할 수도 있고, 하지 않을 수도 있는데 부인께서는 요사이는 아무것도 하지 않는 것을 선택한 것 아닌가요? 어떠세요?

내담자: 그런가요? 그렇게 생각해 본 적이 없어서…….

상담자: 지금 내가 아주 중요한 이야기를 했는데, 우리는 항상 무엇인가를 하고 있습니다. 특별한 것을 하는 경우도 있지만 그렇지 않고 특별한 것이 아닌 것을 하는 경우도 있고, 아니면 별 움직임 없이 가만히 있을 수도 있습니다. 특별한 시도를 하지 않고 가만히 있을 때 보통 아무것도 하지 않는다고 우리는 말하죠. 맞나요? (예) 그래요. 그럼 무엇인가 할 수도 있고 혹은 그 대신 가만히 있을 수도 있는데, 두 경우 다 우리가 선택한 것이지요.

내담자: 알겠습니다. 가만히 있는 것을 내가 선택하고 있네요.

상담자: 그렇습니다. 자, 다시 요약해 볼까요? '부인께서 남편과 보다 좋은 관계를 형성하기 위해 아무것도 하고 있지 않는 것을 선택하고 있다'고 말할 수 있나요?

내담자: 예. 하지만 지금까지 모든 것을 해 봤는데 아무 소용이 없었다니까요. 그래서 지금은 아무것도 하지 않는 거죠.

상담자: 그래요. 현재는 부인께서 특별한 시도를 하지 않고 가만히 있는 것을 선택하고 계시죠?

내담자: 예. 그렇습니다.

상담자: 가만히 있는 것에 대해서 좀 더 구체적으로 살펴보십시다. 가만히 있을 때 무엇을 하고 있나요?

내담자: 그냥 가만히 있는 거죠.

상담자: 가만히 앉아 있나요? 아니면 누워 있나요? 어떤 활동을 하고 있나요?

내담자: 그냥 의자에 앉아 있든지 아니면 누워 있습니다.

상담자: 그러면서 어떤 생각을 하시나요?

내담자: 글쎄… 어떤 생각을 하나? 아마 '나는 왜 이렇게밖에 살지 못할까?' 하는 생각을 하는 것 같습니다.

상담자: 그러니까 가만히 앉아 있으면서 '나는 왜 이렇게밖에 살지 못할까?' 하는 생각을 하고 있나요?

내담자: 예. 그럴 때가 많습니다.

상담자: 그럴 때 우울한 느낌이 듭니까?

내담자: 예. 땅이 꺼지는 것 같고…….

상담자: 지금까지의 얘기를 요약해 볼까요? 부인께서는 남편과 지금보다 더 좋은 관계를 가지고 싶습니다. 그런데 현재 특별히 시도하는 것이 없이 가만히 앉아 있으면서 '왜 나는 이렇게밖에 살지 못할까?'하는 생각을 하면서 우울해 하고 있네요. 맞나요?

내담자: 그런 것 같습니다.

상담자: 부인의 가만히 앉아 있는 행위와 '나는 왜 이렇게밖에 살지 못할까?' 하는 생각, 그리고 우울한 느낌 등은 함께 엮여 있으니 앞의 두 개를 부인께서 선택하고 있다면 결과적으로 우울한 느낌도 부인께서 선택하고 있는 셈이네요.

내담자: 그렇게 되나요? 그렇게 생각해 본 적이 없어서… 어떻게 우울해하는 것을 선택할 수 있을까요?

상담자: 그래요. 우울해 하는 것을 선택하고 싶은 사람은 없을 것입니다. 하지만 우울과 직결되어 있는 활동이나 생각을 부인께서 선택하고 있지 않나요? 다시 말해, 가만히 앉아 있거나 누워 있는 것과 '나는 왜 이렇게밖에 살지 못할까?'와 유사한 생각들을 하는 것은 부인께서 선택한 것이 아닌가요? 어떻게 생각하세요?

내담자: …….

상담자: 무슨 생각을 하고 계세요?

내담자: 혼란스러워요. 내가 선택하고 있는 것 같기도 하고…….

상담자: 부인께서 습관적으로 생각하는 것은 결국 부인께서 선택한 생각이 몸에 밴 것이 아닐까요?

내담자: 음… 그런 것 같습니다. 오래전부터 그렇게 생각했으니까요.

상담자: 그래요. 조금 전의 얘기를 다시 해 볼까요? 부인께서는 가만히 앉아 있는 것을 선택하고 있고, 또 '나는 왜 이렇게밖에 살지 못할까?' 등의 생각을 하는 것을 선택하고 있지요?

내담자: 예. 내가 선택하고 있는 것 같습니다.

상담자: 그러니까 결과적으로 우울해하기를 선택하고 있는 셈이네요.

내담자: 그런 것 같습니다.

상담자: 자, 처음부터 이제까지 나눈 얘기를 전체적으로 다시 요약해 볼까요? 부인께서는 남편과 서로 존중하며 대화하는 좋은 관계를 가지고 싶습니다. (예) 그런데 현재 남편을 보면 말도 걸지 않고 의자에 앉아 있거나 누워 있는 것을, 그리고 '나는 왜 이렇게밖에 살지 못할까?' 등의 생각을 하면서 결과적으로 우울해하는 것을 선택하고 있다고 할 수 있습니다. 맞나요?

내담자: 예. 그런 것 같습니다.

* **해설** 　　앞에서는 내담자의 바람과 관련지어 내담자가 선택하고 있는 행동이나 방향을 탐색하고 있다. 앞에서 이루어지고 있는 상담자의 개입활동을 다음과 같이 요약 정리해 볼 수 있다. 상담을 받는다는 것은 내담자에게 힘든 작업이다. 따라서 상담자는 내담자의 심정에 대한 배려와 동시에 상담을 받는 내담자의 행동에 대하여 격려하고 있다. 그리고 상담자는 내담자로 하여금 자신이 원하는 것을 얻기 위해 어떤 행동을 선택하고 있는지를 볼 수 있도록 노력하고 있다. 보다 구체적으로 어떤 활동하기와 생각하기를 선택하고 있는지를 볼 수 있도록 안내하고 있다. 나아가 내담자로 하여금 자신이 선택한 활동하기와 생각하기가 자신의 우울과 직접적으로 연관되어 있다는 것을 보도록 하면서 결국 우울 또한 내담자가 선택하고 있음을 알도록 안내하고 있다. 내담자는 흔히 자신의 행동을 자신이 선택하고 있는지에 대해서도 알지 못하는 경우가 많고, 더욱이 자신의 행동이 전행동이며, 그것이 활동하기, 생각하기, 느끼기, 신체 반응하기로 되어 있다는 것도 알지 못하기 때문에 이 같은 내용을 다루게 되면 내담자는 상당한 혼란감을 경험할 수 있다. 따라서 선택이론에 관한 교육은 내담자의 지적 수준이나 동기 등을 고려하면서 내담자가 확실히 이해할 수 있도록 안내되어야 한다. 사실상 이러한 교육적 개입이 실제 상담에서는 앞의 상담 속도보다 훨씬 더 느리고 반복적일 수 있다. 그리고 내담자는 어떻게든 현재의 어려움에 대한 책임을 타인에게, 여기서는 남편에게 그 책임을 전가하려고 하고 있다. 그러나 상담자는 내담자가 가려고 하는 내용으로 가지 않고 그 대신 내담자가 현재 어떤 행동을 선택하고 있는가에 초점을 맞추고 있다.

내담자가 선택한 행동에 대하여 자기평가를 촉진하는 과정

　이 과정은 내담자의 바람, 즉 '남편과 서로 존중하며 대화하는 좋은 관계 형성'과 내담자가 실제로 현재까지 선택해 온 행동을 연결시켜 그 행동에 대하여 내담자로 하여금 자기평가를 하도록 촉진하는 과정으로 우볼딩의 WDEP 시스템에서 E에 해당하는 부분이다.

상담자: 쉽지 않은 일을 부인께서 잘 해내고 있다고 생각합니다. 다시 확인해 보십시다. 부인께서 좀 더 즐거운 삶을 살기 위해 남편과 서로 존중하며 대화하는 좋은 관계를 갖고 싶다고 하셨죠? (예) 그런데 실제로는 남편을 보면 말도 걸지 않고 의자에 앉아 있거나 누워 있으면서 '나는 왜 이렇게

밖에 살지 못할까?' 등의 생각을 하면서 결과적으로 우울해하는 것을 선택하고 있다고 하셨죠?

내담자: 예.

상담자: 자, 지금 현재 부인께서 하는 행동, 즉 남편을 보면 말도 걸지 않고 우울해지는 생각들을 가지는 것이 남편과 좋은 관계를 형성하는 데 얼마나 기여한다고 생각하십니까?

내담자: …….

상담자: 지금 무슨 생각을 하고 계신가요?

내담자: 결국 모두 내 잘못이 아닌가 하는 생각을 하고 있었습니다. 내가 말도 걸지 않고 내가 우울한 생각을 하고 있으니까…….

상담자: 지금 하고 있는 그런 생각을 하면 기분이 어떠세요? 기분이 좋아지나요? 아니면 기분이 우울해지나요?

내담자: 별로 좋지 않습니다.

상담자: 그런데 부인께서는 조금 더 즐겁게 살고 싶다고 하셨는데, 지금도 우울해지는 생각을 선택하고 있는 것 같군요. 내가 제안 하나 할까요? 나는 간혹 기분이 좋지 않을 때 억지로 웃음을 지어 본답니다. (웃는 얼굴을 하면서) 이렇게… 웃음이 나는 생각을 하면서…….

내담자: (내담자도 따라 미소를 짓는다.)

상담자: 지금 미소를 짓고 계시는데 기분이 어때요?

내담자: 그냥 좀 웃겨요.

상담자: 잘 살펴보셨으면 해요. 지금 웃고 있으니까 조금 전의 우울한 기분과 조금이나마 다르지 않아요?

내담자: 그런 것 같습니다.

상담자: 그래요. 내가 현재 어떤 활동이나 생각을 하느냐에 따라 내 기분이 달라진답니다. 조금 전에 '모든 것이 내 잘못이다.'라고 생각하셨지요? (예) 그러니까 기분이 우울해지고…….

내담자: 그런 것 같네요.

상담자: 다시 우리의 원래의 대화로 가 볼까요? 지금 현재 부인께서 하는 행동, 즉 남편을 보면 말도 걸지 않고 우울해지는 생각들을 가지는 것이 남편과 좋은 관계를 형성하는 데 얼마나 기여한다고 생각하세요?

내담자: 도움이 되지 않지요. 하지만 나만 해 가지고 되는 일이 아닙니다.

상담자: 남편이 바뀌어야 한다는 말씀이군요.

내담자: 그렇습니다.

상담자: 이해가 갑니다. 하지만 만약 남편께서 이 자리에 있었다면 부인께 얘기한 것과 똑같이 보다 좋은 관계 형성을 위하여 남편께서 어떤 행동을 선택하고 있느냐에 대하여 얘기를 나눌 것입니다. 그리고 그 행동이 도움이 되는지 그렇지 않은지에 대해서도. 어떠세요?

내담자: 알겠습니다. 내가 현재 하고 있는 행동은 내가 원하는 것을 얻는 데 도움이 되지 않는 것 같습니다.

상담자: 혹시 도움이 되지 않을 뿐 아니라 남편과의 관계가 더 나빠지도록 하는 데 기여하지 않나요?

내담자: 그런 것 같습니다.

상담자: 나는 부인께서 정말 더 즐거운 삶을 살기를 바랍니다. 부인께서도 그것을 바라고 있고요. 그 방향으로 나아가기 위해 부인께서는 남편과 좀 더 좋은 관계를 갖기를 희망하고 있습니다. 맞나요?

내담자: 예.

상담자: 그런데 부인께서는 현재 그쪽으로 나아가는 행동을 선택하고 있지 않네요.

내담자: 그런 것 같습니다.

상담자: 잘해 보려고 노력은 하였지만 결과적으로는 원하는 결과를 얻지는 못하였군요.

내담자: 예. 그런 셈입니다.

* 해설　이 과정에서는 내담자가 선택하고 있는 행동을 평가하도록 독려하는 개입이 이루어지고 있다. 보다 구체적으로, 내담자에 대하여 격려하면서 이제까지의 상담 내용에 대하여 요약하여 재확인하고 있다. 그런 다음 내담자의 바람(여기서는 남편과 좋은 관계 형성)을 위해 내담자가 선택하고 있는 행동, 즉 가만히 앉아 있거나 누워 있으면서 우울해지는 생각들을 하는 것이 도움을 주는지 그렇지 않은지를 평가해 보도록 안내하고 있다. 내담자들은 자기평가에 친숙하지 않기 때문에 쉽게 타인(여기서는 남편)에게 그 책임을 전가하려고 하면서 자신의 행동을 철회하려는 행동을 보인다. 이때 상담자는 지금-여기서의 내담자의 생각이 내담자가 바라는 즐거운 삶에 기여하지 않는다는 것을 경험하면서 선택이론에 대하여 간접적으로 배울 수 있는 기회를 제공하고 있다. 대체로 이 과정은 이 앞의 과정, 즉 바람탐색과 행동탐색 과정이 적절하게 이루어지면 비교적 빨리 진행된다.

내담자로 하여금 새로운 계획을 세우고, 그 계획을 실천하도록 격려하는 과정

다음은 내담자가 자신의 행동에 대하여 평가한 후 자신의 행동이 비효율적임을 인식하고, 보다 효율적인 행동을 찾아 계획하고 실천할 수 있도록 촉진하는 과정으로 우볼딩의 WDEP 시스템에서 P에 해당하는 부분이다.

상담자: 그래요. 현재 부인께서 선택하고 있는 행동은 부인께서 원하는 것으로 나아가는 데 도움이 되지 않네요.

내담자: 도움은커녕 오히려 더 방해를 하는 것이겠지요.

상담자: 잘 보신 것 같습니다. 그렇다면 그 대신 어떤 선택을 하는 것이 도움이 될까요?

내담자: 지금의 내 행동이 도움이 되지 않는 것은 알겠는데 그 대신 무엇을 어떻게 해야 할지는 도무지 잘 모르겠습니다. 제가 어떻게 하면 될까요?

상담자: 그래요. 지금부터 부인과 제가 함께 아주 창의적인 활동을 해야 할 때인 것 같습니다. 아주 간단하면서도 쉬운 것을 찾아보도록 하십시다. 부인께서 남편과의 관계를 좀더 좋게 하면서 즐겁게 살고 싶다고 하셨지요? 자, 이 원하는 것을 얻기 위해서 현재 부인께서 하는 행동, 즉 남편을 보면 말도 걸지 않고 우울해지는 생각들을 하는 것 대신에 무엇을 하면 될까요?

내담자: 음, 글쎄… 생각이 잘 나지 않네요.

상담자: 그럼 이렇게 생각해 보십시다. 남편에게 말을 걸 수는 있나요? 좋은 관계가 되려면 말은 나누어야 할 것 같은데…….

내담자: 말을 할 수는 있는데 무슨 말을 해야 할지 모르겠어요. 그리고 갑자기 내가 무슨 말을 하면 남편이 이상하게 볼 거예요.

상담자: 그래요. 안 하던 행동을 새롭게 선택하는 것은 서로 서먹할 거라 생각해요. 가장 중요한 것은 부인께서 원하는 것을 확실하게 보는 것입니다. 이 상담을 통해 찾고 있는 부인의 바람이 무엇인가요?

내담자: 남편과 좀 더 대화를 나누는 좋은 관계…….

상담자: 그러한 관계가 되면 좀 더 즐거운 삶이 될 거라는 거죠?

내담자: 예.

상담자: 좋아요. 그렇다면 남편과 어떤 형태로든 좀더 대화를 나눌 수 있어야 할 것 같네요.

내담자: 그래야 할 것 같습니다.

상담자: 부인의 창의적인 생각을 돕기 위해 하는 말인데, 남편과 좋은 관계라고 하면 웃는 관계일까요 아니면 울거나 시무룩한 관계일까요?

내담자: 우는 관계는 아니겠지요.

상담자: 그럼 웃으면 되겠네요. 미소를 짓는다든지…….

내담자: 웃고 싶어야 웃지요.

상담자: 그렇습니다. 하지만 먼저 웃으면 웃고 싶어진다는 말도 있습니다. 어쨌든 약간의 미소라도 만들어 보이는 것이 두 분의 관계에 어떤 영향을 미칠까요?

내담자: 방해는 되지 않겠지요.

상담자: 진지하게 생각해 보십시다. 부인께서 원하는 것, 즉 보다 좋은 부부관계를 위해 부인께서 할 수 있는 일로 미소를 짓는 것과 같이 오늘 당장 할 수 있는 것을 찾을 수 있으면 합니다.

내담자: 남편 얼굴 보고 웃어본 지가 너무 오래되어 할 수 있을지 모르겠네요.

상담자: 꼭 그렇게 하라고 하는 것은 아닙니다. 미소 짓는 것은 하나의 예입니다. 그것이 부부관계 개선에 도움이 될 것인가 그렇지 않은가, 그리고 그것을 할 것인가 하지 않을 것인가 하는 것은 전적으로 부인의 평가와 선택에 달려 있습니다.

내담자: 내가 미소를 지으면 남편도 기분 나빠 하지는 않을 겁니다. 그런데 웃으면서 어떤 말을 해야 하죠?

상담자: 웃는 얼굴은 할 수 있나요?

내담자: 어렵겠지만 그래도 할 수는 있을 것 같아요.

상담자: 남편과 좋은 관계가 되기 위해 기꺼이 웃는 얼굴을 선택하실 건가요?

내담자: 한번 해 보겠습니다. 그런데 웃기만 하면 이상하잖아요. 무슨 말을 해야 하지 않겠어요?

상담자: 무슨 말을 하면 남편의 기분이 좋아질 것 같습니까?

내담자: 글쎄요. 집에 들어올 때 '이제 오세요?' 하면 될까요?

상담자: 부인께서 더 잘 아실 거라 생각합니다. 이제까지 20여 년을 같이 살아 왔으니…….

내담자: 그렇게라도 하면 좋아는 할 겁니다. 그런데 이상하게 생각할 것 같아요.

상담자: 당연히 그러하겠지요. 하지만 그런 부인의 선택이 관계 개선에 도움이 되지 않겠어요?

내담자: 그렇기는 할 것 같습니다.

상담자: 남편이나 혹은 다른 사람이 하라고 해서 하는 것이 아니라 부인께서 원하는 것을 얻기 위해 용감하게 새로운 선택을 하는 자신에 대하여 어떻게 생각하시나요? 격려하고 싶은 생각이 들지 않으세요? 그리고 뿌듯한 느낌이 들지 않으세요?

내담자: 그렇게 생각해 본 적이 없어서요. 하지만 그런 느낌도 좀 드네요.

상담자: 자, 우리의 얘기를 요약해 보면 부인께서는 부부관계를 더 좋게 하기 위해서 웃는 얼굴로 남편을 맞이하며 '이제 오세요?' 하는 것을 선택하고자 합니다. 맞습니까?

내담자: 예.

상담자: 좋습니다. 내가 남편이라고 가정하고 한번 해 볼 수 있나요?

내담자: 아이, 쑥스러워 못하겠어요.

상담자: 나에게 연습하고 나면 실제로 하기가 훨씬 더 쉬워질 겁니다. 먼저 웃는 얼굴을 만들고 얘기해 보세요.

내담자: (억지로 웃는 얼굴을 하며) 이제 오세요?

상담자: 좋습니다. 그렇게 하면 남편께서 기분이 좋아지겠네요. 그렇습니까?

내담자: 그럴 겁니다. 그런데 이런 걸 왜 나만 해야 하나요? 남편을 바꿀 수 있는 방법은 없나요? 그 사람이 나에게 잘해 주면 문제가 쉽게 풀릴 것 같은데……

상담자: 여기서 한 가지 매우 중요한 점에 대해 언급을 해야 할 것 같군요. 나는 남편을 내가 원하는 대로 바꿀 수 없답니다. 그것은 내가 부인을 바꿀 수 없는 것과 마찬가지입니다. 내가 하라는 대로 부인께서 할 수 있나요?

내담자: 그럴 수 없겠죠.

상담자: 어느 누구도 다른 사람을 내가 원하는 대로 바꿀 수 없답니다. 상대방을 내가 원하는 대로 바꾸려고 하는 것이 세상에서 제일 어려운 일이라고 합니다. 나는 그래서 부인을 내가 원하는 대로 바꾸려고 시도하지 않습니다. 한 가지 더 추가해서 말씀드리자면, 상대방을 내가 원하는 대로 바꾸는 것보다 좀더 쉬운 것이 있는데 그것은 바로 나를 바꾸는 것입니다. 그리고 더 중요한 것은 내가 나를 바꾸면 그것을 보고 상대방이 자신을 바꾼다는 것입니다. 좀 어려운 이야기인데 이해가 되시는지요?

내담자: 이해할 수 있을 것 같습니다. 그래도 나만 하면 힘들기도 하고 손해 보는 것 같아서……

상담자: 부인의 마음을 이해합니다. 물론 남편과 함께 노력하면 좀더 쉽게 할 수는 있습니다. 그러나 각자에게 주어진 몫은 각자가 해야 합니다. 부인이 해야 하는 일은 부인이 해야 하고, 남편이 해야 하는 일은 남편이 해야 합니다. 부인이 해야 하는 몫을 남편이 해 줄 수는 없답니다. 만약 남편께서 함께 오실 수 있다면 두 분이 함께 무엇을 새롭게 선택하여야 하는지에 대해서 얘기를 나눌 수 있습니다. 그러나 지금은 부인만 상담실에 왔으니 부인께만 초점을 맞출 수밖에 없습니다. 무슨 말씀인지 아시겠습니까?

내담자: 예. 알겠습니다.

상담자: 부인께서는 매우 어려운 내용을 잘 이해하시는 것 같습니다. 혹시 필요하면 차후에 좀더 얘기를 나눌 수 있을 겁니다. 자, 그럼 아까 얘기로 돌아가서 부인이 나를 대상으로 해서 연습한 것이 무엇인가요?

내담자: 웃는 얼굴로 '이제 오세요?' 하는 거요.

상담자: 그렇죠. 다시 한 번 저에게 해 볼 수 있나요?

내담자: (억지로 웃는 얼굴을 하며) 이제 오세요?

상담자: 잘하셨습니다. 부인께서는 새로운 행동을 선택하고 시도할 수 있는 용기도 있으시군요. 그럼 그것을 오늘부터 시작할 수 있나요?

내담자: 해 보겠습니다. 그런데 그 말을 했을 때 남편이 '당신 왜 그래? 어디 아파?' 하면 어떡하죠?

상담자: 그 다음은 부인의 선택에 맡길게요. 단, 어떻게 하면 남편과 관계가 더 좋아질 수 있을까 하는 것을 염두에 두시는 것이 중요합니다. 우선, 오늘 결정한 것에만 초점을 맞추십시다. 그리고 나는 부인의 창의성을 믿습니다. 부인께서 어느 쪽을 쳐다보느냐에 따라 부인의 창의성 또한 그 방향으로 발휘될 것입니다. 이해가 되십니까?

내담자: 예. 알겠습니다.

상담자: 남편께서 몇 시에 퇴근하시나요?

내담자: 늦게 올 때도 있지만 보통 7시경에 들어옵니다.

상담자: 그럼 오늘 바로 하고 나서 그 결과를 저에게 문자메시지로 보낼 수 있나요? 늦어도 좋습니다. '했음 혹은 안 했음' 둘 중 하나로 보내면 됩니다. 물론 '했음'이라는 답을 기다릴 겁니다.

내담자: (미소를 지으며) 알겠습니다.

상담자: 자, 매일 그렇게 할 수 있겠습니까? 한 번만 하는 것은 좋은 관계 형성에 크게 기여할 것 같지가 않네요.

내담자: 그럼 매일 해야 하나요?

상담자: 어떻게 생각하세요? 어느 것이 부인의 바람에 더 도움이 될 것 같습니까?

내담자: 알겠습니다. 매일 해 볼게요.

상담자: 그럼 매일 남편께서 퇴근할 때 웃는 얼굴로 '이제 오세요?' 하는 겁니다. 그런 후 바로 나에게 메시지를 보내 주세요. 그렇게 하실 건가요?

내담자: 예, 알겠습니다. 그런데 현재 우울증 약을 먹고 있는데 그건 어떻게 해야 하나요?

상담자: 현재 복용하고 있다면 의사의 처방대로 하십시오. 그것은 내 권한 밖의 일이니까요. 하지만 원한다면 나중에 그에 관해서는 더 이야기를 나눌 수 있습니다. 되셨습니까?

내담자: 예. 그렇게 하겠습니다.

상담자: 지금 기분은 어떠하나요? 상담을 시작할 때와 비교해서…….

내담자: 무언가 잘 될 것 같다는 생각이 듭니다. 마음이 한결 더 가벼워졌습니다.

상담자: 그렇습니까? 잘 되었습니다. 부인께서 무언가 잘 될 것 같다고 생각을 하니까 기분이 더 좋아졌죠? 그렇습니다. 그렇게 생각과 느낌은 연결되어 있답니다. 앞으로도 분명히 잘 될 겁니다. 우리 함께 더 좋은 선택을 하는 것을 포기하지 않는다면. 수고 많이 하셨습니다. 그럼 다음 약속 시간에 만나기로 하십시다.

내담자: 수고하셨습니다. 고맙습니다.

* 해설　　　앞에서는 보다 효율적인 내담자의 행동을 계획하고 실천하도록 촉진하고 있다. 여기서 이루어지고 있는 개입활동을 다음과 같이 요약해 볼 수 있다. 상담자는 내담자로 하여금 이제까지의 내담자 행동과는 다른 새로운 행동을 계획하도록 독려하고 있다. 내담자의 바람에 도달할 수 있도록 도움을 주면서 동시에 내담자가 실제로 실천할 수 있는 것을 생각해 보고 선택할 수 있도록 촉진하고 있다. 앞 절에서 언급한 우볼딩(1991a, 2000)의 계획의 조건, 즉 SAMIC3를 기초하여 검토해 보기 바란다. 내담자가 다시 남편을 바꿀 수 있는 묘안에 대하여 요청하였을 때 상담자는 바로 선택이론의 핵심적인 내용인 '상대방을 내가 원하는 대로 변화시킬 수 없다.'를 교육하는 기회로 활용하고 있다. 그리고 간단한 역할연습과 아울러 시도한 결과를 문자 메시지를 통해 알려 달라는 요청을 이용하여 새로운 행동의 실천 가능성을 높이려고 시도하고 있다. 마지막으로, 현재 내담자가 우울증 약을 복용하고 있는데 이에 대한

상담자의 입장을 간략히 밝히고 상담에 대한 평가와 아울러 향후 상담의 좋은 성과에 대한 희망을 나누고 있다. 약 복용과 관련해서는 글래서(2003)의 『Warning: Psychiatry can be hazardous to your mental health』나 혹은 이 책의 번역본 『경고: 정신과 치료가 당신의 정신건강에 피해를 줄 수 있다』(박재황 역)를 참고하기 바란다.

차후 회기에 대한 계획

앞에 제시한 상담내용은 현실치료상담의 전형적인 첫 번째 상담회기의 내용이라 할 수 있다. 차후 회기의 내용은 다양한 변인의 영향을 받아 달라질 수 있지만 대략 다음과 같은 계획을 세워 볼 수 있다. 먼저 내담자의 새로운 시도에 대한 평가시간을 가질 것이다. 내담자가 남편을 대상으로 시도한 행동이 어느 정도 효과가 있는지, 혹시 수정·보완할 필요는 없는지를 검토할 것이다. 효과가 있다면 그 방향으로 조금 더 시도하거나 새로운 것을 추가하여 시도하도록 안내해 갈 것이며, 만약 수정이 필요한 경우에는 다시 내담자의 바람을 염두에 두고 좀 더 효율적인 대안을 찾아갈 것이다. 내담자는 반복적으로 외부통제적인 행동이나 믿음을 가지고 문제제기를 해 올 수 있다. 즉, 남편의 행동에 대하여 직접적인 혹은 간접적인 비난을 하거나, 혹은 왜 지속적으로 자신이 계획하고 있는 행동을 실천하기가 어려운지 등에 대한 변명 등을 제시하여 올 것이다. 그러한 내담자의 행동에 대하여 상담자는 공감적으로, 그러나 선택이론에 입각하여 의연한 개입활동을 펼쳐나갈 것이다. 부단히 내담자를 격려하고 희망과 믿음을 전달하며, 내담자가 원하는 것에 대해서도 개정할 필요가 있는지를 검토하면서 수시로 내담자로 하여금 자신이 무엇을 원하고 있는지를 명확하게 인식할 수 있도록 안내할 것이다. 만약 내담자가 남편 이외의 다른 사람과의 관계를 더 좋게 하고자 하는 바람이 있으면 그때까지의 상담내용을 토대로 어떻게 접근하는 것이 효과적일 것인가를 탐색하여 보다 효율적인 행동을 선택할 수 있도록 안내할 것이다. 요약하면, 내담자로 하여금 선택이론의 기본 원리를 이해하여 자신의 바람과 욕구를 효율적으로 충족시켜 가는 것이 보다 만족스럽고 행복한 삶으로 가는 길이라는 것을 학습할 수 있도록 안내할 것이다. 최종적으로 내담자가 스스로 자신의 바람과 욕구를 효율적으로 충족시킬 수 있다고 판단이 되면 함께 상의하고 합의하여 상담을 종결할 것이다.

3) 집단과 가족을 대상으로 하는 현실치료상담의 적용

현실치료상담은 집단이나 가족을 대상으로 해서도 매우 효과적으로 적용되고 있다. 먼저 집단을 대상으로 하는 현실치료상담의 적용을 살펴보면 우볼딩 (1991c)은 현실치료상담이 어떻게 집단상담의 발전 단계에 통합될 수 있는지를 보여 주고 있다. 또한 우볼딩(2001)은 현실치료상담은 인간 동기에 관한 보편적인 원리에 기초하고 있기 때문에 집단상담에 참여할 수 있는 모든 사람에게 적용이 가능하다고 주장하였다. 우리나라에서도 현실치료상담과 관련하여 많은 연구와 활동이 이루어지고 있으며, 이들 중 대부분이 집단상담의 형태를 취하고 있다. 그리고 많은 연구가 현실치료 집단상담의 효과가 유의하다고 보고하고 있다(이정미, 2012; 장은미, 2016; 조명실: 2012; 최정숙, 2013; Kim & Hwang, 2006).

가족을 대상으로 해서도 현실치료상담이 매우 효과적으로 적용되고 있다. 현실치료상담이 기초하고 있는 선택이론 자체가 가족상담의 핵심적인 기초이론이 되고 있는 인공두뇌학이나 자율통제이론과 함께하고 있기 때문에 현실치료상담은 가족을 대상으로도 쉽게 적용될 수 있다. 우볼딩(2000)도 현실치료상담이 결혼 및 가족 상담에도 뛰어난 도구가 될 수 있다고 언급하였다. 가족상담에서는 가족구성원 전체가 원하는 것이 무엇이고, 이것을 위해 각 구성원은 어떤 행동을 선택하고 있으며, 그들의 행동이 가족 전체가 원하는 상태로 접근하는 데 기여하는지 아니면 역행하는지를 평가하도록 하여 보다 효과적인 행동을 선택하도록 안내한다.

4) 조직이나 체제를 대상으로 하는 리드형 관리이론의 적용

리드형 관리이론은 선택이론에 기반을 두는 조직관리이론이다. 이 이론의 핵심은 조직의 목표 달성과 구성원 모두의 욕구 충족이라 할 수 있다. 리드형 관리이론은 회사나 학교 등을 포함하는 다양한 조직에서 적용되고 있다.

특히 학교장면에 적용되어 '글래서 좋은 학교(Glasser Quality School)' 모형의 기초가 되고 있다. 많은 학교 및 교육 관련인이 글래서 좋은 학교 모형을 자신들의 학교에 전적으로 혹은 부분적으로 적용하여 큰 효과를 보고 있다(박재황, 2013, 2015; Glasser, 2000, 2003). 글래서 좋은 학교에서는 학교가 추구하는 목표, 예컨대 학생의 보다 높은 학업 성취 수준에 효과적으로 도달하고 있으며, 동시에 모든 학교구성원, 예컨대 학생, 교사, 학부모, 학교관리자 등이 보다 좋은 것(quality)을 추구하면서 보다 행복하고 만족스러운 수준의 학교생활을 하고 있다(Glasser, 2003; Ludwig & Mentley, 2000). 2017년 10월 기준 글래서 좋은 학교로 선언한 학교(유치원, 초·중·고등학교 혹은 직업학교)가 미국 내에 17개교, 오스트레일리아, 아일랜드, 슬로베니아, 콜롬비아, 그리고 우리나라에 각 1개교로 총 22개교가 있다(http://www.wglasserinternational.org/). 우리나라에 있는 좋은 학교는 청주에 있는 양업고등학교(http://www.yangeob.hs.kr/)다. 이들 학교 외에도 많은 초·중·고등학교 혹은 대안학교의 행정가나 교사들이 선택이론과 리드형 관리 훈련을 받아 현장에 적용하고 있으며, 그 효과에 대한 검증 연구도 이루어지고 있다.

6. 평가

현실치료상담은 심리학적 측면에서 인간의 삶의 질을 보다 더 나은 상태로 안내하기 위하여 전 세계적으로 널리 보급되어 활용되고 있다. 거의 모든 인간의 문제행동뿐 아니라 보다 건강하고 행복한 삶을 살도록 안내하고 촉진하는 데 활용되고 있다. 지역적으로는 미국을 중심으로 북미 및 남미 지역의 여러 나라와 유럽에 있는 대부분의 나라에서, 그리고 아시아의 많은 나라와 아프리카의 소수 국가에서 활발하게 보급되고 있다.

어떤 상담이론이든 현재 널리 보급되어 활용되고 있는 상담이론을 평가하는 것은 쉬운 일이 아니다. 왜냐하면 그 이론이 이제까지 소멸되지 않고 널리 보급되고 있는 것은 바로 그 이론의 설명력과 활용도가 높기 때문이다. 그리고 모든 이론이 그러하듯 완벽한 이론은 없다. 나름대로 강점과 약점 혹은 제한점을 가지고 있게 마련이다. 흔히들 강점을 최대한 살리고 약점이나 제한점을 보완하는 노력이 필요하다고 주장한다. 그러나 문제는 그러한 노력이 표면적인 내용에서는 가능할 수도 있지만 보다 근본적인 문제, 즉 철학이나 기본 가정으로 들어가면 강점과 약점이나 제한점은 동시에 충족시키기가 쉽지 않다. 왜냐하면, 예컨대 한 이론이 기초하는 기본 가정과 상반되거나 혹은 다른 기본 가정을 동시에 수용하는 것은 논리적으로 불가능할 때가 많기 때문이다. 따라서 어떠한 이론이든 그 이론의 강점을 충분히 살려 소기의 상담목표에 달성하는 것이 가장 중요하다고 볼 수 있다. 여기에는 현실치료상담이 상담 분야에 기여한 점, 현실치료상담의 한계, 그리고 현실치료상담의 미래에 관하여 검토해 보려고 한다.

1) 현실치료상담의 공헌

현실치료상담은 내담자의 행동에 대한 선택과 책임을 강조하기 때문에 내담자로 하여금 자신의 삶의 주인이 될 수 있도록 격려한다. 일반적으로 내담자들은 현재의 어려움에 대한 원인을 현재의 자신이 아닌 과거 혹은 다른 사람이나 환경으로 돌림으로써 자신을 희생물로 만드는 경향이 높다. 이러한 믿음이나 생각이 강할수록 그만큼 어려운 내담자라 할 수 있다. 자신의 행동을 선택하고 있다는 것을 인식하고, 그 행동을 자신이 소유하고 있다는 것을 통찰할 수 있을 때 자신의 힘으로 그러한 어려움으로부터 빠져나올 수 있다. 바로 이러한 궁지로부터 빨리 빠져나올 수 있도록 촉진하고 있다는 점이 현실치료상담의 큰 공헌 중 하나라 할 수 있다.

앞의 내용에서 도출될 수 있는 또 하나의 공헌으로 현실치료상담은 비교적 단기간에 상담의 효과를 가져올 수 있다는 점이다. 최근에 들어 상담의 기간을 단축시키려는 노력이 많이 보이는데, 이는 과거나 증상 중심 혹은 무의식을 다루는 상담으로부터 빠져나와야 가능한 일이다. 바로 현실치료상담은 이러한 측면에서 크게 기여하였다고 할 수 있다.

그리고 개인의 행동의 어려움을 정신질환이나 문제행동으로 규정하는 의학적 모형으로부터 탈피하여 정신적으로 건강한 측면을 강조하는 정신건강 모형을 제안함으로써 인간의 부정적 측면보다 긍정적 측면을 볼 수 있도록 촉진하고 있다는 점도 현실치료상담이 공헌하고 있는 바라 할 수 있다. 부정적 언어를 사용하여 내담자를 묘사하고 설명하게 되면 그만큼 부정적인 측면을 더욱 강하게 할 수 있다. 바로 이러한 관점에서 볼 때 현실치료상담은 현재 크게 부상하고 있는 긍정심리학의 관점과 그 맥을 같이하고 있다고 할 수 있다. 그리고 현실치료상담은 인간의 잠재력이나 긍정적 측면을 강조하는 교육장면에서 많이 활용되며 기여하고 있다.

2) 현실치료상담의 한계

모든 이론은 나름의 강점과 한계 혹은 약점을 안고 있다. 그러나 많은 경우 그러한 강점과 한계는 바로 한 이론의 가정이나 출발점과 관련된다. 예컨대, 현실치료상담과 같이 현재와 미래를 강조하는 이론이라면 과거를 그만큼 경시할 수 있다. 분명 인간은 과거가 있고 현재와 미래가 있다. 이 모든 면을 잘 고려해야 하는 것이 이상적이라고 한다면 현실치료상담은 분명 과거를 경시하는 한계를 안고 있다. 그러나 과거에 초점을 맞추지 않고 현재와 미래에 초점을 맞춤으로써 더 큰 상담효과를 가져올 수 있다면 과거에 대한 심층적인 탐색을 보류할 수도 있다.

유사하게, 인간의 의식과 무의식 중 어느 것을 택하거나 강조하게 되면 상대적으로 다른 한쪽을 버리거나 혹은 가볍게 할 수밖에 없다. 현실치료상담은 인간의 무의식에 관심을 두지 않는다. 따라서 무의식을 강조하는 관점에서 보면 현실치료상담은 극히 제한적이다. 따라서 현실치료상담이 안고 있는 한계나 약점이라고 볼 수 있다. 그러나 어느 개념을 중시하느냐 하는 것은 선택의 문제다. 어느 하나를 선택하면 그 즉시 결과적으로 그것이 안고 있는 강점과 제한점 또한 선택하게 된다. 필자의 생각으로는 인간의 의식의 부분을 정교하게 검토하고 일관성 있게 잘 다루어 주면 설령 무의식의 내용을 다루지 않는다 하더라고 성공적으로 개인의 행동의 변화를 가져올 수 있다고 본다.

인간의 행동이 개인과 환경의 상호관계라는 관점에서 보면 현실치료상담은 개인의 선택을 강조하기 때문에 환경 변인보다는 개인 변인을 매우 강조하고 있다. 바꾸어 말하면, 그만큼 환경 변인을 경시하는 것처럼 보일 수 있다. 환경 변인에 포함되는 변인으로는 가정환경, 사회환경, 문화 등을 들 수 있다. 현실치료상담은 이러한 환경 변인을 무시하지는 않으나 그만큼 상대적으로 가볍게 보고 있다는 것은 부인할 수 없다. 이러한 선택 또한 개인 변인에 초점을 둠으로써 그만큼 현실치료상담이 추구하는 목표에 더 도달할 수 있기 때문에 현실치료상담에서는 이들 변인의 영향을 상대적으로 가볍게 볼 수밖에 없다. 이러한 것이 굳이 현실치료상담의 한계라면 한계일 수 있다.

3) 현실치료상담의 미래

윌리엄 글래서가 2013년에 작고한 이후 현실치료상담 국제협회인 William Glasser International(WGI)이 결성되어 이 기구를 축으로 각 나라에 하나 혹은 그 이상의 지부를 두고 있으며, 이 지부를 통하여 현실치료상담이 전 세계적으로 보급되고 있다. 글래서의 생각을 따르고 있는 수많은 학자 혹은 상담자는 글래서의 이론을 더욱 발전시켜 가고 있다(Wubbolding & Brickell, 2000).

우볼딩(2011)은 현실치료상담이 발전하고 있는 모습을 몇 가지로 요약해서 제시하였다. 첫째, 현실치료상담 관련 연구를 촉진하기 위하여 우수학자 연구지원 프로그램을 운영하고 있다. 둘째, 유럽심리치료학회로부터 현실치료상담의 타당성을 인정받아 현실치료상담사 자격증을 취득한 사람에게 유럽심리치료학회의 자격이 부여되고 있다. 셋째, 글래서의 업적을 보존하고 선택이론과 현실치료상담의 미래를 계획하기 위하여 미국 LA의 로욜라 메리마운트 대학과 윌리엄 글래서 연구소가 2년간의 대화를 통하여 공중 문제로서의 정신건강과 관련한 연구를 함께 추진하고 있다. 넷째, 1981년 이후 현재에 이르기까지 선택이론 및 현실치료상담 국제 학술지(International Journal of Choice Theory and Reality Therapy)가 발전적으로 발간되고 있다. 다섯째, 현실치료상담이 학자들보다는 실무자들에게 더 호소력이 있어 상대적으로 현실치료상담에 관한 연구가 부족함을 인식하고, 최근 들어 현실치료상담에 관한 경험적 연구의 중요성을 강조하면서 많은 연구가 활발히 이루어지고 있다. 여섯째, 글래서(2005a)는 정신건강을 공중건강 문제로 다루면서 치료중심의 관점보다는 성장중심의 관점에서 현실치료상담의 영역을 확장시켰으며, 그 결과 선택이론에 관한 교육활동의 중요성을 강조하였다.

현실치료상담은 이론의 타당성과 적용력, 그리고 경제성 때문에 앞으로도 많은 상담 및 교육 관련인의 사랑을 받게 될 것이다. 또한 지금보다 훨씬 더 많은 사람이 현실치료상담의 도움으로 보다 더 건강하고 행복한 삶을 살 수 있게 될 것이다. 특히 단기상담을 요청하고 있는 사회적 분위기와 더불어 더욱 활발하게 활용될 것으로 기대된다.

제12장
자아초월심리학과 상담

| 김명권, 문일경 |

　자아초월심리학(transpersonal psychology)은 1960년대 미국을 중심으로 출현한 심리학계의 움직임으로, 동서양의 전통과 지식을 포괄하여 인간 의식에 대해 가장 광범위하고도 가장 심오한 탐구를 시도하고 있는 새로운 형태의 심리학이라고 할 수 있다. 즉, 자아초월심리학은 우리가 일상적으로 경험하는 자아의식에 대한 이해와 그 치유에 관한 많은 성과를 축적해 온 서양 심리학에 기초하면서도, 더 나아가 인간의 실존적·초월적 측면까지 통합하고 있다. 이렇게 자아초월심리학과 상담은 그 사상적 배경이 동서양의 다양한 전통과 지식을 토대로 하고 있으며, 타 학문 및 인접 학문과의 교차적 성격과 인간 정신 및 영혼에 대한 광범위한 접근방식, 이론과 실무적용 방법론의 다양성 등을 포괄하고 있기 때문에 다루는 연구 분야가 매우 폭넓다. 특히 자아초월심리학의 응용 분야인 상담 및 심리치료 분야의 다양한 관점과 접근은 한두 가지의 주도적이고 일관된 상담 모델로 국한시키기는 어렵다. 따라서 여기서는 수많은 자아초월 상담 및 심리치료가 공통적, 본질적으로 추구하는 치료적 관점과 원리를 견고한 메타이론으로 포용할 수 있는 켄 윌버(Ken Wilber)의 통합적 접근에 초점을 두고자 한다.

1. 주요 학자

이 분야의 주요 학자로는 인본주의심리학의 창시자이자 자아초월심리학의 선구자 중의 한 사람인 매슬로(A. H. Maslow), 최초의 자아초월심리치료 체계인 '정신통합(psychosynthesis)'을 개발한 아사지올리(R. Assagioli), 자아초월심리학과 통합심리학 분야의 최고 이론가인 윌버, LSD와 과호흡을 변성의식 연구와 심리치료에 적극적으로 활용하여 의식세계에 관한 탁월한 관점을 제시한 그로프(S. Grof)를 소개하고자 한다.

1) 에이브러햄 매슬로

Abraham H. Maslow

에이브러햄 매슬로(Abraham H. Maslow, 1908~1970)는 인본주의심리학을 이끌었던 대표적인 심리학자로서 욕구위계설과 자아실현 등의 개념으로 널리 알려져 있다. 그러나 매슬로가 그로프와 함께 '자아초월'이란 용어를 최초로 제안했으며, 또한 1960년대에 자아초월심리학회를 창설한 인물이라는 사실은 거의 알려져 있지 않다. 미국 심리학회장을 지냈으며, 상실된 인간성의 회복과 특히 자아실현인에 관한 연구로 그 당시의 심리학계에 지대한 영향을 끼친 학자인 그가 주류 심리학의 제한된 방법론과 연구 주제의 협소함에 강하게 반발하면서 자아실현을 넘어 자아초월적 관심사를 탐구했던 점은 시사하는 바가 크다고 할 수 있다.

매슬로는 생애 말년에 동기의 계층(욕구위계)을 결핍동기가 부여된 개인(x 이론), 인본주의적으로 동기가 부여된 개인(y 이론), 그리고 초월적으로 동기가 부여된 개인(z 이론)을 포함하는 삼중 모델로 보다 정교하게 구분하였다. 이 동기 수준의 삼중 모델은 이후 윌버의 발달 모델을 구성하는 전개인(prepersonal) 단계, 개인(personal) 단계, 초개인(transpersonal) 단계와 매우 유사한 것으로, 그의 탁월한 통찰을 보여 주는 것이라 할 수 있다. 한편, 매슬로는 실존적 동기라고 할 수 있는 상위 욕구(meta-needs)가 충족되지 않았던 그 자신의 경험을 통해 영혼의 병을 다룰 수 있는 보다 상위의 고급 상담자를 훈련할 필요성을 제안하기도 했다. 그들이 바로 자아초월상담자를 의미한다고 할 수 있다.

2) 로베르토 아사지올리

로베르토 아사지올리(Roberto Assagioli, 1888~1974)는 이탈리아에서 태어났다. 어머니가 신지학회(神智學會) 회원이었기 때문에 영적이고 비교(秘敎)적인 지식을 자연스럽게 접할 수 있었다. 1906년에 의학을 전공하기 시작했으며, 이탈리아에서는 처음으로 정신분석을 공부하였다. 그러나 그는 곧 정신분석의 한계를 느꼈으며, 신비주의와 과학을 포괄할 수 있는 보다 광범위한 이론과 새로운 기법을 만들어 낼 필요성을 인식하였다. 그는 융(C. G. Jung), 부버(M. Buber)와 특히 가깝게 교류하면서 1926년 로마에 정신통합연구소를 설립

Roberto Assagioli

했고, 1927년에는 「치료의 새로운 방법: 정신통합(A new method of healing: Psychosynthesis)」이라는 논문을 발표하여 자신의 독자적 입장을 밝혔다.

이 정신통합은 영성을 인간 정신의 한 부분으로 수용하는 최초의 자아초월 심리치료 모델로서 아사지올리는 인간의 정신을 개인적 영역(의식과 무의식 포함)과 영적 영역으로 구분했으며, 이를 보다 정교화시켜 계란 모양의 정신 도식(egg dragram of psyche)을 만들었다. 도식의 아랫부분은 프로이트(S. Freud)의 정신분석에서 다루는 억압된 내용이 있는 개인무의식, 중간 부분은 일반적으로 교육이 다루는 개인의 자아실현과 사회에의 공헌이 이루어지는 개인의식, 마지막으로 윗부분은 개인의 자아를 초월하여 고상한 윤리감각과 예술성, 우주의식의 원천이 되는 영적 영역이다. 이와 같이 정신통합은 자기치유-자기실현-자기초월의 전단계(全段階)를 포괄하고 있다.

뿐만 아니라 정신통합은 그 당시의 주류 심리학인 정신분석이나 행동주의에

결여되어 있는 '의지(will)'를 강조하였는데, 개인의 모든 기능과 특성을 조화하여 하나의 큰 전체로서의 기능을 통합적으로 발휘할 수 있는 '의지'의 힘에 중심을 두고 있다. 즉, 아사지올리는 정신통합의 특징이 의지의 각 측면을 분석하고 발달시키며, 바람직한 방향을 제시해 주기 위한 각종 기법을 사용하는 데 있다고 보았다.

아사지올리는 서양의 정신분석에서부터 동양의 영적 전통에 따른 수행법까지 모든 기법을 받아들였으며, 정신통합의 치료과정을 두 단계로 구분하였다. 개인무의식을 의식화하여 의식적인 차원에서 자아실현을 촉진하는 개인적 정신통합과, 영성 또는 진정한 자기를 자각하여 인류와 존재의 일체성을 깨달아 가는 영적 정신통합(자아초월)이 그것이다. 개인적 정신통합은 꿈의 해석, 자유연상, 전기, 일기, 다시 살아 보기, 말로 표현하기, 글쓰기 등 억제되어 있던 무의식을 의식화하고 정화하기 위하여 다양한 기법을 사용한다. 또한 의식화된 것을 의식적 자기(self)를 중심으로 조화롭게 통합하여 자아실현을 이루기 위해 탈동일시, 의지의 발달, 이상적 모델, 상상의 훈련 등의 기법을 활용한다. 영적 정신통합에서는 의식적 영역으로부터 의식을 확장시켜서 초월적 자기(Self)를 자각하고, 초월적 자기를 중심으로 의식의 모든 영역(무의식, 의식, 영성)을 조화롭게 통합하고자 한다.

3) 켄 윌버

과학과 수학에 특히 관심이 많았던 켄 윌버(Ken Wilber, 1949~)가 의과대학에 입학한 후 우연히 노자(老子)의 『도덕경(道德經)』을 접하게 된 일은 그의 인생에 급격한 전환점을 가져다준 계기가 되었다. 이후 그는 도교, 불교를 비롯한 다양한 동양사상, 심리학적 문헌 등을 섭렵하였다. 윌버는 자아초월심리학 분야의 가장 탁월한 이론가로서 단순히 머릿속에서 철학적 체계를 구성한 것이 아니라, 이미 대학생 때부터 명상과 같은 정신적인 수행을 시작하여 평생을 통해 본인 스스로 이론과 수행의 접점을 이루고자 노력해 온 인물이라고 할 수 있다. 문자 그대로 모든 이론을 섭렵하면서 그것들을 끊임없이 통합하고자 시도해 왔다는 점에서 그는 현대의 대표적인 거대 담론가로서의 위상을 차지하고 있으며, 문수보살의 화신, 의식심리학의 프로이트 또는 헤겔(Hegel) 등과 같은 최고의 학자들에 비견되고 있다.

Ken Wilber

월버는 23세에 최초의 저서인『의식의 스펙트럼(The spectrum of consciousness)』(1977)을 저술함으로써 세상을 놀라게 했다. 이 책은 동서고금의 의식세계에 관한 모든 입장을 대통합한 것으로서 마음과 의식에 관한 서로 다른 이론적 입장들, 더 나아가 마음의 치료와 정신적인 해방에 관한 수많은 입장들을 일목요연하게 정리한 것이다. 그때까지 의식에 관한 다양한 관점으로 인해 방황하고 혼란스러워하던 학자들과 의식연구와 관련된 많은 학계에 충격과 해방감을 동시에 안겨 주었다. 이후 그는 심리학을 위시한 사회과학과 인문학은 물론, 예술, 신학, 종교학, 자연과학 등을 섭렵하면서 인간과 이 세계가 당면한 문제의 본질을 밝혀 내고 그 해결을 향해 탁월한 통찰을 쏟아내고 있다.

심리치료와 관련하여 월버는 일찍이『의식의 스펙트럼』과『무경계(No boundary)』(1979)에서부터 심리치료의 핵심들을 일목요연하게 통합해 왔으며, 최근에는 '통합적 삶을 위한 수련(Integral Life Practice: ILP)'(2005)으로 그 영역을 확장하고 있다. 특히 그는 이 시대의 최고의 쟁점인 명상과 심리치료 간의 상관관계를 명쾌하게 정리하고 있다. 월버의 공식 홈페이지는 www.kenwilber.com 이다.

4) 스타니슬라프 그로프

월버가 자아초월심리학의 이론적 체계를 구축해 온 대표적인 이론가라고 한다면, 스타니슬라프 그로프(Stanislav Grof, 1931~)는 정신과 의사이자 임상가로서 월버와 더불어 자아초월심리학의 쌍벽으로 인식되고 있다. 그는 1931년 체코에서 태어났으며, 십대 때부터 정신분석에 관심이 많았다. 의과대학에서 정

Stanislav Grof

신의학을 전공하고 전문의 수련을 받았다. 프라하 정신의학연구소에서 LSD와 같은 환각물질의 임상적 효과를 연구하다가, 1967년에 미국 존스홉킨스 대학 특별연구원으로 초청되면서 미국으로 이주하였다. 1973년부터 1987년까지 미국 서부의 인간잠재력계발운동의 본산인 에살렌(Esalen) 연구소에 초대되어 저술, 세미나, 강연 등을 통해 활발히 활동하면서 아내 크리스티나(Christina)와 함께 그의 독창적인 치유법인 홀로트로픽 호흡법(Holotropic breathing method)을 개발하였다. 1969년에 초대 자아초월심리학회 창립회원, 1977년에는 국제 초개인협회 초대회장을 지냈다.

그로프는 지난 50년 동안 3천 회 이상의 LSD 임상과 1천 회 이상의 홀로트로픽 호흡법을 지도해 오고 있으며, 20권 이상의 저서를 발표했다. 그는 환각제의 효과를 경험하면서 심리치료를 받은 수천 명의 환자와의 임상 경험을 세심하게 관찰하고 학문적으로 기술함으로써 그만의 고유한 의식이론을 정립하였다. 그는 의식의 심층체험 영역을 네 가지로 구분했는데, 감각적 장벽 영역(심미적 영역), 회고적 전기적 영역[프로이트적(Freudian) 영역], 분만 전후 영역[랭크 라이히적(Rank Reichan) 영역], 그리고 자아초월적 영역[융적(Jungian) 영역]이 그것이다.

그로프의 대표적인 치료법인 홀로트로픽 호흡법은 그가 이전에 주된 치료법으로 사용해 왔던 LSD가 1960년대에 미국에서 금지되면서 그 대체요법으로 개발된 것이다. 호흡은 인간의 정신과 밀접한 관계에 놓여 있기 때문에 호흡을 통제함으로써 의식 상태를 변화시킬 수 있다. 호흡을 깊고 느슨하고 천천히 할수록 마음이 이완되는 것과 대조적으로, 과호흡(hyperventilation)은 의식의 급격한 변성을 초래하는 방법의 하나로 활용된다. 일반적으로 이 과정은 남녀 한 쌍이 조가 되어 격렬한 음악을 들으면서 과호흡을 하기 시작한다. 과호흡으로 인해 전신의 세포가 과산소 상태로 활성화되면서 체내에 축적된 억압 상태가 해방되어 격렬한 정서적 정화와 치유에 이르게 된다.

그로프는 비일상적 의식 상태에 관한 다양한 임상실험을 바탕으로 인간의 본성과 우주의 존재에 관한 심오한 사상을 펼쳤다. 그는 우리가 사는 현상계는 시

공간과 양극성을 초월한 절대의식(창조 원리)으로부터 비롯되었으며, 인간 개개인의 의식은 무한히 확장되어 다른 모든 존재, 심지어는 우주 그 자체와도 동화될 수 있다고 보았다. 그로프는 이외에도 정신증적 상태와 구별되는 치유적 기회라고 할 수 있는 자아초월적 영적 위기(spiritual emergency)의 개념을 그의 아내 크리스티나와 함께 주창하였다. 또한 치료 시에 일어나는 감정과 기억의 동시발생구조를 이해하기 위해 응축 경험체계(system of condensed experience: COEX)의 개념을 제안했는데, 이것은 LSD 치료에서 연상된 기억이 유사한 감정톤과 정서, 그리고 유사한 주제를 가진 내용으로 조직화되고 연결되는 것을 말한다. 그의 공식 홈페이지는 www.holotropic.com이다.

2. 인간관

자아초월심리학은 인간을 개인적인 의식 수준을 넘어 더 높은 영적 · 초월적 의식 수준을 포함하는 전 스펙트럼의 발달을 성취할 수 있는 무한한 가능성과 잠재력을 가진 존재로 보고 있으며, 보다 온전하고 전체적인 관점에서 인간이 경험하는 현상을 이해하고자 한다. 자아초월심리학 이론을 뒷받침하는 주요 인간관은 다음과 같다.

1) 영적 수준을 포함하는 전 스펙트럼의 발달을 성취할 수 있는 존재

자아초월심리학은 모든 인간이 보다 완전하고 전체적인 인간성을 추구하는 발달과정 속에 있으며, 개인적 의식 수준을 넘어 더 높은 의식발달을 성취할 수 있는 존재라는 사실을 적극적으로 수용한다. 즉, 인간은 미분화된 자아 이전의 전개인적(prepersonal) 단계로부터 자아의 확립과 자기실현이 이루어지는 개인적(personal) 단계에서 그 발달이 완결되는 것이 아니라, 자아를 초월한 초개인적(transpersonal) 단계까지 이를 수 있는 존재라는 것이다. 이러한 인간 정체성의 본질을 설명하는 데 있어 자아초월심리학은 현대 심리학의 성과와 세계의 영적 전통 양쪽을 모두 타당한 것으로 받아들이며, 심리학의 연구 영역을 영적 단계를 포함하는 인간 의식의 전 스펙트럼으로 확장하였다. 즉, 자아초월적 관점은 우리 존재의 본성을 심리학적이고 영적인 것으로 보며, 특히 자기의 심리학적 구조를 지지하고 유지시키는 원천이 영적 본성에 있음을 강조한다.

2) 보다 다양한 의식 상태를 경험하고 계발할 수 있는 존재

자아초월심리학은 인간이 보다 다양한 의식 상태를 경험하는 존재임을 존중하며, 의식의 다양한 상태를 탐구하는 것이 인간의 성장과 발달을 촉진시킬 수 있음을 믿는다. 실제로 인간은 일상적 삶 속에서 보여 주는 능력 훨씬 이상의 잠재력을 가진 존재로서 그 잠재력의 오직 일부만을 실현하면서 살고 있다. 우리가 이제까지 영위해 왔던 문화는 우리의 잠재력의 일부만을 강화시키면서 나머지 부분은 배제하거나 억압시켜 왔다.

특히 그동안 서구의 정통 심리학은 의식의 다양한 변성 상태를 병리적인 것이나 단순한 환상으로 치부하면서 인간 본성의 중요한 측면인 영적·초월적 차원을 다루는 데 있어 그 한계를 드러내 왔다. 매슬로(1969)는 기존의 심리학에서 '정상적'이라고 부르는 것은 인간발달의 정점이 아니라 오히려 발달적 고착의 형태를 대변한다고 지적하면서 일상적 의식 상태에만 치중해 왔던 심리학계의 관심사에 대한 회의적 견해를 밝히기도 했다.

대부분의 인간 속성과 자질은 자연발생적으로 또는 변형 수련을 통해서 그 비범한 버전을 만들 수 있다. 자아초월적·영적 차원을 포함하는 다양한 변성 의식 경험은 중요한 심리적·사회적 이익을 제공해 주며, 자주 드라마틱하고 지속적이며 유익한 심리적 변화를 초래한다. 그것은 의미와 목적을 제공하고 실존적 갈등을 해결하며 인류와 지구에 대한 자비로운 관심에 대한 영감을 불러일으키기도 한다. 또한 그러한 경험은 인간 가능성의 풍요함을 가리킬 수도 있다. 즉, 그것들은 어떤 감정, 동기, 인지적 능력과 의식의 상태가 계발될 수 있으며 현재의 사회적·문화적 규범을 뛰어넘어 실현될 수도 있음을 시사한다.

3) 전체적·통합적 현상을 경험하는 존재

자아초월심리학은 인간이 경험하는 현상을 온전하고 전체적인 관점으로 파악하고자 한다. 즉, 한 개인의 경험은 서로가 서로의 일부를 이루는 적어도 네 가지의 구별되는 차원을 지닌 하나의 현상으로 이해할 수 있다. 이 관점은 윌버 통합이론의 핵심이라고 할 수 있는 AQAL의 한 요소인 사상한의 개념으로 설명할 수 있다. 사상한은 서로 연관되면서도 서로 환원될 수 없는 관점으로, 내부-외부와 개인-집단의 두 개 축의 교차에 의해 형성된다. 즉, 그것은 경험적(개인-내부), 행동적(개인-외부), 문화적(집단-내부), 사회적 차원(집단-외부)이다. 상담장면에서 어떤 내담자의 상황을 이해하고자 할 때 이러한 네 가지 관점 각각은 내담자의 문제에 대한 서로 다른 의미와 정보를 제공해 주면서 보다 완전한 이해를 돕는다.

4) 다양한 발달적 기능을 가진 존재

인간은 다양한 발달적 기능을 가지며, 이러한 서로 다른 발달적 측면은 의식의 기본 발달 수준을 통과해 가며 서로 연관되면서도 독립적으로 발달할 수 있는 잠재력을 지닌다. 이는 우리의 존재, 기능 또는 '지능'의 다양한 측면으로 인식되는 '발달라인'이라는 개념으로 설명할 수 있는데, 한 개인의 발달은 어떤 라인에서는 극도로 잘 발달되어 있을 수 있는 반면, 다른 라인들은 훨씬 덜 발달되어 종종 서로 다른 속도로 진행될 수 있다. 많은 내담자는 삶의 모든 측면에서 똑같이 잘 기능하지 않으므로 치료에 대한 통합적 접근은 내담자가 자신의 발달적 윤곽에 대한 자각을 파악하는 과정을 포함하며, 내담자가 상호작용하는 타인의 강점과 약점뿐 아니라 내담자 자신의 강점과 약점을 보다 쉽게 파악하고 다룰 수 있도록 한다.

5) 각자의 고유한 방법에 의해 발달이 촉진될 수 있는 존재

인간의 성장과 발달은 어떤 보편적이고 엄격하게 적용되는 '유일한' 방법을 통해서 이루어지지 않는다. 다른 상한, 다른 발달단계, 다른 성향을 가진 사람들은 각기 다른 문제점에 직면하고, 그에 따른 해결책은 서로 다른 접근과 실천방법을 요구한다. 따라서 자아초월심리학은 각 분야와 상담이론의 타당성을 존중하는 동시에 각 분야의 절대주의를 경감시키고 그 부분적 진리가 갖는 한계에 주목하여 각 분야의 적용 범위와 영역을 명확하게만 정의한다면, 그 부분들을 보다 포괄적이고 포용적인 전체의 부분으로서 통합할 수 있다고 믿는다.

3. 주요 개념

자아초월심리학과 상담의 이론을 설명하고 있는 개념은 다양하나, 여기서는 가장 공통적이고 기본적인 몇 가지 개념을 중심으로 살펴보고자 한다.

1) 의식의 발달단계

인간의 의식발달에 대해서는 동서고금을 통틀어 다양한 시각이 존재해 왔다. 심리학계에서도 여러 학자 간에 인간발달에 관한 서로 다른 입장들이 존재하며, 무엇보다도 서로 다른 심리치료 이론이 나오게 된 이유는 각 이론이 지향하는 의식의 단계가 상이했기 때문이다. 그 예로 윌버(1986)에 의하면, 정신분석은 주로 의식의 하위 단계(전개인적 단계)의 정체성을, 인지치료나 교류분석은 의식의 중간 단계(개인적 단계)의 언어적 규범과 각본에서의 문제 및 가벼운 정도의 실존적 문제를, 그리고 상위 단계(초개인적·자아초월적 단계)에서는 심각한 실존적 문제와 그 이상의 심령적·정묘적 병리를 중점적으로 다룬다. 각각의 치료이론들은 서로가 모순되는 것이 아니라 서로 다른 의식 단계의 특성에 초점을 맞춤으로써 표면상 아주 다른 접근을 하는 것처럼 보일 뿐, 사실상은 각각의 의식 단계에 가장 적합한 접근을 취하고 있다고 할 수 있다.

윌버(2008b)는 인지발달의 피아제(J. Piaget)나 도덕발달의 콜버그(L. Kolberg), 또는 욕구위계의 매슬로 등과 같이 발달에 관심을 둔 심리학자들의 모델과 동양의 인간정신에 관한 고대철학과 전통종교(특히 베단타 심리학, 대승불교, 유식학) 및 서양의 신비주의에서 제시하는 여러 발달 수준을 통합하여 의식의 스펙트럼 모형을 제안하였다. 의식의 기본구조는 '존재의 대사슬(great chain of being)'이라고 알려져 있고, 이는 물질(matter), 육체(body), 마음(mind), 영혼(soul), 정신(spirit)의 다섯 수준으로 제시되며, 이를 더 크게는 전개인(prepersonal), 개인(personal), 초개인(transpersonal)으로 구분할 수 있다. 각각의 상위 수준은 그 하위 수준을 초월하는 동시에 포괄한다. 윌버(2008b)는 다음과 같이 의식의 스펙트럼 모델의 10단계를 나누고, 각 단계에서의 병리와 치료에 대해서 상술하였다.

이 단계들을 보면 그 하위 단계부터 ① 감각물리적 수준, ② 정동적-환상적 수준, ③ 표상적 마음 수준, ④ 규칙-역할 마음 수준, ⑤ 형식-반성적 마음 수준, ⑥ 비전(vision)-논리적 수준, ⑦ 심혼(心魂) 수준, ⑧ 정묘(精妙) 수준, ⑨ 인과(因果) 수준, ⑩ 비이원(非二元) 수준에 이른다. 여기서 ①, ②, ③은 전개인적 수준, ④, ⑤, ⑥은 개인적 수준, 그리고 ⑦, ⑧, ⑨, ⑩은 초개인적 수준에 해당한다. 또한 각 의식 수준에서의 장애는 그 수준에 해당하는 특정한 병리를 초래하며, 그에 가장 적합한 치료법이 존재한다. 물론 어떤 특정 치료법이 어느 한 수준에서의 병리만을 치료하는 것은 아니다.

2) AQAL

AQAL은 윌버의 통합사상과 통합심리치료의 핵심적 개념으로, 다양한 관점에서 모든 것을 조화를 이루게 하는 역할을 수행하며 광범위하고 정확한 의미로 삶과 실재를 이해하는 방식을 말한다. 의식, 우주, 모든 수준, 모든 차원에서의 인간발달에 관한 지도(map)라고 할 수 있는 AQAL은 수백 가지 이론으로부터 핵심적 진리를 추출하는 메타이론으로, 영적 전통, 철학, 근대 과학, 발달심리학, 다른 많은 학문의 심오한 통찰을 체계화한다. AQAL은 'All Quadrants/All Levels(모든 상한/모든 수준)'을 의미하며, 모든 상한(실재에 대한 네 가지 필수 관점), 모든 수준(현상에 의해 드러나는 복잡성 정도)을 의미함과 동시에 모든 라인(line, 인지, 도덕, 정서 등), 모든 상태(state, 깨어 있는, 꿈꾸는, 깊은 수면, 명상적), 모든 유형(type)을 포함한다.

먼저 '사상한(four quadrants)'은 통합 모델의 제1원칙으로, 인간의 개인적/집합적 차원에서의 내면적/외현적 측면을 의미한다. 각 상한은 존재의 본질적 양식을 취하는데(모든 언어에서의 1인칭, 2인칭, 3인칭의 관점), 1인칭 관점(I, me, mine)은 나의 주관적·개인적·내면적 체험을 의미한다. 2인칭(you, yours, we)은 관계 속의 사람들, 즉 우리가 어떻게 그룹 안에서 서로를 체험하고 소통하는지를 포함한다. 3인칭(it, its, him, her, them)은 사물뿐 아니라 객관적으로 관찰 가능한 사람의 외면을 어떻게 다룰 것인지를 의미한다. 사람들의 집합적 외면은 사회적 시스템으로, 가족, 학교, 정부, 회사 등 모든 조직을 포함한다. 물론 삶은 단순하지 않으므로 상한 간에는 서로 중첩되는 부분도 많다(Parlee, 2006). 통합심리치료는 각 단일 이론이 특정 차원에 적용되는 경향이 있으므로 그 이론과 관련 기법을 가장 효과적인 맥락으로 재배치시키고 적절한 한계 내에서 그 타당성을 존중한다는 입장을 취한다(Marquis & Wilber, 2008).

한편, 통합 모델은 인간발달과 병리에 대한 보다 전체적·통합적 관점에서 자아초월적 또는 영적 수준을 포함하는 심리적 발달의 전 스펙트럼을 명시적으로 존중한다. 이는 앞서 언급했던 의식의 스펙트럼 모델 10단계와 맥을 같이한다. 윌버는 의식발달 수준을 주로 10개의 '수준 또는 구조(level or structure)'로 나누었는데, 이는 크게 전개인, 개인, 초개인의 세 영역으로 구분된다. 전개인(1~3수준) 영역은 분리되고, 응집되며, 자율적인 자기감이 출현하기 전의 발달을 의미하며, 개인(4~6수준) 영역은 상대적으로 안정된 자기감을 발달 및 강화시키는 영역이다. 이 두 영역은 주로 서구 심리학의 공헌에 근거한다. 여기에 추가적으로, 수많은 현상학적·경험적 증거는 초개인(7~10수준) 영역의 개념을 지지한다. 이 영역은 우주의 영적인 원천으로서의 궁극적인 정체성을 다양한 수준에서 깨닫는 것을 말한다(Wilber, 1986).

윌버(2008b)는 자신의 사상 3기에 이전의 '수준'만으로는 충분히 설명할 수 없었던 발달의 다양한 측면에 대한 한계점을 보완하기 위해 '라인(line)'이라는 새로운 개념을 제시하였다. 즉, 의식발달은 기본 수준을 중심으로 최소한 20~30여 개의 상대적으로 독자적인 라인을 따라 진행되어 간다는 것인데, 그 대표적인 것이 인지, 도덕, 정서, 창조성, 욕구, 자기정체성, 성 등이다. 라인의 임상적 초점은 그동안 심리치료에서 관심을 가져왔던 인간의 주요한 차원인 인지, 행동, 정서를 비롯하여 인간의 모든 측면이 골고루 발달되어야 한다는 관점에서 출발한다.

또한 앞에서 언급한 영속적 의식구조(수준)와 구별되는 것으로, 임시적으로 경험되는 수준인 '상태(state)'라는 개념은 자아초월심리학 분야에서 '변성의식'에 대한 탐구로 뜨거운 관심을 일으켰던 주제이기도 하다. 윌버는 모든 발달단계에서 일시적으로 자아초월적 상태를 체험하는 것이 가능하나, 이러한 체험이 어떻게 해석되고 통합되는가는 대체로 체험자의 현재 두드러진 발달 수준의 기능에 의해 결정된다고 설명하였다. 여기에 추가적으로, AQAL 모델은 인간이 에니어그램 또는 MBTI에서 구별되는 '유형(type)'이나 성 역할 등의 틀에서 기능한다는 사실도 간과하지 않는다(Marquis & Wilber, 2008).

한편, 이러한 상한, 수준, 라인 등 다양한 발달을 통합하고 중재하는 주체인 '자기(self)'는 개인의 심리적인 우주의 경험 센터이기 때문에 중요하다. 윌버(1986)는 '자기'는 궁극적인 관점에서는 초월되어야 하는 착각이지만, 중간과정에서는 절대적으로 필요한 기능을 수행하고 있음을 강조하였다. 자기는 새로운 수준으로 발달해 갈 때마다 ① 새로운 구조와 동일시, 융합, 융해, ② 이전 구조와의 분리, ③ 이전 구조를 새로운 구조로 흡수 및 통합하는 등 1-2-3 과정을 거친다. 이렇듯 심리치료의 통합적 접근은 발달의 주체인 자기가 각 단계에서 겪는 정지, 고착, 해리 등의 문제를 해결하기 위한 틀인 발달, 병리, 치료의 스펙트럼과 모든 상한, 수준, 라인, 유형, 상태 등을 통합하는 AQAL 모델에 기반하여 내담자의 많은 삶의 관점을 가능한 한 전체적으로 균형 있게 포괄하고자 한다.

3) 전초오류

앞에서 언급한 바와 같이, 윌버는 인간의 정신발달에 관한 동서고금의 모든 이론을 총망라하여 그 수준을 전개인, 개인, 초개인(자아초월) 단계로 크게 구분하였다. 전초오류(pre-trans fallacy)라는 개념은 의식발달의 측면에서 전개인적 상태와 초개인적 상태 둘 다 비합리적이라는 공통점을 지니며, 매우 유사한 양상으로 나타나므로 서로 혼동을 일으키기 쉽다는 의미다. 윌버는 인간의 발달은 자아 이전의 전개인적 상태에서부터 시작하여 개인적인 자아의 확립을 거쳐서 초개인적 단계에서 그 정점에 이른다고 보았다. 전개인적 상태는 물질적 세계와 미분화된 융합 상태이며, 자아도, 이성도, 영성도 존재하지 않는 상태다. 반면, 초개인적 상태는 자아에 매몰되지 않고 자아를 넘어선 물질성, 이성, 영성을 통합할 수 있는 상태다. 즉, 미분화된 융합과 발달상의 분화를 충분히 거친 후에 나타나는 통합의 모습은 표면적으로는 비슷하게 보일 수는 있으나 본질적으로는 현격한 차이가 있다.

윌버는 전초오류를 두 가지 유형으로 구분하였다. 전초오류 1(ptf-1)유형은 모든 상위의 초개인 상태를 보다 낮은 전개인 상태로 환원시키는 오류다. 이러한 환원주의적 세계관은 합리성을 인간과 집단 발달의 정점으로 보고, 합리성이야말로 우주를 이해하는 유일한 방법으로 인식하는 경험적 과학의 시각이라고볼 수 있다. 더 깊거나 넓은 상위의 맥락은 존재하지 않으며, 삶은 합리적으로 살든지 신경증적으로 살든지 두 가지 방법밖에 없다. 진정한 초(超)합리적 경험이 발생하는 경우에도 그것은 곧 전(前)합리적 구조로의 신경증 또는 퇴행으로취급된다. 대부분의 심리학자는 자신들이 초개인적 체험이 없거나 이를 객관적으로 증명할 수 없기 때문에 이 단계를 인정하지 않거나 병리적인 것으로 간주하기도 한다. 즉, 초개인적 체험을 전개인적 체험으로 격하시키고 환원시키는 것이다.

이와 반대로, 전초오류 2(ptf-2)유형은 전개인 상태를 초개인 상태로 승화시키는 오류다. 승화주의자들은 초개인적이고 초합리적인 일체감을 궁극적인 오메가 점이라고 보고, 자아의 합리성은 이러한 보다 상위의 상태를 부인하는 경향이 있으므로 그것을 인간 가능성의 낮은 지점이라고 주장한다. 2유형 관점에서의 역사는 영적인 차원에서 원죄를 가진 인간이 소외의 낮은 지점으로 추락하는 역사이며, 인간은 나락의 끝에 있다는 종교의 관점이다. 두 가지 오류 모두 오직 두 개의 축, 즉 전개인-개인(ptf-1), 혹은 개인-초개인(ptf-2)의 영역만을 가진다. 이들은 개인의 자아 혹은 이성적인 사고를 하는 개인 수준을 영성으로부터 가장 멀리 떨어진 소외된 것으로 보는 오류를 범하고 있다. 또는 이들은 전개인적 방종을 초개인적 자유로 격상시키거나, 마음, 자아의 이차과정과 논리의 역할을 폄하한다.

4) 거짓된 영성

진정한 영성이란 무엇인가? 어떤 학자는 초월을 추구하는 자와 자아초월심리학자들을 자기애적인 자기몰두에 빠진 사람들이라고 비난하였고, 또 어떤 학자는 그들을 서양문화의 자기중심적 시각에서 인류를 위한 사람과 이타적인 마음을 가진 진정한 자아초월적 인간으로 묘사하였다. 어떤 입장이 옳은 것일까? 거짓된 영성이란 영성의 진정한 의미를 파악하지 못하고 표면만 영성으로 위장한 채 사실은 개인적인 미해결된 욕망에 사로잡혀 있는 상태를 말하며, 여기에는 영적 우회, 영적 방어, 공격적 영성 등이 있다.

(1) 영적 우회

우리에게 주어진 삶의 기본적인 발달 과제를 무난하게 해결하며 통과해 나간다는 것은 그리 쉬운 일이 아니다. 대부분의 사람은 인간관계 속에서 부대껴야 하고 생계를 유지해야 하며, 더 나아가 가족을 형성하고 유지해야 하는 운명을 타고 났다. 그러나 이러한 과제들을 수행하는 일은 다양한 능력과 인내를 요구한다. 영적 우회(spiritual bypassing)란 영적 개념이나 수행을 이용하여 인간의 기본적인 욕구, 감정, 발달 과제를 회피하거나 조급하게 초월하려는 시도 또는 경향성을 말한다. 앞서 언급한 윌버의 전초오류와 유사한 개념이다.

카르마, 조건화, 몸, 형상, 물질, 인격의 틀 등 자신을 옭아매는 세속의 틀로부터 자유롭고자 하는 욕망은 수천 년 동안 영적인 탐구의 가장 근본적인 동인이었기에 자신을 짓누르는 수많은 혼란과 해결되지 않은 감정적·개인적 문제에서 벗어나기 위한 방법으로 영적 수행을 택하는 것은 흔히 발견되는 경향이다. 영적 우회는 특히 삶의 발달 과제를 수행하는 데 어려움을 겪는 사람들을 유혹하는데, 영적인 가르침과 수행은 오래된 방어를 합리화하고 강화하는 수단이 될 수 있다. 영적 우회는 시시때때로 변하는 나약한 자아와 같이 어렵고 불쾌한 것을 외면하는 성향이다. 즉, 자신이 어려운 세상사를 감당할 수 있을 만큼 강하다고 느끼지 않기 때문에 개인적인 감정마저 모두 초월할 수 있는 방법을 찾는 것이다.

(2) 영적 방어

영적 방어(spiritual defense)란 어떤 영적 신념에 의해서 사람들이 자신의 실제적이고 구체적인 감정적 자아를 표현하지 못하는 것을 말한다. 예를 들면, 불교나 기독교의 수행자들은 화를 표현하지 않거나 관계 속에서 자신을 내세우지 않을지도 모른다. 왜냐하면 그런 행위가 자신의 종교의 개념과 반대가 된다고 믿기 때문이다. 이러한 무리한 억제와 자학은 궁극적으로는 자신의 진정한 욕구를 거부함으로써 고통을 변형시키기보다는 고통을 지연시킨다.

(3) 공격적 영성

공격적 영성(offensive spirituality)은 영적 방어의 반대 개념으로 다른 사람이 자신을 존경하도록 강요하기 위한 수단으로 자신을 영적으로 발달한 사람이라고 주장하는 것을 말한다. 이는 원래 위협당한 자아를 지탱하기 위해 자기애적인 수단을 사용한 것이다. 많은 영적 지도자가 자신의 지위와 권위를 이용하여 제자를 착취하는 것도 이에 해당한다. 또한 흔히 자신의 영적 우월성을 앞세워 가까운 사람들의 낮은 영적 태도를 비난하고 경멸하는 경우도 있다. 이는 사실은 자신의 낮은 자기존중감을 영적 정체성으로 포장하고 진정한 자신과 접촉하지 않기 위해 그렇지 않은 타인들을 경멸하는 태도로 합리화하는 것에 불과하다(Scotton, 2008).

5) 강한 자아와 무아

서구 심리치료에서는 자아강도(ego strength) 혹은 강한 자아를 추구하며, 이를 정신건강의 척도로 삼기도 한다. 사실 많은 신경증은 현실의 문제를 스스로 해결해 나갈 수 있는 능력의 결핍을 말하기 때문에 이와 같은 입장은 충분한 설득력을 지닌다. 그러나 자신을 잘 통제하고 현실적으로 유능하게 기능하는 것만으로 과연 진정한 행복을 누릴 수 있는가에 대해서는 의문을 던져 볼 수 있다. 반면, 동양의 수행에서는 진정한 행복을 얻으려면 자아를 비우고 모든 욕망을 내려놓을 것(무아, 無我)을 강조해 왔다. 어떤 것이 진실일까?

자아는 기능적 자아와 자기표상적 자아로 구분될 수 있다. 기능적 자아는 정신의 내적인 기능뿐만 아니라 세계를 향해 조직하고 관리하는 능력을 가지고 있다. 즉, 그것은 세상을 지각하고 세상에 대해 사고하며 자신의 소망들을 실현해 내는 기본적인 기능들을 의미한다. 이에 반해, 자기표상적 자아는 '자기'라는 일관된 개념을 통합해 내는 능력을 지니고 '나'라는 것에 집착한다. 이것은 어떤 고정된 실체로서 자신이 존재하며 나아가 영속한다고 믿는 자아를 말한다.

기능적 자아는 무아와 배치되지 않으나, 자기표상적 자아는 '진정한 나'가 존재한다고 믿기 때문에 무아의 입장과 배치된다. 진정한 자신이 존재한다고 믿는다면 당연히 집착하게 될 것이고 모든 것은 언젠가는 사라질 수밖에 없기 때문에 이러한 입장에는 필연적으로 고통이 따를 수밖에 없다(Welwood, 2008).

4. 상담 목표와 과정

자아초월상담 및 심리치료를 규정하는 특성은 치료과정 전반에 영향을 미치는 이론적·방법론적 프레임워크와 지향성이지, 구체적인 상담과정이나 기법이 아니다. 또한 자아초월 분야의 광범위한 관점은 특정 접근으로 국한되지 않기 때문에 한두 가지의 일관된 상담 모델로 설명하기는 어렵다. 실제로 자아초월적 또는 통합적 지향성을 가진 치료자들은 각자의 고유한 관심사와 강조점에 따라 다양한 상담 모델과 방법론을 개발해 왔다. 그 대표적인 예가 아사지올리의 정신통합(psychosynthesis), 그로프의 홀로트로픽 테라피(holotropic therapy), 알리의 다이아몬드 접근(diamond approach), 윌버의 통합이론에 기초한 통합심리치료(integral psychotherapy) 등이다. 지면상 여기서 각각의 치료에 대해 개별적으로 다루기는 어려우므로 이러한 모든 접근을 견고한 메타이론 내에 포괄할 수 있는 치료 모델인 통합심리치료에 대해 살펴보고자 한다.

통합심리치료는 서로 상충되는 수많은 치료적 접근 간의 공명적 조화를 이룰 수 있는 견고하고 일관되며 포괄적인 AQAL 메타 패러다임에 기초하고 있다. 대개 다른 전문성을 가진 치료자들이 각기 다른 이론으로 개념화하거나 사람들의 병리와 고통에 관련된 많은 임상적으로 유의미한 요소들 중 일부에만 주로 집중한다는 측면을 고려할 때 통합이론의 체계는 각 치료자의 효율성뿐 아니라 학제 간 소통, 자원과 치료를 위한 더 큰 가능성을 촉진한다(Marquis, 2011). 즉, 통합심리치료는 다양한 접근을 인정하고 수용하는 것 이상으로, 치료자들이 보다 통합적인 비전을 추구하면서 이론, 평가, 치료의 맥락에서 각자의 접근들을 배치할 수 있는 포괄적이고 유용한 방식을 제공한다.

1) 상담목표

통합적 맥락에서 고통은 개인사뿐 아니라, 본질적으로는 인간이 연결된 우주적 일체감으로부터의 분리에 근거하므로 통합심리치료는 고통받는 사람들은 모두 삶의 일체감으로부터 분리된 자아의 일시적인 정체성에 갇혀 있다는 관점에서 출발한다. 즉, 광의의 맥락에서 통합심리치료는 고통의 조건으로부터 자유를 향해 각성해 나가는 과정을 촉진하는 것으로, 그것은 몸, 정서, 마음과 배타적으로 동일시하는 정체성으로부터 자신의 고유한 존재의 완전성을 펼치고 포용하는 정체성으로 변화시켜 나가는 것이다(Warren & Marquis, 2004). 따라서 통합심리치료는 일반적인 심리치료가 목표로 하는 정상적 자아기능의 성취와 더불어 자아중심적 경계를 넘는 자각의 계발과 영적 각성을 목표로 하며, 모든 스펙트럼 수준에서의 성장과 변화를 강조한다.

사람들은 각자 다른 많은 이유에서 전문적인 상담과 심리치료를 찾는다. 그들의 문제는 다양할 뿐 아니라, 서로 다른 사람들은 즉각적인 증상 완화에서부터 전반적인 삶의 개선, 심오한 자기-변형/해방에 이르는 스펙트럼까지 근본적으로 다른 목표를 추구한다(Marquis, 2011).[1] 따라서 치료의 기본 방향은 보다 실용적인 것으로, 현재 내담자가 처한 발달 수준에서 더욱 건강해지도록 돕는 것이다. 즉, 통합심리치료의 목표는 모든 내담자를 가능한 한 가장 높은 단계에 도달하게 만드는 것이 아니다. 오히려 치료 작업의 최우선 지침은 대부분의 경우 우리가 만나는 내담자들의 바로 그 수준에서 내담자들이 가능한 한 건강하게 적응하도록 돕는 데 있다.

이는 통합심리치료가 통합적 관점에서 모든 발달 수준의 잠재력과 가능성을 조망한다는 점을 강조할지라도, 그 치료 실제의 접근은 각 발달 수준의 고유한 치료적 강점을 바탕으로 그 수준에서의 적응과 건강을 돕는 기존 심리치료들의 방향과 크게 다르지 않음을 의미한다. 즉, 통합심리치료의 일차적인 목표는 발

---

1) 통합적 관점에서 내담자의 변화능력은 궁극적으로는 한정되지 않지만 단기적으로는 그의 현 발달 수준에 한정될 수 있는데, 그 이유는 내담자들은 현재 수준의 기능에 강하게 집착하는 경향성이 있기 때문이다(Holden, 2004; Parlee, 2006). 즉, 모든 사람은 다양한 형태로 성장과 각성에 저항하며, 초월적 잠재력이 계발되지 않는 이유는 우리가 그것에 대해 적극적으로 저항하기 때문이다. 윌버(1986) 또한 스펙트럼 상의 모든 주요한 수준은 실제로는 특정 저항의 양태로 구성될 수 있으며, 대부분의 내담자가 발달단계의 도약을 위한 변형(transformation)보다는 현 단계의 적응능력을 증가시키는 해석(translation)을 추구한다는 점에 주목하였다.

달 수준의 도약을 강조하기보다는 고통의 각 수준에 있는 내담자들에게 최적으로 조율되어야 하며, 그것은 발달 수준과 관계없이 내담자들의 균형과 적응 능력을 계발하는 것이라 할 수 있다(Warren & Marquis, 2004).

2) 상담과정

통합심리치료의 과정은 일반적으로 통일되고 일관된 절차를 따른다기보다는 정신분석, 인본주의, 인지치료 등 다양한 이론적·전문적 배경을 지닌 치료자들이 통합적 프레임워크를 각자의 지향성에 확장하여 고유한 상담 과정과 기법을 적용하므로 일목요연하게 설명하기는 쉽지 않다. 그러나 구체적인 상담과정은 치료자에 따라 다양하게 진행할 수 있을지라도, 모든 통합심리치료자가 공통적으로 중시하는 작업은 AQAL이라는 개념적 틀을 활용하여 내담자의 문제를 가능한 한 다차원적·통합적 관점으로 이해하고, 그 복잡하고 미묘한 정보를 실용적인 사례개념화로 조직화하여 각 내담자들에게 최적화된 치료를 계획하는 작업이다. 즉, 통합적 평가와 그에 맞춤화된 치료계획은 통합심리치료의 핵심이라고 할 수 있다. 따라서 여기서는 치료적 관계 형성, 통합적 평가 및 치료계획 등 주로 초기 작업에 초점을 두고 상담과정을 설명하고자 한다.

(1) 치료적 관계 형성

일반적인 치료에서와 마찬가지로 상담자의 현존, 무조건적인 긍정적 존중, 공감, 치료적 관계 형성 등은 통합심리치료에서도 필수적이다(Warren & Marquis, 2004). 상담 초기의 접촉은 라포 형성하기, 치료관계 구축하기, 나-당신(I-Thou) 관계 만들기, 혹은 치료적인 '우리'를 형성하기 가운데 어떤 표현을 쓰든 함께 협업하는 초기 국면은 내담자의 성공적인 결과를 가져오는 데 있어 절대적으로 중요하다. 그런 측면에서 (첫 회기의) 접수 면접은 이상적으로는 서로가 잘 맞는지에 대한 상호 탐색의 형태로 이루어진다. 치료자만 내담자의 성격, 문제, 맥락을 평가하는 것이 아니라, 내담자 또한 서로 잘 맞는지, 도움을 줄 수 있는 치료자의 능력에 대해 신뢰하는지 여부를 평가한다.

따라서 내담자들은 치료의 과정과 성격에 대해서, 또는 특정 치료자가 작업하는 방식(이론적인 가정과 특정한 개입방법)에 대해서 그들이 품은 어떠한 의문이라도 던질 수 있는 기회를 가져야만 한다. 만약 치료자가 특정 내담자에게 도움이 될 수 있을지에 대해 확신이 없거나 내담자를 좋아하지 않는다면 내담자와 관계를 맺거나 그의 관심사에 공감하는 데 어려움을 겪는다. 혹은 내담자의 자기-표현의 어떤 측면에 대해 부정적으로 느끼게 되어 내담자에게 최적의 도움을 주지 못할 가능성이 크다(Marquis, 2011).

내담자를 변화시키는 심리치료의 제1도구인 치료적 관계는 내담자가 더 높은 수준에서 자신의 어떤 측면을 재통합하기 위해 스스로를 해체할 수 있을 정도로 충분한 안전감을 제공해야 하며, 그러기 위해서는 내담자의 현 발달 상태를 반영한 개별화된 개입이 필수적이다(Holden, 2004). 기본적으로 발달적 관점을 취하는 통합심리치료자에게 발달적 모델의 가치는 다양한 삶의 수준에 있는 내담자를 접촉하고, 이해하며, 소통하는 방법을 보다 잘 습득할 수 있도록 돕는 데 있다. 따라서 훌륭한 치료자는 발달 위계와 가치 위계를 혼동하지 않으며, 인간을 특정 수준으로 간주하지 않는다(Warren & Marquis, 2004).

전통적 치료자의 역할에 더하여 치료적 관계 형성에 지대한 영향을 미치는 치료자의 역할을 통합심리치료라는 고유한 맥락에서 좀 더 부연한다면 그것은 그가 사용하는 기법보다는 치료자 스스로 영적 세계관을 가지고 절대영(spirit)의 전개를 자각하는 것, 내담자를 진정한 참자기(true self)로 보는 진솔한 능력에 달려 있다(Boggio, 2003; Warren & Marquis, 2004). 그러기 위해서 치료자는 기본적으로 정통 심리치료 방식에 숙련되어야 하며, 스스로 영적 수련을 실천하면서 통합적 작업과 영적 문헌에 대한 깊이 있는 지식을 갖추어야 한다. 특히, 내담자의 영적 이슈를 적절히 다루기 위해서는 명상수행을 비롯하여 영적 전통으로부터 유래된 다양한 기법의 효과와 부작용에 대해 철저한 이해를 갖추어야 하며, 이에 기초하여 내담자에게 치료적으로 처방하는 과학적 태도를 견지할 필요가 있다.

또한 내담자가 초월적 상태에만 초점을 맞춤으로써 인간의 부정적 측면을 외면하는 오류를 범하지 않도록 영적 작업은 기존 심리치료의 주요 탐구영역인 심리 내적 문제나 대인관계 갈등과 함께 균형 있게 다루어져야 한다. 이렇듯 통합심리치료자는 기존 심리치료와 전통적 기법의 성과들을 통합적 맥락에서 적절히 활용할 수 있는 능력을 갖추어야 한다. 또한 AQAL 관점에 대한 충분한 이해를 바탕으로 내담자의 문제를 삶의 보다 다양한 측면에서 검토해야 하며, 내담자의 무한한 변화 가능성을 신뢰해야 한다. 또한 특정 내담자의 문제를 다루는데 있어 자신이 유능한지 항상 점검해 보면서 자신이 치료하기 어려운 내담자들의 문제를 보다 잘 다룰 수 있는 전문가들을 찾도록 조언해 주는 '일반의(general practitioner)'의 역할을 담당할 수도 있다(Holden, 2004).

(2) AQAL에 기초한 통합적 평가 및 치료계획

통합심리치료는 내담자에 대한 정확하고 종합적인 평가를 매우 중시한다. 그것은 내담자의 증상을 기계적으로 분류하고 명명하기 위한 목적이라기보다는 서로 다른 발달 수준에 있는 내담자들은 각기 다른 고통에 직면하며, 그 해결은 다른 치료적 접근을 요구하기 때문이다. 즉, 여기서의 평가는 가치판단을 위한 평가가 아니라 내담자의 현재 상태와 문제를 가능한 한 내담자의 진실에 가장 가깝게 이해하고 존중하고자 하는 치료자의 최선의 노력이라는 점을 항상 염두에 둘 필요가 있다.

통합심리치료자들은 앞에서 언급했던 통합이론의 다섯 가지 요소(상한, 수준, 라인, 상태, 유형)를 주된 프레임워크로 활용하여 내담자들의 자료를 포괄적으로 조직화한다. 치료자는 내담자의 가장 핵심적인 문제가 걸려 있는 상한, 수준, 라인을 명료화하기 위해 비구조화된 초기 면접과 통합접수평가지(Integral Intake)와 같은 구조화된 설문을 활용하여 다양한 자료를 수집한다. 이러한 통합적 평가를 통해 내담자에 대한 전반적인 윤곽을 그림으로써 내담자가 호소하는 증상에 대해 우선순위를 정하고 적절한 치료 개입을 채택하며 개별화하게 된다(Holden, 2004). 치료계획의 우선순위를 정할 때 고려해야 할 점은 내담자가 보

고하는 여러 개 혹은 많은 문제 중에서도 그가 빠르고 긍정적인 효과를 경험할
수 있다고 확신하는 문제를 우선적으로 다루는 것이 종종 도움이 된다. 이러한
접근은 내담자에게 치료가 유익하고, 변화가 가능하며, 희망을 보장할 수 있고,
치료에 적극적으로 참여하면 그들의 이익에 기여할 것이라는 가시적이고 경험
적인 증거를 제공하기 때문이다(Mahoney, 2008).

통합심리치료의 고유한 맥락에서는 내담자의 AQAL 매트릭스 상에서 가장
압박을 주는 것으로 파악되는 이슈를 체계적으로 다루기 위해 치료자는 내담자
의 사상한 프로파일과 통합심리도(Integral Psychograph, 발달 수준과 라인을 포함
하여)에 대해 숙고한다. 내담자의 인지적 수준을 고려하여(심각한 장애를 가진 경
우를 제외하고) 치료자는 AQAL 개념을 소개하고, 그 맥락에서 자신의 문제를 평
가하는 과정에 내담자를 보다 적극적으로 참여시킬 수도 있다. 예를 들어, 내담
자로 하여금 자신의 심리도를 직접 작성해 보라고 요청하고, 치료자와 내담자
간의 차이에 대해 의견을 나눌 수도 있다. 내담자의 문제가 AQAL의 다른 요소
인 상태와 유형을 포함할지라도, 대부분의 경우는 상한과 발달(수준, 라인, 자기-
체계)이 임상적 초점이 된다. 또한 문제가 여러 수준과 상한에 걸쳐 있을지라도
어떤 수준과 상한이 우선적으로 내담자의 문제와 연관되는지와 그것이 다른 상
한에 어떻게 영향을 미치는지를 판단하는 것이 중요하다.

AQAL의 각 요소들은 상호 독립적이라기보다는 상호 중첩되므로 치료적 전
략은 수집된 전체 자료에 근거해 종합적으로 수립되어야 하며, 그것은 치료자의
상당한 숙련도를 요구한다. 치료자는 심리치료를 포함하는 다양한 통합적 전
략을 세우게 되는데, 그것은 내담자의 평가 결과에 적합한 식단, 운동 추천, 의
료 또는 사회 서비스, 이완 기법 등에 대한 제안을 제공한다(Warren & Marquis,
2004). 이렇듯, 통합심리치료에서의 평가는 AQAL 모델에 기초하여 하나 또는
그 이상의 심리치료적 배경을 가진 치료자가 내담자의 특수한 발달적 요구에 통
합적이면서도 개별화된 방식으로 개입할 수 있는 틀을 제공한다. 윌버(2000)는
특히 내담자의 발달 수준에 따른 치료계획에 대한 일반적인 지침으로서 다음의
예를 제시하였다.

- 경계선 장애, 충동적인 자아, 전인습적 도덕성, 분열 방어기제를 가진 내담자에게 추천하는 치료: 정신의 재구조화를 위한 정신분석치료, 독서치료, 웨이트 트레이닝, 영양 보충, 약제(필요하다면), 언어능력과 구술 훈련, 집중방식의 짧은 명상 회기(경계선 장애를 가진 내담자는 아직 충분히 갖추지 못한 주체의 구조를 해체시킬 수 있는 관찰-훈련 명상은 삼갈 것)
- 불안 신경증, 공포 요소, 인습적 도덕성, 억압과 전치 방어기제, 소속 욕구, 페르소나 자기감을 가진 내담자에게 추천하는 치료: 폭로치료(uncovering, 정서적 정화를 위한 심리치료), 생물 에너지학, 각본분석, 달리기 혹은 자전거 타기(또는 몇 가지 다른 개인 스포츠), 탈감각화, 꿈분석/치료, 위빠사나 명상
- 실존적 우울, 후인습적 도덕성, 억제와 승화 방어기제, 자기실현 욕구, 켄타우로스[2]의 자기감을 가진 내담자에게 추천하는 치료: 실존분석, 꿈치료, 팀 스포츠(예: 배구, 농구), 독서치료, 태극권(또는 프라나 순환 치료), 공동체 봉사, 쿤달리니 요가
- 수년 동안 선(禪) 명상을 수련해 왔으나 삶의 목적의 부재, 우울, 정서의 둔감화, 후관습적인 도덕성, 후형식적 인지, 자기-초월 욕구, 심혼적 자기감으로 고통받는 내담자에게 추천할 수 있는 치료: 폭로치료, 복합 웨이트 트레이닝, 달리기, 탄트라 본존요가(심상화 명상), 통렌(티베트불교의 자비관 수행), 공동체 봉사

추가적으로, 통합적 삶을 위한 수련(Integral Life Practice: ILP)은 통합심리치료에서 치료계획을 구성하는 데 있어 종종 중요한 역할을 담당한다. ILP는 몸, 정서, 마음으로부터 영혼, 그리고 정신에 이르기까지 전체 인간을 존중하고 보살피는 수련으로서 각각은 자기('나', 좌상), 문화('우리', 좌하) 그리고 자연('그것' 그리고 '그것들', 우상 그리고 우하) 안에서 펼쳐지며, ILP의 기본적인 원칙은 내담자들이 존재의 가능한 한 많은 차원을 수련하고 계발할 때(당신이 원한다면 교차-

---

2) 켄타우로스는 하반신이 말이고 상반신이 사람인 그리스 신화에 등장하는 괴물이다. 동물의 신체와 인간의 마음이 완전히 일체된 신화적 존재로, 심신이 조화적으로 일체가 된 통합된 자기를 말한다. 이 단계는 신체, 페르소나, 그림자 등 자아의 모든 것을 한층 높은 상태로 통합하는 단계다.

훈련의 치료적 형태를 취할 수 있다) 긍정적인 결과를 가져올 확률이 가장 높다는 점이다. 대부분의 내담자의 경우, 치료회기 내에서 새로운 통찰을 하는 것만으로는 그들이 바라는 변화를 가져오기에는 불충분하다. 일상 속에서 ILP 수련을 지속적으로 실천하는 내담자들은 그렇지 않은 경우에 비해서 훨씬 더 자주 그들이 원하는 목표를 달성한다.

평가가 이루어지고 치료계획을 수립하는 회기 초반에 유의해야 할 점은 일반적인 상담 및 심리치료 접근에서와 마찬가지로 치료자 혼자만 평가과정과 치료계획의 구축을 끌고 가서는 안 된다는 점이다. 무엇이 내담자를 힘들게 하고, 무엇이 가장 도움이 될 수 있다고 생각하는지에 대한 내담자의 관점을 탐색하고, 그들, 그들의 문제, 그리고 가장 적절한 치료과정에 대해 치료자가 갖고 있는 관점을 내담자에게 전달하며, 내담자의 관점과 치료자의 관점 사이의 절충과정을 포함해야 한다. 즉, 치료자는 반드시 내담자가 스스로를 어떻게 경험하고 평가하는지에 대해 주의를 기울여야만 한다. 내담자들이 자신의 핵심 문제라고 간주하는 것, 그들의 문제가 지속된 기간과 그 문제를 촉발한 사건, 왜 그들이 지금 이 시점에 도움을 구하게 되었는지, 그들이 스스로를 어떻게 분류하는지, 그들이 어떻게 자기 자신과 관계를 맺고 있는지, 그들이 자신의 장점 및 약점이라고 여기는 것은 무엇인지, 그들이 이전에 치료를 받은 적이 있는지 여부, 그리고 그 경험은 어떠했는지, 더 나아지기 위한 변화의 가능성에 대한 그들 자신의 평가, 그들이 바라는 성과와 목표를 가장 잘 달성하는 방법에 대해서 어떻게 생각하는지 등이다(Marquis, 2011).

또 한 가지 중요한 점은 비록 평가가 치료자와 내담자의 초기 만남에서 시작되기는 하지만 반드시 초기에 끝나는 것은 아니다. 즉, 평가와 전반적인 치료과정은 서로 밀접하게 연결되어 있으며, 평가는 치료 전반에 걸쳐 지속되는 하나의 개입방식이기도 하다. 초기의, 그리고 바람직하게는 종합적인 평가에 기초하여 치료자는 잠정적인 치료계획을 구상한다. 치료가 진행됨에 따라 내담자와 치료자는 치료가 얼마나 잘 이루어지고 있는지를 주기적으로 평가하고, 이후에 진행될 각 회기에서 획득한 정보에 기초하여 지속적으로 재평가하고 필요하다면 치료계획을 수정해 나가야 한다.

5. 상담기법과 적용

통합심리치료의 접근은 광범위하고 융통성 있는 상담기술을 시사한다. 다시 말하면, 통합심리치료는 어떤 통일된 기법이나 방법론으로 특징 지을 수 없다. 즉, 치료자는 각 내담자의 고유한 문제에 가장 적합한 도구와 기법을 선정해야 한다. 치료자의 전문적 지향성에 따라 다양한 상담기법이 활용될 수 있으나, 여기서는 통합심리치료에서 공통적으로 활용하는 통합접수평가 도구와 통합적 치료개입분류표, 치료회기 내에서의 변화와 통찰을 일상 속으로 확장하고 체화시키기 위한 통합적 삶을 위한 수련(ILP)의 실천에 초점을 두고자 한다.

1) 통합접수평가

최근 통합심리치료에서 많이 활용되는 통합접수평가지(Integral Intake)는 AQAL 모델에 기초한 개별기술적·자전적·다차원적 평가도구다. 이 정성적 접수평가지는 여타의 다차원적 평가도구와 비교할 때 포괄성, 유용성, 효율성 측면에서 가장 우수한 것으로 인정받고 있다(Marquis, 2002). 통합접수평가지에는 일반적인 발달 문제에 대한 점검표와 발달적 이슈를 묻는 문항들도 포함되어 있으나 내담자의 시간과 비용 면의 효율성을 고려하여 발달 측면보다는 상한 측면을 강조하고 있는데, 상한의 강조는 내담자에 대한 전체 그림을 얻는 데 중요하기 때문이다. 그럼에도 통합적 평가는 상한을 비롯하여 수준, 라인, 상태, 유형 등 각 AQAL 요소가 어떠한 임상적 의미를 지니며, 어떤 기준으로 내담자를 평가할지에 대한 상세한 지침을 포함한다.

첫 면접에서 치료자와 내담자 간에 어느 정도 서로 잘 맞는다는 느낌을 갖게 되면 치료자는 내담자에게 다음 회기까지 통합접수평가지를 작성해 올 것을 요청할 수 있다. 그러나 아직 치료적 관계가 충분히 구축되지 않은 상태에서 평가지의 작성은 내담자에게 부담을 줄 수 있으므로 평가지를 어떤 방식으로 활용해야 할지는 치료자의 직관적 판단에 달려 있다. 즉, 치료자는 이 평가지를 내담자의 준비도에 따라 지필검사로도, 반구조화된 면접으로도 활용할 수 있으며, 자신이 선호하는 방식에 적합하게 맞춤화할 수도 있다.

먼저 상한의 측면에서 좌상상한(의지적)에 대해서는 자기 이미지, 자기존중감과 관련된 경험과 그것이 내담자에게 주는 의미를 탐색한다. 우상상한(행동적)에 대해서는 병리, 약 처방, 식단, 알코올, 마약, 수면과 휴식의 패턴 등을 평가하며, 좌하상한(문화적)에서는 문화적 체험, 인종, 가족역동에서부터 정치적 · 종교적/영적 믿음을 살펴본다. 마지막으로, 우하상한(사회적)에서는 내담자가 처한 환경의 객관적 측면을 보는데, 사회경제적 위치, 주거 환경, 여타의 환경적 스트레스 요인들을 검토한다. 수집된 자료에 기초하여 치료자는 내담자의 시급한 문제가 걸려 있는 상한을 파악하고 그에 적합한 치료적 개입을 결정한다. 예를 들어, 좌상상한에 대해서는 정서적 자각과 명상 수련, 우상상한에는 식단, 운동요법을 추천할 수 있다. 더불어 치료자는 각 상한 간의 균형과 상호 연결성에도 주의를 기울일 필요가 있다(Marquis, 2011).

발달 수준의 평가를 위해서는 로에빙거(Loevinger)의 문장완성검사 또는 케건(Kegan)의 주관-객관 검사와 같은 자아발달 측정도구들을 활용할 수도 있지만, 치료자가 내담자와의 면담을 통해 비공식적으로 내담자의 발달적 무게중심(center of gravity)을 평가하는 경우가 대부분이다. 이때 치료자는 내담자의 언어 사용 수준, 발달적 정지 및 고착의 신호, 의미-구성의 분화와 복잡성의 정도, 치료자와 관계하는 방식, 자주 사용하는 방어체계 등에 민감해야 한다. 예를 들어, 매우 불안정한 관계 패턴 또는 원초적인 방어체계의 사용 등은 경계선 장애(3수준)를 시사하는데, 이때는 대상관계 접근이 효과적일 수 있다(Warren & Marquis, 2004).

발달라인의 경우에는 케건의 주관-객관 검사, 로에빙거의 문장완성검사, 콜버그의 도덕판단 설문지 등의 측정도구들을 사용할 수도 있고, 상대적으로 일반적인 질문을 통해 비공식적으로 평가될 수도 있다. 수집한 데이터를 기초로 치료자는 내담자의 각 라인이 발달해 온 수준을 보여 주는 통합심리도를 그린다. 좀 더 적극적으로는 내담자로 하여금 자신의 심리도를 직접 그리게 하고 치료자가 평가한 심리도와 비교하여 그 차이에 대해 함께 토의할 수 있다. 심리도의 초점은 내담자로 하여금 자신의 강점과 약점을 파악함과 동시에 어떤 라인에 가장 임상적 관심이 필요한지를 구체적으로 보여 줌으로써 라인 간의 균형을 잡도록 돕는다. 윌버(2006)에 의하면, 그 활용 목적은 모든 라인이 최고 단계를 지향해야 한다는 뜻이 아니라 자신의 심리도를 있는 그대로 이해하여 보다 통합적인 자기 이미지를 갖고 미래의 발달을 계획하는 데 있다.

한편, 통합접수평가지는 내담자의 의식 상태를 파악하는 다양한 문항을 포함하고 있는데, 영적/종교적 체험뿐 아니라 내담자가 일상 속에서 맞닥뜨리는 고통스러운 체험과 힘, 유연성, 안도감을 주는 체험 등을 조사하여 내담자의 기분, 느낌, 정서 등에 대한 정보를 보다 명확하게 파악함으로써 그에 적합한 치료적 개입을 취할 수 있다. 예를 들어, 내담자로 하여금 충분한 여가를 가지게 함으로써 일상에서의 기쁨과 의미를 느끼도록 개입할 수도 있다. 또한 치료장면에서는 깊은 호흡이나 몸의 감각을 자각하는 다양한 기법 등을 통해 내담자가 자신의 경험에 보다 수용적이고 개방되도록 촉진할 수 있다. 강렬한 영적 체험에 의한 변성 의식 상태는 그 체험이 내담자의 현재 발달 수준에서 어떻게 해석되는가에 주목해야 하며, 전초오류를 피하는 것이 중요하다.

내담자의 성격 유형에 대한 임상적 관심은 서로 다른 유형의 사람들은 삶의 다른 차원을 강조하기 때문에 중요하며, 유형에 대한 이해는 내담자가 자신이 선호하는 존재방식으로 문제를 개선해 나갈 수 있도록 돕는다(Marquis, 2011).

2) 통합적 치료개입분류표

통합심리치료의 임상적 도구 중 하나인 통합적 치료개입분류표(Integral Taxonomy of Therapeutic Intervention: ITTI)는 기존의 200여 가지의 절차적 방법과 실용적 기술을 4개의 상한과 3개의 수준(몸, 마음, 영성)을 조합한 12개의 차원으로 분류해 놓은 체계다. 이 분류표는 통합심리치료자로서 내담자가 어떤 상한 차원을 도외시하고 회피하며 가치를 덜 두는지를 파악하고, 그 도외시하고 회피하며 가치를 덜 두었던 상한으로부터 구체적인 개입을 선택하고, 개인의 유형 혹은 방식에 최적으로 맞춤화시키기 위해 활용될 수 있다.

ooo 표 12-1 미니 통합적 치료개입분류표

미니 통합적 치료개입분류표	
좌상상한(UL): 개인-내적	우상상한(UR): 개인-외적
몸 • 젠들린의 '포커싱'과 즉각적인 '감지된 감각'에 대한 조율 • 자기-위로와 기본적인 센터링 연습 마음 • 자각/의식으로 떠올리기 • 자기의 부분들과의 대화 영성 • 명상/정관적 기도 • 마음챙김, 사랑, 연민, 용서 등의 배양	몸 • 자기-관리 프로그램 자기-관찰과 기록 • 약물치료 마음 • 인지적 재구조화 • 현실치료의 WDEP[3] 체계 영성 • EEG 바이오피드백과 의식의 세타파 상태를 유도하는 데 도움이 되는 뇌/마음 기계 요가
좌하상한(LL): 집단-내적	우하상한(LR): 집단-외적
몸 • 치료적 유대감 속에서 주의를 기울이고 파열의 회복 • 관계 속에서 안정감 발견 마음 • 치료적 관계의 형성 • 역할놀이 영성 • 상담의 핵심으로서의 연민적 이해 • '이기심 없는 봉사', 사회적 관심, 사회적 해방	몸 • 기본적인 회기관리 기술과 회기의 구조 • 적어도 한 회기 내에 내담자의 사회적 지지체계를 포함 마음 • 사회적 기술 훈련 • 가계도 분석 영성 • 타인에게 봉사하고 사회적 정의를 촉진하는 사회적 행동주의에 참여 • 환경에 책임 있게 관여

---

3) 현실치료의 Want(바람), Doing(행동), Evaluation(평가), Planning(계획)을 의미한다.

물론 전체 ITTI 내에 배열된 200개 중 많은 개입을 반드시 사용해야 하는 것은 아니다. 현재 각 치료자가 사용하고 있는 개입들 중 대부분 또는 모든 것이 단지 하나 또는 두 개의 상한, 혹은 하나 또는 두 개 수준에만 속한다는 사실을 파악하고, 보다 온전한 내담자의 성장을 촉진시키기 위해 다른 차원(상한이든, 발달이든 간에)을 다루는 개입을 활용하는 것만으로도 그 효과성을 증대시킬 수 있다. 즉, 이것은 AQAL 접근이 갖는 단순한 의미 중 하나로, 내담자의 보다 많은 상한과 발달적 차원을 촉진시키고자 하는 것이다(Marquis, 2011).

3) 통합적 삶을 위한 수련

통합심리치료는 그 치료 범위 내에 자아초월적·영적 차원을 포함하므로 기존 심리치료 모델에 인간 전체 차원을 계발하는 목적의 수련방식을 확장시켜 내담자들의 적응상의 스트레스뿐 아니라 보다 상위의 단계로의 변형을 촉진한다. 통합심리치료자는 자아초월적 발달을 추구하는 내담자에게 특정 형태의 영적 수련을 실천하도록 권장하기도 하는데, 그 대표적인 형태가 '통합적 삶을 위한 수련(Integral Life Practice: ILP)'이다. 그것은 기본적으로 심리치료와는 독립적으로 실천할 수 있는 수련방식이나 통합심리치료의 다양한 치료전략을 지지하는 핵심 요소로도 결합이 가능하다. 역시 AQAL 이론에 기반한 ILP는 몸, 정서, 마음, 영혼, 정신에 이르는 인간의 전체 측면을 존중하고 계발하는 방식으로 각각은 사상한 내에서 전개되며 지속적인 수련을 통해 변형을 추구하는 수련의 형태다.

일시적으로 체험되는 상위 의식 상태에 지나친 의미를 부여하거나 의식의 한두 차원의 계발에 치중하는 전통적 방식과 차별화되는 이 통합 수련의 특징은 대략 여섯 가지로 요약될 수 있다. 첫째, 크로스 트레이닝(cross-training)으로, 인간은 존재의 가능한 한 많은 측면을 동시에 훈련하는 경우 상호 시너지를 통해 보다 변형될 가능성이 높다. 둘째, 모듈 형식(modular)으로 구성되어 특정 분야 혹은 특정 모듈의 수련을 조합하는 것이 용이하다. 셋째, 확장성(scalable)으로, 수련시간을 1분부터 수련자의 상황에 맞게 확장할 수 있다. 넷째, 맞춤식

(customizable)으로, 각자의 생활방식에 맞게 프로그램을 설계하고 필요에 따라 그것을 응용할 수 있다. 다섯째, 문화적·종교적 편향 없이 전통적 수련의 정수만을 정제하여(distilled) 현대적 삶을 위한 집중적·효과적 수련방식을 제공한다. 여섯째, 통합적(integral) 특성으로, 이 수련은 인간에 내재된 다양한 역량을 연결 짓는 AQAL 기술에 기반한다(Wilber, Patten, Leonard, & Morelli, 2008).

치료자는 심리치료 회기 내 시간에는 내적·주관적·상호주관적·심리학적 관심사에 주로 집중하는 한편, 회기 밖에서는 다른 상한의 측면을 돕기 위해 ILP의 실천을 독려할 수 있다. ILP는 치료자와 내담자 간의 협의를 통해 설계되며, 일상 속의 실천을 위해 주기적인 과제로 할당된다. 그것은 신체적 수련(근육강화, 식단, 요가), 정서적 수련(꿈 작업, 심리치료), 마음 수련(심상화, 독서), 영적 수련(명상, 정관적 기도) 등으로 구성된다. 수련을 지속적으로 실천하는 데 있어 필수적인 요소는 공동체적 지원으로, 그것은 공식적인 단체가 될 수도 있고, 수련을 고무시키는 가족, 친구 등의 그룹이 될 수도 있다(Warren & Marquis, 2004).

통합심리치료에서 ILP가 핵심적인 요소인 것과 마찬가지로, 심리치료는 ILP를 해 나가는 데 있어서도 매우 중요한 역할을 담당하며, 특히 그림자 모듈(정서적 수련)의 대표적인 방법으로 추천된다. 일반적으로 심리치료는 다양한 방식으로 영적 수련에 도움을 주는데, 특히 변형과 성장에 장애가 되는 정서적 요소를 다루는 그림자 작업과 고통스러운 현실을 외면하고 영적 수련을 회피의 수단으로 사용하는 전초오류의 문제를 각성하는 데 효과적이다(Leonard, 2006). 이와 같이 통합심리치료와 ILP는 어느 쪽에서 시작하든 서로 독립적이면서도 상호 보완적으로 유기적인 결합이 가능하다.

6. 평가

1960년대 후반에 태동한 자아초월심리학은 그 이전까지 심리학계에서 배제해 왔던 영적·자아초월적 의식 차원을 최초로 심리학의 탐구영역으로 포함시키는 데 지대하게 기여하였다. 자아초월심리학의 선구자들은 초기부터 동서의 통합, 몸, 마음, 정신의 통합, 기존 심리학 세력들의 통합 등 다양한 관점에서의 통합적 비전을 제시해 왔다. 그러나 실제로 자아초월심리학의 초기 탐구는 주로 LSD, 호흡법 등으로 유도된 의식의 변성 상태, 즉 비일상적 체험에 초점을 맞추어 왔다고 할 수 있다. 1970년대 말까지 초보적 단계에 머물렀던 자아초월심리학이 하나의 학문으로서의 정통성과 철학적·과학적 토대를 정립하게 된 전환점은 『의식의 스펙트럼』을 비롯한 윌버의 일련의 저작들로부터 본격적으로 시작되었다. 윌버의 통합적 패러다임에 힘입어 자아초월심리학계는 변성 의식 상태에 치중되었던 초기의 관심을 확장하여 점차 다양한 관점에서의 통합을 모색하는 통합적 심리학의 모습을 지향해 왔다.

윌버의 통합이론은 기존의 다양한 자아초월상담 및 심리치료 모델을 비롯한 모든 심리치료 이론 및 기법을 상호 보완적인 방식으로 체계적이고 일관되게 포괄할 수 있는 메타 패러다임으로서 심리치료의 통합을 위한 다양한 요구를 흡수할 수 있는 요소들을 갖추고 있는데, 그 핵심에는 AQAL 모델이 자리하고 있다. 그것은 인간발달의 전 스펙트럼 모델과 각 단계에 상응하는 병리와 치료 스펙트럼, 상한별 치료법의 분류를 통해 내담자들의 문제와 그에 대한 접근을 하나의 전체적이고 일관된 시각으로 조망할 수 있는 이론적 틀이다.

AQAL에 기초한 통합심리치료의 중심 아이디어는 고통의 각 발달 수준, 각 상한에 있는 내담자들에게는 그에 적합한 치료적 개입이 필요하다는 것이다. 그러나 기존 상담 및 심리치료의 범위를 넘어 훨씬 광범위하고 보다 전체적인 관점으로 내담자의 문제를 접근하고자 하는 통합심리치료의 고유한 측면은 치료 과정 전반에 영향을 미치는 이론적·방법론적 프레임워크와 지향성이지, 구체적인 상담 방법론이나 기법으로 규정될 수 없다. 즉, 치료장면에서 동일한 기법을 활용한다 할지라도 내담자의 문제를 바라보는 치료자의 가치관이나 준거기준에 따라 그것은 통합심리치료일 수도 있고 아닐 수도 있는 것이다.

통합심리치료 분야는 그 실제에 있어서는 지금 막 걸음마를 시작한 단계에 있다고 할 수 있기에 앞으로 임상 현장에서 적용하여 검증하고 구체화해야 할 과제들이 산적해 있다. 그 몇 가지 과제들을 살펴보고자 한다.

첫째, 심리치료 영역에 영적 차원을 확장하고자 하는 접근에는 어느 정도의 위험이 존재하며 그것을 제대로 분별하고 직시할 필요가 있다. 명상을 비롯하여 영적 전통으로부터 유래된 다양한 기법의 도입은 종종 부적절하거나 부정적인 효과를 초래하므로 충분한 검증이 필요하다. 또한 몇몇 주류 심리학자는 영적 차원을 관심사로 다루는 심리학이 초월적 상태에 초점을 맞춤으로써 인간의 부정적 측면을 외면하는 경향이 있음을 비판하였다. 이는 실제로 빈번히 빠질 수 있는 오류이므로 영적 작업은 기존 심리학의 주요 탐구영역인 심리 내적 문제나 대인관계 갈등과 함께 다루어 나가야 한다.

둘째, 기존 심리치료의 관심사를 넘어 보다 통합적이고 전체적인 관점에서 인간의 고통을 바라보고 다루어야 하는 통합심리치료자들은 기본적으로 정통 심리치료 방식에 숙련되어야 할 뿐 아니라 영적 수련에 대해서도 깊이 있는 이해와 직접적인 실천 등 많은 역할이 요구되나, 실제로 그러한 요건을 갖춘 치료자는 거의 드문 실정이다. 따라서 통합이론과 심리치료를 학습할 수 있는 교육 커리큘럼과 그것을 현장에 적용할 수 있는 수련 시스템 등 유능한 통합심리치료자들을 배출하기 위한 체계적인 교육환경이 필요하다.

셋째, 인간 경험의 보다 다양한 영역에 관심을 두는 통합심리치료가 연구와 실무 측면에서 제대로 활용되기 위해서는 현재 해외에서 개발되고 있는 다양한 방법론과 도구를 습득하고 그것들을 우리의 실정에 맞추는 작업이 이루어져야 한다. 설사 통합심리치료가 구체적인 상담과정이나 방법론으로 규정될 수는 없다 할지라도, 치료자들을 좀 더 효율적으로 돕기 위해서는 표준화된 치료방법론과 통합적 평가도구 등에 대한 관심을 기울일 필요가 있다.

제13장
과정지향심리학과 상담

| 양명숙, 전지경 |

과정지향심리학(process-oriented psychology) 또는 프로세스 워크(process work)는 아놀드 민델(Arnold Mindell)에 의하여 창시되었으며, 인간을 상태지향적인 관점에서 보는 것을 지양하고, 현상학과 실존주의 철학에 기반을 두는 과정지향적 관점에서 이해하려는 패러다임이다. 또한 심리학과 물리학, 그리고 초자연주의를 통합하여 현대 물리학의 경험주의적 관점에 기초하면서도 동시에 형이상학적이고 영적인 관점의 초월영성적인 접근과 통합한다. 과정지향심리학은 인간이 알아차리지 못한 깊은 본질의 의미를 지닌 신호와 양자신호교환(quantum flirts), 동시성(synchronicity) 그리고 드림바디(dream body)의 경험 등을 통하여, 알아차림을 증진시키는 심리상담적 패러다임이며, 실제적인 임상에 접근하는 방식이다. 이 접근은 융 심리학과 게슈탈트 심리학, 초자연주의, 도(道), 물리학, 그리고 사회학 등의 사회적인 이슈뿐만 아니라 개인 및 공동체의 차원에서 접근하는 월드 워크(world work), 그리고 지구와 우주의 연결을 위한 플래닛 워크(planet work) 등을 위한 인간 경험의 모든 측면에 기반을 두고 있다. 이 과정지향적 심리학 접근은 기존의 많은 상담 및 심리치료적 패러다임이 일상적

실재 CR(consensus reality)의 영역에 치중하고 있는 한계를 지적하면서 내담자의 비일상적 실재 NCR(non consensus reality) 영역에도 관심을 갖고 내담자에 대한 이해의 차원을 확장시키고자 하였다. 특히 침묵의 힘으로부터 또는 자연이나 신으로부터 오는 본질적인 신호를 깨달을 수 있는 알아차림을 통하여 개인 및 집단, 그리고 공동체의 삶을 더 통합하고 조화롭게 살 수 있도록 도와주는 상담적 접근이다.

1. 주요 학자

Arnold Mindell

아놀드 민델(Arnold Mindell, 1940~)은 1940년 1월 1일 미국 뉴욕주에서 태어났다. 매사추세츠 공과대학(MIT)에서 언어학과 공학을 전공하였고, MIT 대학원에서 이론물리학 석사과정을 마쳤다. 그는 물리학 박사과정을 지원하기 위하여 1961년 6월 13일에 스위스의 MIT라고 불리는 유명한 과학대학인 ETH(Eidgenosische Technische Hochschule)가 있는 취리히로 갔다. 그날은 마침 융(C. G. Jung)이 세상을 떠난 지 1주일이 되는 날이기도 하였다. 그 당시 그는 융에 대해서 아는 것이 없었으며, 단지 아인슈타인의 뒤를 잇는 물리학자가 되고자 하였다.

민델은 취리히에서 많은 심리학과 물리학, 그리고 공대 학생들을 만났다. 그 당시 민델은 밤에 꿈을 꾸었는데, 융학파로 꿈분석 연구를 하던 한 친구가 꿈분석을 받아 볼 것을 권유하였다. 민델이 분석받은 첫 번째 꿈은 융과 물리학에 관한 것이었다. 꿈속에서 융은 민델에게 "아니(Arny, 민델 박사의 애칭), 자네는 인생의 과업이 무엇인지 아는가? 자네 인생의 과업은 심리학과 물리학의 관계를 찾는 것이야."라고 하였다. 그때까지만 해도 민델은 심리학에 대해 잘 알지 못하였고, 꿈이라는 것 또한 전혀 중요하지 않다고 생각하였다. 분석가는 민델에게 "이 꿈은 융이 당신에게 주는 암시일 수도 있어. 심리학과 물리학을 연결하는 것이 바로 당신의 사명이야."라고 말하였지만, 그 당시 그는 다른 과학자들이 그러했듯이 일상적 실재 CR의 세계만을 확고하게 믿는 사람이었다. 꿈은 단지 한낮 꿈에 불과하다며 분석가가 해 주는 꿈의 메시지를 부정하였다. 하지만 결국 그는 1963년에 융 연구소의 훈련생이 되어 연구소 소장인 프란츠 리클린(Franz Riklin)과 마리 루이제 폰 프란츠(Marie-Louise von Franz)로부터 교육 분석을 사사받았고, 1969년에 융학파 분석가의 자격을 얻었으며, 리클린의 지도하에서 동시성(synchronicity)에 관한 논문으로 1971년에 유니온 대학원에서 박사학위를 받았다. 또한 그가 공부한 언어학, 공학, 물리학의 개념들은 훗날 그가 과정지향심리학 또는 프로세스 워크 이론을 형성하는 데 결정적인 영향을 주었다.

민델은 초기에 융 연구소에서 '꿈분석'에 관하여 공부를 하였다. 특히 자신의 몸에서 일어나는 여러 가지 현상이 꿈과 관계가 있다는 것에 의문을 갖고 심리학과 물리학을 연구하였다. 그는 프로이트가 '꿈'을 인과론적으로만 해석했던 것과는 달리, 융학파의 꿈분석을 통해 목적론적 관점에서 접근하는 분석법을 배웠다. 그리고 이를 다시 '신체 증상'의 접근으로 확장하여 적용시켰다. 이를 통해 민델은 1982년에 그의 첫 번째 책인『드림바디: 스스로 발현하는 신체 역할(Dreambody: The body's role in revealing the self)』을 출간하였다. 그는 이 책에서 꿈꾸는 마음이 관계 속에서 무의식이나 이중신호를 어떻게 만들어 내는지, 꿈과 신체 증상의 신호를 어떻게 알아차리는지를 발견하였고, 이러한 꿈꾸는 마음의 발견을 알아차리는 것이 개인, 그리고 개인 간의 관계를 더욱 쉽게 한다고 설명하였다. 그리고『꿈꾸는 영혼(Working with the dreaming body)』(1984),『관계치료: 과정지향적 접근(Dreambody in relationship)』(1987) 등의 책을 통해서 드림바디를 활용한 관계치료, 개인치료 등의 사례와 치료기법 등을 제안하였다.

이후 민델은 개인치료의 드림바디 개념에서 확장하여 심오한 민주주의(deep democracy) 개념을 활용한 월드 워크나 플래닛 워크로 범위를 넓혔으며, 집단의 갈등치료, 평화 유지를 위한 통합적인 집단 갈등해결 방법, 집단 역동과 꿈꾸기, 영혼, 그리고 마음에 대한 체계와 관계 이론을 제시하였다. 민델은 그의 책『무예가로서의 지도자: 공동체의 갈등과 창의성을 위한 전략과 기술(The leader as martial artist: Techniques and strategies for resolving conflict and creating community)』(1992), 『불 속에 앉아 있기(Sitting in the fire)』(1995), 『심오한 민주주의: 공개토론(The deep democracy of open forums)』(2002a), 『갈등: 현상, 포럼 그리고 해결(Conflict: Phases, forums, and solutions)』(2017) 등에서 공동체는 살아서 숨을 쉬고 있는 하나의 유기체로서 그 속에 소속된 사람들에 의해 그 시대의 시대정신(Zeitgeist)을 반영하고, 특수한 모습을 형성하며, 공동체 자체가 스스로 성장 · 발달에 필요한 역할이나 갖추어야 할 정신들을 만들어 간다고 주장하였다. 이에 심오한 민주주의(deep democracy)의 개념을 도입하여 대다수에 의한 피상적인 민주주의와는 달리 모든 사람, 모든 경험, 모든 꿈, 모든 정신은 전체에 꼭 필요하고 중요한 부분이므로 존중되어야 하고, 들어주어야 하며, 알려져야 한다고 하는 열린 마음의 근본 원칙을 적용하고자 하였다. 이에 집단이나 공동체 안에 내재된 모든 모습에 열린 마음의 자세를 취하여 갈등을 회피하지 않고 그 분쟁 속에 들어가 변화하고 있는 새로운 다양한 모습을 발견하고자 하였다. 이를 통해 개인은 집단, 사회, 국가, 지구, 우주와 연결되어 있으며, 개인의 치료는 곧 우주의 치료이며, 우주의 치료는 곧 개인의 치료가 되는 범우주적 차원으로의 확장을 시도하였다.

또한 민델은 그의 꿈속에서 융이 제안했던 물리학과 심리학의 통합을 시도하였으며, 이러한 과정에서 『양자심리학: 심리학과 물리학의 경계(Quantum mind: The edge between psysics and psychology)』(2000)를 출간하였다. 민델은 현대 물리학이 선형적인 측면에서 원인-결과의 인과율을 찾아가는 뉴턴 물리학적 관점에서 유동적으로 변화 가능하며 다차원적인 측면을 다루는 양자물리학적 관점으로의 변화에 관심을 갖고, 초자연적이고 신비적인 초과학적 현상에 대한 물리학적 해석을 시도하고자 하였다. 그는 이 책에서 알아차림에 대한 양자적 특성은 잠재의식적 경험에 대한 아주 미세하고 쉽게 보이지 않는 '나노' 성향과 '자기-반영'을 포함한다고 주장하였으며, 이러한 양자적 특성은 비국소적인 측면을 지니고 있기에 이러한 초자연적인 현상을 자연과학을 통하여 설명하였다. 또한 『양자심리치료(Quantum mind and healing)』(2004)를 통하여 임상가로서 알아차림의 중요성과 이 알아차림을 통하여 우리가 더 많이 사용할 수 있는 긍정적인 삶의 에너지의 탐색 가능성에 대하여 임상적으로 접근하였다. 또한 민델은 『프로세스마인드(Processmind)』(2016), 『고대인의 무예 (Dance of ancient one)』(2013a)를 통해 자의식의 본질 SE(sentient essence) 수준에서의 알아차림과 영적이며 숨겨진 과정의 중요성을 설명하였다. 또한 개인 혹은 사회, 국가, 지구, 우주의 과정을 따라가면서 건강하게 나아가야 할 방향과 관점을 알아차리는 것의 중요성을 제안하였다. 이 외에도 코마 상태에서의 심리치료 과정을 다룬 『코마: 죽음에 가까운 드림바디(Coma: The dreambody near death)』(1989a), 초자연심리치료와 관련된 『지기(地氣) 심리학(Earth-based psychology)』(2007), 『초자연치료사의 신체(The Shaman's body)』(1993) 등이 있으며, 신체 작업에서의 알아차림을 다룬 『강의 길(River's way)』(1985), 그리고 꿈 작업과 관련된 『깨어나 있는 상태에서의 꿈꾸기(Dreaming while awake)』(2001), 『꿈 제조사의 제자(The dreammaker's apprentice)』(2002b) 등 다수의 책이 있다.

민델은 현재 미국 오리건주 포틀랜드에 있는 프로세스 워크센터(Process Work Center)에서 과정지향심리학에 대한 교육과 연구를 위해 이바지하고 있으며, 자신이 개발한 다양한 이론을 임상에 성공적으로 적용하여 그 효과성을 검증해 나가고 있다.

2. 인간관

민델은 인간을 상태지향적인 관점에서 보는 것을 지양하고, 현상학과 실존주의 철학에 기반을 두는 과정지향적 관점에서 이해하려고 하였다. 특히 그는 수학자이자 20세기 최고의 철학자로도 손꼽히는 화이트헤드(A. N. Whitehead)의 사상에 영향을 받아 서양 심리학 역사에서 찾아보기 힘들었던 동서양의 세계관을 통합하였다. 또한 물리학과 심리학, 그리고 초자연주의의 통합을 통하여 현대 물리학의 경험주의적 관점에 기초하면서도 동시에 형이상학적이고 영성적 관점의 심리학적인 접근과도 통합을 이루고 있다. 이러한 접근은 현대 과학이 종교, 심리학, 철학, 초자연주의 등과 서로 충돌하지 않고 서로가 서로를 풍요롭게 해 주는 영역들로 자리매김하도록 도와주고 있다.

민델은 새로운 철학적 패러다임으로서의 과정지향적 접근을 통하여 생명의 흐름이 곧 과정지향적이며, 지금-여기의 시점에서 잘라 보는 것이 아니라 흐름의 과정 속에서의 알아차림을 강조하였다. 또한 그의 이론은 개인에 대한 관심에만 머무르는 것이 아니라 심오한 민주주의 원리를 도입하여 소집단, 대집단, 지구, 우주에까지 확장하고 있다. 특히 인간과 세계, 우주가 함께 공유하는 공동체적인 의식에 관심을 갖고, 동물, 식물, 바위 등과 같은 자연환경들과 인간이 공유하는 특성을 찾아내고자 하였다. 인간은 다양한 영역, 다양한 경험을 통해 실재와 교류하는 가운데 자연 속의 존재로서 살아간다. 그러나 우리 인간은 실재 경험에서 자신의 인식과 사람들 사이에서 서로 함의를 찾은 일상적 실재 CR의 경험만을 인식하며, 경험 안에 숨겨져 있으나 현재의 과학으로 아직 측정 불가능한 요인들을 무시하려는 경향성이 있다. 예컨대, '꿈과 같은' 비일상적 실재 NCR의 경험이다. 민델은 실재하고는 있지만 인지하고 있지 않은 비일상적 실재 NCR의 경험에 대하여 관심을 갖고 이들의 경험을 알아차리는 것에 중점을 두었다.

인간이 과학적·심리적·실천적 영역에서 구사하는 사고체계는 사물의 어떤 특정 측면에만 관심을 두고 그 밖의 다른 것들은 관련이 없는 것으로 무시하기 때문에 심오한 본질로부터의 신호, 동시성, 신체화의 경험과 같은 비일상적 실재 NCR의 경험은 평가절하되거나 무시된다. 이것이 바로 인류문명의 '공공의 적 제1호(Public Enemy Number One: PENO)'이며, 인간의 많은 잠재능력을 계발하는 데 저해하는 요소가 되기도 하고, 자신의 건강을 저해하기도 한다. 우리는 이러한 비극을 피하고자 한다면 다양한 경험과 과정을 진지하게 고려해야 하며, 일상적 실재 CR뿐만 아니라 비일상적 실재 NCR의 경험에도 주의를 갖고 과정지향적 측면, 즉 일상적 실재 CR의 경험과 비일상적 실재 NCR의 경험의 통합을 통한 전체론적인 측면, 우주와의 과정에서 살아 있는 존재로서의 관점 등을 살펴보아야 한다.

과정지향심리학에서 인간을 바라보는 주요한 특징은 다음과 같다.

- 인간은 서로 연결되어 있을 뿐만 아니라 모든 사물, 우주와도 연결되어 있다.
- 인간의 인지능력에는 무엇인가를 헤아릴 때 헤아리지 못하는 것도 있다.
- 인간의 꿈과 같은 의식세계는 심오한 본연의 자의식과 연결되어 있다.
- 모든 인간은 본연의 타고난 알아차림 능력을 지니고 있다.
- 인간은 변화하고 있고, 과정지향적 측면에서 이러한 변화를 바라보아야 한다.

3. 주요 개념

1) 의식의 수준

민델은 의식을 세 가지로 구분하여 설명하였다. 즉, 일상적 실재 CR(consensus reality), 꿈 영역 DL(dreamland), 그리고 자의식의 본질 SE(sentient essence)다. 특히 꿈 영역 DL과 자의식의 본질 SE는 비일상적 실재 NCR(non consensus reality)에 포함된다.

일상적 실재 CR은 우리가 일상적으로 다른 사람들과 교류하는 실재의 의식 수준을 의미한다. 이는 시간, 공간, 물질, 에너지 장에서 객관적으로 관찰될 수 있고 측정될 수 있는 실재를 의미한다. 예를 들어, 일상적 실재 CR에서 '담배는 단지 담배다'로 설명될 수 있다.

꿈 영역 DL은 일상적 실재 CR의 이면에 있는 모든 느낌, 모든 경험, 이면의 역할 등 주관적인 특성을 포함한 의식 상태다. 꿈 영역 DL은 역할과 원형, 꿈의 형상들이 상호작용하는 의식의 상징적인 수준을 의미하는데, 알아차림에 대한 일반적인 수준을 의미하며, 개인의 신체 경험인 드림바디, 느낌, 말하지 않은 진

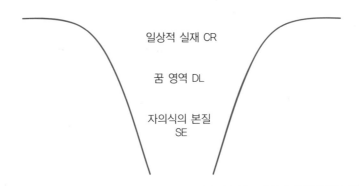

일상적 실재 CR

꿈 영역 DL

자의식의 본질
SE

[그림 13-1] 의식의 수준(Mindell, 1996)

실, 관계적 측면에서는 의도치 않은 이중신호나 집단의 과정에서는 유령의 역할 등이 포함된다(양명숙, 전지경, 2016). 즉, 꿈 영역 DL에서 담배는 단지 담배인 것만은 아니다.

자의식의 본질 SE는 내면을 아는 깊은 능력이 존재하는 의식 경험의 수준이다. 의식의 본질은 '말로 표현할 수 없는 도(道)'와 같으며, 내면적인 알아차림의 본질을 포함하는 수준이다. 이는 잠재의식(Subliminal) 같거나 섬광처럼 나타나는 의식의 영역을 말한다. 이는 매우 미묘한 인식 경향성을 경험하게 함으로써 일상적 실재 CR이나 꿈 영역 DL이 숙고하거나 반영 없이도 알아차릴 수 있도록 도와준다(양명숙, 전지경, 2016). 민델(2016)은 자의식의 본질 SE 영역에서의 프로세스마인드를 설명하면서 인간은 삶의 방향성과 에너지를 알아차릴 수 있고, 이를 알아차리는 것은 삶을 더 풍요롭고 건강하게 할 수 있다고 주장하였다. 이러한 수준은 일상적인 마음에 함축되어 있거나 아직 명확하게 인지되지 않은 핵과 같다. 이러한 수준을 설명하고 알아차리는 것은 매우 어렵다. 이곳에서 담배는 담배이지만 담배가 아니다.

과정지향심리학에서는 의식과 무의식이라는 보통의 심리학적 용어 대신에 일상적 실재 CR과 비일상적 실재 NCR, 혹은 1차 과정(primary process)과 2차 과정(secondary process) 같은 용어를 사용한다. 그 이유는 의식의 변형 상태나 의식의 극단 상태에서는 의식과 무의식이라는 것은 무의미해지기 때문이다. 또한 의식적인가, 무의식적인가라는 이분법적인 사용보다는 이러한 단어의 사용이 더 유동성이 있기 때문이다. 예를 들어, '더 1차적이다' 혹은 '더 2차적이다'라는 표현을 사용한다.

과정(process)에 기반한 단어인 1차 과정과 2차 과정에서 1차와 2차라는 단어는 일반적인 정체성에 대한 근접성을 의미하며, 때로는 의식에 대한 근접성을 의미한다. 1차 과정은 보통의 의식과 정체성을 의미하며, 쉽게 정의되고 알아차릴 수 있다. 2차 과정은 일반적인 정체성으로 정의되기 힘든 것이며, 개인 내면 혹은 집단에서의 비일상적인 측면을 나타낸다. 이러한 측면은 보통의 의식 상태에서는 쉽게 알아차리지 못하기 때문에 중요하지 않은 것으로 무시되거나, 혹은 창조적이고 새로운 것으로 높이 평가받기도 한다.

이와 유사한 두 개의 단어인 '1차적 주의집중(first attention)'과 '2차적 주의집중(second attention)'이 있다. 민델은 『초자연치료사의 신체』(1993)에서 카스타네다(C. Castaneda)의 '1차적 주의집중'과 '2차적 주의집중'의 용어를 빌려서 사용하였는데, 1차적 주의집중은 일상적 실재 CR의 삶에 주목하는 것이며 관찰할 수 있는 경험, 실재에 초점을 맞춘다. 이는 일상적인 사건, 시공간과 연관된다. 2차적 주의집중은 대체로 인지되지 못한 비일상적 실재 NCR 경험에 대한 주의를 의미한다. 즉, 비일상적 실재 NCR에 대한 흥미와 연민을 포함하며 일반적으로 인식되지 못하는 감정과 직관에 연관된다. 드림바디의 경험, 동시성, 꿈의 형상, 그리고 의식의 변형 상태에 주목하고, 2차 과정을 지시하는 신호를 찾는 것이 2차적 주의집중이다.

민델(1993)은 "전사(warrior)의 목적은 의식적으로 그리고 능동적으로 2차적 주의집중을 개발하는 것이다. 그렇게 함으로써 그것은 드림바디에 살고 마음으로 가는 길을 찾도록 인도해 준다."는 돈 후안(D. Juan)의 말을 인용하여 2차적 주의집중의 알아차림, 2차 과정에 대한 알아차림, 그리고 비일상적 실재 NCR에 대한 알아차림은 자신의 삶을 더 통합적이며 조화롭게 살도록 도와준다고 하였다.

2) 과정

실천하는 과정지향심리학 혹은 프로세스 워크에서의 '과정(process)'은 자신이나 환경에서 경험하는 다양한 측면에서의 흐름을 따라가는 것을 의미하며, 이러한 '과정'이라는 용어는 양자물리학의 개념을 철학으로 확장시킨 화이트헤드의 과정철학에 기초한 의미를 따른 것이다. 다이아몬드와 존스(Diamond & Jones, 2004)는 프로세스 워크에서 '과정'은 가장 중요한 개념이라고 주장하면서 과정은 과정의 흐름을 따라가는 것(following the flow of process), 과정의 흐름에서 차별화하는 것(differentiation the flow of process), 과정을 인지하고 펼치는 것(noticing and unfolding a process)이라는 세 가지 개념으로 나누어 설명할 수 있다고 하였다.

첫째, 과정의 흐름을 따라가는 것은 불합리하고 불가능하며 관습적인 신념을 보호하는 것을 포함하며, 사물을 다른 방식으로 보는 방법을 의미한다. 민델은 이러한 개념을 은유법을 사용하여 '거꾸로 말타기(riding the horse backwards)'라고 하였다. 즉, "원치 않는 것을 따르는 것, 포함되지 않은 메시지가 전체적인 신념을 거스르는 것, 만약 자신이 모르고 있는 것을 따라간다면 그것은 자신을 세상의 경계(edge) 밖으로 인도할 것이다."(Mindell & Mindell, 1992)라고 하였다. 문제가 발생하는 방향, 즉 문제가 펼쳐지는 대로 과정을 따르는 것은 직관에서 어긋나거나 심지어 위험하다고 느껴질 수 있다. 마치 스키 초심자가 스키의 방향을 언덕 아래로 바꾸는 것이 처음에는 직관에 어긋나는 것처럼 느껴지겠지만 결국은 이것이 스키를 조절하는 가장 좋은 방법이라는 것을 발견하는 것과 마찬가지다. 과정의 흐름을 따라가는 것은 순간에 일어나는 것에 저항하거나 억압하는 것이 아니라 순간에 일어나는 것을 따라가는 것을 포함한다. 이것은 정신적인 태도다. 우리 내부의 존재가 그 자신을 어떻게 매일의 일상에서 발생하는 사건들과 조율을 하는지, 그리고 이것이 우리의 경험으로부터 우리가 희생되는 것을 어떻게 막아 주는지를 찾아내는 데 관심이 있는 정신적인 태도다. 발생하는 문제에 직면하는 방향으로 도(道)를 수행하는 것은 우리를 자유롭게 해 준다. 왜냐하면 물리적이거나 신체적 · 정서적 에너지가 더 이상 저항하는 데 소모되지 않기 때문이다. 언덕 아래로 내려가는 스키어처럼 우리는 더 재미있게 스키를 탈 수 있고 또 더 쉽고 유연하게 발생하는 것들에 대해서 반응할 수 있다는 것을 발견한다.

둘째, 과정의 흐름에서 차별화하는 것이다. 민델은 초기 이론 형성과정에서 "과정이란 우리가 관찰하는 것에서의 변화, 신호의 흐름, 그리고 그 흐름이 운반하는 메시지를 말한다."라고 하였다. 과정의 흐름에서 차별화하는 것은 변화가 발생할 때 그것을 인지하는 것과 이해하기 어렵거나 숨겨진 차원의 경험을 인지하는 것과 관련되어 있다. 프로세스 워크는 과정의 흐름을 '1차 과정'과 '2차 과정' 혹은 일상적 실재 CR과 비일상적 실재 NCR로 구별하였는데, 숨겨진 차원인 2차 과정이나 비일상적 실재 NCR을 인지하고 알아차리는 것이 차별화된 과정을 따르는 것이라고 하였다.

셋째, 과정을 인지하고 펼치는 것이다. 과정을 인지하고 펼치는 것은 차별화된 알아차림의 활용을 의미한다. 1차 과정과 2차 과정, 혹은 1차적 주의집중과 2차적 주의집중의 용어를 통해 깨달음의 다양한 형태 간, 그리고 일상적 실재 CR과 비일상적 실재 NCR의 관계 간의 차이점을 구별하는 데 이 개념을 사용한다.

2차적 주의집중의 태도는 신체 증상이나 사건에 주의집중하고, 이를 명료화하는 과정을 의미한다. 민델은 이러한 과정을 수학에서의 켤레화 과정을 제시하여 설명하였다. 켤레화는 허수의 영역을 실수로 나타내 보이는데, 이는 심리학에서 무의식 혹은 비일상적 실재 NCR의 일상적 실재 CR화 혹은 명료화라고 하였다. 자신의 경험을 반영하고 추적하는 과정을 보여 줌으로써 비일상적 실재 NCR 경험과 의식의 변형된 상태를 경험하고, 이를 통해 신체 증상이나 과정을 인지할 수 있게 된다.

3) 드림바디

드림바디(dream body)는 꿈과 신체 경험 사이의 비일상적 실재 NCR의 연결을 의미한다. 즉, 신체 증상을 만드는 메시지의 연결, 꿈과 같은 2차 과정에서 자신을 표현할 때 신체적인 경험과 신체 증상의 형태로 몸을 통해 표현하는 것을 말한다. 이러한 드림바디의 개념은 세계 여러 곳의 영적 전통에서 말하는 '보이지 않지만 육체를 초월하여 체험하는 신체'의 재발견이라고 말할 수 있다. 예컨대, 드림바디는 신비한 현묘체나 기(氣)에 해당한다. 이 점은 '마음'만을 대상으로 하던 종래의 심리치료의 세계에 상징적 또는 '심상적인 신체'까지도 포함하는 것이다(Mindell, 2011b). 이는 몸과 마음을 이중적으로 구분하는 것을 의미하는 것이 아니라 오히려 일반적으로 이해되는 것보다 더 깊은 수준의 통합과 균형을 의미하며, 그것은 경험의 채널을 통한 의사소통 과정을 포함하는 몸과 마음의 통합이다. 어떤 의미에서 민델(1989a)은 "고통은 통합을 요구한다…… (중략)…… 그것은 고통을 창출함으로써 의식을 요구한다."라고 하였다. 이러한 드림바디는 모든 무의식적 행동, 움직임, 소음, 어조, 신체 표현 등을 통해 나타나며 꿈속에서도 다양하게 나타난다. 예를 들어, 꿈속 인물의 투사는 자신이 모르는 신체 부분의 투사일 수 있다. 예를 들어, 신체 증상(사자는 지끈거리는 두통일 수 있다), 환상(예: 성적인 생각) 등에서 선명하게 나타나며, 이 외에 제삼자에 대한 뒷담화에서도 드림바디가 나타나기도 한다. 만일 함께 있지 않은 제삼자에 대해서 누군가와 계속해서 이야기한다면 그 제삼자는 자신의 드림바디에 존재하고 또한 발견될 수 있다.

이러한 드림바디를 알아차리고 드림바디의 과정을 따라가는 것은 매우 중요하다. 민델은 상담자는 내담자가 자신의 드림바디 과정이 무엇을 원하고 무엇을 하려고 하는지를 알아차리도록 도와주며, 내담자가 자연스럽게 이러한 것을 따라갈 수 있도록 도와주어야 한다고 했다. 또한 이러한 과정이 바로 치료의 과정이라고 하였으며, 이러한 드림바디의 작업과정은 상담기법에서 더 자세하게 다룬다.

4) 채널과 신호

채널(channels)은 개인의 삶 속에서 끊임없이 나타나는 정보들을 주고받는 형태를 의미한다. 민델은 이러한 채널을 강의 흐름을 풍부하게 해 주는 작은 물줄기와 같다고 하였다. 채널은 정보가 흐르는 분리된 큰 길이며, 각각의 길은 각기 다른 형태의 정보를 자신만의 형태로 운반할 수 있는 능력을 가지고 있다. 이러한 채널은 다양하며, 개인에 따라서 각기 독특한 방식으로 채널들을 사용한다. 하지만 이러한 채널의 종류를 아는 것보다 더 중요한 것은 채널 안 또는 밖으로 흐르는 신호(signal)를 알아차리고, 어떠한 신호를 주로 놓치는지, 그리고 신호에 담긴 정보가 무엇인지를 알아차리는 것이 더 중요하다. 또한 내담자가 나타내는 채널들 간의 불일치되는 이중신호(double signal)의 알아차림은 매우 중요하다. 민델(2013b)은 이러한 이중신호들은 관계 내에서 갈등이 발생되었을 때, 파트너나 자녀가 이해되지 않을 때, 혹은 다른 사람에게 오해를 받을 때 등에서 반복해서 나타난다고 하였다. 이러한 다양한 채널에서의 이중신호의 알아차림은 자신이 다양한 신호를 끊임없이 주고받는 과정의 복합체라는 것을 인지할 때 가능하며, 이러한 알아차림은 또한 자신의 경계와 한계를 발견하게 도와준다.

대표적인 채널의 예는 다음과 같다.

- 시각신호 채널: 눈에 보이는 시각적 측면, 내부의 심상, 시각신호와 관련된 표현 등을 포함한다.
- 청각신호 채널: 말하기, 듣기 외에도 내면의 목소리, 청각신호와 관련된 표현 등을 포함한다.
- 자기수용적 채널: 신체 느낌에 대한 표현, 몸의 변화(예: 태아의 자세, 어깨가 축 처짐), 신체 경험(예: 뜨거움, 차가움, 고통, 즐거움) 등을 포함한다.
- 운동감각 채널: 모든 움직임 채널이다.
- 관계 채널: 의사소통의 형태로서 주고받음의 질을 포함한다.
- 월드 채널: 사회적 이슈(예: 종교, 인종, 성차, 신분, 환경 문제 등) 등에 연결된다.

• 영성 채널: 일상적 실재 CR이나 물질적인 존재보다 더 큰 영적인 의사소통을 의미한다.

5) 경계

경계(edge)는 내면과정의 영구적이며 연속적인 흐름에 존재하는 가장자리 또는 장벽을 의미한다. 경계는 일종의 문턱이며, 좋은 것도 나쁜 것도 아니다. 어떠한 사실을 경험, 통찰, 사고할 수 없거나 또는 감정 속으로 더 깊이 들어갈 수 없을 때 우리는 경계에 도달해 있다고 한다. 예를 들어, 우리가 더 이상 어떤 말을 할 수 없을 때 의사소통에서의 '경계'에 도달하였다고 한다.

경계는 우리를 서로 다른 세계로 분리한다. 이는 1차 과정과 2차 과정으로의 분리이면서 일상적 실재 CR과 비일상적 실재 NCR의 분리다. 경계는 또한 변형의 동적인 순간이며, 이 순간에 개인은 어떤 새로운 방법에 의해서 교란되고 변형된다.

이러한 경계는 우리가 모르는 것과 친밀하지 않은 것으로부터 우리를 보호하기도 한다. 또한 우리가 경계를 만나게 되면 새로운 세계로의 도전 기회가 되기도 하며, 우리가 스스로를 인식하고 무엇을 의식적으로 지각하는지를 알아차리게 도와준다.

6) 역할, 역할전환, 유령의 역할

우리는 항상 어떠한 역할(role)을 취하고 있다. 부모로서의 역할, 학생으로서의 역할, 자녀로서의 역할, 친구로서의 역할, 혹은 교사로서의 역할 등이다. 이러한 역할은 우리를 둘러싼 장(場)에 의해서 많은 영향을 받게 된다. 민델은 한 개인을 이해하기 위해서는 그 개인의 특성뿐만 아니라 그가 속해 있는 장의 분위기, 장이 개인에게 요구하는 역할 등을 이해하는 것이 중요하다고 하였다. 또한 개인이 장에서 어떠한 역할을 취하고 있는지, 취하지 않는지를 알아차리는 것도 중요하다고 하였다. 역할은 한 개인의 특성을 설명해 주는 중요한 것이지만, 이러한 역할은 장에 의해 쉽게 전환되기 때문이다. 학교에서 엄격한 교사로서의 역할을 하던 사람이 집으로 돌아가서는 부드러운 엄마로서의 역할로 역할전환(role switching)이 나타나기도 한다. 또한 엄격한 교사로서의 역할은 학교라는 장에 남아 필요한 누군가가 그 역할을 취하게 된다. 민델에 의하면 역할전환은 장(場)에서 떠도는 역할이 다른 사람에게 전환되는 것이며, 이를 취하는 대상은 그 역할과 가장 가깝거나 비슷한 성향을 지닌 사람들에게서 나타난다.

또한 유령의 역할(ghost role)은 꿈 영역 DL의 한 형태다. 이는 현실에 직접적으로 나타나거나 인지되지 않은 어떠한 역할이며, 비록 그 역할을 인지하지는 못하지만 사람들은 그것이 주변에 있다고 느낀다. 그것은 집단 전체의 한 부분이면서 아직까지 한 번도 이야기되어 보지 못한 무엇인가의 역할이다. 어떤 사람이 무엇인가를 하거나 무슨 말을 함에 있어서 자유로움을 느끼지 못할 때 유령의 역할을 발견할 수 있다. 예를 들어, 말하고 싶은 어떤 것을 말하지 못하게 하는 역할, 즉 "너는 무언가를 말할 수 없어."라고 하는 역할, 그 지배자가 바로 유령이다. 유령의 모습과 생각을 나타내고 표현하는 것은 과정을 알아차리는 데 중요한 열쇠가 될 수 있다. 민델은 이러한 유령의 역할을 인지하는 하나의 방법은 누가 또는 무엇이 그러한 경험을 만드는지가 분명하지 않다는 것을 인지하는 것이라고 하였고, 우리가 이러한 유령의 역할을 함께 공유하고 있다는 사실을 알아차리는 것이라고 하였다.

7) 심오한 민주주의

심오한 민주주의(deep democracy)는 정책적인 과정에서의 철학이며, 사람들과 작업하는 하나의 방식이고, 감정을 표현할 수 있는 태도의 측면이며, 상담과정에서의 메타스킬이기도 하다(Mindell, 2002a). 일반적으로 민주주의는 매우 중요한데, 대부분 사람은 동등한 권력과 평화적인 방법을 희망하기 때문이다. 그러나 일반적인 민주주의는 다수결의 원칙에 초점이 맞추어져 있어서 소수의 의견이 소외되거나 받아들여지지 않기 때문에 심각한 갈등상황이나 긴장 상태에 있을 때 종종 실패하기도 한다.

심오한 민주주의는 일반적인 민주주의가 활용하는 다수결의 원리에서 더 나아가 모든 사람의 목소리, 모든 사람의 경험, 그리고 숨겨진 과정이나 유령의 목소리에도 관심을 둔다. 이에 모든 사람, 모든 집단, 그리고 우주의 감정과 의식의 모든 수준, 그리고 경험의 모든 차원은 받아들여져야만 하고 공유되어야 한다고 주장한다. 심오한 민주주의 관계에서는 갈등상황에서의 문제 해결에 관심이 있는 것이 아니라 갈등상황에서의 과정과 이들의 관계 내에서 발생되는 감정(feeling)에 초점을 둔다. 그렇기 때문에 과정이 펼쳐지고 나면 더 많은 구성원이 마음이 편안해질 수 있고, 이러한 관점에서는 모든 사람이 승리(win)할 수 있고, 의미 있는 관계를 형성하게 도와주며, 더 오래 지속 가능한 관계를 만들어 준다. 즉, 심오한 민주주의 관점에서는 삶의 실재 그 순간순간이 민주적이며, 알아차리는 과정이고, 자의식의 본질 SE의 수준에서 모든 경험이 공유된다는 것을 알 수 있다.

8) 월드 워크

월드 워크(world work)는 개인심리학이나 대인관계 심리학의 차원을 넘어 소그룹과 대그룹의 행동심리, 사회심리, 조직이론, 체계이론, 양자물리학의 장이론 등을 바탕으로 하여 현세의 정치, 경제, 사회, 문화 현실에서 비롯되는 모든 문제나 고뇌와 번민을 다차원적인 시각에서 보고 깊은 성찰과 깨달음을 돕고 있는 것이다. 이는 조직이나 공동생활의 전반에 걸쳐 일어나는 변화에 적용되는 새로운 패러다임이며, 현세에서 눈에 보이거나 보이지 않는 현상, 측정할 수 있거나 측정할 수 없는 현상도 다루며, 과학적이고 학문적이면서 비과학적이고 초학문적인 정치적 프로그램이기도 하다. 월드 워크는 갈등과 대립, 마찰, 충돌이 일어나는 혼란 속에서 우리 모두가 사회공동체의 일원이며, 지구인으로서 어떻게 자기실현과 동시에 전체의 성장발달에 기여할 수 있는지를 깨닫게 한다. 또한 그 속에서 인생의 의미와 목적을 모색하게 하며, 세계 역사의 흐름을 알아차리게 도와주기도 한다. 그리고 개인의 한계를 뛰어넘어 사명감을 갖고 새 역사 창조에 이바지하게 할 수 있는 실용적인 접근방법이기도 하다.

또한 개인과 공동체로서 어떻게 사는 것이 가장 인간적이고 잘 사는 방법인가를 개인이나 공동체 내의 갈등과 고민 속에서 찾을 수 있게 도와준다. 주요 쟁점으로 다루어졌던 것으로는 인종차별과 억압, 민족차별, 권력과 힘의 남용, 남녀차별, 동성애공포증에서 유발하는 문제, 성폭행, 학교에서의 폭행, 남성중심주의, 환경과 생태, 외국인에 대한 혐오증, 자본주의, 세계화 운동, 군국주의, 신체장애, 임금과 노동 문제, 동양인과 서양인의 서로 다른 대화방법 등이 있다.

9) 플래닛 워크

플래닛 워크(planet work)는 모든 존재의 공동체를 위한 작업이다. 인간사회에서 우리는 진정한 민주주의 방식에 의한 월드 워크가 필요하며, 더구나 인간을 둘러싼 지구, 더 나아가 우주, 또한 우리가 알지 못하는 그 너머의 모든 존재의 공동체는 플래닛 워크가 필요하다.

민델은 이러한 플래닛 워크를 위해 모든 존재의 공동체에서 협상을 다룰 수 있는 촉진자가 필요하다고 하였고, 그러한 역할을 기존에는 전통적인 초자연치료사가 해 왔다고 하였다. 이들은 인간과 자연의 공생을 위하여 인간이 자연을 학대하거나 자연이 사람을 다치게 하는 자연현상에서 상황을 알아차리고 인간들의 국소적이고 한정된 인지의 확장을 위하여 플래닛 워크를 해 왔다. 초자연치료사들은 개인 또는 공동체로 작업할 때마다 진행되고 있는 플래닛 워크가 모든 존재에게 영향을 줄 것이라는 것을 알고 있었다. 공동체를 치유하는 것은 또한 개인을 치유했으며, 개인과 작업하는 것은 전 공동체와 심지어 주변 환경까지도 치유하였다.

그러나 민델은 우리 인간은 이미 타고난 본연의 감각을 통하여 전통적인 초자연치료사의 역할을 수행할 수 있는 능력을 지니고 있기에, 이러한 능력을 계발하기 위한 노력이 필요하다고 강조하였고, 이를 위해 다양한 훈련과정이 필요하다고 제시하였다. 이러한 플래닛 워크는 초자연치료적인 힘을 가지고 있고, 다양한 수준에서 우주와 상호작용하며, 우리 인간이 비일상적 실재 NCR 경험을 진지하게 받아들이도록 도와준다.

10) 과정지향심리학에서의 주요 물리학 개념

민델은 그의 물리학적인 지식을 바탕으로 꿈에 대한 물리학의 근원을 연구하면서 의식이 어떻게 물리학과 관련되어 있는지를 설명하고자 하였다. 이러한 관심은 1920년대에 출현한 양자물리학이론에서부터 시작되었는데, 기존의 뉴턴 물리학의 패러다임을 따랐던 많은 학문 분야는 300년간 지속되었던 물리학의 틀을 버리고, 새로운 패러다임인 양자물리학을 적용하기 시작하였다. 이러한 과학자들의 노력 덕분에 최근에는 새로운 패러다임을 적용한 양자전기역학, 양자생물학, 양자의학 그리고 민델의 양자심리학(Quantum Mind)까지 탄생하였다. 이러한 양자심리학의 기초가 되는 대표적인 물리학적 이론들은 다음과 같다.

- 데이비드 봄(D. Bohm)의 '비국소성 원리'
- 알베르트 아인슈타인(A. Einstein)의 '상대성 원리'
- 닐스 보어(N. Bohr)의 '상보성 원리'

(1) 비국소성 원리

데이비드 봄은 우주의 허공은 텅 비어 있다는 가설을 주장했던 코펜하겐학파의 불확정성 원리를 정면으로 반대하면서 인간이 미처 모르는 어떤 숨은 변수가 있을 것이라고 생각하고는 '숨은 변수 가설(hidden variable theory)'을 제안하였다. 그는 아인슈타인, 플랑크(M. Planck) 및 드 브로이(de Broglie)가 밝힌 공식들을 종합하여 양자이론의 새로운 수학 공식을 만들어 냈다. 이에 물질은 원자로, 원자는 소립자로, 그리고 소립자는 파동으로 환원될 수 있다고 생각하였고, 소립자란 바로 파동의 다발(wave packet)이고, 단지 소립자의 종류에 따라 진동 수만 다르게 나타난다고 하였다. 그리고 데이비드 봄은 마지막으로 파동이 어디서 기원하였는지를 연구하였으며, 그 결과 맥스월(J. Maxwell)의 전자기장 방정식에서 초양자장(superquantum field) 혹은 초양자 파동(superquantum wave)이 있다는 사실을 발견하였다.

이러한 데이비드 봄의 비국소성 원리에 의하면, 우주의 허공은 텅 비어 있는 것이 아니라 초양자장으로 충만되어 있으며, 초양자장으로 충만된 우주는 또한 하나됨(oneness)으로 연결되어 있다. 이것은 물질들은 서로의 에너지 장을 통해 연결되어 있음을 의미한다. 이는 벨(Bell)의 공식과 아스펙트(Aspect, 1982)의 실험을 통해서도 밝혀진 바 있는데, 그는 멀리 떨어져 있는 두 개의 광자(photon)가 서로 연결되어 있음을 증명하여 이 두 개의 광자가 우주만큼이나 멀리 떨어져 있어도 에너지 장에 의하여 하나로 연결되어 있다고 해석하였다.

민델은 양자물리학에서의 양자 얽힘과 비국소성을 통해 양자세계의 이러한 특성이 어떻게 인간관계의 심리에, 그리고 우주 마음에 연결되는지 제시하였다. 인간 수준에서의 이런 얽힘의 유사성은 은유적인 것 이상이다. 연결되어 있는 경험은 비일상적 실재 NCR의 현상이고, 상호관련성에 대한 전체적인 느낌처럼 일상적 실재 CR 방법으로는 입증하기 어렵다. 그럼에도 많은 사람은 초현상적인 방법으로 연결된 것을 느낀다. 우리는 때때로 동시성과 같은 연결된 현상을 경험한다. 누군가를 생각하고 있을 때, 상대방으로부터 전화나 문자가 오기도 하고, 꿈속에서 일어났던 일이 현실에서 나타나기도 한다. 이러한 현상에 대하여 민델은 아스펙트의 실험 결과에서와 같이 우리는 광자의 얽힘처럼 서로 얽혀 있다고 주장하였다. 즉, 한 사람 안에서의 신체 장기들이 서로 연결되어 있고, 가족 내 가족구성원이 서로 연결되어 있으며, 지구 내 사람들이 서로 연결되어 있고, 마음과 마음 또한 서로 연결되어 있다고 주장하였다. 또한 이러한 현상에 대하여 데이비드 봄은 세계는 애초부터 온전한 전체성의 장(場)이었다고 설명하였다.

(2) 상대성 원리

아인슈타인은 물리학 법칙들이 모든 체제 안에서 동일하게 유지되기 위해 사건들 스스로가 '상대적으로' 보여야만 하고, 그것은 물체의 모양, 크기, 질량이 사건의 상대적인 속도와 방향에 의존한다는 특수상대성이론을 제시하였다. 즉, 명백하고 절대적인 기준체제 존재를 거부하며, 특수상대성이론에서 하나의 체제 안에서 발생하는 것과 다른 체제 안에서 발생하는 것은 서로 절대적이거나 독립적이지 않으며 체제가 변화할 때 같이 변화한다고 주장하였다. 이러한 '상대성'이라는 개념은 증거의 서로 다른 체제 사이의 관계를 묘사한다. 이 이론은 우리의 정신체제, 관계성, 실재 본성을 다루는 중요한 의미를 가지고 있다. 각각의 정신적 그리고 물질적 체제는 상대성이론과 연관된 특별한 관점을 가지고 있다.

민델은 이러한 상대성이론의 측면을 통해 심리학에서 우리는 어떤 한 사람 내에서의 기준 체제 사이의 차이와 서로 다른 나이, 문화, 인종, 종교 등 사람들 사이의 차이 때문에 종종 상대성을 다루어야만 한다고 주장하였다. 각 문화는 자신의 체제를 가지고 있고, 또한 병리적인 현상 또한 상대적이며 다양한 체제에서 설명할 수 있다고 주장하였다.

'정신적 질병'이나 '신체적 질병'과 같은 심리적인 증상은 1차원적 체제인 일상적 실재 CR의 관점에서만 존재한다. 비일상적 실재 NCR, 아인슈타인이 주장한 4차원의 세계 혹은 미국 원주민, 중국인, 기독교 이전의 많은 사회에서 주장했던 4중 구조, 스티븐 호킹의 가상시간과 최근 수리물리학의 10차원, 혹은 더 높은 차원에서는 이러한 병리적인 현상을 단지 꿈꾸기에서 그리고 과정(process)을 따르는 중간에서 나타나는 하나의 과정으로 보기도 한다. 이러한 관점은 내담자를 일상적 실재 CR의 차원을 넘어 4차원 이상의 공간으로 이동하고, 전체가 되며, 시간, 삶 그리고 죽음도 초월할 수 있게 도와준다.

(3) 상보성 원리

빛은 입자와 파동의 이중성을 지니고 있지만 이를 동시에 관찰할 수는 없다. 즉, 물질의 이중성도 빛의 이중성과 마찬가지로 동시에 입자성과 파동성을 관측할 수는 없다. 즉, 어떤 상황에서는 입자처럼, 또 어떤 상황에서는 파동처럼 행동한다. 이런 현상을 1928년에 닐스 보어가 상보성 원리(principle of complementarity)라 명명하였다. 즉, 자연의 모형을 완전하게 설명하는 데에는 두 가지 서술이 모두 필요하지만, 한 상황의 단일 면을 설명하는 데에는 두 가지가 모두 포함되지 않는다는 원리로 설명할 수 있다. 모든 물질은 동전의 앞면, 뒷면과 같이 입자와 파동의 이중성을 지니고 있다. 이러한 물질은 동전의 한 면에 입자가 있고, 다른 면에는 파동이 존재하는 것처럼 상보적인 관계에 있는데, 이것을 상보성 원리라고 한다.

이는 인간의 신체와 정신세계도 마찬가지다. 우리는 눈에 보이는 일상적 실재 CR의 측면에 의존하여 해석하고 반응하지만, 보이지 않는 비일상적 실재 NCR의 측면을 함께 이해해야만 더 정확하게 이해할 수 있다. 우리는 일반적으로 일상적으로 감지할 수 있는 영역 안에서 생활하며 매일 경험하고 있는 실재적인 실제에만 관심을 갖는다. 하지만 우리가 그것들을 보고 있지 않을 때에도 여전히 그것들은 존재하며, 눈에 보이지 않는 에너지 장(場)의 구조로 되어 있다. 우리가 행하는 관찰이란 그저 이미 존재하는 실재를 확인하는 행위에 지나지 않는다. 이는 우리가 어떠한 관점에서 관찰하느냐에 따라 다양한 형태의 실재가 드러난다는 것을 의미한다.

4. 상담 목표와 과정

1) 상담목표

과정지향심리학의 상담목표는 내담자의 알아차림에 있으며, 이러한 알아차림은 일상적인 매일의 알아차림보다는 훨씬 높고 정밀한 수준이다. 내담자는 자신의 몸과 마음, 그리고 영혼에 더 민감할 수 있기 때문에 상담자는 내담자가 이미 발생하고 있는 과정들을 바라보도록 돕고 알아차릴 수 있는 촉진자의 역할을 한다. 알아차림은 우리가 고통받는 것 너머에 있는 신체적인 증상, 관계에서의 갈등, 차별 등에 대한 색다른 것을 알아차리게 해 주며, 이로 인해 고통을 치료하게 도와준다. 즉, 알아차림은 우리가 사용할 수 있는 에너지를 더 탐색하여 찾아냄으로써 보다 더 풍부하고 균형을 이루어 행복하고 만족할 수 있는 삶으로 인도해 줄 수 있는 침묵의 힘을 찾아내는 것이다. 이러한 알아차림은 도(道)에 뿌리를 두고 있으며 우리가 가야 하는 올바른 길을 보여 준다.

2) 상담과정

과정지향심리학에서 제시한 규정화된 상담과정은 없다. 상담목표인 알아차림을 위하여 내담자의 과정이 펼쳐지는 대로 따라가도록 제안하고 있으며, 이러한 과정이 펼쳐지는 것이 바로 상담과정이다. 또한 이러한 상담과정에서는 내담자의 과정뿐만 아니라 상담자의 과정도 중요한 측면을 차지하고 있는데, 왜냐하면 상담자들이 종종 자신의 경계에 의해서 내담자의 과정이 펼쳐지는 것을 막거나 부정적인 방향으로 이끌 수 있기 때문이다. 상담과정은 내담자와 상담자모두가 서로의 과정을 존중함으로써 그들 자신의 과정을 통하여 서로 성장할 수있도록 돕는 것이다.

여기서는 민델(2006a)이 『대안적인 치료법(Alternative to therapy)』에서 제시한 과정지향심리학 접근 상담에서의 네 가지 탐색 주제인 언어적인 내용, 내담자의행동, 상담자의 과정, 그리고 과정의 구조를 어떻게 확인하고 펼치는지, 또한 이러한 과정을 어떻게 따라가는지를 다루고자 한다. 민델은 이를 통해 내담자의경계를 인식하고 경계를 확장함으로써 내담자가 좀 더 자유롭게 살 수 있도록도와줄 수 있다고 하였다.

(1) 과정 탐색

민델은 상담과정에서 다루어야 할 측면을 [그림 13-2]에서 보는 바와 같이 '내용(content)' '내담자의 행동' '상담자의 과정' '과정의 구조'의 네 가지로 제시하였다. 이러한 상담과정 탐색 주제는 내담자의 이해뿐만 아니라 상담자가 내담자와의 상담과정에서 일어나는 알아차리지 못한 것을 통찰할 수 있도록 도와주며, 상담 방향에 대한 많은 정보를 제공하고 있다.

다음은 주요한 네 가지 측면에서 다루어지는 구체적인 내용을 제시하였다.

① 내용(content)

내용에서 주로 다루어지는 것들은 내담자의 현재 문제, 내담자의 구체적인 정보, 대인관계와 세계, 꿈과 이야기, 중독과 약물 사용, 신체 증상 등 내담자 경험의 개인적인 묘사에서부터 그들 주변의 자세한 정보까지 포함한다.

- 현재 문제: 내담자가 현재 겪고 있는 심리적·신체적·사회적 문제, 내담자가 원하는 상담목표, 내담자의 에너지 상태, 자발적·비자발적 상담인지

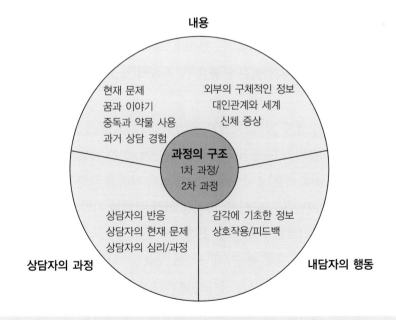

[그림 13-2] 상담과정 탐색(Mindell, 2006a: 14)

혹은 상담을 추천한 사람이 있는지 등을 확인함. 또한 상담에 참여하는 동기가 자발적이든, 의무적이든 간에 상담 참여에 영향을 미친 사람이 있다면 이는 내담자의 삶 속에서 중요한 유령의 모습(ghost figure)이며, 상담과정에서 많은 영향을 미칠 수 있다.

- 외부의 구체적인 정보: 내담자의 일상적인 삶에 대한 정보는 각 내담자에 따라 다양하게 다루어질 수 있다. 따라서 외부에서의 구체적인 정보도 탐색하도록 한다.

- 대인관계와 세계: 내담자가 과거, 현재에 어떠한 관계를 맺고 있는지, 관계에 만족 혹은 불만족하는지, 좋은 파트너를 찾는 것은 매우 힘들다고 끊임없이 불평하는지, 또한 자신의 주변 세계와 어떻게 상호작용하는지, 예를 들어 삶에서 어떤 종류의 동시성이 발생하는지, 현관문에 항상 동물들이 나타나는지, 조직이 계속해서 그를 화나게 하는지, 벌써 오래전에 그것을 포기했음에도 계속해서 하도록 요구받는 것이 있는지 등을 탐색한다.

- 꿈과 이야기: 이 분류는 밤에 꾸는 꿈뿐만 아니라 반복해서 일어나는 이야기, 환상과 같은 '꿈과 같은' 재료들을 포함한다. 이러한 형태의 정보는 개인의 과정 지도를 그려 준다.

  - 최근의 꿈: 내담자의 최근의 꿈은 그 순간의 삶의 상황과 가장 밀접하게 연관된다.

  - 어린 시절의 꿈과 기억: 내담자가 기억할 수 있는 가장 어린 시절에 꾼 꿈은 무엇인가? 또는 반복되는 꿈이 있는지, 이는 내담자의 삶을 형성하는 장기간의 패턴을 보여 준다. 만약, 어린 시절의 꿈을 기억하지 못한다면 가장 먼 기억은 무엇인지, 이러한 기억은 어린 시절의 꿈과 같거나 아니면 같은 방식으로 이해될 수 있다.

  - 치료과정에서의 첫 번째 꿈: 내담자가 치료를 시작하기 직전에 꾼 꿈, 혹은 첫 회기 직후에 꾼 꿈은 상담의 패턴에 관한 실마리를 줄 것이다.

  - 이야기들: 내담자가 꿈을 기억하지 못한다면 반복적인 이야기 혹은 반복적인 환상이나 그림 그리기도 꿈과 같은 현상으로 볼 수 있다.

실습: 반복되는 이야기 탐색

1. 자신이 계속 반복해서 하는 이야기를 생각해 보라.
2. 자신에게 구체적으로 그 이야기를 다시 한 번 이야기해 보라.
3. 그 이야기에서 완성하지 못한 부분이 있다면 오늘은 어떻게 완성할 것인가? 만약 놀랍고 환상적인 일이 발생했다면 그 놀라운 경험을 구체적으로 회상해 보라.
4. 그것이 행복한 이야기이든지, 고통스러운 이야기이든지 간에 자신의 미래나 현재의 자신의 삶에 그 이야기가 어떤 의미를 가질 수 있는지 생각해 보라.

출처: Mindell(2006a: 36).

- 과거 상담 경험과 첫 회기: 내담자의 과거 상담 경험은 이해나 완성을 필요로 하는 어떤 패턴을 표현해 준다. 과거 상담자와의 경험은 현재 상담자와의 관계에서도 영향을 줄 수 있고, 내담자는 과거 상담에서 일어난 일에 대한 완성을 찾고 있을 수도 있다. 상담자의 어떠한 면에서 어떤 기억이 일어나는지를 탐색하고 그 과정을 탐색해 볼 수 있다. 또한 첫 회기는 많은 정보를 제공한다. 첫 회기가 시작되기 바로 전에 발생한 비일상적인 경험, 예를 들면 첫 번째 약속을 잊어버렸거나, 매우 늦게 또는 매우 일찍 도착하는 것, 상담자의 경력에 대해서 많은 질문을 한 것 등이다. 이러한 모든 것이 내담자의 전체 과정에 대한 중요한 조각이 될 수 있다.

- 신체 증상: 신체 증상을 이해하거나 증상과 함께 작업하는 것은 프로세스 워크에서 매우 중요하다. 신체는 많은 정보를 제공해 주기 때문이다. 신체 증상에 대한 탐색에서 가장 중요한 것은 내담자가 어떻게 그 증상을 경험하는지를 찾아내는 것이다. 신체 증상에 대한 구체적인 이해는 바디워크 작업에서 자세하게 설명할 것이다.

- 중독과 약물 사용: 내담자의 중독이나 중독 경향성, 약물에 대한 사용 가능성이나 사용 여부 등의 이해는 중요하다. 이러한 정보가 없다면 신체 정보를 왜곡하거나 잘못된 알아차림으로 나타날 수 있기 때문이다.

② 내담자의 행동

내담자의 행동에서는 상담과정에서 내담자가 어떤 말을 하는지, 어떻게 앉아 있는지, 어떻게 걷는지, 어떻게 표현하는지, 그리고 상담자와의 상호작용에서의 정보를 탐색할 수 있다.

- 감각에 기초한 정보: 감각에 기초한 정보는 감각의 채널이나 신호에 기반한다. 가장 전형적인 것에는 청각, 시각, 움직임, 자기수용, 관계와 세계 등이 있다. 이러한 감각에 기초한 정보는 쉽게 인지할 수 있는 외부적인 정보뿐만 아니라 채널과 신호 탐색을 통한 내부적인 정보를 포함하고 있다.
- 상호작용/피드백: 내담자가 상담과정에서 어떻게 관계의 상호작용을 다루며 상담자의 방법에 대해 어떤 종류의 피드백과 반응을 보이는지를 탐색한다.

③ 상담자의 과정

상담자의 과정을 탐색하는 것은 내담자의 과정을 탐색하는 것만큼 중요하다. 상담자의 감정 반응, 내담자 문제에 대한 특별한 반응, 그리고 상담자의 심리적인 과정과 상담자의 치료적 접근 등을 살펴본다.

- 상담자의 심리/과정: 상담자의 과정에서 가장 중요한 것은 바로 상담자 자신이다. 상담자는 내담자와 마찬가지로 확장되어 가는 경계 속에 있다. 그렇기 때문에 상담 진행이 막혀서 전체적인 조망을 잃고 앞으로 나아가지 못하는 느낌을 갖는 것은 자연스러울 수 있다. 상담자는 자신의 경계를 만나게 하는 내담자와 상담을 하게 되면 상담자 자신의 경계를 벗어나는 것이 힘들기 때문에 내담자가 경계를 건드리지 못하게 하기 위하여 내담자에게 자신을 표현하지 못하게 하기도 하고, 내담자의 내면 작업을 방해하기도 한다. 따라서 상담자 자신의 과정을 알아차리는 것이 중요한데, 상담자는 자신이 개발해야 하는 영역이 무엇인지, 확장해야 하는 경계는 무엇인지, 그리고 현재 내담자와의 관계에서 상담자의 과정이 어떠한지를 확인하여

야 한다.

- **상담자의 반응**: 내담자에 대해서 어떻게 느끼는지, 구체적으로 내담자에 대해서 무엇이 혼란스럽게 하는지 혹은 매료되거나 훌륭하게 보이도록 하는지 등 이러한 정보 탐색은 매우 중요하다. 왜냐하면 상담자는 무의식적으로 자신을 매료하거나 혼란스럽게 하는 것들에 반응하면서 내담자를 찬양하게 되거나 혹은 상담자를 혼란스럽게 하는 것이 무엇이든지 간에 바꾸려고 하면서 상담의 전체적인 조망을 잃게 될 수 있기 때문이다.

④ 과정의 구조

상담을 위한 다양한 정보를 탐색한 후에 내담자와 상담자의 반복되는 패턴을 찾을 수 있다. 이러한 패턴은 과정의 구조를 통해 확인할 수 있으며, 이러한 구조는 일상적 실재 CR에서의 1차 과정과 비일상적 실재 NCR 측면에서의 2차 과정 내용의 탐색을 통해 확인할 수 있다. 과정의 구조는 내담자의 일시적인 찰나의 통찰에서부터 오랜 기간 삶의 모습에 대한 전망과 관점으로 나타내며, 이는 상담과정 탐색의 다양한 조각을 통합하여 패턴을 이해하고 내담자의 꿈꾸는 과정을 탐색할 수 있다.

(2) 과정을 따라가기

상담의 과정에서 내담자의 과정을 따라가다 보면 내담자의 일상적 실재 CR의 모습 이면의 비일상적 실재 NCR의 모습을 바라보기 시작한다. 민델은 이러한 과정을 선불교의 용어를 사용하여 '흐름으로 들어가기'라고 표현하였다. 이러한 흐름으로 들어가는 과정은 탐색된 과정의 흔적 경로를 따라 추적(tracking)하고, 이를 증폭 또는 확장(amplifying)하여 내담자의 경계에까지 이르게 한다. 이를 민델은 수학적인 표현으로는 극한으로 가져간다고 하였고, 이러한 '극한'으로의 추적은 내담자의 경험을 일상적 실재 CR 경험뿐만 아니라 비일상적 실재 NCR의 경험까지도 드러나게 도와준다. 또한 민델은 우리의 비일상적 실재 NCR의 경험을 수학적인 용어 '허수 i'로 표현하였고, 이러한 '허수 i'가 실수로 변화되는 과정에 주목하여 개인의 비일상적 실재 NCR의 경험도 일상적 실재 CR의 경험으로 명확하게 확인할 수 있다고 주장하였으며, 비일상적 실재 NCR의 경험을 반영하기, 추적하기 그리고 확장하기 과정을 통해 제시하였다.

상담자가 이러한 흐름으로 들어가는 과정을 따라갈 때 귀납적인 사고방식을 권장하고 있는데, 이는 상담자가 내담자의 정보를 통해 미리 판단하거나 편견을 갖지 않도록 도와주기 때문이다. 또한 자신의 지식을 내려놓고 내담자의 모습을 있는 그대로 따라가도록 하여야 한다.

흔적의 경로를 추적할 때에는 "자신의 몸에서 무엇을 알아차리는가?" "그것은 어떤 형태인가?"와 같은 질문이 유용한데, 알아차림을 나타내는 어떤 느낌이나 감각을 기록하고 그것들을 차례대로 따라가게 돕는다. 이러한 과정은 간결하고 정확하게 이루어지며, "나는 이것과 저것을 알아차린다." 등으로 표현할 수 있다. 상담자는 내담자가 말하는 것에 대해 편견을 갖지 않고, 단지 알아차린 파편들을 따라가야 한다. 그리고 아주 작은 변화도 인지하여 이러한 작은 파편들이 합쳐지는지를 알아차리도록 도와주어야 한다. 그리고 그것을 따라가고 확대하며 펼치도록 도와준다. 내담자가 제시하는 작은 단위의 정보는 조각조각 데이터의 파편들로 전체적인 내담자 과정의 구조를 형성할 수 있기 때문이다. 이러한 정보 파편의 유용성을 확인해 보는 방법은 새로운 데이터에 대해서도 관련성이 있는지 탐색하거나, 또는 정보의 파편들이 계속해서 새로운 정보나 에너지들을 생성해 내는지 등을 알아보는 것이다.

만약 내담자가 흐름으로 더 이상 들어가지 못하고 막힌다면 내담자는 자신의 경계를 만난 것이다. 경계를 지켜보고 전 단계로 돌아가서 계속하도록 격려한다. 하지만 내담자가 멈추어 과정에 대해서 생각한다면 그것도 괜찮다. 그러나 그때 그것을 경험하는 것으로 되돌아가도록 요구하고, 신체의 차이는 무엇이고 신체적으로 자신에게 무슨 일이 일어났는가, 상태지향에서 과정지향으로 변화하던 순간은 어떠하였는지 등의 정보 파편들을 통해 내담자의 비일상적 실재 NCR 경험을 알아차리도록 도와주며, 내담자의 경계를 인지할 수 있도록 도와준다.

(3) 경계를 확장하기

내담자의 과정을 탐색하고 따라가다 보면 내담자의 경계와 만나게 된다. 상담의 초기 단계에서 내담자의 일상적인 마음은 1차적 주의집중에 익숙해져 있어서 사물을 바라보거나 이해하는 다른 방법으로의 전환을 두려워하거나 꺼린다. 이는 '미세한 경계(micro-edge)'로서 2차적인 것에 대한 경계를 형성하고, 이러한 경계는 다양한 펼침의 단계와 연결된 순간적이고 짧은 경험들을 의미한다. 하지만 자신의 과정을 탐색하고 따라가면서 주의가 2차적인 것으로 전환되고 나면 신호가 증폭되고 펼쳐지면서 더 많은 경계가 발생한다. 경계는 점거된 채널(occupied channel)에서의 경험을 한다든가, 점거되지 않은 채널(unoccupied channel)로 이동하는 것과 같은 다양한 증폭과 펼침의 과정에서 발생한다. 예를 들어, 개념적이거나 언어적이고 또는 시각적인 경험 채널로부터 신체중심의 채널로의 변환과정에서 종종 경계를 경험하기도 한다. 과정의 펼침 단계를 넘어서면 '거대한 경계(macro-edge)'가 일어나는데, 이는 꿈의 형태를 식별하는 것이나 단기적인 삶으로 통합할 수 있게 한다. 또한 경계 작업의 마지막 단계에서는 비일상적 실재 NCR의 경험을 장기적인 일상의 삶으로 통합하게 하고, 내담자를 좀 더 자유롭게 살아갈 수 있도록 도와준다.

펼침에서 경계의 단계

1. 2차적인 어떤 것에 집중하는 경계(1차 주의로부터 2차 또는 3차 주의로의 전환)
2. 채널의 전환, 추가 또는 점거되지 않은 채널로 들어가기 등을 통해 2차 경험을 증폭시키는 경계
3. 꿈의 형상을 식별하고 단기적으로 그것을 통합하는 경계
4. 2차 경험을 매일의 삶으로 통합하는 경계

출처: Diamond & Jones(2004: 127).

상담과정에서 제시되는 내담자의 많은 정보는 같은 경계 주변에서 나타난다. 각각의 정보들은 다른 방식으로 경계에 접근하기 때문에 새로운 모습으로 나타나지만 이들은 같은 경계 주변에 있다. 또한 의식의 알아차림 수준에서도 경계는 다르게 표현된다. 일상적 실재 CR 관점에서 경계는 외부의 장애물로 나타나는데, 개인이 특정한 방식으로 삶을 살아가거나 어떤 목적이나 희망을 성취하지 못하게 하는 분명한 이유나 물질적인 것으로 경계를 나타낸다. 꿈 영역 DL에서의 경계는 외부의 장애물이라기보다는 내부의 역동이며, 꿈의 형상과의 상호작용과 관련이 있다. 내부의 역동은 외부의 장애물을 거대하게 느끼게 만들기 때문에 내담자는 경계를 확장하기 위하여 도움을 필요로 한다. 자의식의 본질 SE에서는 넘어야 할 경계가 없다. 왜냐하면 감각적인 수준에서는 과소평가하는 것이 없기 때문이며 오직 꿈꾸는 경험만 있을 뿐이다. 자의식의 본질 SE에서의 경계 개입은 개인의 과거력이나 정체성의 희생을 필요로 하지 않으며, 내담자가 꿈의 경험 속으로 더 깊게 빠져들도록 해 준다. 또한 의식의 또 다른 상태로부터 초공간적인 해결책을 찾는 것과 관련이 있으며, 이는 해결책에서 작업을 한다기보다는 해결책을 꿈꾸는 것과 연관이 있다.

이러한 알아차림 수준의 관점에서 경계를 표현하는 것은 실재에서 경계를 인식하는 세 가지 방법이 꼬여 있을 때 경계는 어떤 하나의 수준으로 인식된다는 것을 의미한다. 3가지의 알아차림의 수준은 경계 작업에서 유용하다. 어떤 경계는 순차적으로 외부의 문제, 내부의 역동, 또는 문제가 아닐 수도 있다. 상담의 마지막 단계에서 이러한 경계를 인지하고 경계를 확장하여 자의식의 본질인 SE에까지 가져가면 경계는 이미 경계가 아닐 수 있다.

즉, 상담자는 내담자가 자신의 경계를 인지하고 확장하여 이를 알아차리며, 경계를 세 가지 의식 차원에서 바라볼 수 있도록 도와주어야 한다. 이러한 경계의 인식과 자신의 경계를 확장하는 것은 내담자를 문제로부터 자유롭게 살아갈 수 있도록 도와준다.

5. 상담기법과 적용

과정지향심리학의 상담기법과 적용은 매우 다양하여 규격화된 기법이나 적용은 없지만, 과정지향심리학의 기본적인 원칙에 입각하여 임상에 적용되고 있다. 이에 대표적인 기법과 적용을 살펴보면 다음과 같다.

1) 바디워크

우리의 신체는 많은 정보를 포함하고 알려 주고 있다. 신체가 주는 정보를 고통으로 경험하는지, 영적인 모험으로 경험하는지, 자신의 불편함에 포함된 감각으로 경험하는지에 따라서 질병에 대해 다양한 접근을 할 수 있다. 만약 고통이 느껴질 때 그 고통을 적대시하거나 무시하는 것은 고통을 더 악화시킬 수 있다. 반면에, 고통 너머에 있는 미묘하고 자의식적인 본질을 발견함으로써 고통과 상호작용할 수 있다면 그 고통은 점차적으로 사라지거나 견딜 만해질 수 있다. 최악의 고통은 아마도 펼치려고 하는 비일상적 실재 NCR을 무시한 현상일 수 있다. 대증요법의 측면에서 질병은 이원론적인 사고에서 접근한다. 아프거나 건강하거나와 같은 이분법적인 패러다임은 신체 경험을 국소적으로 경험하도록 하여 때로는 병을 더 악화시킬 수 있다. 반면, 과정지향적 접근에서의 질병은 꿈꾸기의 과정으로 바라보며, 질병은 두렵기만 한 것이 아니라 비일상적 실재 NCR의 관점에서 질병은 해방을 위한 기회이며 견고한 정체성으로부터의 자유라고 주장한다. 또한 민델은 많은 임상적 경험을 통해 신체 문제를 지닌 사람들은 풍부한 경험을 가지며, 꿈꾸기의 문을 통과한 이후에 오히려 기분이 더 좋아진다는 것을 알아냈다. 즉, 자신의 신체언어인 드림바디와 바디워크(body work)를 통한 알아차림은 질병이나 두려움, 혹은 다양한 심리적·신체적 문제에서 자유로울 수 있도록 도와준다.

다음은 신체 증상에 대한 바디워크 실습의 한 가지 예를 제시한 것이다.

- 내담자에게 '나는 어떤 사람인가?'를 묘사해 보게 한다. 예를 들어, 지금-여기서의 느낌, 자신이 느끼는 성격 등을 묘사한다. (일상적 실재 CR에서의 작업)
- 눈을 감고 일상적으로 일어나는 신체 증상들에 집중하고, 그중 한 가지를 골라 보도록 한다.
- 선택된 한 가지 신체 증상을 느끼고, 증폭·확장시켜 재경험해 보도록 한다. 예를 들어, 다리가 아프다면 아픈 다리의 통증을 확장시켜 다리에 마비가 온 것과 같은 아픔으로 확장시켜 본다. (꿈 영역 DL에서의 작업)
- 신체 증상이 나타내는 메시지에 귀를 기울이고, 증상이 펼쳐지는 대로 따라가 본다. (자의식의 본질 SE에서의 작업)

이러한 바디워크의 실습은 1차 과정인 일상적 실재 CR의 경험을 확인하고, 이를 증폭시켜 2차 과정인 꿈 영역 DL의 수준으로 확장해서 결국 자의식의 본질 SE의 알아차림을 위한 것이다. 신체 증상은 자신이 알아차리지 못했던 미지의 세계인 비일상적 실재 NCR 경험에 대한 메시지를 전달하기 위해 활용된 통로이며, 이러한 사실을 알아차리는 것은 바로 치료의 과정이 될 수 있다.

2) 꿈 작업

민델은 '꿈'에 대한 다양한 연구를 실시하였는데, 특히 꿈의 분석은 그의 이론에서 비일상적 실재 NCR을 알아차리는 중요한 도구로 활용된다. 또한 민델은 의식의 꿈과 같은 상태가 우주의 기본적인 물질이 될 수 있다고 하였고, 실존하는 물체는 꿈과 같은 의식 상태에서 생성된다고 하였다. 이러한 꿈과 같은 의식 상태는 육체적인 형태에 드나드는 움직임의 기본이기도 하지만, 초자연치료, 심리학의 기본이기도 하고, 수학, 물리학을 설명하기도 한다(Mindell, 2010). 민델은 이러한 꿈과 같은 의식 상태와 같이 가시화되기 이전에 존재하는 상태를 자의식의 영역(Sentient Realm: SR)이라고 하였고, 융은 이를 '집단무의식'이라고 하였으며, 데이비드 봄은 이것을 '손상되지 않은 전체성의 영역'이라고 하였다. 베르너 하이젠베르크(Werner Heisenberg)는 '양자파동함수의 경향성의 세계'라고 하였고, 원시문화의 토속인들은 이를 '꿈과 같은 의식의 세계'라고 하였으며, 불교와 도교에서의 깨달음은 이 영역을 알아차리는 것, 즉 도(道)와 연결되어 있다고 하였다. 또한 과정지향심리학에서는 '신체'와 심리학의 주요 재료인 '꿈'이 별개가 아니라 아주 밀접한 근원으로부터 출발하며, 우리 또한 이러한 증상의 신호를 알아차릴 수 있는 본능적인 능력이 있음을 가정한다. 대개 신체 증상과 심리치료는 꿈분석 치료와 분리되어 있고, 반대로 꿈분석 치료 또한 신체 감각을 고려하지 않는 것에 이의를 제기한다. 또한 이러한 증상을 포함한 장(場)의 흐름과 에너지에 대한 알아차림은 심리치료적 측면에서 매우 중요한 것으로 주장하고 있으며, 민델은 이러한 장과의 끊임없는 의사소통을 통하여 그 경향성을 그것이 일어나기도 전에 미리 알아차릴 수 있다고 주장하였다(Mindell, 2010).

민델은 『드림바디』(1982)와 『꿈꾸는 영혼』(2006b)에서 꿈은 모든 종류의 신체 증상을 반영한다고 주장하였고, 깨어 있는 동안 꿈에서 하루 동안 선명한 자각을 기본으로 하는 삶의 방식을 제안하기도 하였다. 민델은 『꿈 제조사의 제자(The dreammaker's apprentice)』(2002b)에서 꿈 작업을 두 가지 단계로 구분하였다. 첫째, 꿈 작업은 꿈이 어디로부터 왔는지 경험하게 해 주어야 한다. 그 장소는 매일의 일상이 기초하고 있는 가상의 실제이고 또한 신의 생각이다. 둘째, 꿈 작업은 우리가 꿈을 일상의 자아의 관점에서 이해하도록 도와주어야 한다. 꿈의 근원을 경험하지 않고는 적절하게 꿈을 이해할 수 없기 때문이다. 민델은 그의 책 『드림바디』(1982)에서 꿈 작업에 대하여 "드림워크는 당신에게 꿈의 가상의 근원(꿈, 그리고 신의 생각에 대한 경험)에 더 가깝게 삶으로서 더 나은 삶을 사는 방법을 알려 준다."라고 강조하였다.

다음은 꿈 작업에 대한 실습의 예를 제시한 것이다.

만성적인 신체 증상과 어린 시절에 꾼 꿈

- 한 장의 종이에 다섯 개의 박스를 그리고, 그중 세 개의 박스에 당신의 어린 시절에 꾼 한 개의 꿈을 선택하여 이야기가 펼쳐지는 대로 그려 보라.
- 세 개의 박스에 그린 그림들에서 가장 이상하거나 잘 알 수 없는 하나의 부분을 선택해 보라. 선택된 부분에서 꿈의 요소와 그것들의 에너지가 어떻게 연결되어 있는지 탐험해 보라. 네 번째 박스에 꿈의 요소를 그려 보라.
- 그러고 나서 그림을 잠깐 옆에 두고, 만성적인 신체 증상이나 신체 경험 혹은 당신을 꼼짝 못하게 하는 것이 있다면 한 가지를 선택하라. 당신은 어떻게 그것들을 경험하는가? 무엇이 그것의 특성을 가지고 있으며, 무슨 채널이 그것 안에 있는가? 감각에 기초한 정보의 용어로 기술하여 보라.
- 그 경험을 확장시켜 보라.
- 과정을 펼쳐 보라. 증상을 만드는 것(symptom marker)이 되어 보고, 자의식의 본질 SE에서의 알아차림이 있을 때까지 그 에너지 속에 머물러 있으라.
- 다시 어린 시절에 꾼 꿈의 그림으로 돌아가서 신체 증상의 에너지의 모습을 마지막 다섯 번째 박스의 그림에 그려 보라. 어떠한 연결이 있는지 알아차려 보라. 만성적인 신체 증상은 오랜 기간 동안 패턴화되어 있는 경험이나 삶의 신념과 밀접하게 연관되어 있을 수 있기 때문이다.

출처: PWI(2012).

---

3) 경계 작업하기

경계 작업은 경계를 인식하는 것에서 시작된다. 또한 이러한 경계 작업하기의 중심에는 채널과 신호 알아차리기, 피드백 그리고 메타스킬이 있다(Diamond & Jones, 2004). 경계는 언어적이거나 비언어적인 신호로서 발견될 수 있고, 에너지 또는 내담자와 상담자 간의 관계 강도(強度)로 변화되어 발견될 수도 있다. 에너지의 변화는 에너지의 감소(지루함, 해리, 기묘함, 취소) 또는 다량의 신호를 동반하는 갑작스러운 에너지의 폭발(당황스러운 웃음, 장난기의 웃음, 땀 흘림, 안절부절못함, 숨을 참음)을 포함한다. 또는 싫어하거나 거부하는 것과 같은 부정에 의해서 경계가 만들어지기도 한다. 이는 가족이나 문화적인 신념 혹은 앞선 부정적인 경험에 의해 종종 형성된다. 경계의 이런 종류는 강한 의사표현, 감정, 신경과민, 당황스러움, 킥킥거리는 웃음, 얼어붙음과 같은 행동의 특징들이며, 이러한 경계의 전형적인 언어적 신호에는 "나는 그것을 결코 할 수 없다." 혹은 "만약에 내가 그것을 한다면 그것은 아마도……." 등이 있다.

경계에서 내담자의 채널과 신호는 어떤 방식으로 경계 작업을 하고, 어떤 방향으로 진행해야 할지에 대한 정보를 제공해 준다. 구체적으로 경계 작업은 내담자가 어떻게 경계에 마주하는지에 의해서 형태가 정해진다. 어떤 사람은 자신의 관점에서는 알지 못하거나 이해하지 못하는 어떤 것을 매일 경험하는데, 여기서의 작업은 마음을 열고 부정적인 경험에 대한 공간을 만들도록 돕는 것이다. 한편, 경계와의 만남은 반대되는 신념 또는 문화적인 영향 간의 충돌일 수 있고, 이러한 경우 경계 작업은 경계를 형성하는 신념이나 경험에 대한 작업을 포함한다. 또한 경계는 종종 혼란스러운 경험으로, 안전하지 않고 두렵고 흥분된 느낌을 불러일으킨다. 이러한 경계의 경험은 신념체계나 개인의 역사, 느낌, 감정 또는 변형 상태의 개입을 필요로 한다. 내담자는 종종 큰 경계를 마주치지 않고 2차 과정으로 바로 들어갈 수도 있다. 이러한 경우 개입은 언어나 특성, 그리고 2차 과정에 대한 표현 등이 있다. 상담자는 내담자와 함께 움직이고 역할극을 하며, 또 다른 형태의 개입을 하게 된다. 상담자는 역할극을 함으로써 내담자의 2차 과정을 증폭시킬 수도 있는데, 그 방식에는 상담자와 같은 역할 또는 반대의 역할이 있다. 경계 밖에 있는 2차 경험을 형성하는 환상적인 그림을 찾는 것은 꿈의 더 깊은 곳으로 들어가는 또 다른 방법이다. 상담자는 내담자가 창조적인 상상을 사용해서 2차 과정의 꿈속으로 들어갈 수 있도록 북돋아 줄 수 있다. 이것은 경계의 형상과 그것의 삶의 방식, 그리고 그것이 내담자의 일상의 삶과 어떻게 관련이 되었는지를 꿈꾸게 해 주는 것을 포함한다.

상담자의 경험 또한 경계를 인식하는 데 있어서 중요한 요소다. 만약 상담자 자신이 대화의 흐름을 잃거나 또는 다음에 무엇을 할지 모르고 긴장하거나 불편함을 느낀다면 이러한 것이 내담자 과정의 경계에 반영된다. 과정의 특정 부분이나 결과를 지나치게 강조하거나 무언가를 달성해야 한다는 압박감을 느끼는 상담자의 경우도 경계의 존재를 나타내고 있는 것이다. 경계 작업에서 상담자에게 필요한 메타스킬(metaskill)은 다음과 같다. 메타스킬은 불확실성과 혼란의 순간에 펼치기 과정을 좌우하는 일종의 분위기를 생성해 준다.

- 창조성과 제한에 가치를 두기(valuing constraint and creativity): 창조적인 가능성의 장소로서 경계에 가치를 두는 것은 경계 작업에서 도움이 되는 메타스킬이다. 경계에는 창조성과 제한이 있다. 마치 예술에서처럼 화가의 캔버스에는 2차원의 경계가 있고, 작가는 언어적인 표현에 한계를 맞는다. 그러나 이러한 매체들은 또한 혁신과 창조성의 동력이다. 비슷하게 경계는 제한적이면서도 창조적이다.

- 운명과 마주하기(encountering fate): 경계는 삶과 죽음 그리고 변화에 대한 깊은 신념을 노출한다. "나는 자신 또는 타인들의 미지의 것과 어떻게 관계되어 있는가?" 또는 "내가 두려운 장애물에 맞닥뜨렸을 때 나 자신을 어떻게 발견하는가?" 등과 같은 자기반영적인 질문을 불러일으키면서 운명에 대한 개인의 관계 또는 개인보다 더 큰 무엇과의 관계를 개발하는 것과 관련되었다는 신념에 기초한다. 이 작업에서는 미지의 것에 대한 내담자의 관계가 중심이고 상담자의 역할은 특정 경계를 넘어가는 것을 시도하기보다는 이 관계와 함께 내담자를 돕는 것이다.

- 무위(nowhere to go): 내담자가 경계를 건너도록 하는 것이 상담자의 역할이라는 신념을 부정하는 것이다. 상담자의 관여보다는 오히려 내담자의 과정 자체가 경계로 인한 주저함이나 저항을 줄여 준다는 신념에 근거한다. 이 메타스킬은 '무위(無爲)' 또는 아무것도 하지 않음의 형태다. 그것은 자연적인 것을 신뢰하고, 상담자의 기술이나 내담자의 의지에 의존하기보다는 내담자의 과정이 주는 알아차림 혹은 지혜와 관련된다.

다음은 경계 작업에 대한 실습의 예를 제시한 것이다.

1차 과정으로부터 경계에 접근하기

- 내담자가 경계를 탐험하거나 넘어갈 수 있도록 지지하라: 내담자의 피드백을 지켜보면서 사랑스럽게 북돋거나 때로는 약간 강요하라.
- 경험을 재구조화하라: 1차 과정에게 2차 과정에 대한 무섭고 부정적이거나 과소평가된 특성을 감소시키는 방식으로 2차 과정에 대하여 이야기하라.
- 1차 과정과 2차 과정에 대해서 토의하라: 새로운 경험이 왜 무섭고 어려운 것인지 찾아보라.
- 내담자의 2차 과정에 대한 지식을 확장하거나 꿈속으로 들어가라: 꿈속으로 들어가는 것, 그것에 대해 이야기를 하는 것은 경계를 넘어선 경험에 대한 패턴이나 모형을 생성한다.
- 내담자 '밖에서', 즉 내담자의 내면 작업보다는 장난감, 사물 등을 사용해서 2차 과정과 2차 과정에 대한 경계를 활성화하여 무엇이 발생하고 있는지 내담자가 관찰하거나 제시할 수 있도록 하라.

출처: Diamond & Jones(2004: 132).

---

6. 평가

과정지향심리학은 인간이 미처 인식하지 못했던 깊은 의미를 지닌 신호, 동시성, 신체화의 경험 등을 통해 인간 경험을 넓은 범위에서 확장하여 알아차림을 증진시키는 심리치료적 패러다임이며 실제적인 임상에 접근하는 방식이다. 이러한 과정지향심리학은 융 심리학과 게슈탈트 심리학, 초자연주의, 도(道), 물리학, 그리고 사회학 등 사회적인 이슈를 포함한 인간 경험의 모든 측면에 뿌리를 두고 있다. 특히, 인간이 경험하는 모든 실재에 관심을 갖고 일상적 실재 CR의 영역과 비일상적 실재 NCR 영역의 알아차림을 통해 다차원적이고 통합적인 치료방법을 제시하였다. 또한 기존의 많은 상담 및 심리치료의 패러다임이 일상적 실재 CR의 영역에 치중하고 있음을 비판하면서 내담자의 비일상적 실재

NCR의 영역에 관심을 갖고 이를 확장하고자 하였다.

이러한 과정지향심리학이 상담 분야에 기여한 점을 요약해 보면 다음과 같다.

첫째, 과정지향심리학은 초개인심리학의 새로운 패러다임을 제시해 준다. 과정지향심리학이 기존의 초개인심리학과 대별되는 것은 다양한 임상적인 기법과 성공적인 임상 경험을 보여 준다는 것이다. 기존에 제시된 초개인심리학의 이론들은 새로운 패러다임으로의 철학적인 바탕과 이론을 제시하였지만 그 임상적인 접근은 비교적 최근에 제시하고 있다. 그러나 민델은 초기부터 이론들을 임상 현장에서 성공적으로 적용함으로써 이론가이면서 훌륭한 임상가로서의 역할, 그리고 비일상적 실재 NCR의 보이지 않는 부분에 대한 경험을 활용하여 성공적으로 임상에도 적용할 수 있다는 새로운 접근방식을 보여 주었다.

둘째, 민델은 심리학과 물리학의 통합을 통해 보이지 않는 초자연적인 현상에 대한 과학적인 이해를 도왔다. 융 심리학에서 연구되었던 동시성과 같은 개념, 그리고 이를 확장한 신체 신호/채널, 꿈, 텔레파시 등의 개념을 수학과 물리학, 양자물리학 등의 개념을 통해 설명해 주면서 보이지 않는 초자연적인 현상과 비일상적 실재 NCR의 경험에 대한 연구 범위를 확장하였다. 이를 통해 심리학의 영역을 더욱 확장하여 다차원적이고 통합적으로 접근하였으며, 이를 통해 인간을 더 깊게 이해하고 인간이 가진 초자연적인 능력을 계발하는 데 이바지하였다.

셋째, 민델은 정신을 연구하는 심리학이 의식에 대한 연구에 치중하고 있어서 실제적인 물질인 인간의 몸에 바탕을 두지 않았다고 비판하면서 그의 이론에서 꿈과 신체적인 경험이 어떻게 연결되어 있는지 관심을 가졌다. 이를 통해 마음과 신체라는 영역을 통합하고, 이를 연결하는 통로로서 드림워크와 바디워크를 시도함으로써 인간을 통합적으로 이해하는 데 기여하였다.

넷째, 과정지향심리학은 신체 증상과 질병에 대한 새로운 관점을 제시하였다. 일반적인 대중요법의 측면에서 신체 증상과 질병은 이원론적인 사고에서 접근한다. 아프거나 건강하거나와 같은 이분법적인 패러다임은 신체 경험을 국소적으로 경험하도록 하여 때로는 병을 더 악화시킬 수 있다. 하지만 과정지향심리학은 신체 증상과 질병에 대한 다차원적인 접근을 통하여 변형 상태(altered state)로서 증상과 질병을 이해하고, 이들 증상과 질병이 내담자의 삶의 과정에서 나타나는 현상으로 이해하며, 특히 증상과 질병이 갖고 있는 메시지를 알아차림으로써 이를 치료할 수 있는 새로운 접근방식을 제시하였다.

다섯째, 개인상담뿐만 아니라 대집단에서의 갈등에 대한 작업도 실시하였다. 민델은 개인적인 자각과 개체화가 공동체 자각과 사회적 문제의 해결책으로부터 분리될 수 없다고 주장하였으며, 이를 통해 의식이란 개인 자신에 대한 알아차림뿐만 아니라 커다란 공동체에서 상호작용하는 부분으로 자신을 알아차리는 것도 포함한다는 것을 알려 주고 있다. 또한 인간은 서로 연결되어 있는 존재로서 개인, 소집단, 대집단, 지구, 우주 그리고 존재하는 모든 것과의 비국소적인 연결성을 지니고 있어서 개인의 치료는 곧 공동체의 치료이며, 공동체의 치료는 곧 개인의 치료가 된다고 하였다. 또한 끊임없이 발생하는 소집단, 대집단, 국가 간의 갈등과 대립, 마찰, 충돌 속에서 우리 모두가 사회공동체의 일원이며 지구인으로서 어떻게 자기실현과 동시에 전체의 성장·발달에 기여할 수 있는지 깨닫게 도와준다.

즉, 과정지향심리학은 개인의 직접적인 행동 결과에 관심을 갖기보다는 과정을 중요하게 강조하였고, 지금-여기의 현상에서 잘라 보는 것보다는 맥락이나 패턴으로의 이해를 강조하였다. 이에 보다 전(全)인적인 관점에서 인간을 이해하려고 노력하였다. 또한 상담과정에서 내담자의 성장과정뿐만 아니라 상담자의 과정에도 관심을 두어 상담의 전체적인 패턴과 구조에 집중하고, 이를 통해 내담자가 깊은 통찰과 알아차림을 할 수 있도록 영성적이고 초자연적인 측면에서의 알아차림을 포함한 비일상적 실재 NCR의 알아차림에도 관심을 두었다.

제14장
동양상담

│박성희│

    동양상담은 동북아시아를 중심으로 전개되는 상담활동을 뜻한다. 동양상담은 동양을 관통해 온 유·불·도라는 세 가지 사상적 흐름을 바탕으로 형성되고 발전되어 왔다. 따라서 이 글은 이 세 가지 흐름을 창시한 원조라고 할 수 있는 공자, 석가모니, 노자가 어떤 인물인지 먼저 살펴보았다. 이어서 상담과 관련된 유·불·도의 핵심 사상을 '마음'과 '관계' 중심으로 정리하였다. 마음에 대해서는 마음의 정체와 특성, 그리고 마음의 변화에 초점을 두고 기술하였고, 관계에 대해서는 유가의 경우 인과 예, 불가의 경우 연기설과 윤회설, 도가의 경우 무위자연이라는 개념을 중심으로 설명하였으며, 각 사상에서 주장하는 바람직한 관계 형성의 원리에 대해서도 언급하였다. 상담목표 부분에서는 각 사상에서 이상적으로 생각하는 인간상을 그리고 이의 실현을 돕기 위한 활동을 정리하였으며, 상담과정에서는 일반적인 상담과 구분되는 동양상담의 고유한 특징을 서술하였는데, 수련감독하기(supervising), 코칭하기(coaching), 인격적 모범 보이기(modeling), 충격 주기(giving shock) 등이 그 내용이다. 상담 목표와 과정을 설명하는 과정에서 상세하지는 않지만 그동안 동양상담을 연구한 학자들의 글에서 발견할 수 있는 다양한 방법을 소개하였다. 동양상담이 적용되는 구체적인 예는 유가의 경우 나이칸상담, 불가의 경우 동사섭상담, 도가의 경우 모리타상담을 들었다.

1. 동양상담

동양상담은 쉽게 말해 동양에서 이루어지는 상담을 말한다. 그런데 이때 '동양'은 어디를 말하고 '상담'은 무엇을 뜻하는 것일까?

일반적으로 동양이라고 하면 유럽대륙의 동쪽에 위치한 아시아 지역, 특히 아시아의 동부 및 남부에 있는 한국, 중국, 일본, 인도, 베트남, 미얀마, 타이, 인도네시아 등의 지역을 말한다. 따라서 동양이라고 말하려면 적어도 이들 아시아권에 있는 국가를 모두 포괄할 수 있어야 한다. 하지만 이 글에서는 동양을 흔히 동북아시아라고 일컫는 한국, 중국, 일본 지역으로 한정할 것이다. 필자의 역량이 부족하여 다른 지역에 대하여 아는 바가 부족할 뿐 아니라 상담이라는 이름 아래 학술적인 활동이 활성화되어 있는 곳이 이 지역이라고 판단하기 때문이다. 다만 이 글에서 다루는 동양상담의 원리와 방법은 유교, 불교, 도교의 영향을 많이 받은 아시아 문화권에 속한 다른 나라들에도 상당 부분 유사하게 적용될 수 있을 것이라고 예상한다.

원래 동양에는 '상담'이라는 용어가 존재하지 않았다. 상담이라는 용어는 영어의 counseling을 번역한 일본말이고, counseling은 라틴어의 counsilium에서 유래한 용어다(박성희, 2001b). 따라서 엄밀한 의미에서 상담은 서양에서 기원해서 발달한 서양적 개념이다. 지금도 상담학은 심리치료학과 더불어 서양 학문으로 알려져 있다. 하지만 지칭하는 언어가 없다고 해서 활동이 없었던 것은 아니다. 상담을 '생활 곳곳에서 인격적인 만남을 통해 사람들의 바람직한 변화를 돕는 과정'이라고 정의하면 동양에서도 아주 오랜 옛날부터 상담활동이 존재했다고 주장할 수 있다. 우리가 잘 아는 대로 동양에서도 인격적인 만남이 있었고,

긍정적인 방향으로 사람들의 변화를 돕는 과정과 활동이 있었기 때문이다. 따라서 동양상담은 동양이라는 곳에서 만남이라는 과정을 통해 사람들의 바람직한 변화를 돕기 위해 활용되는 각종 원리와 기법을 통칭하는 것으로 정의할 수 있다. 이 글에서는 동양상담을 이렇게 열린 개념으로 바라보면서 사람들의 삶과 변화에 중요한 영향을 끼쳤거나 끼치고 있는 동양의 고유한 상담철학과 원리와 방법을 살펴볼 것이다.

동양상담에 대한 논의를 전개하기 전에 한 가지 분명하게 해 둘 것이 있다. 동양상담 하면 으레 명상과 요가를 떠올리는데(Walsh, 2000), 명상과 요가가 중요하기는 하지만 동양만의 고유한 수행법도 아니요, 동양상담 전체를 아우르는 내용도 아니라는 사실이다. 사실 명상과 요가는 유·불·도로 대변되는 동양 문화권의 전유물이 아니다. 기독교 문화권에서 발달한 묵상관상이나 이슬람권의 수피즘은 명상과 요가가 전인류적 관심사였음을 증명한다. 다만, 유별나게 동양이 명상과 요가의 중요성을 깊이 인식하고 다양한 수행법을 개발하여 실천해 왔다는 점에서 동양을 대표하는 상담법으로 인정할 수는 있을 것이다. 동양상담에는 명상과 요가 이외에도 사람들의 바람직한 변화를 돕는 다양한 방법이 사용되어 왔다. 특히 '마음'과 관련하여 엄청난 지식이 축적되어 있다. 존재하는 것은 오로지 마음의 작용이라는 주장을 편 불교의 유식론을 비롯하여 조선의 성리학자들이 500여 년에 걸쳐 치열한 공방을 펼친 이기론은 모두 마음에 관한 이론이요 수행법이다. 크게 보면 명상과 요가 역시 마음을 다스리고 초월하기 위하여 활용되는 하나의 방편일 따름이다. 따라서 명상과 요가라는 틀에서 벗어나서 동양상담을 보다 폭넓게 바라볼 필요가 있다. 이 글은 그 시작이 될 것이다.

2. 주요 인물

학자는 아니지만 예나 지금이나 동양에서 사람들의 삶에 지대한 영향을 끼쳐 온 대표적 인물로는 유교(유가)의 공자, 불교(불가)의 석가모니, 도교(도가)의 노자를 들 수 있다. 이들은 모두 각 종교의 창시자 내지 원조이지만, 종교를 넘어서서 이들이 펼친 사상과 주장은 현대에 이르기까지 동양 문화권에 사는 사람들의 일상생활에 구체적인 영향을 주고 있다. 동양상담의 주춧돌 역할을 한 이들의 생애와 주요 사상을 간단하게 살펴보자.

1) 공자

공자는 BC 551년 주의 제후국인 노나라에서 태어났다. 공자의 조상은 귀족계급이었을 것이라고 추정되나 공자가 태어났을 때 그의 가문은 영락한 평민이었다. 공자는 3세 때 아버지를 여의고 어머니 밑에서 성장했는데, 어려서부터 향학열이 대단했다고 한다. 공자는 30대부터 예, 악, 사, 어, 서, 수의 6예에 능통했으며, 고전 특히 역사와 시에 밝은 스승으로 이름을 떨치기 시작했다. 공자는 모든 사람에게 교육이 개방되어야 한다고 주장하였고, 가르치는 일을 생활 수단인 직업으로 정착시킨 최초의 교사이기도 하다.

공자의 중심 사상은 『논어』에서 찾을 수 있다. 공자의 행적을 담은 『논어』에는 인류가 지혜로 삼을 수 있는 다양한 명구와 경구가 가득하다. 그러나 그중에서 핵심을 차지하는 것은 역시 '인'과 '예'에 관한 내용이다. 공자는 '인'과 '예'에 대하여 명확한 정의를 피하고 있으므로 그가 언급한 실례들을 들어 가며 간접적으로 그 의미를 추론해 볼 수밖에 없는데, 간단하게 말하여 '인'은 자신에 대한 진실함을 바탕으로 다른 사람을 사랑하고 이 사랑의 바탕 위에서 남을 믿고, 존중하고, 공감하고, 배려하고, 베푸는 따뜻한 마음과 행동, '예'는 세상에 태어날 때 다듬어지지 않은 충동과 욕구로 가득한 개인을 인간답게 성장시키고 사회의 일원으로 참여할 수 있는 역량을 키워 주는 고유의 형식이라고 요약할 수 있다. 인을 실현하는 방편으로서 성실한 마음을 뜻하는 '충'과 용서하는 마음을 뜻하는 '서' 역시 중요하게 여겨진다.

2) 석가모니

석가모니는 카필라 왕국에서 국왕의 장남으로 태어났다. 16세 때 부인을 맞아 라훌라라는 아들을 두었으나, 인간의 삶이 생로병사와 윤회의 고통으로 이루어져 있음을 깊이 자각하고 이것을 벗어나는 길을 추구하기 위하여 왕위와 가족을 버리고 29세에 출가하였다. 깨달음을 얻기 위해 6년간 고행에 힘을 쏟았으나 고행이 무의미하다는 것을 알고 보리수 아래에서 선정을 수행하여, 36세에 완전한 깨달음을 성취하여 부처(깨우친 존재)가 되었다. 그 후 인도의 여러 곳을 편력하며 교화에 힘썼으며 쿠시나가라에서 80세에 입멸하였다.

석가모니의 중심 사상은 그의 제자들이 기록한 불경에 잘 나타나 있는데, 그중에서도 삼고와 팔고, 연기, 자비, 사성제, 팔정도, 삼법인 등이 대표적인 사상으로 꼽힌다. 삼고는 자기의 마음에 거슬리는 법을 만나고 떠날 때 그 법을 만날 때 느끼게 되는 괴로움의 느낌 때문에 심신이 받는 괴로움을 뜻하는 고고(苦苦), 자기의 마음을 만나고 떠날 때 그 법을 만날 때에는 즐거움의 느낌에 즐거우나 그 법이 사라질 때 느끼게 되는 괴로움을 뜻하는 괴고(壞苦), 자기의 마음에 거슬리는 것도 아니고 맞는 것도 아닌 무기의 법을 만나고 떠날 때 괴롭지도 즐겁지도 않은 느낌을 느끼지만 그 법이 인연법에 의해 생멸하고 흐르고 변화하는 것을 보며 느끼는 괴로움인 행고(行苦)를 말한다. 삼고는 다시 생·로·병·사의 아픔, 사랑하고 헤어지는 아픔, 미워하고 한숨 짓는 아픔, 얻고자 하나 얻지 못하는 아픔, 사람으로 태어나 가진 다섯 가지 조건에서 비롯되는 아픔 등 여덟 가지 고통으로 나뉜다. 연기설은 모든 것이 인연에 의해 생겨난다는 주장이고, 자비는 연기를 깨달을 때 나타나는 포괄적이고 보편적인 사랑을 의미한다. 사성제는 고집멸도(苦集滅道), 즉 욕심이 없으면 고통이 사라지고 올바른 수행생활로 열반과 해탈에 이를 수 있음을, 팔정도는 지나친 쾌락, 계율, 고행을 금지한 중도로서의 여덟 가지 바른 수행법을 말한다. 삼법인은 모든 것이 덧없이 변한다는 제행무상(諸行無常), 영원한 자아의 본체라는 것은 있을 수 없다는 제법무아(諸法無我), 집착하는 모든 것이 다 고통이라는 일체개고(一切皆苦)를 포함한다.

3) 노자

노자는 성은 이(李), 이름은 이(耳)로 알려져 있고, 노군 또는 태상노군으로 신성시되기도 했지만 그 출생이나 삶에 대해서 알려진 바가 별로 없다. 사마천이 BC 100년경 『사기』에 노자전을 기술하면서 노자에 대하여 언급하고 있으나 이 역시 전설에 의존하여 기술된 것이라서 신빙성이 없다. 『사기』에 따르면 노자는 초나라 고현 여향 곡인리 사람으로 오늘날의 도서관에서 일하던 사관이었다고 한다. 고대 중국에서 사관은 천문, 점성, 성전을 전담하는 학자였으므로 노자가 천문학과 고전에 정통한 학자라고 짐작할 수는 있다. 『사기』에는 노자와 공자가 만났다는 전설과 노자가 『도덕경』을 저술했다는 전설이 함께 기록되어 있다.

노자의 사상은 5,000개의 낱말로 이루어진 『도덕경』에 잘 나타나 있다. 『도덕경』은 '도'와 '덕'에 관한 노자의 주장을 담고 있는데, 도와 덕, 그리고 무위자연이 그 중심 사상이라고 말할 수 있다. 도는 만물을 창조하고 또 그 생성과정에 항상 함께하는 우주의 중심이요 대원리를 말하며, 덕은 도가 분화된 것으로서 세상만물이 도를 얻어 형체로 화할 때 그 속에 내재하여 형체를 이루는 근거로 작용한다고 한다. 그러므로 도가 전체로서 하나를 말한다면, 개개 사물 속에 나뉘어져 다수로 존재하는 것을 덕이라고 일컬을 수 있다. 다시 말해, 도와 덕은 본질상 같은 것인데 도는 추상적·보편적 원리를, 덕은 구체적·개별적 원리를 지칭한다. 노자에게 있어 '무위'라는 개념은 도라는 개념과 더불어 가장 핵심적인 것이다. 도와 덕이 궁극적 존재를 가리킴에 반해서 무위는 인간이 따라가야 할 행동에 관한 궁극적인 원칙을 뜻한다. 따라서 인간이 근본적으로 '어떻게 살아야 하는가'라는 실천적 문제에 대한 노자의 답이 바로 무위라고 말할 수 있다. 무위는 함이 없음이다. 그렇다고 무위가 곧 아무것도 하지 않음을 의미하는 것은 아니다. 무위의 위는 의도를 개입시키고 조작적인 도의 흐름에 배치되는 사특한 행위를 뜻하는 것으로서 무위는 그런 짓을 하지 않는다는 것이다. 따라서 무위는 '있는 그대로 스스로 그러함(자연)'이다. 무위와 자연을 함께 붙여 무위자연이라고 일컫는 이유가 여기에 있다.

3. 주요 개념

필자는 동양상담이 두 가지 핵심 개념을 중심으로 전개된다고 생각한다. 즉, 마음과 관계다. 더 말할 필요도 없이 동양상담은 마음을 중요시한다. 이에 비해 관계는 다소 소홀하게 다뤄지고 있지만 실제로 동양인의 삶 속에서 빼놓을 수 없는 역할을 해 오고 있다. 여기서는 동양상담의 주요 개념을 마음과 관계 중심으로 풀어 갈 것이다.

1) 마음

마음은 사람을 움직이는 중심축이다. 인간 존재의 한가운데에서 삶의 방향과 지향점을 결정하고 개인의 인격을 형성하는 기제이자 인격 자체라고 말할 수 있는 것이 바로 마음이다. 마음은 사람들의 자아정체성을 구성하는 핵심 내용이며, 사람들의 일상생활을 가능케 하는 내면의 터전이다. 마음은 이처럼 사람살이에 중요한 역할을 한다. 인류의 역사와 더불어 마음에 관한 논의가 끊이지 않고 지속되어 왔다는 사실은 마음이 차지하는 위치를 잘 드러내 준다.

마음은 변화의 중심축으로서도 중요한 기능을 담당한다. 사람을 변화시킨다는 것은 바꾸어 말해 사람의 마음을 변화시킨다는 것과 다르지 않다. 마음은 변화의 대상이기도 하고, 존재의 변화를 이끌어 내는 작용점이 되기도 한다. 마음이 넓어져 수용의 폭이 커지는 것이 전자에 속하고, 마음을 넓히려는 마음이 동하는 순간은 후자에 속한다.

마음이 존재의 한가운데에서 삶의 방향을 결정지을 뿐 아니라 변화의 중심축으로서 중요한 기능을 담당한다면 인간의 바람직한 변화를 도우려는 상담과 상담학은 마음에 초점을 두어야 한다. 마음의 정체를 파악하는 일, 마음의 기능과 역할을 확인하는 일, 마음의 변화를 가속화시키는 기제를 밝혀내는 일은 상담학에서 비중 있게 다루어야 할 내용들이다(박성희, 2001b: 77-78). 다행히 동양에서는 마음의 정체와 기능을 파악하기 위하여 오랜 옛날부터 많은 사람이 부단한 노력을 기울여 왔다. 여기서는 유·불·도 세 사상을 중심으로 마음의 정체와 특성 그리고 그 변화에 대하여 간단하게 살펴볼 것이다. 마음에 대한 지식 중 특히, 마음의 변화에 대한 지식은 그 자체가 동양의 상담 지식이라고 말해도 과언이 아니다.

(1) 유교(유가)의 마음

유가라고 표현하기는 했지만 실상 유가에도 여러 분파와 지맥이 있으므로 한 가지로 통일된 입장을 제시한다는 것은 불가능에 가깝다. 마음에 관한 것도 예외가 아니다. 저 유명한 인심·도심 논쟁은 마음에 관해 얼마나 다양한 의견이 가능한지를 단적으로 보여 준다. 금장태(1996)는 마음에 관한 유교의 생각을 종합한 바 있다. 필자는 그의 주장을 중심으로 다소 메타적 관점에서 마음에 대한 유가의 입장을 정리하고 해석을 덧붙였다. 이 점을 감안하여 독자들은 이 글이 유가의 입장에 대한 한 가지 해석이라는 점을 잊지 말아야 할 것이다.

① 마음의 정체와 특성

유가는 우주가 하늘(天), 땅(地), 사람(人)의 세 가지 존재 영역으로 구성되었고, 사람은 하늘과 땅에 의해 생명을 부여받은 존재라는 인식을 하고 있다. 하늘은 궁극 존재로서 사람에게 성품을 부여하였고, 땅은 자연의 세계로서 사람에게 신체를 부여하였다는 것이다. 그러나 하늘로부터 온 성품과 땅에서 온 신체가 이질적인 특성을 그대로 간직한 채 사람 안에 섞여 있는 것은 아니다. 사람은 자신의 구성 요소들을 독특하게 결합하여 새로운 존재의 영역을 구축하고 있는데, 그것이 다름 아닌 마음이다. 마음은 성품을 간직하면서 신체와 결합된 인격 통합의 중심체다. 마음은 인격의 중심체로서 내면의 통합을 이루고 스스로의 행동에 책임을 지는 주체적이고 자율적인 기능을 감당한다. 그런데 마음은 자신의 출생을 가능케 했던 두 요소, 즉 하늘과 땅으로부터 자유롭지 못하다. 보편성과 개체성의 사이, 불멸성과 가멸성의 사이, 선과 악의 사이, 성스러움과 더러

움의 사이에서 끊임없는 선택을 강요받는다. 마음은 하늘로부터 주어진 성품을 따라 신의 경지에 도달케 하는 통로가 될 수도 있고, 끝없는 타락의 심연으로 떨어뜨리는 욕망의 덫이 될 수도 있다.

마음의 본래 모습에 대해 유학자들이 주장한 내용들을 종합하면 다음의 세 가지 특징을 찾아볼 수 있다(금장태, 1996). 첫째는 신체를 주재하는 지위를 가졌다는 것, 둘째는 신명이 깃들어 있어서 밝게 통달하는 기능을 가졌다는 것, 셋째는 밝은 덕을 속성으로 가졌는데, 이는 의를 통해 드러난다는 것이다.

앞에서도 언급한 것처럼, 마음은 하늘과 땅으로 구성되었지만 그 둘로 환원될 수 없는 묘합(妙合)의 통일체다. 그러나 마음은 하늘의 초월적 영역과 기질의 신체적 영역에 닿아 있다. 따라서 마음이 때로는 형체의 기질에 따른 사사로운 데서 일어나기도 하고(人心), 때로는 천명의 본성에 따라 일어나기도 한다(道心). 바람직한 것은 인심이 절제되고 인심이 도심에 복종함으로써 인심과 도심이 일치하는 통일성을 얻는 것이다. 이렇게 통일된 모습을 갖출 수 있는 능력과 지위를 부여받은 것이 본래 마음이다. 따라서 마음이 본래의 모습을 유지할 수 있도록 마음의 통제력과 관리력을 키우는 것은 무엇보다도 중요한 일이 된다.

마음은 통일체이므로 의식작용을 하는 주체로서의 마음이 마음 그 자체를 완전히 대상화시킬 수 없다는 측면도 있다. 마음이 마음 그 자체를 완전히 대상으로 인식할 수 있는 것은 일정한 범위 안에서 가능할 뿐이다. 따라서 마음은 조종의 대상이 아니라 지배하고 조정하는 주재로서 주체성을 자기 본성으로 지니고 있다. 대상이 아니라 주체로서 마음의 위치를 확정할 때 마음에 생기는 온갖 문제를 처리하는 방식은 분명해진다. 마음을 초월하거나 다른 존재에게 의존하는 대신 본래 마음으로 돌아가 마음 자체의 기능을 정상화시키는 것이다. 고통에 빠진 마음을 치유하는 것은 다른 무엇이 아니라 바로 그 마음이다.

둘째, 하늘로부터 부여받은 성품(性)으로 인해 마음은 밝게 통달하는 기능을 가지고 있다. 마음의 본래 상태는 하늘의 이치(理致)와 어긋나지 않으므로 올바른 마음 자세로 돌아가면 정확한 지각과 판단력이 작용할 수 있다. 원래 마음은 비어 있으며 신령스럽다. 따라서 마음을 비우면 신령스러운 능력이 작동할 수 있다. 비어 있다는 것은 실체가 없는 진공을 의미하는 것이 아니라 마치 거울처럼 비치는 모든 것을 다 비출 수 있는 상태를 의미한다. 즉, 미리 작용하는 일정한 형태나 범주가 없으므로 사물들을 왜곡됨 없이 반영하고 실상을 드러낼 수 있음을 말한다. 마음이 신령스러운 능력을 드러내지 못하는 것은 고정관념, 선입견, 선이론, 기대, 집착, 욕심 등 무엇인가가 마음을 채우고 있을 경우다. 채운 마음을 비우는 것은 원래의 마음 상태를 회복하는 것일 뿐 아니라 마음속에 담겨 있는 예민한 판단능력을 되살리는 것이기도 하다. 바로 여기서 마음은 수동성과 능동성을 동시에 갖추고 있음을 알 수 있다. 마음은 빈 거울처럼 수용하고 반영하며 아울러 움직이고 퍼져 가는 활동성을 띠고 있다. 마음이 인격 통합의 중심체요 통제자로서의 역할을 할 수 있는 것은 바로 이 활동성에 기인한다. 단, 마음의 활동성은 온전하게 비워진 수동성을 전제로 가능하다는 점은 매우 중요하다.

셋째, 마음은 밝은 덕을 속성으로 가졌다는 것은 도덕성이 마음에 근거하는 근본 특성임을 의미한다. 사람의 마음 근저에는 하늘로부터 부여받은 선의 근거를 가지고 있다. 다만 그 마음이 발현하여 감정으로 나타날 때 선과 악이 나뉘는데, 특히 마음이 형체의 기질에 따라 사사로운 데서 일어날 때(人心) 선과 악이 구별된다. 인심이 선과 악으로 구분되는 계기로 작용하는 것이 의(意)다. 의는 마음의 한가운데 자리를 잡고 마음을 주재하는 힘을 가지고 있다. 사람이 마음의 근거를 잃고 악에 물들어 있을 때 이를 벗어나는 길은 의를 중심에 세우고 마음의 본래 상태를 회복함으로써 가능하다. 따라서 흔들리지 않는 굳은 의지는 마음을 허령한 상태로 유지케 하고 도덕성을 실현케 하는 핵심 기제라고 할 수 있다.

② 마음의 변화

본래 상태의 마음은 그 자체로서 온전하다. 하늘과 땅의 결합으로 출생한 마음은 완전한 조화의 상태를 이루고 있다. 리와 기, 성과 정, 인심과 도심은 허령한 마음 안에서 아무런 갈등 없이 공존한다. 문제는 이 본래의 마음이 현실 생활을 통해 자신을 실현하려고 할 때 생긴다. 가능태로서의 마음이 현실태로서의 마음으로 실현되는 과정에서 모종의 변화가 일어난다. 이 변화의 과정이 비정상으로 진행될 때 마음의 병이 생기게 되고, 정상으로 진행될 때 마음은 그 본모습을 실현하게 된다. 유가에서 흔히 사용하는 '마음을 기른다'는 말은 없던 마음을 새롭게 만들어 나간다는 뜻이 아니라 본래 상태의 마음을 드러낸다. 또는 본래 상태의 마음을 회복한다는 뜻이다. 따라서 마음의 병이란 본래 상태로부터 떨어졌다는 의미로, 마음의 성장이란 본래 상태가 그만큼 실현되었다는 의미로 받아들여야 할 것이다.

유가에서는 마음이 본래의 바른 상태를 유지하기 어렵고 위태롭다고 말한다. 마음이라는 존재는 언제나 외부의 사상에 감응하여 감정으로 나타난다고 보기 때문이다. 마음은 하늘에 근본을 두고 있지만 신체를 가진 인간에게 내재하는 것이므로 기질(氣質)의 제약을 받지 않을 수 없다. 신체를 가진 살아 있는 사람이 기질의 제약으로 인해 외부 사물에 감응하는 것이 바로 욕망이다. 이 욕망은 사람을 현실 속에서 살아 움직이게 하는 원동력이지만, 동시에 마음의 자기통제력을 붕괴시키고 조화를 깨뜨려 타락시키는 힘이 되기도 한다. 바로 이 기질의 제약과 욕망으로 인한 마음의 은폐가 정상적인 마음의 나타남을 방해하게 된다. 마음이 외부 사상에 감응하여 나타나는 감정으로, 희노애락애오욕(喜, 怒, 哀, 樂, 愛, 惡, 欲) 등 칠정(七情)을 들 수 있다. 칠정은 사람이 살아가는 데 필수적이고 없을 수 없는 것이지만 이 감정들에 끌려가면 마음이 어지럽혀져 본래의 모습을 은폐시키게 된다. 마음의 작용인 감정이 도리어 마음을 어지럽히는 장애 요소가 되는 것이다.

율곡은 기질의 제약과 욕망의 은폐로 본래의 모습을 잃는 데서 일어나는 마음의 병을 '어두운 병(昏之病)'과 '어지러운 병(亂之病)'으로 구분한 바 있다. '어두운 병'은 다시 이치를 밝히지 못해 시비에 어둡고 판단력이 결여된 '지혜의 어두움(智昏)'과 게으르고 풀어져 긴장력이 결여된 '기질의 어두움(氣昏)'으로 세분되고, '어지러운 병'은 다시 외부의 사물에 이끌려 공정성을 잃고 사욕에 차 헤매는 '나쁜 생각(惡念)'과 집중력을 잃은 채 생각을 어지럽게 일으켜 끝없이 이어 가는

'들뜬 생각(浮念)'으로 세분된다(율곡전서, 권21). 기질의 제약과 욕망의 은폐로 마음의 본성에 깃들어 있는 정상적인 지각과 판단 작용이 마비된 상태를 지적한 것이다.

퇴계도 "마음의 병은 이치를 살피지 못하고 공허한 데서 억지로 찾으려 하며, 마음을 붙잡는 방법에 어두워 서둘러 얻으려다 모르는 사이에 마음을 수고롭게 하고, 정력을 소모하여 일어나는 것이라."(퇴계집, 권14)라고 하여 마음의 병을 본래의 마음에서 멀어진 상태라고 언급하였다.

마음의 병이라고 지칭한 것은 아니지만 공자는 자신이 삼가는 네 가지 일을 열거한 바 있다. 자의로 생각하는 것, 꼭 이루겠다고 마음먹는 것, 고집하여 사로잡히는 것, 자기중심으로만 생각하는 것 등이 그것인데, 이 네 가지도 모두 기질과 욕망에 사로잡혀 본래의 마음을 잃은 상태를 지칭한다.

사람의 본래 마음은 이렇듯 기질의 제약과 욕망으로 인해 은폐되기 쉬운 상황에 처해 있다. 따라서 본래 마음을 잃지 않도록 매사에 신중하고 조심해야 할 뿐 아니라 적절한 통제력을 발휘하여 자기중심을 확립하도록 정진하여야 할 것이다.

마음의 병에 빠지지 않도록 근신하는 것 못지않게 중요한 것이 마음을 길러 본래의 모습을 온전히 실현하는 것이다. 유가에서는 마음을 기르는 방법으로 소극적 방법과 적극적 방법을 제시하고 있다. 마음에 걸림돌이 되는 외부의 장애를 제거하는 방법, 내면을 안정시켜 마음의 동요를 물리치고 스스로 성장하게 하는 방법 등이 소극적 방법이라면, 마음이 도달해야 할 이상적 상태를 밝혀 이끄는 방법, 행동이나 도구적 수단을 통해 마음의 배양을 돕는 방법은 적극적 방법에 해당할 것이다. 소극적 방법으로 가장 쉽게 활용할 수 있는 것이 생각을 일으키지 않고 욕심을 적게 하는 것이다. 욕망을 완전히 제거할 수는 없겠지만 욕망이 지나치게 커지면 마음의 평정이 깨지고 본래 모습이 상실되므로 가급적 욕망을 억제하는 것이 권장된다.

마음의 본래 모습을 간직하여 지키는 방법으로 가장 중요한 것이 경의 실천(居敬)이다. 마음은 본래 통일체이므로 한결같이 집중하는 경의 태도로써 분열을 방지하고 하나됨을 지켜야 한다. 그러기 위해서 마음의 작용 속에서 본래 모습과 은폐 요소를 정밀히 살펴 본래 모습을 지켜서 기르고(存養), 은폐 요소를 가려서 제거해야 한다(省察). 마음이 고요할 때의 존양과 발동할 때의 성찰은 마음의 본래 모습을 한결같이 지키는 방법인데, 이것이 바로 경의 과제에 해당한다.

경(敬)에 의해 각성되고 집중된 마음을 지킴은 마음이 지향해야 할 기준과 목표가 밝혀질 때 더욱 확고해질 수 있다. 여기에 필요한 것이 이치를 추구하는 궁리(窮理)다. 이치를 추구하면 선이 무엇인지 드러나고, 선을 실천해야 온전한 인간을 실현할 수 있다. 따라서 이치를 밝히는 것은 인간의 궁극적 완성에 필수적인 것이다. 정성을 다해 이치를 추구하는 것은 마음이 가진 사고의 기능을 충실히 하는 것이다. 사실 마음의 장애를 극복하고 본래의 마음을 회복할 수 있는 것은 생각하고 판단할 수 있는 마음의 능력에 의해 가능하다. 이치를 궁구하는 판단 작용을 통해 올바른 기준을 찾고, 여기서 얻은 확신이 의지로 나타나면 마음은 사사로운 욕망과 기질의 제한을 벗어나 본래의 모습에 가깝게 된다. 결국 온전한 인격을 실현할 수 있게 된다.

마음이 외부의 사물에 감응하여 발생하는 감정 역시 마음의 바른 모습을 확보하는 데 중요한 역할을 한다. 감정이 불안정하게 흔들린다든지, 지나치게 한쪽으로 쏠리면 본래의 마음은 깊이 은폐될 수밖에 없다. 따라서 감정을 조절하고 순화시키는 것은 이치를 궁구하는 것 못지않게 중요하다. 유교에서는 감정을 순화하는 기본 방법으로 예(禮)와 악(樂)을 사용한다. 음악은 마음을 즐겁고 편안하게 하며 조화를 이루어 준다. 마음속이 화평하고 즐거우면 비루하고 거짓된 마음이 엿볼 틈이 생기지 않는다. 예법은 행동을 규제하여 감정을 조정하고 나아가 경의 태도를 확립한다. 장중하고 공경스러운 행동은 경솔하고 태만한 마음이 침범할 자리를 내주지 않는다. 예와 악의 이 같은 기능이 본래의 마음을 실현하는 적극적인 도구와 수단으로 활용되는 것이다.

(2) 불교(불가)의 마음

마음의 본질을 탐구함에 있어 불가를 능가할 만한 접근은 인류 역사에서 찾기가 어렵다. 그만큼 불가는 마음을 탐구하여 마음을 통찰하고 다스리며 초월하는 일을 본업의 하나로 삼았다. '불교는 곧 마음'이라거나 '마음이 곧 부처'라는 말은 불가에서 마음이 차지하는 위치를 잘 표현하고 있다. 특히 불가의 유심론(唯心論)과 유식론(唯識論)은 마음을 인간 삶의 중심으로 부각시켰다. 이 글은 유심론과 유식론에서 말하는 마음의 문제를 다룰 것이다. 이 글을 쓰는 데 마음의 본질에 관한 정승석(1996)의 저서가 많은 참고가 되었다.

① 마음의 정체와 특성

불가에서는 마음을 감각 기관과 유기적으로 연관 짓고 감각 기관마다 '식(識)'이라는 이름을 붙인 마음을 구분한다. 안식(眼識), 이식(耳識), 비식(鼻識), 설식(舌識), 신식(身識)이라는 소위 5식이 그것이다.

감각 기관과 마음의 관계를 이해하기 위하여 예를 들어 보자. 우리는 눈이 있으므로 외부 대상 세계의 형태와 색깔을 지각할 수 있고, 그에 따라 아름다움과 추함을 구분하는 마음을 내게 된다. 만일 내가 눈이라는 감각 기관이 없는 장님이라면 다른 사람들이 말하는 아름다움과 추함을 알 수 없을 것이다. 물론 눈 이외의 다른 감각 기관이 있어 인식 기능을 보조하는 경우는 예외가 될 것이다. 그러나 다른 감각 기관들마저 모두 없다면 다른 사람들이 분명히 있다고 주장하는 외부의 대상이 나에게는 존재하지 않는다. 외부 대상의 존재를 확인할 수 있는 수단이 전혀 없으므로 외부 대상 세계가 있다는 것은 나에게 아무런 의미가 없을 뿐 아니라 실제로도 없는 것이다. 감각 기관이 없다는 것은 나에게 대상 세계가 없다는 것과 마찬가지다. 따라서 감각 기관은 외부 대상 세계를 인식하는 필수 조건이다. 그런데 아름다움과 색깔은 눈이라는 감각 기관 자체로 판단되지 않는다. 내가 눈을 가지고 있고 눈을 뜨고 있다고 해서 눈앞에 있는 모든 것을 인식하는 것은 아니다. 나의 마음이 '그곳'에 쏠리고 선택적으로 주의를 기울일 때 비로소 외부 대상이 눈에 보이게 된다. 이러한 사실은 나의 감각 기관인 눈을 담당하는 마음이 따로 있음을 짐작케 한다. 마찬가지로 귀를 담당하는 마음, 코를 담당하는 마음, 혀를 담당하는 마음, 몸을 담당하는 마음 등이 별도로 있는데, 이를 지칭하는 것이 바로 앞에서 말한 5식이다.

앞에서 사람의 다섯 가지 감각 기관이 담당하는 대상은 저마다 다르고, 각 감각 기관이 인식하는 '식'이라는 마음도 따로 있다고 하였는데, 만일 우리의 마음이 이같이 분리된 '식'으로만 이루어져 있다면 우리의 마음은 따로 노는 '식'의 집합체일 뿐 일관성 있고 통일된 질서를 갖추기 어려울 것이다. 여기서 필요한 것이 이 5식을 전체적으로 통괄하고 지배하여 조화로운 통일을 이루는 마음인데, 바로 그 마음을 의식(意識)이라고 한다. 우리가 통상 마음이라고 하는 것은 여섯 번째 식(제6식)인 이 의식을 가리킨다. 의식 역시 이와 직결되는 감각 기관으로서의 마음과 연관되어 있다. 이것을 의근(意根)이라고 하는데, 이 의근의 대상은 다른 다섯 가지 감각 기관, 즉 5근이다. "다시 말하면, 눈이나 귀 등의 다섯 감각 기관이 저마다 받아들인 정보를 의근은 마치 교통 정리하듯 그것에 합당한 5식에 각각 전달하며, 의식은 다시 그 5식의 정보를 뒤섞이지 않도록 정리하는 것이다. 따라서 우리의 사고능력이란 바로 그 의근과 의식이 온갖 정보를 정리하거나 종합하여 통일하는 능력을 의미한다. 불가에서 특별히 구분하지 않고 편의상 '심'이라거나 '식'이라고 칭할 때에는 그와 같은 의식으로서의 마음을 가리킨다"(정승석, 1996: 376).

의식으로서의 마음은 일련의 체계를 이루며, 다섯 가지 감각 기관이 받아들인 것에 대해 여러 가지 방식으로 작용한다. 좋고 싫음을 느끼는 감정으로서의 마음(受), 형상을 떠올리고 심상을 그려 보는 생각으로서의 마음(想), 무엇인가를 결심하고 실행하려는 의지로서의 마음(行 또는 思), 종합적으로 작용하는 판단으로서의 마음(識) 등이 그것이다. 우리가 흔히 마음의 기능으로 분류하는 네 가지 범주, 즉 생각, 감정, 의지, 행동과 매우 유사한 구분이다.

마음을 본격적으로 탐색한 불가에서는 '의식'의 이면에 또 다른 마음이 있음을 발견하였다. 의식보다 깊은 곳에 제7식과 제8식이 있다는 것이다. 제7식은 마나식(末那識)이라고 불리는 마음으로 주체적이고 능동적인 마음의 기능을 의미한다. '나'라는 정체성을 인식하고 자아의식의 형성을 가능토록 하는 것이 바로 이 마나식이다. 의식이라고 불리는 제6식은 끊임없이 흐르고 변화하여 잠시도 멈추지 않는다. 그럼에도 불구하고 우리는 어제와 오늘 변하지 않고 일관성 있게 지속되는 '나'가 있음을 발견한다. 그 결과, 우리는 '나' '나의 것'에 집착하고 자기를 고집하며 주장한다. 이처럼 제6식으로 설명할 수 없는 마음의 작용이 제7식인 마나식으로 분류된다.

마나식은 '나'라는 의식을 바탕으로 능동적으로 경험 내용들을 선택하고 조직하는 기능을 담당한다. 자기에게 일어나는 여러 가지 사상(事象)을 일관성 있고 편리하게 편집하고 해석하는 것이다. 그런데 '나'에 집착하는 마나식의 이러한 능동적 기능이 앞 단계의 여섯 가지 마음(6식)을 오염시킨다. 아집으로 인해 의식이 자연스럽게 경험하는 사실들을 왜곡하는 것이다. 마나식을 '물들여 더럽히는 의식(染汚意)'이라고 부르는 것은 바로 마나식의 왜곡 기능을 지적하는 것이다. '자기'에 대한 집착으로 표현되는 마나식으로 인해 사람들은 온갖 고통과 괴로움을 겪게 된다. '나'에 대한 집착 없이 자신과 주변에서 일어나는 모든 일을 물 흐르듯, 거울에 비추듯 관조할 수 있다면 특별히 괴로워할 일이 없을 것이다. 그런데 마나식은 무엇을 근거로 '나'에 집착하여 다른 마음을 오염시키는가? 이 물음에 해답하기 위해 등장한 것이 제8식인 아뢰야식(阿賴耶識)이다. 아뢰야식은 사람의 최심층 의식으로서 가장 밑바닥에서 사람이 경험한 모든 것을 쌓아 두는 의식을 말한다. 아뢰야라는 말은 창고처럼 무엇인가를 저장한다는 뜻이므로 아뢰야식은 '저장하는 식' 또는 장식(藏識)으로 번역되기도 한다. 아뢰야식은 앞에서 언급한 일곱 가지의 마음이 작용하여 초래한 결과들을 축적하고, 그 축적된 바를 다시 밖으로 표출함으로써 우리가 대면하는 현상 세계를 연출한다. 즉, 아뢰야식은 7식의 작용으로 인해 얻은 경험을 통해 자신의 세계를 구성하고 그 세계 속에서 외부 대상과의 접촉을 가능케 한다. 따라서 대상 세계의 생성과 소멸도 모두 아뢰야식의 연출 기능에 달려 있다.

아뢰야식은 앞 단계의 7식으로 인한 사람의 모든 행위와 사고를 일종의 씨앗으로 저장한다. 제7식은 아뢰야식인 제8식에 저장된 내용들을 진짜 '나' 또는 '나의 것'으로 삼아 집착하고, 제6식인 의식을 비롯한 나머지 6식에게 마음작용의 대상으로 제공한다. 일단 아뢰야식이 기능하면, 나머지 6식은 외부의 대상을 받아들일 때와는 반대로 방향을 바꾸어 내부의 대상들을 밖으로 표출해 낸다. 마음에 담긴 내용이 거꾸로 외부의 사물을 창출하는 것이다. 따라서 객관적으로 존재하는 외부 대상 세계의 중요성은 현저히 감소할 수밖에 없다. 대상을 지각하는 사람에게 저장된 제8식의 내용에 따라 외부 세계는 달라지기 때문이다. 그러나 제8식의 내용이 항상 대상 세계를 창조한다고 말할 수는 없다. 아뢰야식을 기점으로 하는 저장과 표출 과정은 일회로 그치는 것이 아니라 지속되는 순환의 연속이므로 어느 하나를 지정하여 원인과 결과로 고정시키는 것은 불가능하다. 다만, 존재하는 것은 오직 아뢰야식을 대표하는 마음 작용, 즉 '식'뿐이다는 주장은 충분한 설득력을 얻게 된다. 유식론(唯識論)은 바로 이러한 아뢰야식을 바탕으로 성립한다.

유식론은 마음의 밖에 대상이 따로 존재함을 인정하지 않는다. 즉, 자기의 인식 대상을 자기 내부에 지니고 있다고 주장한다. '식의 대상은 오직 식이 드러난 것일 뿐' '마음이 마음을 본다'는 말은 결국 모든 대상과 경험은 마음이 드러난 것에 불과하다는 유식론을 대변한다. 외부 세계는 아뢰야식이라는 마음 안에 들어 있을 따름이다. 존재하는 것은 '식'이지 대상 세계가 아니라는 주장이다. 유식론의 관점에서 보면 안과 밖을 긋는 기준이 철저히 붕괴된다. 대상 세계와 대상을 인식하는 주체의 세계는 더 이상 대립하지도, 주체와 객체로 분리되지도 않는다. 마음 안에서 이 둘은 이미 하나다. 대상을 객체화하는 마음도 객체화된 대상을 인식하는 마음도 모두 제8식의 표출에 불과하다. 유식론에 입각하면 '나'와 세계의 관계도 분명해진다. '나'는 신체로 둘러싸이고, '자기의식'으로 제한되는 소우주가 아니다. 나는 신체와 자기 식은 물론 우주를 포함한 모든 환경 세계를 내부에 갖추고 있는 대우주다. 마음 안에서 나는 조물주이며 우주적 존재인 것이다.

그러나 '식'만이 존재한다는 유식론의 주장을 식이라는 실체만이 존재한다고 오해하는 것은 곤란하다. 존재하는 모든 것은 진짜인 것처럼 보일 뿐이고, 사실은 '식'이라는 무상한 마음 작용에 의하여 임시로 꾸며진 것에 불과하다. 영원한 것, 절대적인 것, 완벽한 것으로 보이는 이 세계가 실상은 마음의 조화에 놀아나는 무상한 것임을 드러내고, 그 무상한 세계로부터 탈출하는 방법을 제시하려는 것이 유식론의 참 목적이다. 불가에서 목표로 삼는 해탈은 바로 유식의 본질을 꿰뚫고 이를 초월함으로써 얻는 참된 득도의 경지를 말한다. 유식론과 관련지어 보면 해탈은 최심층 의식인 아뢰야식을 정화함으로써, 그리고 마음의 조화(造化)를 깨닫고 마음에 따르지 않는 세계를 발견함으로써 가능하다고 보인다.

② 마음의 변화

마음은 유식론에서 주장하듯 본래 하나의 활동이며 흐름이지 객관적 실체도 물체도 아니다. 마음은 잠시도 쉬지 않고 온갖 심상, 느낌, 생각, 의념을 일으킨다. 마음(mind)이라는 말보다 '마음작용 중(minding)'이라는 말이 마음의 본래 속성에는 더 잘 어울린다. 사람은 이 마음 없이 살 수 없다. 일반인은 물론 깨달음에 이른 도인들도 이 마음을 활용하며 산다. 생각하고 느끼고 상상하고 의지하는 마음이 작용하지 않는 한 그를 산 사람이라고 부르기는 어려울 것이다. 문제는 마음과 관계를 맺고 마음을 활용하는 방식에 있어 도인과 일반 범부 사이에 큰 차이가 있다는 점이다. 도인은 깨달음을 중심으로 삼고 마음을 필요에 따라 적절히 다룰 줄 아는 데 비해, 일반인은 마음을 자신의 중심으로 삼고 마음에 매여 끌려다닌다(무명과 집착).

불가에서는 마음에 커다란 기대를 하지 않는다. 마음은 본질을 가리는 하나의 병이며 궁극적으로 초월해야 할 어떤 것에 불과하다. 그러나 마음을 초월하는 것은 마음을 갑자기 폐기함으로써 이루어지는 것이 아니다. 마음은 본질을 가리는 장애물이지만 동시에 본질로 인도하는 통로이기도 하다. 따라서 마음의 차원에서 마음을 다스리는 일은 마음을 초월하는 것 못지않게 중요하다.

마음을 다스리는 방법의 하나는 마음을 적절한 내용으로 채우는 것이다. 가능하면 긍정적인 감정과 사고를 지향하고, 부정적인 감정과 생각을 피하는 방법이다. 제7식의 능동적 기능을 활용하여 제8식에 저장되는 마음을 융통성과 탄

력성이 넘치는 내용으로 채우는 것이다. 불가에서는 사람의 마음을 화가(제7식)와 화가의 작품(제8식)에 비유하곤 한다. 화가가 어둡고 무서운 그림을 그려 놓고 그 그림이 두려워 떤다면 어리석기 짝이 없는 짓이다. 그런데 사람들의 마음은 어리석은 화가와 크게 다를 바 없다. 제 마음대로 그림을 그려 놓고 그려진 그림에 놀라 움츠러드는 것이다. 이런 상황을 해결하는 한 가지 분명한 방법은 낙천적인 화가가 밝고 건강한 그림을 그리는 것처럼, 마음이 밝고 건강한 내용으로 채워지도록 마음을 관리하고 주도해 나가는 것이다.

수용과 관용의 폭을 넓히는 방식도 마음을 다스리는 또 하나의 좋은 방법이다. 어차피 세상사 모든 것이 마음에서 만들어지는 것이라면 좋은 내용이든 나쁜 내용이든 가리지 말고 마음에서 일어나는 모든 현상을 다 받아들이자는 것이다. 특히 회피하고 제거하고 싶은 나쁜 내용들로부터 도망치는 대신 '나의 것'으로 포용하고 끌어안자는 발상이다. 마음에는 묘한 역설이 담겨 있어서 잊으려 애쓰면 오히려 더 생각이 간절해지고, 생각을 떠올리려고 의도적으로 노력하면 오히려 흐리멍덩해지는 경우가 많다. 따라서 밝은 것은 밝은 대로, 어두운 것은 어두운 대로 인정하고 수용하면 마음의 혼란이 가라앉고 편안해진다. 물론 말 그대로 일어나는 모든 것을 다 수용할 수 있다면 이미 마음을 초월한 상태에 도달한 것과 다름없다. 그러나 초월의 경지는 아닐지라도 인내와 끈기를 갖고 조금씩 마음을 훈련하면 수용의 폭은 상당 수준 넓혀질 수 있을 것이다.

앞에서 마음은 궁극적으로 초극되어야 할 장애물이라고 언급한 바 있다. 그렇다면 어떤 방식으로 마음을 초월할 수 있을까? 그리고 마음을 초월하여 닿게 되는 최종 지점은 어디일까? 마음을 초월한 상태를 지칭하기 위하여 불가에서는 흔히 무념(無念), 무심(無心), 즉심(卽心), 평상심(平常心), 각성된 의식(意識)이라는 용어를 사용한다. 무념과 무심은 마음이 떨어져 나간 소극적 상태를 일컫고, 즉심과 평상심 및 각성된 의식은 마음이 떨어져 나간 뒤 작용하는 존재의 적극적 상태를 일컫지만 결국은 동전의 양면처럼 같은 현상을 의미한다. 마음이 떨어져 나간 상태, 또는 득도의 경지에 도달한 상태는 '마음'의 작용에 집착하거나 마음에 매어 있지 않은 상태를 의미한다. 다시 말하면, 마음의 작용과 기능은 있으되 그로부터 자유로운 상태가 바로 마음을 초월한 상태라는 것이다. 무심, 무념 등은 마음에 매어 있지 않은 소극적 상태를 지칭한 것이고, 평상심, 즉심, 각성된 의식 등은 집착된 마음으로부터 자유로운 존재의 자연스러운 상태를 지칭하는 것이다.

(3) 도교(도가)의 마음

도가에서 말하는 마음은 유가 및 불가의 마음과 크게 구분되지 않는다. 역사의 흐름 속에서 상호 영향을 주고받으며 발전하였으므로 이 세 가지 사상에 공통되는 부분이 많은 것은 당연한 현상이다. 다만, 중국사상사의 흐름을 보면 도가의 사유 방식이 나중에 형성된 유가와 중국에서 독특하게 발달한 선불가의 사상적 토대가 되었음을 부인하기 어렵다.

도가는 노자와 장자를 중심으로 형성되었으므로 노자와 장자의 저술을 바탕으로 마음에 대한 도가의 생각을 정리하는 것이 바람직할 것이다. 도가의 시조인 노자는 사람의 본성(性)에 대해 한 번도 언급하지 않았고 마음을 중시하는 발언도 거의 하지 않았다. 그러나 노자의 도와 덕에 관한 언급은 인생에 관한 언급이기도 하므로 미루어 판단하는 것이 불가능한 것은 아니다. 노자에 반해 장자는 177군데나 되는 곳에서 마음을 언급하고 있어(조민환, 1996) 대조를 보인다. 단, 장자의 경우도 마음에 대해 산발적으로 논의하고 있고, 마음의 정체에 대한 언급보다 마음의 기능과 작용에 치중하고 있다는 점을 염두에 두어야 할 것이다. 이러한 사정 때문에 이 글은 노·장자 주석가들의 저술에 의지하여 도가의 마음론을 새롭게 재구성하였다.

① 마음의 정체와 특성

도가에서 말하는 마음의 특성은 몇 가지로 간추릴 수 있다. 첫째, 마음은 본래 비어 있는 것이라는 점이다. 마음은 본래 아무것도 담고 있지 않은 텅 빈 것이다. 도가에서 자주 사용하는 허정(虛靜), 염담(淡), 적막(寂漠), 무위(無爲) 등의 용어는 오염되지 않은 마음의 본래 상태를 나타내는데, 마치 절대 무의 상태처럼 아무것도 마음을 채우지 않을 때 마음은 비로소 정상적인 기능을 발휘할 수 있다고 한다. 장자가 그토록 강조했던 밝은 깨달음(明覺)의 경지는 빈 마음(虛靈)을 전제로 성립한다.

둘째, 마음은 정신과 물질의 사이에 위치하여 '나'를 이끄는 주체다. 마음은 존재의 한가운데에서 정신과 물질의 균형을 이루는 역할을 한다. 마음이 본래의 모습대로 비어 있을 때 정신은 마음을 통해서 능동적으로 기능할 수 있다. 도가에서는 마음을 영부 또는 영대라고도 부르는데, 이는 정신이 거하는 처소로서의 마음의 위치를 나타낸 것이다. 마음이 허령한 상태에서 요동이 없을 때 자아를 초월한 정신의 능동적 활동이 가능해진다. 거꾸로 마음이 분별지로 가득 차면 정신은 은폐되고 물질에 치우쳐 균형을 잃게 된다.

셋째, 본래 상태를 벗어난 마음은 자기판단이나 주관적 인식으로 구성된 개별 자아로 추락한다. 지각(知覺)이 작동하고 마음을 무엇인가로 채우는 순간 마음은 본래 상태를 벗어나게 되는데, 그때 '나'를 지각하는 개별 자아가 작용한다. 개별 자아는 자기중심의 분별지(分別知)와 주관적 사고를 작동케 하고 세속의 가치에 물들게 하며 마음이 짓는 허상을 실재인 양 착각하고 살아가게 한다.

이러한 마음이 주관적인 사사로움에 따를 때 여러 가지 기능이 등장한다. 마음은 생각하고 계획하며 시비, 선악 따위를 판단하고 분별하는 기능을 간직하고 있으며(권오석, 1994), 즐거움과 걱정, 슬픔과 기쁨 등 감정에 빠져 있을 수 있고(권오석, 1994), 도깨비 방망이처럼 온갖 것을 만들어 내기도 하며(김충열, 1993), 외물에 이끌려 꿈을 꾸고, 깨어 있어도 걱정을 한다(노재욱, 1994). 물론 이런 기능들은 마음이 허령하게 비어 있는 지인(至人)이나 덕인(德人)의 경지에서는 발견할 수 없는 것들이다. 지인과 덕인의 마음은 명경지수(明鏡止水)와 같아 모든 것을 포용하되 흔적을 남기지 않는다. "지인의 마음씀이 거울 같아서 보내지도 맞이하지도 않으며, 무엇에나 응할 뿐 감추지를 않는다. 그래서 그는 늘 사물을 비추면서도 마찰함이 없어 자신을 조금도 상하지 않는다"(노재욱, 1994).

마음의 부정적 기능만을 생각하면 마음은 없는 것만 못하다는 생각을 하게 된다. 그러나 앞에서 지적한 것처럼, 마음은 사람의 중심에 거하며 허령명각한 정신세계로 안내하는 통로의 기능을 담당하고 있다. 마음의 문을 통과하지 않으면 생명이 약동하는 정신세계로 들어갈 방법이 없는 셈이다. 서복관(1995: 136)도 같은 점을 지적하고 있다. "나는 장자의 의도가 마음의 본성은 공허하고 고요하며, 도와 덕과 합체된 것으로 인정하고 있다고 생각한다. 그런데 마음은 외부 사물에 이끌려 그 원래의 위치를 떠나고, 마침내 외부 사물을 좇아 질주하여 시비를 불러일으키고 오히려 그것의 본성을 함몰시키게 되는데, 이때의 인간의 마음이야말로 두려워할 만한 것이다. 그러나 만일 마음이 스스로 원래의 위치에 존재하게 되어 물을 따라 옮기지 않으면 이때의 마음은 바로 인체의 정신이 밝게 드러나는 곳으로서 인간의 영부·영대가 된다. 이 영부·영대로부터 직접 발출되는 지(知)는 곧 도덕의 광휘이고, 인생의 정신생활의 현현이어서 매우 보배로울 수 있는 것이다." 따라서 마음은 폐기 처분해야 할 대상이 아니라 원래의 위치를 찾도록 수련해야 할 대상이다.

② 마음의 변화

도가에서 제시하는 마음의 수양방법도 소극적 방법과 적극적 방법으로 구분할 수 있다. 마음의 기능을 부정적인 것으로 파악하면 가능한 한 마음의 작용을 제한하려는 소극적 방법이 선호될 수밖에 없다. 노자가 제안한 '척제현감(滌除玄鑒)'은 소극적 방법을 대표한다. 척제란 깨끗하게 씻어 내는 것이며, 감이란 거울을 가리킨다. 여기서는 마음이 마치 사물을 비추는 거울과 같음을 뜻한다. 따라서 척제현감이란 현묘한 마음의 거울을 깨끗이 씻어 낸다는 뜻이다. 마음의 거울을 깨끗이 씻어 낸다는 데에는 두 가지 내용이 포함된다. 하나는 다섯 가지 감각 기관을 닫아 버린다는 것, 즉 모든 감각을 제거하여 전혀 감각을 사용하지 않는다는 말이다. 또 하나는 모든 사유 내용을 제거하고 일체의 사유 활동을 버려 마음이 텅 비고 고요한 상태를 유지하도록 한다는 것이다(허항생, 1995). 한마디로 말하면, 감각이나 이성적인 사유의 작용에 의지하지 말라는 지적이다. 감각 또는 이성이라는 인식 활동을 통해 도를 인식하려는 것은 텅 비고 고요한 도의 본성을 위반하는 것이기 때문이다.

장자도 허(虛)·정(靜)·지(止)를 마음의 공부방법으로 권하고 있다. 허는 자아를 중심으로 하는 선입견이 없는 것이고, 정은 물욕과 감정에 의해 소동이 일어나지 않는 것이며, 지는 마음이 유혹을 받아 밖으로 질주하지 않는 것이다. 그런데 공허할 수 있고 고요할 수 있으면 자연히 멈출 수 있다. 따라서 허정(虛靜)은 도가 공부의 요체라고 할 수 있다(서복관, 1995). 허정은 선입견과 욕망으로부터 해방·해탈하는 공부일 뿐 아니라 해탈한 이후에 마음에 나타나는 일종의 상태를 의미하기도 한다. 허정한 마음은 본래 모든 차별과 대립을 초월하여 모든 것을 포용할 수 있는 막힘없는 상태를 뜻하기 때문이다.

장자는 허정 이외에 좌망(坐忘), 상아(喪我), 지인무기(至人無己), 심재(心齋) 등 마음 공부의 소극적 방법을 제시하였다. 이들은 허정의 다른 이름 또는 허정에 도달하는 다소 구체화된 방법을 일컫는 것으로 볼 수 있다. 좌망이란 무엇이든 다 잊어버리는 것이다(곽상, 장자주). 안으로는 자기의 존재를 느끼지 못하고, 밖으로는 천지만물의 존재를 느끼지 못하는 것이다. 즉, 주관과 객관, 나와 대상의 모든 구분과 경계를 다 잊어버려 개별아가 존재하지 않는 상태를 말한다. 좌망에 이른 사람은 구분과 경계가 없으므로 어떤 조건이나 제한에 구속되지 않는다. 따라서 막힘없이 자유롭게 모든 것에 통달한다. 철저한 정(靜)의 방법으로 우주를 꿰뚫는 자유(動)를 터득하는 것이다. 상아나 지인무기 역시 좌망과 동일한 수행방법을 일컫는다. 심재는 귀와 눈의 총명함이나 지혜를 버리고 마음을 절대 허정한 상태로 유지하는 것을 말한다. 심지(心志)를 하나로 모아 귀로 듣지 말고 마음으로 깨닫도록 하며, 마음으로 깨닫지 못하면 기(氣)로써 감응한다. 여기서 기는 실제 마음의 어떤 상태를 비유로 나타낸 것으로서 노자가 말한 순수 생리의 기와는 다르다(서복관, 1995). 기란 공허하여 무엇이나 다 받아들이는 것인데, 이 공허가 곧 마음의 재계(心齋)다. 다시 말하면, 기는 허정하여 사물을 기다리는 것인데, 심재란 바로 기에 충실함으로써 이 허정한 마음을 보존하는 것이다. 마음을 고요한 상태로 유지하고 철저히 비워 둠으로써 생동하는 정신을 해방하려는 방법이다. 직관적·주정적 체험을 중시하는 접근이다. 도가의 소극적 수행방법은 주로 마음을 비우는 데 초점을 맞추고 있다. 척제현감,

좌망, 심재, 허정 등은 모두 마음을 비우는 방법, 또는 마음을 비운 상태를 언급한다.

그러나 도가의 마음 수행에 소극적 방법만 있는 것은 아니다. 장자가 제기한 '도추(道樞)'와 '양행(兩行)'은 적극적으로 개별 자아로서의 마음을 초월하는 실천 근거를 제시하고 있다. 도추와 양행은 모두 제물론(齊物論)에 터해 있다. 제물론은 간단히 말해 어떤 기준을 정해 놓고 이를 획일적으로 적용하여 개체의 독특한 성질이나 특수성을 말살하는 것이 아니라 도리어 만물의 각기 다른 특색을 인정하면서 큰 조화를 이룬다는 주장이다. 도추는 이것과 저것이라는 구분과 대칭이 없는 것을 이른다. '도(道)'는 전체이고 '추(樞)'는 전체의 중심을 말한다. 원에 비유하자면, 원의 가운데 중심이 추(지도리)이고, 도는 원의 중심으로부터 동일 거리에 있는 원주를 뜻한다. 따라서 추로부터 시작하면 원주의 어느 부분도 닿지 않는 곳이 없다. 어느 한편에 설 때 분별되던 옳음과 그름은 전체의 중심으로 들어가면 모두 다 긍정될 수밖에 없다. 이처럼 전체의 입장에서 양면을 동시에 비춤으로써 이것, 저것의 분별과 시비를 초월해 버리는 것이 바로 도추다. 즉, 도추는 부분을 전체 속에 회통시켜 해결하는 방식인데, 전체 속에서 각 부분은 대립(對立)의 관계에서 대대(對待)의 관계로 전화됨으로써 일대 긍정으로 되돌아가게 된다(김충열, 1996). 도추의 궁극 효과는 양행으로 나타난다. 양행은 둘 다를 긍정하고 둘 다를 부정하는(兩是兩非) 병행의 논리를 일컫는다. 도추가 전체의 맥락 속에서 개개 시비 판단의 무용성을 증거하는 방법이라면, 양행은 시비 판단 기능 자체의 무용성을 드러내는 방법이라 할 수 있다. 본래부터 하나인 것을 굳이 나누어 시비를 따지고 선악을 가리는 것 자체가 온당하지 않다. 중요한 것은 모든 것을 조화시켜 자연의 균형(天均) 속에 머물게 하는 것이다. 따라서 모든 것을 있는 그대로 용납하고 승인해야 한다. 굳이 분별지를 내어 남이 틀렸다고 지적할 필요도, 자신이 옳다고 주장할 필요도 없다. 세상의 온갖 주장, 주의, 이론은 모두 평화롭게 공존할 가치가 있다. 존재와 삶의 모습에 무한히 마음을 여는 수용성, 이것이 바로 양행이 지향하는 목표다.

2) 관계

관계는 흔히 대인관계 또는 인간관계라고 표현된다. 사람의 일생은 관계를 통해 태어나서 관계 속에서 살다가 관계를 떠나는 것으로 요약할 수 있다. 그만큼 관계는 사람들의 삶에 절대적인 영향을 미친다. 따지고 보면 사람들의 행복과 불행도 관계에 따라 좌우되고 삶의 질 역시 관계에 따라 결정된다. 관계는 사회적 공기라고 표현할 수 있을 정도로 그렇게 늘 우리와 함께하고 있다. 그럼에도 관계의 차원에서 동양상담을 들여다보려는 노력은 찾아보기 힘들다. 아마도 명상법에 가려서 그렇게 되었다고 판단되는데, 이는 동양이 가진 풍부한 상담자원을 내팽개치는 커다란 잘못이라고 생각된다. 사실 동양에서는 관계를 대하는 관점에 따라 명상조차 다르게 활용된다. 이를테면 불가에서는 모든 관계로부터 철수하여 자아초월을 이루기 위한 수단으로 명상을 활용하는 반면, 유가에서는 사회적 관계를 알차고 풍성하게 하는 준비 수단으로 명상을 활용한다. 이런 점에서 동양에서 지향하는 바람직한 관계와 이를 촉진하는 방법들을 상담의 차원에서 새롭게 조명할 필요가 있다.

(1) 유교(유가)에서 보는 관계

공자로부터 비롯된 유가 사상에서 관계는 필수적이다. 간단히 말해, 유가에서는 개인을 관계적인 존재로 규정한다. 개인은 태어날 때부터 사회적인 존재이고 사회 속에서 구성되는 존재이므로 굳이 개인을 따로 분리할 필요를 느끼지 못한 것이다. 『논어』에서 공자가 강조한 덕목들, 즉 '인' '예'는 말할 것도 없고 '충' '서' '신' '직' '강' 등은 한결같이 타인과의 관계에 초점을 맞추고 있다. 그 중에서 인과 예를 중심으로 논의를 전개해 보자.

① 인과 예

'인'은 공자의 핵심 사상이라고 말할 정도로 『논어』에서 중심적인 위치를 차지한다. 그렇다면 '인'은 구체적으로 어떤 뜻을 갖는가? '인'의 내용과 관련된 공자의 언급을 더듬어 보면 다음과 같은 결론을 얻을 수 있다.

첫째, '인'은 자신에 대한 진실함과 솔직함으로부터 출발한다. 자신의 내면에 흐르는 생각, 느낌에 충실할 뿐 아니라 여기에 다른 것을 섞지 않고 순수하고 투명하게 표현하는 데 '인'이 있다는 것이다.

둘째, 부모에 대한 효도와 형제간의 우애가 '인'의 본질이다. 즉, 부모와 형제를 아끼고 존중하는 마음씨와 행실이 '인'의 밑바탕이라는 말이다. 나를 넘어서서 다른 사람을 아끼고 사랑하며 존중하는 이타적 심성이 '인'이라는 것이다.

셋째, 다른 사람을 자신의 욕구를 만족시키기 위한 수단이나 도구로 대하지 않고 자신과 동등한 인격을 갖춘 사람으로 대접하여야 한다. 그러기 위해서 먼저 상대방이 무엇을 원하고 바라는지 따뜻한 마음으로 공감할 수 있어야 하고, 공감한 내용을 바탕으로 상대방을 배려할 수 있어야 한다. 흔히 충(忠)과 서(恕)로 표현되는 이 말은 '인'의 내용이자 '인'을 실행하는 구체적 방법론이라고 할 수 있다.

넷째, 대인관계에서 '인'한 사람은 공손함, 너그러움, 믿음, 민첩함, 은혜로움 등 다섯 가지의 덕성을 갖추어야 한다. 이는 '인'의 결과를 말하기도 하고, '인'을 판단하는 기준으로서의 기본 행동과 정신 자세를 말하기도 한다.

'인'에 대한 앞의 두 언급은 '인'의 내재적 속성을, 뒤의 두 언급은 사회적인 관계 속에서 '인'이 표현·실행되는 방법과 행동 양식을 뜻한다고 해석할 수 있다. 결국 '인'은 자신에 대한 진실함을 바탕으로 다른 사람을 사랑하고, 이 사랑의 바탕 위에서 남을 믿고, 존중하고, 공감하고, 배려하고, 베푸는 따뜻한 마음과 행동이라고 요약할 수 있다.

공자 하면 '예'가 떠오를 정도로 '예' 역시 공자의 사상에서 중요한 위치를 차지하고 있다. 그렇다면 '예'는 구체적으로 무엇을 뜻하는가? '예'는 공자가 "군자는 그릇(器)이 되어서는 안 된다."(위정, 12장)라고 말했을 때의 그릇, 제자 자공에 대해 "너는 그릇(器)이니라."(공야장, 3장)라고 했을 때의 그릇을 말한다. 이때 그릇은 수단, 틀, 형식, 공식, 관습, 관례, 습관, 의식 등을 뜻한다(박이문, 2005). 그러므로 '예'는 정해진 틀, 형식, 공식, 관습, 관례, 습관 또는 의식에 따라서 일정한 방식으로 수행되는 행동이라고 정의할 수 있다. 그렇다고 해서 모든 그릇이 '예'라고 말할 수는 없다. '예'는 도덕적 의미가 있는 선하고 옳은 내용을 담은 그릇이기 때문이다. 따라서 도덕적 가치가 배제된 행동은 '예'에 속할 수가 없다.

공자에 따르면, 인간은 미숙하게 태어난 원재료에 불과하다. 따라서 늘상 '깎고 갈고 쪼고 문질러 윤을 냄'으로써 자신을 완성시키고, 또 주위의 다른 사람들과 잘 어울려서 예식을 멋들어지게 올릴 수 있는 사회의 참된 구성원으로 자신을 형성해 나가야 한다(Fingarette, 1993). 따라서 예는 인간을 인간답게 성장시키는 데 없어서는 안 될 필수 요소다. 세상에 태어날 때 다듬어지지 않은 충동과 욕구로 가득한 개인을 인간답게 성장시키고 사회의 일원으로 참여할 수 있는 역량을 키워 주는 힘이 바로 '예'에 담겨 있다. 공자는 이렇게 인간을 인간답게 만들어 주는 고유의 형식으로 '예'를 중요시하였다.

앞에서 필자는 편의상 '인'과 '예'를 따로 떼어 논하였지만 사실상 『논어』에서 '인'과 '예'는 서로 뗄 수 없는 덕목들로 제시되어 있다. 핑가레트(Fingarette, 1993)는 '인'과 '예'를 같은 것의 양면으로 보았다. 그에 의하면, '인'과 '예' 모두 인간을 인간답게 만드는 역할을 하는데, '예'가 사회적으로 통용되는 행동양식과 관계 맺는 방식에 관심을 기울인다면, 인은 예법에 어울리게 행위하는 사람의 마음에 관심을 기울이는 것이다. 즉, '예'가 일종의 규범으로서 특정한 방식으로 행위할 것을 요구하는 형식이라면, '인'은 인간답게 살아가기 위하여 '예'에 규정된 대로 행동하겠다는 뜻과 의지라는 것이다. 요컨대, '인'의 길은 '예' 속에 정의되어 있는 특정한 형식들을 통해서 상호 간의 신뢰와 존중을 표현하는 데 있다는 해석이다. 이렇게 보면 공자가 '예'를 그렇게 강조한 이유를 알 수 있다. '예'는 사람을 '인'으로 이끄는 결정적 통로이며 동시에 '인'을 완성시키는 삶의 형식이기 때문이다. 공자의 사상을 이어 발전한 유교, 유교를 정치·사회철학으로 받아들인 조선 500년의 역사가 시시콜콜하고 지나치게 번다하다는 평가를 받을 만큼 '예'에 치우친 것도 실은 인을 형성하고 완성하는 데 '예'가 수행하는 역할을 잘 알고 있었기 때문이다.

② 바람직한 관계 형성의 원리

공자는 사상가이며 동시에 교육자, 상담자로서 제자들과 그를 따르는 사람들에게 가르침을 베풀고 상담에 임하였다. 공자의 삶과 그의 가르침 및 상담을 더듬어 보면 대화하는 상대를 변화시키기 위한 다양한 원리와 전략이 들어 있음을 알 수 있다. 공자의 가르침대로 온고지신하는 자세로 이 원리와 전략을 깊이 음미하면 현대 상담에 적용할 수 있는 다양한 시사점을 얻을 수 있을 것이다. 공자가 활용한 인간 변화의 원리와 전략 가운데 사람을 대하는 태도에 대하여 살펴보자.

- 상호 존중하는 태도: 공자는 제자들과 말할 때에도 반드시 상대방의 의견을 존중했다. 그 결과 사제 간에 일종의 분위기가 조성되었다. 대개는 먼저 공자가 제자에게 질문을 던지고 그에 따라 제자들이 공자의 의견을 구하는 형식의 대화가 전개되었다.
- 독선을 경계하는 태도: 공자가 제자를 지도할 때 가장 꺼린 것은 독선이었다. 그는 다음의 네 가지를 근절해야 한다고 말했다. 첫째, 주관적으로 억측하는 일, 둘째, 자기 사고를 억지로 관철하는 일, 셋째, 하나의 판단에 고집하는 일, 넷째, 자기 형편만을 생각하는 일이 그것이다.
- 투명하게 자기를 개방하는 태도: 공자는 제자들을 지도할 때 자신의 생각과 경험을 숨김없이 드러냈다. 자신의 경험 또는 자신이 거친 과정을 숨김없이 개방함으로써 뒤를 따르는 제자들이 구체적으로 실행해야 할 방법을 열어서 보여 주었다.
- 모범이 되는 태도: 스스로 끊임없이 학습하는 태도를 견지함으로써 제자들에게 살아 있는 모범이 되었다.
- 관찰하는 태도: 다른 사람과 어울릴 때 무턱대고 반응하지 않고 먼저 살피고 관찰하는 자세가 필요함을 역설하였다. 공자는 사람을 살필 때 그가 현재 어떠한 행위를 하고 있는지, 그리고 어떠한 동기에 의하여 그러한 행위가 유발되었으며, 또 어떠한 역사적 과정을 밟아 왔는지, 그리고 그 행위의 지

향점, 즉 목표나 이상으로 삼는 가치가 무엇인지를 살피라고 하였다. 이 세 가지 측면을 모두 살필 때 비로소 인간의 행위와 그 행위 주체의 인격 전모가 숨길 수 없이 드러나게 된다는 것이다.

지금까지 『논어』를 중심으로 살펴보았으나 『논어』에 담긴 사상은 후세 유학자들에 의하여 계승·발전되어 왔다. 최근 한국에서는 일부 젊은 학도들을 중심으로 유학적 사상과 상담을 접합하려는 시도가 일어나고 있는데, 이들 연구에서 발견한 바람직한 관계 형성의 원리를 제목만 간단하게 소개한다.

- **다산 정약용의 상담법**(이재용, 2009).
  - 애정 어린 시선으로 주변 살피기
  - 진심으로 대하기
  - 변화와 성장의 공동체 가꾸기

- **연암 박지원의 상담법**(정미정, 박성희, 2010).
  - 다른 사람의 시선으로 나를 보기
  - 나를 잊고 다른 사람 되기
  - 진정성을 바탕으로 신뢰 형성하기
  - 다른 사람의 의견에 귀 기울이기

(2) 불교(불가)에서 보는 관계

불가에서는 우주와 그 안에 들어 있는 삼라만상, 다시 말해 존재하는 모든 것은 반드시 다른 인연을 만나서 생긴다(의타기성)고 주장한다. 불가의 핵심 사상인 연기설이나 윤회설은 모든 관계가 복잡한 방식으로 서로 얽혀 있다는 불가의 기본 입장을 잘 나타낸다. 수만 겁의 인연이 있어야 옷깃을 스칠 수 있다는 발상은 바로 이런 사상에서 나온 것이다. 하지만 깨달음을 향해 정진해 가는 수행과 관련하여 불가는 이중적인 태도를 보인다. 하나는 모든 인연으로부터 자유로워지기 위하여 관계로부터 철수하려는 것이다. 업과 업으로 이어지는 인연은 관계로부터 떠나지 않는 한 끊임없이 지속되어 간다. 따라서 인연에서 벗어나는 유일한 길은 물리적으로나 정신적으로 다른 이들과의 관계를 청산하는 것이다. 세속에서 맺었던 모든 관계를 끊고 수행승이 된다거나 깊은 산속을 찾아 외롭게 수행에 정진하는 것은 이런 이유에서다. 다른 하나는 자기 수행을 위하여 다른 사람들에게 도움을 주는 것이다. 다른 사람들을 다양한 방식으로 돕는 사섭법이 대표적인 예인데, 사섭법은 도움이라는 행위를 통해 다른 사람들과 새로운 관계를 끌어들이는 방법이라는 점에서 관계를 청산하려는 앞의 방법과 대조된다.

① 연기설과 윤회설

연기는 인연생기를 줄인 말로, 연이 되어서 결과를 일으킨다는 뜻이다. 인생, 세계, 그리고 우주는 여러 원인과 조건이 화합하여 생겨난다고 주장하는 연기설은 불교 교리의 이론적 밑바탕이다. 연기론에서 보면 일체 현상은 모두 찰나의 변화이며 영원한 것은 없다는 '무상'의 관점을 얻게 되고, 나아가 자기를 주재하는 사람도 없고(人無我) 영원히 변화하지 않는 실체도 없다(法無我)는 생각에 도달하게 된다. 불교에서는 사람의 마음이 오온(五蘊)의 연기라고 말한다. 오온은 색(色), 수(受), 상(想), 행(行), 식(識)의 다섯 가지가 쌓인다는 뜻인데, 색은 물질에 의해 구성된 육체, 수는 감정, 상은 연상, 행은 행동과 의지, 식은 의식을 일컫는다. 연기법의 하나인 12연기법은 생로병사와 관련된 번뇌가 어떻게 시작되는가를 설명해 준다. 이를 간단히 화살표로 표시해 보면 다음과 같다. 무명 → 행 → 식→ 명색 → 육입(육근) → 촉 → 수 → 애 → 취 → 유 → 생 → 고통. 이 외에도 연기설에는 진여연기설, 업감연기설, 아라야식연기설, 법계연기설, 6대연기설 등이 있다.

윤회설은 생명이 있는 모든 것은 자신이 지은 업보에 따라 삶과 죽음을 반복한다는 불교 핵심 교리의 하나다. 현상 세계를 원인과 결과로 나누고 이를 인과관계로 설명하는 연기설의 입장에서 보면 연기는 끝없이 연쇄작용을 일으키며 이어지는 과정이다. 이렇게 끝없이 전개되는 연쇄과정이 바로 윤회다. 윤회는 찰나에서 찰나로 이어질 수도 있고, 전생·현생·후생으로 이어질 수도 있다. 선한 행동에는 선한 결과가 따르고, 악한 행동에는 나쁜 결과가 따른다는 업보 사상은 윤회설에서 파생된 것이다.

② 바람직한 관계 형성의 원리

불가의 목표는 어디까지나 깨달음에 있다. 따라서 다른 사람들과 바람직한 관계를 형성하는 것 역시 깨달음을 향한 방편의 하나로 여겨질 따름이다. 그런 이유 때문에 불가는 마음 다루는 일에 치중하고 관계에 대해서는 비교적 소홀한 편이다. 그럼에도 불가의 사상 중에는 인간관계에 활용할 만한 중요한 원리들이 들어 있다. 여기서는 불이의 원리와 사섭법을 소개하도록 한다.

- 불이(不二)의 원리: 불이란 나를 포함한 세상의 모든 것이 따로 떨어진 것이 아니라 서로 의존해 있음을 말한다. 모든 것은 연기법에 의해 서로 유기체적인 관련을 맺고 있다. 한 걸음 더 나아가면, 세상 모든 것은 개체인 나의 연장으로서 온 우주와 개체는 상호 불가분의 관계에 있다. 따라서 엄격히 말하면 개체로서의 '나'는 존재하지 않는다. 개체와 세계, 개체와 우주는 인과관계라는 정밀한 그물망으로 얽혀 있는 커다란 하나이므로 나와 너 또는 주체와 객체를 구분하여 분별심을 내는 것은 어리석은 짓이다. 따라서 너-너를 구분하지 말고 나를 대하듯 너를 대하는 태도로 모든 관계에 임할 것을 주문한다.
- 사섭법: 고통스럽게 살아가는 사람들을 구제하기 위하여 부처님이 제시한 네 가지 방법으로서 보시(布施), 애어(愛語), 이행(利行), 동사섭(同事攝)을 말한다. 보시는 집착하는 마음 없이 자신의 것을 내어 주고 베푸는 것으로서 물질을 제공하는 재보시, 진리를 전하는 법보시, 상대방의 마음을 기쁘고 평안케 해 주는 무외보시가 있다. 애어는 자비로운 마음을 가지고 부드럽고 따뜻하게 상대방을 위로하는 말을 뜻하고, 이행은 자신의 이익을 챙

기기에 앞서 다른 사람을 위하는 이타적인 행동을 일으키는 것을 뜻하며, 동사섭은 다른 사람들과 함께 일하고 고락과 화복을 같이하는 협동행동을 말한다. 따라서 사섭법은 상대방에게 주는 행위를 통해 선하고 좋은 관계를 만들어 가는 방편이라고 말할 수 있다.

(3) 도교(도가)에서 보는 관계

도가의 사상을 집약하고 있는 『도덕경』은 곳곳에서 귀중한 생명을 보전하고 유지하기 위하여 조용하게 살라고 충고한다. 도가는 사회적인 관계에 대하여 처음부터 끝까지 소극적이다. 그래서 남과 싸우지 말고, 나서지 말고, 떠들지 말고 죽은 듯이 조용하게 몸이나 잘 보존하고 살라고 한다. 다만, 세상을 살아가려니 어쩔 수 없이 다른 사람들과 부딪히고 관계에 얽힐 수밖에 없는데, 그럴 경우 어떻게 처세하는 것이 가장 좋을지에 대하여 다양한 방면으로 조언한다. 『도덕경』이 일종의 처세술을 가르치는 책이라는 평은 여기서 나온 것이다. 여기서는 도가의 무위자연 사상을 관계와 연관 지어 볼 것이다.

① 무위자연

무위(無爲)는 말 그대로 '아무것도 하지 않는다'는 뜻이다. 하지만 노자는 '위무위(爲無爲)', 즉 무위를 한다고 함으로써 무위가 단순히 '아무것도 하지 않는다'는 뜻을 넘어서 있음을 지적하고 있다. "무위는 문자 그대로 볼 때 행동하지 않는 것을 의미하지만, 사실은 행동을 가리키는 개념이다. 무위는 행동 정지의 원칙이 아니라 실천의 원칙이다. 그것은 행동하지 않는 행동을 의미한다. 인위에 반대되는 무위는 별 게 아니라 자연스러운 행위, 자연대로 살아가는 일을 가리킨다. 무위란 곧 도를 파악하는 행위이며 도에 따라, 즉 있는 그대로 따라 살아가는 행위다"(박이문, 2004: 146). 결국, 노자가 말하는 무위는 '자연스러운 행위' '아무런 꾸밈 없는 행위' '있는 그대로 하는 행위' 등을 뜻하는 것으로 볼 수 있다.

그렇다면 『도덕경』에서 말하는 '있는 그대로 아무런 꾸밈 없는 자연스러운 행위'는 어떤 행위를 말하는가?

첫째, '스스로 그러한 행위'를 말한다. '자연'이라는 말은 '스스로 그러하다'는 뜻이다. 이 말은 세상만물에는 타고난 덕성(또는 본성)이 있는데, 그 덕성에 따라 스스로 그렇게 행하도록 둔다는 뜻과 같다. 그렇다면 이 스스로 그러하다는 것은 어떤 특징을 갖는 걸까? 스스로 그러함(自然)은 다른 사람의 뜻(他意)에 대비되는 개념이다. 다시 말해, '스스로 그러하다'는 것은 "남이 무어라고 보거나 말하는 것에 관계없이……."라는 말을 전제로 하고 있다. 따라서 스스로 그러함은 타자의 시선이나 관심에 관계없이 자신의 자연스러운 욕구와 본성을 따르라는 뜻으로 해석할 수 있다. 이런 입장에서 보면 사람들과의 관계 역시 자연스러운 과정을 따르는 것이 좋다. 다른 사람들의 요구나 압박이 아니라 자신에게서 솟아나는 자연스러운 욕구와 본성을 따라서 관계를 대하는 것이 바람직하다. 인·의·지혜·효제 등 사회적으로 중요하게 여기는 관계와 관련된 가치들 역시 무조건 받아들이는 것은 문제가 있다. 이 같은 가치들은 사람들의 삶 속에서 자연스럽게 실행되어야 할 것이지 억지로 이끌어야 할 유위의 덕목이 아니기 때문이다.

둘째, 꾸밈이 없는 행위를 말한다. 꾸미는 행위는 자연스러움에 인공적인 요소를 가미하는 인위적인 행위를 뜻한다. 인위적 행위는 어색할 뿐 아니라 오래가지도 못한다. 이는 사회적 관계나 대인관계에도 그대로 적용될 수 있다. 꾸밈이 없는 관계는 포장, 가식, 조작, 거짓 등이 없는 진솔한 관계라고 말할 수 있다. 즉, 관계를 시작할 때나 지속할 때 항상 상대방에게 진정성을 가지고 자신의 모습을 있는 그대로 보여 줄 필요가 있다.

셋째, 있는 그대로 일어나는 행위를 말한다. 세상만물은 인간의 기대, 좌절, 희망, 믿음과 무관하게 움직이는 스스로 그러한 존재일 뿐이다. 모두가 본래 타고난 성품에 따라 스스로 그렇게 움직일 따름이다. 따라서 사람이 할 일은 있는 그대로 일어나는 현상을 받아들이고 포용하는 것뿐이다. 그러니 이런저런 일에 특별히 마음을 쓰지 말고 있는 그대로 편안하게 받아들이는 편이 낫다. 생각을 이렇게 가지면 특별히 집착할 일이 없어진다. 집착은 자아를 앞세워 세상만사를 자아가 원하는 방향으로 틀어쥐려는 데서 생긴다. 관계도 마찬가지다. 자기가 원하는 방향으로 상대방을 변화시키려는 것도 알고 보면 집착에 뿌리를 두고 있다. 그런데 이 집착은 상대방은 물론이요, 자신까지 고통스럽고 괴롭게 만든다. 그러므로 다른 사람을 자기 뜻대로 움직이려는 노력은 일찌감치 포기하는 것이 낫다.

넷째, 비우라는 뜻을 담고 있다. 만물이 스스로 그러함을 드러내려면 다른 것으로 채워지지 않고 비워져 있어야 한다. 무위는 아무것도 하지 않음이 아니라 빔을 유지하는 것이다(김용옥, 1999: 230). 그릇이 비어 있어야 무엇인가를 담는 제 용도로 활용될 수 있는 것처럼, 사람의 마음도 비어 있어야 스스로 그러한 자연스러운 행위가 나올 수 있다. 마음이 무엇인가로 가득 차 있으면 마음의 자연스러운 성품이 드러나지 않을 뿐더러 새로운 것을 채우지도 못한다. 그러므로 마음을 순간순간 비워 두어야 한다. 사람들과의 관계도 마찬가지다. 상대방에 대해 선입견을 갖거나 편견에 사로잡혀 있으면 상대방의 참모습을 보기 어렵고, 결국 관계가 꼬이기 마련이다. 따라서 사람들을 대할 때에도 매 순간 자기 마음을 비우고 고요하게 가라앉힐 수 있어야 한다.

② 바람직한 관계 형성의 원리

『도덕경』은 일종의 처세술을 가르치는 책이라고 말할 수 있을 정도로 세상을 살아가는 방법에 대해 많은 충고를 하고 있다. 여기서는 그중 대인관계의 원리에 대해 살펴보도록 한다.

• 첫째, 열린 마음 가지기

"성인은 마음에 고정된 바가 없으며(無常心), 백성들의 마음으로써 자기 마음을 삼는다. 나에게 선하게 하는 사람에게 나는 선하게 대하며, 나에게 불선한 사람에게도 나는 마찬가지로 선하게 대한다. 덕은 선이기 때문이다"(49장). 성인의 이 마음을 자신의 마음으로 삼으면 세상에 충돌할 일이 없어진다. 아예 고정된 마음을 갖지 않고 만나는 상대방의 마음에 맞추어 그것을 자신의 마음으로 삼는다면 두 마음 사이에는 틈이 생길 여지가 없다. 이렇게 하면 사람들 사이에서 깊은 이해, 공감적 이해는 저절로 일어난다. 사실 이런 마음은 상담자들이 갖기를 원하는 이상적인 마음이다. 대면하는 상대와 완전히 동일한 마음을 가질 수 있다면 두 사람 사이에 신속한 라포가 형성될 수 있다. 그런데 이렇게 하려면 자신을 고집하지 않고 철저하게 비울 수 있어야 한다. 달리 말해, 자아가 없어야 한다는 말이다. 이런 점에서 노자의 무상심은 로저스의 공감적 이해보다 훨씬 더 깊은 하나됨을 말하고 있는 듯하다.

- **둘째, 상대방에게서 배울 점 찾기**

"고로, 선인은 불선인의 스승이 되고, 불선인은 선인의 자원이 되니, 스승이 될 사람을 귀하게 여기지 않고, 가르칠 자원을 사랑하지 않으면 비록 안다 해도 크게 미혹할 것이니, 이를 일컬어 구함에 있어서의 묘라 한다"(27장). 즉, 선한 사람은 바로 그 선함 때문에 나의 스승이 될 수 있고, 선하지 못한 사람은 그 선하지 못함 때문에 나에게 가르침을 주는 자원이 된다. 반면, 교사도 나에게 가르침을 준다는 점에서 교사이기는 마찬가지다. 따라서 선한 사람은 물론이요 나에게 악을 행하는 사람도 가르침의 자원으로서 중요하다. 결국, 내가 만나는 모든 사람은 무엇인가 나에게 가르침을 줄 수 있는 배움의 자원이다. 그러므로 사람들을 대할 때 항상 배우려는 겸손한 자세를 갖는 것이 좋다. 상대방의 장점은 장점대로, 단점은 단점대로 나에게 시사해 주는 바가 있기 때문이다. 사람을 만날 때 허위와 가식이 아니라 진정 어린 마음으로 스승 대하듯, 귀인 대하듯 존중하고 받들어야 할 이유가 여기에 있다.

- **셋째, 말을 줄이고 많이 듣기**

"사람의 말은 많을수록 자주 막히는 바이니 그 말을 가슴속에 담아 둠만 못하다(5장). 그러니 정 필요해서 말을 할 때는 믿을 만한 말만 하도록 하라(8장). 그러면 허물을 남기지 않을 것이다"(27장). 사람들과 만나서 대화를 할 때에는 말을 하는 것보다 상대방의 말을 듣는 데 치중하는 편이 낫다. 대화는 서로 의사를 소통하는 방법인데, 자기주장만 떠들다 보면 도대체 상대방 마음에 무엇이 들어 있고 어떤 생각을 하고 있는지 알 도리가 없다. 그러므로 상대방이 말할 때 마음을 고요하게 가라앉히고 잘 들어 이해한 후 적절한 말을 골라 대응하도록 한다. 바쁘게 살면서 말을 아주 많이 하는 현대인들은 오히려 자신이 외롭고 고독하다는 느낌에 시달릴 때가 많다. 서로가 자기 말을 하기 바빠서 남의 말을 찬찬히 들어주지 않기 때문이다. 이런 상황에서 남의 말을 잘 들어주고 필요할 때 적절한 말로 대응해 준다면 사람들에게 깊은 인상을 남길 것이다.

4. 상담 목표와 과정

1) 상담목표

동양상담에서 지향하는 상담의 목표는 동양 사회에서 가치 있게 여기는 바람직한 삶과 직결되어 있다. 다시 말해, 동양상담의 목표는 동양 사회에서 사람들이 바람직하고 가치 있게 여기는 삶을 실현하는 데 도움을 주는 데 있다. 그런데 앞에서 살펴본 것처럼, 유·불·도 세 가지 사상은 각각 이상적으로 생각하는 바람직한 삶에 상당한 차이가 있다. 따라서 실제 동양상담이 설정하는 목표 역시 세 가지 사상적 흐름에 따라 다를 수밖에 없다. 먼저 유가적 사상의 흐름 속에서 찾을 수 있는 상담목표부터 살펴보자.

(1) 유교(유가)의 상담목표

유가에서 생각하는 이상적인 사람의 모습은 유학의 중심 경전인 사서 중의 하나인 『대학』에 잘 표현되어 있다. 『대학』의 핵심 사상은 3강령과 8조목으로 요약할 수 있는데, 3강령은 자신의 밝은 덕을 밝게 드러내야 한다는 명명덕(明明德), 자신의 밝은 덕으로 백성을 새롭게 한다는 신민(新民), 그리고 최선을 다하여 가장 합당하고 적절하게 처신하고 행동한다는 지어지선(至於至善)을 뜻하고,

8조목은 세상 모든 것의 이치를 찬찬히 따져 보는 격물(格物), 지식과 지혜가 극치에 이르게 하는 치지(致知), 의지를 성실히 다지는 성의(誠意), 마음을 바로잡는 정심(正心), 마음을 수양하는 수신(修身), 집안을 화목하게 이끄는 제가(齊家), 나라를 잘 다스리는 치국(治國), 세상을 화평하게 하는 평천하(平天下) 등으로 구성되어 있다. 이 3강령과 8조목을 보면 개인의 몸과 마음을 닦는 데에서 비롯하여 나라를 다스리고 사회를 평화롭게 하는 일에 이르기까지 삶의 모든 국면을 두루두루 포함시키고 있다. 사정이 이렇기 때문에 유가적 상담은 개인의 신체와 내면세계에서부터 사회적인 삶 전반에 걸쳐 삶의 모든 국면을 다루는 활동으로 확장된다. 『논어』에서 찾을 수 있는 상담방법들(이를테면 외모 예절 갖추기, 예절 지키기, 효제하기, 충서로 대하기, 의를 따르기, 배움 구하기, 배움 즐기기, 실력 배양하기, 허물 덮기, 충고하기, 선입견 배제하기, 분노 다스리기; 박성희, 2007b), 퇴계 이황에게서 찾을 수 있는 상담방법들(이를테면 활인심방, 경 수행법, 마음 비우기, 마음 채우기, 마음 쓰기, 완성된 인품 보이기; 박성희, 2007h), 다산 정약용에게서 찾을 수 있는 상담방법들(이를테면 바른 자세와 바른 얼굴빛 가지기, 감정의 온도 조절하기, 욕구를 에너지로 만들기, 마음의 갈등 이겨 내기, 내 안의 숨은 보물 찾기, 애정 어린 시선으로 주변 살피기, 진심으로 대하기, 변화와 성장의 공동체 가꾸기; 이재용, 2009), 연암 박지원에게서 찾을 수 있는 상담방법들(이를테면 삶의 원칙을 세우고 실천하기, 에너지를 집중시켜 일 처리하기, 평생 공부하기, 함께 어울리며 하나되기, 유머감각 키우기, 다양한 경험 쌓기, 다른 사람의 시선으로 나를 보기, 나를 잊고 다른 사람 되기, 진정성을 바탕으로 신뢰 형성하기, 다른 사람의 의견에 귀 기울이기, 감동 주기, 사고의 폭을 넓혀 가는 대화하기, 삶을 즐기는 방법 전수하기, 성장에 초점 맞춰 꾸중하기, 이야기 자료 활용하기, 창의적인 방법 활용하기, 특성과 역량에 맞추어 상장시키기; 정미정, 박성희, 2010) 등 이들의 폭이 상당히 넓은 이유가 여기에 있다. 따라서 유가 상담의 목표를 한마디로 표현한다면, 유가의 이상적 인간상인 군자(君子)로 살아가도록 돕는 것이라고 말할 수 있다.

(2) 불교(불가)의 상담목표

불가에서는 무엇보다도 깨달음을 중시한다. 깨달음의 내용을 구체적으로 기술하기는 불가능하지만, 깨달음을 얻은 사람은 그 어느 것에도 방해받지 않는 대자유를 향유하며, 순간순간 깨어 인격의 완전함을 누리는 경지에 있다고 한다. 석가모니 부처는 그 대표적인 인물이다. 깨달음 이외에 온갖 종류의 번뇌와 속박으로부터 벗어나 편안한 경지에 이르는 해탈, 사람의 상상을 초월한 평화로운 상태를 말하는 열반, 마음의 본래 모습 또는 자신의 진면목을 깨닫는 견성, 인위적인 노력이 가해지지 않은 평상시의 자연스러운 마음을 유지하는 평상심, 따지고 헤아리고 분별하는 지식을 깨달음의 지혜로 바꾸는 전식득지, 사람이 괴로움에 빠지는 열 가지 과정으로부터 자유로운 미십중으로부터의 자유 등도 불가에서 중요하게 여기는 삶의 목표들이다. 따라서 불가상담은 사람들로 하여금 삶의 고통으로부터 벗어나 깨달음을 얻고 해탈과 열반에 이를 수 있게 돕는 데 집중한다. 불가상담의 방법으로 제시되는 팔정도, 참선, 오정심관, 육바라밀, 삼륜청정, 사섭법, 37조도품, 교화법, 12연기의 역관, 사념처관, 삼학, 선문답, 공안 또는 화두, 지관법, 사마타, 위빠사나(박성희, 2007f) 등은 모두 깨달음을 돕기 위한 방편들이다. 불가상담의 과정이라고 일컬을 수 있는 변의원삼성설, 사성제, 분별심 초월, 집착과 방하착 등도 마찬가지다. 따라서 불가상담의 목표를 한마디로 표현한다면 깨달음을 얻도록(成佛) 돕는 것이라고 말할 수 있다.

(3) 도교(도가)의 상담목표

도가에서는 삶의 목적을 행복하고 즐겁게 아주 오래 사는 데 두고 있다. 삶은 그 자체로서 정당화될 수 있고 깊은 의미를 가진다. 이 세상에서의 삶은 가능한 한 그 삶을 즐겁게 살아가는 것 외에 다른 목적이 없다. 삶은 하나의 재미있는 놀이요, 즐거운 과정이다(박이문, 2004). 따라서 우리의 삶에서 생명을 이어 가는 것보다 더 중요한 일은 없다. 아무리 고귀한 일이라도 생명을 대가로 치러야 한다면 하지 않는 편이 낫다. 생명을 보존하며 살아가는 재미를 만끽하는 일보다 중요한 삶의 목적은 없다. 따라서 도가적인 상담은 귀중한 생명을 보존하고 유지하며 삶을 즐기는 데 집중한다. 도가상담의 방법으로 제시되는 지각작용 중지하기, 욕망 줄이기, 사회적 가치에 매달리지 않기, 자신을 알기, 족함을 알기, 변화를 막고 현상 유지하기, 유연하게 사고하기, 상대의 입장에서 보기, 부드럽고 약하게 살기, 낮은 곳에 처하기, 이분법을 초월하여 포용하기, 소박하게 살기, 세상에 나서지 말기, 다투지 말기, 성공하려고 하지 말기, 일에 빠지지 말기, 열린 마음 가지기, 상대방에게서 배울 점 찾기, 말을 줄이고 많이 듣기, 졸장부처럼 행동하기, 무겁고 고요하게 행동하기(박성희, 2007c) 등은 모두 생명을 보존하고 즐기는 것을 돕기 위한 방편들이다. 따라서 도가상담의 목표를 한마디로 표현한다면 즐겁게 살도록(遊戱) 돕는 것이라고 말할 수 있다.

2) 상담과정

유·불·도 세 가지 사상이 지향하는 상담목표를 살펴보았다. 그런데 이러한 상담목표를 실현해 가는 상담의 과정을 살펴보면 동양상담의 독특한 흐름을 엿볼 수 있다. 수련감독하기(supervising), 코칭하기(coaching), 인격적 모범 보이기(modeling), 충격 주기(giving shock)라고 부를 수 있는 현상들이 그것이다. 따라서 필자는 동양상담의 과정은 전통적인 상담(counseling)의 과정에 적어도 이 네 가지 과정이 추가되어야 한다고 생각한다. 이들을 간단하게 살펴보자.

(1) 수련감독하기

수련감독은 상담자가 청담자의 변화과정을 지켜보면서 때와 상황에 따라 적절한 지도와 안내를 하는 과정을 말한다. 참선이나 명상을 지도하는 경우가 가장 대표적이다. 참선을 지도하는 상담자는 참선을 할 때 발생할 수 있는 다양한 현상을 알아야 할 뿐 아니라 청담자의 수준과 능력에 맞춰 참선의 속도와 깊이를 조절할 수 있도록 도와야 한다. 아울러 참선과정에서 발생할 수 있는 방해나 걸림돌들을 미리 예상하고 청담자가 문제에 봉착할 때 이를 극복할 수 있는 실질적인 지도를 할 수 있어야 한다. 이것이 가능하려면 상담자 스스로 참선에 정통한 참선 전문가여야 한다. 따라서 청담자는 능숙한 참선 전문가의 안내를 받아 참선의 과정에 깊이 들어가는 것이다. 참선을 예로 들었지만, 동양에서 상담은 이처럼 삶(또는 존재)의 전문가가 자기성장에 관심을 가진 청담자를 수련시킴으로써 새로운 경지로 나아가게 하는 수련감독의 색채가 매우 강하다.

(2) 코칭하기

동양상담에서는 어떻게 사는 것이 바람직하고 좋은 것인지 삶의 지혜를 강론하고 조언하며 충고하는 일이 매우 흔하다. 서양상담의 경우에는 당부, 조언, 충고, 해결책 제시 같은 직접적 관여 방법들은 사용해서는 안 될 금기로 여기지만, 동양상담에서는 상당히 자유롭게 청담자의 삶에 관여하면서 구체적으로 코칭한다. 인생의 선배로서 또는 선경험자로서 자기가 가진 생각이나 해결책을 스스럼없이 청담자에게 제공하는 것이다. 하지만 상담자가 자기의 주관적인 생각을 거르지 않고 마구 쏟아 내는 것은 아니다. 코칭이 되는 내용들은 성인들의 가르침을 통하여 또는 시간의 담금질을 통해 분명하게 확증된 지식이나 사실이라는 점, 그리고 코칭을 행하는 상담자가 현전재의 힘이 매우 큰 영향력 있는 존재라는 점을 간과해서는 곤란하다.

(3) 인격적 모범 보이기

동양상담은 매우 인격적이다. 상담의 목적, 상담의 과정, 상담관계, 상담자의 자질 등 곳곳에서 인격을 발견할 수 있다. 그런데 더 중요한 것은 상담자 스스로 높은 인품을 지닌 인격자로서 실제 생활 속에서 모범적인 삶을 살아간다는 점이다. 석가모니가 그랬고, 공자가 그랬고, 노자가 그랬다. 예를 들어, 공자는 끊임없이 '인'과 '예'가 중요함을 말로 강조하였는데, 실제 자신의 일상생활에서도 '인'하는 마음을 '예'에 맞게 표현하는 모범을 보였다. 공자 스스로 행동이 따라 주지 못하고 말에만 의존하는 공허한 가르침은 그 효과가 적고 말과 행동이 하나로 일치할 때 강력한 호소력이 있다고 주장하였는데, 공자는 자신의 삶을 통해 이 주장을 그대로 실천해 나갔다. 공자가 제자들에게 끼친 가장 큰 영향력은 아마도 살아 있는 모범으로 보여 준 행동하는 삶에서 찾을 수 있다고 보인다(한지영, 2006). 동양에서 상담은 사람을 변화시키는 기술이 아니라 인격적으로 만나 상호 성장하는 과정이라는 점에 주목할 필요가 있다.

(4) 충격 주기

일반적으로 상담은 차근차근 단계를 밟아 상대를 이해하는 대화법이다. 하지만 동양상담에는 대화의 기본 규칙을 어기는 선문답이라는 것이 있다(박성희, 2007g). 상담이 수평적 · 연계적 대화법이라면, 선문답은 수직적 · 단절적 대화법이다. 선문답은 원래 사람들의 존재 양식을 변화시키기 위해 고안된 대화법이다. 따라서 선문답은 상대방이 말로 표현하는 내용보다 말하는 상대방을 직접 겨냥하여 대화를 진행한다. 선문답식 대화는 청담자를 흔들어 놓기 위해 활용된다. 즉, 청담자가 당연시하고 있는 삶의 방식에 의문을 품도록 만들고, 이를 전면적으로 재검토할 수 있는 계기를 열어 주는 것이다. 모순, 역설, 초월, 반복, 외침, 긍정 등 상담자의 선문답식 대응은 바로 이럴 때 활용할 수 있는 대화 전략들이다(박성희, 2007g). 선문답식 상담 대화에서 상담자는 대화를 주도한다는 점에서 매우 능동적이며 지시적이다. 상담자는 청담자가 지향해야 할 바에 대해 이미 잘 알고 있는 사람이어야 하며, 동시에 청담자의 현재 수준에서 소화 가능한 충격과 혼란을 제공할 수 있어야 한다. 이런 점에서 선문답식 상담자는 일면 삶에 통달한 스승이라는 개념과 통한다.

5. 상담 적용

동양상담이 실제로 전개되는 방식은 매우 다양하지만 여기서는 지금까지 그래왔던 것처럼 유 · 불 · 도의 세 가지 사상에 영향을 받은 실제 상담을 소개하도록 한다. 유가적 상담을 잘 반영한 일본의 나이칸상담, 불가적 상담을 대표하는 동사섭상담, 그리고 도가적 상담을 대표하는 일본의 모리타상담을 간략하게 살펴보도록 한다.

1) 나이칸상담

나이칸은 일종의 명상 기법이다(박성희, 2007a). 다만, 명상의 주제로 제공되는 핵심 질문, 그리고 그 질문에 마음을 집중시키도록 인도하는 방법과 절차에서 나이칸의 특징을 찾을 수 있다.

나이칸은 다음의 세 가지 핵심 질문으로 시작된다. 첫째, 나는 다른 사람들로부터 무엇을 받았는가? 둘째, 나는 다른 사람들에게 무엇을 주었는가? 셋째, 나는 다른 사람들에게 어떤 곤란이나 말썽을 일으켰는가? 나이칸을 수행하는 동안에 수행자는 항상 이 세 가지 질문에 마음을 집중하여야 한다. 그러면 나이칸을 구체적으로 어떻게 수행하는지 집중 나이칸을 중심으로 그 절차를 살펴보자.

〈집중 나이칸〉

집중 나이칸은 원래 요시모토(Yoshimoto)가 제창했던 전통적인 방식으로서 지금도 가장 많이 권장되는 유형이다. 집중 나이칸은 기간을 더 오래 잡는 경우도 있지만 대개 일주일 정도의 기한을 정해 놓고 수행한다. 이 기간 동안에 나이칸 수행자는 깨어 있는 거의 모든 순간을 나이칸 명상에 바친다. 수행자는 앉을 수 있을 정도의 작은 공간을 배정받는데, 이 공간은 병풍이나 칸막이로 막아 놓는다. 수행자는 이 공간 안에서 편한 자세를 취하고 앉아서 나이칸에 전념한다. 나이칸 수행에 전념할 수 있도록 모든 식사는 수행자가 앉아 있는 장소로 배달된다. 수행자들은 하루에 한 번 약 20분 동안 샤워를 할 수 있다. 수행자는 약 한 시간에서 두 시간 간격으로 제공되는 면담시간에 그동안 수행한 나이칸의 내용을 나이칸 지도자(상담자)에게 보고하는데, 처음에는 시간 간격을 짧게 하다가 나이칸이 깊어지면서 차츰 그 간격을 넓혀 나간다. 수행자는 아침 5시경에 잠자리에서 일어나 침구 정리와 세면 등 간단한 준비를 마치고 곧바로 나이칸을 시작한다.

① 수행 규칙(Reynolds, 1989: 34-35)

- 허락 없이 함부로 수련 장소를 벗어나지 않는다.
- 꼭 필요한 경우를 제외하고 지정된 자리를 벗어나지 않는다.
- 집단면담시간을 제외하고 다른 수행자들과 말하지 않는다.
- 나이칸을 방해할 수 있는 활동들, 즉 독서, 라디오 청취, 전화 등을 일체 금지한다.
- 의사의 처방이 있는 경우를 제외하고 알코올, 담배, 약을 섭취하지 않는다.
- 낮에 잠을 자지 않는다.
- 식사나 샤워를 하는 동안에도 쉬지 않고 열성을 다하여 나이칸을 계속한다.
- 어려움에 부딪히거나 의문이 생기면 주저하지 말고 면담시간에 나이칸 지도자와 의논한다.
- 쓸데없이 집중적인 자기성찰의 분위기를 해치는 사람에게는 바로 수행을 포기하고 떠나라는 요청을 할 수 있다.

② 성찰할 나이칸의 내용

나이칸의 절차에는 성찰과 성찰에 대한 보고라는 두 가지 요소가 담겨 있다. 먼저, 수행자는 다음의 주제들에 대해 성찰한다.

- 나는 이 사람으로부터 무엇을 받았는가?(나이칸 전체 시간의 약 20%)
- 나는 이 사람에게 무엇을 되돌려 주었는가? (나이칸 전체 시간의 약 20%)
- 나는 이 사람에게 어떤 말썽, 근심, 불행을 일으켰는가? (나이칸 전체 시간의 약 60%)

성찰에 대한 보고는 나이칸 상담자와의 면담시간에 이루어진다. 면담 절차는 다음과 같다.

- 상담자는 수행자의 부지런한 노고를 존중하는 절을 한다.
- 상담자와 수행자는 동등한 위치에서 서로 절을 한다.
- 상담자는 수행자에게 나이칸의 주제에 대해 묻는다. 예를 들면, "이번에는 인생의 어느 시기에 어떤 사람에 대해 성찰했습니까?"
- 수행자는 상담자의 물음에 답한다. 예를 들면, "나는 내가 몇 살(네 살에서 일곱 살까지, 초등학교 시절, 중학교 시절, 고등학교 시절, 지난달 등)이었을 때 어떤 사람(어머니, 동생, 초등학교 선생님, 이웃 등)에 대해서 성찰했습니다."
- 수행자는 세 가지 주제를 따라가며 계속 답한다. 예를 들면, "내가 그/그녀 로부터 받은 것은……(여기서 수행자가 그 사람에게 받았다고 회상하는 물건, 봉사, 친절, 시간 등을 아주 구체적이고 상세하게 기술한다)입니다."
- 같은 방식으로 다음 주제에 대해서도 계속 답한다. "내가 그/그녀에게 되돌려 준 것은……입니다."
- 같은 방식으로 세 번째 주제에 대해서도 계속 답한다. "내가 그/그녀에게 일으킨 말썽, 근심, 상처, 문제 등은……입니다."
- 상담자는 수행자에게 고맙다고 말하고 다음 명상시간에 성찰할 주제에 대해 수행자에게 묻거나 주제를 할당한다.
- 상담자는 수행자에게 질문이 있느냐고 묻고, 수행자는 이때 자신이 품고 있는 의문이나 어려움을 털어놓는다.
- 상담자는 다시 수행자에게 고맙다고 말한다.
- 상담자와 수행자가 서로 절을 한다.
- 상담자는 수행자가 수행하는 나이칸에 대한 존중의 표시로 수행자에게 다시 절을 한다.
- 상담자는 다음 수행자에게 이동하고, 수행자는 나이칸을 수행한다.
- 면담 내용은 녹음해 두었다가 집에 가져갈 수 있다.

2) 동사섭상담

동사섭(同事攝)상담은 용타(龍陀) 스님이 개발하여 보급하고 있는 일종의 집단상담 프로그램으로서 불교상담의 원리와 서양의 상담기법을 절묘하게 조화시켜 탄생한 대표적인 한국적 상담이다(박성희, 2007d).

동사섭상담은 '행복'을 목적으로 삼는다. 다시 말하면, 사람들이 '행복'의 정체를 분명히 알고 행복해지기 위한 방편을 잘 활용함으로써 진정한 행복을 누리도록 이끌어 주는 데 동사섭의 목적이 있다. 그렇다면 행복, 즉 좋은 느낌을 유지하며 살기 위해서는 어떻게 해야 할까? 동사섭은 행복의 조건으로 삶의 5대 원리를 제시하고 있다. 삶의 5대 원리에는 정체성(正體性)의 원리, 대원(大願)의 원리, 수심(修心)의 원리, 화합(和合)의 원리, 작선(作善)의 원리가 포함되는데, 이중 정체성은 수심의 일부를, 대원은 화합에 대한 간절한 마음을 강조하기 위하여 별도의 원리로 정립된 것이다. 이 5대 원리는 이상공동체 형성을 위하여 필요한 다섯 가지 요소(5要)라고 지칭되기도 하는데, 뒤의 세 가지를 따로 떼어 이상공동체 3요(要)라고 부르기도 한다. 이 삶의 5대 원리를 마음에 품고 그 원리에 따라 충실하게 사는 사람은 그만큼 행복을 누리고 살 수 있다. 따라서 5대 원리의 내용을 정확하게 알고 이를 생활 속에 실천하는가의 여부가 행복의 수준을 가늠하는 잣대가 된다. 동사섭 프로그램의 내용은 방금 말한 삶의 다섯 가지 원리를 중심으로 구성되어 있다.

동사섭 수련회 프로그램의 실제 전개과정을 보면 특별한 시간을 따로 내어 훈련하는 내용과 별도의 시간이 배정되지는 않지만 수련 생활 중 강조되는 내용이 구분된다. 예를 들어, 저지르기, 촐랑대기, 감사하기 등은 후자에 속하고, 행동명상, 지족명상, 느낌 쓰기 등은 전자에 속한다. 동사섭 수련회에서는 주바라밀, 조바라밀, 세바라밀이라는 용어가 자주 등장한다. 주바라밀과 조바라밀은 깨달음을 향하는 마음 수련과 관련된 것으로서, 주바라밀은 수련자가 주로 치중해야 할 방편을, 조바라밀은 주바라밀을 돕는 방편을 뜻하는 것으로 보이며, 세바라밀은 화합과 작선을 지원하는 세밀한 방편들을 뜻한다. 용타 스님(2001)은

염불선, 간화선, 묵조선, 비파사나, 주력, 공관, 법계관, 일심산관 등을 주바라밀에, 지족명상, 나지사명상, 행동명상 등을 조바라밀에 속하는 것으로 보고 있으나, 이를 고정된 것으로 보지 않고 수련자의 선택에 따라 다를 수 있다고 한다. 동사섭 수련회를 전체적으로 살펴보면 주바라밀보다는 조바라밀과 세바라밀을 보다 강조하고 있음을 알 수 있다. 주바라밀에 전념하기 이전에 또는 주바라밀에 전념하고 있더라도 탐, 진, 치의 작용을 정화시키는 작업이 중요하다고 보기 때문이다. 더구나 아직 마음 수련에 익숙하지 않은 사람들에게는 이 방편들이 보다 실제적이고 손에 잡히는 체험으로 여겨질 수 있다.

삶의 5대 원리를 실현하는 방편들 속에는 마음 알기, 다루기, 나누기가 섞여 있다. 대체로 정체의 원리를 지원하는 방편은 마음 알기, 수심 방편은 마음 알기와 다루기, 화합과 작선 방편은 마음 나누기에 집중되어 있지만 어떤 명상법에는 세 가지 또는 두 가지 마음 수련이 함께 포함되어 있다. 예를 들어, 촐랑대기는 마음 나누기에 도움을 주지만 마음을 알고 다루는 데에도 영향을 주는 명상법이다(박성희, 2007d).

3) 모리타상담

모리타상담은 쇼마 모리타(Shoma Morita, 1874~1938)가 'shinkeishitsu'라고 부른 증상을 가진 사람들을 치료하기 위하여 개발한 일본식 상담법이다. shinkeishitsu(神經質)는 사회적인 맥락에서 대인관계에 심각한 불안과 공포를 느끼는 사람들이 보이는 증세를 말한다. 모리타는 shinkeishitsu 청담자의 심한 불안은 무엇보다도 끊임없이 되돌고 있는 모순된 사고과정(지력)에 그 원인이 있다고 본다. 따라서 이를 치유하기 위해서는 모순적으로 악순환되고 있는 사고의 흐름을 끊어 버리면 된다. 이 사고의 흐름을 끊기 위해 무엇보다도 먼저 할 일은 지금까지 청담자가 사용해 오던 사고작용을 멈추는 일이다. 모순된 사고를 생산적 사고로 대치하는 것이 아니라 사고 기능 자체를 정지시킨다는 말이다. 모리타는 여기에 'arugamama(あるがまま, things as they are)'라는 새로운 개

념을 등장시켰다. '있는 그대로'라고 번역되는 이 용어에는 동양의 무위 철학이 그대로 담겨 있다. 따라서 청담자가 아무 일도 하지 않고 모든 것을 있는 그대로 내버려 두면 자연, 아니 인간 속에 담겨 있는 '살려는 욕구'가 움직이기 시작하여 서서히 문제를 해결하는 단계에 들어선다는 것이다. 모순과 갈등으로부터 자유롭게 하는 힘이 애써 무엇을 시도하려는 의지에 들어 있는 것이 아니라 있는 상태 그대로 내버려 두고 받아들이는 수용 속에 들어 있다는 말이다. 모리타상담이 전개되는 구체적인 절차는 다음과 같다(박성희, 2007e).

모리타상담을 시작하기 전에 상담자는 먼저 청담자에게 shinkeishitsu의 기본 개념과 형성과정에 대해 설명해 준다. 그리고 모리타상담을 하면서 반드시 지켜야 할 다음과 같은 사항들을 자세히 알려 준다.

(1) 첫째 단계: 완전하게 격리된 침대 휴식

청담자를 홀로 쓰는 개인 방으로 안내한다. 문자 그대로 격리된 환경을 제공하기 위해서 향, 소리, 음성 등과 같이 외부로부터 들어오는 모든 자극과 직접 조명을 최대한 제한한다. 방문객 맞이, 대화, 독서, 흡연 등을 일체 금지한 채 청담자는 완전히 홀로 있어야 하며, 용변, 세수, 식사 시간을 제외하고 항상 침대에 올라가 있어야 한다. 침대 휴식 기간이 시작되면 대개 입원하기 전의 말썽 많은 자극들로부터 떨어져 나온 결과로 첫날에는 식욕이 돋는 것이 보통이다. 청담자는 정신적 · 신체적 안식의 상태에 있게 된다. 이 단계는 보통 4일에서 7일 정도 걸린다.

(2) 둘째 단계: 가벼운 작업 치료

이 단계 역시 격리된 환경에서 시작한다. 첫 번째 단계와 유사하게 대화, 방문객 맞이, 게임 등이 금지된다. 청담자는 오후 9시 30분에서 10시 사이에 잠자리에 들고 오전 6시에 일어난다. 침대 휴식 기간은 여덟 시간 정도로 제한된다. 대낮에는 바깥에 나가 신선한 공기를 마시고 햇볕을 쮠다. 그러나 설령 신체적으로 지치거나 피곤을 느낀다고 해서 옆으로 눕거나 방에 들어가 낮잠을 자는 것은 허락되지 않는다. 청담자는 그 날 일어난 일을 반드시 일기로 써야 한다. 이 기록은 청담자의 정신적·신체적 상태에 대해 이해하는 데 도움을 주는 정보가 될 것이기 때문이다. 불쾌한 신체 감각 또는 강박 상태는 arugamama의 인내하는 정신으로 차분하게 견뎌 내도록 한다. 이 단계의 목적은 청담자로 하여금 고통을 참아 낼 뿐 아니라 지루함에 지쳐서 자발적인 활동을 하고 싶은 마음이 들도록, 즉 활동하고 일하려는 욕구가 발생하도록 자극하는 데 있다. 치료자는 결코 청담자에게 일시적인 작업을 시키거나 잠깐씩 일을 하도록 해서는 안 된다. 이 단계는 약 4일에서 7일이 걸린다. 4일째부터는 조금씩 대화를 허용하지만, '외부인'과의 친목은 여전히 금지된다. 그러나 상담자는 하루 내내 청담자가 방을 나와서 어떤 활동에든 참여하도록 격려해 준다.

(3) 셋째 단계: 활발한 정신적·신체적 작업 치료

마음과 몸의 자발적인 활동을 자극하는 방법들에 대해서는 주로 앞의 단계에서 소개하였다. 이 단계에서 상담자는 작업에 대한 끈기와 인내를 조장하고, 자신감을 갖도록 도와주며, 작업 활동에서 성공함으로써 만족감을 느낄 수 있도록 도움으로써 용기를 불러일으킨다. 청담자는 자기 신체 조건에 맞추어 힘이 많이 드는 잡일을 가능한 한 많이 하도록 한다. 구멍을 판다거나, 장작개비를 자른다거나, 정원을 돌보고 나무를 보살피는 일들이 여기에 해당할 것이다. 독서도 서서히 허용된다. 외출도 허용되지만 생필품을 사거나, 특별한 목적 없이 산보를 하거나, 친구나 가족을 만나는 일로 제한한다. 상대가 있는 장기나 바둑 같은 놀이 게임은 여전히 금지된다. 혼자 하는 독서, 작업만 할 수 있을 따름이다. 세번째 단계는 약 7일 동안 지속된다.

(4) 넷째 단계: 일상 활동 훈련 치료

이 단계에서는 상담자로 하여금 바깥 세계의 변화에 적응하고 치료 환경 밖의 삶을 준비할 수 있는 훈련을 한다. 가족과의 대화, 독서, 일 처리를 위해 외출하기 등이 이 단계에서 허용되는 활동들이다.

6. 평가

동양상담의 등장은 상담이 더 이상 서양의 전유물이 아님을 선포하는 상담계의 일대 사건이다. 이는 단순히 동양에도 상담이 있다는 정도의 의미가 아니라 전혀 새로운 시각에서 상담을 다시 바라봐야 할 것을 요구하고 있다. 상담에 대한 근본적인 '패러다임 시프트', 동양상담은 바로 이것을 요구하고 있다. 이런 점에서 동양상담을 명상이나 요가 정도로 이해하는 것은 커다란 잘못이다. 명상과 요가가 동양상담의 중추를 이루는 것은 사실이지만, 동양상담은 그 외에도 사람의 삶을 풍요롭게 가꾸는 데 도움을 줄 수 있는 엄청난 지혜를 간직하고 있다. 문제는 동양상담에 대한 상담학자들의 인식과 태도를 바꾸는 일이다. 없다면 모르되, 동양에 분명히 존재하는 고유한 상담 지식을 그냥 방치하고 버려 두는 것은 상담자로서 또는 상담학도로서 바람직한 태도가 아니다. 이런 점에서 우리는 일본을 배울 필요가 있다. 일본의 상담학자들은 일찌감치 일본식 상담을 개발하여 세상에 내놓았다. 모리타상담과 나이칸상담이 바로 그것이다. 이제 이 일본식 상담들은 서양에서 개발된 다른 상담이론들과 어깨를 나란히 하는 수준으로 발전했다. 앞에서 '마음'과 '관계'를 중심으로 동양상담의 중심 개념을 살펴보았는데, 이들 역시 독자적인 상담법으로 발전될 가능성은 얼마든지 열려 있다. 그런 점에서 일부 소장학자들이 동양상담을 연구하고 관련 서적을 출판하기 시작한 것은 매우 고무적인 일이다.

동양상담은 이제 시작이다. 동양상담의 발전은 단순히 상담 지식의 확장을 넘어서서 동양에서 오랫동안 간직해 온 삶에 대한 깊은 지혜와 혜안을 온 세상에 드러내는 일이기도 하다. 급속한 경제 발전과 더불어 동양, 특히 동북아시아가 전 세계의 주목을 받고 있는 이 시점에서 동양상담의 앞날에 거는 기대가 매우 크다.

제15장
한국상담이 나아갈 방향[*]

| 박성희 |

 우리나라에 처음 수입된 1950년대 이후 상담은 그야말로 비약적으로 성장하였다. 학교 교사의 교육활동을 보조하기 위해 도입된 상담이 이제는 우리 사회 곳곳에 침투해 들어와 있다. 초·중·고등학교에는 상담을 주 업무로 수행하는 전문상담사들이 배치되기 시작했고, 도·시·군·구 단위로 국가나 지방자치단체가 운영하는 상담실이 설치되어 있으며, 기업이나 개인이 운영하는 사설 상담소도 곳곳에서 발견할 수 있다. 대학에서 상담학 전공으로 석·박사 과정이 생긴 지는 이미 30년이 넘었고, 상담학과를 개설한 대학 수도 늘어나고 있으며, 상담만을 전문으로 가르쳐 상담학 석·박사를 양성하는 단설 상담전문대학원도 여러 개 설립되었다. 한국상담학회와 한국상담심리학회처럼 상담을 연구하는 전문 학회 역시 엄청난 규모로 성장하였다. 어디 그뿐인가! 이제 '상담'이라는 용어는 명칭 인플레라는 말이 무색할 정도로 아주 흔하게 다른 활동과 결합해서 쓰이고 있다. 법률상담, 의료상담, 대출상담, 고민상담 등과 같은 문구는

* 이 글은 청주교육대학교 「학생생활연구 19집」에 실렸던 내용이다.

너무나 자연스러운 표현으로 자리를 잡았고, 심지어 하수도상담이라는 용어까지 등장하였다. 상담에 대한 사회적인 관심과 인기가 얼마나 높은지 방송과 신문을 포함한 각종 대중매체에서는 상담을 소재로 삼는 프로그램들이 넘쳐나고 있다.

이렇게 상담이 일상화되고 그 외연이 확대되는 일은 상담 시장이 커지고 상담 소비자가 늘어난다는 점에서 분명 상담학도들에게 좋은 현상이다. 하지만 이런 외형적 성장이 과연 상담학의 내적 성숙과 얼마나 연관되어 있는지 한번 따져 볼 필요가 있다. 아울러 외형적 성장에 걸맞도록 한국상담과 상담학의 내용을 충실하게 다지고 채우며 발전시키는 데 힘을 모아야 할 것이다. 그런 의미에서 이 글은 한국상담과 상담학에 대한 자기반성적 고찰이라고 말할 수도 있을 것이다.

한국상담에 대한 논의를 시작하려면 먼저 한국상담이 무엇을 의미하는지 그 뜻을 분명히 할 필요가 있다. 필자는 한국상담을 한국의 상담자들이 수행하는 상담활동 전반이라고 생각한다. 여기서 한국의 상담자는 일정한 자격을 갖추고 한국에서 활동하는 상담자들이라는 뜻이고, 상담활동은 생활 세계 곳곳에서 인격적인 만남을 통해 청담자의 바람직한 변화를 돕는 활동이라는 뜻이다. 다시 말해 한국상담은 '일정한 자격을 갖춘 한국의 상담자들이 생활 세계 곳곳에서 인격적인 만남을 통해 청담자를 돕는 활동'이라고 좀 더 구체적으로 정의할 수 있다. 한국상담을 내용적인 차원에서 들여다보면 크게 한국식 상담(Koreanized counseling)과 한국적 상담(Korean counseling)으로 나눌 수 있다. 한국식 상담은 외국에서 발견된 상담 지식을 한국에 알맞게 받아들여 토착화한 상담을 말한다. 외국에서 수입한 상담에 한국 문화의 옷을 입히는 식인데, 이를테면 상담자-청담자 짝짓기에서 한국의 연령주의를 반영하여 두 사람의 연령을 고려하는 경우가 이에 속할 것이다. '인지상담의 한국적 적용' 같은 표현도 마찬가지다. 한국적 상담은 한국 문화에 녹아 있는 상담 지식을 나름대로 체계적으로 정리하고 발전시킨 상담을 말한다. 이를테면, 『논어』 속에 담긴 상담 지식을 발굴하여 『논어와 상담』(박성희, 2007b)으로 발전시킨 경우가 여기에 해당하는데,

최근 젊은 상담학도들이 저술한 『다산과 상담』(이재용, 2009), 『연암과 상담』(정미정, 박성희, 2010) 『신사임당과 상담』(권정현, 박성희, 2015), 『장자와 상담』(최준섭, 2016), 『이항복과 상담』(나예원, 박성희, 2017) 등도 같은 부류에 속한다. 현재 한국상담은 거의 대부분 한국식 상담이 차지하고 있지만 점차 한국적 상담에 대한 관심과 연구가 늘어 가고 있다. 어쨌든 필자는 한국상담을 한국식 상담과 한국적 상담 모두를 아우르는 개념으로 파악하고 이 글을 전개할 것이다. 이제부터 한국상담이 나아갈 방향과 관련하여 필자가 생각하는 바를 하나씩 열거해 보겠다.

1. 기본에 충실하기

무슨 일을 하든지 기본에 충실해야 한다. 그렇다면 우리 한국의 상담자들은 상담의 기본에 충실한가? 이 물음에 답하려면 상담의 기본이 무엇인지 또 그것에 충실하다는 것이 어떤 것인지 확인해야 한다. 과연 상담의 기본은 무엇일까? 필자는 이에 대한 답을 세 가지 방면에서 찾을 수 있다고 본다. 첫째, 상담은 무엇인가에 대한 명쾌한 이해, 둘째, 상담 효과가 어디서 비롯되는지 대한 정확한 인식, 셋째, 상담적 원리를 일상생활에서 실천하는 생활화가 그것이다. 세 가지 방면에서 본 상담의 기본을 하나씩 살펴보자.

1) 상담은 무엇인가

먼저, 상담은 무엇인가에 대한 명쾌한 이해다. 이는 상담의 정체성에 대한 문제다. 도대체 상담이란 무엇인가? 상담은 다른 개념이나 활동으로 대치될 수 없는 나름대로의 고유한 속성과 전문성을 가지고 있는가? 있다면 그것은 무엇인가? 이 문제는 상담이 교육학, 심리학, 정신의학 등 여러 학문의 영향을 받아서 태동했을 뿐 아니라 지금도 그 세력권 안에 있다는 점에서 매우 중요한 의미를 갖는다. 상담, 그리고 이를 전문으로 연구하는 상담학이 다른 활동이나 학문과 구별되는 독자적인 개념과 이론적 얼개를 갖추지 않고 있다면 상담의 정체성을 운운하는 것 자체가 우스운 일일 뿐 아니라 상담자를 전문가라고 부르는 일역시 난센스가 되어 버린다. 필자가 『상담과 상담학: 새로운 패러다임』(박성희, 2001b)에서 상담을 생활지도 및 심리치료와 구별하면서 상담학 나름의 이론적틀을 갖추어야 한다고 역설한 이유가 여기에 있다. 그렇지만 아직도 필자는 상당수의 상담학도들이 상담의 개념에 대해 애매하게 인식하고 있다고 생각한다. 특히 상담을 심리치료나 교육과 혼동해서 실제는 심리치료나 교육을 하면서 자기는 상담을 하고 있다고 착각하는 사람들이 많은 것 같다. 다시 강조해서 말하지만, 상담은 생활지도도 심리치료도 교육도 아니다. 상담은 '생활 세계 곳곳에서 인격적인 만남을 통해 사람들의 바람직한 변화를 돕는 과정'이다. 사람들의바람직한 변화를 돕는 과정이 때로는 사람들의 생활을 지도하고, 때로는 심리적인 갈등과 문제를 예방·치료하며, 때로는 자아실현을 돕는 교육의 형태로 나타나지만, 상담은 그중 어느 하나가 아니라 이 모든 사태에 개입하여 도움을 주는 과정이다. 따라서 상담의 정체성은 사람들의 삶이 펼쳐지는 거의 모든 영역에 관여하여 도움을 주는 과정과 활동에서 찾아야 한다. 이렇게 사람들의 삶에도움을 주는 과정과 활동을 깊이 있게 파고 들어가면 상담과 상담학의 독자성과특수성을 인정할 수밖에 없는 전문적 지식들이 창발적으로 출현하여 나름대로구조적인 틀을 갖춰 나갈 것이다. 상담과 상담학이 여러 모학문으로부터 독립하여 홀로 설 수 있는 방법은 이 길이 유일하다. 이런 점에서 상담학도들은 각자자신이 생각하는 상담의 개념에 대해, 그리고 지금 상담이라는 이름으로 자신이행하는 일들에 대해 진지하게 점검해 보는 시간을 가질 필요가 있다.

2) 상담 효과는 어디서 오는가

상담 효과가 비롯되는 원천에 대한 정확한 인식 역시 중요하다. 상담 효과가어디에서 나온다고 생각하느냐에 따라 상담자가 치중하는 일의 내용이 달라지기 때문이다. 상담의 효과를 탐구한 기왕의 연구들은 상담자와 청담자가 맺는 상담관계의 영향력이 상담기법이나 기능에 비해 월등히 높다는 사실을 밝혀냈다. 마호니(Mahoney, 1991)의 연구에 의하면 상담관계는 상담기법의 여덟 배 이상 되는 상담 효과를 가져온다고 한다. 그만큼 관계요소가 기법요소보다 중요하게 작용한다는 것이다. 상담기법이 대부분 상담관계의 바탕 위에서 가동되는 것임을 고려할 때 충분히 납득할 수 있는 결과다. 심리치료에서 작업동맹을 강조하고 인간주의 상담에서 촉진적 관계를 상담의 필요·충분 조건으로 못 박은 것은 사람을 변화시키는 과정이요 기제로서 상담관계의 중요성을 인정했기 때문이다. 사실이 이렇다면 상담자들은 당연히 상담관계 자체에 치중하는 상담을 전개하는 것이 마땅하다. 그렇다면 과연 한국 상담계의 현실은 어떤가? 필자가 보기에 현재 한국의 상담자들은 상담관계보다는 상담기법을 더 중요하게 여기는 것 같다. 새로운 상담기법과 상담전략을 배우고 익혀 활용하는 데 아주 열심인 것은 물론이고, 상담에서 보조로 사용되어야 할 도구들에 아예 전념을 기울이는 경우가 자주 발견된다. 조금 과장하면 누가 더 남이 잘 모르는 기법을 사용하는지, 누가 더 청담자에게 잘 듣는 전략을 사용하는지 서로 경쟁하는 것 같다. MBTI라는 성격검사를 예로 들어 보자. 성격검사는 청담자의 성격에 대한 정보를 얻을 수 있는 상담의 중요한 보조도구다. 따라서 상담자는 필요에 따라 성격검사를 실시하고 상담의 과정에 그 결과를 반영할 수 있다. 그런데 만일 상담이 시작되는 순간부터 성격검사가 도입될 뿐 아니라 상담의 과정 전체가 이에 의존하고 있다면 참으로 어처구니없는 일이다. 필자가 보기에 한국에서 MBTI 성격검사는 그런 역할을 하는 것 같다. 어디 MBTI뿐인가! MMPI니, CPI니, 애니어그램이니, 음악치료니, 미술치료니, 예술치료니, 무용치료니, 사이코드라마니, 소시오드라마니, 최면치료니, 신경언어적 치료니, 심지어 전생치료까지 활개를 치는 곳이 한국 상담계의 현실 아닌가. 이런 것들이 필요 없다는 말이 아니다. 다만, 각종 검사와 도구들은 잘 다져진 신뢰로운 상담관계의 바탕 위에서 보조적으로 활용되어야지 그것 자체가 상담활동을 대표하는 것이어서는 곤란하다는 뜻이다.

이런 점에서 로저스(C. Rogers)가 그렇게 강조한 상담관계의 필요·충분 조건 여섯 가지, 그리고 그중에서도 핵을 이루는 진정성, 무조건적 긍정적 존중, 공감적 이해 등 세 가지 조건을 대하는 상담자들의 태도가 달라져야 한다. 이 조건들을 단지 로저스로 대표되는 인간중심상담의 원리에 불과하다고 쉽게 넘기지 말고, 상담의 성패가 여기에 달렸다는 자세로 진지하게 탐구해야 한다. 필자는 『수용』(2012)이라는 책에서 상담 기술이나 전략이 존재한다면 앞에서 말한 세 가지 조건을 더 풍성하고 세련되게 만드는 도구들이어야 한다고 주장한 바 있다. 이렇게 말할 정도로 세 가지 조건은 상담의 핵심을 차지하는 중요한 내용이다. 상담자는 상담 효과를 올리기 위해 얼마든지 다양한 상담 기법과 도구를 활용할 수 있다. 다만, 그 모든 활동이 상담자와 청담자 사이에 신뢰로운 상담관계의 형성을 돕거나 또는 그 바탕 위에서 전개되어야 한다는 점을 명심할 필요가 있다.

이쯤에서 상담자가 청담자에게 제공하는 '도움의 성격'에 대해서 생각해 보자. 그것이 예방이든, 치유이든, 성장이든 상담이 누군가에게 도움을 주는 활동이라는 점은 모두가 동의할 것이다. 필자도 앞에서 청담자를 도와주는 과정 또는 활동으로 상담을 정의했다. 그런데 상담자가 청담자에게 주는 도움이 마치 물건처럼 상담자가 청담자에게 직접 전달하는 어떤 것일까? 필자는 그렇지 않다고 생각한다. 필자는 다음에 인용하는 로저스의 말이 우리가 상담에서 말하는 도움의 성격을 잘 규정한다고 생각한다. "내가 나의 내적·통찰적 자아와 가장 가까이 있을 때, 내가 자신 속에 있는 알려지지 않은 부분과 접촉하고 있을 때 내가 하는 무엇이든지 치유적 힘이 충만한 것처럼 보입니다. …… (중략) …… 이는 마치 나의 내부 영혼이 뻗어 나와 다른 사람의 내부 영혼에 닿는 것처럼 보입니다. 우리의 관계는 '우리'를 초월해서 보다 큰 어떤 것의 일부가 되는 것 같습니다. 그 순간 아주 깊은 성장과 치유와 에너지가 함께 존재합니다"(Rogers, 1980: 129). 다시 말해 상담자가 청담자에게 주는 도움은 상담자가 아니라 상담자를 넘어서 있는 어떤 초월적 세계로부터 비롯된다는 것이다. 여기서 상담자의 역할은 그 도움의 과정이 잘 일어날 수 있도록 조건을 갖추어 주는 일일 따름이다. 로저스가 말하는 필요 · 충분 조건은 바로 이 초월적 세계로부터 비롯되는 도움이 제대로 일어나게 하는 통로를 뜻한다. 따라서 상담자는 필요 · 충분 조건들, 즉 진정성, 무조건적 긍정적 존중, 공감적 이해 등이 넘치는 상담관계를 구성하고 이를 유지하는 데 온 힘을 기울여야 할 것이다. 상담에서의 도움이 이런 것이라면 상담자의 역할은 자명해진다. 상담자는 청담자를 돕는 근원이 아니라 매개이며 가교일 뿐이다. 그러므로 상담자가 청담자를 돕기 위해 무엇인가를 열심히 하는 것(do)보다 상담관계에서 어떻게 하면 청담자와 더불어 존재하며 그 순간을 충실하게 누리는가(be)가 더 소중해진다. 그런데 이와 관련하여 우리 상담계는 다른 길을 가는 것 같아 안타깝다. 최근 상담전문가들이 하는 일을 보면 다른 사람들에게 '좋은' 지식과 기술을 가르치려고 안간힘을 쓰는 듯하다. 자신이 아는 것을 다른 사람들이 알기만 한다면 그들도 더 낫게 살 수 있다는 확신을 가지고 행복전도사, 인생상담사로 나서서 사람들에게 삶을 살아가는 지식과 기술을 가르치기에 바쁘다. 의도야 더할 나위 없이 좋지만, 이게 과연 상담의 기본 정신에 충실한 것인지 잘 모르겠다.

3) 상담자답게 살고 있는가

상담자가 상담자답게 사는 것은 매우 당연한 일이다. 그럼에도 이 질문을 던지는 것은 우리 주변의 상담자들이 과연 상담전문가가 맞는지 의심이 들게 하는 행동을 자주 하기 때문이다. 상담은 다른 전문 분야와 다른 특징을 가지고 있다. 그중 하나가 상담자의 일상생활과 전문 역할의 통일성이다. 다시 말해, 상담자가 자신의 일상을 살아가는 모습과 상담전문가로서 전문적인 상담을 진행하는 모습이 근본적으로 같다는 말이다. 이 특징은 다른 전문 영역에서는 상상하기 어렵다. 소송을 주관하는 검사가 법정에서 행하는 방식 그대로 가정에서 발언하지 않을 것이며, 환자를 치료하는 의사의 태도가 일상적인 만남에서도 그대로 지속되지 않을 것이다. 대부분의 전문 분야에서 전문적인 직업활동과 일상생활을 영위하는 방식에는 현격한 차이가 있다. 이런 점에서 상담은 특이

한 정체성을 가진다. 상담자의 삶은 다른 사람을 돕는 과정에 참여하는 삶이다. 즉, 상담자는 다른 사람을 돕는 과정에 참여함으로써 자신의 인생을 산다. 따라서 상담자에게 상담관계는 상담자-청담자 사이에 생기는 전문관계일 뿐 아니라 일상적 삶의 관계이기도 하다. 그러므로 이상적인 경우 상담자에게 상담관계와 일상생활의 관계를 뚜렷이 구분하는 경계는 없다. 상담자가 보이는 전문성은 평소와 다른 특이한 어떤 일을 하는 것이 아니라 평소의 삶을 전문적인 조력과정의 수준으로 높이는 데 있다(박성희, 2001b: 187). 이런 시각에서 상담자들은 자신의 삶을 들여다볼 필요가 있다. 혹시 상담관계에서 전문적인 상담을 할 때와 상담실을 떠난 일상생활에서 맺는 관계의 모습이 다른지 검토해 볼 일이다. 만일 두 관계에서 현격한 차이가 발견된다면 이는 상담자로서 자신의 전문성에 심각한 문제가 있음을 드러내는 것이다.

대학원에서 상담을 전공한 필자의 제자들은 가끔 상담에서 배운 내용이 학생을 상담할 때는 잘 적용되는데, 가정에서 자녀들한테는 잘 되지 않는다고 하소연을 하곤 한다. 그러면 필자는 늘 '아직 도가 덜 트인 탓'이라고 대답한다. 물론 가족관계는 특수하다. 그러나 이 특수성은 상담관계 성립을 불가능하게 하는 조건이 아니라 그만큼 더 섬세하고 깊게 고려하여 상담관계를 맺어야 한다는 뜻일 뿐이다. 가족의 심리 문제를 치료하는 것은 어려울지 몰라도 가족과 상담을 하는 일은 언제나 가능한 일이다. 사람은 누구나 실수를 한다. 하지만 그 실수를 만회하고 그를 통해 무언가 배우려고 열심히 노력하는 한 우리는 그 사람을 모질게 탓하지 않는다. 그러나 실수를 습관적으로 계속하면서 그것이 실수인 것조차 모른다면 참으로 난감한 일이다. 혹 상담전문가로서 자신이 이런 잘못을 저지르고 있는 것은 아닌지 조심스럽게 살펴야 한다. 상담자의 전문성은 상담자의 인격에 뿌리를 내리고 있다는 점, 그리고 상담자의 인격은 그의 일상생활에 그대로 투영된다는 점에서 상담은 다른 전문 활동과 뚜렷이 구분된다는 점을 명심해야 한다.

2. 한국 문화 입히기

상담은 서구에서 태동하여 발달하였다. 상담의 원어인 'counseling'이라는 용어와 개념은 물론이요 현재 상담계에서 다루는 거의 모든 지식이 유럽과 미국을 중심으로 한 서구 사회에서 발달하였다. 상담이 서구 사회의 문화이며, 동시에 서구 사회의 문화를 흠뻑 담고 있는 활동일 수밖에 없는 이유다. 넓게 보아 문화란 한 집단을 구성하는 사람들이 다른 집단과 구별되는 총체적 정신 프로그램이다(Hofstede, 1991). 즉, 문화는 정신의 소프트웨어로서 온갖 형태의 생각, 느낌, 행동을 포함하는 말이다. 여기에는 정신을 세련시키는 활동은 물론 일상생활의 평범하고 사소한 일이 모두 포함된다. 문화가 이런 것이라면 서구 문화에서 발달한 상담은 당연히 서구 사람들의 생각, 느낌, 행동을 반영한 것일 수밖에 없고, 그런 점에서 서구와 다른 문화를 가진 나라에 직수입되는 데에는 문제가 따르게 된다. 상담이 사람들의 삶에 도움을 주는 활동이라면 어떤 식으로든 사람들이 발을 딛고 사는 곳의 문화를 반영해야 한다. 따라서 한국에서 이루어지는 상담에 한국 문화의 옷을 입히는 것은 당연한 일이다.

필자는 『한국문화와 상담』(박성희, 이동렬, 2008)에서 상담에서 반영해야 할 한국 문화를 소개한 바 있다. 직접적인 표현을 억제하고 은근히 속을 드러내는 '프랑시 문화', 일을 처리할 때조차 과제보다 관계를 중시하는 '관계 문화', 나보다는 우리라는 개념을 중시하는 '가족중심 문화', 자신을 높이기보다는 낮게 그리고 나서기보다는 뒤로 물러서는 것을 권장하는 '겸손 문화', 술자리를 빌려 꺼내기 어려운 말을 술술 풀어내는 '음주 문화', 처리해야 할 과제가 주어지면 신속하게 처리하려는 '빨리빨리 문화', 사회적으로 이름이 있거나 본받을 만한 업적을 쌓은 사람들로부터 도움을 청해 들으려는 '충고와 조언을 구하는 문화', 나이의 많고 적음에 따라 대인관계 양식을 조절하는 '연령주의 문화', 칭찬을 잘 하지 않는 '칭찬에 인색한 문화', 성에 대한 기대나 고정관념이 심한 '지나친 성차 풍조', 가능하면 상담받기를 꺼리고 상담실에 자발적으로 찾아오기를 힘들어하는 '상담실 기피 문화', 미래를 내다보려고 안달하여 '사주팔자와 점보기에 열광하는 문화', 심리적·정신적 문제를 몸으로 표현하는 '신체화 질병이 많은 문화', 다양한 민족과 문화가 어우러진 '다민족·다문화 사회', 빠르게 나이가 들어 가는 '노령화 사회' 등이 그것이다.

필자가 제시한 상담에 반영해야 할 한국 문화는 서구에서 발전한 상담의 개념과 관련하여 크게 세 가지 부류로 나누어 볼 수 있다. 첫째, 상담의 개념을 그대로 두고 전략적인 방법을 고려해야 할 문화, 둘째, 상담의 개념을 부분적으로 수정해야 할 문화, 셋째, 상담의 개념을 확장하거나 패러다임을 바꿔야 할 문화 등이다. 프랑시 문화, 관계 문화, 겸손 문화, 음주 문화, 연령주의 문화, 지나친 성차 풍조, 빨리빨리 문화, 신체화 질병이 많은 문화 등은 첫 번째 부류에, 가족 중심 문화, 충고와 조언을 구하는 문화, 상담실 기피 문화 등은 두 번째 부류에, 사주팔자와 점보기에 열광하는 문화, 다민족·다문화사회, 노령화 사회 등은 세 번째 부류에 속한다고 여겨진다.

예를 하나씩 들어 가며 각 부류를 조금 자세히 설명해 보자. 연령을 중시하는 한국 사회에서 상담자의 나이가 청담자보다 어리면 청담자로부터 상당한 저항이 일어날 가능성이 높다. 따라서 처음에 상담자-청담자 짝을 맺을 때 생물학적 연령을 고려하는 것이 바람직한데, 이 작업은 상담의 개념에 대한 수정 없이 이루어질 수 있다. 충고와 조언을 중시하는 문화는 좀 다르다. 전통적으로 충고와 조언은 상담에서 금기시하는 사항이다. 그렇다고 아예 충고와 조언을 하지 말아야 할까? 한국에서 간절하게 충고와 조언을 요청하는 사람에게 그런 건 상담이 아니라고 거부하기라도 하면 상담관계는 거기에서 끝날 가능성이 높다. 그렇다면 이 요청을 받아들이되 그 효과를 높이는 방안을 강구하는 편이 바람직하다. 성철 스님은 조언을 요구하는 사람들에게 먼저 부처님 앞에 절 삼천 번을 하고 오라고 지시했다고 한다. 삼천 배라는 엄청난 공력을 들인 후에 얻은 조언은 쉽게 얻은 조언에 비해 그 효과가 비할 바 없이 크리라는 것은 쉽게 상상할 수 있다. 이렇듯 충고와 조언을 수용하여 상담의 개념에 포함시킴으로써 상담에 한국 문화를 반영하는 방법을 찾을 수도 있다. 결국 한국 문화를 포용하기 위해 상담의 개념을 다소 수정하는 셈이다. 사주팔자와 점보기는 전통적인 상담의 개념과 정면으로 배치된다. 사주팔자와 점보기는 그야말로 결정론적 가정에 터하고 있는 운명론을 펼치기 때문이다. 그럼에도 상담자가 이를 무시할 수 없는 것은 한국 사회의 모든 계층에 속한 수많은 사람이 이에 의지하면서 심리적 · 정신적 위로를 받기도 하고 삶의 돌파구를 찾기도 하는 현상 때문이다. 따라서 한국상담은 기왕의 상담 개념에 혁명을 일으킨다는 관점에서 이 문화를 끌어안을 필요가 있다. 그러기 위해서는 상담을 바라보는 패러다임에 근본적 변화가 있어야 할 것이다. 이 주제와 관련하여 구체적으로 어떻게 해야 할지 필자역시 잘 알지 못하지만, 앞으로 한국상담이 이 문화를 포용하는 방향으로 나아가야 할 것이라는 점만은 확실하다.

3. 한국적 상담 창조하기

앞에서 한국적 상담은 한국 문화에 녹아 있는 상담 지식을 나름대로 체계적으로 정리하고 발전시킨 상담을 말한다고 하였다. 다시 말해 한국적 상담은 외국에서 수입된 상담에 한국 문화의 옷을 입히는 것이 아니라 한국에서 새롭게 개발된 독자적인 상담을 뜻한다. 상담이라는 용어와 지식이 서구 사회에서 태동하고 발전해 온 것은 부인할 수 없는 사실이다. 하지만 상담활동, 즉 생활 세계 곳곳에서 인격적인 만남을 통해 사람들의 바람직한 변화에 도움을 주는 활동은 인류가 세상에 등장해 함께 살아간 시점부터 시작되었다고 보는 것이 타당하다. 즉, 상담이라는 용어가 발견되기 훨씬 이전부터 사람들이 사는 곳에는 항상 상담활동이 존재하였다. 한국에서도 아주 옛날부터 상담활동이 존재했다. 다만, 이를 상담이라는 개념으로 포착하고 발전시키지 않았을 따름이다. 따라서 오래전부터 한국 사회에 존재해 온 상담활동을 체계적으로 정리하고 나름대로 정합성을 갖춘 상담 지식과 상담이론으로 발전시키는 일은 결코 허망한 짓이 아니다. 오히려 이런 작업을 너무 늦게 시작하는 것이 이상할 지경이다. 일본은 우리

보다 한 발 앞서 이런 작업에 힘을 기울였다. 이미 세계적인 명성을 얻은 모리타상담(morita counseling)과 나이칸상담(naikan counseling)은 그 대표적인 사례다.

세계가 변화하고 있고, 문명의 중심축이 서구에서 극동 아시아로 이동하고 있다. 극동 아시아에 속하는 한국, 중국, 일본은 이제 세계 경제의 허브 역할을 할 뿐 아니라 기술, 교육, 예술, 연예 등 거의 모든 분야에서 세계의 이목을 집중시키고 있다. 20여 년 전에는 일본을 배우자는 소리가 넘쳐나더니 최근에는 한국을 배우자는 소리도 제법 커지고 있다. 처음에는 '한강의 기적'이라는 수사를 써 가며 한국이 이룩해 낸 경제적 성과에 관심이 쏠리던 세계가 이제는 한국인의 삶과 문화 전반에 관심을 보이고 있다. 케이팝과 한류가 지구촌 전역에서 인기를 끌고 있는 현상은 결코 우연이 아니다.

근대 이후 서구 사회를 이끌어 온 합리주의와 과학 패러다임의 변화 역시 동양적 생활양식과 사고방식에 주의를 기울이는 큰 원동력이 되고 있다. 모더니즘, 포스트모더니즘, 구성주의를 거치면서 인간의 삶이 합리성으로 다 설명될 수 없는 중층 구조로 구성되어 있다는 사실은 이미 상식이 되었고, 과학의 중심부인 물리학에서조차 물질과 대상 간의 소통과 관계를 강조하는 양자물리학이 등장하면서 세상을 설명하는 기본 패러다임을 바꾼 지 오래다. 세상을 바라보는 기본적인 지각과 인식에 충격을 준 이러한 변화는 그동안 신비적이라거나 비과학적이라고 무시해 온 동양인들의 삶과 문화에 시선을 돌리게 하고 있다. 상황이 이렇다면 한국의 상담학도들 역시 시선을 밖으로만 향하지 말고 우리 내부로 돌려 한국인의 삶을 상담적 관점에서 조명하면서 거기 담겨 있는 상담 지식을 발굴하고 창조해 나갈 필요가 있다. 특히 우리 선조들이 일찌감치 '관계'의 중요성을 간파하고 더불어 사는 삶의 원리와 방법에 대해 풍성한 지식을 축적해 놓았다는 사실을 주목할 필요가 있다.

한국적 상담을 구축하는 작업은 크게 세 가지 방향으로 이루어질 수 있다.

첫째, 짝짓기 작업이다. 이는 서구의 상담이론과 지식을 그에 상응하는 우리 것과 대비시키는 데 초점을 맞춘다. 즉, 우리 문화 속에서 '상담적'이라고 여겨지는 지식들을 찾아 그것이 서구의 주요 상담이론과 얼마나 닮아 있는지 또는 어떤 차이점이 있는지 비교하는 형식이다. 이 방법은 한편으로 한국적 상담의 틀을 잡는 전략으로, 다른 한편으로 우리 것을 활용하여 서구상담이 처한 한계를 극복하는 전략으로 쓰일 수 있다. 정신분석과 유식론, 분석심리학과 불교, 인본주의상담과 도덕경 같은 제목이 붙은 연구들은 대개 이 부류에 속한다. 한국적 상담과 관련된 초기 연구물들은 대개 이런 형태였다.

둘째, 새 이론을 창출하는 작업이다. 이 작업은 서구의 상담 지식과 한국적인 상담 지식을 나름대로 융합하여 새로운 이론을 만드는 데 초점이 맞춰진다. 한국상담계에 알려진 본성실현상담, 한상담, 온상담, 도정신치료, 동사섭상담 등이 이 부류에 속한다. 대개 이들 이론은 새 이론을 구성하려는 창안자의 주관이 강하게 반영되기 때문에 창안자의 학문적 역량에 따라 그 수준에 큰 차이가 있다. 이 중 용타 스님에 의해 개발된 동사섭상담은 일종의 집단상담으로서 불교상담의 원리와 서양 상담기법을 절묘하게 조화시켜 탄생한 대표적인 한국적 상담이다.

셋째, 한국상담 고유의 상담 지식을 체계화하는 작업이다. 이 작업은 한국의 역사, 문화, 철학, 사상에 담겨 있는 상담 지식을 발굴하고 이들을 현대사회에 알맞게 가공하거나 재구성하는 데 초점을 맞춘다. 불교와 상담, 노장사상과 상담, 논어와 상담 같은 제목이 붙은 연구들이 대개 이 부류에 속한다. 필자와 필자의 제자들은 '동양상담학 시리즈'라는 책을 펴내고 있는데, 최근에는 역사 인물의 사상과 삶을 중심으로 상담 지식을 추출하는 작업에 열을 올리고 있다. 『퇴계유학과 상담』(박성희, 2007i), 『다산과 상담』(이재용, 2009), 『연암과 상담』(정미정, 박성희, 2010), 『신사임당과 상담』(권정현, 박성희, 2015), 『장자와 상담』(최준섭, 2016), 『이항복과 상담』(나예원, 박성희, 2017) 등은 이미 출판되었고, 율곡 이이, 충무공 이순신 등에 대한 작업도 진행 중이다. 아무튼 이런 종류의 연구가 더 진척된다면 가장 한국적인, 그래서 가장 토착적이며 자생적인 상담이론이 개발될 가능성이 높다고 말할 수 있다.

한국적 상담을 만들어 가는 작업이 시작되기는 했지만 아직 걸음마 단계다. 따라서 상담을 전공하는 후학들, 특히 한국에서 석·박사학위를 받은 상담자들은 여기에 특별한 관심을 가지길 바란다. 최근에 들리는 바로는 동양상담에 관심을 가진 많은 외국 학자가 생각보다 그 내용이 충실하지 않다는 사실에 실망한다고 한다. 동양상담 하면 으레 명상이나 요가를 들이대고 그 외에 특별히 배울 만한 체계화된 지식을 제공하지 못하기 때문이다. 이런 점에서 한국적 상담의 창조는 상담 시장을 세계로 넓혀 간다는 차원에서도 의미가 크다. 현대 상담의 본고장인 유럽과 미국에서 한국상담에 관한 강의와 강연이 전개되는 날을 꿈꿔 본다.

4. 상담 연구방법 개발하기

상담학이 하나의 완정된 학문으로 자리 잡으려면 상담학만의 고유한 지식을 소유해야 하고, 또 그런 지식을 생산하는 연구방법을 갖추고 있어야 한다. 물론 상담을 연구하는 방법에 다른 학문 분야에서 발전시킨 방법들을 가져올 수 있다. 그러나 상담학에서 다루는 상담 지식이 정말 다른 지식들과 구분되는 특유한 지식이라면 그런 지식을 전문으로 다루는 연구방법이 있어야 한다. 상담을 연구하는 방법이 온통 다른 학문에서 차용한 것뿐이라면 솔직히 상담학의 특수성과 전문성은 의심받을 수밖에 없다.

상담 연구방법의 개발이라는 목표를 향한 첫 번째 과제는 상담 연구방법에 대한 관심과 주의를 환기시키는 일이다. 대다수의 한국 상담자는 상담 연구에 별 중요성을 부여하지 않는다. 조금 심하게 말하면, 상담 연구와 자신이 수행하는 상담활동은 무관하다는 태도를 보인다. 이렇게 된 데에는 연구방법에 대한 무지와 상담 연구와 실천 사이의 괴리가 크게 작용한 듯하다. 상담을 전공으로 선택한 이유가 통계를 비롯한 실증적 연구방법에 자신이 없는데 상담은 이런 지식이 없어도 해낼 수 있는 부드러운 과목이기 때문이라고 고백하는 상담자들이 아주 많다. 또 상담자를 양성하는 대학원의 교육과정에 연구방법론을 한두 강좌 정도 개설해 놓고 있는데, 과연 이 정도의 교육과 훈련으로 상담 지식을 생산

할 수 있는 연구 역량이 생길 수 있을지 의문이다. 연구방법 강좌가 아예 포함되지 않은 각종 상담 연수 프로그램은 말할 필요도 없다.

상담 연구를 통해서 얻어 낸 결과들이 상담을 실행하는 구체적인 방식에 별 영향을 주지 못하는 상담 연구와 실천 사이의 괴리 역시 심각한 문제다. 실천활동이 주가 되는 분야에서 실제에 대한 이해나 개선에 쓸모없는 연구는 환영받지 못한다. 상담 역시 마찬가지다. 아무리 고상하게 포장해도 상담실제와 연관되지 않는 연구는 의미가 없다. 그리하여 상담 연구는 석·박사학위를 취득할 때 또는 연구 업적을 쌓기 위해 논문을 작성할 때나 필요한 것으로 평가절하되어 있는 것이 현실이다. 이론과 실제, 연구와 실천 사이의 괴리 현상은 다른 학문 분야에서도 발견되지만, 상담과 같은 실천지향적인 영역에서는 도대체 연구라는 것이 필요한 것인가라는 근본적인 의문을 제기하게 된다. 상담을 단순 기능으로 전락시키기를 원하지 않는다면 상담자와 상담 연구자들은 이런 사태를 심각하게 받아들여야 할 것이다(박성희, 2004b).

탐구 주제와 연구방법을 일치시키는 것 또한 중요하다. 별을 관찰하는 데 현미경을 쓰지 않고 장작을 패는 데 가위를 사용하지 않는다. 별은 망원경으로 봐야 보이고 장작은 도끼를 써야 팰 수 있기 때문이다. 그런데 이렇게 당연한 사실이 상담 연구에서 지켜지지 않을 때가 종종 있다. 상담은 기본적으로 '의미'를 주고받는 활동이다. 따라서 상담자와 청담자가 주고받는 의미를 캐 들어 가는 연구법이 다양하게 활용되어야 할 터인데 실상은 그렇지 못하다. 상담 관련 학회에 실리는 연구물의 대부분은 통계치를 활용한 사실 확인에 집중되어 있고, 그러다 보니 자연스럽게 계량 연구에 치우쳐 있다. 여기에는 두 가지 문제가 숨어 있다. 상담 연구의 본질인 '의미'가 상담 연구에서 제자리를 차지하지 못하고 있다는 점, 그리고 계량 연구가 상담 연구의 주종을 이룬다는 점이다. 사실 첫째 문제와 둘째 문제는 밀접하게 연관되어 있다. 계량 연구로 의미를 파악하는 일이 불가능하지는 않지만, 질적인 차원에서 주고받은 의미를 제대로 드러내는 데 한계가 있기 때문이다. 따라서 앞으로 상담학도들은 '의미'에 초점을 둔 연구에 관심을 가지는 한편, 그 의미를 제대로 드러낼 수 있는 질적 연구방법에도 관심을 가져야 한다. 그리하여 상담 연구에서 사실 확인과 의미 파악에 관한 탐구, 그리고 양적 연구와 질적 연구가 균형을 잡을 수 있게 해야 할 것이다. 필자는 『상담학 연구방법론』(2004b)에서 아홉 개의 대안적 연구방법을 제시한 바 있고, 논어를 예로 들어 가며『고전에서 상담 지식 추출하기』(2008a)를 펴낸 적 있다. 상담의 탐구 주제와 연구방법을 다양화하는 이 같은 작업은 앞으로도 지속되어야 할 것이다.

상담 연구의 과학성을 높이는 작업도 한국상담이 해결해야 할 중요한 과제 중 하나다. 이렇게 말하는 이유는 소위 새로운 상담이라고 제안된 상담이론들, 이를테면 한상담, 본성실현상담, 도정신치료, 동사섭 등에 관한 일부 논의가 과학성을 결여한 부분이 있다고 판단되기 때문이다. 주장과 이론은 많은데 이를 과학적인 절차를 통해 객관적으로 입증해 가는 과정이 결핍되어 있다면 신뢰도가 떨어질 수밖에 없다. 예를 들면, 새로 구성된 상담 프로그램 A의 효과를 분석하려면 나름대로 엄밀한 실험설계와 통계적 분석 또는 질적 연구방법을 바탕으로 A의 상담 효과를 분석하는 작업이 포함되어야 한다. 그런데 상담 효과를 입증하는 자료로 내놓은 것이 오로지 A 상담 프로그램에 참여한 사람들의 주관적인 체험 보고가 전부라면 소위 '과학성'에서 치명적인 결함을 갖는 셈이다. 이렇게 과학성이 결여되어 있으면 그 상담 프로그램은 보편성을 확보하지 못하고 오로지 그 프로그램에 참여한 사람들에게만 통용되는 편파성을 면할 수 없다. 자칫 잘못하면 이상한 종교집단처럼 전락할 가능성도 배제할 수 없다. 따라서 새로운 상담이론을 제안할 때 엄격한 과학적 절차와 과정을 수용하여 객관성을 확보해 가는 일을 소홀히 하지 말아야 할 것이다.

5. 현실 문제 해결에 참여하기

상담은 기본적으로 실천활동이다. 따라서 상담자가 현실 문제에 관심을 갖고 이를 해결하는 실천과정에 참여하는 일은 매우 자연스런 일이다. 그런데 지금까지 상담은 주로 상담실을 찾아오는 사람들, 즉 '내담자'를 중심으로 전개되었다. 영어의 'client'를 번역한 '내담자(來談者)'라는 말은 특별한 문제를 해결하기 위하여 상담을 전문으로 제공하는 상담실이나 치료실을 찾아오는 사람이라는 뜻이다. 즉, 내담자를 대상으로 한 상담은 항상 상담실이나 치료실을 중심으로 전개될 수밖에 없는 한계를 가진다. 이 같은 문제를 눈치챈 필자는 내담자라는 용어를 '청담자(請談者)'로 바꾸자고 제안한 바 있다. 상담실이 아니라 상담을 청하고 응하는 과정에 초점을 맞추어 상담관계를 규정하자는 뜻이다. 이렇게 열린 개념으로 상담자-청담자 관계를 규정하면 굳이 상담실을 찾아오지 않아도 모든 사람이 청담자가 될 수 있으며, 동시에 청담자가 겪는 모든 생활 경험이 상담 대상으로 확장될 수 있다. 그 결과, 상담자는 상담실이라는 울타리를 벗어나 청담자들의 삶의 현장으로 뛰어들어 가서 상담활동을 전개하는 일이 얼마든지 가능해진다.

우리 사회에는 상담자들의 참여가 절실하게 필요한 현실 문제들이 널려 있다. 그중 일부를 예로 들어 상담자들이 할 수 있는 역할을 생각해 보자.

첫째, 학교폭력이다. 최근 학교폭력으로 온 나라가 떠들썩하다. 매스컴은 연일 떠들어 대고 교육청과 교육과학기술부는 대책을 찾느라 요란하게 움직인다. 국회는 「학교폭력예방 및 대책에 관한 법률」을 개정한 바 있고, 국무총리실 역시 학교폭력대책위원회를 구성하여 학교폭력에 적극 대응하고 나섰다. 학교폭력의 진원지인 초·중·고등학교 현장은 더 말할 것도 없다. 학교폭력에 대한 대책에서 중요하게 강조되는 것이 상담이다. 여기서 상담은 가해학생, 피해학생, 가해학생과 피해학생의 부모를 대상으로 전개된다. 상담전문가들은 학교로부터 위탁을 받아 직접 상담에 임하거나 아니면 현장 교사에게 상담방법을 지도하는 역할을 담당할 수 있다. 후자의 경우, 실제 학교에서 벌어진 구체적인 폭력사례에 대해 교사들이 어떻게 대처했는지 분석한 후 상담 원리와 기법을 중심으로 바람직한 지도방법을 제시하면 좋을 것이다.

둘째, 다문화 현상이다. 최근 우리나라의 다문화 현상은 급격하게 진행 중이다. 2009년 4월 교육부가 발표한 자료에 의하면 외국인 노동자 자녀 수가 1만

7,600명에 육박하고 국내에 거주하는 외국인이 100만 명이 넘는다고 한다. 우리 사회가 이렇게 빨리 다문화사회로 진입하고 있다면 이제 우리는 성숙하고 합리적인 자세로 이 현실을 대할 필요가 있다. 다문화 현상과 관련하여 상담전문가들은 다음과 같은 일을 할 수 있을 것이다. 먼저, 한국 사회와 문화에 융화되기를 원하는 이민족과 이질 문화 출신 사람들에게 가장 필요한 것이 무엇인지 살펴 적절한 도움을 주는 일이다. 이들은 특히 언어와 문화적 격차를 큰 문제로 지각한다고 하는데, 이로 인해 받는 스트레스 해소에 상담이 도움을 줄 수 있을 것이다. 특히 가정폭력이나 가정학대와 같은 위기 상황이 발생했을 때 다른 대책과 더불어 이들과 직접 상담하는 일은 반드시 이루어져야 한다. 우리 문화에 대한 교육 역시 빼놓을 수 없는 사항이다. 심층적인 문화 내용의 교육에서 상담은 특히 인간관계에서 중요한 역할을 할 것이라 여겨진다. 상담 지식이 기본적으로 인간관계, 대인관계와 관련된 지식을 다루기 때문이다. 일찌감치 다민족·다문화 사회를 경험한 미국에서는 다문화상담이 각광을 받고 있다. 그들에 비해 늦기는 했지만 이제 한국에서도 다문화상담에 관심을 기울일 때가 되었다.

셋째, 고령화 현상이다. 한국이 늙어 간다. 덜 낳고 오래 사는 추세가 이대로 지속된다면 2050년의 한국은 세계에서 가장 늙은 나라가 된다고 한다. 2001년에 65세 이상인 사람이 전체 인구의 7.3%를 넘어 이미 고령화사회에 진입했고, 2019년에는 14%가 넘는 고령사회, 2030년에는 20%가 넘는 초고령사회로 진입할 것이 예상된다(박성희, 2008b). 노령화사회가 빠른 속도로 진행된다는 말은 노인들이 많아진다는 말이다. 따라서 국가적인 차원에서 노인들이 건강하고 풍요로운 삶을 누릴 수 있는 대책을 마련할 때가 되었다. 이런 추세에 발맞추어 상담계에서도 노인상담에 대한 논의를 빠르게 활성화시켜야 한다. 아동상담, 청소년상담처럼 노인상담도 하나의 특화된 연령층을 상대로 하는 전문 상담으로 자리매김되어야 한다. 노인상담은 크게 두 갈래로 이루어질 수 있다. 하나는 이미 노인이 된 사람들에 대한 상담이고, 다른 하나는 노인의 길에 들어서는 사람들에 대한 상담이다. 전자가 노인상담이라면, 후자는 노인준비상담이라고 말할 수 있겠다.

넷째, 높은 자살률이다. 한국의 자살률은 2010년 이후 줄어들고 있기는 하지만 여전히 OECD 회원국 중 가장 높다. 한국의 자살률은 2016년 기준 인구 10만 명 당 25.8명으로 OECD 평균인 11.6명의 2배에 이른다. 그러나 이렇게 높은 자살률에도 이에 대한 실효성 있는 대책이 뚜렷이 보이는 것이 없다. 자살예방법이 마련되고 보건복지부를 중심으로 청소년 자살 예방 사업이 전개되고 있으며 한국자살예방시민연대 같은 NGO 단체도 구성되어 자살 예방에 나서고 있지만, 자살률은 획기적으로 줄어들지 않고 있다. 이런 상황에서 상담자들의 역할이 새롭게 조명될 필요가 있다. 이제는 상담자들이 상담실 밖으로 나와서 자살을 예방하고 자살행동을 저지하기 위한 사회적인 활동에 적극 참여할 때가 되었다. 심리교육 프로그램을 만들어 보급하는 일은 물론이요 자살위험군에 속하는 사람들을 직접 찾아다니며 상담도 하고 삶의 보람을 찾도록 실제적인 도움을 주는 일에 앞장서야 한다. 특히 청소년과 독거노인의 자살률이 높다는 점을 고려하여 이들이 주로 시간을 보내는 학교 및 지역사회와 연대하여 상담하는 일을 적극 모색하면 좋을 것이다. 지역사회 곳곳에 자살을 전문으로 다루는 상담소나 상담센터를 설치하는 일도 필요하다고 여겨진다.

다섯째, 학부모상담이다. 핵가족화가 자리를 잡고 맞벌이 부부가 증가함에 따라 가정의 자녀교육 기능이 점차 약해지고 있다. 그리하여 학부모들은 자녀교육에서 손을 놓아 버리고 문제행동을 하는 아동들은 점점 증가하고 있다. 최근 초등학교에서는 ADHD로 진단받은 학생과 ADHD 성향을 보이는 학생들이 한 반에 한두 명 정도 있는 것은 보통이고, 아동들의 각종 문제행동으로 인해 온갖 문제가 발생한다. 이 모든 원인이 가정에서 비롯된다고 말할 수는 없지만 가정에 상당한 책임이 있다는 사실을 부인하기도 어렵다. 오죽하면 학교현장에서 일하는 교사들 입에서 부모가 되기 위한 자격증을 수여하는 제도가 있으면 좋겠다는 말이 나오겠는가. 정말 학부모가 자녀 교육에 대한 진정한 열의와 자녀 교육을 충분히 감당할 역량을 갖추고 있다면 아마도 우리의 가정과 학교는 훨씬 더 건강하고 행복해질 것이다. 이런 점에서 학부모 교육과 상담이 대폭 강화될 필요가 있다. 특히 자녀 교육의 원리와 방법 그리고 자녀와 바람직한 관계를 맺는 방법에 대하여 학부모상담이 꼭 필요하다고 생각된다. 인기를 끌었던 〈우리 아이가 달라졌어요〉라는 TV 프로그램은 교육상담전문가가 학부모에게 얼마나 좋은 영향을 줄 수 있는지 잘 보여 주는 사례다. 따라서 자녀 양육과 관련된 양질의 교육상담 지식이 가능한 한 많은 부모에게 제공될 필요가 있다. 이 일 역시 앞으로 상담전문가들이 관심을 가져야 할 분야로 생각된다.

이 밖에도 우울, 이혼, 빈부 격차로 인한 갈등, 노사 갈등, 정치적 갈등, 지역 갈등 등 상담자의 개입과 참여를 요구하는 수많은 현실적인 문제가 우리 사회 곳곳에 널려 있다. 앞으로 한국의 상담자들은 우리 사회가 겪는 다양한 갈등과 아픔에 주목하고 이의 해결을 위해 노력하는 방향으로 그 역할을 확대시켜야 할 것이다.

6. 사회상담에 참여하기

앞의 '현실 문제 해결에 참여하기'를 쓰면서 이제 상담의 외연이 사회 전체로 확산되어야 함을 절감하였다. 종래 상담은 개인 내부의 심리적인 문제에 초점을 맞추고 사회적인 이슈에 대해서는 무관심한 편이었다. 상담실에 심리적인 문제를 가져오는 사람들을 치유하면 그것으로 끝이라고 생각했던 것이다. 하지만 앞에서 열거한 내용들은 물론이요 사람들이 겪는 개인의 심리적인 문제조차도 사회·문화적인 맥락에서 일어나는 일이다. 조금 과장하면 개인 자체가 사회의 구성물이라고 말할 수 있을 정도로 개인과 사회는 떼려야 뗄 수 없는 관계를 맺고 있다. 따라서 앞으로 상담은 사회적 상담으로 확장되어야 한다. 우리가 속한 집단과 사회가 건강하게 작동하도록, 그리고 더 많은 사람이 진정성 있는 풍요로운 삶을 살아갈 수 있도록 사회 개혁과 변화에도 관심을 가져야 한다. 개인상담을 할 때 사회의 영향을 고려해야 할 뿐 아니라, 상담 정신이 가득한 세상을 만들어 가는 일에 적극적으로 동참해야 한다(박성희, 2011).

사회상담은 여러 가지 수준에서 이루어질 수 있다. 앞에서 말했듯이, 사회적인 문제에 직접 뛰어들 수도 있으며, 사람들의 삶에 직간접으로 영향을 미치는 가치관과 이데올로기를 다룰 수도 있으며, 법과 제도와 정책의 입안 및 개선에 참여할 수도 있다. 여기서는 우리 사회에 팽배해 있는 왜곡된 가치관과 이데올로기 두 가지에 대하여 잠깐 다루려고 한다. 이 주제들이 우리 사회구성원의 풍요로운 삶과 직결되어 있을 뿐 아니라 다른 사회적 이슈의 밑바탕에 자리 잡고 있다고 믿기 때문이다.

첫째, 성공 지향 대 행복 지향이다. '성공'은 이제 우리 시대의 신화가 되었다. 무슨 짓을 하든, 어떤 수단을 쓰든 일단 성공해야 한다는 무조건적 신념이 사회 전반에 펼쳐져 있다. 다들 '성공이 아니면 죽음을!'이라는 구호를 외치며 사는 것 같다. 그러다 보니 별별 일이 다 생긴다. 그런데 우리는 왜 성공하려고 하는가? 아마도 그 답은 '행복하기 위해서'일 것이다. 따라서 성공은 행복으로 가게 하는 징검다리로서 의미가 있다. 다시 말해, 행복하게 하지 못하는 성공은 의미가 없다. 성공을 했는데도 불행하다면 성공을 하려고 살아온 인생이 허무할 따름이다. 그런데 성공이라는 이데올로기에 취한 우리 사회는 왜 성공하려고 하는지, 또는 성공이 가져다주는 행복이 어떤 것인지에는 별 관심이 없고 오로지 성공하기 위해 안간힘을 쓴다. 그리하여 성공해도 행복하지 못하고, 때로는 성공하지 못했다고 쉽게 삶을 포기하기도 한다. 세상을 사는 이유가 행복을 누림에 있다면 우리 삶의 모든 부분이 여기에 맞춰져야 한다. 성공도 마찬가지다. 행복과 아무런 관련이 없는 성공이라면 그토록 많은 시간과 에너지를 쏟아 부을 필요가 없다. 그런데도 성공 지상주의라는 잘못된 이데올로기에 빠져 온 사회가 미친 듯 달려가고 있다면 누군가는 경종을 울리고 아니라는 말을 해 줄 수 있어야 한다. 필자는 상담자들이 이 역할을 해야 한다고 생각한다. 상담자가 수행하는 많은 일은 한마디로 '청담자가 행복하게 살 수 있도록 도와주는 활동'이라고 요약할 수 있다. 그런데 청담자가 소속 사회의 잘못된 이데올로기의 희생양이 되어 있다면 상담자는 청담자가 이로부터 벗어나게 도와야 할 뿐 아니라 잠재적 청담자에 해당하는 수많은 사람의 행복을 돕기 위해 잘못된 사회 이데올로기를 해체하는 일에 힘을 쏟을 필요가 있다. 이런 일에 참여하고 힘을 모으는 일이 바로 세상 가득 상담 정신을 퍼뜨리는 일이라고 말할 수 있다. 따라서 상담자들은 상담실에서 상담을 하는 일 외에도 상담 지식을 대중화한 서적을 출간하고, 신문 칼럼, 방송 강연, 특강, 사회 캠페인 등 모든 매체와 방법을 동원하여 사람들의 행복한 삶을 지원하는 일에 힘을 쏟아야 할 것이다. 세계의 평화를 촉진하기 위하여 로저스가 평화운동에 직접 나섰던 일이 상담과 무관한 것이 결코 아니었음을 명심하자.

둘째, 경쟁 지향 대 상생 지향이다. 앞에서 말한 성공 이데올로기와 밀접하게 연관된 것이 경쟁이다. 성공은 대부분 경쟁 속에서 이루어진다. 다른 사람과 경쟁에서 이겨야 성공의 단맛을 볼 수 있는 것이 현실이다. 좋은 학교에 들어가고, 좋은 직업을 얻고, 좋은 사람과 결혼하려면 남보다 뛰어나고 남보다 앞서야 한다. 그리하여 사람들은 남보다 뛰어나고 앞서기 위해 치열하게 살아간다. 성공의 전제 조건이 경쟁에서 이기는 것이므로 남을 밟고 일어서는 일쯤은 문제도 아니다. 사는 게 전쟁이 되고, 일상생활이 전쟁터처럼 피비린내가 나는 이유가 여기에 있다. 그러다 보니 남은 것은 삶의 고단함이요, 행복은 신기루처럼 저 멀리 사라지고 만다. 성공하기 위해 경쟁에 뛰어들었는데 그 경쟁이 오히려 성공한 삶의 목표인 행복을 파괴해 버리는 이상한 결과를 초래한다. 정부의 온갖 대책에도 학교폭력이 멈추지 않고 학교가 머물고 싶지 않은 장소로 지각되는 커다란 이유가 여기에 숨어 있을지도 모른다. 경쟁이 이렇게 우리 삶을 힘들게 하는 요소라면 과감하게 방향을 선회할 필요가 있다. 경쟁 대신 협력을, 성공 대신 상생을 우리 사회에서 살아가는 사람들의 중요한 삶의 원리와 철학으로 앞세우는 것이다. 필자는 이런 일에도 상담자들이 나서야 한다고 생각한다. 너무나 익숙해서 아무도 딴지를 걸지 않지만 바로 그 경쟁이 사람들의 삶을 황폐하게 만드는 주범이라면 '청담자들의 행복한 삶에 관심을 가진' 상담자들이 나설 수밖에 없다. 따라서 상담자들은 앞에 '성공 지향 대 행복 지향'에서 언급한 것과 똑같은 활동을 이 주제에도 전개해 나갈 필요가 있다.

필자는 사회상담이 해야 할 일을 우리 사회를 관통하고 있는 두 가지 주제를 중심으로 언급했다. 하지만 사회상담에서 다뤄야 할 주제가 어디 이 두 가지뿐이겠는가? 사람들의 삶에 짐을 지우고 행복을 누리는 데 방해가 되는 모든 사회적인 장애와 편견은 교정되어야 한다. 이런 면에서 앞으로 상담 철학의 역할이 기대된다.

7. 상담 제도의 수립과 정책 결정에 참여하기

필자의 제자 한 사람이 다음과 같은 말을 해서 한참 생각에 잠긴 적이 있다. "교장선생님이 바뀌니까 학교가 완전 달라졌어요. 상담을 공부한 교장선생님이 오셔서 상담적으로 학교를 운영하니까 교사들도 좋아하고 아이들도 참 밝아졌어요!" 맞는 말이다. 사회는 기본적으로 힘의 관계로 구성되어 있기 때문에 힘있는 사람들의 영향력은 당연히 클 수밖에 없다. 따라서 무슨 일을 하려면 자신이 힘 있는 사람이 되거나 아니면 힘 있는 사람들을 포섭하는 일, 그리고 사회적 힘의 또 다른 원천인 법, 제도, 그리고 정책을 수립하고 개선하는 일을 소홀히 해서는 곤란하다. 솔직히 고백하면 필자는 그동안 이 방면에 대해서는 거의 담을 쌓고 살았다. 그리고 혹 그쪽에 관심을 보이는 사람을 보면 그 저의를 의심하곤 했다. 상담을 하는 사람이라면 상담과 연구만 열심히 하면 되지 다른 곳을 기웃거리는 건 옳지 않다고 생각했기 때문이다. 돌이켜 보니 현실을 모르고 참으로 바보같이 살았다. 후학들은 이런 실수를 하지 않기를 바란다. 대학교수로 재직하면서 교수들의 결집된 의견이나 대학 총장의 건의가 교육과학기술부의 담당 공무원 한 사람의 의견과 맞지 않아 폐기되는 상황을 여러 번 목격하였다. 일반 사안이야 그럴 수 있겠지만, 전문 지식을 요구하는 전문 분야에서까지 이런 일이 벌어지는 것을 보면서 전문성을 쌓는 일 못지않게 현실을 움직일 수있는 힘을 가까이 두는 것이 중요함을 절감하였다. 그래서 이제는 후학들에게 과감하게 권한다. 상담 전문성을 쌓는 일과 상담 현실을 개혁하는 일에 동시에 관심을 가지고, 가능하면 사회적으로 영향력 있는 지위를 차지하여 상담에 관한 법과 제도 그리고 정책을 입안·집행·개선하는 일에 직접 참여할 것을 주문한다. 그리하여 상담전공자들이 국회와 정부기관은 물론이요, 각종 의사결정과 집행 기구에 포진하여 상담 원리와 정신이 충실하게 반영된 법과 제도와 정책을 만들어 시행해 나가기를 바란다.

언젠가 모 전문직에 종사하는 사람들이 자신들의 주장을 국가 정책에 반영하기 위하여 행정고시를 치르고 관련 정부 기관의 직원으로 들어가 일한다는 말을 들은 적이 있다. 자기들이 소속한 단체의 이익 보장을 위해서도 그렇게 하는데 하물며 사람들 모두가 살기 좋은 상담 현실을 만들기 위하여 상담전공자들이 주저할 이유가 없다. 자기 개인의 사리사욕을 채우기 위함이 아니라 상담 정신이 가득한 세상을 창조하기 위하여 이제는 사명감을 가지고 상담전문가들이 상담 현실 개선을 위해 적극 나설 때가 되었다. 최근 몇 년 동안 전문상담사 양성과 임용에 관한 정책이 졸속으로 이루어지는 것을 보면서 전문가의 일을 무지한 사람들 손에 맡겨 두는 것이 얼마나 위험한지 새삼 느낀 바 있다. 이런 일이 되풀이되지 않게 하기 위하여 앞으로 상담전문가들의 다양한 현실 참여가 활발해지기를 기대한다.

8. 후학 양성하기

학문의 미래는 후학에게 달려 있다. 후학이 없다면 학문의 맥이 끊기고 활동은 정지된다. 오늘날 퇴계학이 저렇게 융성하게 된 것은 후학 양성에 성공했기 때문이다. 반면, 후학 양성에 실패한 율곡학은 그 존재마저 희미하게 잊혀져 가고 있다. 후학의 중요성이 이렇게 크기 때문에 모든 학문은 후학 양성에 힘을 기울인다.

최근 상담학은 그 인기가 하늘을 찌를 듯 높아졌다. 그리하여 상담을 공부하겠다는 후학들이 넘치고 또 넘친다. 필자가 근무하는 교육대학원에 지원자들을 보면 한눈에 이런 현상을 알 수 있다. 지방에 소재한 대학이라 그런지 20개가 넘는 대학원 전공 중에 모집 정원을 채우고 경쟁률이 2~3 : 1이 되는 전공은 상담 전공 하나뿐이다. 나머지 전공들은 모집 정원조차 채우지 못해 허덕이고 있다. 전국의 모든 교육대학교 소속 교육대학원의 사정이 이렇다고 한다. 어디 교육대학뿐인가! 사범대학, 일반대학 할 것 없이 모든 상담전공 석·박사 과정에 학생들이 몰리고 있고, 상담 관련 연수 프로그램은 늘 지원자가 넘친다. 가히 상담학 전성시대라고 일컬을 만하다.

상담학을 발전시킬 우수한 후학들을 계속 끌어모으고 이들을 뛰어난 상담학자, 상담전문가로 키워 내는 일은 기성 상담학자들이 담당할 몫이다. 필자 역시 대학에서 후학을 양성하는 기성 상담학도로서 후학 양성을 위해 평소에 가진 생각을 말해 보고자 한다.

첫째, 학부에 상담학과를 설치하자. 현재 상담학은 교육대학원 상담 관련 학과, 일반대학원 상담 관련 학과, 그리고 상담전문대학원 등 주로 대학원에 설치되어 있다. 상담학이 실천학문이면서 신생학문이라는 측면이 반영된 것이겠지만, 다른 학문과의 형평성에서나 필요성에 비추어 이제는 학부에 독립된 학과로 자리 잡을 때가 된 것 같다. 현재 대부분의 4년제 대학에서 상담학과를 독립된 학과로 설치한 예는 거의 없다. 대신 상담은 심리학과, 교육학과, 아동학과, 사회복지학과 등에 얹혀 있는 상태다. 그러다 보니 각 과에서는 그저 2~3학점 정도를 가지고 개론 수준의 상담 강의를 할 수밖에 없는 형편이다. 만일 여러 과에 분산된 상담교수들을 상담학과로 통합시켜 놓는다면 훨씬 체계적이고 수준 높은 상담교육이 가능해질 것이다. 바깥 사회에서는 자격을 갖춘 상담자가 많이 필요하다고 아우성인데, 정작 대학에서 귀를 닫고 있는 모습이 참 우스꽝스럽다. 상담학과의 독립이 가져올 피해를 저울질하며 상담학과의 독립을 어떻게든 막아 보려는 앞에 든 여러 학과의 행태도 한번 생각해 볼 일이다.

둘째, 취업 자리를 확보하자. 항산이 있어야 항심이 있다고 했다. 상담을 열심히 공부했으면 상담으로 먹고 살 일이 보장되어야 한다. 이런 면에서 상담전문가가 취업할 수 있는 안정된 자리를 다량 확보해야 한다. 작금에 상담에 대한 사회적 수요가 폭발적으로 증가하면서 상담자들이 할 일 역시 증가하고 있지만, 보수나 직업적 안정성 측면에서 아직은 부족한 점이 많다. 선배 상담학자들,

특히 교수들은 취업이나 먹고사는 일은 개인의 일이라고 방관하지 말고 후학들이 마음 편히 일할 수 있는 다양한 일자리를 창출하는 일에 앞장서야 한다. 필자는 대학 중심으로 아직도 많은 일자리가 만들어질 수 있다고 생각한다. 상담학과를 독립학과로 만드는 일, 학생생활연구소 전임교수나 연구원의 수를 늘리는 일, 평생교육원에 상담강좌를 확대 개설하는 일, 대학에 지역상담센터를 설립하는 일, 상담의 사회적 수요에 맞춰 상담 강좌를 대폭 신설하는 일 등은 모두 상담전문가의 일자리를 늘려 줄 것인데, 이 모든 일이 대학교수들이 나서야 해결될 수 있다. 예를 들어, 필자가 근무하는 교육대학은 초등학교 예비교원을 양성하는 곳인데도 상담 관련 학과목이 2학점에 불과하다. 만일 교육대학에 상담관련 학과목이 10학점으로 늘어난다면 엄청나게 많은 교수와 강사 자리가 새롭게 확보될 수 있을 것이다. 이런 현실을 인식하고 후학들을 위해 상담교수들이 힘을 합쳐 움직인다면 얼마나 좋을까.

셋째, 후학들을 새로운 상담 지식 생산의 첨병으로 만들자. 후학이 귀한 이유 중 하나는 이들을 통해 상담학의 학문적 수준이 계속 발전할 수 있기 때문이다. 따라서 후학은 기왕에 생산된 상담 지식의 소비자일 뿐 아니라 새로운 상담 지식의 생산자가 되어야 한다. 상담 지식의 생산자가 되려면 학문적으로 강한 성취 욕구를 가짐과 동시에 다양한 실험을 하며 학문적 공격성을 과감하게 노출할 수 있어야 한다. 그리하여 자유롭게 자기주장을 펼치고 좌충우돌하면서 검증과정을 거치며 상담 지식 생산의 첨병으로 태어날 수 있다. 그런데 후학이 이렇게 크려면 앞에 선 선학들과 상담학계 전반이 새로운 도전을 자극하고 환영하는 분위기에 젖어 있어야 한다. 쓸데없는 권위의식에 사로잡혀 후학들 위에 군림하려는 자세를 가진 선배들 밑에서 어떻게 자유로운 영혼을 가진 후학들이 성장할 수 있겠는가? 따라서 상담학계의 선학들은 후학들이 열심히 공부하고 자유롭게 자기 생각을 표현하며 성장하고 있는지 잘 살펴야 한다. 또 혹시나 자신의 태도나 언행이 그들의 성장에 방해가 되지는 않는지 돌아볼 필요가 있다. 특히 대학에서 석 · 박사 과정을 지도하는 교수들은 이 점을 조심해야 한다. 선배들끼리 싸우느라 후학이 곤욕을 치르게 한다든가, 학위를 빌미로 후학들의 목줄을 쥐고

흔드는 일 따위가 있어서는 절대 안 될 것이다.

넷째, 경제적 부담을 줄여 주자. 필자는 이따금 한창 공부를 하는 학생들로부터 상담 공부를 하는 데 돈이 너무 많이 든다는 푸념을 듣는다. 석 · 박사 과정을 이수하는 데 드는 학비는 그렇다치고 상담 실습을 하거나 각종 상담학회에서 수여하는 상담 관련 자격증을 취득하는 데 비용이 엄청나게 든다는 것이다. 어떤 학생은 박사학위를 마치고 최고급 자격증을 취득하기까지 억 대가 넘는 돈이 든다며 혀를 내두른다. 사실이 이렇다면 정말 문제다. 그래서 살짝 상담 실습 광고문도 들춰 보고 또 자격증을 따기 위해 학생들이 감당해야 하는 부담을 살펴본 적이 있다. 정확하게 수치를 짚어 가며 말하기는 어렵지만 학생들의 불평이 어느 정도 근거가 있다고 판단된다. 3박 4일 정도 하는 상담 실습비가 수십만 원을 넘는 경우가 흔하고, 수강비, 수퍼비전비, 시험비 등 다양한 명목으로 비용을 지불해야 학회 자격증을 딸 수 있는 것이 현실이다. 이는 직업을 가지고 있는 사람도 부담스러운 비용이다. 상담 전공으로 학위를 따고 또 필요한 자격증을 취득하기 위하여 후학들이 필요한 경비를 부담하는 것은 당연한 일이다. 하지만 비용 책정의 합리성이 의심될 정도로 그 액수가 큰 것은 문제가 있다. 이런 면에서 각종 상담학회를 운영하는 지도자들의 각성이 필요하다. 아울러 후학 양성이라는 큰 뜻 아래 선학들의 봉사를 바탕으로 실비로 운영되는 제도를 탐색할 필요가 있다. 이 역시 대학 교수들이 앞장서야 할 사안이라고 생각된다.

9. 최신의 과학적 · 철학적 발견 상담에 반영하기

상담은 사람들의 삶을 행복하고 효율적으로 영위할 수 있게 돕는 실천지향적 활동이며 동시에 가치지향적 활동이다. 상담의 이런 성격은 상담이 과학 및 철학과 밀접하게 연관되어 있음을 암시한다. 따라서 과학성이 결여된 상담 또는 철학적 근거가 미약하거나 뚜렷하지 못한 상담은 그 존재 가치를 의심받을 수밖에 없다. 상담이 과학적 · 철학적 발견에 주목하고 이를 상담이론과 실제에 신속하게 반영해야 하는 이유가 여기에 있다.

여기서는 상담에 대한 기본 패러다임을 전폭적으로 수정해야 할 일부 과학적 · 철학적 발견에 대하여 간단하게 언급할 것이다. 상담과 상담학의 발전을 위하여 앞으로 이런 방향의 고민과 사고가 꾸준히 이어지기를 바란다.

첫째, 양자역학의 등장이다. 양자역학은 뉴턴을 중심으로 한 고전물리학의 틀을 뒤엎는 혁명적 패러다임이다. 양명숙과 전지경(2013)은 양자역학의 바탕 위에서 양자심리학의 기초가 되는 대표적인 물리학적 이론으로 봄의 비국소성 원리, 아인슈타인의 상대성 원리, 그리고 보어의 상보성 원리를 들고 있다. 비국소성 원리는 세상의 모든 물질이 에너지장을 통해서 상호 연결되어 있음을, 상대성 원리는 절대적이거나 독립적인 것은 없으며 모든 것은 상대적인 관계나 체제의 연관 속에 존재함을, 상보성 원리는 모든 물질은 입자와 파동이라는 이중적 속성을 지니지만 이 둘을 동시에 관찰할 수 없음을 주장하고 있다. 이들의 주장은 한결같이 존재의 절대성을 부정하고 있다. 그 대신 모든 존재는 항상 관계성 내지는 상호성에 의존하고 있으며, 하나가 다른 하나에 의해 일방적으로 결정될 수 없음을 강조한다. 이런 주장은 일상적 실재에 대해 사람들이 가지고 있는 관념을 전면적으로 뒤엎는 것으로서 사람의 마음과 관계를 다루는 상담에서도 심각하게 고려해야 할 사항으로 떠오른다. 다시 말하면, 지금까지 수많은 상담이론에서 정의하고 있는 문제가 정말 문제인지, 그리고 이 문제를 해결하기 위해 그동안 제시된 수많은 전략과 해법이 과연 상담자인 '내'가 만난 이 청담자에게 의미 있는 것인지 심각하게 질문하고 따져볼 필요가 있다. 조금 과장해서 말하면, 상담자들이 전문적인 연구를 거쳐 확립해 놓은 진단과 처방과 해법에 관한 거의 모든 것이 지금 '내'가 만나는 이 청담자에게는 전혀 적용될 수 없는 것일 수도 있다. 이렇게 절대적 · 보편적인 잣대를 들이대는 전문가의 행위가 타당하지 않은 것이라고 할 때 상담자로서 '나'는 어떻게 청담자를 만나야 할 것인가? 또 이런 경우에 나는 어떤 상담이론에 의지해야 할 것인가? 심각하게 질문하고 나름대로 답을 찾아야 할 사항이다.

둘째, 인공지능의 등장이다. 상상으로만 존재하던 인공지능이 이제 부인할 수 없는 우리 삶의 현실로 다가왔다. 인공지능 알파고가 세계 최강의 바둑 기사를 손쉽게 물리치는 광경을 지켜보면서 이제 인공지능이 우리 산업의 곳곳에 다양한 역할을 할 것이라는 사실에 이의를 제기할 수 없게 되었다. 벌써 언론은 인공지능의 등장으로 인해 없어질 직업군을 뽑아내며 호들갑을 떤다. 다행이 인공지능의 시대에도 상담사 직업은 안전하다고 한다. 그렇다고 해서 과연 안심할 수 있을까? 만일 최고의 상담전문가들이 상담하는 과정을 최상의 프로그램으로 만들어 인공지능에 심어 누구나 쉽게 상담을 받을 수 있도록 일상화한다면 굳이 상담사들이 필요할까? 상담 프로그램 제작을 위해 필요한 일부 상담전문가들을 제외하면 거의 모든 상담사는 도태될 가능성이 있다. 그럼에도 상담은 그 과정에서 느끼는 '인간성'이 핵심이기 때문에 사람 상담사가 인공지능 상담사보다 경쟁력이 높을 것이라고 주장할 수도 있다.

그런데 이 말이 설득력을 가지려면 '인간성'에 대한 우리의 이해가 분명해야 한다. 일단 '인간성'에는 두 가지 측면이 있다. 하나는 명확한 인식이 가능하고 언어로 명료하게 표현할 수 있는 측면이고, 다른 하나는 느낌과 체험으로 알기는 하겠는데 언어적 인식과 표현이 불가능한 측면이다. 전자의 경우, 비록 '인간성'이지만 인공지능이 충분히 사람을 대리할 수 있다. 인간성에 대해 우리가 분명히 이해하고 명료한 지식을 가질수록 그런 지식은 컴퓨터에 담을 수 있는 객관적 지식이 되어 다시 프로그램으로 만들 수 있게 된다. 인간성에 대해 분명히 알수록 인공지능에 담을 수 있는 가능성이 그만큼 커진다는 말이다. 이렇게 되면 '인간성'을 갖춘 인공지능 상담사가 등장하여 사람 상담사를 갈아치울 것이다. 반면, 후자의 경우에는 '인간성'은 주관적 체험이므로 아무리 컴퓨터와 인공지능이 발달한다고 해도 사람을 대신할 수가 없다. 그렇다면 상담에서 주목해야 할 '인간성'은 인간성의 범주에 들기는 하지만 객관화할 수 없는 지식, 즉 언어와 개념으로 체계화하기 어려운 인간성이어야 한다. 따라서 상담에서 강조해야 할 인간성은 분명하다. 체험은 가능하지만 설명은 어려운, 그래서 있다고도 없다고도 말하기 어려운, 그러면서도 우리의 삶을 유지하는 데 필수적으로 기능하고 성장과 창조의 에너지로 작용하는 특성이 바로 그것이다. 동양에서 말하는 무, 없음, 빔, 공 등이 대표적인 예가 될 것이고, 직관, 통찰, 창의성 등도 여기에 속할 수 있다. 이런 종류의 '인간성'과 관련하여 상담자는 무엇보다 체험의 전문가가 되어야 할 것이다. 그동안 상담계에서 눈여겨보지 않았던 동양의 사상과 철학에 대해 깊이 고민해야 할 이유가 여기에도 숨어 있다.

셋째, 생성철학의 등장이다. 철학적 사고의 종류와 깊이는 너무 다양해서 일일이 거론할 수 없지만, 여기서는 상담에 대한 기왕의 패러다임을 완전히 뒤바꿀 것을 요구하는 예의 하나로 프랑스의 철학자 들뢰즈(G. Deleuze)를 살펴볼 것이다. 들뢰즈의 철학은 매우 복잡하고 난해하지만 한마디로 생성철학이라고 요약할 수 있다. 생성철학을 통해 들뢰즈는 세상에 고정되고 변화하지 않는 실체로서의 존재는 하나도 없다고 단언한다. 모든 존재는 변화의 흐름 속에 있으며, 내·외부 세계와의 만남을 통해서 끊임없이 생성되고 창조될 따름이다. 따라서 존재는 충동적이고 우연한 것이며, 잠시 있다가 없어지는 것이다. 고정된 경계도 없고 개별적인 고유한 특성을 가지고 있지도 않다. 그런데 사람들이 심각한 착각을 한다. 있지도 않은 '나'를 자기 정체성으로 삼아 나와 너를 나누고(주체화), 자신을 틀 속에 가두고 특정 기능을 수행하는 기관으로 전락시키고(유기체), 생생하게 흐르는 현실을 있는 그대로 보는 대신 타자에 의해 규정된 관점을 덮어씌우는(의미화) 오류를 범하고 산다. 여기서 벗어나는 길은 자신을 철저히 열어놓고 모든 종류의 만남에 접속하여 감응하면서 예측되지 않은 무엇인가로 자신을 새롭게 생성해 가는 것이다. 따라서 '~되기'가 중요한 삶의 방식으로 추천된다. 만나는 대상이 무엇이든 그 대상이 되어 보는 것이다. 여자-되기, 아이-되기에서부터 분자-되기, 입자-되기까지 자신을 열어두고 모두에게 결합해 가는 것이다. 그리하면 세상 모든 사람, 모든 대상이 '되기'를 하면서 온 세상을 생성의 마당으로 만들어 가는 데 삶의 보람이 있다(이상언, 2017). 삶의 본질을 이런 것으로 바라볼 때 상담의 본질 그리고 상담자의 역할은 지금까지 우리가 아는 바와 전혀 다른 모습을 취하게 된다. 상담은 기본적으로 너, 나 없이 서로 열린 마음으로 만나는 것이며, 이 만남을 통해 서로 '되기'를 통해 새로운 무엇인가를 생성해 가는 과정이다. 여기서 상담자는 진단하고, 안내하고, 지도하고, 해법을 제시하는 전문가가 아니라 그저 자신을 열고 청담자와 만나면서 그의 '되기' 과정에 몰입해 가는 파트너다. 그리하여 청담자 스스로 자기 내부에 가능성으로 가지고 있던 모든 것의 '되기' 과정을 거치면서 스스로 새로운 자기를 생성해 가도록 지원하는 촉진자 역할을 할 따름이다.

들뢰즈의 생성철학의 입장에서 보면 전통적인 상담은 그야말로 문제투성이다. 상담자와 청담자를 가르는 것에서부터 시작해서 상담의 목적, 과정, 방법 전체가 모두 문제로 부각된다. 따라서 그의 철학을 상담에 도입하려면 상담의 패러다임에 근본적인 수술을 해야 한다. 그렇다 하더라도 들뢰즈의 생성철학이 인간의 본질을 보다 타당하고 적절하게 설명하는 것이라면 이의 도입을 위하여 상담 패러다임의 전환을 마다할 이유가 없다.

생성철학의 예를 통해 본 것처럼, 상담과 상담학의 발전을 위하여 철학적 사고와 발견을 꼼꼼하게 점검하는 일도 상담학도의 중요한 과제라 할 것이다.

[참고문헌]

강경미(2011). 상담심리학의 이론과 실제. 서울: 대왕사.

강성률(2009). 서양철학사 산책. 서울: 평단.

권오석(1994). 장자(외편). 서울: 홍신문화사.

권정현, 박성희(2015). 신사임당과 상담. 서울: 학지사.

금장태(1996). 유학사상의 이해. 서울: 집문당.

김계현, 김창대, 권경인, 황매향, 이상민, 최한나, 서영석, 이윤주, 손은령, 김용태, 김봉
환, 김인규, 김동민, 임은미(2011). 상담학개론. 서울: 학지사.

김동일, 이대식, 신종호(2009). 학습장애 아동의 이해와 교육(2판). 서울: 학지사.

김동일, 손승현, 전병운, 한경근(2010). 특수교육학 개론: 장애·영재 아동의 이해. 서울: 학
지사.

김용옥(1999). 노자와 21세기(1). 서울: 통나무.

김재은, 이성진, 채규만, 구본용, 오익수, 김동일(1997). 청소년상담 보조전략. 서울: 청소
년대화의광장.

김정규(1996). 게슈탈트 심리치료: 창조적 삶과 성장(1판). 서울: 학지사.

김정규(2010). 게슈탈트 관계성 향상 프로그램. 서울: 게슈탈트미디어.

김정규(2015). 게슈탈트 심리치료: 창조적 삶과 성장(2판). 서울: 학지사.

김춘경(2006). 아들러 아동상담: 이론과 실제. 서울: 학지사.

김춘경, 이수연, 이윤주, 정종진, 최웅용(2010). 상담의 이론과 실제. 서울: 학지사.

김충열(1993, 겨울). 장자의 철학 세계와 정신 경지(2). 과학사항, 제7호. 서울: 범양사.

김충열(1996). 노장철학강의. 서울: 예문서원.

김필진(2007). 아들러의 사회적 관심과 상담. 서울: 학지사.

김형태(2005). 상담의 이론과 실제. 서울: 동문사.

김형태(2006). 교육의 심리학적 이해. 서울: 동문사.

나예원, 박성희(2017). 이항복과 상담. 서울: 학지사.

남종호(1999). 심리학연구방법. 서울: 시그마프레스.

노안영(2005). 상담심리학의 이론과 실제. 서울: 학지사.

노안영, 강영신(2003). 성격심리학. 서울: 학지사.

노재욱(1994). 장자. 서울: 자유문고.

박경애(1997). 인지정서행동치료. 서울: 학지사.

박성수(1986). 생활지도. 서울: 정민사.

박성희(2001a). 동화로 열어가는 상담이야기. 서울: 학지사.

박성희(2001b). 상담과 상담학: 새로운 패러다임. 서울: 학지사.

박성희(2004a). 공감학 어제와 오늘. 서울: 학지사.

박성희(2004b). 상담학 연구방법론. 서울: 학지사.

박성희(2007a). 나이칸상담. 서울: 학지사.

박성희(2007b). 논어와 상담. 서울: 학지사.

박성희(2007c). 도덕경과 상담. 서울: 학지사.

박성희(2007d). 동사섭상담. 서울: 학지사.

박성희(2007e). 모리타상담. 서울: 학지사.

박성희(2007f). 불교와 상담. 서울: 학지사.

박성희(2007g). 선문답과 상담. 서울: 학지사.

박성희(2007h). 퇴계와 상담. 서울: 학지사.

박성희(2007i). 퇴계유학과 상담. 서울: 학지사.

박성희(2008a). 고전에서 상담 지식 추출하기. 서울: 학지사.

박성희(2008b). 한국문화와 상담. 서울: 학지사.

박성희(2011). 진정성. 서울: 학지사.

박성희(2012). 수용. 서울: 학지사.

박성희(2014). 인간관계의 필요충분조건 - 진정성, 수용, 공감. 서울: 학지사.

박성희, 이동렬(2001). 상담과 상담학 2: 상담의 실제. 서울: 학지사.

박성희, 이동렬(2008). 한국문화와 상담. 서울: 학지사.

박이문(2004). 노장사상: 철학적 해석. 서울: 문학과 지성사.

박이문(2005). 논어의 논리: 철학적 재구성. 서울: 문학과 지성사.

박재황(2013). Glasser 좋은 학교 설립과 운영 전략의 탐색. 현실치료연구, 2(1), 1-18.

박재황(2015). 좋은 학급의 운영: Glasser 선택이론, 현실치료상담, 리드형 관리의 적용. 대구: 학이사.

박종수(2005). 분석심리학에 기초한 이야기 심리치료. 서울: 학지사.

박종수(2009). 융심리학과 성서적 상담. 서울: 학지사.

박종수(2013). 융심리학과 정서. 서울: 학지사.

서복관(1995). 중국인성론사-선진편(유일환 역). 서울: 을유문화사.

양명숙, 전지경(2013). 상담이론과 실제. 서울: 학지사.

양명숙, 전지경 (2016). 빅뱅 집단상담 프로그램 개발 및 효과 검증: 과정지향심리학 이론을 중심으로. 디지털융복합연구, 14(12), 43-54.

연문희, 이영희, 이장호(2008). 인간중심상담: 이론과 사례 실제. 서울: 학지사.

용타 스님(2001). 마음 알기 다루기 나누기. 서울: 대원정사.

유효순, 이성진(1981). 행동수정의 기법 I, II. 서울: 교육과학사.

이광준(1998). 카운슬링과 심리치료. 서울: 학문사.

이상언(2017). 들뢰즈와 상담. 청주교육대학교 교육대학원 석사학위논문.

이성진(1998). 행동상담. 교육학대사전. 서울: 서울대학교 교육연구소.

이성진, 홍준표(1981). 행동수정의 원리. 서울: 교육과학사.

이영이(2001). 통합 예술치료. 대학생활연구, 15, 63-77. 전국대학교학생생활연구소장협의회.

이영이(2013). 자서전을 통해 본 인간 Fritz Perls와 게슈탈트 인생관. 한국게슈탈트상담연구, 3(2), 27-38.

이영이(2014). 게슈탈트 상담이론에서의 영성. 한국게슈탈트상담연구, 4(1), 27-48.

이장호(1982). 상담심리학 입문. 서울: 중앙적성출판부.

이장호, 김정희(1996). 집단상담의 원리와 실제. 서울: 법문사.

이재용(2009). 다산과 상담. 서울: 학지사.

이정미(2012). 아동청소년대상 현실치료 집단상담 프로그램의 효과에 대한 메타분석. 현실치료연구, 1(1), 1-16.

이종승(2009). 교육 · 심리 · 사회 연구방법론. 경기: 교육과학사.

이형득(1992). 상담의 성격과 의미. 이형득 (편저), 상담이론 (pp. 9-27). 서울: 교육과학사.

이형득(2003). 본성실현상담. 서울: 학지사.

이형득, 김선남, 김성회, 신완수, 이성태, 이수홍(1984). 상담의 이론적 접근. 서울: 형설출판사.

장은미(2016). 성인대상 현실치료 집단상담의 효과에 관한 메타분석. 계명대학교 석사학위논문.

정미정, 박성희(2010). 연암과 상담. 서울: 학지사.

정방자(1998). 정신역동적 상담. 서울: 학지사.

정승석(1996). 인간을 생각하는 다섯 가지 주제. 서울: 대원정사.

정원식, 박성수, 김창대(1999). 카운슬링의 원리. 서울: 교육과학사.

정인석(2003). 트랜스퍼스널 심리학. 서울: 대왕사.

제석봉(2010). TAP: TA 부모교육. 대구가톨릭대학교 출판부.

조명실(2012). 한국의 현실치료 연구동향. 현실치료연구, 1(1), 17-30.

조민환(1996). 유학자들이 보는 노장철학. 서울: 예문서원.

천성문, 박명숙, 박순득, 박원모, 이영순, 전은주, 정봉희(2009). 상담심리학의 이론과 실제 (2판). 서울: 학지사.

천성문, 이영순, 박명숙, 이동훈, 함경애(2015). 상담심리학의 이론과 실제(3판). 서울: 학 지사.

최정숙(2013). 현실치료 집단상담의 효과: 체계적 문헌 고찰과 메타분석. 동신대학교 박 사학위논문.

최준섭(2016). 장자와 상담. 서울: 학지사.

한국초등상담교육학회(2006). 한국형 초등학교 생활지도와 상담. 서울: 학지사.

한재희(2008). 상담패러다임의 이론과 실제(수정판). 서울: 교육아카데미.

한지영(2006). 논어에 나타난 상담 개념분석. 청주교육대학교 교육대학원 석사학위논 문.

허항생(1995). 노자철학과 도교(노승현 역). 서울: 예문서원.

홍경자(2016). 한계상황으로서의 '고통', '실존철학 그리고 철학상담. 현대유럽철학연구, 제42집, 135-165.

홍종관(1997). 독일어권의 인간중심 상담 및 심리치료에 관한 고찰. 한독교육학연구, 2(1), 139-152.

홍종관(1999). 상담자의 인간중심적 기본태도에 관한 고찰. 대학상담연구, 10(1), 45-71.

홍종관(2002). 상담자의 '공감적 이해'에 관한 연구. 대구교육대학교 논문집, 37, 211-228.

홍종관(2004). 상담자의 '긍정적 수용'에 관한 연구. 대구교육대학교 초등교육연구논총, 20, 239-251.

홍종관(2005). 상담자의 '진실성'에 관한 연구. 인하대학교 교육연구, 11, 597-617.

홍종관(2016). 효과적인 대인관계를 위한 공감적 이해에 관한 고찰. 초등상담연구. 특집 호, 563-577.

李滉, 退溪全書

Adler, A. (1956). Extracts from the science of living. In H. L. Ansbacher & R. R. Ansbacher (Eds.), *The individual psychology of Alfred Adler: A systematic presentation in selections from his writings* (pp. 357-358). New York: Harper Torchbooks. (Reprinted from The science of living, New York: Greenburg, 1929.)

Adler, A. (1958). *What life shoud mean to you?*. New York: Capricorn.

Adler, A. (1963). *The practice and theory of Individual Psychology*. Paterson, NJ:

Littlefield, Adams.

Adler, A. (1965). *Praxis und Theorie der Individualpsycholgoie* 2. Frankfurt/M.

Adler, A. (1966). *Menschenkenntnis*. Frankfurt/M.

Adler, A. (1972). *Der nervose Charakter*. Frankfurt/M.

Adler, A. (1973a). *Der Sinn des Lebens*. Frankfurt/M.

Adler, A. (1973b). *Individualpsychologie in der Schule. Vorlesungen für Lehrer und Schuler*. Frankfurt/M.

Adler, A. (1974). *Die Technik der Individualpsychologie* 2. Frankfurt/M.

Adler, A. (1976). *Kindererziehung*. Frankfurt/M.

Adler, A. (1977). *Studie über Minderwertigkeit von Organen*. Wien.

Adler, A. (1981). 애들러 심리학해설(설영환 역). 서울: 선영사. (원전은 1931년에 출판).

Ainslie, G. (2007a). *Behavioral and Brain Sciences, 30*(3), 313-314.

Ainslie, R. (2007b). *Psychoanalytic psychotherapy*. Applying counseling theories: An online case-based approach. Upper Riddle, NJ: Pearson Prentice-Hall.

Alterhoff, G. (1994). *Grundlagen Klientenzentrierter Beratung*. Stuttgart.

American Psychiatric Association (2013). *Diagnostic and Statistical Manual of Mental Disorders* (Fifth ed.). Arlington, VA: American Psychiatric Publishing.

Ansbacher, H. L. (1992). Alfred Adler's concepts of community feeling, social interest and the relevance of community feeling for old age. *Individual Psychology, 48*(4), 402-412.

Ansbacher, H. L., & Ansbacher, R. R. (Hg.). (1982). *Alfred Adlers Individual psychologie*. Reinhardt München/Basel.

Arbuckle, D. S. (1970). *Counseling: Philosophy, theory and practice* (2nd ed.). Baston, MA: Allyn & Bacon.

Assagioli, R. (2003). 정신통합: 원리와 기법에 대한 편람(김민예숙 역). 울산: 춘해대학출판부. (원전은 1965년에 출판).

Baker, E. L. (1985). Psychoanalysis and psychoanalytic psychotherapy. In S. J. Lynn & J. P. Garske (Eds.), *Contemporary, psychotherapies: Models and methods* (pp. 19-63). Upper Saddle River, NJ: Merrill/Prentice Hall

Bandura, A. (1971a). *Principles of behavior modification*. New York: Holt, Rinehart, & Winston.

Bandura, A. (1971b). Psychotherapy based on modeling principles. In A. Bergin & S. Gargield (Eds.), *Handbook of psychotherapy and behavior change*. New York: Wiley.

Bandura, A., & Walters, R. H. (1963). *Social learning and personality development*.

New York: Holt, Rinehart & Winston.

Beisser, A. (1970). The paradoxical theory of change. In J. Fagan & I. Sheperd, (Eds.), *Gestalt therapy now* (pp. 77-80). Palo Alto: Science and Behavior Books.

Berne, E. (1961). *Transactional analysis in psychotherapy*. New York: Grove Press.

Berne, E. (1964). *Games people play*. New York: Grove Press.

Berne, E. (1966). *Principles of group treatment*. New York: Oxford University Press.

Berne, E. (1972). *What do you say after you say hello?* New York: Grove Press.

Bienenfeld, D. (2009). 상담 및 임상 실무자를 위한 정신역동이론(유성경, 이은진, 서은경 역). 서울: 학지사. (원전은 2005년에 출판).

Birk, L. (Ed.). (1973). *Biofeedback: Behavioral medicine*. New York: Grune & Stratton.

Blanchard, E. G. (1982). Behavioral medicine: Past, present, and future. *Journal of Consulting and Clinical Psychology, 50*, 795-796.

Boggio, G. L. (2003). Integral approach in transpersonal psychotherapy. *The International Journal of Transpersonal Studies, 2*, 78-83.

Brammer, L. M., Abrego, P. L., & Shostrom, E. L. (1993). *Therapeutic psychology: Fundamentals of counseling and psychotherapy* (6th ed.). Englewood Cliffs, NJ: Prentice-Hall.

Brant, C. (1997). *Psychotherapy and spirit*. Albany: State University of New York Press.

Brenner, C. (1973). *An elementary textbook of psychoanalysis* (revised ed.). New York: Anchor Books.

Brenner, C. (1982). *The calamities of childhood. In The mind of conflict* (pp. 93-106). New York: International Universities Press.

Breuer, J. W., & Freud, S. (1895). *Studies on hysteria*. UK: Hogarth.

Buber, M. (1982). 나와 너(표재명 역). 서울: 문예출판사. (원전은 1954년에 출판).

Burley, T., & Bloom, D. (2008). Phenomenological Method. In P. Brownell (Ed.), *Handbook for theory, research, and practice in Gestalt therapy* (pp. 151-183). Newcastle, UK: Cambridge Scholars Publishing.

Carlson, J., Watts, R. E., & Maniacci,, M. (2006). *Adlerian therapy: Theory and practice*. Washington DC: American Psychological Association.

Clarkson, P. (1992). *Transactional analysis psychotherapy: An integrated approach*. London: Routledge.

Clarkson, P. (2010). 게슈탈트 상담의 이론과 실제(김정규, 강차연, 김한규, 이상희 역). 서울: 학지사. (원전은 1999년에 출판).

Cohn, R. (1980). *Von der Psychoanalyse zur themenzentrierten Interaktion*. Stuttgart.

Corey, G. (1991). *Theory and practice of counseling and psychotherapy*. Pacific Grore, CA: Brooks/Cole.

Corey, G. (2001a). 상담 및 심리치료의 통합적 접근(현명호, 유제호 역). 서울: 시그마프레스. (원전은 1995년에 출판).

Corey, G. (2001b). *Theory and practice of counseling and psychotherapy*. Pacific Grove, CA: Brooks/Cole.

Corey, G. (2010). 심리상담과 치료의 이론과 실제(8판). (조현춘, 조현제, 문지혜, 이근배, 홍영근 역). 서울: 시그마프레스. (원전은 2008년에 출판).

Corey, G. (2017). 심리상담과 치료의 이론과 실제(천성문, 권선중, 김인규, 김장회, 신성만, 이동훈, 허재홍 역). 서울: 센게이지러닝코리아.

Corsini, R. J. (2001). *Handbook of innovative psychotherapies* (2nd ed.). New York: Wiley.

Corsini, R. J. (Ed.). (1984). *Current psychotherapies* (3rd ed.). Itasca, IL: F. E Deacock.

Dampier, W. C. (1961). *A history of science and its relation with philosophy and religion* (4th ed.). Cambridge University Press.

Deurzen, E. (2010). 실존주의 상담과 심리치료의 실제(이정기, 윤영선 역). 서울: 상담신학연구소.

Deurzen, E.(2017). 실존주의 상담 및 심리치료의 실제(한재희 역). 서울: 학지사. (원전은 2012년에 출판).

Deurzen, E., & Adams, M. (2011). *Skills in Existential Counseling & Psychotherapy*. Washington DC: SAGE.

Diamond, J., & Jones, L. S. (2004). *A path made by walking: Process work in practice*. Portland, Or.: Lao Tse Press.

Dieckmann, H. (1979). *Methods in analytical psychology: An introduction*. Illinois: Chiron Publications.

DiGiuseppe, R., & McInerney, J. (1991). Models of addiction: A rational emotive perspective. *Journal of Cognitive Therapies: An International Quarterly*.

Dinkmeyer, D., & Sperry, L. (2004). 상담과 심리치료: 아들러 개인심리학의 통합적 접근(김춘경 역). 서울: 시그마프레스. (원전은 2002년에 출판).

Dollard, J., & Miller, N. E. (1950). *Personality and psychotherapy: Analysis in terms of learning, thinking, and culture*. New York: McGraw-Hill.

Dreikurs, R. (1932). Über Liebeswahl. In: *Internationale Zeitschrift für*

Individualpsychologie. 10. Jg.

Dreikurs, R. (1967). *Psychodynamics, psychotherapy, and counseling: Collected papers.* Chicago: Alfred Adler Institute.

Dreikurs, R. (1969). Group psychotherapy from the point of view of Adlerian psychology. In H. M. Ruitenbeek (Ed.), *Group therapy today: Styles, methods, and techniques* (pp. 37-48). New York: Aldine-Atherton. (Original work published 1957).

Dreikurs, R. (1971). *Grundbegriffe der Individual psychologie.* Stuttgart.

Dreikurs, R. , & Soltz, V. (1964). *Children: The challenge.* New York: Hawthorn.

Dusay, J. M. (1972). Egogram and constancy hypothesis. *Transactional Analysis Journal,* 2, 3, 37-42.

Dusay, J. M., & Dusay, K. M. (1989). Transactional analysis. In R.J. Corsini and D. Wedding (Eds.). *Current psychothrapies* (4th ed., pp. 405-453). Itasca, IL: Peacebook.

Eagle, G. T. (2000). The shattering of the stimulus barrier: The case for an integrative approach in short-term treatment of psychological trauma. *Journal of Psychotherapy Integration, 10*(3), 301-324.

Eckert, J. , Biermann-Ratjen, E.-M. , & Höger, D. (Hg.) (2006). *Gesprächstherapie.* Heidelberg.

Ellenberger, H. (1970). *The discovery of the unconscious: The history and evolution of dynamic psychiatry.* New York: Basic Books.

Ellenwanger, W. , & Groemminger, A. (1979). *München-Erziehungshilfe oder Gefahr?.* Freiburg. Herder.

Elliott, I. , & David, M, Z. (2010). *Integral Psychotherapy: Inside out/outside in.* Albany: Suney Press.

Ellis, A. (1962). *Reason and emotion in psychotherapy.* New York: Lyle Stuart.

Ellis, A. (1977). *Anger: How to live with and without it.* Secaucus, N. J.: A citadel Press Book.

Ellis, A. (1991). My life in clinical psychology. In C. E. Walker (Ed.), *The history of clinical psychology in Autobiography V1.* (pp. 1-37). Pacific grove, CA: Brooks/cole.

Ellis, A. , & Harper, R. A. (1975). *A new guide to rational living.* Englewood Cliffs, NJ: Prentice-Hall.

Enns, C. Z. (1993). Twenty years of feminist Counseling and Therapy: From Naming Biases to Implementing Multifaceted Practice. *The Counseling Psychologist,*

21(1), 3-87.

Ernst, F. (1971). The OK corrall: The grid for get-on-with. *Transactional Analysis Journal, 1*(4), 231-24.

Esser, U., Sander, K., & Terjung, B. (Hg.) (1996). *Die Kraft der Personenezentrierten Ansatzes. Erlebnisaktivierende Methode.* Köln.

Eysenck, H. J. (1952). The effects of psychotherapy: An evaluation. *Journal of Consulting Psychology, 16*, 319-324.

Eysenck, H. J. (1960). *Behaviour therapy and the neuroses.* Oxford: Pergamon Press.

Fancher, F. E. (1973). *Psychoanalytic psychology: The development of Freud's thought.* New York: W.W. Notron & Co., Inc.

Ferenczi, S. (1952). *Further contribution to the theory and techniques of psychoanalysis.* New York: Basic books.

Fine, R. (1973). Psychoanalytic. In R. Corsini (Ed.), *Current psychotherapies* (1st ed.). Itasaca, IL: F. E. Peacock.

Fingarette, H. (1993). 공자의 철학: 서양에서 바라본 예에 대한 새로운 이해(송영배 역). 서울: 서광사.

Forman, M, D. (2010). *A guide to integral psychotherapy: Complexity, integration, and spirituality in practice.* Suney Press.

Frankl, V. E. (1958). On Logotherapy and Existential Analysis. *American Journal of Psychoanalysis, 18*, 28-37.

Frankl, V. E. (1959). The spiritual dimension in existential analysis and logotherapy. *Journal of Individual Psychology, 15*, 157-165.

Frankl, V. E. (1960). Paradoxical intention: A logotherapeutic technique. *American Journal of Psychotherapy, 14*, 520-535.

Frankl, V. E. (1966). Logotherapy and existential analysis: A review. *American Journal of Psychotherapy, 20*, 252-260.

Frankl, V. E. (1967). *Psychotherapy and existentialism: Selected papers on logotherapy.* New York: Washinton Square Press.

Frankl, V. E. (1980). 의미에의 의지(이봉우 역). 경북: 분도출판사.

Frankl, V. E. (1983). 심리요법과 현대인(이봉우 역). 경북: 분도출판사.

Frankl, V. E. (1985). 무의식의 신(정태현 역). 경북: 분도출판사.

Frankl, V. E. (2012). 빅터 프랭클의 삶의 의미를 찾아서(이시형 역). 경기: 청아출판사. (원전은 1988년에 출판).

Freud, A. (1946). *The ego and the mechanisms of defense.* London: Hogarth press.

Freud, S. (1923a). *The ego and the id*. (J. Riviere, Trans.). New York: Norton.

Freud, S. (1923b). *The ego and the id*. (Standard Edition, Vol. 19.). London: Hogarth Press.

G.w.G. (1989). *Die klientenzentrierte Gesprächspsychotherapie*. Köln.

Gabbard, G. O. (1995). The early history of boundary violations in psychoanalysis. *Journal of the American Psychoanalytic Association, 43*, 1115-1136.

Gabbard, G. O. (2002). 역동정신의학(3판). (이정태, 채영래 역). 서울: 하나출판사. (원전은 2000년에 출판).

Gabbard, G. O. (2004). *Long-Term Psychodynamic Psychotherapy: A Basic Text*. Arlington, VA: American Psychiatric Publishing.

Gabbard, G. O. (2005). How not to teach psychotherapy. *Academic Psychiatry, 29*(4), 332-338.

Gelso, C., & Fretz, B. (1992). *Counseling psychology* (2nd ed.). Orlando, FL: Harcourt.

George, R. L., & Cristiani, T. S. (1981). *Theory, methods, and processes of counseling and psychotherapy*. Englewood Cliffs, NJ: Prentice-Hall.

Gfroerer, K. P., Gfroerer, C. A., Curlette, W. L., White, J., & Kern, R. M. (2003). Psychological birth order and the BASIS-A Inventory. *Journal of Individual psychology, 59*(1), 30-41.

Gilligan, C. (1993). *In a different voice: Psychological theory and women's developoment*. Cambridge, MA: Harvard University Press.

Gilliland, B. E., James, R. K., Roberts, G. T., & Bowman, J. T. (1993). 상담과 심리치료의 이론 및 실제(장혁표, 신경일 역). 서울: 교육과학사.

Gladding, S. T. (2005). *Counseling theories: Essential concept and applications*. Upper Saddle River, NJ: Merrill/Prentice Hall.

Glasser, W. (1964). Reality therapy: A realistic approach to the young offender. *Journal of Crime & Delinquency*, April, 135-144.

Glasser, W. (1990). *The quality school: Managing students without coercion*. New York: HaperPerennial.

Glasser, W. (1998). *Choice theory: A new psychology of personal freedom*. New York: HarperCollins.

Glasser, W. (2000). *Reality therapy in action*. New York: HarperCollins.

Glasser, W. (2001). 당신도 유능한 상담자가 되고 싶은가?(김인자 역). 서울: 한국심리상담연구소. (원전은 2000년에 출판).

Glasser, W. (2003). 어떠한 학생이라도 성공할 수 있다(박재황 역). 서울: 한국심리상담연구소. (원전은 2000년에 출판).

Glasser, W. (2004). 경고: 정신과 치료가 당신의 정신건강에 피해를 줄 수 있다(박재황 역). 서울: 한국심리상담연구소. (원전은 2003년에 출판).

Glasser, W. (2005a). *Defining mental health as a public health issue.* Chatsworth, CA: William Glasser Institute.

Glasser, W. (2005b). *How the brain works chart.* Chatsworth, CA: William Glasser Institute.

Glasser, W. (2011). *Take charge of your life: How to get what you need with Choice Theory Psychology.* Bloomington, IN: iUniverse.

Gordon, T. (1977). *Lehrer-Schüler-Konferenz.* Hamburg.

Goulding, R., & Goulding, M. (1972). New direction in transactional analysis. In C. J. Sager & H. S. Kaplan (Eds.), *Progress in group and family therapy.* New York: Brunner/Mazer.

Greene, R. L., & Clark, J. R. (1970). Adler's theory of birth order. *Psychological Reperts, 26,* 387-390.

Greenson, P. R. (1967). *The technique and practice of psychoanalysis.* New York: International Universities Press.

Gremmler-Fuhr, M. (1999). Grundkonzepte und Modelle der Gestalttherapie. In R. Fuhr, M. Sreckovic, & M. Gremmler-Fuhr (Hrsg.), *Handbuch der Gestalttherapie* (pp. 345-392). Goettingen: Hogrefe.

Groddeck, N. (1987). Personenzentrierte Konzept im Bereich Schule und Lehrausbildung. In: G.w.G. (Hg.) (1987). *Rogers und Paedagogik.* Müenchen.

Grof, S. (2007). 환각과 우연을 넘어서(유기천 역). 서울: 정신세계사. (원전은 2006년에 출판).

Grof, S. (2008). 코스믹 게임(김우종 역). 서울: 정신세계사. (원전은 1998년에 출판).

Hall, C. S. (1954). *A primer of Freudian psychology.* New York: Octagon Books. (reprinted 1990).

Hall, C. S., & Lindzey, G. (1977). 성격의 이론(이지영 외 역). 서울: 중앙적성출판사. (원전은 1970년에 출판).

Hargaden, H., & Sills, C. (2003). *Transactional analysis: A relational perspective.* New York: Brunner-Routledge.

Heidegger, M. (1927). *Being and Time* (tr. J. Macquarrie & E. S. Robinson). New York: Harper & Row. (1962).

Herink, R. (Ed.) (1980). *The psychotherapy handbook.* New York: New American Library.

Hjelle, L. A., & Ziegler, D. J. (1998). 성격심리학(이훈구 역). 서울: 법문사. (원전은 1981 년에 출판).

Hoeder, J. (1994). *Gesprächstherapie*. Mannheim.

Hofstede, G. (1991). *Cultures and organizations: Software of the mind*. London: McGraw Hill.

Holden, J. M. (2004). Integral psychology: My spirituality based guiding metatheory of counseling. *Counseling and Values, 48*(3), 174-182.

Hong, J. K. (1994). *Personenzentriertes Lehren und Lernen für Schule und Hochschule*. Frankfurt am Main.

Horner, A. J. (1991). *Psychoanalytic object in relations therapy*. MD: Jason Aronson.

Horner, A. J. (2005). *Dealing with resistance in psychotherapy*. MD: Jason Aronson.

Hull, C. L. (1943). *Principles of behavior*. New York: Appleton-Century-Crofts.

Ivey A. E., D'Andrea, M., Ivey, M. B., & Simek-Morgan, L. (2007). *Theories of counseling and psychotherapy: A multicultural perspective* (6th ed.). Boston, MA: Pearson Education.

Ivey, I., Ivey, M. B., & Simek-Morgan, L. (1993). *Counseling and psychotherapy*. MA: Allyn and Bacon.

Jahoda, M. (1958). *Current concepts of positive mental health*. New York: Basic Books.

James, M. (1974). Self-reparenting: Theory and process. *Transactional Analysis Journal, 4*(3), 32-39.

James, M., & Jongeward, D. (1971). *Born to win: transactional analysis with gestalt experiments*. Reading: Addison-Wesley.

Jaspers, K. (1951). *Way to Wisdom* (tr. R. Manheim). New Haven, CT, and London: Yale University Press.

Joyce, P., & Sills, C. (2001). *Skills in Gestalt counselling & psychotherapy*. London: Sage Publications.

Jung, C. G. (1953-1979). *Collected Works(CW)*, 20 vols. Bollingen Series. Princeton University Press.

Jung, C. G. (1984). *Dream analysis: Notes of the seminar given in 1928-1930 by C. G. Jung (DA)*. William, M. (Ed.). Princeton University Press.

Jung, C. G. (1995). *Memories, Dreams, Reflections(MDR)*. Aniela Jaffe?(Ed.). Fontata Press.

Jung, C. G. (2001-2007). 융 기본 저작집(KGW) 1~9권(한국융연구원, C.G.융저작위원회

역). 서울: 솔.

Jung, E. (1995). 아니무스와 아니마(박해순 역). 서울: 동문선. (원전은 1957년에 출판).

Kanfer, F. H., & Phillips, J. S. (1970). *Learning foundations of behavior therapy.* N.Y.: Wiley.

Kaplan, H. B. (1991). Sex differences in social interest. *Journal of Individual Psychology, 47*(1), 120-124.

Karpman, S. (1968). Fairy tales and script drama analysis. *TAB, 7*(26), 39-43.

Kast, V. (2007). 나를 창조하는 콤플렉스(이수영 역). 서울: 푸르메. (원전은 1994년에 출판).

Kazdin, A. E. (1978). *History of behavior modification: Experimental foundations of comtemporary research.* Baltimore: University Park Press.

Kefir, N. (1971). Priorities: A different approach to life style. Paper presented at ICASSI, Tel Aviv, Israel.

Kefir, N., & Corsini, R. (1974). Dispositional sets: A contribution to typology. *Journal of Individual Psychology, 30*, 163-178.

Keifir, N. (1981). Inpasse/priority therapy. In. R. J. Corsini (Ed.), *Handbook of innovative psychologist, 3*, 31-40.

Kelly, G. A. (1955). *The psychology of personal constructs.* New York: Norton.

Kim, Jungkyu, & Daniels, V. (2008). Experimental Freedom. In P. Brownell (Ed.), *Handbook for theory, research, and practice in Gestalt therapy* (pp. 199-227). Newcastle: Cambridge Scholars Publishing.

Kim, R. I., & Hwang, M. (2006). A meta-analysis of reality therapy and choice theory group programs for self-esteem and locus of control in Korea. *International Journal of Choice Theory, 1*(1), 25-30.

Kottler, J. A. (2004). *Introduction to therapeutic counseling* (5th ed.). Pacific Grove, CA: Brooks/Cole.

Krasner, L. (Ed.). (1980). *Environmental design and human behavior: A psychology of the individual in society.* Elmsford, NY: Pergamon Press.

Krasner, L., & Ullmann, L. P. (1965). *Research in behavior modification.* N.Y.: Holt.

Krumboltz, J. D., & Thoresen, C. E. (1969). *Behavioral counseling: Cases and techniques.* New York: Holt.

LaFleur, N. K. (1979). Behavioral views of counseling. In H. M. Jr. Burks & B. Stefflre (Eds.), *Theories of counseling* (3rd ed., pp. 220-253). New York: MaGraw-Hill.

Langenfeld, S. D. (1981). *Personal priorities: A factor analytic study.* Unpublished doctoral dissertation, University of South Dakoia.

Lapworth, P., & Sills, C. (2011). *An introduction to transactional analysis.* LA: Sage.

Lauren, S. (2005). 스키너의 심리상자 열기: 세상을 뒤바꾼 위대한 심리 실험 10장면(조증열 역). 서울: 에코의 서재.

Lazarus, A. A. (1989). 행동치료의 이론과 실제(이근후, 최상섭, 박영숙, 이미경 역). 서울: 하나의학사.

Leonard, A. (2006). An introduction to integral life practice. *AQAL Journal of Integral Theory and Practice, 1*(2), 1-10.

List-Ford, C. (2002). *Skills in transactional analysis counseling & psychotherapies.* London: Sage Publications.

Loughead, J. W., Luborsky, L., Weingarten, C. P., Krause, E. D., German, R. E., Kirk, D., & Gur, R. C. (2010). Brain activation during autobiographical relationship episode narratives: A core conflictual relationship theme approach. *Psychotherapy Research, 20*(3), 321-336.

Luborsky, L. (1984). *Principles of psychoanalytic psychotherapy: A manual for supportive/expressive treatment.* New York: Basic Book.

Luborsky, L., & Crits-christoph, P. (1990). *Understanding transference: The core conflictual relationship theme(CCRT) method.* New York: Basic Books.

Ludwig, S. A., & Mentley, K. W. (2000). 헌팅턴우즈는 이렇게 해서 좋은 학교가 되었다(좋은 학교 만든 이들의 모임 역). 서울: 한국심리상담연구소. (원전은 1997년에 출판).

Lundin, L. (2001). 애들러 상담이론: 기본 개념 및 시사점(노안영, 강만철, 오익수, 김광운, 송현중 역). 서울: 학지사. (원전은 1989년에 출판).

Mahoney, M. J. (1991). *Human change process: The scientific foundations of psychotherapy.* NY: Basic Books.

Mahoney, M. J. (2008). Power, politics, and psychotherapy: A constructive caution on unification. *Journal of Psychotherapy Integration, 18*(3), 367-376.

Marmor, J. (1997). The evolution of an analytic psychotherapist: A sixty-year search for conceptual clarity in the tower of Babel. In J. K. Zeig (Ed.), *The evolution of psychotherapy: The third conference* (pp. 23-36). New York: Brunner/Mazel.

Marquis, A. (2002). Mental Health Professional's comparative evaluations of the Integral Intake, Life-Style Introductory Interview, and the Multimodal Life History Inventory. Unpublished doctoral dissertation. University of North Texas.

Marquis, A. (2011). 통합심리치료: 평가와 사례개념화(문일경 역). 서울: 학지사. (원전은 2008년에 출판).

Marquis, A., & Wilber, K. (2008). Unification beyond eclecticism and integration: Integral psychotherapy. *Journal of Psychotherapy Integration, 18*(3), 350-358.

Maslow, A. H. (1970). Various Meanings of Transcendence. *Journal of Transpersonal Psychology.*

Massey, R. F. (1989). The Philosophical compatibility of Adler and Berne. *Individual psychology, 45*(3), 332-334.

May, R. (1982). The problem of evil: On open letter to Carl Rogers. *Journal of Humanistic Psychology, 22*(3), 10-21.

May, R. (1986). 존재의 발견(정성호 역). 서울: 갑인출판사.

May, R. (2005). 실존주의 심리학(이정기 역) 서울: 상담신학연구소.

Meehl, P. E. (1954). *Clinical versus statistical prediction.* Minneapolis: University of Minnesota Press.

Messer, S. B. (1992). A critical examination of belief structures in integrative and eclectic psychotherapy. In J. C. Norcross & M. R. Goldfried (Eds.), *Handbook of psychotherapy integration* (pp. 130-165). New York: Basic Books.

Messer, S. B. (2008). Unification in psychotherapy: A commentary. *Journal of Psychotherapy Integration, 18*(3), 363-366.

Miller, N. E., & Dollard, J. (1941). *Social learning and imitation.* New Haven, CT: Yale University.

Mindell, A. (1982). *Dreambody: The body's role in revealing the self.* Santa Monica, California: Sigo Press.

Mindell, A. (1985). *River's way: The process science of the dreambody.* London: Routledge & Kegan Paul.

Mindell, A. (1988). *City shadows: Psychological interventions in psychiatry.* New York: Routledge.

Mindell, A. (1989a). Coma: *The dreambody near death.* Shambhala Publications. New York: Penguin-Arkana.

Mindell, A. (1989b). *The year I: Global process work with planetary tensions.* New York: Penguin-Arkana.

Mindell, A. (1992). *The leader as martial artist: Techniques and strategies for resolving conflict and creating community.* Lao Tse Press.

Mindell, A. (1993). *The shaman's body.* Lao Tse Press.

Mindell, A. (1995). *Sitting in the fire*. Lao Tse Press.

Mindell, A. (1996). *Class: Group porcess & world work*. Process work Center of Portland, Portland OR. Sep-Oct 1996.

Mindell, A. (2000). *Dreaming while awake: Techniques for 24-hour lucid dreaming*. Charlottesville, virginia: Hampton Roads.

Mindell, A. (2001). *Dreammaker's apprentice: Using heightened states of consciousness to interpret dreams*. Charlottesville, virginia: Hampton Roads.

Mindell, A. (2002a). *The deep democracy of open forums*. Charlottesville, Virginia: Hampton Roads.

Mindell, A. (2002b). *The dreammaker's apprentice*. Lao Tse Press.

Mindell, A. (2006a). *Alternative to therapy: A creative lecture series on process work*. Lao Tse Press.

Mindell, A. (2006b). 꿈꾸는 영혼(한나정 역). 서울: 나노미디어. (원전은 1984년에 출판).

Mindell, A. (2007). *Earth-based psychology: Path awareness from the teaching of Don Juan, Richard Feynman, and Lao Tse*. Lao Tse Press.

Mindell, A. (2010). 양자심리학: 심리학과 물리학의 경계(양명숙, 이규환 역). 서울: 학지사. (원전은 2000년에 출판).

Mindell, A. (2011a). 관계치료: 과정지향적 접근(양명숙, 이규환 역). 서울: 학지사. (원전은 1987년에 출판).

Mindell, A. (2011b). 명상과 심리치료의 만남(정인석 역). 서울: 학지사. (원전은 1991년에 출판).

Mindell, A. (2013a). *Dance of the ancient one: How the universe solves personal and world problems*. Deep Democracy Exchange.

Mindell, A. (2013b). 양자심리치료(이규환, 양명숙 역). 서울: 학지사. (원전은 2004년에 출판).

Mindell, A. (2016). 프로세스마인드(양명숙, 이규환 역). 서울: 학지사. (원전은 2010년에 출판).

Mindell, A. (2017). *Conflict: Phases, forums, and solutions*. World Tao Press.

Mindell, A., & Mindell, A. (1992). *Riding the horse backwards: Process work in theory and practice*. New York: Penguin.

Mischel, W. (1990). Personality dispositions revisited and revised: A view after three decade. In L. A. Pervin (Ed.), *Handbook of personality: Theory and research* (pp. 111-134). New York: Guilford.

Moeller, M. L. (1977). Self and object in countertransference. *The International Journal of Psycho-Analysis, 58*, 365-374.

Mosak, H. H. (1977). *On purpose*. Chicago: Alfred Adler Institute.

Mosak, H. H. (1992). Adlerian Psychotherapy. In R. J. Corsini (Ed.), 현대심리치료(김정희, 이장희 역). 서울: 중앙적성출판사. (원전은 1989년에 출판).

Mosak, H. H. (2000). Adlerian psychotherapy. In R. J. Corsini & D. Wedding (Eds.), *Current psychotherapies*. Itasca, IL: Peacock.

Mozdzierz, G., Macchitelli, F., & Lisiecki, J. (1976). The paradox in psychotherapy: An Adlerian perspective. *Journal of Individual Psychology, 42*(3), 339-349.

Murakami, M., Matsuno, T., Koike, K., Ebana, S., Hanaoka, K., & Katsura, T. (2006). Transactional analysis and health promotion. *International Congress Series, 1287*, 164-167.

Naranjo, C. (1993). *Gestalt therapy: The attitude and practice of an atheoretical experientialism*. Nevada City: Gateways/ IDHHB, INC.

Nash, L. K. (1963). *The nature of nature sciences*. Boston: Little Brown and Company.

Nelson-Jones, R. (2015). *Nelson-Jones' theory and practice of counseling and psychotherapy*. London: Sage.

Neukrug, E. (2007). *The world of the counselor: An introduction to the counseling profession* (3rd ed.). Beltmore, CA: Tomsons. Book/Cole.

Neukrug, E. S. (2017a). 상담이론과 실제(정여주, 두경희, 이주영, 이아라 역). 서울: 사회평론아카데미. (원저는 2011년에 출판).

Neukrug, E. S. (2017b). 전문상담자의 세계(5판). (이윤주, 구자경, 권경인, 박승민, 손은령, 손진희, 임은미 역). 서울: 사회평론아카데미. (원저는 2016년에 출판).

Norby, V. J., & Hall,, C. S. (1974), *A guide to psychologists and their concepts*. San Francisco: W. H. Freeman.

Norcross, J. C., & Goldfried M. R. (1992). *Handbook of psychotherapy integration*. New York: Basic Books.

Norcross, J. D., & Newman, C. F. (1992). Psychotherapy integration: Setting the context. In J. C. Norcross & M. R. Goldfried (Eds.), *Handbook of psychotherapy integration* (pp. 3-45). New York: Basic Books.

Nystul, M. S. (2006). *Introduction to counseling: An art and science perspective*. New York: Pearson.

O'Connell, K. J. (1991). *The play therapy primer: An integration of theories and techniques*. New York: Wiley.

Oaklander, V. (2006). 아이들에게로 열린 창(김정규, 윤인, 이영이 역). 서울: 학지사. (원전은 1988년에 출판).

Palmer, S. (2004). 상담 및 심리치료의 이해(김춘경, 이수연, 최웅용, 홍종관 역). 서울: 학지사. (원전은 2000년에 출판).

Parlee, B. (2006). Integral psychotherapy: An introduction. *AQAL Journal of Integral Theory and Practice, 1*(2), 132-145.

Parloff, M. (1976). Shopping for the right therapy. *Saturday Review, 21*, 14-16.

Patterson, C. H. (1966). *Theories of counseling and psychotherapy.* New York: Harper & Row.

Patterson, C. H. (1989). 인간주의 교육(장상호 역). 서울: 박영사.

Perls, F. S. (1969). *Ego, hunger and aggression. [Das Ich, der Hunger und die Aggression].* New York: Vintage Books. (Original work published 1947).

Perls, F. S. (1985). Vier Vortraege. In H. Petzold (Herg.), *Gestalt, Wachstum, Integration* (pp. 89-118). Paderborn: Junfermann-Verlag.

Perls, F. S., Hefferline, R. F., & Goodman, P. (1951). *Gestalt therapy: Excitement and growth in the human personality.* New York: The Julian Press.

Polsgrove, L. (1979). *Self-control: Methods for child training. Behavioral Disorders, 4*(2), 116-130.

Polster, E. (2006a). *Uncommon ground: Creating a system of lifetime guidance.* Phoenix: Zeig, Tucker, & Theisen, Inc.

Polster, E. (2006b). 어빙 폴스터 초청 게슈탈트 치료 학술대회 자료집. 한국임상심리학회 게슈탈트 연구회, 5월 20일, 서울: 성신여자대학교. 미간행.

Polster, E., & Polster, M. (1973). *Gestalt therapy integrated.* New York: Brunner/Mazel.

Poppen, R. (2008). 행동치료의 거장, 조셉 월피(신민섭, 이현우 역). 서울: 학지사.

Presbury, J. H., Echterling, L. G., & McKee, J. E. (2008). *Beyond brief counseling and therapy: An integrative approach.* Upper Saddle River, NJ: Pearson Education.

Prochaska, J. O., & Norcross, J. C. (2003). *Systems of psychotherapy: A transtheoretical analysis* (5th ed.). Pacific Grove, CA: Brooks, Cole.

PWI(Process Work Institute) 2012 Intensive course (2012). 27th Annual Intensive Course in Process Work. Portland, Oregon U.S.A.

Rahm, D. (1995). *Gestaltberatung.* Paderborn: Innovative Psychotherapie und Humanwissenschaften.

Rattner, J. (1963). *Individualpsychologie.* München/Basel.

Reynolds, D. K. (Ed.) (1989). *Flowing bridges, quiet waters: Japanese psychotherapies, Morita and Naikan.* New York: State University of New York Press.

Rogers, C. R. (1942). *Counseling and psychotherapy*. Boston: Houghton, Mifflin.

Rogers, C. R. (1951). *Client-centered psychotherapy*. Boston; dt.: Die klientenzentrierte Gespraechspsychotherapie. München 1976.

Rogers, C. R. (1959). *A theorie of therapy, personality and interpersonal relationships, as developed in the client-centered framework*. New York: dt.: G.w.G.: Eine Theorie der Psychotherapie, der Persoenlichkeit und zwischwnmenschliche Beziehungen entwickelt im Rhamen des klientenzentrierten Ansatzes. Köln 1989.

Rogers, C. R. (1961). *On becoming a person: A therapist's view of psychotherapy*. La Jolla, CA: Western Behavioral Sciences.

Rogers, C. R. (1969). *Freedom to learn: A view of what education might become*. Ohio; dt.: Lernen in Freiheit. Zur Bildungsreform in Schule und Universität. München 1974.

Rogers, C. R. (1977). *Carl Rogers On personal power*. New York; dt.: Die Kraft des Guten. Ein Appell zur Selbstverwirklichung. München 1978.

Rogers, C. R. (1980). *A way of being*. Boston: Houghton & Mifflin.

Rogers, C. R. (1983). *Freedom to learn for the 80's*. A though revision of Freedom To Learn. Columbus; dt.: Freiheit und Engagement. Personenzentriertes Lehren und Lernen. München 1984.

Rogers, C. R., & Freiberg, H. J. (2011). 학습의 자유(연문희 역). 서울: 시그마프레스.

Rogers, C. R., & Rosenberg, R. L. (1977). *A pessoa como cento*. Sao Paulo; dt.: Die Person als Mittelpunkt der Wirklichkeit. Stuttgart 1980.

Rogers, C. R., & Stevens, B. (1967). *Person to person: The problem of being human*. Walnut Creek; dt.: Von Mensch zu Mensch. Möglichkeiten, sich und anderen zu begegnen. Paderborn 1984.

Ruzek, N. (2007). Transpersonal psychology in context: Perspectives from its founders and historians of american psychology. *Journal of Transpersonal Psychology, 30*(2).

Samuels, A. (2012). C. G. 융과 후기 융학파(김성민, 왕영희 역). 서울: 한국심리치료연구소.

Saul, L. J. (1972). 정신역동적 정신치료(이근후, 최종진, 박영숙 역). 서울: 하나의학사.

Saul, L. J. (2006). 아동기 감정양식과 성숙(천성문, 이영순, 박순득, 정봉희, 장문선, 김수령 역). 서울: 시그마프레스.

Schiff, A., & Schiff, J. (1971). Passivity. *Transactional Analysis Journal, 1*(1), 71-78.

Schiff, J., & Schiff, A. (1975). *The cathexis reader: Transactional analysis treatment of psychosis*. New York: Harper & Row.

Schmied, P. F. (1994). *Personenzentrierte Gruppenpsychotherapie I*. Köln.

Schmied, P. F. (1995). *Personenzentrierte Gruppenpsychotherapie II*. Köln.

Schultz, O. (1990). *Theory of personality*. Pacific Grove, CA: Brook/Cole.

Scotton, B. W., Chinen, A. B., & Battista, J. R. (2008). 자아초월 심리학과 정신의학: 공격적 영성과 영적 방어(김명권, 박성현, 권경희, 김준형, 백지연, 이재갑, 주혜명, 홍혜경 공역). 서울: 학지사. (원전은 1996년에 출판).

Sedgwick, D. (2001). *Introduction to Jungian psychotherapy: The therapeutic relationship*. New York: Brunner-Routledge.

Seligman, L. (2011). 상담 및 심리치료의 이론(김영혜, 박기환, 서경현, 신희천, 정남운 역). 서울: 시그마프레스. (원전은 2006년에 출판).

Shalit, E. (2002). *The complex: Path of transformation from archetype to ego*. Toronto: Inner City Books.

Sharf, R. (2013). 심리치료와 상담이론(천성문, 김진숙, 김창대, 신성만, 유형근, 이동귀, 이동훈, 이영순, 한기백 역). 서울: 센게이지러닝코리아.

Sharf, R. S. (2004). *Theories of psychology & counseling: Concepts and cases* (3rd ed.). Pacific Grove, CA: Brooks/Cole.

Shertzer, B., & Stone, S. C. (1980). *Fundamentals of counseling* (3rd ed.). Boston: Houghton Mifflin.

Shiff, A., & Shiff, J. (1971). Passivity. *Transactional Analysis Journal, 1*(1), 71-78.

Shiff, J., & Shiff, A. (1975). *The cathexis reader: Transactional analysis treatment of psychosis*. New York: Harper & Row.

Shulman, B. H. (1997). Confrontation techniques. In J. Carlson & S. Slavik (Eds.), *Techniques in Adlerian psychology*. Washington: Taylor & Francis.

Skinner, B. F. (1953). *Science and human behavior*. New York: Free Press.

Sommers-Flanagan, J., & Sommers-Flanagan, R. C. (2004). *Counseling and pychotherapy theories in context and practice: Skills, strategies, and techniques*. Hoboken, NJ: John Wiley & Sons.

Sommers-Flanagan, J., & Sommers-Flanagan, R. (2015). *Counseling and psychotherapy theories in and practice: Skills, strategies and techniques* (2nd ed.). Hoboken, NJ: John Wiley & Stones.

Sperry, L., Carlson, J., & Peluso, P. (2006). *Couples therapy*. Denver, CO: Love.

Sreckovic, M. (1999). Geschichte und Entwicklung der Gestalttherapie. In R. Fuhr, M. Sreckovic, & M. Gremmler-Fuhr (Hrsg.), *Handbuch der Gestalttherapie* (pp. 439-462). Goettingen: Hogrefe.

Stafford-Clark, D. (1965). *What Freud really said*. New York: Schocken.

Stein, H. T., & Edwards, M. E. (1998). Classical Adlerian theory and practice. In

P. Marcus & A. Rosenberg (Eds.), *Psychoanalytic versions of the human condition: Philosophies of life and their impact on practice* (pp. 64-93). New York University Press.

Steiner, C. (1974), Scripts *people live: Transactional analysis of life scripts.* New York: Grove Press.

Stemmler, F. M. (1999). Gestalttherapeutische Methoden und Techniken. In R. Fuhr, M. Sreckovic, & M. Gremmler-Fuhr (Hrsg.), *Handbuch der Gestalttherapie* (pp. 439-462). Goettingen: Hogrefe.

Sternberg, R. J., & Williams, W. M. (2003), 교육심리학(전윤식 외 역) 서울: 시그마프레스.

Stevens, J. O. (1993). *Die Kunst der Wahrnehmung.* [Awareness: Exploring, experimenting, experiencing] (übers. von Anna Sannwald). Guetersloh: Kaiser. (Original work published 1971).

Stewart, I. (2007). *Transactional analysis counseling in action.* London: SAGE Publications.

Stewart, I. (2013). *Transactional analysis counseling in action.* London: SAGE Publications.

Stewart, I., & Joines, V. (2012). *TA today: An introduction to transactional analysis.* Lifespace Publishing.

Stewart, I., & Joines, V. (2016). 현대의 교류분석(제석봉, 최외선, 김갑숙 역). 서울: 학지사. (원전은 2012년에 출판).

Stolorow, R. D. (1995). An intersubjective view of self psychology. *Psychoanalytic Dialogues, 5,* 393-399.

Struempfel, U. (2004). Research on Gestalt therapy. *International Gestalt Journal, 27*(1), 9-54.

Strupp, H. H. (1992). The future of psychodynamic psychotherapy. *Psychotherapy, 29*(1), 21-27.

Sweeney, T. (2005). 아들러 상담이론과 실제(노안영, 강만철, 오익수, 김광운, 송현종, 강영신, 오명자 역). 서울: 학지사. (원전은 1998년에 출판).

Szasz, T. S. (1961). *The myth of mental illness.* N.Y.: Hoeber.

Tausch, R., & Tausch, A. M. (1990). *Gesprächspsychotherapie.* Göttingen.

Tausch, R., & Tausch, A. M. (1991). *Erziehungspsychologie.* Göttingen.

Teschke, D. (1999). Gestalttherapeutische Prozessforschung am Beispiel einer Untersuchung ueber "Existentielle Momente in der Psychotherapie". In R. Fuhr, M. Sreckovic, & M. Gremmler-Fuhr (Hrsg.), *Handbuch der Gestalttherapie* (pp. 1161-1178). Goettingen: Hogrefe.

Thompson, C. L., & Henderson, D. A. (2007). *Counseling children*. Pacific Grove, CA: Brooks/Cole.

Thorne, B. (2007). 칼 로저스(이영희, 박외숙, 고향자 역). 서울: 학지사. (원전은 2003년에 출판).

Timothy, T. (2008). 임상심리학(권정혜, 강연욱, 이훈진, 김은정, 정경미 역). 서울: 센게이지러닝코리아.

Ullmann, L. P., & Krasner, L. (Eds.). (1965). *Case studies in behavior modification*. N.Y.: Holt.

Ursano, R. J., Sonnenberg, S. M., & Lazar, S. G. (2001). 간추린 정신역동적 정신치료(손진욱, 강민희 역). 서울: 하나의학사.

von Franz, M. (2002). *Animus and Anima in fairy tales*. Toronto: Inner City Books.

Walsh, R. N. (2000). Asian psychotherapies. In R. J. Corsini & D. Wedding (Eds.), *Current psychotherapies*. New York: Peacock Publisher.

Walsh, R., & Vaughan, F. (1993). Introduction. In R. Walsh & F. Vaughan (Eds.), *Paths beyond ego: The transpersonal vision* (pp. 1-10). Los Angeles: Jeremy P. Tarcher.

Ware, P. (1983). Personality adaptations. *Transactional Analysis Journal, 13*(1), 11-19.

Warren, E. S., & Marquis, A. (2004). Integral counseling. *Constructivism in the Human Sciences, 9*(1), 111-132.

Watts, R. E., & Pietrzak, D. (2000). Adlerian "encouragement" and the therapeutic process of solution-focused brief therapy. *Journal of Counseling and Development, 78*, 442-447.

Watts, R. E., & Shulman, B. H. (2003). Integrating Adlerian and constructive therapies: An Adlerian perspective. In R. E. Watts (Ed.), *Adlerian, cognitive, and constructivist therapies: An integrative dialogue* (pp. 9-37). New York: Springer.

Weber, W. (1994). *Wege zum helfenden Gespräch*. Müenchen.

Weinberger, S. (2006). *Klientenzentrierte Gespraechsfuerung*. Juventa Verlag: Winheim und Muenchen.

Weiss, J., Sampson. H., & The Mount Zion Psychotherapy Research Group (1986). *The psychoanalytic process: Theory, clinical observations, and empirical research*. New York: Guiford Press.

Welwood, J. (2008). 깨달음의 심리학(김명권, 주혜명 역). 서울: 학지사. (원전은 2000년에 출판).

Wexberg, E. (1974). *Individualpsychologie*. Stuttgart.

Wilber, K. (1982). Odyssey: A personal inquiry into humanistic and transpersonal psychology. *Journal of Humanistic Psychology*, Vol. 1. pp. 57-90.

Wilber, K. (1986). *Transformation of consciousness*. Shambhala Publications, Inc.

Wilber, K. (1993). The pre/trans fallacy. In R. Walsh & F. Vaughan (Eds.), *Path beyond ego: The transpersonal vision* (pp. 124-129). Los Angeles: Jeremy P. Tarcher.

Wilber, K. (2003). Foreword. In F. Visser (Ed.), *Ken Wilber: Thought as passion* (pp. xi-xv). SUNY Press.

Wilber, K. (2004a). 모든 것의 역사(조효남 역). 서울: 대원출판. (원전은 2000년에 출판).

Wilber, K. (2004b). 아이투아이: 감각의 눈·이성의 눈·관조의 눈(김철수 역). 서울: 대원출판. (원전은 2001년에 출판).

Wilber, K. (2005). 무경계(김철수 역). 서울: 무우수. (원전은 1979년에 출판).

Wilber, K. (2006). *Integral spirituality: A startling new role for religion in the modern and postmodern world*. Boston: Integral Books.

Wilber, K. (2006). 의식의 스펙트럼(박정숙 역). 서울: 범양사. (원전은 1977년에 출판).

Wilber, K. (2008a). 통합비전(정창영 역). 서울: 물병자리. (원전은 2007년에 출판).

Wilber, K. (2008b). 켄 윌버의 통합심리학: 의식·영·심리학 심리치료의 통합(조옥경 역). 서울: 학지사. (원전은 2002년에 출판).

Wilber, K., Patten, T., Leonard, A., & Morelli, M. (2008). *Integral life practice*. Integral Books.

Wolfe, B. E. (2008). Toward a unified conceptual framework of psychotherapy. *Journal of Psychotherapy Integration, 18*(3), 292-300.

Wolitzky, D. L. (2011). Contemporary freudian psychoanalytic psychotherapy. *Essential Psychotherapies*, 33-72.

Wolizky, D. L. (2011). Contemporary freudian psychoanalytic psychotherapy. *Essential Psychotherapies*, 33-72.

Wolpe, J. (1958). *Psychotherapy by reciprocal inhibition*. Stanford, CA: Stanford University Press.

Woollams, S., & Brown, M. (1978). *Transactional analysis*. Dexter: Huron Valley Institute.

Wubbolding, R. E. (1991a). 현실요법의 적용(김인자 역). 서울: 한국심리상담연구소. (원전은 1988년에 출판).

Wubbolding, R. E. (1991b). *Understanding reality therapy*. New York: HarperCollins.

Wubbolding, R. E. (1991c). *Using reality therapy in group counseling* (Videotape). Cincinnati, OH: Center for Reality Therapy.

Wubbolding, R. E. (2000). Reality therapy. In A. Horne (Ed.), *Family counseling and therapy* (3rd ed., pp. 420-453). Itasca, IL: Peacock.

Wubbolding, R. E. (2001). 21세기와 현실요법(박애선 역). 서울: 시그마프레스. (원전은 2000년에 출판).

Wubbolding, R. E. (2011). *Reality therapy.* Washington, DC: American Psychological Association.

Wubbolding, R. E. (2012). *Cycle of counseling, coaching, managing, and supervision.* Cincinnati, OH: Center for Reality Therapy.

Wubbolding, R. E., & Brickell, J. (2000). Misconceptions about reality therapy. *International Journal of Reality Therapy, 19*(2), 26-29.

Yalom, I. D. (2002). *The gift of therapy: An open letter to a new generation of therapists and their patients.* New York: Harpercollins.

Yalom, I. D. (2004). 나는 사랑의 처형자가 되기 싫다(최윤미 역). 서울: 시그마프레스.

Yalom, I. D. (2005). 치료의 선물(최용웅, 천성문, 김창대, 최한나 역). 서울: 시그마프레스.

Yalom, I. D. (2007). 실존주의 심리치료(임경수 역). 서울: 학지사. (원전은 1980년에 출판).

Yates, A. J. (1958). Symptoms and symptom substitution. *Psychological Review, 65,* 371-374.

Yontef, G. M. (2008). 알아차림, 대화 그리고 과정: 게슈탈트치료에 대한 이론적 고찰(김정규, 김영주, 심정아 역). 서울: 학지사. (원전은 1993년에 출판).

Zinker, J. (1977). *Creative process in Gestalt therapy.* New York: Vintage Books.

[찾아보기]

인명

내용

[저자 소개]

양명숙
독일 뒤셀도르프 하인리히-하이네 대학교 철학박사(심리학 전공)
현 한남대학교 일반대학원 상담학과 교수, 법정대학 아동복지학과 교수

김동일
미국 미네소타 대학교 철학박사(교육심리학 전공)
현 서울대학교 교육학과 교수

김명권
부산대학교 교육학박사(상담심리 전공)
현 한국영성심리상담센터 대표

김성회
계명대학교 교육학박사(상담심리학 전공)
현 경북대학교 교육학과 명예교수

김춘경
독일 아헨 대학교 철학박사(교육상담 전공)
현 경북대학교 아동학부 교수

김형태
충남대학교 교육학박사(교육상담 전공)
전 한남대학교 총장

문일경
서울불교대학원대학교 상담학박사(자아초월상담학 전공)
현 하나심리상담센터 소장

박경애
미국 미주리 대학교(콜롬비아 캠퍼스) 철학박사(교육 및 상담심리학 전공)
현 광운대학교 교육대학원장

박성희
서울대학교 교육학박사(교육상담학 전공)
현 청주교육대학교 초등교육과 교수

박재황
미국 일리노이 대학교(어바나-샴페인) 철학박사(상담심리학 전공)
현 계명대학교 교육학과 교수

박종수
미국 드류 대학교 철학박사(성서해석학, 분석심리학 전공)
현 강남대학교 기독교학과 교수

이영이
독일 트리어 대학교 자연과학박사(심리학 전공)
현 한국심리건강센터 소장

전지경

한남대학교 상담학박사(상담학 전공)

현 세종특별자치시 교육청 교원치유지원센터 전문상담사

제석봉

부산대학교 교육학박사(상담심리학 전공)

현 대구가톨릭대학교 명예교수, 한국TA연구소 소장

천성문

영남대학교 교육학박사(상담심리 전공)

현 부경대학교 평생교육상담학과 교수

한재희

미국 베일러 대학교 교육학박사(상담심리학 전공)

현 백석대학교 상담대학원장

홍종관

독일 쾰른 대학교 교육학박사(상담심리학 전공)

현 대구교육대학교 교육학과 교수

KCA 한국상담학회 상담학 총서 03

상담이론과 실제(2판)
Counseling Theory and Practice (2nd ed.)

2013년 3월 20일 1판 1쇄 발행
2018년 3월 15일 1판 6쇄 발행
2019년 3월 15일 2판 1쇄 발행
2023년 9월 20일 2판 5쇄 발행

지은이 • 양명숙 · 김동일 · 김명권 · 김성회 · 김춘경 · 김형태
　　　　문일경 · 박경애 · 박성희 · 박재황 · 박종수 · 이영이
　　　　전지경 · 제석봉 · 천성문 · 한재희 · 홍종관
펴낸이 • 김진환
펴낸곳 • (주) **학지사**
　　　　04031 서울특별시 마포구 양화로 15길 20 마인드월드빌딩
대표전화 • 02)330-5114　　　팩스 • 02)324-2345
등록번호 • 제313-2006-000265호

홈페이지 • http://www.hakjisa.co.kr
인스타그램 • http://www.instagram.com/hakjisabook

ISBN 978-89-997-1611-9 93180

정가 24,000원

출판미디어기업 학지사

간호보건의학출판 **학지사메디컬** www.hakjisamd.co.kr
심리검사연구소 **인싸이트** www.inpsyt.co.kr
학술논문서비스 **뉴논문** www.newnonmun.com
교육연수원 **카운피아** www.counpia.com